百年のチャランケ

アイヌ民族共有財産裁判の記録

「アイヌ民族共有財産裁判の記録」編集委員会 編

緑風出版

発刊にあたって

アイヌ民族共有財産裁判原告団長
小川　隆吉

発刊にあたって、ご挨拶申し上げます。

一九九七年九月五日の北海道新聞朝刊に、北海道知事堀達也名で官報が示されました。見出しは「アイヌ民族共有財産一八カ所の村名、財産の内訳合計金額一四七万円、その他知事の管理する財産」というものでした。そして、上記財産の返還を希望する者は、必要な次の書類を添えて申請することを求められました。この公告は、重大な思案するべき内容をふくむものでした。すなわち、「アイヌ民族であることを証明する先祖三代以上にわたる戸籍謄本」をつけることが書かれてありました。当時、私は札幌市ウタリ教育相談員として仕事をしていましたが、実際の官報公告を確認したのは、札幌市生活館でありました。教育相談員の仕事は、ウタリ子弟に対する高等学校・大学・専門学校に学ぶ修学資金の申請などの相談と事務処理でした。その中で知り得たのは、先祖がアイヌであることを子どもに知らせたくない親が少なからずいることでした。それほどにいまだ差別があるのです。公告で「アイヌ」であることの証明として戸籍謄本の提出をしなければならない親たちは、どうするのだろうかという心配がこころをよぎりました。

また、公告によれば「一年以内に申請者がもうしでない共有財産は、後につくられる「機構」（現「アイヌ文化振興研究推進機構」）に帰属する」となっていました。

北海道知事が「現に、管理する共有財産を願い出る者には返還する」とは何事であるか。

私は、このような内容の通知をウタリにたいしてどのように伝えるべきか苦しみました。北海道知事は、それまでアイヌ民族の共有財産の管理状況を、少なくとも戦後六〇年間一度もアイヌ民族に知らせることはありませんでした。そのうえ突然のこの公告です。

私は、ここに行政によるアイヌ民族蔑視があることを切実に感じました。一九八四年六月北海道ウタリ協会（現「北海道アイヌ協会」以下同）の本部総会が満場一致で可決した「アイヌ民族に関する法律（案）」の前文作成にかかわった私としては、ここに突きつけられた事実を座視することは出来ませんでした。この不条理な返還を阻止するために、同志と共に裁判をもってたたかおうと決意するにいたりました。

裁判に訴えるため、支援をお願いする弁護士を決めなければなりません。かねて、地球環境を語る「ガイヤネットワーク集会」などで、アイヌ民族の自然観について深い共感を示しておられた村松弘康弁護士に相談したところ快諾され、後にお世話になる房川樹芳弁護士、佐藤昭彦弁護士など七名の弁護団を結成して頂くことになりました。同弁護団は、私たちの言い分に耳を傾け、「訴状」から、最高裁判所に提出した「上告申立書」にいたるまで、膨大な準備書面を作成するとともに、法律に暗い原告や支援者の学習会などにも根気よくつきあっていただきました。加えて札幌地方裁判所・同高等裁判所で二〇回以上になる口頭弁論にご指導いただきました。いまあらためてこの場をお借りしてここころからアイヌの言葉でお礼申し上げます。イヤイライケレ。

共有財産の返還を要請したウタリに、この返還を停止させる裁判に原告として参加するよう訴えました。なかから二四名の方がこの呼びかけに応じてくれました。返還されるという共有財産は、北海道内のみならず現在ではロシア共和国が占拠している千島色丹島のものまでも含んでおりましたから、札幌・石狩をはじめ伊達町有珠、旭川市、鵡川町、沙流郡、厚真《あつま》町、十勝の幕別町そして千島の斜古丹村・色丹村にいたる広い範囲から訴えがなされることになりました。このように広い地域に関係するアイヌが裁判という場面で一堂に会する事は、これまでのアイヌの歴史のなかで初めての画期的なことであったと思います。共有財産の返還額は、道による杜撰な管理の結果、どれも微々たるものでありま

シンポジウム「北海道旧土人保護法に基づくアイヌ民族の共有財産を考える」。共有財産に関するはじめての集会。180名が参加し、熱気にあふれ、関心の高さを示した(1998年10月3日)

したから、たとえ裁判に勝ったとしても、札幌に出向く旅費にさえなるかどうか解らない状況の中で、この原告に立った一人一人は「金の問題ではない」「理不尽な行政のやり方を許さない」という一念で一致していたのだと思います。

旭川から参加した杉村満さんが裁判途上で亡くなりました。口頭弁論でアイヌとしての真情あふれる陳述をしてくれました。さぞ無念であったろうとお察ししますとともに、ご冥福をお祈りします。その後を奥さんが子どもさんの同意の下に引き継いでくれたことが、他の原告にも大きな力となりました。

残念なことは、北海道ウタリ協会の十分な支援を受けられなかったことです。

「アイヌ文化振興法」制定の段階から、協会員の中には、これは一九八四年の「アイヌ民族に関する法律(案)」とは違う、受け入れることは出来ない、という意見もありましたが、その対立の中で成立した執行部は、「不十分な点がある」という条件付きながら受け入れの姿勢を固め、共有財産の返還を決めた同法の付則第三条をめぐる私達の訴えには関与しないという態度をとりました。一時、秋田春蔵理事長の時期には、理事長自身が口頭弁論傍聴に参加するなど支援の方向が打ち出されましたが、残念なことに同理事長の交代後は再び局外にもどりました。同族最大の組織であるウタリ協会の強力な支援を願っていた私達には、非常に残念な事態でありました。

アイヌ民族共有財産裁判を支援する全国連絡会に参加の皆さんにも、この場を借りて感謝申し上げます。札幌の三越デパート前で会員の皆さんと署名活動をしたときです。一人の老女が「自分の小学校時代のクラスに六名のアイヌの子がいました。和人の子どもにいじめられていたことを思い出します。この裁判には必ず勝利するよう祈っています」と話されました。また、アイヌ民族衣装に興味を示した若い女性は、衣装にさわりながら署名してくれました。この日は二時間で三〇〇筆を超える署名が集まりました。原告と支援する会の会員が共に声を出して訴えることを通じて、私たちの行動が支援してくれる人の中にあるのだと実感しました。

常に行動の先頭にあった故松田平太郎会長はじめ事務局・会員の皆さんにも感謝申し上げます。

長いたたかいの後半は、東京での行動が必要になりました。全国からまた道内からのカンパによって、たくさんの原告が二度にわたる東京行動に参加することができました。関東地区に住むウタリの支援もあって、都心で実現したカムイノミ・イチャルパそして最高裁判所に出向いての要請。私は、心筋梗塞でこれに参加できませんでしたが退院後、思い出おおい二枚の横断幕を掲げて、原告・関東のウタリ、各地から参集したシサムが堂々とおおらかに行進する姿をビデオで見て涙がとまりませんでした。

札幌地方裁判所、札幌高等裁判所そして最高裁判所、三つの裁判所の判断はいずれもわれわれアイヌにとって、受け入れることのできない不当で傲慢なものでした。

法律の言葉では「訴えの利益」というものがあるそうです。われわれアイヌは、祖先以来「利益」を得ようとすることに余り熱心ではありませんでしたので、あの微々たる知事公告の共有財産を返還してくれと申請したことが、一〇〇年にわたる管理の実態をはっきりさせてくれという訴え以上の「利益」になるのだと、未だに理解が出来ません。

また、北海道知事が「現に管理する」ものだけ返還すればよいのだということは、どういう事なのでしょう。一〇〇年以上も昔に、当時としては莫大な金額や土地、漁業権であったもの、その中には政府がくれたお金があるけれど、アイヌの祖先が漁場で汗水たらして働いた収入も入っています。これを預かった知事が、預かった以後の管理は知らない、今あるのはこれだけ。返して欲しければ願い出よ。これが、アイヌ文化振興法附則第三条の返還というものです。これは、アイヌの社会でも和人の社会でも通らない話ではないでしょうか。それが、こと政府や道庁がやるとなれば、これを通すというのが、裁判所というところでありました。

裁判の陳述で私たちは、北海道旧土人保護法の下で、アイヌはどういう生活を強いられたか、共有財産はアイヌの支援のために本当に使われたのか、その具体的な実態を審理して欲しいと訴えました。私たちの弁護士も、この訴えを十分に文章にしてくれました。

残念ながら、今回の裁判ではこの訴えの真実を受け止めてくれる裁判官に会うことが出来ませんでしたが、私たちの一〇年におよぶたたかいの姿、訴えを国民の皆さんの前に残しておこうということになりました。

また、私たちが「アイヌ民族共有財産」と呼ぶものはそのまま、手つかずで北海道知事の手もとに残っています。

この記録をあしがかりにして、ウタリ（同胞）やシサム（良き隣人）がアイヌの権利と尊厳のために新たなたたかいに立ち上がってくれること、これが発刊にあたっての私たちの願いです。

「北海道旧土人保護法」が制定されたのが一八九九年でした。アイヌの共有財産というものは北海道長官が指定する前からありました。それどころではなく、このアイヌモシリをなんの断りもなく奪われるまえから、北海道の大地や狩猟・漁業をする権利はアイヌのものでした。その長い時間をふくんだつもりでこの記録の名前を『百年のチャランケ』（チャランケはアイヌ語で談判の意）とつけました。

どうか、最後まで読んで原告、シサム弁護士の訴えに耳をかたむけてください。

日本の司法は、アイヌ民族の受難の歴史・民族の尊厳と民族的権利確立の闘いに学ぶべきである

アイヌ民族共有財産裁判を支援する全国連絡会副会長
山本　玉樹

二〇〇六年三月二四日、最高裁判所第二小法廷は裁判官五名全員の名で、アイヌ民族共有財産訴訟を、上告の理由なしとして棄却した。私達は、この最高裁の暴挙に、改めて厳重に抗議するものである。

長年にわたりアイヌ民族は「北海道旧土人保護法」なる法律によって、民族として存在する権利と尊厳を剥奪され屈辱的な生活を強いられてきた。北海道ウタリ協会は、この「屈辱的な保護法」を廃止して「アイヌ民族の経済的自立や政治的権利拡大を保障する『アイヌ民族に関する法律案』」の制定を求めて闘ってきた。そして、「旧保護法」を廃棄させ、「アイヌ文化の振興並びにアイヌの伝統等に関する知識の普及及び啓発に関する法律」(「アイヌ文化振興法」)が採択されたのであった。

北海道は、旧保護法の制定以来一〇〇年に渉ってその第一〇条および共有財産管理規定によってアイヌ民族の共有財産を管理してきた。この共有財産を、道知事は「アイヌ文化振興法」附則第三条によって「共有者」に返還することになった。原告代表となった小川隆吉氏が、知事が管理する共有財産の金額を示す文書一切、財産の種類・金額・算定根拠・宮内庁からの「下賜」金等の公文書の公開を求めたのは当然のことであった。その管理の杜撰さは、証人井上勝生北大教授(当時)の「アイヌ民族共有財産裁判――歴史研究者の意見書」および氏の公開された「北海道土人陳述書」で事実にもとづいて明らかにされた。また、原告になった一人一人の心中には、「銀行に預けたお金が、百年たっても利子がつかず」、ある共有財産は「行方不明」になった事実に深い疑惑と強い憤りの念があったのである。しかも、こ

れらの事実は、小川隆吉氏等が数次にわたる情報の公開を請求した結果判明したことなのである。一〇〇年以前からのアイヌ民族全体の共有財産の総額が、知事公告にある一三〇万円程度しか無いというのである！

最高裁は、このような不法・無法を黙過して「本件上告を棄却」した。

知里幸恵は、『アイヌ神謡集』の序で「その昔この広い北海道は、私たちの先祖の自由の天地でありました。天心爛漫な稚児の様に、美しい大自然に抱擁されてのんびりと楽しく生活していた彼等は、真に自然の寵児、なんという幸福な人たちであったでしょう」。「その昔、幸福な私たちの先祖は、自分のこの郷土が末にこうした惨めなありさまに変わろうなどとは、露ほども想像し得なかったでありましょう。いつかは、二人三人でも強い者が出て来たら、進みゆく世と歩を並べる日もやがてきましょう」と述べた。

これぞ、アイヌ民族の清き精神に満ちた誇り高き民族権利宣言である！

二〇〇七年九月一三日、国連総会は「先住民族の権利に関する国際連合宣言」を採択した。そして、二〇〇八年六月六日、衆参両議院は、満場一致で「アイヌ民族を先住民族とすることを求める決議」を採択した。これに先立ち国連は、今回の宣言の草案にあたる「先住民族の権利に関する国際連合宣言草案」を発表していた。最高裁は、人類史的視野に立って同「宣言案」の作成の経過、内容について、いくらでも調査・研究する機会を持っていたはずである。基本的人権の本質が「人類の多年にわたる自由獲得の努力の成果（憲法第九七条）」であることを誰よりも尊重しなければならないのは最高裁であった。しかし最高裁は、その様な「先住民族の権利確立に関する人類史の潮流」に学ぼうとしなかった。

国際的な潮流の発展は、本裁判における原告の主張が「国連の先住民族の権利に関する宣言」の向かうところと一致するものであったことを示している。最高裁の棄却決定は、逆に、世界の潮流に逆らうものであったと言わなければならない。

私たちは、この裁判の初めから『アイヌ民族は先住民族――共有財産一〇〇年の管理責任を問う』の横断幕を掲げて闘ってきた。この主張が正しかったことは、明白である。

私たちは、原告と共に闘ってきたおよそ六年間の蓄積を、本書の編集・出版によって残そうとした。この本が、民族の尊厳と誇りを取り戻そうと闘ったアイヌ民族の心ある人々の足跡を証言し、さらに歴史を創造する主体者としてさらに一歩を踏み出そうとする人々への糧となることを期待する。

本稿は、「アイヌ民族共有財産裁判を支援する全国連絡会」会長 松田平太郎氏が執筆の予定であった。しかし、氏は、無念にも二〇〇八年に急逝されたために、山本が代わって執筆した。拙文が、闘いの先頭に立って原告・会員を励ましてこられた先生の御遺志にかなうものとは到底思われないが、その一端に触れる思いで述べたものである。

百年のチャランケ──アイヌ民族共有財産裁判の記録❖目次

発刊にあたって……アイヌ民族共有財産裁判原告団長　小川隆吉　3

日本の司法は、アイヌ民族の受難の歴史・民族の尊厳と民族的権利確立の闘いに学ぶべきである……アイヌ民族共有財産裁判を支援する全国連絡会副会長　山本玉樹　8

第Ⅰ部　アイヌ民族共有財産裁判の経過と意義について　19

1　アイヌ民族共有財産裁判の経過……21

アイヌ民族共有財産裁判の経過……アイヌ民族共有財産裁判を支援する全国連絡会　幹事　滝沢　正　21

はじめに・21／一、「アイヌ民族共有財産」とは何か・21／二、なぜ裁判なのか──北海道知事による管理への疑問・26／三、札幌地方裁判所へ提訴・30／四、地裁判決への不服──札幌高裁でのたたかい・33／五、最高裁判所へ上告・36

2　裁判の意義および争点について……41

共有財産はアイヌ民族の永遠の宝である……アイヌ民族共有財産裁判弁護団長　村松弘康　41

はじめに・41／第一　共有財産問題との出会い・42／第二　アイヌ民族は心をひとつに・43／第三　共有財産の返還請求はこれからはじまる・44／第四　共有財産調査委員会の設立を・48

アイヌ民族共有財産訴訟判決における先住民族性について……弁護士　房川樹芳　53
第一、はじめに・53／第二、本件訴訟における裁判所の先住民族問題に対する姿勢・54／第三、本件訴訟に至る経緯・57／第四、わが国におけるアイヌ民族の法的状況・59／第五、国際的潮流・63／第六、今後・64
共有財産訴訟における行政法上の問題点……弁護士　佐藤昭彦　67
第一　はじめに・67／第二　取消訴訟に併合提起された無効確認訴訟の訴えの利益について・67／第三　本件返還決定の無効確認又は取消しを求める法律上の利益について・70／第四　無効等確認訴訟特有の問題・75／第五　指定外財産にかかる決定が、抗告訴訟の対象となるかについて・77／第六　控訴審における控訴人の主張・77／第七　控訴審判決・81

第Ⅱ部　第一審　札幌地方裁判所　民事第三部

85

1　訴状および準備書面……87
(1)　訴状（一九九九年七月五日）……87
(2)　被告答弁書（一九九九年一〇月一三日）……102
(3)　原告準備書面（一九九九年一二月二一日）……110

(4) 被告準備書面(2)(二〇〇〇年二月四日)……122
(5) 被告準備書面(3)(二〇〇〇年六月一日)……127
(6) 被告準備書面(4)(二〇〇〇年六月三〇日)……132
(7) 原告準備書面(二〇〇一年一〇月九日)……136

2 証拠書類……195

原告関係共有財産の経過と問題点(二〇〇〇年一〇月)
アイヌ民族共有財産裁判原告団
アイヌ民族共有財産裁判を支援する全国連絡会……195
アイヌ民族共有財産裁判に対する意見書(二〇〇一年五月二五日)
上村英明(恵泉女学園大学教授)……221

3 原告意見陳述……225

川村兼一(シンリツ・エオリパック・アイヌ)(一九九九年一〇月二一日/第一回口頭弁論/意見陳述)……225
小川隆吉(一九九九年一〇月二一日/第一回口頭弁論/意見陳述)……227
北川しま子(一九九九年一〇月二一日/第一回口頭弁論/意見陳述)……228
島崎直美(一九九九年一〇月二一日/第一回口頭弁論/意見陳述)……230
小川早苗(二〇〇〇年二月一〇日/第三回口頭弁論/意見陳述)……231
秋辺得平(二〇〇〇年四月一三日/第四回口頭弁論/意見陳述)……234
杉村満(二〇〇〇年四月一三日/第四回口頭弁論/意見陳述)……239

伊藤　稔（二〇〇〇年六月八日／第五回口頭弁論／意見陳述）……241
原島則夫（二〇〇〇年七月一三日／第六回口頭弁論／意見陳述）……242
青木悦子（二〇〇〇年七月一三日／第六回口頭弁論／意見陳述）……244
諏訪野楠蔵（二〇〇〇年一〇月五日／第七回口頭弁論／意見陳述）……247
豊川重雄（二〇〇〇年一二月七日／第八回口頭弁論／意見陳述）……248
荒木繁（二〇〇一年二月四日／第九回口頭弁論／意見陳述）……250
秋辺得平（二〇〇一年一〇月九日／第一三回口頭弁論／意見陳述）……252
小川隆吉（二〇〇一年一〇月九日／第一三回口頭弁論／意見陳述）……254
4　札幌地方裁判所判決……257
5　原告団声明……282
6　全国連（会長松田平太郎名）北海道知事宛要求署名……284

第Ⅲ部　第二審　札幌高等裁判所　第三民事部……287

1　控訴状および準備書面……289

(1) 控訴状（二〇〇二年三月二一日）……289
(2) 控訴人準備書面（二〇〇二年六月二八日）……293
(3) 被控訴人答弁書（二〇〇二年八月二日）……306
(4) 被控訴人意見書（二〇〇二年一二月一二日）……316
(5) 控訴人準備書面（二〇〇二年一二月一八日）……318
(6) 被控訴人準備書面(2)（二〇〇三年二月二〇日）……345
(7) 被控訴人準備書面(3)（二〇〇三年五月六日）……352
(8) 被控訴人準備書面(4)（二〇〇四年二月二六日）……357
(9) 控訴人準備書面（二〇〇四年三月二日）……362

2 控訴人意見陳述

控訴人意見陳述……395
小川隆吉（二〇〇二年八月六日／第一回口頭弁論／意見陳述）……395
鹿田川見（二〇〇二年一〇月八日／第二回口頭弁論／意見陳述）……397
川村兼一（シンリツ・エオリパック・アイヌ）（二〇〇三年二月二七日／第四回口頭弁論／意見陳述）……399
秋辺得平（二〇〇三年五月一三日／第五回口頭弁論／意見陳述）……403
秋辺得平（二〇〇三年七月一五日／第六回口頭弁論／意見陳述）……405
（資料）インディアン信託裁判（二〇〇三／〇二／〇一）……手島武雅……409
島﨑直美（二〇〇四年三月四日／第九回口頭弁論／意見陳述）……412
小川隆吉（二〇〇四年三月四日／第九回口頭弁論／意見陳述）……414

3 証人尋問調書……416
滝沢正　証人尋問調書（二〇〇三年九月三〇日／第七回口頭弁論）……416
井上勝生　証人尋問調書（二〇〇三年一二月二日／第八回口頭弁論）……447

4 意見書等……478
意見書●アイヌ民族共有財産と先住権……札幌学院大学法学部教授　松本祥志　478
1．はじめに・478／2．国際法主体としてのアイヌ民族・479／3．二風谷ダム事件判決における先住性の承認・480／4．特別国際法上の先住権・481／5．一般国際法上の先住権・484／6．先住権と国内法・489／7．第一審判決における循環論・496／8．おわりに・499
意見書……新潟大学法学部教授　石崎誠也　500
はじめに・500／1．アイヌ新法における共有財産返還手続の特徴・501／2、本件返還決定処分の取消判決の拘束力と原告の訴えの利益・504
私の意見書に対する被控訴人の意見について……新潟大学法学部教授　石崎誠也　506
国際連合人権委員会への報告……人権と先住民族問題に関する特別報告者　ロドルフォ・スターベンハーゲン　511

5 札幌高等裁判所判決……519

6 北海道知事宛公開質問……528

(1) 公開質問状（No.1）（二〇〇四年六月一四日）……小川隆吉 528
(2) 公開質問状（No.1）への回答（二〇〇四年六月二九日）……北海道知事 高橋はるみ 532
(3) 公開質問状（No.2）（二〇〇四年七月一二日）……小川隆吉 534
(4) 公開質問状（No.2）への回答（二〇〇四年七月二三日）……北海道知事 高橋はるみ 535

第Ⅳ部 最高裁判所 上告

537

1 上告申立……539
(1) 上告状兼上告受理申立書（二〇〇四年六月八日）……539
(2) 上告理由書（二〇〇四年八月四日）……543
2 上告人要望書……572
3 最高裁判所上告棄却決定書……573
4 アイヌ民族共有財産裁判上告人緊急声明……576

付録 579

平成九年　北海道知事公告「北海道旧土人保護法に基づく共有財産の返還手続きについて」…… 581

資料　北海道旧土人保護法とその関連規則等 …… 585

1　北海道旧土人保護法 …… 585
2　北海道旧土人保護法 …… 586
3　北海道旧土人保護法施行規則 …… 587
4　北海道旧土人保護法施行細則 …… 588
5　北海道旧土人共有財産管理規定 …… 589
6　北海道旧土人共有財産管理規定 …… 590
7　旭川市旧土人保護地処分法 …… 590
8　アイヌ文化の振興並びにアイヌの伝統等に関する知識の普及及び啓発に関する法律 …… 591
9　アイヌ文化の振興並びにアイヌの伝統等に関する知識の普及及び啓発に関する法律案に対する付帯決議 …… 595
10　アイヌ民族に関する法律（案） …… 596

アイヌ民族共有財産裁判経過年表 …… 601

編集後記 …… 613

第Ⅰ部　アイヌ民族共有財産裁判の経過と意義について

アイヌ民族共有財産裁判の経過

アイヌ民族共有財産裁判を支援する全国連絡会
幹事　滝沢　正

はじめに

アイヌ民族共有財産裁判は、アイヌ民族の有志が北海道知事を被告として、一九九九（平成一一）年から二〇〇六（同一八）年まであしかけ八年間争った裁判である。本稿は、訴訟に先立つ二年間を含めた一〇年間にわたる裁判経過について、原告を支援した市民の運動にも触れて、その大筋を述べる。

一、「アイヌ民族共有財産」とは何か

原告団が「アイヌ民族共有財産」とよぶものは、およそ次の通りである。

一八九九（明治三二）年に制定され、一九九七（平成九）年七月に廃止された「北海道旧土人保護法」（以下「保護法」

という。旭川市については一九三四（昭和九）年制定の「旭川市旧土人保護地処分法」がこれに準ずる）第一〇条にもとづいて設けられた、アイヌ共有の財産とされたものである。

保護法第一〇条は共有財産について次のように規定していた。

第一項「北海道庁長官（戦後は知事・筆者）は北海道旧土人共有財産を管理することを得」

第二項「北海道庁長官は内務大臣の許可を経て共有者の利益の為に共有財産の処分を為し又必要と認むるときは其の分割を拒むことを得」

第三項「北海道庁長官の管理する共有財産は北海道庁長官之を指定す」

同法はこれ以後三回の改定がなされるが、第一〇条のこの骨格は変更されないで廃止に至ることになる。

共有財産設定の目的は制定の当初（一八九九年）は、同法の第四条から第七条に示されていた。

第四条　貧困な者には、農具・種子を給与する。

第五条　病気に罹り自費で治療することが出来ない者に薬価を給与する。

第六条　病気・老衰・保護者のいない子どもなど自活できない者を救助する。

第七条　貧困な者の子どもが就学するために授業料を給する。

これら四条にかんする費用は、

第八条で「北海道旧土人共有財産の収益を以てこれにあて、もし不足あるときは国庫より支出する」とされていた。同法の施行規則によれば「支出」される金品は、この財産の賃貸料や利息等から支出されることになっていた（後述）。従って、「保護法」の支出費目から、「保護法」がその名称の通り適切な制度を計画したものであるとすれば、共有財産が持つ価額規模の大きさをうかがうことが出来る。

これが、数次の改訂を経て廃止時には、「北海道旧土人保護の為必要あるときは之に関する施設を為し又は施設を為す者に対し補助を為す」（一九六八年改訂第七条）とされていたのである。しかし、この文言は、共有財産が敗戦後の通貨変動の中に放置されて著しくその価額を減じた結果、もはや経済的効果を喪失している現状を隠蔽するものになっていた。

この法律の下で北海道庁長官が指定し管理することになった共有財産は、法の制定から一九三四（昭和九）年までのあいだに、共有者別では二四件、個別の財産件数では四五〇件以上となる。

「共有」する者は、長官が指定した、村・地域・集団およびアイヌ民族全体の四種があり、「財産」は、土地・漁場（海産干場）及び債権・現金などの形態があった。この収益は北海道長官から委託された郡長・支庁長あるいは町村長が管理し支出する事になっていた。「共有財産」指定当初の各種事例を北海道庁令からみることにする。

1　アイヌ民族全体にあてられたもの

一八九九（明治三二）年指定　全道旧土人教育資金　公債証書・現金六二〇六円

2　村にあてられたもの

一八九九（明治三二）年指定　日高国沙流郡各村旧土人共有　現金三四九円　建屋一棟

一九〇二（明治三五）年指定　十勝国中川郡各村旧土人共有　鮭鱒曳網漁場三カ所

海産干場　一カ所

宅地　一畝四歩

木造倉庫　一棟

北海道製麻株式会社　株券九〇株

現金二一三円三二銭

3　地域にあてられたもの

一八九九（明治三二）年指定　天塩国天塩郡中川郡旧土人教育資金

現金・公債証書二六〇円

4　集団にあてられたもの

一九〇二（明治三五）年指定　石狩国札幌郡対雁村樺太より移住したる旧土人

海産乾(干)場　四カ所　計四八九七坪

宅地　七カ所　計三町六反六畝二五坪

鮭・鱒曳網漁場　八カ所

（同集団に対しては明治四〇年にも）

畑　二四カ所　（約五五町歩）

一九三三（昭和九）年指定　旭川市旧土人稲村イトンベック他四九名

畑　六一町二反八畝二六歩

宅地　三六一六四坪五勺

田　七町九反三畝一九歩

原野　二町六反五畝一一歩

指定当初の共有財産は右のように、多様な形態をとっていたがその後管理の経過の中で、あるものは廃止あるいは個人に返還され、残ったものはすべて現金（預貯金）に換えられて、一九九七（平成九）年の知事公告に一八件、約一三〇万円の金額として示された。

なお、アイヌ民族に帰属する「共有財産」は、「保護法」制定以前から「共有財産」「古民財産」あるいは「蓄積金」

などとよばれ、道内各地に存在していた。その起源は政府等からの供与金の他に、アイヌ所持の漁場および漁場経営の益金を蓄積したものもあった。「保護法」に基づき北海道庁長官が指定したうちの多くは、これら既に存在する「共有財産」を「指定」したものである。ただし、その全部を指定したかどうかは、今のところ不明である。

十勝地方のアイヌは一八七五（明治八）年以来、和人漁民と共に、全村が参加する十勝漁業組合を営み収益を上げていたが、この益金の管理をめぐってアイヌのなかから疑問の声が起こっていた。この問題は、「保護法」制定過程で帝国議会で取りあげられたのであるが、解明が十分になされないまま「保護法」の制定・共有財産の指定が行われた。

右に例示した「中川郡各村共有」は、その資産を地域ごとに分割したものの一部である。漁場の益金などは、アイヌの集団的漁撈によって生じたものであるが、これを長官が指定して且つ管理するという事がそもそも法にかなった行為であるかどうかについては極めて疑わしい。

アイヌ民族全体の共有である「全道旧土人教育資金」は、一九三一（昭和六）年に制定された「北海道旧土人奨学資金給与規定」による奨学金の原資となった。この制度の下で、中等教育以上帝国大学までの生徒・学生を対象に、一九三七（昭和七）年から、制度解消（年度の確定はなされていない）の四〇年代までの間に、延べおよそ一三〇人の生徒・学生に奨学金が支給された。

この制度の是非はいま問わないとしても、この一件は、共有財産が持った経済的価値の大きさを具体的に示して余りあるだけでなく、知事公告の金額が、管理の過程で極端に価値を減じてしまったことを明白に物語っている。この点においても、所有者であるアイヌ民族にとって、知事の管理責任を追及する十分な根拠となった。

知事公告は、共有財産とは別に、これと「一体的に管理してきた」とされる「指定外」の財産（個人名義および村名義のもの）八件も返還する財産として含んでいた。この財産は、八件中六件は、個人名義であるが、これを知事が管理することにいたった経過の説明はなく、持ち主およびその財産継承者を探った形跡もない。

二、なぜ裁判なのか——北海道知事による管理への疑問

以上述べたように、北海道庁長官（戦後、北海道知事によって指定された共有財産は存在しない）によって指定された共有財産は、「保護法」と共に制定された内務省令「北海道旧土人保護法施行規則」および庁令「北海道旧土人共有財産管理規定」に従って北海道庁長官（戦後は知事・筆者）が管理し、「収益」から「給与又は補助を受けんとする者は北海道庁長官（北海道知事）に願出ず可《べ》し」とされていた。

戦前において共有財産の現在高は、北海道公報上に「庁令」として掲示されるか、不定期に刊行された「旧土人に関する調査」一九二二（大正一一）年、あるいは「北海道旧土人概況」一九三六（昭和一一）年などによって一般的に公示されたが、共有財産の指定された村落・集団・地域等に個別にその財産内容の収支の状況、現在高や使途を周知させ、あるいは公開することは極めて稀であった。

一九三六（昭和一一）年の、五八頁からなる「北海道旧土人概況」（北海道庁学務部社会課編）が、共有者別の現在高を記載している唯一の例であるが、その総額のみを示すと、

現金の部
　現在額　五万二一四二円八七〇　一カ年の収益一六六八円四六
不動産の部
　時価　三二万一二〇〇円〇〇　差引純収益　六四六五円七九

となっていた。

戦後には、共有財産共有者に対する支出を示す資料はこれまでのところ示されていない。従って、およそ五〇年間、共有財産は社会的には存在しないに等しかった。わずかに、一九八六（昭和六一）年第一〇七国会衆議院内閣委員会で

児玉健次議員（共産党・北海道一区）が質問に取りあげたことが注目される。

同議員の質問と政府委員の回答は次の通り。

児玉議員「この法律（昭和四三年改正「保護法」）の第七条に『北海道旧土人の保護の為《ため》必要あるときは之に関する施設を為《な》し又は施設を為《な》す者に対し補助を為《な》すことを得』、そして第八条に『前条に要する費用は北海道旧土人の共有財産の収益を以て之に充《あ》つ、若し不足あるときは国庫より之を支出す』、その様なことがあったかどうかお尋ねします。」

政府委員「第七条に確かに先生のご指摘のような施設の規定がございますが、それは法制定以来やったことはございません。したがって、それに共有財産の収益は使ったことはございません。現金で共有財産を持っておりまして、今約九十一万円でございますが、これは銀行に預金して管理しておるということでございます。」

以後国会の審議において共有財産について議論される事はないまま、一九九七（平成九）年四月、「アイヌ文化の振興並びにアイヌの伝統等に関する知識の普及及び啓発に関する法律」（以下「アイヌ文化振興法」）案の参議院提出を迎える。この政府原案は、修正を受けることなく参議院での可決を経て同年五月衆議院で全会派の賛同を得て可決されたが、審議途中で共有財産の問題が、後述する附則第三条とともに質疑・討論に付されることは無かった。

同法は、第一条において、目的を次の通り述べている。

> この法律は、アイヌの人々の誇りの源であるアイヌの伝統及びアイヌ文化が置かれている状況にかんがみ、アイヌ文化の振興並びにアイヌの文化等に関する国民に対する知識の普及及び啓発を図るための施策を推進することにより、アイヌの人々の民族としての誇りが尊重される社会の実現を図り、あわせて我が国の多様な文化の発展に、寄与することを目的とする。

「アイヌの人々の民族としての誇りが尊重される社会の実現」を謳う法の下で、一〇〇年以上にわたって長官・知事が管理してきた共有財産が返還されることになったのである。

返還を規定した附則第三条は以下の通りである。

第一項　北海道知事は、この法律の施行の際現に前条の規定による廃止前の北海道旧土人保護法第十条第一項の規定により管理する北海道旧土人共有財産が、次項から第四項までの規定の定めるところにより共有者に返還され、又は第五項の規定により指定法人若しくは北海道に帰属するまでの間、これを管理するものとする。

以下第二項は、返還の方法は知事が「官報で公告しなければならない」とし、第三項は「共有者は公告の日から起算して一年以内に返還を請求することができる」としていた。第四項は除き、第五項については後述する。

この「アイヌ文化振興法」制定の契機は、一九八四（昭和五九）年に、北海道ウタリ協会が提議した「アイヌ民族に関する法律（案）」にあった。この法律案は、「保護法」をアイヌ民族にとって屈辱的な法であるとして廃止すること、およびアイヌ民族の経済的自立のための措置や、政治的権利の拡大を求めるものであった。このウタリ協会案の起草者の一人であった小川隆吉（当時ウタリ教育相談員）は、「アイヌ文化振興法」の国会審議を注目していたが、一九九七年五月一五日の同法公布（施行は七月一日）の直後、六月二六日に北海道知事に対して、つぎの内容の公文書公開を求めた。

北海道旧土人保護法により知事が管理する共有財産の金額を示す文書一切、特に下記の内容を詳しく示す文書

1　財産の種類・金額・算定根拠

2　宮内省からの御下賜金については下賜年月日、金額

3　救助米については、それらに関する文書一切

この請求に対して同年七月一五日公開されたのは、「北海道旧土人共有財産管理状況明細書」（平成九年七月八日現在のもの、以下「明細書」）「旧土人保護法（共有財産）関係調査資料リスト」（以下「リスト」）の二点、および「宮内省か

らの御下賜金」「救助米」に係る文書の不存在通知であった。

「明細書」は、後に開示される管理関係書類の分析から、九月五日付「知事公告」の唯一の根拠となる文書であろうと推定される。「リスト」は、北海道庁発行の行政報告資料と『アイヌ政策史』（高倉新一郎著、一九四二年刊）の研究書一冊、他は市町村史の類で、共有財産管理を示す一次資料は含まれていなかった。

北海道知事が、「アイヌ文化振興法」附則第三条に基づいて、共有財産一八件、および「知事が管理する財産」八件を公告したのは、同年八月五日である。

先に公開された公文書から推して、共有財産の管理経過が、知事においても明確に把握されておらず、したがって「公告」が根拠不十分のまま公示されたのではないかと考えた小川は、管理経過を明らかにさせるために組織的取り組みの必要を感じた。また、一〇〇年以前からアイヌ民族全体が有する共有財産の総額が、知事公告にある一三〇万円足らずしかないことに強い疑問を抱いていた。

一九九八年六月六日に「北海道旧土人保護法に基づく共有財産を考える会」（以下「考える会」）が発足する。規約第一条は目的として「北海道旧土人保護法に基づく共有財産問題を学習しアイヌ民族の権利を獲得する目的でこの問題に関する運動を行う」ことが掲げられた。同会は、若干名からなる世話人会を設け、代表に小川隆吉、事務局長に大脇徳芳が就き、会員を募ることにした。六月二〇日には、同会主催でシンポジウム「アイヌ民族の共有財産を考える」が、およそ二〇〇名の参加のもとに開かれた。

同年七月八日、「考える会」世話人代表小川隆吉名による「共有財産の管理経過を示す文書」の開示請求が北海道情報公開条例に基づいて提出された。これに対して、北海道知事は同月二二日に該当文書の「不存在通知」をしてきたが、八月三日に一転して「旧土人共有財産台帳」六冊（一九三九年から一九四四年）ほか六種計一八冊の共有財産関係文書を開示した。共有財産関係の文書は、これ以後六回の開示請求によって総計およそ八〇〇〇枚の文書が開示されることになる。

これら開示文書の分析から、知事公告に関して次の問題点が明らかとなった。

1　知事公告は、共有財産の指定時から一貫した書式の帳簿記録にもとづいて作成されたものではないこと。
2　帳簿等には断絶があり、且つ断絶の間に合理的説明がつかない点が多数あること。
3　共有財産の設置目的以外の支出が認められること。
4　道庁内の調査資料自体が、不動産処分経過の不明である点を指摘していること。
5　漁場・土地等の不動産が、現金に換えられた（売却された）経過・価額を示す領収書等が一切存在しないこと。

同年八月二四日、「考える会」小川隆吉名で、右の分析に基づく疑問一〇項目について説明を求める「要請書」が、北海道環境生活部長宛てに提出された。これに対する回答が八月三一日付文書でなされたが、個別の共有財産については、概ね公文書による裏付けを持たない推定による説明に終始するものであった。

以上の経過のなかで、小川隆吉と呼びかけに応じたアイヌ民族有志は、原告団を結成して返還事務を停止させるため裁判に訴える決意をするに至った。返還事務停止を勝ち取った後には、再調査などによって、共有財産の、真に返還されるべき額を追求することができるという見通しに立っていた。また、個人に返還され、あるいは指定法人に帰属した後には、共有財産活用の方途を議論する機会が失われるであろうという懸念から、原告となる者は返還請求をし、財産請求の権利を獲得しつつ裁判に訴える方針をとった。

「考える会」も訴訟を支援する方向を決めた。

三、札幌地方裁判所へ提訴

この間に、九月四日返還請求の期限となり、返還請求者は四六人六五件、「指定外」は一人一件であった。知事の選任になる「北海道旧土人共有財産等処理審査委員会」が審査した結果、四二人五九件の返還が認められた（「指定外」は無し）。この中には小川隆吉と彼の返還請求呼びかけに応じた者が含まれていた。「返還しない」決定も含む結果は、一九九九（平成一一）年三月三一日から請求者に通知された。

小川隆吉と「考える会」事務局長大脇徳芳が中心になって、訴訟の準備が進められた。

両名は、札幌市の村松弘康弁護士に、代理人を依頼し快諾された。村松弁護士は、房川樹芳弁護士他五名と共に弁護団を組織した。

また、返還請求をした人々に対して訴訟の原告となるよう呼びかけを行った。九七年中に、独自に知事に対して公開質問状を届けていた旭川アイヌ語教室運営委員長川村シンリツエオリパックアイヌ（川村兼一）他二名が加り、ウタリ協会理事秋辺得平も加わった。最終的に、小川を含め二四名の原告団が結成され、小川隆吉が団長となった。原告らの返還請求した共有財産は、「全道教育資金」「旭川市五〇名共有」「中川郡幕別村共有」「勇払郡鵡川村共有」「天塩国天塩郡中川郡上川郡教育資金」「沙流郡各村共有」「色丹郡斜古丹村共有」など共有別一一件におよぶ。

一九九九（平成一一）年六月一二日「考える会」は、同会の改組を行うとともに、会の名称を「アイヌ民族共有財産裁判を支援する全国連絡会」（以下「全国連」）とすることを決めた。会長に松田平太郎・副会長に山本玉樹が就いた。関東・中部・近畿・九州（後に東北が加わる）の各地区会員のなかから連絡委員を委嘱し全国的な支援体勢を整えた。顧問には、「アイヌ新法案」提起をした当時のウタリ協会理事長野村義一氏を迎えた（後に静内町の葛野辰次郎氏・協会理事長引退後の秋田春蔵氏が加わる）。同会の事務局からこの後最高裁上告まで通算四四号の「アイヌ民族共有財産裁判全国連ニュース」（四三号からは「ニサッタコタン」と改名）が発行された。全国連の会員はこれ以後個人会員一七〇名前後、団体会員四（後に五）を数える。

同年七月五日、札幌地方裁判所（以下「札幌地裁」）に訴状を提出した。訴状の事件名は「北海道旧土人共有財産等返還手続無効確認請求事件」である。この日、原告団はアイヌ民族衣装を着けて裁判所に出向き、提出後に支援者と共に決起集会を行い、決意を表明した。

第一回口頭弁論は同年一〇月二一日、持本健司裁判長のもとで開かれ、原告代理人房川弁護士が訴状の要点を述べた。
1　共有財産の管理経緯が不明、かつ共有者に報告をしておらず憲法二九条に規定された財産権の侵害
2　一方的に返還方法を決め、期限を切って請求した者のみに返還する。このことは憲法三一条にある法律による手続きの保障違反
3　アイヌを先住民族と認めた二風谷裁判判決をふまえ、アイヌ民族の文化享有権が由来する憲法一三条個人の尊重および国際人権B規約第二七条違反。
これに対し、被告側代理人の提出した答弁書は、「共有財産の返還は本人等の利益になるものであるから、訴えは訴えの利益を欠くものである」と棄却を主張するものであった。

続いて、原告から、川村兼一、小川隆吉、北川しま子、島崎直美の四名が陳述をおこなった。川村はアイヌ語での陳述を準備していたが、裁判所法第七四条「裁判所では、日本語を用いる」が壁となった。しかし弁護士の努力もあって、一部日本語をまじえてアイヌ語で陳述した。閉廷後の記者会見で川村は「民族の言葉を大切にし、今後も機会があればアイヌ語で訴えて行きたい」と述べ、参加者の要請に応じて、準備したアイヌ語全文を読み上げた。

札幌地裁における口頭弁論は、以後二〇〇一（平成一三）年一〇月二三日の結審まで一四回行われた。延べ一六人の原告が、この裁判にかける思いを陳述した。

また、新潟大学教授石崎誠也氏（行政法）から「意見書」、上村英明氏（当時、明治学院大学国際平和研究所特別所員）からも「意見書」が証拠として提出された。

札幌地裁における審理中、「全国連」と原告団は、条例による情報公開で入手した道庁公文書を分析し「アイヌ民族共有財産裁判原告関係共有財産の経過と問題点」を編集し証拠として札幌地裁に提出した。また『アイヌ民族共有財産関係資料集』１・２集を編集し発行した。原告、弁護士を含む学習会を数度開催し、少数民族懇談会と共催で「アイヌ

民族の権利と今後の運動を考える」市民集会を開催して、集録を発行した。「アイヌ民族の共有財産の行方を明らかにさせる署名」（北海道知事宛）は二〇〇一（平成一三）年一〇月までに五五〇〇筆を超えた。

同年八月ウタリ協会の執行部が交代し秋田春蔵氏が理事長に就任していたが、二〇〇二（平成一四）年一月、新執行部に対して原告団・全国連合同で同協会の裁判にたいする支援を要請し「要望を積極的に受け止めて検討する」という答えを得た。

第一四回口頭弁論において、裁判長（第四回口頭弁論から中西茂裁判長に交代していた。陪席裁判官二人も交代。）が、結審の宣言と共に判決は二〇〇二（平成一四）年一月三一日と通告した。しかしその後延期され、言渡しは三月七日となった。

判決は、共有財産の返還は「原告に訴えの利益がない有利な返還」であるから「訴えを棄却する」とするものであった。閉廷後の抗議集会で、原告団・弁護団は控訴することを表明した。

四、地裁判決への不服——札幌高裁でのたたかい

二〇〇二（平成一四）年三月二二日原告団は札幌高等裁判所（以下「札幌高裁」）に控訴の手続きを取った。控訴人は、一審の二四名から一九名に減じた。一審において、雄弁な陳述を行った旭川市の杉村満が前年一二月に逝去していたが、妻フサが息子および娘ら三人と共に訴訟承継人として加わった。

第一回口頭弁論は八月六日、坂本慶一裁判長のもとで行われた。控訴人団長小川隆吉が陳述し、続いて、弁護団長の村松弁護士が裁判長に提出した意見書の趣旨として「共有財産管理経過の実態審理に入り、歴史の封印を解くべきである」と述べた。

房川弁護士から、六月二八日に提出した準備書面の要旨について説明がなされた。要点はおよそ左のとおり。

1　原判決は、先住民族の権利に関する観点を欠落させている。
2　行政事件訴訟における判決拘束力の理解が欠如している。
3　条約法条約（ウィーン条約）二七条違反。国内法の「共有」概念は援用できない。
4　憲法二九・三一・一三の各条違反。アイヌ文化振興法第四条違反。
5　アイヌ文化振興法附則三条は、北海道旧土人保護法の違法・違憲性を継承している。

当日出席出来なかった佐藤昭彦弁護士から、控訴人に対して文書が届けられ、文中で「先住民族の視点の強調」「訴えの利益論を突破する」ことが重要であると強調されていた。

札幌高裁には、弁護士の準備書面を補強するため、争点に関する専門家に意見書を求めた。札幌学院大学松本祥志教授（国際法）が「アイヌ民族共有財産と先住権」、新潟大学石崎誠也教授（行政法）が「意見書」を寄せ、証拠として提出された。また、控訴審の要になると考えられた「実態審理」に持ち込むべく、知事の共有財産管理経過の問題点を指摘する滝沢正の「陳述書」と、北海道大学井上勝生教授の「歴史研究者の意見書」が提出された。

以上の取り組みに加えて、弁護人から「証人尋問」の請求を行った。訊問するべき証人として、控訴人側から、松本教授・井上教授・滝沢正、被告側から知事公告の作成に携わったとみられる北海道庁アイヌ政策審議室長（当時）市沢泰治を指名した。被告代理人からは、いずれも忌避する申立がなされた。

二〇〇三（平成一四）年七月一五日第六回口頭弁論の際、控訴人弁護団が証人尋問の実施が必要であることを強く主張した。裁判長は一度休廷を告げ、別室で裁判官協議の後、井上・滝沢二名のみの証人尋問実施を認めた。

九月三〇日、滝沢正の証人尋問が行われた。控訴人代理人として房川弁護士が、訊問した。

十二月二日、井上勝生教授の証人尋問が行われた。控訴人代理人として佐藤昭彦弁護士が訊問にあたった。

この証人尋問は控訴人側の求めに一定に応じたものであった。しかし、裁判長は被控訴人側の証人拒否を認めたために、管理経過の事実審理としては不十分な結果しかもたらさなかった。

札幌高裁で係争中に、秋田春蔵理事長の下で、北海道ウタリ協会の裁判に対する支援の動きが見られるようになっていた。同年三月発行の北海道ウタリ協会機関誌「先駆者の集い」第九五号に、控訴人団・全国連作成のパンフレット「アイヌ民族共有財産ってなんだろうQ＆A」五五〇〇枚が織り込まれ、ウタリ協会会員および関係者に届けられた。同協会札幌支部総会では運動方針として「先住権に基づきアイヌ民族共有財産裁判を支援してゆく」ことが確認された。

この間、全国連シンポジウム「アイヌ民族共有財産裁判の到達点」がウタリ協会後援を受けて行われた。また、国連人権委員会特別報告者ロドルフォ・スターベンハーゲン氏の来道を機に、小川・秋辺・大脇が面会して、当裁判を人権委員会に報告されるよう要請し、同氏の報告書中に記載された。秋辺は、ニューヨークで行われた「国連先住民パーマネントフォーラム」の出席に際し、共有財産問題を訴える英文のチラシ一〇〇〇枚を持参して配布した。

札幌高裁での口頭弁論は九回行われた。ここでも、札幌地裁と同様控訴人が入れ替わり陳述に立って、最終回二〇〇四（平成一六）年三月四日には島﨑直美と小川隆吉が陳述した。

同年五月二七日、札幌高裁判決の言い渡しがなされた。「旧保護法一〇条三項により共有財産として指定された財産の中には、北海道知事において指定後の管理の経緯の詳細を把握しきれていないものがあることは否めない」と、原告側の例示をそのまま認めつつ、知事側の不十分さを認めた。しかし結論としては、原審判決の訴えの利益がないという趣旨をほぼ踏襲し「本件控訴をいずれも棄却」するものであった。

閉廷後に行われた集会において、弁護団長村松弁護士が、判決は「（北海道知事は）指定後の管理の経過を詳細に把握していないことは否めない」として道の管理に問題があったことを指摘した。また、「再度の返還手続きは禁じられていないから、新たに管理していた共有財産が発見された場合には、道は再度の返還手続きを行うべきである」とした点を評価しつつも、返還するべき共有財産を、アイヌ文化振興法施行時に知事が「現に」管理している共有財産に限定することによって、管理経過の問題点解明の道を閉ざした不当判決であると批判した。

引き続いて、控訴人から、最高裁判所に上告して最後までたたかう決意が表明された。

同日、北海道知事高橋はるみは出張先で記者会見をし、「管理している共有財産は十分に調査して公告したものであるから再調査はしない」と言明した。知事のこの言明に関して、控訴人団・全国連は二度にわたる公開質問状を提出して、裁判所判決を尊重し「管理経過の詳細」を再度調査するべきであると追求した。

五、最高裁判所へ上告

二〇〇四（平成一六）年六月八日、控訴人は記者会見を開き、控訴人中一六名が最高裁判所（以下「最高裁」）に上告することを表明した。

八月四日に「上告理由書」および「上告受理申立書」が弁護士から最高裁に提出された。

上告人と全国連は、最高裁に対する取り組みを検討しておよそ次の方針を立てた。
1 最高裁において口頭弁論を勝ち取るために、全国で一万筆の署名活動を行う。請願署名の標題を「最高裁は口頭弁論を開き一〇〇年間の管理経過の審理を」とした。
2 東京において、関東在住のウタリ・支援者と共に、本裁判の宣伝活動を行う。
「上告書」提出に先立って、七月二七日、関東在住のウタリの主催で「東京集会　どうなるの？アイヌ民族共有財産裁判は最高裁へ」が、アイヌ文化交流センターで開かれた。市民外交センターの上村英明氏を迎え、原告の小川隆吉、青木悦子、全国連大脇、滝沢が報告した。

第二回目の東京行動は、一一月一九日・二〇日の二日間行われた。一九日は、小川隆吉、大脇徳芳と関東ウタリ会の北原きよ子が、この日までに全国から集約した署名六三五九筆を最高裁に届けた。それに引き続き霞ヶ関の東京司法記者クラブと日本外国特派員協会で、「共有財産裁判」の経過と意義について報告をし質問に答えた。二〇日は、日本基督教団銀座教会・東京福音会センターで、「アイヌ民族共有財産裁判を語る　東京集会――いまあらためてアイヌ民族の先住権を問う――」を開いた。参加者およそ一〇〇名の集会は、加納オキ氏友情出演のトンコリコンサートで始まり、北海道から参加した九人の上告人が、この裁判にかける思いを語った。

原告の東京集会への参加のために、一〇〇名以上の市民・団体から支援が寄せられていた。

二〇〇五（平成一七）年六月、かねて最高裁に要請していた調査官面談について、「現時点では、面談する必要がない。補充理由書を提出した段階で再度検討する」との連絡があった。弁護団は、補充理由書作成のため石崎新潟大教授に、また入会権・漁業権について明治学院大教授熊本一規氏に意見聴取をするなど検討を続けた。

同年九月三〇日、上告人団・全国連主催で「札幌シンポジューム　アイヌ民族共有財産裁判最高裁でどうたたかうか」が開催された。コーディネーターを全国連幹事広瀬健一郎がつとめ、パネラーに、上告人秋辺得平・房川樹芳弁護士および、全国連九州地区代表委員手島武雅氏（先住民族の権利問題・アメリカインデイアン信託裁判等の研究者）を迎えた。このシンポジウムは、補充理由書作成のために、国際的な先住民族の権利保障の実情に学ぼうとするねらいも有していた。

上告人団・全国連は、最高裁第二小法廷判事宛てに口頭弁論開催を再度求める「ハガキ」行動を提起した。要請趣旨は、

1　口頭弁論を開き、札幌高裁判決に指摘された知事の管理不十分にかかわって審議を尽くして頂きたい。

2　上告人が北海道の先住民族であることをふまえて、憲法および国際法の先住民族条項の条理に立って審判して頂きたい。

というものであった。

同年一二月一一・一二日の両日、「開け！最高裁」と題して再び東京行動が行われた。これは、全国連事務局次長の清

水裕二が再三上京して、関東在住のウタリおよび支援者と打ち合わせを重ねて準備したものであった。

「アイヌらしい訴えをしよう」と、豊島区中池袋公園でカムイノミおよびイチャルパが行われた。祭主は上告人秋辺がつとめた。氏は「私たちの願いが必ず実現するように見守ってください」という意味の言葉を先祖に献げた。祭具・トノト（御神酒）は同氏が釧路から一式を運び込んだものである。同日の祭壇は、早朝より、上告人川村シンリツエオリパックアイヌ（旭川）、諏訪野楠蔵（有珠）、荒木繁（札幌）、清水裕二（江別）、それに秋辺（釧路）の五人がそれぞれにイナウケ（アイヌ語。木を削って木幣をつくる）をし、公園内に掲げたものであった。祭りはおよそ二時間続き、リムセ（輪おどり）で終了した。引き続き行われたデモには、原告を囲んで約百人が池袋駅周辺路上から、都民に共有財産裁判と最高裁口頭弁論開催を訴えた。夜は、豊島区民センターにおいて「開け最高裁・東京集会」を開いた。参加した上告人一〇人が発言したが、川崎市から車いすで参加した上告人青木悦子は、北海道から関東へ移住した半生を振り返り、共有財産返還の理不尽を許せないと訴えた。札幌から参加した佐藤昭彦弁護士から、最高裁へ提出した「上告理由書」「上告受理申立書」における最高裁に対する訴えの要旨が説明された。関東在住のウタリや支援者からの発言が活発になされた。

翌一二日には、最高裁に集合し、口頭弁論開催を要求する「要求書」の提出を行った。上告人団は事前に最高裁担当者への要求書の手渡しと面談を要求していたが、この日参加した上告人全員と支援者合わせ三〇人が、最高裁主任書記官と面談することになった。参加した上告人全員が書記官に、それぞれ口頭弁論開催を訴えた。

東京行動の後、書記官の示唆があった小法廷判事に対する訴えの親書を届ける行動に入った。秋辺などの上京の機会を利用して最高裁に届けられ、または封書で送った原告もあった。

二〇〇六（平成一八）年三月二九日には、秋辺上告人が再度最高裁を訪れ、口頭弁論開催を訴える面談が予定されていたが、この日に先立つ三月二四日、上告を棄却する最高裁第二小法廷決定が通告された。

上告棄却の理由は、裁判官全員一致の意見として次の通り述べられている。

民事事件について最高裁判所に上告をすることが許されるのは、民訴法三一二条一項又は二項所定の場合に限られるところ、本件上告理由は、違憲及び理由の不備をいうが、その実質は単なる法令違反をいうもの又はその前提を欠くものであって、明らかに上記各項に規定する事由に該当しない。

上告人団は直ちに「アイヌ民族共有財産裁判上告人緊急声明」を発表し、最高裁決定を批判した。また、上京中の秋辺を通じて、声明と同趣旨の「抗議文」を最高裁に届けた。

二〇〇八（平成二〇）年まで、北海道知事は請求者のいない分の共有財産引き取りを、アイヌ文化振興・研究推進機構に申し入れているが、同機構は評議委員会でこの受け取りを拒否している。また同年三月一四日付で、上告人を含む、共有財産の返還決定者に対して、その受領を要請する文書（公告時の知事堀達也名）を送付してきた。同趣旨の文書はこれまで二回届けられているが、三月二五日を限って提出を求める「回答書」と題した文書の内容は、次の通りである。

①共有財産については、北海道は管理するのみで、共有者に分割して渡すことが出来ない。
②各共有別に、共有者間で代表者一名を選出していただき、その代表に口座振替・現金書留・直接手交などの方法によって返還する。
③次の項目に〇をつけてください。

1　代表者となる意思がある。名前・連絡先を他の共有者に知らせて差し支えない。
2　代表者となる意思はないが、名前・連絡先を他の共有者に知らせても差し支えない。
3　代表者となる意思もなく、名前・連絡を知らせては困る。

上告人団は、この文書を受けた上告人以外の返還請求者にも呼びかけ意思統一のうえ、知事高橋はるみに抗議文を提出し、「アイヌ民族共有財産返還請求者有志代表小川隆吉」名で「抗議および通告文」を発表した。内容は、

1　現在の共有財産管理責任者は、現知事高橋はるみであるにもかかわらず、元知事名の文書を用いて担当課参事名で受領を要請することはアイヌ民族に対する、責任と誠実を欠いたものである。

2　回答は拒否する。

3　共有財産返還を要求する意思は変わっていない。

同時に記者会見を行ったが、席上、小川隆吉は、「北海道知事が、共有財産の管理経過を誠実に説明しない限り受け取る事はしない」と言明した。

「アイヌ文化振興法」附則第三条5項は、「第三項（返還請求は、知事公告の日から起算して一年以内に請求することが出来る・筆者）に規定する期間内に共有財産の共有者が同項の規定による請求をしなかったときは、当該共有財産は指定法人（現、アイヌ文化振興・研究推進機構・筆者）に帰属する。」と規定されている。この規定に従うならば、当裁判の原告は札幌地裁の判決で返還請求分の共有財産の返還を確定されたのであるから、原告に係わる共有財産は原告に帰属することになり、もはや指定法人に帰属させることは出来ないことになったと解釈される。したがって、共有財産の「返還」は、少なくとも当裁判の原告に係わるものに関しては、同人の同意なくして如何なる処分も出来ない事態に至っている。

裁判の過程で、北海道知事は共有財産管理の実態については一貫してその審理を回避してきたが、共有財産そのものはいぜん知事の管理の下に残存することになった。

日本政府が、アイヌ民族を先住民族と認めるに至った今日、旧法においてアイヌ民族に宛てられた共有財産をこのまま知事の下に管理し続けることが出来るであろうか。あらたな解決への途が、法廷において、或いは原告が当初に要請したように、北海道知事の再調査、再報告を通じたアイヌ民族との合意の方策がたてられることが求められている。

共有財産はアイヌ民族の永遠の宝である

アイヌ民族共有財産裁判弁護団長
村松　弘康

はじめに

アイヌ民族による共有財産裁判の目的は、旧土人保護法によって北海道が指定、管理してきた共有財産のすべてを、過去に遡って徹底して調査し、アイヌ民族に返還されるべき共有財産の範囲、内容を明らかにし、歴史の検証に耐えうる共有財産の返還を実現することにあった。

原告の鹿田川見さんは「この共有財産のことを通じて、やはり一人でも多くの人にアイヌのことをわかってほしかった」「アイヌ語の中に『チャランケ』というのがあります。これは日本語で『談判』と訳されていますが、お互いが徹底的にわかりあうまで、納得できるまで話し合うという意味です。ですから、この裁判はアイヌ語で言えば『チャランケ』だと思うのです」と法廷で意見を述べ、この裁判の意義を語った。

第一　共有財産問題との出会い

共有財産訴訟に関わったきっかけは、映画監督の龍村仁監督が制作した映画『地球交響曲（ガイアシンフォニー）第3番』の出演者であるアラスカ在住の環境活動家、シリア・ハンターさんとジニー・ウッドさんを案内して、千歳の獣医、南さんの「ガイア牧場」に宿泊した時のことだった。

アイヌの人達に歓迎の踊りを披露していただいた。アイヌの女性の「つるの舞い」が不思議に印象に残り、牧場の一角で飼われていた気性の荒いアライグマも記憶に残っている。

その場に、後に共有財産の裁判の団長に就任されることになる小川さんがいらっしゃった。小川さんとは初対面だったが、学校で子供たちにアイヌのことを教えており、アイヌは自然をうやまい、自然とともに生き、自然の一部として生かされていると目を輝かせて語っておられた。

小川さんは「一八九九年（明治三二年）から一〇九年にわたってアイヌの共有財産を管理していた北海道が、今ある共有財産をアイヌに返還して、これで終わりです、と強引に幕引きを図ろうとしている。しかし、北海道は我々の先祖の財産を法律に基づいて管理していたのであるから、管理の経過を明らかにして、これこれの理由で財産はこれだけしか残っていませんと説明するのが当然の責任ではないか。またアイヌの共有財産の管理経過を調査する委員会にアイヌを参加させるように求めても、北海道は認めてくれない。せめてアイヌの財産を返還する手続きなのだからアイヌを参加させてほしい。アイヌを排除した返還手続きを進めるのは共有財産の返還を規定した『アイヌ文化の振興並びにアイヌの伝統等に関する知識の普及及び啓発に関する法律』（以下アイヌ文化振興法という）の趣旨に違反している」と憤られていた。

第二　アイヌ民族は心をひとつに

一九九七年（平成九年）アイヌ文化振興法が制定された結果、旧土人保護法が廃止され、共有財産が返還されることになったが、共有財産の実態は個々のアイヌの個人的所有権の対象というより、アイヌ民族全体もしくは一定の地域のアイヌ民族が総有[注]していた財産であったため、これを個々のアイヌに返還することは法的にも問題があった。法律上返還の相手は個人としてのアイヌではなく、共有財産の主体であるアイヌ民族全体、あるいは複数のアイヌであるはずであった。

共有財産はアイヌ民族全体の財産であるとの立場からすれば、共有財産の返還はアイヌ民族として統一して請求しなければならない問題である。アイヌの人達に様々な考えがあることはむしろ良いことだが、相手が国や北海道などの場合はやはり統一して行動する必要がある。アイヌが受けてきた差別と苦難の歴史、財産だけでなく人間としての尊厳まで奪われたことに対する怒りを共有し、アイヌ民族の一揆ともいえる状況を作り出すことが必要であると考え、裁判を受任する際にアイヌ民族として統一した行動をとることが受注の必須の条件であると話した。

小川さんらは一九九八年六月六日、「北海道旧土人保護法に基づく共有財産を考える会」（以下「考える会」）を立ち上げた。そして北海道ウタリ協会に対して、共有財産問題は憲法で保障されたアイヌの財産権の問題であり、アイヌ民族の基本的人権の問題であるから、民族として共有財産の過去の管理経緯を明らかにさせるべきであると主張し、ウタリ協会も返還請求の裁判に協力してほしいと申し入れた。

これに対して、北海道ウタリ協会は一九九八年六月一七日常任理事会で「北海道旧土人保護法の廃止に係る共有財産の処分について」と題する文書を発表した。その骨子は、共有財産の処理の方法について、国や北海道の対応に重大な問題があるのなら別だが、アイヌ新法を認めたが附則による処理は認めないと主張することはできないことと、今は返還のことを問題とするよりも将来に向かった論議をすべきである、国、北海道の対応を淡々と見守っていくこととする、というものであった。

共有財産の問題の当事者、それも民族の代表機関ともいうべきウタリ協会が、北海道の共有財産返還の手続に、重大な問題はないと考えたことに対する驚きは大きかった。共有財産の管理経過を十分に説明しないうえに、現在手元にある現金だけを返還すればよいとする北海道の態度にウタリ協会はなぜ問題を感じなかったのであろうか。確かに、アイヌ新法の附則には、「現に」管理する共有財産と書いてある。「現に」とは現在という意味だが、問題はその内容、とりわけ管理の経過である。文言からすれば、北海道は返還対象となるすべての共有財産を公告する義務があるが、公告した共有財産が返還対象となる共有財産の全てでなかった場合には、公告には瑕疵があり、かかる公告を前提とした返還処分も違法となるはずである。

また、北海道には共有財産の管理経過を調査したうえで、返還すべき共有財産を把握して公告すべき責任があるから、公告からもれた共有財産が存在している限り、返還義務は消滅しないことになるはずである。

アイヌ民族が統一して共有財産返還の声をあげていたならば、裁判所も、アイヌは共有財産返還によって財産の返還という利益を受けるのであるから、法律上不利益はないなどという形式論で済ますことはできなかったと思う。

注：総有　複数の者が一個の物を共同で所有する一形態。団体的拘束の下での収益・使用権を与えられるにすぎない。分割請求もなしえない。

第三　共有財産の返還請求はこれからはじまる

1. 共有財産の管理経過はなぜ明らかにならないのか?

提訴にあたり「考える会」は、北海道に対して共有財産の原資料の公開を粘り強く要求した。

これに対して、北海道環境生活部総務課長嶋田裕司氏は、平成一〇年七月七日付「共有財産等に係る資料の公開について（回答）」と題する文書において、「なお、『財産の発生原因』及び『財産の発生場所』に係る原資料につきましては、長期間が経過し、保存年限を超えておりますことから、現時点では存在しておりませんので申し添えます」と回答した。すなわち、明治三二年に制定された北海道旧土人保護法第一〇条に基づいて、いつ、どのような財産が北海道長官の管理する共有財産として指定されたかを明らかにする原資料が「現時点では」存在しないというのである。

しかし、長官がアイヌの財産を共有財産として管理する責任は、法律上の義務に基づく管理であるから、法律が廃止されない限り共有財産に関する文書が廃棄されることはありえないはずである。

現に、旧土人保護法制定後、北海道は、「旧土人保護法ニ依リ長官ニ於テ管理スル旧土人共有財産ノ指定」と題する北海道庁令により、長官が管理する共有財産を指定している。この庁令には「共有別」「財産種別」「数量」「財産ノ性質及ビソノ目的」「財産ノ所在地」「地目」「地籍」（所在の意味）「段別」（面積の意味）が詳細に特定されて記載されており、共有財産の指定を受けた財産は一目瞭然明らかとなっている。

したがって、庁令によって共有財産の特定ができる以上、当該共有財産の「発生原因」および「発生場所」が不明ということはありえない。仮に共有財産の管理経過が不明というのであれば、管理経過を記載した管理簿がなぜ存在しないのかについて、北海道には当然説明責任がある。

更に、一九九八年八月三一日付の回答によれば、北海道は「文書の保存等につきましては、北海道文書編集保存規程（昭和六〇年一月二五日訓令第一号）に基づいて行ってきたところであります。なお、これ以前についても同様に北海道庁文書編纂保存規程などの規程により行ってきた」ことを認めている。共有財産指定以前の文書編纂保存規程は明治三〇年一一月二七日北海道庁訓第二六四号である。右規程第一条は、文書の保存年限を四つの分類に分けて規定しており、そのうち第一類に属する文書の保存年限は「永久保存」と規程されている。そして第二条一号において、「法律命令ノ制定更改ヲ要シ又ハ執行ニ関シ閣省ニ上達スル文書並庁令訓令告示告諭指令」は第一類の永久保存の文書に属すると記載されている。共有財産は北海道庁令によって指定されており、共有財産の管理経過に関わる文書も永久保存扱いとなっていたのであるから、保存年限を超えていることは原資料が存在しない理由にはならない（同規程第二条二号「例規徴証に供うべき文書及び帳簿」）。

したがって、北海道が保存期限を持ち出して文書の存在を否定することはできない。北海道が「現時点においては」として留保をつけていることも、文書が存在しないと断定することができないからである。

およそ他人から財産の管理を任された場合は、善良な管理者の注意をもって財産を管理し、返還するときには管理の経過を報告することが管理を任された者の当然の責任である。すなわち、他人の財産を管理する以上、その者は民法上の寄託あるいは事務管理の規定に従い、また財産管理人の規定の趣旨に従って管理すべきである。善良な管理者の注意義務については、例えば民法四〇〇条が「債権の目的が特定物の引渡しであるときは、債務者は、その引渡しをするまで、善良な管理者の注意をもって、その物を保存しなければならない」と規定しているとおりである。共有財産を管理していた文書が一部しか残っていないこと自体、北海道による共有財産の管理がいかにずさんに行われていたかを物語っており、仮に、道が共有財産の管理簿を紛失したというならば、それ自体が行政の責任問題である。現在、年金記録の作成・管理が不十分であったことに対して厚生労働省の責任が厳しく問われていることとの対比でも、アイヌ民族の共有財産の管理の記録が存在しないとすれば、北海道により重い責任が認められるべきである。

また、アイヌ民族から管理を任されていた共有財産を特定できないとか、共有財産の一部を紛失してしまったのであれば、所有権侵害として損害賠償責任が発生することにもなる。

2. 共有財産を返還させることはアイヌ民族の永遠の課題

札幌高等裁判所は、「北海道が行った共有財産返還にかかる調査は不十分なものであり、官報で公告された以外にも本来返還されるべき共有財産が存在する」とのアイヌ民族の主張につき、「旧土人保護法一〇条三項により共有財産として指定された財産の中には、北海道知事において指定後の管理の経緯の詳細を把握しきれていないものがあることは否めない」と判断し、公告から漏れている共有財産が存在する可能性を認めた。それゆえ、公告漏れの共有財産が後日新たに明らかとなった場合には、北海道は再度の返還手続きを行うべきものと解するのが相当と判示せざるを得なかった。この判断は最高裁においても覆されることはなかった。

すなわち裁判所は、共有財産の全てが返還し終わるまで返還手続は終了しないことを明言したのである。共有財産の返還手続の問題の一つは、一度限りの返還手続によって一方的に幕引きを図られる可能性がある、という点にあった。アイヌ文化振興法の附則第三条五項によると、公告から一年を経過しても返還請求のない財産は指定法人に帰属することとなっているだけで、新たに共有財産が見つかった場合に、その扱いがどうなるのかについては全く触れられていない。再度の手続は制限されないとの今回の裁判所の判断は、アイヌに対して、全ての共有財産を返還させる道筋を明らかにしたと言える。

すなわち、共有財産の返還手続きは一回に限られないから、もし公告から漏れた財産が発見されたならば、再度の公告・返還手続きを行うことができるのである。

この判断に対して、北海道の高橋知事は判決後の記者会見で、共有財産を再調査する気もなければ再度の公告・返還手続きを行う気もないことを公言した。

しかし、アイヌ民族が今後もねばり強く共有財産の管理経過を調査し徹底的に明らかにすることによって、いつでも共有財産返還の道が開かれることになったのであるから、北海道が今回の共有財産の返還で手続を封印しようとしても、封印を解く鍵は永久にアイヌ民族の手に握られているのである。

第四　共有財産調査委員会の設立を

1．アイヌ民族差別の歴史に終止符を

北海道は、現在判明している共有財産を返還すれば足りると裁判で主張したが、その主張は、アイヌ民族を対等の日本国民として扱っていない姿勢の表れであった。

近代日本社会でアイヌ民族はいわれのない差別を受け、様々な権利侵害を受けてきた。しかしアイヌ民族は、民族としての自覚と誇りと自立を保ち続けるために努力を重ねてきた。

東洋のルソーと呼ばれた中江兆民は、一八九一年（明治二四年）小樽の『北門新報』の主筆時代、アイヌの惨状を次のように記述している。「嗚呼我同胞の日本人共、真に貪欲其物の狡猾其物の凝固体とも謂ふ可き者共、血盆の口を張り剣樹の牙を振り、水晶にて作りたる童子の如き彼れ土人を恐嚇し、騙詐《へんさ》し、其命に懸けて猟獲したる熊の毛を掠め取るか如きは実に羞かしきの極、汚はしきの至と謂ふ可し、開化とは晴衣を衣たる社会の謂には非ずや、蛮野とは褻衣《せつい》のままの社会の謂には非ずや、彼れ無情無残の日本人共は、其泥に濡れたる絹服もて、彼れ土人の無垢の褻衣を汚し去りて、而して得々然りたり」。この記述から、明治時代の和人がいかにアイヌをおどし、だまして財物を騙取していたかが明らかである。

むろん、アイヌの中にも民族の自立を主張した人物もいた。一九〇二年（明治三五年）余市町で生まれた違星北斗は、「鮮人が鮮人で尊い。アイヌはアイヌで自覚する。シャモはシャモで覚醒するように、民族が各々個性に向かって伸びて行」く、民族の独自性を尊重するような理想とする社会に向けて「今こそ正々堂々『吾れアイヌ也』と叫べよ」と呼びかけた。差別の中で少数者であるアイヌ民族としての誇りと自覚と自立を呼びかけた北斗の感性と勇気は共有財産裁

判を戦った原告らに引き継がれている。

一九歳でこの世を去った知里幸恵は、一九二三年（大正一二年）出版の『アイヌ神謡集』の中で「その昔この広い北海道は、私たちの先祖の自由の天地でありました」「……僅かに残る私たちの同族は、進みゆく世のさまにただ驚きの目をみはるばかり。しかもその眼からは一挙一動宗教的感念に支配されていた昔の人の美しい魂の輝きは失われて……多くの言語、言い古し、残し伝えた多くの美しい言葉、それらのものもみな果敢なく、亡びゆく弱きものと共に消失せて」と、アイヌ民族の魂の尊厳と文化のかけがえのなさをうたった。

バチェラー八重子は、

「国も名も　家畑まで　うしなふも　失はざらん　心ばかりは」

「ずたずたに　蹂みにじられし　ウタリの名　取り返すのも　己が胸にあり」

「亡びゆき　一人となるも　ウタリ子よ　こころ落さで　生きて戦へ」


と、北斗と同じくたとえ財産を失うとも心を落とさず、一人となっても生きて戦えとうたった。

アイヌ民族が差別に対して「ノー」を突き続けてきたことによって、北海道旧土人保護法を廃止させ、アイヌ文化振興法を制定させることができた。アイヌ民族の粘り強く長期にわたる異議申立が日本社会に風穴をあけたと言ってよい。「あるものは返すから、過去のことは関係がない」と言ってはばからない北海道の感性は、アイヌ民族の復権に水をさすものである。

むろん、行政の意識は市民の意識の反映という面もある。日本の社会は、異質・異端、もっと言えば違いを嫌い、同質・同調を好む風潮が強い。少しでも目立つところがあれば出る杭として打ち、同質性を強要する。打たれないとしても、異質・少数の立場の者は仲間外れにされ社会の主流から外される。学校や職場のいじめも、日本人の同質を求めるエネルギーの強さが一つの原因であろう。旧土人保護法の廃止は、日本社会の同質のエネルギーが弱められ、異端・少数者も対等に尊重され尊敬される社会を実現するための大きな一歩であった。

2．民主主義と自由主義

民主主義は多数決の世界である。国民が主権を有するがゆえに主権者の多数を代表する議員が国会で法律を制定する。少数意見は多数が決めたルールに従わざるを得ない。したがって、民主主義に従って定めた法が、少数者の人権を無視する法律になったとしても、少数者はそのルールに従わざるを得ないということになる。多数決の原理に基づく民主主義の限界がここにある。

アイヌ民族を「土人」と呼び、一人前の国民として扱わず、財産を管理の名で取り上げた旧土人保護法もまた当時の多数者が決めた法律であった。

日本社会における絶対的少数者であるアイヌ民族にとって、最もよく自らの権利を行使できる場は、自由主義があてはまる司法の場である。

「司法というのは本来、市場原理と国民主権が支配する世の中で強くなれなかった者が最後に自分の言い分を持ち出すところ[注1]」である。すなわち、多数決ではかなわなかった少数者にとっての最後の砦が司法の場なのである。

立法と行政の場における「正しさ」を支える原理が民主主義だとすると、司法の場における「正しさ」を支える原理は自由主義である。司法は民主主義の例外であり、少数者の人権を守るための制度的保障ということができる。司法の場で少数者が法により自らの人権が侵害されていると訴え、その訴えが認められることは、多数者が作った法が少数者の人権を侵害していたと認められることである。司法は法律が憲法に適合しているか否かを審査し、違憲判断が下されれば法律は憲法に違反するがゆえに効力を失うことになる。そして、司法の判断を踏まえ、法が改正され、少数者の意思が反映される。このサイクルが機能することが民主主義の要である。そして、今日の少数者が明日の多数者となりうる可能性が保証されていなければ、民主主義は単なる「多数による意見の押しつけ」にすぎず、少数者にとっては抑圧としてしか機能しなくなる。民主主義原理と自由主義原理が車の両輪として機能してはじめて、多数者と少数者が互いに尊重しあう自由な社会が実現する。

アイヌ民族の不断の訴えは、日本社会における「『皆とちがう人間』に加えられる圧力」を軽減し、個人の自由の拡張に貢献したといってよい。個人の自由と人権の意識が定着せず、少数意見を尊重しない社会は危険である。「一九三〇年代に『軍閥が国を誤った』というのは、全く不正確であって、『大衆に支持された軍閥が国を誤った』のであり、殊に大多数の人々と異る少数者の意見を、無視し、弾圧し、沈黙させることで国を誤ったのである(注2)」と言われるゆえんである。

人間にとって自由ほど尊いものはない。自由は人間の自発性と創造性の源泉であり、多様性に満ちた社会の制度的保障である。自由の抑圧に抵抗する力は国民の幸福を実現する力であり、鍵である。

注：1　樋口陽一『個人と国家』（集英社、二〇〇〇年）

2　加藤周一『加藤周一セレクション〈5〉』（平凡社、一九九九年）

3．アイヌ民族のほこりをかけ共有財産の再調査を

二〇〇七年九月一三日に国連総会で「先住民族の権利に関する国際連合宣言」が採択された。そして、サミットを前に、超党派の国会議員でつくる「アイヌ民族の権利確立を考える議員の会」（代表・今津寛自民党道連会長）が、アイヌ民族を先住民族とする国会決議を提案し、二〇〇八年六月衆議院、参議院の両院本会議で「アイヌ民族を先住民族とすることを求める決議」が全会一致で採択された。

平成二〇年八月一一日には、アイヌ民族も参加した「アイヌ政策のあり方に関する有識者懇談会」の第一回の会議が開催され、現在までアイヌ民族が名誉と尊厳を保持するための総合的な施策の確立について検討されている。

アイヌ民族に先住権が認められ、アイヌ民族の復権のための複合的施策が具体化することは、日本社会の閉塞を打ち破る大きな力になるに違いない。

アイヌが先住していた北海道においてこそ、堂々と共有財産調査委員会を立ち上げ、当事者であるアイヌ民族を参加させて調査を開始する必要がある。過去の共有財産を返還しきるまで、共有財産はアイヌ民族の永遠の宝である。

北海道がアイヌ共有財産を徹底して調査しその結果に基づいて共有財産の返還を完了する行動に出るならば、必ずや国際的にも高い評価を受けるに違いない。知事の先駆的英断を期待したい。

引用文献・参考文献

アイヌ民族共有財産裁判を支援する全国連絡会、『アイヌ民族共有財産関係資料集（第2集）』、二〇〇〇年

榎森進、『アイヌ民族の歴史』、草風館、二〇〇七年

小笠原信之、『アイヌ近現代史読本』、緑風出版、二〇〇一年

小笠原信之、『アイヌ共有財産裁判――小石一つ自由にならず』、緑風出版、二〇〇四年

加藤周一、『加藤周一セレクション〈5〉』、平凡社、一九九九年

河野本道、『対アイヌ政策法規類集』、北海道出版企画センター、一九八一年

常本照樹、『アイヌ民族をめぐる法の変遷――旧土人保護法から「アイヌ文化振興法」へ』、さっぽろ自由学校「遊」、二〇〇〇年

中江兆民、『中江兆民集』、筑摩書房、一九七四年

北海道旧土人保護法に基づく共有財産を考える会、『アイヌ民族共有財産関係資料集』、一九九八年

樋口陽一、『個人と国家』、集英社、二〇〇〇年

アイヌ民族共有財産訴訟判決における先住民族性について

弁護士
房川　樹芳

第一、はじめに

1、アイヌ民族共有財産訴訟の判決は、はたして「訴の利益」があるか否か、つまり、行政訴訟に多い入口論で判断されてしまった。しかし、訴訟を提起した原告の思いは、むしろ共有財産を返還されることでこれまでの管理の実態を封印されるのではないか、そのようなことは許さないということにあった。

2、どうして共有財産が管理されたのか、その管理の実態はどのようなものだったのか、なぜ今になって返還するのか、返還するにあたってはどのくらいの調査をしたのか、そのような基本的なことが何も判らないまま、現在残っている金員を返還しますと言われても納得できるものではなかったのである。先住民族として苦渋の歴史を強いられてきたアイヌ民族としては、どうしてもはっきりさせたいことであった。

3、ところで、二〇〇七年九月一三日、国連総会において「先住民族の権利に関する国連宣言」いわゆる「先住民族権利宣言」が採択された。これは四六条からなり、民族自決権を認め、先住民族の土地や資源の収集、民族アイデンティティの剥奪などを国が補償するなどの制度をつくるよう定めた宣言である。わが国も一定の解釈上の留保を示しながらも賛成した。

4、このような世界的潮流の中で、アイヌ民族共有財産訴訟の判決は先住民族性についてどのような姿勢と判断を示していたのだろうか、次に述べることとする。

第二、本件訴訟における裁判所の先住民族問題に対する姿勢

1、第一審の判決は「原告らは、第3に、原告らが返還手続の策定に参加する手続上の権利が侵害されている点、具体的には、アイヌ民族が少数民族として返還手続の策定に参加する手続上の権利があるにもかかわらず、この権利が侵害されている点で不利益を受けていると主張する」と原告側の主張をまとめ、これに対し「しかし、本件返還決定は、原告らの返還の請求のとおりの財産、金額を返還する旨を決定したものであり、原告らの請求をすべて認めた決定である。仮に原告らの主張するような手続上の瑕疵が本件返還決定にあり、本件返還決定の無効を確認し、あるいは決定を取り消し、その手続をやり直したとしても、原告らの請求を上回る処分、すなわち原告らの請求をすべて認めた本件返還決定以上に原告らにとって有利な処分が行われることはない。結局、本件返還決定の手続をやり直した上で、本件返還決定と全く同一の原告らの請求をすべて認める処分を再度行うことになる。このような場合に、原告らが、手続上の権利が侵害されたという理由により、本件返還決定の手続をやり直すことを求める必要性は考えられない」とした（第一審判決一九頁〜二〇頁）。すなわち、原告らは共有財産を返せと言ったことに対して返還しますという決定には誤りはないし、やり直しても同じことでしょうという内容である。

これの意味するところは、第一審判決が訴の利益をあくまで「お金」だけで考えているることを表しているのである。しかし、原告らが、返還の決定をやり直すことによって明らかとなる先住民族の権利、失われた尊厳などについて一顧だにしない姿勢を示していると評価できよう。

2、次に、原告らが「アイヌ新法附則三条あるいは同上に基づく共有財産等の返還の具体的な本件返還手続が憲法二九条（財産権の保障）、三一条（法定の手続の保障）、一三条（個人の尊重・幸福追求権・公共の福祉）、B規約二七条（少数民族の宗教・言語・文化の尊重）に違反する、あるいは具体的な本件返還訴訟手続がアイヌ新法四条に違反すると主張し、本件返還しない決定の無効確認または取消しを求めている」と主張した点について（第一審判決二三頁）、第一審判決は次のように判断した。

「憲法二九条違反の主張については、原告らは、アイヌ新法附則3条あるいは具体的な本件返還手続により共有財産等の共有者全般の財産権が侵害されていると主張しているが、原告らが共有者であると確認できないとして返還を認めなかった本件返還しない決定について、違憲の主張をしているわけではない。」「憲法31条違反の主張については、原告らが、公権力の一定の措置によって重大な損失を被る個人がその過程において適正な手続的処遇をうける権利は同条により保障されるという見解に立って主張しているのであるが、憲法一三条違反の主張と根拠条文を異にするにすぎず、憲法一三条違反の主張と同様である。アイヌ新法附則3条及び具体的な本件返還手続のB規約27条違反、具体的な本件返還手続のアイヌ新法4条違反の主張も同様である。

原告らは、本件返還しない決定の無効又は取消しを求めるものであるけれども、原告らが共有者であると確認できないとして返還を認めなかった被告の判断やその手続に違法、違憲があるという主張をせず、結局、本件返還しない決定の背後にあるアイヌ新法附則三条が規定する共有財産の返還手続の制度自体、あるいは、同条に基づく手続自体が違憲、違法等であることを、本件返還しない決定が違法か否かという問題とは離れて、一般的、抽象的に主張しているにすぎない。このことは、原告らが、本件返還決定も、本件返還しない決定も、同一の理由により違憲、違法であると主張し、請求した財産の返還が認められても、認められなくても、いずれにしても違憲、違法であると主張していることからも明らかである。

また、アイヌ新法附則3条あるいは同条に基づく具体的な本件返還手続が違憲等により無効であるとしても、そのことによって本件返還しない決定によって生じた状態、すなわち、原告らが返還請求をした共有財産等が返還されないという状態を除去することはできない。かえって、アイヌ新法附則3条あるいは同条に基づく具体的手続が違憲無効であるとすれば、被告が原告らに対して共有財産等の返還を行う法的根拠を欠くことになる。

このように、本件返還しない決定が違法か否かという問題と離れて、アイヌ新法附則3条あるいは同条に基づく具体的な本件返還手続の違憲性等の主張をすることは、抽象的に法令の解釈、適用を争うことに他ならない。このような主張は、本件返還しない決定の無効の理由、あるいは取消事由の主張にはならないというべきである。」（第一審判決二三頁〜二四頁）。

以上の通り、原告らの憲法上の主張や国際人権B規約上の主張は、いずれも抽象的だという一言でもってすべて排斥しており、その内容の具体的検討は全く行なっていないのである。

3、第一審判決は、その内容からみて先住民族問題についてほとんど関心を有しないか無視した判決と評価せざるを得ない。後述するいわゆる二風谷訴訟判決とは全く比較にならないと言わざるを得ない。

ただし、唯一評価できるとすると、裁判手続中、毎回、原告の誰かが意見陳述を要望したことに対して、すべて認めてきたこと、アイヌ語を使用することも制約しなかったこと、アイヌ民族の衣装についても全く制限しなかったことくらいであろうか。これは、二風谷訴訟の第一回口頭弁論の際にアイヌ語使用を制限したことと比較して、時代の流れを感じさせた。

4、高等裁判所においては、第一審判決は「相当であると判断する」としており（高裁判決九頁）、判決の内容について、第一審判決と何ら変わることはない。

また、「控訴人らは、アイヌ民族は先住民族として特別国際法上あるいは一般国際法上の主体性が認められ、国際的権利を行使して、国際請求が出来る旨の主張をもするが、そのことによって被控訴人がなした本件返還決定及び本件返還しない決定の結論が左右されることにはならない」（高裁判決一二頁）と判断し、やはり先住民族の原則等の問題には消極的であることが窺われる。

5、最高裁は「本件上告理由は、違憲及び理由の不備をいうが、その実質は単なる法令違反をいうもの又はその前提を欠くもの」（最高裁判決一頁）として棄却し全く先住民問題に触れることはなかった。

6、いずれにしても、この度の裁判は前述した通り、「訴の利益」という行政訴訟上の入口の問題に終始し、その範囲で判断されたといって過言ではない。

裁判所による国際上の人権問題について判断されることは極めて難しいことが明らかになったと思われる判決である。

以下においては、これまでの訴訟に至る経緯やアイヌ民族の法的状況等の他、国際的潮流を概観しておきたい。

第三、本件訴訟に至る経緯

1、本件訴訟に至る経緯についての詳細は滝沢正氏の論稿を参照して戴きたいが、概要は次の通りであった。

一八九九〔明治三二〕年に制定された「北海道旧土人保護法」第一〇条には、「北海道庁長官ハ北海道旧土人共有財産ヲ管理スルコトヲ得」と規定されており、これによって指定された財産が「共有財産」である。

この共有財産の財源は、一般には、次の三種に分けられるとされている。①開拓使の官営漁業による収益金、②宮内省の御下賜金、③救恤金の余剰金等である。しかし、記録を見ると、アイヌ民族に許可された漁場経営によって得られた収益や勧農政策として開墾された「受産耕地」からの収益、下付された共有地などが相当数含まれていた。本来、アイヌ民族の居住する一定の村・地域そしてアイヌ民族全体の「共有」とされたのであるが、アイヌ民族には管理能力がないとして、北海道庁長官（現、北海道知事）が管理することとされたのである。

2、その後、不動産や海産干場《かんば》、金などが利用処分されたりして、結局、すべて現金に換えられて、平成九年九月に返還するとの公告がなされるまで、特に戦後は、現金として管理されてきていたにすぎない。

北海道知事が「共有財産」を管理してきたことなどは、これまで、特に戦後は、「共有財産」の権利者であるアイヌ民族には知らされてこなかった。

3、ところが、平成九年、保護法を廃止し、新たに「アイヌ文化の振興並びにアイヌの伝統等に関する知識の普及及び啓発に関する法律」が制定され、同法附則第三条第三項に基づき、北海道知事が管理する共有財産を共有者に返還しなければならないとされるに至った。

それに伴い、北海道知事は自ら管理する共有財産を共有者に返還する方法を策定し、平成九年九月五日付官報で公告した。その方法は、平成一〇年九月四日までに共有財産の返還を請求する者が、北海道環境生活部総務課アイヌ施策推進室に返還請求書を提出し、返還請求した者が、共有財産の共有者か相続人かの資格審査をし、それに基づき審査をし、その答申を踏まえて北海道知事が返還することとなった。返還されなかった「共有財産」については、文化振興法附則

第三条第五項に基づいて、指定法人である財団法人アイヌ文化振興・研究推進機構に帰属されることとされた。

4、しかし、これまでの管理について何も連絡を受けてこなかった共有者あるいはその相続人が官報を読む筈もなく、自ら請求するとは思えない。しかも、預金して保管していた現金だけを返還することとしただけであるから、その管理経過も全く不明であった。このような通り一遍の法律の附則に基づく返還方法が正当なものといえるであろうか。特に先住民族の財産についての返還方法としては国際的な潮流に鑑みて正当な手続と認められるのであろうかというのが、今回の裁判を訴えた大きな問題意識であった。

第四、わが国におけるアイヌ民族の法的状況

1、政府の対応

わが国が批准している「市民的及び政治的権利に関する国際規約（いわゆる国際人権B規約）第二七条は「種族的、宗教的又は言語的少数民族が存在する国において、当該少数民族に属する者は、その集団の他の構成員とともに自己の文化を享有し、自己の宗教を信仰しかつ実践し又は自己の言語を使用する権利を否定されない」と規定している。しかし、一九八二年の国連に対する第一回報告書において、政府は「我が国に少数民族は存在しない」と報告していた。

ところが、一九九二年の第三回報告書において、ようやく政府は、アイヌ民族について「独自の宗教及び言語を有し、また、文化の独自性を保持している等から、本条にいう少数民族であるとして差し支えない」と報告するに至った。

2、裁判例

アイヌ民族の法的問題は、主として、保護法に関連して論じられてきた。

最高裁昭和三七（一九六二）年八月二一日の判決は、保護法と自作農創設措置法の関係が問題とされたが、「保護法に基づいて無償下付した農地については、何ら除外例をも規定しなかった点を考慮すれば、右保護法が所有者の自由な譲渡を禁じているのは無償で下付された土地であるためであって、公権力の行使による買収の妨げとなるものではない」とした。この判決には、アイヌ民族が少数民族であるとか先住民族であるという視点は全くない。

札幌地裁昭和五〇（一九七五）年一二月二六日判決は、保護法について「旧土人という呼称は、右に見たように人権的範疇をもうけてその能力を一般的に著しく劣るものとしている点において蔑称としてのひびきがあり、人種的差別として憲法一四条に照らし問題がないわけではない」としながらも、結局、土地売買の有効性の中で保護法の許可制限は合憲だとしたものであって、やはり少数・先住民族性に踏み込んだものではなかった。

札幌地裁は、一九九七年三月二七日、いわゆる「二風谷ダム判決」において、アイヌ民族が先住民族であることを認めるに至った。

二風谷ダム判決は、一九八九年二月三日に北海道収用委員会がアイヌ民族である貝澤正氏と萱野茂氏の土地の強制収用を認める判決をしたところ、同人らが、行政不服審査法に基づく審査請求をし、それが棄却されたことから、一九九三年五月二六日に採決の無効確認と取消しを求めて訴訟を提起したのである。

当該判決は、先住民族を次のように定義した。

「歴史的に国家の統括が及ぶ前に、その統治に取り込まれた地域に国家の支持母体である多数民族と異なる文化とアイデンティティを持つ少数民族が居住していて、その後右の多数民族の支配を受けながらも、なお従前と連続性のある独自の文化及びアイデンティティを喪失していない社会的集団である」

その上で、アイヌ民族は上記に定義した「先住民族」に該当するとした。

さらに、アイヌ民族は、わが国も国際人権B規約にいう少数民族であることを認めており、「文化の独自性を保持した少数民族としてその文化を享有する権利をB規約第二七条で保障されているのであって、我が国は憲法第九八条第二項の規定に照らしてこれを誠実に遵守する義務があるというべきである」とした。

3、これらを前提とすると、アイヌ民族は憲法上、少数先住民族として権利はどの程度認められることになろうか。

二風谷ダム判決は、憲法第一三条は、「その文言が歴史的由来に照らし、国家と個人の関係において個人に究極の価値を求め、国家が国政の態度において、構成員としての国民各個人の人格的価値を承認するという個人主義、民主主義の原理を表明したものである」とした。その上でさらに敷衍して「これは、各個人の置かれた条件が、性別・能力・年齢・財産等種々の点においてそれぞれ異なることからも明らかなように、多様であり、このような多様性ないし相違を前提として、相違する個人を形式的な意味ではなく実質的に尊重し、社会の一場面において弱い立場にある者に対して、その場面において強い立場にある者がおごることなく謙虚にその弱者をいたわり、多様な社会を構成し維持して全体として発展し、幸福等を追求しようとしたものにほかならない」とした。

それを踏まえて少数民族の問題を憲法第一三条で考えるとどうなるかを判断した。その点については、「支配的多数民族とこれに属しない少数民族との関係においてみてみる」として、次のように述べた。「えてして多数民族は、多数であるが故に少数民族の利益を無視ないし忘れがちであり、殊にこの利益が多数民族の一般的な価値観から推し量ることが難しい少数民族独自の文化にかかわるときはその傾向は強くなりがちである。少数民族にとって民族固有の文化は、多数民族に同化せず、その民族性を維持する本質的なものであるから、その民族に属する個人にとって、民族固有の文化を享有する権利は、自己の人格的生存に必要な権利ともいい得る重要なものであって、これを保障することは、個人を実質的に尊重することに当たるとともに、多数者が社会的弱者についてその立場を理解し尊重しようとする民主主義の理念にかなうものと考えられる。また、このように解することは、前記B規約成立の経緯及び同規約を受けてさらにその後一層少数民族の主体的平等性を確保し同一国家内における多数民族との共存を可能にしようとして、これを試みる国際連合はじめその他の国際社会の潮流に合致するものといえる」と判断した。

その結果、「原告らは、憲法第一三条により、その属する少数民族たるアイヌ民族固有の文化を享有する権利を保障されている」と認定したのである。

4、二風谷ダム判決は、アイヌ民族は少数民族として憲法第一三条並びに国際人権B規約第二七条によってアイヌ民族固有の文化を享有する権利を保障されているとし、これまでの種々の政策は「いわゆる同化政策であり、和人文化に優位をおく一方的な価値観に基づき和人の文化をアイヌ民族に押しつけたものであって、アイヌ民族独自の食生活、習俗、言語等に対する配慮に欠けるところがあったと言わざるをえない」とした。その上で、特に配慮をしなければならない点を挙げて、結局、「本件事実認定[注]は違法であり、本件事実認定後の事情によっても右違法が治癒されないから、それに引き続く本件収用判決は、右違法を承継し、その余について判断するまでもなく違法である」と判断したのである。

5、この二風谷ダム判決に照らすと、共有財産の返還手続はアイヌ民族の権利や固有の文化やこれまでの権利の剥奪についての補償、とりわけ民族の尊厳に配慮したものとは到底認められるとは言えないのである。

注：アイヌ民族の聖地である二風谷におけるダム建設にあたってアイヌ民族の文化享有権などの価値の調査を怠って事業認定したこと

第五、国際的潮流

1、アメリカ合衆国では、一八八七年に「一般土地割当法」（いわゆるドーズ法）が制定され、アメリカ先住民の個人に割当単独所有を認め、その余の保留地は白人耕作者に譲渡するという、我が国の保護法によく似た法律が制定された。その後、一九六八年に「インディアンの市民的権利に関する法律」が、一九七五年に「インディアン自決・教育助成法」が制定され、不要になった土地に対する権利を回復補償する措置ないし立法が多くみられるようになった。
　アラスカ先住民に対しては、一九七一年「アラスカ先住民族請求処置法」が制定され、それまでの先住権を消滅させるかわりにその代償としてアラスカ全土の一割にあたる四〇〇〇万エーカーの土地所有権と九億六二五〇万ドルの金員を先住民に付与することとした。

2、オーストラリアでは、アボリジニと言われる先住民に対し、いわゆる同化を促進する「統合政策」がとられていたが、一九九二年にオーストラリア連邦最高裁の判決、いわゆる「マボ判決」がでた。この有名な判決は、先住民の先住権の存在を認め、従前判例で認めてきたオーストラリア先占取得論[注]を否定し、原告らが先住民として土地に対する権限を有し保護されると判断した。
　その結果、一九九七年に「先住権法」が判定され、①先住権者を承認し保護すること、②先住権者に影響する将来の取引について、そのやり方及び基準を定めること、③先住権者の請求を認定する仕組みを定めること、④無効とされた先住権者の過去の行為に効力を付与すること等が定められた。

3、国連において、二〇〇七年九月に採択された先住民族の権利に関する宣言においては、先住民族の様々な権利を認め、「自決権」のほか、「特に先住民族に係る事項の決定過程への参加権」が認められている。その他、知的財産については財産を受ける権利及び開発にかかる権利や、土地の返還請求権、環境権、天然資源の権利、民族アイデンティティの剥奪に対する補償等が認められるに至った。

4、このような国際的潮流、特に国連の先住民族の権利宣言に照らすと、アイヌ民族がその所有の権利を大きく制限されていた「共有財産」を返還するに当たっては、まず「決定過程への参加権」が認められるべきであるし、民族アイデンティティの剥奪に対する補償が認められてよいことになると判断できるのではないだろうか。

注：先占取得論とは無住の土地や人がいても国家が成立をしていない土地は、先に占領した国家がその土地を取得できるという理論で、植民地支配の理論的支柱となった考え方である。

第六、今後

1、二風谷訴訟の判決やアイヌ文化振興法が制定されても、共有財産訴訟においては、裁判所の消極的姿勢が目立ったといえる。しかし、二〇〇七年の先住民族人権宣言が国連において制定されて、我が国も賛成したことからすると、今後の裁判に影響が及ぶのではないか。

2、ところで、我が国はこの宣言に賛成するに当って一定の留保をしている。民族自決権は国からの分離・独立を求めるものではないということ、集団的権利の概念は国際的に広く認知されていないこと、財産権も国内法で合理的な制約が課されていることを指摘して留保している。しかし、先住民族に係る事項の決定過程への参加権や民族のアイデンティティの剥奪への補償などこれまでの差別や権利の制限などへの補償については留保しているわけではないので、憲法との関係は法的問題として残るものの、訴訟の判断において請求権が積極的に認められる可能性は強くなったと言えるであろう。

ただ、政府はアイヌ民族を正式に先住民族として認めていないことなどから、消極的姿勢が目立つので厳しいと言わざるを得ないところである。

3、二〇〇八年六月六日、国会において「アイヌ民族を先住民族とすることを求める決議」が採択された。

国連人権条約監視機関から具体的行動をとることを求められていることに触れ、アイヌの人々が差別され貧窮を余儀なくされてきたという歴史的事実を厳粛に受け止め、政府に対して独自の言語・宗教・文化を有する先住民族として認めること及び有識者の意見を聞いてアイヌ政策をさらに推進し総合的な施策の確立に取り組むことを求めている。

そして、同年六月三〇日には、アイヌ有識者懇談会の委員八名が決定され、二〇〇九年六月には報告書素案が提示された。これは、アイヌ文化復興と生活向上案の拡大を求める内容となっている。

4、二風谷訴訟判決の際には、社会党が政権与党であったことや、原告の萱野茂氏が参院議員となったことなど当時の政治状況も大きな影響を与えていたことを考えると、やはりアイヌ民族の先住権については、国民世論の意識や、政治状況により左右されると考えてよいと思う。二〇〇九年七月一五日、超党派の国会議員で作る「アイヌ民族の権利確立を考える議員の会」がアイヌ民族に対する総合的な施策の推進を定める等の新法制定を政府に求めることを決めたと報道された。

5、さまざまな動きが始まっているが、北海道白老町が二〇〇七年一〇月にアイヌ民族は先住民として白老町の歴史の基礎を築き上げてきたとして、アイヌ民族の誇りを高め、多文化共存による地域の反映を推進するなどの目的を掲げた「アイヌ施策基本方針」を策定したことの動きは重要である。今後は、このような政府や国会議員だけではなく、草の根の動きが国の姿勢を変え、裁判所などの判断を動かしていくと思われる。

注：政府が二〇〇九年秋をめどに、内閣官房に、アイヌ民族施策を継続的に話し合う審議機関を設置する方向で検討していると報道されている。

以上

共有財産訴訟における行政法上の問題点

弁護士
佐藤　昭彦

第一　はじめに

本章においては、共有財産訴訟判決の内容に基づき、本事件における行政法上の問題点を解説する。

なお、二〇〇二年三月七日判決を「第一審判決」とし、二〇〇四年五月二七日判決を「控訴審判決」とする。

第二　取消訴訟に併合提起された無効確認訴訟の訴えの利益について

1　問題の所在

本件訴訟において、原告らは、北海道旧土人共有財産の返還手続処分（以下「本件処分」という）の無効確認を求め、仮にこれが認められなかったとしても、本件処分の取り消しを求めて提訴した。

これに対し、被告側から、処分の取り消しの方が原告らにとって有利であること、無効確認訴訟は、取消訴訟の補充的訴訟形態であることなどを理由に、取消訴訟で十分原告の利益は保護されるのであるから、取消訴訟と重複して併合提起された無効確認訴訟は、訴えの利益を欠くとの反論があった。

すなわち、被告は、取消訴訟が提起できる場合、これに併合して無効確認訴訟を提起しても、取消訴訟の方が原告にとって有利なのだから、無効確認訴訟をする必要がないと主張していた。

ここで、被告の主張する「原告らにとって有利である」とは、後に述べるように、行政処分が無効であるとされるためには、単なる「違法」があるだけでは足りず、「重大かつ明白な違法」が認められなければならないので、行政処分の無効がみとめられにくく、その意味で、単なる違法で足りる「取消訴訟」の方で主張が認められやすいことなどを意味する。

2　行政処分の無効と取消

行政処分には、一般的に特殊な効力として「公定力（こうていりょく）」があるとされている。

ここにいう「公定力」とは、たとえ行政処分が違法であったとしても、行政庁が自ら取り消すか、又は行政不服申立や行政事件訴訟によって取り消されるまでは、一応有効なものとして取り扱われることをいう。

この公定力を国民側から否定する方法が、行政争訟（行政不服申立、行政事件訴訟の総称）である。行政側から行政処分が任意に取り消されない限り、行政処分の効力を否定するためには、取消訴訟で勝訴判決を得る必要がある。

しかし、行政処分が無効の場合は、そもそも「公定力」が発生しないものと考えられている。

では、どのような場合に行政処分は無効となるのか。

この点については、議論があるが、通説的見解は「重大かつ明白な違法」がある場合には、行政処分が無効となるとされている。単なる違法があるだけでは、行政処分は無効にならないのである。このように、行政処分の取消に比べ、行政処分が無効とされる要件は厳しい。

3　裁判所の判断

この論点について、裁判所は以下の通り判断している。

「取消訴訟においては、一般的に、事情判決の制度により処分に瑕疵《かし》が認められても請求が棄却されることがあり得る（行訴法三一条一項）のに対し、無効確認訴訟は事情判決の制度はないから、この点において、取消訴訟よりも無効確認訴訟の方が原告らにとって有利であるといえる。そして、事情判決がされるかどうかは、出訴期間や審査請求前置の要件とは異なり、本案の審理をしなければ明らかにならないから、取消訴訟を提起すれば足りるとはいいきれない。また、行訴法上、取消訴訟と無効確認訴訟は別個の抗告訴訟として規定され、取消訴訟を提起することができないときに限り無効確認訴訟を提起することができるというような規定はない。したがって、無効確認訴訟を主位的に、取消訴訟を予備的に請求することにより両訴訟を併合提起した場合であっても、無効確認訴訟にも訴えの利益が認められるというべきである。」

以上は、第一審判決の内容である。この論点においては、被告の主張を斥けた。

要するに、取消訴訟は、必ずしも原告にとって有利とはいえない、行政事件訴訟法上には、取消訴訟が提起できない場合に限って無効確認訴訟を提起することができるとは規定されていないことを理由に、取消訴訟と無効確認訴訟の併合提起を認めたのである。

この点については、控訴審判決においても、同様の判断が維持されている。

なお、第一審判決中、「事情判決の制度」とは、裁判所が、当該行政処分を違法であると判断した場合でも、当該行政処分を取り消すと社会に重大な影響が生ずる場合には、一定の要件の下で、当該行政処分を取り消さないと判断する制度である。すなわち、裁判所で当該行政処分の違法を確認するだけで、行政処分の効力を否定しないという例外的な取扱いをする場合がある。他方、行政処分が無効の場合は、重大かつ明白な違法があり、「公定力」がそもそも認められないので（当初から効力がないので）、かかる事情判決の適用はないとされている。このように、行政処分が無効であると判断された場合は、「事情判決の制度」の適用がなく、「無効だけれども、効力は否定しない」といった事態は生じない点で、取消の場合よりも有利なのである。

第三　本件返還決定の無効確認又は取消しを求める法律上の利益について

1　問題の所在

この論点が、本件訴訟における行政法上の最大の争点であり、訴訟の結論を左右した争点である。

本件においては、アイヌ文化振興法附則三条に基づく一九九七年九月五日付官報公告（以下単に「官報公告」という）を受けて、共有財産の返還請求を行い、返還決定がなされた原告ら（以下本章における原告とは、返還決定を受けた原告をいう）について、訴えの利益が認められるのか、が争われたのである（なお、返還請求が認められなかった原告については、訴えの利益を認めつつ、返還請求権自体が認められなかった）。

2　訴えの利益について

訴えの利益とは、本案判決（本件の場合、処分が違法か否かを審理判断すること）を下すための前提要件である。裁判所は、訴えの利益がない事案については、内容に立ち入ることなく（処分が違法であるか否かを判断することなく）、訴えを却下[注]することになる。

そして、裁判とは、自己の法律上の利益が侵害された場合に、その救済手段として用いられるものであるから、自らにとって有利な処分を裁判により取消すという不合理な目的の訴訟は、訴えの利益を欠くことになる。

被告は、上記と同様の論理で、「原告らにとって有利な行政処分であって、原告らの権利又は法律上の利益を侵害するものではなく、原告らに何ら不利益を与えるものではない。原告らには、本件返還決定の無効確認又は取消によって回復されるべき法律上の利益は存在しない」と主張した。

注：却下判決と棄却判決

訴訟要件が認められない場合に下される判決が却下判決であり、訴訟要件は満たした上で、原告の主張に理由がない（行政事件訴訟の場合、当該行政処分に違法性が認められない等）場合に下されるのが、棄却判決である。すなわち、却下判決の場合は、原告の主張内容の当否については判断されず、あくまでも訴訟法上の理由に対し、棄却判決の場合は、当事者の主張内容を検討し、原告の主張に理由がない（処分が違法とはいえない）と判断した場合に下されるものである。

3　原告らの主張と第一審判決の判断

(1)　総論

原告らは、本件処分は、形式的にみれば被告の主張通りのようにも思えるが、実質的に考察すれば、原告らにとって不利益な処分であるとの主張をした。以下、いかなる点で実質的に不利益であると主張したのか、について見ていくこととする。

(2) 官報公告に記載されていない財産について

第一審では、官報公告に記載されていない共有財産が存在する場合、本件返還請求の対象となるべき財産が返還対象から除外されていることとなり、そもそも返還請求自体が不可能となる点で不利益であると原告らは主張した。

これに対し、第一審判決では、

「本件返還決定は、被告が公告をした共有財産に関し、本件返還決定の名宛人である原告ら二三名（以下、この項において『原告ら』とはこの二三名の原告を意味する。）の財産、金額を特定した具体的な返還の請求に基づいて、原告らが返還請求をした財産、金額のとおり、返還をする旨の決定をしたものである。すなわち、本件返還決定は、原告らの請求をすべて認めた原告らに有利な行政処分であり、本件返還決定によって、原告らが不利益を受けたり、権利を侵害されたとは考えられない。」

「本件返還決定は、各決定の対象であるそれぞれの財産、すなわち、被告が公告をし、原告らが返還の請求をした財産を、各決定の名宛人である原告らに返還するというものである。本件返還決定により生じる効果は、被告が公告をし、原告らが返還の請求をした財産が、原告らに帰属するということに尽きる。

被告が公告をせず、原告らが返還請求の対象としなかった財産の帰属については、本件返還決定は、何らの判断もしていない。本件返還決定が、各決定の対象でない財産に対して、何らかの法律上の効果を与えることはあり得ない。仮に、原告ら主張のとおり、返還手続の対象となるべきであるにもかかわらず、被告が公告をしなかったことによって返還手続の対象にならなかった財産があり、かつ、それが原告らに返還されるべき財産であるとしても、本件返還決定によって、その財産が原告らに返還されないことになったのではない。原告らの主張する不利益が存在すると仮定しても、その不利益は、被告が共有財産の返還手続の対象とすべきであるにもかかわらず対象としなかったということによって生じているものである。原告らが本件訴訟の対象として除去することを求めているのは本件返還決定であるが、判決によって本件返還決定の無効を確認し又は取り消したとしても、判決の効果として、共有財産の返還手続の対象とすべきであるにもかかわらず対象としなかった財産までをも取り込んだ返還手続を被告に行わせることはできない。

結局、原告らの主張の不利益は、本件返還決定無効確認又は取消しによっても回復することはできず、原告らに本件返還決定無効確認又は取消しによって回復すべき法律上の利益があると認めることはできない」（傍線は筆者）と判断した。

このように、第一審判決は、本件返還決定は、返還請求を行ったうえでそれが認められた原告らにとってみれば有利な行政処分であるから、これを取消したり、無効を主張する利益がない、としているのである。また、第一審判決は、本件返還決定が公告の対象となっていない財産の帰属については、何らの判断もしていない以上、本件返還決定の法的効力を否定したとしても、公告の対象となっていない（公告から漏れた）財産の帰趨に影響を及ぼすことはないと判断したのである。

確かに、第一審判決の考え方は、一般論としては至極当たり前のものである。そもそも、裁判所を通じて、自分に有利な処分を取消す必要はないし、当該処分の効果が及ばない事項については、その処分を取消したところで何らの影響はないことになる。

しかし、弁護団は、本件においては、上記一般論が当てはまらないと考えた。この点については、後に控訴審判決の解説で述べることとする。

(3) 貨幣価値の変動を考慮していない点について

原告らは、本件返還決定が不利益処分であることの理由として、本件返還決定が貨幣価値の変動を考慮しないまま共有財産を評価し、返還額の公告をしている点も指摘していた。

しかし、第一審判決は、

「本件返還決定は、被告が財産、金額を具体的に示した公告に対して、原告らが財産、金額を特定した具体的な返還請求をし、これに基づいて、原告らが返還の請求をした財産、金額の通り、返還をする旨の決定をしたものである。本件返還決定によって、原告らに返還されることになった金額に関し、原告らが不利益を受けるとは考えられない。本件返還決定の無効が確認され、又は取消されたとしても、原告らが返還を請求した金額を上回る金額の返還決定が行われることはない。

したがって、貨幣価値の変動が考慮されていないとしても、原告らに本件返還決定の無効確認又は取消によって回復すべき法律上の利益があるとは認めることができない」

と判示した。

第一審判決は、共有財産の返還手続において、貨幣価値の変動を考慮すべきか否かについての判断を避け、あくまでも公告に示された財産を返還する決定がなされている以上、原告らに不利益はないとの形式的な判断を行っているのである。このように、第一審判決は、公告された金額の妥当性について、少なくとも訴訟要件の判断においては、考慮しないと考えている様である。

(4) 手続上の権利が侵害されている点について

原告らは、共有財産の返還手続の策定にアイヌ民族が参加する機会が与えられておらず、手続上の権利が侵害されており、この点で本件返還決定を取消す利益がある旨主張した。

この点について、第一審判決は、

「本件返還決定は、原告らの返還の請求のとおりの財産、金額を返還する旨を決定したものであり、原告らの請求をすべて認めた決定である。

仮に原告らの主張するような手続上の瑕疵が本件返還決定にあり、本件返還決定の無効を確認し、あるいは決定を取り消し、その手続きをやり直したとしても、原告らの請求を上回る処分、すなわち原告らの請求をすべて認めた本件返還決定以上に原告らにとって有利な処分が行われることはない。結局、本件返還決定の手続をやり直した上で、本件返還決定と全く同一の原告らの請求をすべて認める処分を再度行うことになる。このような場合に、原告らが、手続上の権利が侵害されたという理由により、本件返還決定の手続をやり直すことを求める必要性は考えられない。手続上の権利が侵害されたことを理由としても、原告らに本件返還決定の無効を確認し、又は決定を取り消す法律上の利益があるとは認められない」

と判示した。

このように、第一審判決は、アイヌ民族の手続上の権利が侵害されているかどうかを検討することなく、仮に本件返還手続が無効または取消されたとしても、原告らに本件返還決定を取消す法律上の利益はないと結論づけている。

なお、第一審判決は、手続上の瑕疵があった場合でも、公告の内容は変わらないことを前提としている。確かに手続を適切に履践《りせん》しても結論が変わらないことはあり得るが、必ずしもそうとは限らないはずである。アイヌ民族が手続に参加することで、返還対象が新たに発見される可能性や、返還方法が現行のものと異なる可能性を否定できないのである。第一審判決が、この点を全く考慮していないことは批判されるべきであろう。

第四　無効等確認訴訟特有の問題

無効等確認訴訟は、法律上「現在の法律関係に関する訴えによって目的を達することができないもの」でなければ、訴えを提起することはできない。簡単に言うと、行政処分の無効を確認するよりも、より直接的な解決方法があるのであれば、それによるべきである、とする考え方である。

この争点について、第一審判決は、

「アイヌ新法附則三条に基づく共有者への返還手続は、公告した財産に対して複数の者が返還請求をすることが想定され、返還を受ける資格を有すると認められる者の数によって、返還請求をした者が現実に返還を受けることができる金額等、返還を受ける財産の内容が決定されるものである（指定外財産の返還も同様である。）。返還を認めない決定が無効であることを前提として、金銭の給付を受ける金額が必ずしも明らかでなく、金銭給付訴訟を提起するのが困難である。また、返還を認めない決定が無効か否かによって、共有者の資格を有すると認められた者が受け取ることができる金額が変動することになる。

このような点から考えると、本件返還しない決定の無効を前提として金銭の給付訴訟をするよりも、本件返還しない決定の無効確認訴訟の方が、直裁的で簡明な手続であるといえ、抜本的な解決の手段ということができる。

したがって、本件返還しない決定の無効を主張する三名の原告らは、本件返還しない決定の無効確認訴訟を提起することができるというべきである」

と判示した。

上記判断は、本件訴訟の特質をよく捉えていると評価できる。すなわち、本件においては、返還決定の違法が最大の争点であり、この点が認められ、本件返還決定の無効が確認されることによって、共有財産返還を巡る紛争が抜本的に解決されるからである。

第五　指定外財産にかかる決定が、抗告訴訟の対象となるかについて

行政事件訴訟の対象は、あくまでも公権力の行使にかかるものでなければならない。

被告は、指定外財産について、被告が事実上管理していたものに過ぎず、その返還決定は、何ら公権力の行使にかかるものではなく、抗告訴訟の対象とはならない旨主張していた。

この点について、第一審判決は、

「返還請求者の指定外財産に対する権利は、事実上、被告の決定により決まるということができ、被告の決定が、直接、返還請求者の指定外財産に対する権利に直接影響を及ぼしているということができる。このような行政庁の行為は、行訴法三条が規定する行政処分その他公権力の行使に当たる行為に該当するというべきである」

と判示した。

すなわち、指定外財産の返還も、その管理経過は別として、返還決定自体は公権力の行使に該当するものであるとの判断がなされたのである。この点については、原告らの主張が認められた。

第六　控訴審における控訴人の主張

1　「訴えの利益」がないとの第一審判決の判断について

(1)　第一審判決は、共有財産の返還決定が「原告らにとって有利な処分」であることを理由として、それ自体を取消す

法律上の利益はない、として、訴えを却下している。裁判所は、自分に有利な処分を取消すことは、自分を不利な状態にするだけなので、そのような不合理な訴えは認めないと判断したのである。

この考え方は、一般論としては至極当然のものであることは既に述べたとおりである。

しかし、本件において、共有財産の返還決定は、原告らにとって決して有利な行政処分だとはいえないのである。

(2) 確かに、原告らは、北海道知事の公告に対し、返還請求を行い、その多くが返還決定を受けている。この点では、形式的に見れば確かに原告らにとって有利な行政処分といえよう。

しかし、本件返還決定は、決して原告らにとって有利な処分ではない。北海道知事の公告自体に管理計算義務違反、管理経過調査義務違反など様々な問題があった。そして、なにより旧法下における共有財産の管理も極めて杜撰なものであった。さらには、官報公告に至る手続がアイヌ民族にとって必ずしも十分なものではなく、また先住民族性に配慮したものとは言い難い。このような点で、本件返還決定手続は原告らの人格権、財産権等を侵害するものであった。

このように、本件返還決定は、必ずしも「原告らにとって有利な処分」とはいえないのである。

(3) 原告らが、本件返還請求を行ったのは、官報公告に納得したからではない。本件返還手続において、返還請求のなかった共有財産は、財団法人アイヌ文化振興・研究推進機構に帰属してしまうことになることが予定されていた(文化振興法附則三条五項)。

本件官報公告の違憲・違法を争う原告らとしては、官報公告それ自体を訴訟の対象にすることも考えた。しかし、「官報公告」自体が、そもそも行政事件訴訟法の対象となる処分といえるかについて大いに疑問があった。

行政事件訴訟の対象となる処分については、一般に「公権力の主体たる国または公共団体が行う行為のうち、その行為によって、直接国民の権利義務を形成しまたはその範囲を確定することが法律上認められているもの」であるとされている(最高裁昭和三九年一〇月二九日第一小法廷判決　民集一八巻八号一八〇九頁)。

この定義からすると、本件官報公告自体は、直接的に原告らの権利義務を形成、確定するものではない。官報公告に対して、返還請求を行った原告に対して「返還する・しない」旨の「決定」こそが、行政事件訴訟法の対象となる処分と考えざるを得なかったのである。

(4) 以上検討したように、本件返還決定は必ずしも原告らにとって有利な処分といえない。そして、原告らは、訴訟の対象として、本件返還決定の無効確認・取消しを選択したのである。

2 控訴審における控訴人の主張

(1) まず、文化振興法附則三条にいう「現に」の意味について、控訴審において更に敷衍《ふえん》した。「現に」は必ずしも「現実に」という意味ではなく、「現実に存在すべきであった」という解釈も可能なのである。民法一二一条但書にある「現に利益を得くる限度」の解釈においては、「現に残っていておかしくない利益」も含むものと解釈されている。

(2) 次に、本件返還手続は複数回行われることが予定されているのかについて、控訴人らは、返還手続は一回のみで終結することが予定されている、と主張した。

その理由は、次のとおりである。すなわち、返還手続が複数回に渡って、長期間行われることが予定されているとすると、返還がすべて終わるまで、公告の対象となっていない共有財産は北海道知事が管理することになるのであろうが、共有財産に対する知事の管理権限は、旧法の廃止に伴い、失われているはずである。

知事の共有財産に対する管理権限が失われたのであるから、事実上であれ、共有財産の管理を知事が継続することを前提とした法解釈は取り得ないことになる。

また、文化振興法が、旧法の清算をも内容とする（まさに文化振興法附則三条が清算を目的とする条項である）以上、その清算は複数回に渡り行うことを当初から予定しているとは考えられないのである。

(3) 新潟大学法学部の石崎誠也教授も、本件官報公告の対象となった財産以外の財産については、北海道知事が公告しない限り、控訴人らは返還請求をすることができないのであるから、北海道知事が返還の対象となるべき共有財産について精査し、それを漏れなく官報公告に掲載しなければ、官報公告自体が違法である旨を指摘している。

そして、官報公告が共有財産返還手続の一環をなすものであり、独自の行政処分ではないと構成すれば、瑕疵ある公告は、当然に返還決定の違法事由となる旨の意見を頂いた。

(4) 石崎教授のご指摘によれば不要な議論となるが、弁護団は、「違法性の承継」論を用いて、官報公告と返還決定の違法性を論じた。この議論は専門的な議論なので詳細は割愛するが、要するに、「官報公告に違法があった場合、返還決定それ自体に違法がなくとも、返還決定を違法として取消しができる」とする議論である。本訴訟においては、この「違法性の承継」論によっても、本件返還決定は違法である旨論じた。

(5) 本件返還決定が違法であり、無効が確認され、または取消されたとしても、それだけでは、控訴人らの権利利益は救済されない。返還決定の効力が失われても、直ちに公告されなかった財産の返還等がなされるわけではないからである。

ただ、この点については、判決の拘束力（行政事件訴訟法三三条）が認められることから、判決の趣旨に従った公告が行われることが期待される。

なお、拘束力とは、行政庁に、処分が違法である旨の判決の判断内容を尊重する義務を負わせ、適切な措置を執るよう義務づける効力である。この効力は一般の民事事件判決には認められない効力である。また、判決の一般的効力である「既判力《きはんりょく》」は、判決主文の判断についてのみ後の裁判を拘束するが、「拘束力」については、判決理由中の判断に行政が拘束されるという特色がある。すなわち、取消訴訟における「既判力」は、「その処分を取り消す」という部分にのみ生ずるので、なぜ、その処分を取り消すに至ったのかについての裁判所の判断には「既判力」が生じないのである。これに対し、「拘束力」は、なぜその処分を取り消すに至ったのかについて裁判所が判断した部分についても効力が生ずるのである。

(6) 以上の様な主張に対し、控訴審判決は次の様な判断をした。

第七　控訴審判決

1　訴えの利益について

(1) まず、控訴審判決では、滝沢正さん、井上勝生北海道大学教授の証人尋問を踏まえ、次の通り判示した。

「しかして（証拠略）証人滝沢正、同井上勝生及び弁論の全趣旨によれば、本件返還手続に際して北海道が作成した『旧土人共有財産（土地）に係る告示の経緯』と題する資料（証拠略）中に、旧保護法一〇条三項により共有財産として指定された『幕別（大滝村）海干一宅地一』『池田町　原野四』について、『現在管理されていない。権利移転の手続関係について調査中』との記載があり、上記各不動産は、本件公告の対象たる共有財産とはされていないことが認められるように、旧保護法一〇条三項により共有財産として指定された財産の中には、北海道知事において指定後の管理の経緯の詳細を把握しきれていないものがあることは否めない」

上記判示のとおり、高等裁判所は、北海道知事が、共有財産指定後の管理の経過の詳細を把握しきれていない点について認定した。この点は、本件訴訟における大きな収穫である。

(2) 続いて、文化振興法附則三条にいう「現に」の意味ついて、下記の通り判示した。

「しかしながら、アイヌ新法附則三条は、アイヌ新法施行の際北海道知事が現に管理する財産の返還手続を定めるものに過ぎない。同条の『この法律の施行の際現に……管理する北海道旧土人共有財産』との文言は、返還の対象となるのが北海道知事がアイヌ新法施行の際現に管理している共有財産であるという意味において一義的であって、これを控訴人ら主張のように、公告までに適法に管理を終了した財産を除いた残りすべての共有財産という趣旨に解することはできない。北海道知事がアイヌ新法施行の際に現に管理していない財産については、同法附則三条による返還手続の対象外といわざるを得ない。

したがって、たとえ本件返還決定について無効確認又は取消しの判決をし、その結果、アイヌ新法附則三条二項による公告の手続が再び行われることになったとしても、被控訴人としては、アイヌ新法施行の際に現に管理していなかった財産については、これを公告の対象とすることはできない。」

「現に」の意味については、第一審から主張してきたところであるが、この点については、控訴審判決も結論を維持し、「現実に」の意味に捉えている。そして、控訴審判決は、現実に管理している共有財産以外については、本件官報公告との関係では公告の対象とならないと判断した。すなわち、本件無効確認又は取消しの訴えに関し訴訟の対象となっているのは、平成一一年四月二日付けでなされた返還決定であり、その前提となっている本件官報公告の時点において現実に管理していた共有財産のみが、官報公告の対象となる、と判断しているのである。

(3)　返還手続の一回性について

控訴審判決は、共有財産返還手続の一回性について、次の様に判示している。

「他方、仮に被控訴人がアイヌ新法施行の際現に管理していながら、本件の官報公告からは漏れた共有財産があるとすれば、その共有財産については同法附則三条による返還手続がなされるべきであるが、そのような再度の返還手続は、本件返還決定について無効確認又は取消しの判決がなされない限りなしえないものと解する必要はない。むしろ、アイヌ新法附則三条その他の規定において再度の返還手続が禁じられていない以上、被控訴人としては、アイヌ新法施行の際現に管理していながら本件官報公告から漏れた共有財産を発見した場合は、再度の返還手続を行うべきものと解するのが相当である。このように返還の対象となる共有財産が新たに判明した場合に、その共有財産について追加して官報公告をして返還請求の手続をすることができるということは、被控訴人も認める手続であって、何ら控訴人らにとって不利益な法解釈とはいえない。

すなわち、被控訴人がアイヌ新法施行の際に現に管理していなかった財産については、本件返還決定について無効確認又は取消しの判決がなされても、同法附則三条による返還手続によってこれが控訴人らに返還されるということはあり得ず、また、被控訴人がアイヌ新法施行の際に現に管理していた共有財産については、それが本件官報公告から漏れていたとしても、本件返還決定によって再度の返還手続が制限されるものではない。

本件返還決定の趣旨は、官報公告の対象となり控訴人ら(略)が返還請求をした共有財産をそれぞれに帰属させるということに尽き、控訴人らに対して何ら不利益を及ぼすものではないというべきである。

よって、控訴人らには本件返還決定の無効確認又は取消しを求める法律上の利益がないものといわざるを得ない。」

このように、控訴審判決は、文化振興法附則三条の規定やその他の規定には、再度の返還手続を禁ずる規定がないことを理由として、本件官報公告時に、仮に公告から漏れた財産があったとしても、再度の返還手続を経ることで、控訴人らの不利益が解消されると判断したのである。

2　まとめ

以上見たように、控訴審判決においては、第一審判決と異なり、返還決定が原告らにとって有利な処分である、という形式論を修正し、より実質的に検討した上で訴えの利益を否定している。

共有財産の返還手続が複数回行われるとするならば、その間の共有財産の管理は法的にどう考えるのかについて、疑問は残る。

しかし、控訴審判決で、共有財産の返還手続を複数回行うことができる旨明確に判示されたことは、原告ら（控訴人ら）にとって、必ずしも不利益な判断とはいえないと筆者は考える。

法的な手段をとりうるかどうか、とりうるとして、どの様な方法が可能かについては更なる検討が必要ではあるが、今後旧法下における不当な共有財産管理の実態を解明し、返還未了の共有財産について返還を求めることが重要である。

そして、少なくとも、返還未了の共有財産が発見された場合は、再度の返還手続を早急にとるよう、求めるべきであろう。そして、その手続については、本件訴訟における議論を踏まえ、アイヌ民族が返還手続に参加することを強く求めるべきである。

その様な活動を通じて、アイヌ民族に係る諸問題が一日も早く解決することを願ってやまない。

以上

第Ⅱ部　第一審　札幌地方裁判所　民事第三部

北海道旧土人共有財産等返還処分無効確認請求事件　札幌地方裁判所平成11年（行ウ）第13号

(1) 訴状

一九九九年七月五日

請求の趣旨

(主位的請求)

一、被告が、アイヌ文化の振興並びにアイヌの伝統等に関する知識の普及及び啓発に関する法律附則第三条第一項の規定に基づき、平成一一年四月二日付で原告らに対してなした別紙一ないし二四記載の各北海道旧土人共有財産の返還手続処分はいずれも無効であることを確認する。

二、訴訟費用は被告の負担とする。

との判決を求める。

(予備的請求)

一、被告が、アイヌ文化の振興並びにアイヌの伝統等に関する知識の普及及び啓発に関する法律附則第三条第一項の規定に基づき、平成一一年四月二日付で原告らに対してなした別紙一ないし二四記載の各北海道旧土人共有財産の返還手続処分は、いずれもこれを取り消す。

二、訴訟費用は被告の負担とする。

との判決を求める。

請求の原因

第一、当事者

一、原告らは、北海道旧土人保護法第一〇条に基づいて、北海道庁長官(現在は北海道知事)が管理していたアイヌ民族の共有財産（なお、北海道旧土人保護法においては「北海道旧土人共有財産」と呼んでいた。以下「共有財産」という。）の共有者ないし共有者の相続人である。

二、被告は、北海道旧土人保護法第一〇条に基づいて、共有財産及び後述の指定外財産を管理している者である。

第二、本件訴訟に至る経緯

一、北海道庁長官（現在は北海道知事）は北海道旧土人保護法（明治三二年法律第二七号《以下『旧土人保護法』という》）第一〇条一項に基づいてアイヌ民族の共有財産を管理してきたが、「アイヌ文化の振興並びにアイヌの伝統等に関する知識の普及及び啓発に関する法律」（平成九年法律第五二号《以下『アイヌ新法』という》）の施行により旧土人保護法が廃止され、アイヌ新法附則第三条三項に基づき北海道知事が管理する共有財産を共有者に返還しなければならないとされた（本件では次に記載した「指定外財産」以外の別紙一ないし二四記載の各財産）。

同時に、被告は、旧土人保護法に基づく指定を経ずして北海道知事が管理するに至っていた財産（以下「指定外財産」という）についても返還することにした（本件では別紙五第三段目の色丹村旧土人共有の金一一万七一一八円）。

なお、「共有財産」及び「指定外財産」をあわせて以下「共有財産等」という。

二、それに伴い、被告北海道知事は自らが管理する共有財産を共有者に返還する方法を策定し、平成九年九月五日付官報で公告した。

その内容は、平成一〇年九月四日までに共有財産の返還を請求する者が、被告北海道環境生活部総務課アイヌ施策推進室あて返還請求書を提出することにした。

また、指定外財産についても同日付の官報に「戦前から北海道庁長官（北海道知事）が管理している」財産について、「権利を有すると思われる方」が、翌平成一〇年九月四日までに被告北海道環境生活部総務課まで申し出るよう求める公告を掲載した。

三、被告は、平成一〇年一一月二六日、返還請求をした者が「共有財産等」の正当な共有者ないしその相続人であるかどうかの資格審査をする「北海道旧土人共有財産等処理審査委員会」（以下「審査委員会」という）を設置した。

被告は、審査委員会において正当な共有者ないしその相続人であるか否かの審査を諮り、その答申を踏まえた上で被告北海道知事が共有者と認める者に対し「共有財産」あるいは「指定外財産」を返還することにした。

四、被告が返還すべき正当な共有者ないしその相続人が不在であって、返還されなかった「共有財産」についてはアイヌ新法附則第三条五項に基づき、指定法人である財団法人アイヌ文化振興・研究推進機構に帰属させ、アイヌ文化の振興等の業務に要する費用に宛てることにされている。

同時に、被告は、返還されなかった「指定外財産」については、被告が民法第二三九条第一項の規定に基づき無主物先占を行い所有権を取得し、その後指定法人である財団法人アイヌ文化振興・研究推進機構に出捐し、「共有財産」に準じてアイヌ文化の振興の業務に要する費用に宛てることにした。

五、原告らは、被告が右四記載の指定法人に対し「共有財産等」を帰属させないようにするため、とりあえず「共有財産等」がアイヌ民族に属するものであるとして、被告に対し、平成一〇年九月四日までに返還請求手続をとった。その結果、被告が諮問した審査委員会は、原告らが共有財産等の共有者ないし共有者の相続人であることを認めた。

六、その間、原告らは、被告ないし北海道あるいは審査委員会に対し、共有財産の指定に至る財産発生の原因とその内容・指定の理由・財産管理の経緯を明らかにするように求め、さらに返還方法についても問題があることを指摘し、それが明確になるまで返還手続を中断するように求めていたが、被告は右各要求について明確にせず、満足な調査もしないまま今日に至っている。

七、その結果、被告は平成一一年四月二日付で原告らに対し別紙一ないし二四記載の通りの各「共有財産等」を返還する処分をなし、その旨を記載した通知書を原告らに発送し、原告らは平成一一年四月六日ないし七日にそれを受け取った。

第三、「共有財産」あるいは「指定外財産」管理の経緯

一、「共有財産」「指定外財産」の意義

一、北海道旧土人保護法第一〇条は第一項で「北海道庁長官ハ北海道旧土人共有財産ヲ管理スルコトヲ得」と規定し、第二項で財産処分の手続として「北海道庁長官ハ内務大臣ノ許

可ヲ経テ共有者ノ利益ノ為ニ共有財産ノ処分ヲ為シ又必要ト認ムルトキハ其ノ分割ヲ拒ムコトヲ得」とし、第三項で対象となる共有財産は「北海道庁長官ノ管理スル共有財産ハ北海道庁長官之ヲ指定ス」とされていた。

なお、「北海道庁長官」は現在「北海道知事」とされている。

二、ところで「共有財産」とは、おおむね次の五つからなり、これらの多くは「旧土人保護法」が制定される以前に形成されたものであると言われているが、旧土人保護法の制定により、「旧土人の保護」名下に北海道庁長官（現在は北海道知事）が指定し管理してきたものである。

①開拓使の官営漁業による収益金

開拓使の援助の元に、一定の期限を附して漁業を経営させ、その剰余金を共有財産として積立し、それより生ずる収益をもって保護救済の資金に充当した。

②宮内省御下賜金、文部省交付金

明治一六年、函館・札幌・根室の三県が、宮内省に全道の旧土人教育のための基本金の下付を申請し、金一〇〇〇円が下賜された。

さらに、三県は明治一七年、文部省に対し同様の趣旨で基金の下付を願い、金二〇〇〇円が下付された。

③行幸時御下賜金

明治一四年に明治天皇が北海道を行幸した際、日高・胆振地方の旧土人に対し、金九二五円二五銭を下賜された。

④賑恤費（救助米）の剰余金

明治八年の千島樺太交換条約による占守島以南の千島諸島は日本の領土となり、政府は官船を派遣して撫育費を付与し、その剰余金を積み立てた。

⑤共有地の下付

明治八年、開拓使は厚岸町の旧土人三六人を集めて漁業を営ませ、明治一六年この漁場（海産干場）を下付した。

昭和九年、北海道庁は旭川市の旧土人五〇人に対し、八十町歩余りの土地を共有財産として無償下付した。

三、共有財産の現況

被告は、共有財産の種類には、現金のほか公債証書、債券、株券、土地などの不動産があったが、不動産については昭和二七年までに管理を終え、その後は歳入歳出外現金扱いとして現金のみを管理していたとする。

また、発生理由及び経緯は定かではないが、これまで共有財産と一体的に知事が管理してきた財産（指定外財産）があるが、アイヌ民族の財産と考えられることから北海道旧土人共有財産管理規程に準じて管理している、としている。

現在の管理額は、官報公告時である平成九年九月五日現在、共有財産が一八件、金額にして一二九万三〇九八円であり、指定外財産が八件、金額にして一七万五二四〇円の合計二六件、金額一四六万八三三八円であるとされる。

二、被告の義務

一、被告は、「共有財産」あるいは「指定外財産」について他人の財産の管理を委託されたものであるから、共有者本人ないしその相続人に対して善良なる管理者の注意義務をもって、その財産を管理する義務を負っていた。

二、にもかかわらず、被告はこれまで「共有財産」あるいは「指定外財産」の管理をするにあたって、指定された財産の管理状況あるいは処分の状況につき、所有者である原告ら（原告らの被相続人を含む）に対して、何らの通知をすることもなかった。

三、また、返還公告によって返還するとされた財産の総額についても、被告は「現在管理している旧土人共有財産」が公告された金額であると主張するだけであって、公告した金額に至った出納の経緯を明らかにしない。

四、このように被告は他人の財産を管理するものが負っている善管注意義務[注]をつくして「共有財産」あるいは「指定外財産」を管理していなかった。

注：善良なる管理者としての注意を要する義務

五、また、返還するに際しては、返還の請求をした者だけを返還の対象としている。

被告は前述のように財産管理について善管注意義務を負っているのであるから、これは財産を返還する際にあっては、正当な所有者を調査して、その者に返還手続を行うべき義務がある。

三、アイヌ新法附則第三条及び本件返還手続の違憲性

一、アイヌ新法附則第三条に定められた共有財産の返還手続及び被告が行った共有財産等の返還手続は、その財産管理の経緯及び金額算定の基礎が不明確であること、また共有者の認定手続及び返還手続が不合理かつ一方的であること、先住民族の財産の管理・返還手続としては国際人権B規約に違反していることから後述するように違憲なものである。

二、従って、右返還手続を定めたアイヌ新法附則第三条各項は憲法第一三条、第二九条、第三一条に違反する違憲無効なものであり、同法に基づく処分は違憲な法令に基づく処分であり無効であり、少なくとも取り消されるべきである。

三、また、アイヌ新法附則第三条各項が違憲の規定でないとしても、同条に基づく本件の具体的な返還手続処分は憲法第一三条、第二九条一項、第三一条及びアイヌ新法第四条の規定に違反する違憲違法な処分であって無効であり、少なくとも取り消されるべきである。

四、以下詳論する。

第四　憲法第二九条一項違反

一、旧土人保護法第一〇条は、アイヌ民族は総じて財産管理能力が乏しいと断定し政府による保護が必要であるとして、アイヌ民族に代わって北海道庁長官がその財産を管理することを規定したものである。

　したがって、北海道長官（北海道知事）はアイヌ民族のために財産の管理を委ねられたものであって、被告には、他人の財産の管理・運用を委ねられた者として共有者のために最善を尽くして財産を管理運用する義務が課されていたのである。

二、にもかかわらず、被告は財産の管理・運用の状況について所有者である共有者に対して全く報告をしていない。現在までに、被告が公表している財産管理・運用の状況は、昭和五五年度以降のものだけであって、それ以前の管理の状況、すなわち、指定された財産がどのような経過をたどって現在に至ったものであるか、特に当初現金以外の財産が指定されていたにもかかわらず処分され、現在は現金のみの管理となった経緯は一切不詳のままである。

三、そのうえ、被告は一方的に現在管理していると称する財産を返還するとし、その金額を公表したが、その財産の管理の状況が明らかでない以上、公表された金額が適正なものであるか不明である。しかも、被告は管理者として正当な共有者ないしはその相続人に「共有財産」を返還するにあたっては、共有者ないしはその相続人を調査した上で返還するべきであるにも拘らず、アイヌ新法附則第三条の返還方法は共有者の中から請求してきた者にのみ返還するとしている。

　すなわち、このような財産の返還方法は、「財産権はこれは侵してはならない」と定める憲法第二九条一項に明らかに違反し、原告ら財産の正当な共有者の財産権を侵害するものである。

したがって、アイヌ新法附則第三条に規定する「共有財産」の返還方法は財産権を保障する憲法第二九条一項に違反するものである。

四、仮にアイヌ新法附則第三条が合憲であっても、前述した善管注意義務を負った被告は、共有者らの財産権を侵害しない返還方法に務めなければならないにも拘らず、共有者らの調査や現在額に至った経過の調査を経ずして、期間を制限してその間に請求した者のみに返還するのは憲法第二九条一項に反する処分である。

五、よって、憲法に違反した本件返還手続処分は無効ないし少なくとも取り消されるべきである。

第五　憲法第三一条違反

一、財産権は憲法第二九条一項が保障する基本的人権であるが、基本的人権の尊重を基本原理とする日本国憲法の趣旨からすると、憲法第三一条が定める適正手続の保障が及ぶのは刑事手続に限定されるわけではなく、いわゆる行政手続、特に国民の基本的人権を侵害するおそれのある行政処分あるいは行政庁の決定に関しては適正手続の保障ないしはその保障の趣旨が及ぶものと解される。

二、その観点からすれば、本来、被告は他人の財産の管理者として、財産の所有者が誰であるか把握していたはずであるにもかかわらず、あるいは他人の財産の管理者として正当な所有者についての調査をすべき義務があるにもかかわらず、本件処分はその義務を怠るものであり、前述第四の二のように原告らの財産権を侵害している。したがって、この一点のみでも本件処分は適正手続の保障を定めた憲法第三一条に違反するものである。

三、また、本件返還手続は、被告が財産を返還する旨の公告をし、その日から一年以内に返還の請求をした者のうち、被告が正当な共有者であると認めた者で、さらにその共有者の代表者にだけ財産を返還するとしているが、この返還手続自体所有者である原告らの意向を確認することもなく一方的に定められたものである。

四、加えて、後述する国際人権B規約や先住民族権利宣言草案及び二風谷ダム裁判の判決（札幌地方裁判所平成五年（行ウ）第九号権利取得裁決及び明渡裁決取消請求事件、札幌地方裁判所平成九年三月二七日判決）が「先住少数民族の文化等に影響を及ぼすおそれのある政策の決定及び遂行に当ってはその権利に不当な侵害が起らないようにするため、右利益である先住少数民族の文化等に対し特に十分な配慮をすべき責務を負っている」と述べていることを勘案すると、本件共有財産の返還手続には、「自ら決定した手続によって、自己に影響する可能性のある法的又は行政的措置の立案に完全に参加する権利」を有している先住少数民族であるアイヌ民族が返還手続に関与している必要がある。それにも拘らず、アイヌ新法の制定にはアイヌ民族が民族として参加していない。少なくとも「民族の同意」を得て返還手続をするという措置を定めてもいない。この点から見ても憲法第三一条に違反している。

五、したがって、本件処分が依拠するアイヌ新法附則第三条は行政手続にも適用ないし準用される憲法第三一条に違反するものであるといわざるを得ない。

仮に、アイヌ新法附則第三条が合憲であっても被告は具体的な返還手続を行なうに当たっては、善管注意義務を負った者として、共有者を十分に調査し、しかも代表者のみに返還するとか返還方法を一方的に決めず、アイヌ民族を関与させて返還手続を進めるべきであるにも拘らず、それを怠っており憲法第三一条に違反している。

よって憲法に違反した返還手続は無効ないしは少なくとも取り消されるべきである。

第六　憲法第一三条および国際人権B規約第二七条違反

一、先住民族に関する国際的潮流

1、一九六五年に国連総会において「人種差別撤廃条約」が採択され、翌一九六六年には「経済的、社会的及び文化的権利に関する国際規約（A規約）」（以下「A規約」という）と「市民的及び政治的権利に関する国際規約（B規約）」（以下「B規約」という）及び「B規約の選択議定書」が採択された。特に、B規約の第二七条では「種族的・宗教的又は言語的少数者が存在する国において、当該少数民族に属する者は、その集団の他構成員と共に自己の文化を享有し、自己の宗教を信仰し、かつ実践し、又は自己の言語を使用する権利を否定されない」と規定し、少数民族の権利の保護を図っている。

そして、一九七九年八月四日、我が国は国会において条約の締結を批准し（昭和五四年条約第七号）、同年九月二一日発効している。日本国憲法は条約について国会の承認を必要とし（憲法第七三条三号）、天皇による条約の交付手続を定め（憲法第七条一号）、更に第九八条二項で条約の遵守を謳っている。これらの規定が、一元的な見地のもとに条約の国内法的効力を認めていることは明らかである。このように、条約は、批准・交付により他の立法的措置を待つまでもなく、国内法上法形式として「法律」より上位の効力を有する法規範なのである（同旨・大阪高等裁判所平成元年五月一七日決定　判例時報一三三三号一五八頁）。

また、一九八一年に、日本政府は規約人権委員会（B規約第四〇条に基づき規約の締結当事国からの報告書を審査することになっている）に対して、第一回報告書を提出しているが、その際の審議において「条約は、国内法より高い地位を占める」と答弁している。また、B規約第二七条の規定は「……権利を否認されてはならない」という規定の形態からも自動執行的性格を有しており、何らの国内法上の立法措置は必要ないのである。

そうだとすると、B規約は国内法上も遵守されることが要求されているのである。

2、一九九三年、国連の人権小委員会作業部会において「先住民族権利宣言草案」がまとめられた。

「草案」では「自決権」のほかに「国の政治的・経済的・社会的・文化的な国家活動への完全な参加権、特に先住民族に係る事項の決定過程への参加権」が認められている（第四条、第一九条）。

特に第二〇条は第一項で「先住民族の権利はその希望する場合には、自ら決定した手続によって、自己に影響する可能性のある法的又は行政的措置の立案に、完全に参加する権利を有する。」と規定し、第二項で「国家は前項にいう措置を採択及び実施する前に、先住民族の自由なかつ情報を得た上での同意を得なければならない」と規定している。

また、先住民族の医学的・生物学的な知識などを含めたあらゆる文化的、知的財産権（第二九条）が認められている。さらに、教育を受ける権利・開発に係る権利等が規定されている。加えて、土地の権利とそれを具体化した権利として、「自由な、かつ情報を得た上での同意なしに押収され、占有され、使用され、又は損害を受けた土地」について返還請求権（第二七条）を有することが明確にされ、伝統的な土地からの強制移住が禁止され（第一六条）、環境権や天然資源の権利等が認められている。

二、我が国における先住民族の状況

1、アイヌ民族の先住民族性について、札幌地裁平成九年三月二七日判決（二風谷ダム判決）は、「B規約二七条は『少数民族』とのみ規定しているから、民族固有の文化を享有する権利の保障を考えるについては、その民族の先住性は要件ではないが、少数民族が、一地域に多数民族の支配が及ぶ以前から居住して文化を有し、多数民族の支配が及んだ後も、民族固有の文化を保持しているとき、このような少数民族の固有の文化については、多数民族の支配する地域にその支配を了承して居住するに至った少数民族の場合以上に配慮を要することは当然であるといわなければならないし、このことは国際的に、先住民族に対し、土地、資源、及び政治等についての自決権であるいわゆる先住権まで認めるか否かはともかく、先住民族の文化、生活様式、伝統的儀式、慣習等を尊重すべきであるとする考え方や動きが強まっていることからも明らかである。」とした。

その上で、アイヌ民族の先住性について検討することとし、「アイヌの人々が我が国の統治が及ぶ前から主として北海道において居住し、独自の文化を形成し、またアイデンティティを有しており、これが我が国の統治に取り込まれた後もその多数構成員の採った政策等により、経済的、社会的に大きな打撃を受けつつも、なお独自の文化及びアイデンティティを喪失していない社会的な集団であるということができるから、前記のとおり定義づけた『先住民族』に該当するというべきである」としてアイヌ民族の先住民族性を肯定した。

2、その前提で、事業計画の達成によって得られる利益と失われる利益を比較考量するに際しては、「後者の利益がB規約二七条及び憲法第一三条で保障される人権であることに鑑み、その制限は必要最小限度においてのみ認められるべきである」とし、「先住少数民族の文化等に影響を及ぼすおそれのある政策の決定及び遂行に当ってはその権利に不当な侵害が起らないようにするため、右利益である先住少数民族の文化等に対し特に十分な配慮をすべき責務を負っている」として先住少数民族の「文化享有権」が憲法第一三条に由来するものであることを明らかにしている。

3、その結果、「本件事業計画が実施されると、アイヌ民族の聖地と呼ばれ、アイヌ文化が根付き、アイヌ文化研究の発祥の地といわれるこの二風谷地域の環境は大きく変容し、自然との共生という精神的文化を基礎に、地域と密着した先住少数民族であるアイヌ民族の民族的・文化的・歴史的・宗教的諸価値を後世に残していくことが著しく困難なものとなることは明らかである。公共の利益のために、これらの諸価値が譲歩することがあり得ることはもちろんであるが、譲歩を求める場合には、前記のような同化政策によりアイヌ民族独自の文化を衰退させてきた歴史的経緯に対する反省の意を込めて最大限の配慮がなされなければならない。」といい、その理由として「そうでなければ、先住民族として、自然重視の価値観の下に自然と深く関わり、狩猟、採集、漁撈を中心とした生活を営んできたアイヌ民族から伝統的な漁法や狩猟法を奪い、衣食生活の基礎をなす鮭の捕獲を禁止し、罰則をもって種々の生活習慣を禁ずるなどして、民族独自の食生活や習俗を奪うとともに北海道旧土人保護法に基づいて給付地を下付して、民族の本質的な生き方ではない農耕生活を送ることを余儀なくさせるなどして、民族性を衰退させながら、多数構成員による支配が、これに対する反省もなく、安易に自己の民族への誇りと帰属意識を有するアイヌ民族から民族固有の文化が深く関わった先住地域における土地を含む自然を奪うことになるのである。また、本件収用対象地についていえば、同地は、北海道旧土人保護法に基づいて下付された土地であるところ、このように土地を下付してアイヌ民族として慣れない農耕生活を余儀なくさせ、民族性の衰退の一因を与えながら僅か一〇〇年も経過しないうちに、これを取り上げることになるのである。もちろん、このように北海道旧土人保護法により下付した土地を公共の利益のために使うことが全く許されないわけではないが、このためには最大限の配慮をすることを要するのである。そうでなければ、多数構成員による安易かつ身勝手な施策であり、違法であると断じざるを得ない。」とする判断した。

4、すなわち、この判決はアイヌ民族が先住民族であることを認め、それを根拠にアイヌ民族に関連する政策を立案・遂行するに際しては、先住民族としてのアイヌ民族の民族的・歴史的・文化的・宗教的諸価値に最大限の配慮をしなければならないとしているのである。

三、アイヌ新法の制定

1、アイヌ新法制定の目的は、アイヌ民族の民族としての誇りが尊重される社会の実現を図り、あわせて我が国の多様な文化の発展を図ることにある。

その基本的な考え方は、アイヌ民族が古くから北海道に居住し自然と共生する生活の中でアイヌ語・ユーカラ等様々な固有の文化を発展させてきた民族であることを前提として、アイヌ民族がアイヌの伝統及びアイヌ文化を継承する基盤が失われつつあることから、アイヌ文化の振興並びにアイヌの伝統に対する知識の普及及び啓発を図ることにあるとされる。

2、そして、アイヌ新法はアイヌ文化の振興等にかかわる施策を推進するに際しての国及び地方公共団体の役割を明示している。

まず、国に対しては、アイヌ文化の振興等を図るための施策に関する基本的指針を示すと共に施策の実施主体に対し必要に応じ助言を行う等の措置を講じ、これらの施策が全体として計画的・効果的に展開されるよう務めることを求めている。

また、地方公共団体に対しては、国が所用の施策を実施するのみでは十分な効果をあげることが期待できないことから、地方自治の本旨に基づき、地域文化の振興及び住民の福祉の増進の観点から、地域の実情に応じ所用の施策を実施することを求めている。

そのうえで、国及び地方公共団体がこれらの施策を実施するに当たっては、アイヌ民族の自発的意思及び民族としての誇りを尊重するよう配慮することを求めているのである。

3、アイヌ新法には、アイヌ民族について「民族」としての存在は認めたものの、「先住」民族であるとの記述はない。

しかし、アイヌ民族に先住性があることは認めており、これまでの国際的潮流、二風谷ダム判決およびアイヌ新法が制定された趣旨を勘案すると、アイヌ新法の解釈・運用あるいは施策の実施にあたっては、アイヌ民族を先住民族として認め、アイヌ民族の自発的意思及び民族としての誇りを尊重するよう配慮した解釈・運用がなされるべきである。

4、それにもかかわらず、本件アイヌ新法附則第三条に規定された返還手続は「『国の政治的・経済的・社会的・文化的な国家活動への完全な参加権、特に先住民族に係る事項の決定過程への参加権』及び『自由な、かつ情報を得た上での同意なしに押収され、占有され、使用され、又は損害を受けた土地』について返還請求権が認められようとしている」とする国際的潮流に反している。

しかも「先住少数民族の『文化享有権』が憲法第一三条に由来するものであることを明らかにしたうえで、アイヌ民族に関連する政策を立案・遂行するに際しては先住民族としてのアイヌ民族の民族的・歴史的・文化的・宗教的諸価値に最大限の配慮をしなければならないとした」二風谷ダム判決にも反するものであると言わざるを得ない。

さらには、「アイヌ民族の自発的意思及び民族としての誇りを尊重するよう配慮した解釈・運用がなされる」べきとするアイヌ新法制定の趣旨そのものにも反するものである。

5、これらのアイヌ民族を先住民族として尊重することは憲法第一三条から導かれる権利である。憲法第一三条は国民各個人の人格的価値を承認すると言う個人主義・民主主義の原理を表明したものであり、少数先住民族を尊重することを規定した条項でもある。

6、したがって、共有財産等を返還するに当たっては、アイヌ民族を加え、あるいはその同意を得て返還手続を定めるか、少なくともB規約・先住民族権利宣言草案・二風谷ダム判決の趣旨を十分に盛り込んだ返還手続を定める必要があった。すなわち納得できる公正でかつ合理的な手続によって返還処分をするべきであったのである。

しかし、一方的な返還手続を定めたアイヌ新法附則第三条は、憲法第一三条から導かれる先住少数民族の権利に対する配慮を欠いた違法なものであり、それに則った本件返還手続処分は違憲な法律に基づく処分であって、無効ないしは少なくとも取り消しを免れない。

仮に、アイヌ新法附則第三条が合憲であっても、具体的返還手続を進める被告にあっては、前述した憲法第一三条に基づいた具体的返還手続を実施すべきであったにも拘らず、先住・少数民族に対する配慮を欠いた憲法第一三条に違反する返還手続処分を実施したのであって、やはり無効ないし少なくとも取り消しを免れない。

第七　結論

以上の通り、「共有財産」の返還手続を定めたアイヌ新法附則第三条は憲法第一三条・第二九条一項・第三一条に違反する違憲無効なものであり、同法に基づく処分は違憲な法令に基づく処分であって無効であり、少なくも取り消されるべきである。

また、アイヌ新法附則第三条一項が違憲の規定でないとしても、同条に基づく、本件具体的返還手続処分は憲法第一三条・第二九条一項・第三一条及びアイヌ新法第四条の規定に違反する違憲違法な処分であって無効であり、少なくとも取り消されるべきであることは明らかである。

さらに、「指定外財産」に至ってはアイヌ新法附則第三条にも規定されていないのであるから、その返還処分の無効性は明らかである。

よって、原告らは被告のなした本件返還手続処分の無効確認ないしは各取り消しを求めるため本請求に及んだ次第である。

添付書類

一、訴訟委任状　二四通

平成一一年七月五日
右原告ら訴訟代理人
弁護士　村松　弘康
弁護士　房川　樹芳
弁護士　肘井　博行
弁護士　粟生　猛
弁護士　砂子　章彦
弁護士　新川　生馬
弁護士　増谷　康博
札幌地方裁判所
民事部　御中

当事者目録

※住所を省略し、氏名のみ記載する。
小川　隆吉
青木　悦子
苗畑　レイ子
酒井　晴美
秋辺　得平
荒木　繁
小川　サナヱ
川村　兼一
北川　しま子
鹿田　川見
柴田　妙子
原島　則夫

「返還手続処分無効訴訟」に先だって持たれた原告団集会。手前から伊藤稔原告団副団長、小川隆吉団長、諏訪野楠蔵副団長（1999年７月５日）

豊川　重雄
島﨑　直美
伊藤　稔
小名　與市
諏訪野　楠蔵
諏訪野　義雄
石川　広子
今野　恒子
竹川　和子
佐々木　信子
杉村　満
砂沢　代恵子

(2) 被告答弁書

一九九九年一〇月一三日

平成一一年(行ウ)第一三号　北海道旧土人共有財産等返還手続無効確認請求事件

原告　小川　隆吉　ほか二三名

被告　北海道知事

平成一一年一〇月一三日

右被告指定代理人

〒〇六〇―〇八〇八

札幌市北区北八条西二丁目一番一

札幌法務局訟務部(送達場所)

(電話　〇一一―七〇九―二三一一)

(FAX〇一一―七〇〇―二七一八)

部付検事　佐久間　健吉

上席訟務官　田野　喜代嗣

訟務官　亀田　康

〒〇六〇―八五八八

札幌市中央区北三条西六丁目

北海道総務部文書課

北海道事務吏員　大杉　定通

北海道事務吏員　秦　博美

北海道事務吏員　伊藤　正博

北海道事務吏員　山田　英昭

北海道事務吏員　渡邉　幹　夫

北海道事務吏員　松本　智　典

北海道環境生活部総務課アイヌ施策推進室

北海道事務吏員　斉藤　和雄

北海道事務吏員　新井　文之

札幌地方裁判所民事第三部　御中

第一　本案前の答弁

一　請求の趣旨に対する答弁

原告らの本件訴え(主位的請求及び予備的請求を含む。)中、原告秋辺得平の請求のうち訴状別紙五記載の官報公告における番号一六の共有財産に係る請求、原告鹿田川見の請求のうち訴状別紙十記載の官報公告における番号五及び一七の共有財産に係る請求並びに原告豊川重雄の請求の各予備的請求を

除く部分をいずれも却下する
　訴訟費用は、右原告らと被告の間では、右原告らの負担とする
との判決を求める。

二　本案前の答弁の理由

1　共有財産及び指定外財産について

(一)　被告は、北海道旧土人保護法（明治三二年法律第二七号。以下「旧法」という。）一〇条一項の規定に基づき北海道旧土人共有財産（以下「共有財産」という。）を管理してきた。共有財産とは、旧法に基づき、北海道旧土人（以下「アイヌの人々」という。）の保護を目的として北海道庁長官ないし被告が指定し管理してきた開拓使の官営漁業による収益金などをいうが、その多くは旧法が制定される以前に形成されたものである。その具体的内容は訴状九ないし一一ページに記載のとおりである。

　共有財産の種類には、土地、建物などの不動産のほか、現金、公債証書、債券、株券等があったが、不動産については昭和二七年までに管理を終え、その後は現金のみを管理している。共有財産は、「北海道旧土人共有財産管理規程」（昭和九年北海道庁令第九四号）により、不動産は賃貸し、現金は郵便貯金などにより利殖を図るものとされていた。これによる収益金は、戦前においてはそれぞれ指定の目的に従いアイヌの人々に給付されていたが、昭和二一年以降はアイヌの人々に対する救護も生活保護法によることとなったことから、共有財産の収益金からの給付は行われず、利息の収入があるのみとなっていた。

(二)　また、旧法に基づく指定はされていないが北海道庁長官ないし被告が事実上管理するに至っていた財産（以下「指定外財産」という。）については、共有財産と一体的に管理されてきたものである。

　指定外財産については、管理するに至った経緯及びその形成時期は定かではないが、現存する資料（昭和一九年度旧土人共有財産台帳）に指定外として当該財産の管理額の記述があることから、管理開始はこれ以前であると思われる。

(三)　なお、共有財産及び指定外財産（以下「共有財産等」という。）の平成九年九月五日現在の件数及び管理金額は次のとおりである。

(1)　共有財産　一八件　一二九万三〇九八円
(2)　指定外財産　八件　一七万五二四〇円
合計　二六件　一四六万八三三八円

2　アイヌ文化の振興並びにアイヌの伝統等に関する知識の普及及び啓発に関する法律（平成九年法律第五二号。以下「アイヌ新法」という。）の制定について

(一)　旧法は、アイヌの人々に土地を下付し、農耕を奨励して自活を講じさせるとともに、医療、生活扶助、教育の奨励などアイヌの人々を保護することを目的としていたが、昭和一〇年代以降は土地の下付の実績がないなど、十分に運用されていない状況にあった。

(二)　このような状況の中で、国及び北海道においては、アイヌの人々の社会的・経済的な地位の向上を図るため各種の施策を行ってきたが、アイヌの人々の民族としての誇りが尊重される社会の実現を図り、あわせて我が国の多様な文化の発展に寄与することを目的として平成九年五月にアイヌ新法が制定され、その施行に併せて旧法が廃止された。

3　共有財産等の返還手続について

(一)　法の廃止により、それまで被告が旧法に基づき管理してきた共有財産については、アイヌ新法附則三条の規定に基づいて共有者に返還することとされ、共有者から請求のないものについては、同条五項の規定により、指定法人（アイヌ新法附則七条一項の規定により指定された「財団法人アイヌ文化振興・研究推進機構」）に帰属することとされた。

(二)　被告は、平成九年九月五日、アイヌ新法附則三条二項の規定に基づく公告を行い（乙第一号証）、同日から平成一〇年九月四日までの間、アイヌ新法附則三条三項の規定に基づく共有財産の返還請求を受け付けた。
　なお、指定外財産についても、共有財産に準じて返還手続を行っている（乙第一号証）。

(三)　返還請求を行った者が共有財産等の返還を受けるべき資格を有するかどうかについては、平成一〇年一一月二六日に被告が設置した北海道旧土人共有財産等処理審査委員会（委員は、アイヌ関係者二名、弁護士一名及び学識者二名の合計五名。以下「審査委員会」という。）において、同年一二月から平成一一年三月までの間、審査が行われた。

被告はその審査結果を踏まえ、平成一一年四月二日付けで返還決定又は返還しない旨の決定を行い、右返還請求を行った者へ通知した。

4 訴えの利益について

行政事件訴訟法上の抗告訴訟は、行政庁の公権力の行使に関する不服の訴訟であり、主観的訴訟であるから、当該公権力の行使が有効なものとして存在することから生じている法的効果を無効確認しあるいは取り消すなどして除去することにより、原告らの法的利益が回復される関係にあることを当然の前提としており、かかる関係が認められないときは、訴えの利益（狭義）を欠き不適法な訴えというべきである。

本件にあっては、原告らは、乙第二号証の一ないし五、同八ないし一四、同一七ないし一九及び同二一ないし三一のとおり返還請求をなし、これに対して被告は乙第三号証の一ないし五、同八ないし一四、同一七ないし一九及び同二一ないし三一のとおり原告らの返還請求どおりの返還決定をなしたもので、右各返還決定は原告らにとって有利な行政処分であり、原告らの権利又は法律上の利益を侵害するものではなく原告らに何ら不利益を与えるものではないから、その処分の無効確認又は取消しによって回復されるべき法律上の利益は存しない（ただし、原告秋辺得平の請求のうち訴状別紙五記載の官報公告における番号一六の共有財産に係る請求、原告鹿田川見の請求のうち訴状別紙十記載の官報公告における番号五及び一七の共有財産に係る請求並びに原告豊川重雄の請求（以下「返還しない処分に対する請求」という。）を除く。）。

したがって、これらの訴えは訴えの利益がなくすべて不適法であり、却下されるべきである。

5 指定外財産返還手続に係る行政処分性について

行政事件訴訟法三条二項は、処分の取消訴訟とは「行政庁の処分その他公権力の行使に当たる行為」の取消しを求める訴訟をいう、と規定している。したがって、原告が取消しを求める対象は、行政庁の処分（行政処分）その他公権力の行使に当たる行為でなければならない。判例によれば、行政庁の処分とは、公権力の主体たる国又は公共団体が法令の規定に基づき行う行為のうち、その行為によって直接国民の権利義務を形成し又はその範囲を確定することが法律上認められているものをいうと解されている（最高裁昭和三九年一〇月二九日第一小法廷判決・民集一八巻八号一八〇九ページ）。また、ここにいう公権力の行使とは、一般に、法が認めた優越的な地位に基づき、行政庁が法の執行としてする権力的意思活動を指すとされている。

指定外財産は、前記1のとおり旧法に基づく指定はされていないがその沿革から北海道庁長官ないし被告が事実上管理するに至っていたものにすぎず、そこには何らの公権力性も認められないから、その返還手続は行政庁の処分その他公権力の行使には当たらないものと解すべきである。

原告秋辺得平の訴えのうち、訴状別紙五記載の官報公告における番号五の財産（指定外財産）については、乙第二号証の七のとおり返還請求があったが、同人がその共有者ないし共有者の相続人であることを確認できなかったことから乙第三号証の七のとおり返還しない旨の決定をしている。

しかしながら、前記のとおり、指定外財産の返還手続はそもそも行政処分その他公権力の行使にはあたらないから、これに係る訴えは不適法であり、却下されるべきである。

6　原告秋辺得平の請求のうち訴状別紙五記載の官報公告における番号一六の共有財産に対する処分、原告鹿田川見の請求のうち訴状別紙十記載の官報公告における番号五及び一七の共有財産に対する処分並びに原告豊川重雄の請求に対する処分（以下「返還しない処分」という。）に対する無効確認請求について

原告らは、本件において同一の対象に対し主位的に無効確認請求、予備的に取消請求を併合提起しているが、無効確認訴訟は、もともと取消訴訟が出訴期間の徒過等の理由で提起できなくなった場合に、一定の要件の下で（行訴法三六条参照）、補完的・補充的に認められるものである上、取消訴訟は対世効の有無、立証責任、瑕疵の内容・程度の点において無効確認訴訟よりも原告らに有利なものであるから、重複する無効確認訴訟は訴えの利益を欠き不適法である。

なお、原告らは、返還しない処分についての無効原因事由（それら処分の重大かつ明白な違法、出訴期間経過後においてもなお救済に値するとの評価を受ける違法）を何ら主張していないことを付言する。

第二　本案に対する答弁

一　請求の趣旨に対する答弁

原告秋辺得平の請求のうち訴状別紙五記載の官報公告における番号一六の共有財産に係る請求、原告鹿田川見の請求のうち訴状別紙十記載の官報公告における番号五及び一七の共有財産に係る請求並びに原告豊川重雄の請求のうち予備的請

求に係る部分をいずれも棄却する
訴訟費用は、右原告らと被告の間では、右原告らの負担とするとの判決を求める。

二　請求の原因に対する認否

1　第一について

㈠　一項について
原告秋辺得平が「色丹郡斜古丹村旧土人共有」及び「色丹村共有」の各共有財産等の共有者ないし共有者の相続人であること、原告鹿田川見が「天塩国天塩郡、中川郡、上川郡旧土人共有」及び「旭川市旧土人五〇名共有、旭川市旧土人共有」の各共有財産の共有者ないし共有者の相続人であること並びに原告豊川重雄が「天塩国天塩郡、中川郡、上川郡旧土人共有」の共有財産の共有者ないし共有者の相続人であることは否認し、その余は認める。
これらの共有財産に係る原告秋辺得平、同鹿田川見及び同豊川重雄の返還請求については、アイヌ文化の振興並びにアイヌの伝統等に関する知識の普及及び啓発に関する法律附則第三条第二項に規定する北海道旧土人共有財産に係る公告等に関する省令（平成九年厚生省令第五二号。乙第四号証。以下「厚生省令」という。）二条に定める書類によっては共有者ないし共有者の相続人であることが確認できなかったため、共有財産を返還しない決定を行ったものである（乙第三号証の六、同一五、同一六、同二〇）。

㈡　二項について
被告が旧法一〇条の規定に基づいて共有財産を管理していたことは認めるが、その余は否認する。
現在における共有財産の管理はアイヌ新法附則三条一項の規定に基づくものであり、また、指定外財産の管理は、旧法及びアイヌ新法に基づくものではない。

2　第二について

㈠　一項について
認める。

㈡　二項について
おおむね認める。
ただし、共有財産返還に係る手続は、被告が策定したものではなく、アイヌ新法附則及び厚生省令に基づくものである。

㈢　三項及び四項について

認める。

㈣　五項について

第一文のうち、原告らが共有財産等の返還請求を行ったことは認めるが、返還請求をするに至った理由については不知。

第二文については、原告秋辺得平が「色丹郡斜古丹村旧土人共有」及び「色丹村共有」の各共有財産等の共有者ないし共有者の相続人であること、原告鹿田川見が「天塩国天塩郡、中川郡、上川郡旧土人共有」及び「旭川市旧土人五〇名共有、旭川市旧土人共有」の各共有財産の共有者ないし共有者の相続人であること並びに原告豊川重雄が「天塩国天塩郡、中川郡、上川郡旧土人共有」の共有財産の共有者ないし共有者の相続人であることが審査委員会において認められたことは否認し、その余は認める。

前記1の㈠で述べたとおり、これらの共有財産等については、原告秋辺得平、同鹿田川見及び同豊川重雄がその共有者ないし共有者の相続人であると審査委員会において認められたものではない。

㈤　六項について

原告らが、共有財産の発生原因等について明らかにするよう求め、また、共有財産の返還方法についての指摘を行ったことは認めるが、被告が右各要求について明確にせず、満足な調査もしないまま今日に至っているとの点は否認する。

被告は、原告らの右各要求に対して現存する資料の収集を行い、可能な限りの調査を実施し回答するなど誠意をもって対応している。

㈥　七項について

原告秋辺得平に対して「色丹郡斜古丹村旧土人共有」及び「色丹村共有」の各共有財産等の、原告鹿田川見に対して「天塩国天塩郡、中川郡、上川郡旧土人共有」及び「旭川市旧土人五〇名共有、旭川市旧土人共有」の各共有財産の、原告豊川重雄に対して「天塩国天塩郡、中川郡、上川郡旧土人共有」の共有財産の各返還処分をしたことは否認し、その余は認める。

これらの共有財産等については、右三名の原告らが共有者ないし共有者の相続人であるとは認められなかったことから、共有財産等を返還しない決定をし、通知している。

3　第三について

㈠　一項について

認める。

㈡　二項について

⑴　1について

争う。
共有財産の管理については、被告が共有者ないしその相続人から委任を受けて行っていたものではなく、旧法一〇条の規定に基づき行っていた。被告は、共有者ないしその相続人に対して善良なる管理者の注意義務をもってその財産を管理する義務を負っていたものではないが、北海道旧土人共有財産管理規定に基づき、共有財産の管理を適正に行っていたものである。

(2) 2について

否認する。

旧法上、被告が共有財産の管理状況について報告する義務を負っているものではないが、共有財産の指定内容を変更した際にはその旨の告示を行っていた。

(3) 3について

原告らの共有財産の総額の出納経緯を報告していないことは認める。しかし、旧法上、被告が共有財産の管理状況について報告する義務を負っていたものではない。

(4) 4について

争う。

被告は、共有財産の共有者ないしその相続人に対して善良なる管理者の注意義務を負っていたものではない。

(5) 5について

第一文については認め、第二文については争う。

被告は、共有財産の共有者ないしその相続人に対して善良なる管理者の注意義務を負っていたものではなく、共有財産の返還に当たっては、アイヌ新法附則及び厚生省例に基づき適正に行っている。

㈢ 三項について

争う。

4 第四ないし第七について

いずれも争う。

三 被告の主張

1 原告秋辺得平に係る訴状別紙五記載の官報公告における番号一六の共有財産、原告鹿田川見に係る訴状別紙十記載の官報公告における番号五及び十七の共有財産並びに原告豊川重雄に係る訴状別紙十三記載の官報公告における番号五の共有財産については、提出された返還請求書及び添付書類によってはこれらの共有財産の共有者ないしその相続人であるとは認められなかったことから返還しない決定を行ったものであり、この処分は、アイヌ新法附則及び厚生省令に基づき適正に行われたものであって、右三名の原告らの返還しない処分に対する請求には理由がないから、速やかに棄却されるべきである。

2　その余の被告の主張は、必要に応じて追って準備する。

(3) 原告準備書面

一九九九年一二月二一日

平成一一年（行ウ）第一三号

北海道旧土人共有財産等返還手続無効確認請求事件

準備書面

原告　小川　隆吉

外二三名

被告　北海道知事

平成一一年一二月二一日

原告ら訴訟代理人

弁護士　村松　弘康

外六名

札幌地方裁判所

民事第三部合議係御中

記

第一、答弁書に対する認否

一、本案前の答弁の理由に対する認否

1、右第一の二の1共有財産及び指定外財産について

㈠について

第一文は認め、その余は不知。

㈡、㈢について

不知。

2、右第一の二の2の㈠㈡について

アイヌ文化振興法の制定及び旧法の廃止の事実は認め、その余は不知。

3、右第一の二の3共有財産等の返還手続について

㈠㈡㈢は認める。

4、右第一の二の4訴えの利益について

すべて争う。

5、右第一の二の5指定外財産返還手続にかかる行政処分性について

すべて争う。

6、右第一の二の6について

すべて争う。

二、答弁書第二「本案に対する答弁」に対する認否

1、右第二の三「被告の主張」について

争う。

第二、原告らの主張

一、本件訴訟の「訴えの利益」について

1、被告は、本件訴訟中、原告秋辺得平の請求のうち訴状別紙五記載の官報公告における番号16の共有財産に係わる請求、原告鹿田川見の請求のうち訴状別紙十記載の官報公告における番号5及び17の共有財産に係わる請求並びに原告豊川重雄の請求以外の請求（以下単に「当該請求」という。）について、狭義の訴えの利益がなくすべて不適法であり却下されるべき旨主張している。

しかし、かかる被告の主張は最高裁昭和六二年四月一七日第二小法廷判決（民集四一巻三号二八六頁）及び最高裁平成四年九月二二日第三小法廷判決（民集四六巻六号同一〇九〇頁）に反するものであり失当である。

そして右の最高裁判決の考え方に従えば、当該請求は適法

なものであって却下されるべきではない。
以下、詳論する。

2㈠、行政事件訴訟法第三六条は、「無効等確認の訴えは、当該処分又は裁決に続く処分により損害を受けるおそれのある者その他当該処分又は裁決の無効等の確認を求めるにつき法律上の利益を有する者で、当該処分若しくは裁決の存否又はその効力の有無を前提とする現在の法律関係に関する訴えによって目的を達することができないものに限り、提起することができる。」と規定し、本条の要件を充足した場合には訴えの利益が認められ、適法な訴訟となる。

そして、当該請求との関係では①「処分……の無効等の確認を求めるにつき法律上の利益を有する」か、②当該請求が「当該処分……の効力の有無を前提とする現在の法律関係に関する訴えによって目的を達することができないもの」に該当するかが問題となる。

㈡、被告は答弁書七頁二行目以下で、「返還決定は原告らにとって有利な行政処分であり、原告らの権利又は法律上の利益を侵害するものではなく原告らに何らの不利益も与えるものではないから、その処分の無効確認又は取消しによって回復されるべき法律上の利益は存しない」として、右①の要件を欠くと主張している。

しかしながら、右被告の主張は、原告らによる返還請求と被告による返還決定という共有財産返還手続の一部にのみに着目し、その部分のみを捉えて「原告らにとって有利な行政処分」であるとしている点で誤っている。

すなわち、本件共有財産の返還は、旧土人保護法第一〇条第一項に基づいて北海道庁長官が指定した財産につき、北海道庁長官及び北海道知事の管理下においたアイヌ民族の共有財産について、旧土人保護法廃止に伴いアイヌ文化振興法附則に基づいて行われるものであり、具体的には北海道知事による共有財産の公告（アイヌ文化振興法附則第三条第二項）があったのち、共有者が公告のあった共有財産に対して返還請求を行い（同第三項）、それに対して返還決定がなされるという手続過程を経て行われることとなっている。

このように原告らの返還請求は、北海道知事の公告があった財産に対して行われたものであって、公告されていない共有財産に対する返還請求は認められない。

また、公告された共有財産の管理の経過は明らかではなく北海道庁長官が管理する共有財産として指定された財産のうち現在北海道知事が管理していないとされる財産が旧土人保護法第一〇条の「共有者の利益のために」処分がなされたか明確にされていない。すなわち、右知事の公告にかかる共有財産が、本来返還対象となるべきすべての財産か、あるいは本来返還対象とされるべき財産が除外されているのか不明である。

仮に除外された財産があるならば、これに対する原告からの返還請求自体を不可能とし、もって原告らの財産権を侵害しているという点で、被告の返還決定は原告らにとって不利益な行政処分である。

また、形式的には被告が管理していた財産をすべて返還の対象としていても、被告が貨幣価値の変動を十分に考慮しないまま共有財産の評価を行って返還額の公告をしていることは、本来原告らが有する返還請求権の一部を侵害しているという点で、被告の返還決定は原告らにとって、やはり不利益な行政処分である。

更には、共有財産の返還手続について原告らの意見を何ら反映しないまま公告がなされているのである。訴状で述べたように、原告ら先住少数民族の財産の返還に当っては　当該関係者を手続に参加させるか少なくとも意見を反映させる必要があるにも拘らず、そのことが全くなされていない。この点で、被告の返還決定は原告らにとって不利益な行政処分である。

このように本件返還決定は原告らにとって不利益な行政処分である以上、これを「除去することにより原告らの法的利益が回復される関係にある」（答弁書六頁一一行目以下）というるのである。

㈢、そして、かかる結論は決して独自のものではない。

本件訴訟における事案の利益状況と酷似する最高裁昭和六二年四月一七日第二小法廷判決（以下六二年判決という）においても無効確認訴訟を適法なものであると判示しているのである。

六二年判決は土地改良法に基づく換地処分について、照応の原則違反（土地改良法第五三条一項二号）、及び被告が原告による口頭の異議・希望を無視し、村八分的な差別扱いをしたことを理由とする公序良俗違反を理由として当該換地処分等の無効確認を求めた訴訟について、行政事件訴訟法第三六条の要件を満たさず、不適法であるとして訴えを却下した原判決を破棄差し戻した判決である。以下主要部分を引用する。

「土地改良事業の施行に伴い土地改良区から換地処分を受けた者が、右換地処分は照応の原則に違反し無効であると主張してこれを争おうとするときは、行政事件訴訟法三六条により右換地処分の無効を求める訴えを提起することができるものと解するのが相当である。けだし、土地改良法五四条に基づく換地処分は、土地改良事業の性質上必要があるときに当該土地改良事業の施行に係わる地域につき換地計画を定めて行われるものであり、右施行地域内の土地の所有者等多数の権利者に対して行われる換地処分は通常相互に連鎖し関連し合っているとみられるのであるから、このような換地処分の効力をめぐる紛争を私人間の法律関係に関する個別の訴えによって解決しなければならないとするのは右処分の性質に照らして必ずしも適当とはいい難く、また、換地処分を受けたものが照応の原則に違反することを主張してこれを争う場合には、自己に対してより有利な換地が交付されるべきことを主張していることにほかならないのであって、換地処分がされる前の従前の土地に関する所有権等の権利の保全確保を目的とするものではないのであるから、このような紛争の実態にかんがみると、当該換地処分の無効を前提とする従前の土地の所有権確認訴訟等の現在の法律関係に関する訴えは右紛争を解決するための争訟形態として適切なものとはいえず、むしろ当該換地処分の無効確認を求める訴えのほうがより直截的で適切な争訟形態というべきであり、結局、右のような場合には、当該換地処分の無効を前提とする現在の法律関係に関する訴えによってはその目的を達成することができないものとして、行政事件訴訟法三六条所定の無効確認の訴えの原告適格を肯認すべき場合に当たる」

(四)、六二年判決に対応する形で当該請求を検討すると以下のように言えるであろう。

本件共有財産返還手続は、旧土人保護法一〇条一項を根拠とする強制的な共有財産管理（土地収用に相当する）の廃止に伴って、アイヌ文化振興法附則に基づき返還される（換地処分に相当する）ものであり、アイヌ民族の共有財産が返還の対象となっているため、多数の権利者に対し、相互に連鎖し関連し合っているとみられるのであるから、このようなアイヌ民族の共有財産返還処分の効力をめぐる紛争を私人間の法律関係に関する個別の訴えによって解決しなければならないとするのは右処分の性質に照らして必ずしも適当とはいい難いのである。

更に、当該請求は「自己に対してより有利な」共有財産が返還されるべきことを主張していることにほかならないのであって、共有財産が返還される以前の、北海道による共有財産管理状態に戻すことを目的とするものでないことは明白である。

すなわち、アイヌ民族に対し従前強制的に管理してきた共有財産を返還することは、アイヌ文化振興法附則第三条によって羈束《きそく》されているのであるから、本件共有物返還手続の無効が確認され又は取り消されれば、判決の拘束力（行政事件訴訟法第三三条・同法第三八条一項）を介し、知事の公告に遡って返還手続をやり直すこととなる。そして、原告らが主張している処分の違法事由（返還対象とすべき財産について公告されていない、貨幣価値の変動を十分考慮せずに返還額を決定している、原告らが返還手続に参加する手続き上の権利が侵害されている等）に鑑みるならば、返還手続のやり直しによって、以前の返還処分よりもより有利な返還処分がなされる蓋然性が非常に高いのである（この点で照応の原則違反を理由とする換地処分無効の確認と類似する）。

このような紛争の実態に鑑みると、共有財産返還処分の無効確認こそが当該紛争を直截的で適切に解決する争訟形態であるといえ、当該請求は行政事件訴訟法第三六条所定の無効確認の訴えの利益を肯認すべき場合にあたるのである。

3、なお、「現在の法律関係に関する訴えによって目的を達することができないもの」（行政事件訴訟法第三六条）の解釈については争いがあるが、先述の昭和六二年判決及び最高裁平成四年九月二二日第三小法廷判決（以下、平成四年判決という）において、以下のように解されている。ここでは平成四年判決を引用する。

「処分の無効確認訴訟を提起しうるための要件の一つである、……当該処分の効力の有無を前提とする現在の法律関係に関する訴えによって目的を達成することができない場合とは、当該処分に基づいて生ずる法律関係に関し、処分の無効を前提とする当事者訴訟又は民事訴訟によっては、その処分のため被っている不利益を排除することが出来ない場合はもとより、当該処分に起因する紛争を解決するための争訟形態として、当該処分の無効を前提とする当事者訴訟又は民事訴訟との比較において、当該処分の無効を求める訴えのほうがより直截的で適切な争訟形態であるとみるべき場合をも意味すると解するのが相当である。」

確かに当該請求においても、所有権に基づく返還請求訴訟や、損害賠償請求訴訟の提起を考えることは全く不可能とまではいえないかもしれない。

しかし、当該請求が旧土人保護法下における不当な強制的共有財産管理を清算することを目的として行われる共有財産返還処分に関するものであること、返還の根拠となるアイヌ文化振興法の第一条に「アイヌの人々の民族としての誇りが尊重される社会の実現を図り」という目的が掲げられており、本件返還処分はその一環として行われるものであって、単なる私法上の財産権についての処分とはいえないこと、多数の権利者間において相互に連鎖し、関連し合っている共有財産の返還処分であること等にかんがみるならば、返還処分の無効を前提とする当事者訴訟や民事訴訟は紛争の根本的解決にはならないのであり、当該請求については「当該処分の無効確認を求める訴えのほうがより直截的で適切な争訟形態」であるといえるのである。

したがって、当該訴訟も「現在の法律関係に関する訴えによって目的を達することができない」場合に該当し、当該請求は適法なものであって却下されるべきではない。

4、なお、原告らの請求のうち、予備的請求の部分については、無効等確認訴訟で訴えの利益が認められる以上、当然に訴えの利益が認められるのであって、この点でも被告の主張は失当である。

すなわち、無効等確認訴訟は出訴期間の制限がなく、事情判決の規定（行政事件訴訟法第三一条）も準用されていない（行政事件訴訟法第三八条）など、取消し訴訟よりも原告にとって有利な訴訟形態であるが、乱訴の防止の観点から取消し訴訟に較べて、（狭義の）訴えの利益を狭く解している（行政事件訴訟法三六条）のは先述のとおりである。

とするならば、本件で無効等確認訴訟が適法に提起できる以上、取消し訴訟の訴えの利益（狭義）も当然認められる。

5、以上要するに当該請求は訴えの利益を有する適法な訴訟であり、却下されるべきものではない。

二、行政処分性について

1、被告は、本件返還手続、特に指定外財産の返還手続につき、「そもそも行政処分その他の公権力の行使にはあたらないから、これに係る訴えは不適法であり、却下されるべきものである」旨主張している。

しかし、かかる被告の主張は、行政処分に該当するか法律上一義的に明確でないとしても同種の行政作用の一連の手続と比較してその実質的同一性から処分性が認められるとする最高裁昭和六一年二月一三日第二小法廷判決（民集四〇巻一号一頁）及び適用されている行為形式など運用状況を総合的に考慮して処分性を認める札幌高裁昭和四四年四月一七日判決（行裁例集二〇巻四号四五九頁）並びに行政不服申立の方法につき教示があることを根拠に行政処分性を認める最高裁昭和四五年七月一五日大法廷判決（民集二四巻七号七七一頁）に反するものであり失当である。

以下、詳論する。

2、被告は、特に指定外財産の返還が事実行為であると主張し、事実行為にすぎないから行政処分性はないかの如き主張をしている。

しかし、行政事件訴訟法第三条にいう「処分その他公権力の行使に当たる行為」のうち、後者に事実行為が含まれることとは一般に認められているところである。すなわち、取消訴訟の対象となる事実行為とは「行政庁の一方的意思決定に基づき、特定の行政目的のために国民の身体、財産等に実力を加えて行政上必要な状態を実現させようとする権力的行為である」とされる。

したがって、本件指定外財産の返還行為もアイヌ文化振興法施行によって、共有財産の返還が求められたことに伴い、共有財産と一体として管理してきた財産を返還し旧土人保護法以来のアイヌの人々の財産の管理体制を終了しようとする目的にでたものであって、被告の一方的判断で共有者の財産の返還手続を行ったものであるから、右指定外財産の返還手続は、いわゆる権力的事実行為に該当し、同条後段の「その他公権力の行使に当たる行為」である。

3、また、殊に指定外財産の返還が行政庁が行う行政活動として、行政処分に該当するか法律上一義的に明確でないとしても、同種の活動の一連の手続と比較してその実質的同一性が認められる場合には処分性が認められ得る。

例えば、最高裁昭和六一年二月一三日第一小法廷判決（民集四〇巻一号一頁）がある。右判決では、まず前提として、農林水産大臣又は都道府県知事の行う土地改良事業において、

①、事業計画の決定について当該事業施工地域内の土地につき土地改良事業を施行するもので公告すべきものとされていること（土地改良法八七条五項）

②、右公告があった後において土地の形質の変更・工作物の新築・改築・修繕をしたり、物件を附加増置した場合には、これについての損失は、原則として補償しなくてもよいものとされていること（同法一二二条二項）

③、右事業計画が異議申立手続を経て確定したときは、これに基き工事が着工される運びになること（同法八七条八項）から国営および都道府県営の土地改良事業につき、農林水産大臣または都道府県知事の行う事業計画の決定が行政処分としての性格を有するとした。その上で、「土地改良事業は、国営であるか都道府県営であるか市町村営であるかによって特別その性格を異にするものではない」としたが、問題となった市町村営の土地改良事業について「国営又は都道府県営の土地改良事業における事業計画の決定に対応するものは当該市町村の申請に基き都道府県知事が行う事業施工の認可である」として、

①、右事業施行の認可も当該事業施工地域内の土地につき土地改良事業を施行することを認可するもので、公告すべきものとされていること（同法九六条の二第七項）

②、右公告があった後における土地の形質の変更等についての損失は原則として補償しなくて良いものとされており（同法一二二条二項）

③、右事業施行の認可があったときは工事が着手される運びとなるものである、

から、右の事業計画の決定と事業施行の認可とは土地改良事業の一連の手続の中で占める位置・役割を同じくするものである、と判断した。その結果、「国営又は都道府県営の土地改良事業における事業計画の決定が本来取消訴訟の対象となり得るものであることを当然の前提とした規定を置く土地改良法は、市町村営土地改良事業における事業施行の認可についても、それが取消訴訟の対象となることを認めているものと解せざるを得ない」と判示している。

すなわち、市町村営の土地改良事業について、市町村営の土地改良事業の手続における都道府県知事の認可と国営ないし都道府県営の土地改良事業における事業計画の決定との実質的な同一性および土地改良事業の一連の手続の同一性から、市長村営の土地改良事業における都道府県知事の認可に処分性を認め、抗告訴訟の対象となることを明らかにしたのである。

本件共有財産の返還手続と指定外財産の返還手続についても、右判決と同じことが認められる。

共有財産の返還手続においては、

①、本件共有財産の返還については、「北海道知事は、共有財産を共有者に返還するために、……厚生省令で定める事項を官報で公告しなければならない。」とされており（アイヌ文化振興法附則第三条第二項）、

②、「共有財産の共有者は、前項に規定する公告の日から起算して一年以内に、北海道知事に対して、厚生省令で定めるところにより、当該財産の返還を請求することができる。」（アイヌ文化振興法附則第三条第三項）とされ、

③、「第三項に規定する期間内に共有財産の共有者が……請求をしなかったときは、当該共有財産は、指定法人に帰属する」（同法附則第三条第五項）

とされている。

これに対して、指定外財産についても、共有財産と一体として管理されてきたものであるとして、返還手続も共有財産の返還手続に準じて行うこととし（答弁書第五頁）、

①、指定外財産について、共有財産と同様に厚生省令に掲げられた事項を公告し（乙第一号証）、

②、共有財産と同様、公告から一年以内に限り返還請求することができるとし、

③、本件共有財産の返還手続においては、返還請求されなかった指定外財産についても、道が指定する指定法人に出捐《しゅつえん》するものとされている

のである。

したがって、共有財産の返還も、指定外財産の返還も、その手続は同一である。

よって、行政処分であることに争いのない指定財産の返還

手続と指定外財産の返還手続とは、その手続方法が全く同一であるから、指定外財産の返還決定には明らかに処分性が認められる。

4、金銭の給付を目的とするいわゆる給付行政においては、法律関係の形成の行為形式として契約方式であるとの推定が働き公権力性がないとも指摘される。

しかし、給付行政の全てが契約方式であるとは解されておらず、東京高裁昭和五五年七月二八日判決（行裁例集三一巻七号一五五八頁）は、国の補助金に関して、補助金等に係る予算の執行の適正化に関する法律の趣旨、全体の構成から交付決定の処分性を肯定している。また、札幌高裁昭和四四年四月一七日判決（行裁例集二〇巻四号四五九頁）は、「……釧路市においては、従来奨励金を交付するには、市長が同市指令として奨励金交付の決定をしたうえ、これを申請者に通知する方法をとり、奨励金交付申請を却下する場合には、却下通知書に行政不服審査法第六条による異議の申立ができる旨を教示する取扱をしている……これらの条例、施行規則の各規定および釧路市の行政実務を総合して考えると、旧条例は、奨励金交付の法律関係を企業（相手方）の申請を前提としつつも、上記の形式的、法技術的意味での公法的行為形式（奨励金交付決定または奨励金交付申請却下決定という行政処分）を用いて処理する建前を取っているものと解するのが相当で……これを抗告訴訟の対象から排除すべきではなく、行政事件訴訟法第三条の『処分』に包含されると解するのが相当である……」と判示して、地方自治体の補助金につき、具体的な条例、同施行規則、行政実務を総合して処分性を肯定している。

すなわち、給付行政の領域においても、具体的な法的根拠、その運用状況を総合的に考慮した上で行政処分であるか否かが判断されているといえる。

本件共有財産および指定外財産の返還手続においても、アイヌ文化振興法附則第三条各項およびそれに基づく厚生省令を根拠として、共有者の返還申請に対して、被告が申請を認める返還決定ないし申請を認めない申請却下決定を下す公法的行為形式が採用されている。また、後述するように処分に対する不服申立の方法が教示されている。

したがって、本件共有財産および指定外財産の返還手続についても、行政処分性は認められ、その当否を抗告訴訟として争うことが許される。

5、さらに、共有財産ないし指定外財産の返還請求を棄却する決定の通知書においては、右決定に対する不服申立の方法として、「この処分に不服がある場合は、この処分があったことを知った日の翌日から起算して六〇日以内に、厚生大臣に審査請求することができます。」と記載されている。

すなわち、行政不服審査法に基づく審査請求ができる旨教示されている。これは、行政不服審査法においても行政不服申立は「行政庁の違法又は不当な処分その他公権力の行使に当たる行為に関し」（行政不服審査法第一条）認められているのであるから、当然、被告も本件処分が行政不服審査法一条に言う「処分その他の公権力の行使に当たる行為」であるとの認識があったことを示している。

また、処分性の有無の判断につき、最高裁判所は行政上の不服申立の途を法律が開いていることをてがかりにして、該行為を公権力の行使として取り扱うことを法律が明らかにしたものと解しているのである。

例えば、最高裁昭和四五年七月一五日判決（民集二四巻七号七七一頁）は供託官の却下行為につき特別の不服審査手続が設けられていることを一つの根拠として右行為の処分性を認めている。

逆に、最高裁昭和四六年一月二〇日判決（民集二五巻一号一頁）は、農地法八〇条の土地売払いに関して不服申立方法が認められていないことを、同条に基づく売払いの行政処分性を否定する根拠としている。

したがって、本件共有財産および指定外財産の返還手続についても、その不服につき厚生大臣に対する不服申立手続が定められているのであるから、この点から見て、その処分性は肯定されるのは理の当然である。

6、結論

㈠、共有財産について

本件共有財産の返還手続の行政処分性については、アイヌ文化振興法附則第三条各項に基づき、各共有者の返還の申請に対し北海道知事が各共有財産ごとに共有者を特定し、行政庁たる北海道知事が一方的に共有者であるか否かを判断し、返還決定ないし申請却下を返還しない決定を下すものであって公権力性は肯定される。そして、行政庁の一方的な判断に基づく返還決定により、共有者の財産額が具体的に決定され、その財産が共有者に帰属することになるのであるから、決定の名宛人は特定されており、その者に財産を帰属させるのであるから、法的効果・外部性・個別具体性も肯定される。

㈡、指定外財産について

被告は特に指定外財産について「事実上管理するに至っていた財産」（答弁書三頁㈡）、あるいは「北海道庁長官ないし被告が事実上管理するに至っていた」（答弁書九頁）ことから「何らの公権力性も認められない」（答弁書九頁）と主張している。

しかし、管理を開始するに至った状況を明らかにしておらず、指定外財産について事実上管理していた財産であるとする被告の主張には根拠がない。被告が主張するように、「北海道庁長官ないし被告が事実上管理するに至った」とすれば、行政庁が法的根拠もなく私人の財産を管理していたことになるが、事実上の管理行為にすぎず公権力的行為でないとするならば被告は民法その他の私法規程にしたがって処理しなければならない。すなわち、他人の財産の管理者である被告は善管注意義務をもって権利者を特定し、そのものに財産を返還すべき義務を負い、義務を尽くしても権利者が不明である場合、供託すべきである。

ところが、被告自身が指定外財産についても共有財産と同様アイヌ文化振興法附則第三条の手続に準じて返還するものとしている。指定外財産の返還手続は共有財産の返還手続と比較して実質的同一であって、どちらの手続においても申請却下処分については厚生大臣に対する行政不服申立の途が開かれており、申請却下決定通知にはその旨教示されている。

したがって、共有財産と指定外財産が格別その性格を異にするものではない以上、一連の財産返還手続において返還決定ないし返還の申請却下決定は公権力の行使として為されており、国民である共有者の財産額を確定する行為であって「直接国民の権利義務を形成しまたはその範囲を確立することが法律上認められているもの」であるから取消訴訟の対象としての「行政処分」にあたることは明らかである。

以上、指定外財産返還手続も「行政庁の違法又は不当な処分その他公権力の行使に当たる行為」であるから、抗告訴訟によってその無効ないし取消を求めることが許されるのであり、特に指定外財産の返還行為につき行政処分に当たらないとする被告の主張は失当である。

以上

(4) 被告準備書面(2)

二〇〇〇年二月四日

平成一一年(行ウ)第一三号　北海道旧土人共有財産等返還手続無効確認請求事件

原告　小川　隆吉　ほか二三名

被告　北海道知事

平成一二年二月四日

右被告指定代理人　佐久間　健吉
田野　喜代嗣
亀田　康
大杉　定通
秦　博美
伊藤　正博
山田　英昭
渡邉　幹夫
松本　智典
斉藤　和雄
新井　文之

札幌地方裁判所民事第三部　御中

被告は、原告らの平成一一年一二月二一日付け準備書面に対し、以下のとおり反論する。

なお、略語等は本準備書面において新たに用いるもののほか、従前の例による。

一　訴えの利益について

1　原告らは、本件北海道旧土人共有財産返還決定(以下「本件返還処分」という。)の無効確認又は取消しを求める本件各訴えに法律上の利益が存するとし、その根拠として、本来返還の対象となるべき財産が公告されず、返還手続から除外されている可能性があるとの前提で、①仮に除外されているとすれば、原告らの返還請求自体を不可能ならしめるもので、原告らにとって不利益な行政処分である、②仮に、被告らが管理していた財産すべてを公告の対象としていたとしても、返還価額の決定に当たって貨幣価値の変動が十分に考慮されておらず、また、その返還手続に原告らアイヌの人々を参加させるか、少なくとも意見を反映させるべきであるのにそれらがされていない旨主張するかのようである。

2　しかしながら、①についていえば、まず、原告らの主張する「本来返還の対象となるべき財産」の意味が不明確である。アイヌ新法附則三条に規定する返還すべき共有財産とは、同条一項に規定される「この法律（アイヌ新法――被告において補充）の施行の際現に前条の規定による廃止前の北海道旧土人保護法第十条第一項の規定により（北海道知事が――被告において補充）管理する北海道旧土人共有財産」であり、そのような共有財産のみが返還制度の対象となるよう制度設計されている。ところが、原告らは、その主張する「本来返還の対象となるべき財産」に、かようなアイヌ新法の規定する「共有財産」以外にも返還すべき財産があると考えているふしがある。しかしながら、仮にそうだとすれば、原告らの主張は、アイヌ新法が規定する返還手続の制度設計の内容自体を非難する性質のものといえ、本件返還処分自体の根拠を自ら否定することを意味するから、原告らが主張するように、より有利な共有財産の返還処分がされることにはならないのである。なお、原告らは、最高裁判所昭和六二年四月一七日第二小法廷判決を引用するが、同事案は違法事由として照応原則違反が主張されているものであり、違法事由の法的構造が本件とは全く異なるもので引用には適切でない。

仮に、原告らの主張する「本来返還の対象となるべき財産」の意味が、アイヌ新法附則三条に規定する返還すべき共有財産と同じであるとしても、公告されたもの以外に本件返還処分時点で被告が管理していた共有財産は存在していないのであるから、原告らの主張は失当である。すなわち、被告は共有財産返還手続に当たり、それまで被告が管理していた共有財産について、その指定経緯や改廃状況を十分に調査した上で、返還の対象となるすべての共有財産を公告しているのである。原告らは、アイヌ新法附則三条に規定する返還すべき共有財産のうち、本件処分に当たって公告されていない共有財産が存在する可能性があると主張するが、何ら具体的な主張・立証はなされていない。

そもそも本件返還処分にあっては、答弁書第一の二の4で述べたとおり、原告らの返還請求どおりの返還決定をしているのであり、原告らに回復されるべき法律上の利益が存しないことは明らかである。

3　次に、②についていえば、まず、アイヌ新法附則三条の定める共有財産の返還手続の大要は、前述したように「この法律（アイヌ新法――被告において補充）の施行の際現に前条の規定による廃止前の北海道旧土人保護法第十条第一項の規定により（北海道知事が――被告において補充）管理する北海道旧土人共有財産」を公告し、返還請求を経て返還する手続として制度設計されているもので、そもそも、貨幣価値の変動を考慮する（いわば補償的要素を含めた）制度としては設計されてはいない。被告は、根拠法令に基づいて、原告らの返還請求に対し、請求どおりの額を返還する旨決定したものであり、原告らに何ら不利益を与えるものではない。仮に、原告の右主張が、返還手続を設計するに当たり、アイヌの人々に対する補償的要素を考慮し、貨幣価値の変動を考慮した返還をするような制度を設計すべきであったという趣旨であるならば、それは、アイヌ新法という法令自体の内容の適否を抽象的に論じるものであり、本件返還処分に対する違法事由としては、主張自体失当である。なお、現行法上、物の返還処分に係る返還額の決定に当たり、貨幣価値の変動を考慮すべき一般的規定はなく、最高裁判所昭和五七年一〇月一五日第二小法廷判決（判例時報一〇六〇号七六ページ）も、軍事郵便貯金の払戻しについて、「貯金の預入後その払戻までに所論のごとき貨幣価値の著しい下落があったとしても、そのことによって右貯金額が当然増額修正されるものとすべき現行法上の根拠はなく、被上告人(国)は右貯金払戻当時の貨幣をもってその債務額を弁済すれば免責されるものと解するのが相当である」と判示しているところである。

さらに、原告らは、返還手続へのアイヌの人々の参加等について主張するが、そもそも、そのようなことを要請する規定はアイヌ新法附則にはない。しかし、実際の返還手続きにおいては、被告が返還請求の審査に当たって設置した審査委員会の構成員には、アイヌの人々を代表する社団法人北海道ウタリ協会や旭川アイヌ協議会の役員が含まれており、被告は、アイヌの人々の意見を反映させるべく対応していたものであって、何らアイヌの人々の意見を反映していないとの原告主張には全く理由がない。

二　指定外財産返還手続に係る行政処分性について

1　原告らは、指定外財産の返還手続につき、行政事件訴訟法（以下「行訴法」という。）三条二項にいう「その他公権力の行使に当たる行為」には事実行為も含み、①同種の行政作用の一連の手続きと比較してその実質的同一性、②適用されている行為形式や行政不服申立ての方法につき教示があること、などから、その行政処分性を肯定すべきであると主張するようである。

2　確かに、行訴法三条二項にいう「その他公権力の行使に当たる行為」は、いわゆる公権力的事実行為という事実行為を意味するものである。しかしながら、ここで公権力的事実行為とは、「行政庁の一方的意思決定に基づき、特定の行政目的のために国民の身体、財産等に実力を加えて行政上必要な状態を実現させせようとする権力的行為」であるから（杉本・「行政事件訴訟法の解説」一一ページ）、法律行為的処分と同様に法の根拠を要するとともに、国民の権利自由に対する侵害の可能性をもつ行為でなければならない。具体的には精神病院への強制入院、税関による国内持込品の留置など、いわゆる即時強制にあたる行為を典型とする。それは、行政庁が公権力の行使としてするこれらの事実行為は、相手方の権利侵害は明らかであるが、下命処分が先行しないため「処分」の取消訴訟によらしむことは不可能である上、単純な事実行為とは異なり、一方的に相手方の意思を強制する意味において、公定力ないしそれに類似する効力を生じるといいうることから、公定力を排除することを目的として設けられた取消訴訟制度の対象とするのが相当であり、民事訴訟の対象とすることがふさわしくないからである。

3　この点、原告らは、①指定外財産は共有財産と一体として管理されてきた財産であり、②被告の一方的判断で返還手続をしたものであるから、その返還行為はいわゆる権力的事実行為に該当する旨主張する。確かに、指定外財産は共有財産と一体として管理されてきたものであるが、それは、答弁書第一の二の5で述べたとおり、旧法に基づく指定はされていないものの、その沿革から北海道庁長官ないし被告が事実上管理するに至っていたものにすぎず、その返還も右沿革から共有財産に準じることが相当であることから、事実上そのような処理をしているものであり、何ら法的根拠を有するものではなく、そこには何らの公権力性も認められない。また、指定外財産の返還は返還請求に対応してしたもので、なんら被告が一方的にしたものではない。指定外財産の返還手続は、行政処分その他公権力の行使には当たらないのであり、原告らの主張は失当である。

4　また、原告らは、同種の行政作用の一連の手続と比較してその実質的同一性が認められる場合には行政処分性が認められるとして、最高裁判所昭和六一年二月一三日第一小法廷判決（民集四〇巻一号一ページ）を引用するが、同判例は法律が定める二つの手続構造の類似性から、一方の段階的手続の中間的決定について行政処分性を肯定したものであり、本件指定外財産のように法律の根拠なく事実上共有財産の返還に準じた手続を採用した事例の先例として引用するのは不適切である。

5　さらに、原告らは、指定外財産についても、アイヌ新法附則三条各項及び厚生省令を根拠として返還決定あるいは申請却下決定を下す公法的行為形式が採用されており、かつ、指定外財産の返還請求を棄却する通知には不服申立ての方法が教示されているから、指定外財産返還手続についても行政処分性が認められ、その当否を抗告訴訟として争うことが許される旨主張する。しかしながら、既述のように、指定外財産の返還手続は、事実上共有財産の返還手続に準じているにすぎず、アイヌ新法附則三条各項及び厚生省令を根拠として返還決定あるいは申請却下決定を下す公法的行為形式が採用されているわけではないし、また、指定外財産を返還しない旨の通知には、原告の指摘するような教示はなく（乙第三号証の七）、原告らの右主張は失当である。

三　無効確認訴訟の補充性について

1　原告らは、無効確認訴訟の補充性につき、最高裁判所平成四年九月二二日第三小法廷判決（民集四六巻六号一〇九〇ページ（もんじゅ原発訴訟））を引用しつつ、共有財産返還処分が、①旧法下の不当な強制的共有財産管理を清算することやアイヌの人々の民族としての誇りが尊重される社会の実現を図るという目的のためにされるものであり、多数の権利者間において相互に連鎖し、関連しあっている財産に関するものであることから、「当該処分の無効確認を求める訴えのほうがより直裁的で適切な争訟形態」であり、「現在の法律関係に関する訴えによって目的を達成することができない」し、②かような行訴法三六条の要件（濫訴防止のために取消訴訟に比し狭められた訴えの利益）が認められる以上、当然に訴えの利益が認められる旨主張し、結局のところ、行訴法三六条の要件が認められる以上は、無効確認訴訟は常に同一処分に係る取消訴訟と併合的にできる旨主張するようである。

2　しかしながら、同一の行政処分に対する取消訴訟と無効確認訴訟は、いずれも当該行政処分の瑕疵を理由としてその効力を争う点で異ならないところ、取消訴訟は無効確認訴訟に対し、違法性の程度・証明責任・判決効などの点で原告にとってはるかに有利であるだけでなく、そもそも無効確認訴訟は、出訴期間を徒過し、審査請求前置を欠く場合であっても、その違法性の重大性等に鑑み、取消訴訟の補充的訴訟形態として認められたものであること、加えて、行政処分に対する無効確認訴訟が当該処分の出訴期間内に提起された場合には、右無効確認請求のうちに取消請求も包含されているものと解されている（最高裁昭和三三年九月九日第三小法廷判決・民集一二巻一三号一九四九ページ）ことからすれば、少なくとも取消訴訟と重複して併合提起された無効確認訴訟は訴えの利益を欠くというべきである（同旨の裁判例として、高知地裁昭和五七年一〇月四日判決・行裁例集三三巻一〇号二〇三七ページ、横浜地裁昭和六一年二月一九日判決・判例時報一二〇六号二四ページ、釧路地裁昭和五八年一一月二九日判決・行裁例集三四巻一一号二〇六七ページ、その控訴審札幌高裁昭和六〇年一一月二六日判決・行裁例集三六巻一一・一二号一九〇五ページ）。

四　結論

以上のとおり、右各訴えはいずれも不適法であり、却下されるべきである。

(5)　被告準備書面(3)

二〇〇〇年六月一日

平成一一年（行ウ）第一三号　北海道旧土人共有財産等返還手続無効確認請求事件

原告　小川　隆吉　ほか二三名

被告　北海道知事

平成一二年六月一日

右被告指定代理人　佐久間　健吉

田代　喜代嗣

小林　一延

加藤　修

秦　博美

伊藤　正博

真屋　幹雄

渡邉　幹夫

小林　祐之

斉藤　和雄
新谷　忍

札幌地方裁判所民事第三部　御中

被告は、原告らの平成十二年三月二七日付け準備書面に対し、以下の通り反論する。

なお、略語は本準備書面で新たに用いるもののほか、従前の例による。

一　訴えの利益について

原告らは、そもそも、アイヌ新法附則三条は旧法十条に基づいて強制的に行われていた共有財産に対する管理を歴史的経緯への反省をも含めて精算するための規定であるとし、したがって、アイヌ新法附則三条一項に規定する返還すべき共有財産（以下「返還すべき共有財産」という。）とは、アイヌ新法施行の際に北海道知事が現実に管理する共有財産のみをいうのではなく、「北海道知事が現に手元に管理しているか否かにかかわらず、共有財産として指定され管理が開始された財産のうち、現在適法に管理されているべき財産である。」と主張する。

そして、その根拠として、原告らはアイヌ新法附則第三条一項の「現に」の意味について民法一二一条ただし書「現ニ利益ヲ受クル限度」の解釈を引用し、「現時点で、管理していないかもしれないが、「旧土人の保護」の趣旨に反し、不当に財産管理を怠り、散逸させるなどして、現に返還できなくなったとされる財産も、現に管理すべかりし共有財産として、返還の対象となるべき共有財産である。」と結論する。

たしかに、原告らも述べているように、アイヌ新法附則三条は「旧法の廃止に伴う経過措置」である。すなわち、同条一項では、アイヌ新法施行の際現に旧法一〇条一項の規定により管理する共有財産について、旧法廃止のときから共有者に返還されるか又は指定法人「財団法人アイヌ文化振興・研究推進機構」（以下「指定法人」という。）に帰属するまでの間、北海道知事が管理すると規定し、同条二項では共有財産を返還するために指定された財産ごとに厚生省令で定める事項を官報で公告しなければならないと規定している。このように、同条は、旧法が廃止されることに伴い、知事が共有財産を管理する根拠規定がなくなることから、それらが共有者に返還されるか又は指定法人に帰属するまでの必要な経過措置を規定したものである。しかしながら、その場合の「新法施行の際現に」という文言は、従来の法令による一定の状態を新規規定の法令が容認する場合に経過規定を設ける際の一般的な表現方法であり（乙五号証）、法制執行上「現に」の意味は「施行時点に於いて事実として」ほどの意味に過ぎないものである。原告らは、民法における「現ニ利益ヲ受クル限度」（民法一二一条ただし書）の解釈を引用し、アイヌ新法附則三条の解釈においても「現に管理すべかりし共有財産をも全て含むと解すべきである。」と強引に結論付けるが、法制執務上の用語の意味を無視した独自の見解というべきである。

原告らは、民法一二一条ただし書の無能力者の返還義務の範囲について、「仮に手元に金員が残っていなくとも、実質的にみて利益が現存すべかりし場合においても返還すべきと解されている。」と主張するが、大審院昭和七年一〇月二六日判決（民集一一巻一九二〇ページ）で「……又ハ必要ナル生活費ヲ支弁シタルトキハ無能力者ハ其ノ法律行為ニ因リ現ニ利益ヲ受ケ居ルモノト謂ヒ得ヘキヲ以テ……」と判示している。すなわち利益を必要な出費に充てた場合には利益は形を変えて現存することから返還義務の範囲に含まれることを「現ニ利益ヲ受クル限度」と表現しているのであり、法律の廃止に伴う経過措置規定の「現に」の意味をそれと同一に解することが出来ないことは論をまたない。

また、アイヌ新法附則三条二項を受けた厚生省令一条も、公告事項として「法附則第三条二項に基づく公告の時に北海道知事が管理する当該共有財産の金額」と規定し、被告主張の理解を前提としており、原告らの主張が失当であることは明らかである。

さらに、原告らは、①被告の主張は、本案に理由がないから訴えを却下すべきであるという逆転した論理に基づくものであるとか、②仮に、本件返還処分の無効が確認されるか取り消された場合、その判決の理由中には、返還すべき財産についての調査が不十分であり、貨幣価値の変動を十分に考慮しておらず、原告らの手続き上の権利が侵害されていることが違法事由として挙げられているはずであるから本件請求が認容されることにより、より有利な共有財産の返還がされることになり、結局本件請求は訴えの利益がある旨主張する。

しかしながら、これら原告らの主張は、アイヌ新法附則三条一項に規定する返還すべき共有財産の内容について、前述した原告らの独自の見解を前提として初めて成り立つ立論である。この点に関する原告らの見解が失当であることは、右に述べたとおりである。

なお被告準備書面㈡三頁六行目の「仮に……」から同四頁一行目の「……主張・立証はなされていない。」までの趣旨について原告らには誤解があるようであるから、この際、わかりやすく説明しておきたい。前回まで、原告らのいう「本件返還の対象となるべき財産」の意味内容が不明確であったことから、被告は、それが①被告の見解と異なって、アイヌ新法施行の際現に、旧法の規定により、北海道知事が管理する共有財産以外にも返還対象すべき共有財産があるという見解を原告らが採っている場合と、②被告と同様の見解を原告らが採っている場合とに分け、それぞれを前提として主張をした。そして、前記「仮に、……」以下の部分は、②の被告と同様の見解を原告らが採っている場合を前提とした主張部分であり、その場合であっても、被告は、旧法の規定により北海道知事がアイヌ新法施行時に現に管理していた返還対象財産は、これをすべて公告して返還手続きにのせており、その間にもれはない旨を主張した部分である。平成一二年三月二七日付け原告ら準備書面で、原告らは、右①の見解を採ることを明らかにした。よって、争点は返還すべき共有財産の意味内容いかんということになる。

二 貨幣価値の変動に対する考慮について

原告らは、アイヌ新法が貨幣価値の変動を考慮する制度として設計されているか否かについては、本案審理の対象とすべきであると主張する。

しかしながら、この点、原告ら自身も、「……、原告らは、貨幣価値の変動を十分に考慮した上で北海道知事は返還額を決定し返還すべきであったのに、これをせずに返還額を決定し公告をした点を捉えて、返還処分が違法である旨を主張しているのであって……」としているように、原告らの主張は、右諸点が本件処分の違法事由となりうるとの理解、すなわち、アイヌ新法の附則三条の定める共有財産の返還手続きは、貨幣価値の変動を考慮する（いわば補償的要素を含めた）制度として設計されているとする見解を前提とする立論である。原告らの見解を前提とすれば、確かにそれは本案の問題といえるかもしれない。しかし、被告は、そもそも、原告らの見解の前提自体を争っているものであり、原告らの主張は失当である。被告の準備書面(二)一の3で述べたとおり、返還するべき共有財産の金額について貨幣価値の変動を考慮するとすれば、そのような法制度として設計する必要があるが、アイヌ新法は補償的要素を含めた貨幣価値の変動を考慮する制度としては設計されていない。そもそも、どのような法制度を設計すべきかということは立法政策の当否の問題であって、法律上の争訟にはなじまないものである。

なお、先に述べたとおり。厚生省令一条では、返還対象となる共有財産について、「法附則第三条第二項の規定の基づく公告の時に北海道知事が管理する当該共有財産の金額」を公告すると規定しており、この場合において、当該財産の金額について貨幣価値の変動を考慮しなければならないという一般的な法理は存在しないことからも、公告時の金額をもって返還することで足りるものである。

三　手続き的権利の侵害について

原告らは、返還手続へのアイヌの人々の参加等について繰り返し主張するが、この点については被告の準備書面㈡一の3で述べたとおりである。

四　指定外財産返還手続きの行政処分性について

原告らは、指定外財産返還手続きについて処分その他公権力の行使にあたる行為である旨主張するが、被告の準備書面㈡二の2ないし3で述べているとおり行政処分その他公権力の行使には当たらないものである。

五　無効確認訴訟と取消訴訟について

原告らは、本件訴訟が現在の法律関係に関する訴えによって目的を達することが出来ない場合に該当するから、無効確認訴訟として適法なものであり、無効確認訴訟は出訴期間の制限がなく、事情判決の規定も準用されていないことなどから、取消訴訟よりも原告らにとって有利な訴訟形態である旨主張する。

しかしながら、被告の準備書面㈡三で述べたとおり、無効確認訴訟は取消訴訟の補充的訴訟形態として認められたこと等を勘案すると、少なくとも取消訴訟と重複して併合提起された無効確認訴訟は訴えの利益を欠くものであることは明らかであり速やかに却下されるべきである。

六　求釈明について

本件では、共有財産の返還手続きについては、返還対象となるべき共有財産の意味内容にかかるアイヌ新法の法令解釈が、指定外財産の返還については、その行政処分性がそれぞれ争点となっている。

　原告らの求釈明事項は、右争点に直接関係しないものであるから、釈明の必要はないものと考える。

七　結論

　以上の通り、右各訴えはいずれも不適法であり、速やかに却下されるべきである。

(6)　被告準備書面(4)

二〇〇〇年六月三〇日

　被告は、下記原告らが共有財産の共有者等であることが明らかでないとの理由により、原告秋辺得平の請求のうち訴状別紙五記載の官報公告における番号一六、原告鹿田川見の請求のうち訴状別紙十記載の官報公告における番号五及び一七並びに原告豊川重雄の請求である訴状別紙十三記載の官報公告における番号五の各共有財産につき返還しない処分を行うとともに、原告秋辺得平の請求のうち訴状別紙五記載の官報公告における番号五の指定外財産につき返還しない旨決定した。これら返還しない処分等が適正であったことについて、次のとおり主張する。

　なお、略語は本準備書面において新たに用いるもののほか、従前の例による。

一　返還請求者の資格審査及び通知について

被告は、答弁書五ページ3の㈠㈡記載のとおり共有財産等の返還手続をした。これに続き、被告は、返還等の手続を適正かつ円滑に進めるため、アイヌ関係者、弁護士及び学識経験者を構成員とする審査委員会を平成一〇年一一月二六日に設置し（乙第六号証の一及び二）、請求のあった内容（共有者としての資格等）について、各共有財産別に請求者個々の請求について審査を依頼し、この審査結果を踏まえ、返還の可否を決定することとした。

審査委員会は平成一〇年一二月から同一一年三月まで三回開催され、共有財産の共有者であることを明らかにする書類として、戸籍謄本や除籍謄本のほか文献・公文書等の補足資料の提出を受けて、返還請求者の資格審査が行われた。

被告はその審査結果（審査結果の関係分抜粋は別紙「北海道旧土人共有財産の共有者資格審査結果」及び「指定外財産の所有者資格審査結果」のとおり。以下「審査結果一覧」という。）を踏まえ、平成一一年四月二日付けで返還決定又は返還しない旨の決定を行い、返還請求者に対して通知した。

二　返還しない処分等に係る個別の手続について

1　原告秋辺得平に対する返還しない処分等について

原告秋辺得平からは、訴状別紙五記載の官報公告における番号四及び一六の二件についてアイヌ新法附則三条三項の規定に基づく北海道旧土人共有財産返還請求書（以下「共有財産返還請求書」という。）（乙第二号証の五及び六）並びに訴状別紙五記載の官報公告における番号五の指定外財産に係る返還請求書（乙第二号証の七）が平成一〇年九月一日付けで提出された。

これらの共有財産返還請求書等には、厚生省令二条一号の書類として戸籍抄本、同条二号の書類として印鑑証明書、同条三号の共有者であることを明らかにする書類として、原告秋辺得平の血縁者が色丹島に戦前居住していたことについて、後日、訴外西田カツミから証言をとる旨主張する文書（乙第七号証の一）及び昭和元年から二年ころ、色丹島で撮影したと主張する原告秋辺得平の祖父等の写真の写し（乙第七号証の二）が添付されていた。

被告は、その後、共有財産指定当時の斜古丹村における原告秋辺得平の血縁者の居住事実及びその者と原告秋辺得平との続柄がわかる書類の補正を繰り返し求めたところ、原告秋辺得平から同人の戸籍謄本の写し（乙第七号証の三）、訴外秋辺ミサホ（原告の母）及びその父母に係る改製原戸籍謄本（乙第七号証の四）、訴外秋辺カツミ（前出西田カツミと同一人）の証言に係る調書（乙第七号証の五）、同カツミの戸籍謄本（乙第七号証の六）並びに昭和七年前後に撮影したと主張する乙第七号証の二と同一の写真の写しが提出された。

審査委員会においては、訴状別紙五記載の官報公告における番号四の共有財産について原告秋辺得平は共有者であると認められるものの、審査結果一覧のとおり、訴状別紙五記載の官報公告における番号一六の共有財産について、原告秋辺得平から提出されている証明書類では、共有財産の指定当時に原告秋辺得平の血縁者が当該地域に居住していたこと及び共有者であることが確認できないとの審査結果となり、被告は、この審査結果を踏まえ、提出されている証明書類では、原告秋辺得平が当該共有財産の共有者であることが明らかでないとの理由で、原告秋辺得平に対して返還しない処分をした。

また、同様に、訴状別紙五記載の官報公告における番号五の指定外財産についても、提出されている証明書類では、当該財産の所有者（相続人）であることが確認できないとの審査結果となり、被告は、この審査結果を踏まえ、返還しない旨決定した。

2　原告鹿田川見に対する返還しない処分について

原告鹿田川見からは、訴状別紙十記載の官報公告における番号四、五及び一七の三件について共有財産返還請求書（乙第二号証の一四ないし一六）が平成一〇年九月三日付けで提出された。

これらの共有財産返還請求書には、厚生省令二条二号の書類として印鑑証明書、同条三号の共有者であることを明らかにする書類として、原告鹿田川見の父である訴外亡鹿田三吉の戸籍謄本（乙第八号証）が添付されていたが、同条一号の書類（返還請求者の戸籍抄本又は住民票の写し）が不足していたため、不足書類については後日補正させることとした。

被告は、その後、不足していた厚生省令二条一号の書類として住民票の提出を受けるとともに、原告鹿田川見に対し、訴状別紙十記載の官報公告における番号五の共有財産については、訴外亡鹿田三吉が旭川市以外に居住した事実の有無を証明する書類、同一七の共有財産については、被告が保管している昭和九年一一月一日付けの共有地の下付指令書（乙第九号証）には、原告鹿田川見が共有者であると主張している訴外亡鹿田三吉の名前の記載がなく、また、権利譲渡等によりその後に共有者となったことを証するその他の証拠書類もないことから、共有者であることを証明する書類の提出をそれぞれ求めた。

しかしながら、原告鹿田川見は、前記戸籍謄本の提出をもって父が共有者であったと主張するのみで、原告鹿田川見の父が共有者であったことを証明する書類を提出しなかった。

審査委員会においては、訴状別紙十記載の官報公告における番号四の共有財産について原告鹿田川見は共有者であると認められるものの、審査結果一覧のとおり、訴状別紙十記載の官報公告における番号五の共有財産について、訴外亡鹿田三吉は、大正一二年七月に旭川市で出生しているが他へ転籍した事実は認めらず、原告鹿田川見から提出された証明書類では、当該共有財産の指定当時に訴外亡鹿田三吉が当該地域に居住していたこと及び共有者であることが確認できないとの審査結果となり、被告は、この審査結果を踏まえ、提出されている証明書類では、原告鹿田川見が当該共有財産の共有者であることが明らかでないとの理由で、原告鹿田川見に対して返還しない処分をした。

また、同様に、官報公告における番号一七の共有財産についても、提出されている証明書類では、訴外亡鹿田三吉が共有者であることが確認できない（共有地下付指令書に該当する共有者名が存在しない）との審査結果となり、被告は、この審査結果を踏まえ、提出されている証明書類では、原告鹿田川見が当該共有財産の共有者であることが明らかでないとの理由で、原告鹿田川見に対して返還しない処分をした。

3　原告豊川重雄に対する返還しない処分について

原告豊川重雄からは、官報公告（乙第一号証）における番号四及び訴状別紙十三記載の官報公告における番号五の二件について共有財産返還請求書（乙第二号証の二〇）が平成一〇年九月七日付けで提出された。

これらの共有財産返還請求書には、厚生省令二条一号の書類として住民票、同条二号の書類として印鑑証明書、同条三号の共有者であることを明らかにする書類として、原告の父である訴外亡豊川正の除籍謄本（乙第一〇号証）が添付されていた。

被告は、その後、原告豊川重雄が共有者である旨主張している訴外亡豊川正が共有財産指定当時に当該地域に居住していたことを明らかにする書類の補正等を繰り返し求めたところ、平成一一年一月二七日に原告豊川重雄が北海道庁に来庁し、亡くなった父母から生前聞いていた話によると、明治のころ、訴外亡豊川正は石狩に住居を構え天塩方面に長期間サケ、マス漁に出かけていたが、これを証明する資料は現在無いのでこのままの内容で請求したい旨の話があった。

審査委員会においては、官報公告（乙第一号証）における番号四の共有財産については、原告豊川重雄が共有者であると認められるものの、審査結果一覧のとおり訴状別紙十三記載の官報公告における番号五の共有財産については、原告豊川重雄から提出された書類及び当人の証言では共有財産の指定当時に訴外亡豊川正が当該地域に居住していたこと及び共有者であることが確認できないとの審査結果となり、被告は、この審査結果を踏まえ、提出されている証明書類では、原告豊川重雄が当該共有財産の共有者であることが明らかでないとの理由で、原告豊川重雄に対して返還しない処分をした。

三　結論

以上のとおり、これらの共有財産の返還しない処分等に係る手続は適正なものであり、これらの返還しない処分等が無効又は取り消されるべきであるとする原告らの訴えにはいずれも理由がないことから、速やかに棄却されるべきである。

(7) 原告準備書面

二〇〇一年一〇月九日

平成一一年（行ウ）第一三号
北海道旧土人共有財産等返還手続無効確認請求事件
原告　小川　隆吉　外二三名
被告　北海道知事　堀　達也

準備書面

平成一三年一〇月九日

札幌地方裁判所民事第三部合議係御中

原告ら訴訟代理人
弁護士　村松　弘康
外

第一　本件訴訟にいたる経過
第二　返還決定及び返還しない決定の行政処分性
第三　訴えの利益
第四　アイヌ文化振興法附則第三条及び本件返還手続の違憲性
第五　北海道旧土人共有財産の歴史的経過
第六　財産管理の法的性格
第七　返還しない決定を受けた原告秋辺、原告鹿田、原告豊川について
第八　結論

記

第一　本件訴訟にいたる経緯

1．被告は、北海道旧土人保護法（明治三二年法律第二七号以下「旧土人保護法」という）第一〇条一項に基づき北海道庁長官が指定したアイヌ民族の共有財産（以下「共有財産」という）を管理してきたが、「アイヌ文化の振興並びにアイヌの伝統等に関する知識の普及及び啓発に関する法律」（平成九年法律第五二号　以下「アイヌ文化振興法」という）の施行に伴い旧土人保護法が廃止され、アイヌ文化振興法附則第三条三項に基づき北海道知事が管理する共有財産を共有者に返還することとされた。

同時に、被告は、旧土人保護法に基づく指定を経ずして北海道知事が管理していた財産（以下「指定外財産」という）についても返還することとした。

なお、「共有財産」及び「指定外財産」をあわせて以下「共有財産等」という。

2．アイヌ文化振興法附則第三条三項に基づいて返還手続を定めた「アイヌ文化振興法附則第三条第二項に規定する北海道旧土人共有財産に係る公告に関する省令」（平成九年厚生省令第五二号　以下「共有財産の公告に関する省令」という　乙第四号証）に従い、被告は自らが管理する共有財産を共有者に返還する方法を平成九年九月五日付官報で公告した。

その内容は、平成一〇年九月四日までに共有財産の返還を請求する者が、北海道環境生活部総務課アイヌ施策推進室あて返還請求書を提出することとされ、指定外財産については、「戦前から北海道庁長官（北海道知事）が管理している」財産について、「権利を有すると思われる方」が、翌平成一〇年九月四日までに北海道環境生活部総務課まで申し出るよう求

めるものであった。

3．また、返還すべき正当な共有者ないしその相続人が不在であって、返還されない「共有財産」についてはアイヌ文化振興法附則第三条五項に基づき、指定法人である財団法人アイヌ文化振興・研究推進機構（以下「指定法人」という）に帰属し、アイヌ文化の振興等の業務に要する費用に宛てることとされていた。また、返還されなかった「指定外財産」については、被告が民法第二三九条第一項の規定に基づき無主物先占を行い、所有権を取得し、その後指定法人に出捐し、「共有財産」に準じてアイヌ文化の振興の業務に要する費用に宛てることとされていた。

4．原告らは、被告が指定法人に「共有財産等」を帰属させないようにするため、とりあえず「共有財産等」がアイヌ民族に属するものであるとして、被告に対し、平成一〇年九月四日までに返還請求手続をとった。

被告は、平成一〇年一一月二六日、返還請求をした者が「共有財産等」の正当な共有者ないしその相続人であるかどうかの資格審査を行うために「北海道旧土人共有財産等処理審査委員会」（以下「審査委員会」という）を設置し、その審査委員会において正当な共有者ないしその相続人であるか否かの審査を諮り、その答申を踏まえた上で被告が共有者と認める者に対し「共有財産」あるいは「指定外財産」を返還することとされた。

5．審査委員会は、原告秋辺得平が返還を求めた官報公告番号16色丹郡斜古丹村旧土人共有の財産および官報公告番号5色丹村共有の指定外財産（以下「原告秋辺の請求のうち返還が認められなかった財産」という）、原告鹿田川見が返還を求めた財産のうち官報公告番号5天塩國天塩郡中川郡上川郡旧土人教育資金及び官報公告番号17旭川市旧土人共有の財産（以下「原告鹿田の請求のうち返還が認められなかった財産」という）、そして、原告豊川重雄が返還を求め請求した官報公告番号5天塩國天塩郡中川郡上川郡旧土人教育資金（以下「原告豊川の請求」という）を除き、その余の返還請求については原告らが共有財産の共有者ないし共有者の相続人であることを認めた。

6．その間、平成九年六月二六日、原告小川隆吉が「北海道旧土人保護法により知事が管理する共有財産の金額を示す文書一切、特に財産の種類・金額・算定根拠、宮内省からの御下賜金については下賜年月日・金額、救助米についてはそれらに関する文書一切を詳しく示す文書の公文書開示請求をしたのを最初に、別紙一記載の通り、北海道あるいは審査委員会に対し、共有財産の指定に至る財産発生の原因とその内容・指定の理由・財産管理の経緯を明らかにするように求め、さらに返還方法につき問題があることを指摘し、それらが明確になるまで返還手続を中断するよう求めてきた。

7．しかし、被告は原告らの求めに応じず、共有財産の指定に至る財産発生の原因とその内容・指定の理由・財産管理の経緯を明らかにすることなく、また返還方法についても変更することなく、返還手続を進めた。そして、平成一一年四月二日付で、原告秋辺の返還が認められなかった財産、原告鹿田の返還が認められなかった財産、原告豊川の請求の各請求について財産を返還しない決定および原告らの残りの請求について財産を返還する決定がなされ、原告らは、平成一一年四月六日ないし七日に、その旨を記載した通知書を受領した。

第二　返還決定及び返還しない決定の行政処分性について

1．被告は、本件返還手続、特に指定外財産の返還手続につき、「そもそも行政処分その他の公権力の行使にはあたらないから、これに係る訴えは不適法であり、却下されるべきものである」旨主張している（答弁書九頁、被告平成一二年二月四日付準備書面六頁以下）。

しかし、これらの被告の主張が、行政処分に該当するか法律上一義的に明確でないとしても同種の行政作用の一連の手続と比較してその実質的同一性から処分性が認められるとする最高裁昭和六一年二月一三日第一小法廷判決（民集四〇巻一号一頁）及び適用されている行為形式など運用状況を総合的に考慮して処分性を認める札幌高裁昭和四四年四月一七日判決（行裁例集二〇巻四号四五九頁）に反するものであり失当であることは、原告平成一一年一二月二一日付準備書面一八頁以下、原告平成一二年三月二七日付準備書面一五頁以下において述べたところである。

2．被告は、特に指定外財産について、指定外財産の返還が事実行為であると主張し、事実行為にすぎないから行政処分性はないかの如き主張をしている（被告平成一二年二月四日付準備書面六頁以下）が、「処分その他公権力の行使に当たる行為」（行政事件訴訟法第三条）のうち公権力の行使には事実行為が含まれることは一般に認められている。すなわち、取消訴訟の対象となる事実行為には「行政庁の一方的意思決定に基づき、特定の行政目的のために国民の身体、財産等に実力を加えて行政上必要な状態を実現させようとする権力的行為」が含まれる。

したがって、本件指定外財産の返還行為もアイヌ文化振興法施行によって、共有財産の返還が求められたことに伴い、共有財産と一体として管理してきた財産を返還し旧土人保護法以来のアイヌの人々の財産の管理体制を終了しようとする目的にでたものであって、被告の一方的判断で共有者の財産の返還手続を行ったものであるから、いわゆる権力的事実行為に該当し、行政事件訴訟法第三条後段の「その他公権力の行使に当たる行為」であり、被告の主張は失当である。

3. また、殊に指定外財産の返還が行政庁の行う行政活動として、行政処分に該当するか法律上一義的に明確でないとしても、同種の活動の一連の手続と比較してその実質的同一性が認められる場合には処分性が認められ得る。
例えば、最高裁昭和六一年二月一三日第一小法廷判決(民集四〇巻一号一頁)では、前提として、農林水産大臣又は都道府県知事の行う土地改良事業につき事業計画の決定が行政処分としての性格を有するとした上で、「土地改良事業は、国営であるか都道府県営であるか市町村営であるかによって特別その性格を異にするものではない」として、市町村営の土地改良事業について、市町村営の土地改良事業の手続における都道府県知事の認可と国営ないし都道府県営の土地改良事業における事業計画の決定との実質的な同一性および土地改良事業の一連の手続の同一性から、市長村営の土地改良事業における都道府県知事の認可に処分性を認め、抗告訴訟の対象となることを明らかにした。

本件共有財産の返還手続と指定外財産の返還手続についても、①本件共有財産の返還については、「北海道知事は、共有財産を共有者に返還するために、……厚生省令で定める事項を官報で公告しなければならない。」とされており(アイヌ文化振興法附則第三条第二項)、②「共有財産の共有者は、前項に規定する公告の日から起算して一年以内に、北海道知事に対して、厚生省令で定めるところにより、当該財産の返還を請求することができる。」(アイヌ文化振興法附則第三条第三項)とされ、③「第三項に規定する期間内に共有財産の共有者が……請求をしなかったときは、当該共有財産は、指定法人に帰属する」(同法附則第三条第五項)とされている。

これに対して、指定外財産についても、共有財産と一体として管理されてきたものであるとして、返還手続も共有財産の返還手続に準じて行うこととし(答弁書五頁)、①指定外財産について、共有財産と同様に厚生省令に掲げられた事項を公告し(乙第一号証)、②共有財産と同様、公告から一年以内に限り返還請求することができるとし、③本件共有財産の返還手続においては、返還請求されなかった指定外財産についても、道が指定する指定法人に出捐するものとされているのである。

したがって、共有財産の返還も、指定外財産の返還も、その手続は同一であって、行政処分であることに争いのない共有財産の返還手続と指定外財産の返還手続とは、手続の同一性から、指定外財産の返還についても処分性が認められ、抗告訴訟の対象となることは明らかである。

4．共有財産について

本件共有財産の返還手続の行政処分性については、アイヌ文化振興法附則第三条各項に基づき、各共有者の返還の申請に対し北海道知事が共有財産ごとに共有者を特定し、行政庁たる北海道知事が一方的に共有者であるか否かを判断し、返還決定ないし申請却下を返還しない決定を下すものであって公権力性は肯定される。

そして、行政庁の一方的な判断に基づく返還決定により、共有者の財産額が具体的に決定され、その財産が共有者に帰属することになるのであるから、決定の名宛人は特定されており、その者に財産を帰属させるのであるから、法的効果・外部性・個別具体性も肯定される。

5．指定外財産について

(1) 仮に、被告が主張するように、「北海道庁長官ないし被告が事実上管理するに至った」ものであるとしても、被告が財産の権利者との合意に基づいて財産管理を開始していたのであれば、民法その他の一般私法規定及び当事者間の合意に従って管理し、財産の返還についても民法その他の私法規定および当事者間の合意に従って行わねばならない。

すなわち、他人の財産の管理者である被告は、民法上の寄託あるいは事務管理の規定に従い、また財産管理人の規定の趣旨に従って、返還すべき責任がある。

とすると、被告は他人の財産の管理者として、善管注意義務をもって権利者ないしその承継人を特定し、その者らに財産を返還すべき義務を負い、義務を尽くしても権利者ないしその承継人が不明である場合、供託するか、財産の存在を公示し権利者ないしその承継人を捜索するなどしたうえで財産管理の終了手続を行うべきである。

(2) しかるに、指定外財産については、被告自身が共有財産と同様アイヌ文化振興法附則第三条の手続に準じて返還することを決定した。

指定外財産についても共有財産と同様アイヌ文化振興法附

則第三条の手続に準じて返還するものとして、共有財産の返還手続と比較して実質的に同一の返還手続によることとしたのである。

したがって、共有財産と指定外財産が格別その性格を異にするものではないことは明らかであり、一連の財産返還手続において返還決定ないし返還の申請却下決定は公権力の行使としてなされており、国民である共有者の財産額を確定する行為であって取消訴訟の対象としての「行政処分」に該当することは明白である。

(3) また、被告は「北海道庁長官ないし被告が事実上管理するに至った」と主張するのみで、管理を開始するに至った経緯や理由を明らかにしていない。

指定外財産については、被告は権利者との合意に基づいて財産の管理を行っておらず、共有財産と同様、行政庁たる被告の一方的意思に基づいて財産の管理が開始された可能性すらある。

したがって、共有財産と指定外財産の違いはまさに北海道旧土人保護法第一〇条に基づく指定がなされていたか否かの一点に尽きる。

そして、行政庁たる被告が指定外財産を管理するに至った経緯を明らかにしていない以上、被告による指定がなかったことだけをもって、その返還処分に行政処分性がないということはできない。

仮に、被告の主張が許されるならば、行政庁の過誤による指定漏れがある場合や、恣意的に指定をしないという判断が行政庁によってなされた場合には同種の処分について行政処分性が否定されることになってしまうからである。このような考え方は、行政庁の過誤や恣意的判断によって行政事件訴訟による救済の途を閉ざすことを許し、国民の権利を著しく侵害するものであって、妥当でないことは明らかである。

したがって、特に財産管理開始の経緯、財産管理の経緯、財産返還手続、等について共有財産との相違が明らかにされない限り、指定外財産につき行政処分性を否定することはできない。

(4) 以上の通り、被告は指定外財産について事実上管理してきたと主張しながら、財産管理の終了に際して民法上の寄託あるいは事務管理の規定に従って返還することは行わず、アイヌ文化振興法附則第三条に準じて返還することとし、指定外財産の返還手続について一般私法規定とは異なる方式での返還手続を策定した。

したがって、共有財産と指定外財産が格別その性格を異にするものではない以上、一連の財産返還手続において返還決定ないし返還の申請却下決定は公権力の行使としてなされ、国民である共有者の財産額を確定する行為であって「直接国民の権利義務を形成しまたはその範囲を確立することが法律上認められているもの」であるから取消訴訟の対象としての「行政処分」にあたることは明らかであり、共有財産であろうと指定外財産であろうと変わりはないのである。

第三　訴えの利益

1．行政事件訴訟法第三六条の解釈について

行政事件訴訟法第三六条は、「無効等確認の訴えは、当該処分又は裁決に続く処分により損害を受けるおそれのある者その他当該処分又は裁決の無効等の確認を求めるにつき法律上の利益を有する者で、当該処分若しくは裁決の存否又はその効力の有無を前提とする現在の法律関係に関する訴えによって目的を達することができないものに限り、提起することができる。」と規定し、要件を充足した場合に訴えの利益が認められ、適法な訴訟となる。

そして、本件処分との関係では(I)「処分……の無効等の確認を求めるにつき法律上の利益を有する」か、(II)当該請求が「当該処分……の効力の有無を前提とする現在の法律関係に関する訴えによって目的を達することができないもの」に該当するかが問題となる。

被告は、原告らがした返還請求に対して返還請求どおりの返還決定をなしたもので、返還決定は原告らにとって有利な行政処分であり、原告らの権利又は法律上の利益を侵害するものではなく、原告らに何らの不利益も与えるものではないから、その処分の無効確認又は取消しによって回復されるべき法律上の利益は存しないと主張するが、被告の主張は、原告らによる返還請求と被告による返還決定という共有財産返還手続の一部にのみに着目し、原告らに財産が返還される決定がなされたという一事をもって「原告らにとって有利な行政処分」と捉え(I)が存在しないと主張しているにすぎない。

これは、以下の通り、本件処分により原告らが不利益を受けることを全く考慮しておらず失当であることは原告らが従前から指摘してきた（原告平成一一年一二月二一日付準備書面三頁、平成一二年二月一〇日付準備書面二頁以下、平成一二年三月二七日付準備書面二頁以下、平成一二年一二月七日付準備書面二頁以下）ところである。以下、改めて詳論する。

2．要件(I)について

(1)　被告は、原告が求めた返還請求に対して、財産の返還決定をしたという一事をもって、本件処分は「原告らにとって有利な行政処分」であると捉えているようであるが、(i)公告された共有財産が、本来返還対象となるべきすべての財産ではなく、返還手続の対象とされていない財産が存在する、(ii)先住民族に関する政策決定に関する国際的潮流、二風谷ダム事件判決で認められたアイヌ民族の「文化享有権」さらには、国及び地方公共団体にアイヌ民族の民族としての誇りを尊重するよう配慮義務を課したアイヌ文化振興法第四条の趣旨に照らすと原告らが返還手続の策定に参加する手続上の権利が存在しており、かかる「法律上保護される利益」に反してなされた本件処分は原告にとって不利益な処分であることは明白である。

(2)　本件処分の不利益性――(i)について――

①　本件共有財産の返還は、旧土人保護法第一〇条第一項に基づいて北海道庁長官が指定し、管理していた共有財産について、アイヌ文化振興法附則第三条に基づいて行われるものであり、具体的には北海道知事による共有財産の公告（同条第二項）がなされ、共有者が公告のあった共有財産に対して返還請求を行い（同条第三項）、それに対して返還決定がなされるという過程を経ることとされている。

すなわち、返還請求は公告があった財産に対してのみ可能であり、公告されていない共有財産に対する返還請求は認められていない。

②　しかし、そもそもアイヌ文化振興法附則第三条は「北海道旧土人保護法の廃止に伴う経過措置」規定であることから、旧土人保護法の廃止に伴い、同法第一〇条に基づいて強制的に行われていた共有財産を清算するための規定であることは明らかである。

この趣旨に鑑みれば、アイヌ文化振興法附則第三条によって返還されるべき共有財産とは、北海道知事が現実に把握しているか否かにかかわらず、共有財産として指定され管理が開始された財産のうち、適法に利用・処分されあるいは管理が終了した財産を除く、現在適法に管理されているべき財産である。

アイヌ文化振興法附則第三条一項の「現に……旧土人保護法第一〇条第一項の規定により管理する北海道旧土人共有財産」とは、アイヌ文化振興法が施行される際、既に共有財産としての管理が適法に終了した財産を返還の対象から除く、すなわち、「現に」との文言は、「現実に把握している」という意味ではなく、「現実に存在すべきであった」

という意味で用いられているのである。例えば、「現ニ利益ヲ受クル限度」（民法第一二一条但書）とは、現実に手元に存在する利益のみを指すものではなく、必要な生活費を支弁した時であっても、利益は現存するとされており（大審院昭和七年一〇月二六日判決　民集一一巻一九二〇頁）、仮に手元に金員が残っていなくとも、実質的にみて利益が現存すべかりし場合には返還すべき利益の存在が認められるのであるから、かかる解釈は決して独自のものではないことは原告平成一二年三月二七日付準備書面でも主張したところである。

③　すなわち、現時点で、被告が現実に把握していなくとも、旧土人保護法第一〇条に基づき指定された財産のうち、不当に財産管理を怠り、散逸させるなどして、現在把握されていない財産についても、現に管理すべかりし共有財産として、返還の対象とされるべき共有財産にあたる。

また、公告された共有財産の管理の経過は明らかではなく北海道庁長官が管理する共有財産として指定された財産のうち現在北海道知事が管理していないとされる財産が旧土人保護法第一〇条の「共有者の利益のために」処分がなされたか明確にされていない。

なお、この点の立証責任は管理をしていた被告にあることは当然であるが、被告は何の反論もしていない。

したがって、公告された共有財産等が、本来返還対象とされるべきすべての財産ではなく、本件返還手続の対象とされていない財産が存在しており、これについては原告らからの返還請求自体が不可能とされている。

よって、本件返還手続において原告らの財産権が侵害されているのであって、被告のなした返還決定は原告らにとって不利益な行政処分である。

(3)　本件処分で失われる利益

原告らが調査したところによれば、（詳細は平成一二年一〇月二日付準備書面六八頁以下および平成一二年一二月七日付準備書面三頁以下で主張したとおりである）、本件返還手続の対象とされていない共有財産が存在し、本件処分により失われる利益が存在する。この点につき、被告は平成一二年一〇月五日の第七回口頭弁論、および、被告平成一二年一〇月二〇日付準備書面において、原告平成一二年一〇月二日付準備書面第二および第三について原告らの主張を争わない態度を明確にした。

したがって、上記書面で主張した共有財産の財源形成の経緯、共有財産の指定および管理の経緯、そして、共有財産の管理に関する問題点について原告らの主張を事実上認めたものと見做し得る。

そして、上記書面で明らかとなったとおり、旧土人保護法第一〇条による指定に際しては管理の対象とされた財産は現金だけではなく、不動産、有価証券、漁業権等の権利が含まれていたが、本件共有財産等の返還手続において返還の対象とされた共有財産等は全て現金である。

したがって、現金以外の財産が共有者のために適法かつ有効に処分されたことが明らかにされない限り、本件返還手続の対象とされていない共有財産が存在していることになる。

㈠ 土地・建物（不動産）

① 公告番号三　中川郡幕別村旧土人共有財産

明治三五年北海道庁令第一三九号で、大津村汐見通二番地五号所在の郡村宅地一畝四歩および同所所在の木造柾葺倉庫一棟（建坪一五坪）が「十勝國中川郡各村旧土人共有」として指定されており、その後、昭和六年一〇月二日付北海道庁令第四四号で財産の目的が変更されるとともに十勝郡大津村汐見通二番地五号所在の宅地が「中川郡幕別村旧土人共有財産」とされている。

また、昭和一〇年度旧土人共有財産台帳（甲第一号証）不動産の部にも、宅地三四坪（時価一二円）が「中川郡幕別村旧土人共有」財産とされているが、その後、昭和二二年度までの旧土人共有財産台帳には土地の処分の記載はない（甲第二号証ないし甲第六号証）。

② 公告番号一五　日高國沙流郡各村旧土人共有

明治三二年一〇月三一日付北海道庁令第九三号で、建家二棟が「日高國沙流郡各村旧土人共有」として指定されている。この建家二棟が処分された記録は確認できない。

㈡ 公債・株券（有価証券）

① 公告番号三　中川郡幕別村旧土人共有財産

明治三五年北海道庁令第一三九号で、北海道製麻株式会社株式九〇株が「十勝國中川郡各村旧土人共有」として指定された。その後、この株式の処分についての記録は無い。

② 公告番号四　全道教育資金

明治三二年一〇月三一日付北海道庁令第九三号で「全道旧土人教育資金」として現金及び公債証書合計六二〇六円が指定された。その後、昭和二〇年度まで公債一万三六五〇円が共有財産に含まれていたことは明らかであり（甲第六号証）、その後、公債が処分された記録は確認できない。

③ 公告番号一六　色丹郡斜古丹村旧土人共有

昭和六年一二月二四日北海道告示第一四〇〇号で「色丹郡斜古丹町旧土人共有」財産として公債証書、勧業債権、拓殖債権、株式会社北海道拓殖銀行株式合計五三〇五円が旧土人共有財産に指定された。その後、昭和二〇年度には合計二二六〇円の公債・株式が斜古丹村共有財産として残されているが（甲第六号証）、これらの処分の記録はない。

④ 公告番号一三　室蘭市旧土人共有財産

指定時には公債は存在していないが、昭和一〇年度台帳（甲第一号証）では前年度繰越高に公債一〇〇円が計上されており、昭和一九年度台帳（甲第六号証）では昭和二〇年四月四日付で証券利子として一円が計上されていることから、このときまで公債が存在していたが、その後、この債権については処分された記録はない。

㈢ 漁業権その他の権利

公告番号三　中川郡幕別村旧土人共有財産

明治三五年北海道庁令第一三九号で、「十勝國中川郡各村旧土人共有」として十勝郡大津村字前浜、および同村字ペアトシチ所在の鮭引網漁場二ヶ所、同所の鱒引網漁場一ヶ所、同村ペアトシチ五番地所在の海産干場一ヶ所が共有財産に指定された。

しかし、昭和六年北海道庁令四四号では「中川郡幕別村共有」として指定されたのは海産干場一ヶ所（六畝）であり、漁場は含まれていないが、漁場が処分された記録は明らかにされていない。

また、海産干場についても、昭和一〇年度台帳（甲第一号証）には記載されていないが、昭和六年以降処分された記録は皆無である。

㈣ 現金

① 公告番号三　中川郡幕別村旧土人共有

昭和一四年度台帳（甲第四号証）の年度末締高は現金四九一六円七一銭であったが、昭和一六年度台帳（甲第五号証）の前年度からの繰越高は三八五二円四一銭となっている。したがって、差引一〇六四円三〇銭が失われているが、共有財産から除外され、あるいは使用された記録はない。

② 公告番号四　全道教育資金

昭和一〇年度台帳（甲第一号証）の昭和一〇年度末締高は現金三八四八円七五銭八厘であるが、昭和一二年度台帳（甲第二号証）の前年度繰越高は三三二一円九三銭八厘となっている。したがって、差引五二六円八二銭が失われており、また、昭和一四年度台帳（甲第四号証）年度末締高は現金三七四六円九八銭八厘であったが、昭和一六年度台帳（甲第五号証）の前年度からの繰越高は二七九〇円四九銭八厘となっている。したがって、差引九五六円四九銭が失われているが、これらの金銭が使用された記録が明らかではなく、合計金一四八三円三一銭が本来返還の対象となるはずの金銭である。

③ 公告番号六　勇払郡鵡川村旧土人共有

昭和一〇年度台帳（甲第一号証）の昭和一〇年度末締高は現金一八八八円一五銭六厘であるが、昭和一二年度台帳

（甲第二号証）の前年度繰越高は九二七円三四銭六厘となっている。したがって、差引九六〇円八一銭が失われているが、この金銭についても、共有財産から除外され、あるいは使用された記録がない。

㈤　以上の通り、適法かつ有効に処分されあるいは管理が終了した記録が明らかにされていない財産は、現在まで共有財産として残されているはずであるから、今回公告された共有財産等の他に、返還の対象とされなかった財産が存在する。

したがって、被告による本件返還の公告によって、本来返還対象となるべき財産が返還対象から除外され、返還請求自体が不可能とされ、本来返還対象とされるべき財産が返還されないことになり、原告らの財産権が奪われている。

原告らの返還請求は、「北海道知事による公告があった財産」に対してのみ行われたものであって、「公告されていない共有財産」に対する返還請求は行われていない。そして、実際に、本件返還手続の対象とされていない共有財産が存在し、本来返還対象となるべき財産が除外されているのであるから、被告の返還決定は明らかに原告らにとって不利益な行政処分である。

(4)　本件処分の不利益性――(ⅱ)について――

①　本件返還手続の策定に当たっては、原告らアイヌ民族が手続の策定に参画する機会は一切設けられていなかった。しかし、以下の通り、先住民族に関する政策決定に関する国際的潮流、二風谷ダム事件判決で認められたアイヌ民族の「文化享有権」、さらには、国及び地方公共団体にアイヌ民族の民族としての誇りを尊重するよう配慮義務を課したアイヌ文化振興法第四条の趣旨に照らすと原告らが返還手続の策定に、参加する手続上の権利が存在していた。

②　先住民族権利宣言草案は、第二〇条で「先住民族の権利はその民族が希望する場合には、自ら決定した手続によって、自己に影響する可能性のある法的又は行政的措置の立案に、完全に参加する権利を有する」と規定し、第二項で「国家は前項にいう措置を採択及び実施する前に、先住民族の自由なかつ情報を得た上での民族の同意を得なければならない」と規定して、先住民族が自己に関する政策決定に参画する権利を有していることを明らかにしている。

また、二風谷ダム事件判決では、アイヌ民族の先住民族性を根拠にアイヌ民族に関連する政策を立案・遂行するに際しては、先住民族としてのアイヌ民族の民族的・歴史的・文化的・宗教的諸価値に最大限の配慮をしなければならないとされている。

さらに、アイヌ文化振興法は、国及び地方公共団体に対し、アイヌ文化振興法に関わる施策を実施するに際して、アイヌ民族の自発的意思及び民族としての誇りを尊重するよう配慮することを求めている（第四条）。

③　したがって、アイヌ文化振興法の解釈・運用あるいは施策の実施にあたっては、アイヌ民族を先住民族として認め、アイヌ民族の自発的意思及び民族としての誇りを尊重するよう配慮した解釈・運用がなされる必要があった。

そして、共有財産等を返還するに当たっては、先住民族に関する政策決定についての国際的潮流、先住民族権利宣言草案、二風谷ダム事件判決の趣旨、アイヌ文化振興法第四条から、返還手続の策定に原告らアイヌ民族が参画するという法律上保護される利益が存在していた。

にもかかわらず、本件処分により原告らが返還手続に参加する機会は失われたのであるから、原告らアイヌ民族が返還手続策定へ参画するという手続上の権利が侵害されたのである。そして、かかる「法律上保護される利益」に反してなされた本件処分は原告にとって不利益な処分であることは明白である。

3．要件(Ⅱ)について

(1)　被告は、本件返還処分により、原告には何らの不利益も生じていないと主張するが、前述の通り、原告らに返還されるべき財産が本件返還手続の対象とされておらず、また原告らが返還手続策定に参加する利益が侵害されている以上、本件処分によって原告らに実質的な不利益が生じている。

被告らの主張は、一見自己に有利に見える行政処分を受けた者であっても、実質的には不利益が存在する場合に、行政処分の無効確認（取消）を求める「訴えの利益」は認められると判断した、最高裁昭和六二年四月一七日第二小法廷判決・民集四一巻三号二八六頁（昭和五七年（行ツ）第九七号換地無効確認請求事件）及び最高裁平成四年九月二二日第三小法廷判決・民集四六巻六号同一〇九〇頁（平成元年（行ツ）第一三一号原子炉設置認可処分無効確認等請求事件）に反するものであり失当である。

(2)　最高裁判所昭和六二年四月一七日第二小法廷判決（以下「昭和六二年判決」という）

この判決は、土地改良法に基づく換地処分について、照応の原則違反（土地改良法第五三条一項二号）、及び被告が原告による口頭の異議・希望を無視し、村八分的な差別扱いをしたことを理由とする公序良俗違反を理由として当該換地処分等の無効確認を求めた訴訟について、行政事件訴訟法第三六条の要件を満たさず、不適法であるとして訴えを却下した原判決を破棄差し戻した判決である。

破棄差し戻しの理由として、「（土地改良）法五四条に基づく換地処分は、土地改良事業の性質上必要があるときに当該土地改良事業の施行に係る地域につき換地計画を定めて行われるものであり、右施行地域内の土地の所有者等多数の権利者に対して行われる換地処分は通常相互に連鎖し関連し合っているとみられるのであるから、このような換地処分の効力をめぐる紛争を私人間の法律関係に関する個別の訴えによって解決しなければならないとするのは右処分の性質に照らして必ずしも適当とはいい難く、また、換地処分を受けた者が照応の原則に違反することを主張してこれを争う場合には、自己に対してより有利な換地が交付されるべきことを主張していることにほかならないのであって、換地処分がされる前の従前の土地に関する所有権等の権利の保全確保を目的とするものではないのであるから、このような紛争の実態にかんがみると、当該換地処分の無効を前提とする従前の土地の所有権確認訴訟等の現在の法律関係に関する訴えは右紛争を解決するための争訟形態として適切なものとはいえず、むしろ当該換地処分の無効確認を求める訴えのほうがより直截的で適切な争訟形態というべきであり、結局、右のような場合には、当該換地処分の無効を前提とする現在の法律関係に関する訴えによってはその目的を達成することができないものとして、行政事件訴訟法三六条所定の無効確認の訴えの原告適格を肯認すべき場合に当たる」ことを挙げている。

(3)　最高裁判所平成四年九月二二日第三小法廷判決（以下、「平成四年判決」という）

この判決は、「現在の法律関係に関する訴えによって目的を達することができないもの」（行政事件訴訟法第三六条）の解釈について「処分の無効確認訴訟を提起しうるための要件の一つである、……当該処分の効力の有無を前提とする現在の法律関係に関する訴えによって目的を達することができない場合とは、当該処分に基づいて生ずる法律関係に関し、処分の無効を前提とする当事者訴訟又は民事訴訟によっては、その処分のため被っている不利益を排除することができない場合はもとより、当該処分に起因する紛争を解決するための争訟形態として、当該処分の無効を前提とする当事者訴訟又は民事訴訟との比較において、当該処分の無効確認を求める訴えのほうがより直截的で適切な争訟形態であるとみるべき場合をも意味すると解するのが相当である……」と判示した。

(4)　これら両判決に照らすと、本件共有財産返還手続は、旧土人保護法一〇条一項を根拠とする強制的な共有財産管理（土地収容に相当する）の廃止として、アイヌ文化振興法附則に基づき返還される（換地処分に相当する）ものであり、アイヌ民族の共有財産が返還の対象となっているため、多数の権利者に対し、相互に連鎖し関連し合っているとみられるのであるから、このようなアイヌ民族の共有財産返還処分の効力をめぐる紛争を私人間の法律関係に関する個別の訴えによって解決しなければならないとするのは本件処分の性質に照らして必ずしも適当とはいい難い。

更に、当該請求は「自己に対してより有利な」共有財産が返還されるべきことを主張していることにほかならないのであるから、共有財産が返還される以前の、旧土人保護法に基づく被告による管理に戻すことを目的とするものでないことは明らかである。

そして、旧土人保護法に基づき強制的に管理してきた共有財産の返還は、アイヌ文化振興法附則第三条によって羈束されているのであって、本件共有物返還手続の無効が確認され又は取り消されれば、判決の拘束力（行政事件訴訟法第三三条・同法第三八条一項）により、知事の公告に遡って返還手続をやり直すべきことになる。

さらに、原告らが主張している処分の違法事由（返還対象とすべき財産について公告されていない、原告らが返還手続に参加する手続上の権利が侵害されている等）からすれば、返還手続がやり直されることによって、以前の返還処分と比較してより有利な返還処分がなされ得るのである。

このような紛争の実態からすれば、共有財産返還処分の無効確認こそが当該紛争を直截的で適切に解決する争訟形態であるといえ、当該請求は行政事件訴訟法第三六条所定の無効確認の訴えの利益を肯認すべき場合にあたると解すべきことは明らかである。

(5) 確かに本件訴訟においても、所有権に基づく返還請求訴訟や、損害賠償請求訴訟の提起を考えることは全く不可能なわけではない。

しかし、アイヌ文化振興法附則第三条は旧土人保護法の廃止に伴う経過措置規定であって、旧土人保護法第一〇条に基づいて強制的に行われていた共有財産の管理を清算するための規定であって本件処分は、共有財産を清算する目的で行われる共有財産返還手続に関するものであること、返還の根拠となるアイヌ文化振興法第一条に「アイヌの人々の民族としての誇りが尊重される社会の実現を図り」という目的が掲げられており、本件返還処分はその一環として行われるものであって、単なる私法上の財産権についての処分とはいえないこと、多数の権利者間において相互に連鎖し、関連し合っている共有財産の返還処分であること等にかんがみるならば、返還処分の無効を前提とする当事者訴訟や民事訴訟は紛争の根本的解決にはならないのであり、本件請求については「当該処分の無効確認を求める訴えのほうがより直截的で適切な争訟形態」であるといえる。

　したがって、当該訴訟も「現在の法律関係に関する訴えによって目的を達することができない」場合に該当する。

5．本件請求の訴えの利益について

(1)　以上の通り、本件処分により原告らが不利益を受けることを全く考慮しないまま、返還請求通りの返還決定をしたことだけから返還決定が原告らに有利な行政処分であるということはできず、最高裁昭和六二年判決の趣旨に従えば、返還請求通りの返還決定という一見自己に有利に見える行政処分を受けた者であっても、実質的に不利益が存在する場合には行政処分の無効確認（取消）を求める「訴えの利益」は認められることは明らかである。

(2)　さらに、本件返還処分は単なる私法上の財産権についての処分ではなく、多数の権利者が相互に連鎖し関連し合っている共有財産の返還処分であることからすれば、返還処分の無効を前提とする当事者訴訟や民事訴訟は紛争の根本的解決にはならないことは前述の通りであり、本件訴訟上の請求がより直截的で適切な争訟形態であって、本件処分の効力の有無を前提とする現在の法律関係に関する訴えによって目的を達することができないものであるから本件請求は適法なものであって却下されるべきではない。

第四　アイヌ文化振興法附則第三条及び本件返還手続の違憲性

アイヌ文化振興法附則第三条及び共有財産の公告に関する省令に定められた共有財産の返還手続及び被告が同条に準じて行った指定外財産の返還手続は、その財産管理の経緯及び金額算定の基礎が不明確であること、また共有者の認定手続及び返還手続が不合理かつ一方的であり、返還手続を定めたアイヌ文化振興法附則第三条各項は憲法第一三条、第二九条、第三一条に違反する違憲無効なものであり、共有財産につき同法に基づいてなされた処分及び指定外財産について同法に準じてなされた処分は違憲な法令に基づく処分であり重大明白な違法が認められる無効なものである。また、少なくとも違憲の法令に基づくものであって取り消されるべきである。

　また、アイヌ文化振興法附則第三条各項が違憲の規定でないとしても、同条に基づく本件の具体的な返還手続を定めた共有財産の公告に関する省令および共有財産等の返還請求に対してなされた本件処分は憲法第一三条、第二九条一項、第

三一条及びアイヌ文化振興法第四条の規定に違反する重大明白な違憲違法が認められる処分であって無効であり、また、少なくとも取り消されるべきである。

1．憲法第二九条一項違反

(1)　旧土人保護法第一〇条は、アイヌ民族は総じて財産管理能力が乏しいと断定し政府による保護が必要であるとして、アイヌ民族に代わって北海道庁長官がその財産を管理することを規定したものである。

財産管理の法的性質については本書面第六で述べるが、その性格を後見人類似のものと捉えるか、法定信託であると捉えるとにかかわらず、被告は、他人の財産を管理するものとして権利者のために善良なる管理者として財産を管理すべき義務を負っていた。このことは、被告が策定した北海道旧土人共有財産管理規程（明治三二年北海道庁令第九四号　以下「共有財産管理規程」という）の第二条で「旧土人共有財産ハ……利殖ヲ図ルモノトス」とされ、第六条で「旧土人共有財産の収入支出ハ政府ノ会計年度ニ従ヒ之ヲ計算シ収益余リアルモノハ……元資ト共ニ之ヲ管理スルモノトス」と規定されており、被告には、指定した財産が目減りしないよう管理する義務があったこと、また、収支計算する義務が課せられていたことからも裏付けられる。

したがって、北海道長官（北海道知事）は善管注意義務を負っていたのであり、アイヌ民族のために、善良なる管理者として財産を管理運用する義務が課されていた。

また、指定外財産はその法的性格が民法上の事務管理であると解される（詳しくは本書面第六の四参照）のであるから、被告は、権利者に対し善管注意義務を負っていた。

(2)　にもかかわらず、被告は、一八九九年（明治三二年）旧土人保護法制定に伴い最初の共有財産が指定されて以来現在まで一〇〇年余りにわたって、共有財産等の管理状況について権利者たる共有者に対して全く報告をしていない。

また、現在までに、被告が公表している財産管理状況は、一〇〇余年のうち、昭和一〇年代の数年分および昭和五五年度以降の二〇余年分だけであって、それ以外の期間については管理の状況が不明であり、指定された財産がどのような経過をたどって現在に至ったものであるか、特に当初現金以外の財産が指定されていたにもかかわらず処分され、現在は現金のみの管理となった経緯は一切不詳のままである。

すなわち、被告は財産管理者として負っていた善管注意義務を怠り、かつ計算義務を定めた共有財産管理規程第六条にさえ反している（共有財産に関する計算書類は甲第一号証から甲第八号証までしか存在していないことから、被告が計算書類すら継続的に作成していなかったことは明らかである）。

(3) そのうえ、被告は一方的に現在管理していると称する財産を返還するとし、その金額を公表したが、その財産の管理の状況が明らかでない以上、公表された金額が適正なものであるか不明である。しかも、被告は管理者として正当な共有者ないしはその相続人に「共有財産」を返還するにあたっては、共有者ないしはその相続人を調査した上で返還するべきであるにも拘らず、アイヌ文化振興法附則第三条の返還方法は共有者の中から請求してきた者にのみ返還するとしている。

すなわち、このような財産の返還方法は、「財産権はこれは侵してはならない」と定める憲法第二九条一項に違反し、原告ら財産の正当な共有者の財産権を侵害するものである。

したがって、アイヌ文化振興法附則第三条に規定する「共有財産」の返還方法は財産権を保障する憲法第二九条一項に違反するものである。

よって、アイヌ文化振興法附則第三条および共有財産の公告に関する省令は憲法第二九条一項に違反するものであって重大明白な違憲・違法が認められ無効である。

(4)仮に、アイヌ文化振興法附則第三条自体は合憲であっても、前述したように被告は善管注意義務を負っていたのであるから、被告には共有者らの財産権を侵害しない返還方法を策定する義務があったにも拘らず、共有者らの調査や現在額に至った経過の調査を経ずして、かつ返還請求期間を制限し、その間に請求した者のみに返還する決定ないし返還しない決定をしているが、かかる決定は憲法第二九条一項に反する処分である。

したがって、憲法に違反した本件返還手続処分は無効ないし少なくとも取り消されるべきである。

2. 憲法第三一条違反

(1) 財産権は憲法第二九条一項が保障する基本的人権であるが、基本的人権の尊重を基本原理とする日本国憲法の趣旨からすると、憲法第三一条が定める適正手続の保障が及ぶのは刑事手続に限定されるわけではなく、いわゆる行政手続、特に国民の基本的人権を侵害するおそれのある行政処分あるいは行政庁の決定に関しては適正手続の保障ないしはその保障の趣旨が及ぶものと解される。

(2) その点からすれば、本来、被告は他人の財産の管理者として、財産の所有者が誰であるか把握していたはずであるにもかかわらず、あるいは他人の財産の管理者として正当な所有者についての調査をすべき義務があるにもかかわらず、本件処分はその義務を怠るものであり、前述第四の一のように原告らの財産権を侵害している。したがって、この点のみでも本件処分は適正手続の保障を定めた憲法第三一条に違反するものである。

(3) また、本件返還手続は、被告が財産を返還する旨の公告をし、その日から一年以内に返還の請求をした者のうち、被告が正当な共有者であると認めた者で、さらにその共有者の代表者にだけ財産を返還するとしているが、この返還手続自体所有者である原告らの意向を確認することもなく一方的に定められたものである。

(4) 加えて、国際人権B規約や先住民族権利宣言草案及び二風谷ダム裁判の判決（札幌地方裁判所平成五年（行ウ）第九号権利取得裁決及び明渡裁決取消請求事件、札幌地方裁判所平成九年三月二七日判決）が「先住少数民族の文化等に影響を及ぼすおそれのある政策の決定及び遂行に当ってはその権利に不当な侵害が起らないようにするため、右利益である先住少数民族の文化等に対し特に十分な配慮をすべき責務を負っている」と述べていることを勘案すると、本件共有財産の返還手続には、「自ら決定した手続によって、自己に影響する可能性のある法的又は行政的措置の立案に完全に参加する権利」を有している先住少数民族であるアイヌ民族が返還手続に関与している必要がある。それにも拘らず、アイヌ文化振興法の制定にはアイヌ民族が民族として参加していない。少なくとも「民族の同意」を得て返還手続をするという措置を定めてもいない。この点から見ても憲法第三一条に違反している。

(5) したがって、本件処分が依拠するアイヌ文化振興法附則第三条は行政手続にも適用ないし準用される憲法第三一条に違反するものである。

仮に、アイヌ文化振興法附則第三条が合憲であっても被告は具体的な返還手続を行なうに当たっては、善管注意義務を負った者として、共有者を十分に調査し、しかも代表者のみに返還するとか返還方法を一方的に決めず、アイヌ民族を関与させて返還手続を進めるべきであるにも拘らず、それを怠っており憲法第三一条に違反している。

よって憲法に違反した返還手続は無効ないしは少なくとも取り消されるべきである。

3．先住民族に関する政策決定についての国際的潮流

(1)　一九九三年七月、ジュネーブで開かれた国連人権委員会の先住民族に関する作業部会において、「先住民族の権利宣言」の審査が行われた。この宣言には、今日までの先住民族の人権擁護活動の成果が盛りこまれており、採択されたあかつきには、先住民族の人権の回復・発展に大きな役割を果たすものと期待されている。

したがって、被告の本件共有財産等の返還手続を再検討するにあたっては、先住民族に関する国際的潮流をも視野に入れ、憲法解釈・法解釈をしていく必要がある。

なぜなら、憲法解釈・法解釈は、国際的潮流と無縁ではあり得ないし、新しい概念と人知の発展により明確になってきた新しい人権を擁護し、発展させるため今日までの国際的潮流・社会の変化に対応して柔軟に解釈・運用されてきたからこそ憲法や法が時代を超えてその効力を保ってきた理由でもある。

すなわち、本件を検討するにあたっては、先住民族に関する政策決定の国際的潮流を抜きにして考えることはできず、本件共有財産返還手続についてもこうした観点を前提として判断されなければならない。

(2)　一九六五年、国連総会において「人種差別撤廃条約」が採択され、翌一九六六年には「経済的、社会的及び文化的権利に関する国際規約（A規約）」（以下「A規約」という）と「市民的及び政治的権利に関する国際規約（B規約）」（以下「B規約」という）及び「B規約の選択議定書」が採択された。

特に、B規約の第二七条では「種族的・宗教的又は言語的少数者が存在する国において、当該少数民族に属する者は、その集団の他構成員と共に自己の文化を享有し、自己の宗教を信仰し、かつ実践し、又は自己の言語を使用する権利を否定されない」と規定し、少数民族の権利の保護を図っている。

そして、一九七九年八月四日、我が国は国会においてB規約の締結を承認し（昭和五四年条約第七号）、同年九月二一日発効している。日本国憲法は条約について国会の承認を必要とし（憲法第七三条三号）、天皇による条約の交付手続を定め（憲法第七条一号）、更に第九八条二項で条約の遵守を謳っている。これらの規定が、一元的な見地のもとに条約の国内法的効力を認めていることは明らかである。このように、条約は、批准・交付により他の立法的措置を待つまでもなく、国内法上法形式として「法律」より上位の効力を有する法規範なのである（同旨・大阪高等裁判所平成元年五月一七日決定　判例時報一三三二号一五八頁）。

また一九八一年に、日本政府は規約人権委員会（B規約第四〇条に基づき規約の締結当事国からの報告書を審査することになっている）に対して、第一回報告書を提出しているが、その際の審議において「条約は、国内法より高い地位を占める」と答弁している。また、B規約第二七条の規定は「……権利を否認されてはならない」という規定の形態からも自動執行的性格を有しており、何らの国内法上の立法措置は必要ないのである。

したがって、B規約については国内法上も遵守されることが要求されているのである。

(3) 一九九三年、国連の人権小委員会作業部会において「先住民族権利宣言草案」（以下「草案」という）がまとめられた。「草案」では「自決権」のほかに「国の政治的・経済的・社会的・文化的な国家活動への完全な参加権、特に先住民族に係る事項の決定過程への参加権」が認められている（第四条、第一九条）。

特に第二〇条は第一項で「先住民族の権利は、その民族が希望する場合には、自ら決定した手続によって、自己に影響する可能性のある法的又は行政的措置の立案に、完全に参加する権利を有する。」と規定し、第二項で「国家は前項にいう措置を採択及び実施する前に、先住民族の自由なかつ情報を得た上での民族の同意を得なければならない」と規定している。

また、先住民族の医学的・生物学的な知識などを含めたあらゆる文化的、知的財産権（第二九条）が認められている。さらに、教育を受ける権利・開発に係る権利等が規定されている。加えて、土地の権利とそれを具体化した権利として、「自由な、かつ情報を得た上でのその同意なしに押収され、占有され、使用され、又は損害を受けた土地」について返還請求権（第二七条）を有することが明確にされ、伝統的な土地からの強制移住が禁止され（第一六条）、環境権や天然資源の権利等が認められている。

(4) 先進諸国の先住民族政策について

先進諸国の先住民族政策については、原告平成一二年一〇月五日付準備書面において詳細に主張したところであるが、以下、簡単に再論する。

① アメリカ合衆国

ニューディール政策の一環として一九三四年「インディアン再組織法」いわゆる「ホイラー・ハワード法」が制定された。これはネイティブ・アメリカンの各部族を自立させることを目指し、教育資金の交付や伝統文化の復活が図られた。しかし、ニューディール政策の退潮と第二次世界大戦の勃発により後退を余儀なくされた。

第二次世界大戦後、一九五三年に再び政策を転換し、ネイティブ・アメリカンは他の合衆国市民と同様の権利を享受し、同様の義務に服すべきとして、諸援助を打ち切った。しかし、一九六〇年代に全国アメリカ・インディアン会議の開催などネイティブ・アメリカン自身による固有の権利の回復と民族自決の運動が展開され、一九七七年のウーンディッド・ニー占領事件によってネイティブ・アメリカンに対するジェノサイドの事実が明白にされた。

その間、一九六八年に「インディアンの市民的権利に関する法律」が制定され、合衆国の人権規定が部族政府にも適用されることとされ、一九七五年には「インディアン自決・教育助成法」が制定され、ネイティブ・アメリカンの自決や教育に関するプログラムを政府の責任において実施するに至っている。また、ネイティブ・アメリカン部族から違法・不当に奪った土地に対する権利を回復補償する措置ないし立法が多くなされるに至っている。

また、アラスカ先住民については、一九七一年「アラスカ先住民請求処理法」が制定され、それまでの先住権を消滅させる代償として四〇〇〇万エーカーの土地所有権と九億六二五〇万ドルの金員を先住民に付与することとされた。そして、土地所有権の帰属主体及び金員の受給・運用主体として、個人と部族ではなく企業形態をとり、地域会社と村落会社を法定した。この措置は「広大な土地所有権を先住民に移転したという点でアメリカ史上最大の『先住権補償立法』である」と評価されている。

② オーストラリア

一九七〇年代に入り、ウィットラム労働党政権により「自己決定主義」(Self-determination Doctrine) が、フレーザー政権により「自己管理主義」(Self-management Doctrine) が打ち出された。

一九七四年「土地基金法」が制定され、一九七六年には「土地権利法」が制定された。アボリジニーが土地を使用する権利を有しているのは、四七万一〇〇〇平方キロメートルであり、この土地を基盤として、アボリジニー自身が、連邦政府や州政府の制度上の支援や財政的支援を受けて自分達に影響を与える政策や計画を自ら定め (Self-Determine) なければならないとされ、アボリジニーの雇用についても、自立の思想を基盤として、福祉によりかかることがないようにすることが目標されている。

また、ニュー・サウス・ウェールズ (NSW) 州では、アボリジニー問題省を設置し、アボリジニーの文化について一層理解・尊敬をすすめる政策を行っており「保護」から「同化」、「同化」から「自己決定・自己管理」へと進んでいる。

そして、オーストラリアにおける先住民族が置かれた法的状況を語るには、いわゆる「マボ判決（Mavo vs State Queensland. (1992) 66 A.L.J.R. 408）」が重要である。トーレス海峡諸島に属するマレイ諸島は一九世紀後半にクインズランド領に併合・編入されたが、先住民との間に割譲条約を締結するという手続はとられずに一方的にクインズランド領とされていた。

この訴訟は、マレイ諸島の伝統的居住者であるメリアム族の一員の原告の一人であるエディ・マボは、原告が先住権に基づきメリアム族がマレイ諸島に対して所有者等としての権利を有すること、かつ、クインズランド州政府はそのメリアム族のその権利を消滅させることができないこと等の確認を求め、これに対しクインズランド州政府はマレイ諸島の併合時に国王が絶対的所有権を獲得したと主張して争ったものである。

一九九二年六月三日、オーストラリア連邦最高裁（High Court）が判決を下したが、先住民の先住権の存在を認め、従前判例で認めてきたオーストラリア先占取得論を否定し原告らが先住者として土地に対する権原を保護されると判断した。

このマボ判決は大きく政治を進展させ、一九九三年に「先住権法」の制定をもたらす結果となった。この先住権法には、ⅰ）先住権原を承認し保護すること、ⅱ）先住権原に影響する将来の取り引きについてそのやり方及び基準を定めること、ⅲ）先住権原の請求の認定する仕組を定めること、ⅳ）先住権原が無効とした過去の行為について効力を付与すること、が定められている。

③　ニュージーランドにおける先住民政策

一八四〇年、イギリスは、ニュージーランドを植民地とするにはマオリ族の存在を無視できず、マオリ族の首長約五〇人との間でワイタンギ条約を締結した。条約の締結により、ニュージーランドは複数民族国家となった。この条約は、マオリ族が、イギリス国王が主権者かつ全ての土地の所有者であることを認め、イギリスは、マオリ族が必要とする土地・森林・漁場等の使用権を保障したものである。

一九五三年にマオリ法が制定された。このマオリ法は、マオリの土地の所有についてヨーロッパ人の侵入以前からの所有形態であるマオリ・ランド（Maori Land）と、ヨーロッパ人と同様売買等により所有するに至ったゼネラルランド（General Land）の二つの形態の土地所有権が認められている。現在では、このマオリ・ランドは、全面積の約五パーセント前後しかないが、マオリの慣習に従って保有されている。現在、マオリの人口は、全体の一〇分の一に満たないが、その中で、様々な民族文化の普及・保存のための教育や施策が行われている。
とりわけ、マオリ語はニュージーランドの公用語となり、公文書は英語とマオリ語の両用併記である。放送も英語のプログラムの他、マオリ語のものも用意されており、マオリ語教育の新しい施策が実施されている。

④ カナダにおける先住民政策

一九八二年憲法の一部として「権利と自由に関するカナダ憲章」が制定された。第二五条は「この憲章における一定の権利及び自由の保障は、次の各号を含むカナダの先住民に関するその固有の条約その他による権利若しくは自由を廃止し、又はそれらを減少するものと解釈されてはならない」としたうえで(a)号として、一七六三年一〇月国王布告によって認められた権利及び自由が挙げられている。そして、第三五条では「カナダの先住民が現に有する先住民としての権利及び条約上の権利は、ここに承認されて確定する」と規定され先住民の権利が確立されている。

加えて、カナダでは先住民としての権利がコモン・ローないしは慣習法として、狩猟権や漁業権が一定程度認められており、特に土地に関しては、先住民の土地権が存続しているとされている。

また、一九八六年連邦政府はインディアン共同体の自治政府政策を発表し、現行の憲法の枠内で新たな自治政府協定の交渉ができること、協定は連邦議会の立法により効力が生じることとされている。この政策にしたがって、現在までに、北部準州では西部イヌイットによる「イヌビアレット」、西部の認定インディアンとメティスによる「デネ・ネーション」、東部イヌイットによる「ヌナブット」等の自治政府協定が締結され、ケベック州北部ではクリー族およびナスカピ族に自治政府が認められ、ブリティッシュコロンビア州ではセシェルト・インディアン・バンドが自治政府共同体として認められている。

一九九〇年マルルーニー首相は連邦下院の首相演説において、i)先住民の請求の和解および条約上の土地の付与の促進、ii)インディアン保留地の生活環境の改善、iii)憲法の枠内でのインディアン及びイヌイットの自治政府の権限の拡大のため立法上の選択権の提供、iv)現代カナダにおける先住民の基本的役割の見なおし」を柱とする先住民協議事項（Native Agenda）を発表した。これらの事項については、王立先住民委員会において審議されることとされ、先住民の掲載、社会、文化等について審議し、先住民とカナダ政府及びカナダ社会とのより良い関係が模索されている。

⑤ 以上の通り、アメリカ合衆国、オーストラリア、ニュージーランド、カナダ、の状況を概観したが、いずれも「迫

害」から「保護」に政策を転換し、近年では「共存」「自立」へ再度政策を転換するようになってきていることが判明する。

4．二風谷ダム事件判決（札幌地方裁判所平成九年三月二七日判決）

前述のような国際的潮流を踏まえて、一九九七年三月二七日、札幌地方裁判所においてアイヌ民族が先住民族であることを認定し、法解釈において最大限の配慮をしなければならないとする判決が下された（札幌地方裁判所平成五年（行ウ）第九号権利取得裁決及び明渡裁決取消請求事件　判例時報一五九八号三三頁以下）。いわゆる二風谷ダム事件判決である。

(1)　この判決では、まず、アイヌ民族について「国は、平成三年、国際連合人権規約委員会に対し、B規約第四〇条に基づく第三回報告を提出し、アイヌ民族が独自の宗教及び言語を有し、また文化の独自性を保持していること等から、B規約第二七条にいう少数民族であるとして差し支えないとし、本件訴訟においても、アイヌ民族が同条にいう少数民族であることを認めている」とし、アイヌ民族が少数民族であることを肯定した。

さらにB規約について「少数民族に属するものに対しその民族固有の文化を享有する権利を保障するとともに、締約国に対し、少数民族の文化等に影響を及ぼすおそれのある国の政策の決定及び遂行にあたっては、これに十分な配慮を施す責務を各締約国に課したものと解するのが相当である」と判断し、アイヌ民族ついて「文化の独自性を保持した少数民族としてその文化を享有する権利をB規約第二七条で保障されているのであって、我が国は憲法第九八条二項の規定に照らしてこれを誠実に遵守する義務があるというべきである」との判断が示された。

(2)　つづいてアイヌ民族の先住民族性について、「B規約二七条は『少数民族』とのみ規定しているから、民族固有の文化を享有する権利の保障を考えるについては、その民族の先住性は要件ではないが、少数民族が、一地域に多数民族の支配が及ぶ以前から居住して文化を有し、多数民族の支配が及んだ後も、民族固有の文化を保持しているとき、このような少数民族の固有の文化については、多数民族の支配する地域にその支配を了承して居住するに至った少数民族の場合以上に配慮を要することは当然であるといわなければならないし、このことは国際的に、先住民族に対し、土地、資源、及び政治等についての自決権であるいわゆる先住権まで認めるか否かはともかく、先住民族の文化、生活様式、伝統的儀式、慣習等を尊重すべきであるとする考え方や動きが強まっていることからも明らかである。」と述べる。

その上で、アイヌ民族の先住性について検討することとし、「アイヌの人々は我が国の統治が及ぶ前から主として北海道において居住し、独自の文化を形成し、またアイデンティティを有しており、これが我が国の統治に取り込まれた後もその多数構成員の採った政策等により、経済的、社会的に大きな打撃を受けつつも、なお独自の文化及びアイデンティティを喪失していない社会的な集団であるということができるから、……『先住民族』に該当するというべきである」としてアイヌ民族の先住民族性を肯定したのである。

(3) そして、先住民族としてのアイヌ民族についても、日本国憲法第一三条は「個人として尊重」され、「幸福追求に対する権利」が、国政上「最大限の尊重」されることを保障しており、アイヌ民族にとって「個人として尊重され」、「幸福追求する権利が国政上尊重される」こととは、アイヌがアイヌとして生き続けていること、その文化を享有し続けることを憲法が保障しているとの原告の主張に対して、判決は憲法第一三条が「その文言及び歴史的由来に照らし、国家と個人との関係において個人に究極の価値を求め、国家が国政の態度において、構成員としての国民各個人の人格的価値を承認するという個人主義、民主主義の原理を表明したものである」とした上で「各個人の置かれた条件が、性別・能力・年齢・財産等種々の点においてそれぞれ異なることからも明らかなように、多様であり、このような多様性ないし相異を前提として、相異する個人を、形式的な意味ではなく実質的に尊重し、社会の一場面において弱い立場にある者に対して、その場面において強い立場にある者がおごることなく謙虚にその弱者をいたわり、多様な社会を構成し維持して全体として発展し、幸福等を追求しようとしたものにほかならない」とした。

そして、「えてして多数民族は、多数であるが故に少数民族の利益を無視ないし忘れがちであり、殊にこの利益が多数民族の一般的な価値観から推し量ることが難しい少数民族独自の文化にかかわるときはその傾向は強くなりがちである。少数民族にとって民族固有の文化は、多数民族に同化せず、その民族性を維持する本質的なものであるから、その民族に属する個人にとって、民族固有の文化を享有する権利は、自己の人格的生存に必要な権利ともいい得る重要なものであって、これを保障することは、個人を実質的に尊重することに当たるとともに、多数者が社会的弱者についてその立場を理解し尊重しようとする民主主義の理念にかなうものと考えられる。

またこのように解することは、前記Ｂ規約成立の経緯及び同規約を受けてさらにその後一層少数民族の主体的平等性を確保し同一国家内における多数民族との共存を可能にしようとして、これを試みる国際連合はじめその他の国際社会の潮流に合致するものといえる」との判断を示している。

その結果、「原告らは、憲法第一三条により、その属する少数民族たるアイヌ民族固有の文化を享有する権利を保障されている」と認定され、少数民族たるアイヌ民族固有の「文化享有権」が憲法第一三条から保障されるとし、「先住少数民族の文化等に影響を及ぼすおそれのある政策の決定及び遂行に当ってはその権利に不当な侵害が起らないようにするため、右利益である先住少数民族の文化等に対し特に十分な配慮をすべき責務を負っている」とし先住少数民族の「文化享有権」が憲法第一三条に由来するものであることを明らかにしている。
(4)　その結果、「本件事業計画が実施されると、アイヌ民族の聖地と呼ばれ、アイヌ文化が根付き、アイヌ文化研究の発祥の地といわれるこの二風谷地域の環境は大きく変容し、自然との共生という精神的文化を基礎に、地域と密着した先住少数民族であるアイヌ民族の民族的・文化的・歴史的・宗教的諸価値を後世に残していくことが著しく困難なものとなることは明らかである。公共の利益のために、これらの諸価値が譲歩することがあり得ることはもちろんであるが、譲歩を求める場合には、前記のような同化政策によりアイヌ民族独自の文化を衰退させてきた歴史的経緯に対する反省の意を込めて最大限の配慮がなされなければならない。」といい、その理由として「そうでなければ、先住民族として、自然重視の価値観の下に自然と深く関わり、狩猟、採集、漁撈を中心とした生活を営んできたアイヌ民族から伝統的な漁法や狩猟法を奪い、衣食生活の基礎をなす鮭の捕獲を禁止し、罰則をもって種々の生活習慣を禁ずるなどして、民族独自の食生活や習俗を奪うとともに北海道旧土人保護法に基づいて給付地を下付して、民族の本質的な生き方ではない農耕生活を送ることを余儀なくさせるなどして、民族性を衰退させながら、多数構成員による支配が、これに対する反省もなく、安易に自己の民族への誇りと帰属意識を有するアイヌ民族から民族固有の文化が深く関わった先住地域における土地を含む自然を奪うことになるのである。また、本件収用対象地についていえば、同地は、北海道旧土人保護法に基づいて下付された土地であるところ、このように土地を下付してアイヌ民族として慣れない農耕生活を余儀なくさせ、民族性の衰退の一因を与えながら僅か一〇〇年も経過しないうちに、これを取り上げることになるのである。もちろん、このように北海道旧土人保護法により下付した土地を公共の利益のために使うことが全く許されないわけではないが、このためには最大限の配慮をすることを要するのである。そうでなければ、多数構成員による安易かつ身勝手な施策であり、違法であると断じざるを得ない。」とする判断を示した。

(5) すなわち、この判決はアイヌ民族が先住民族であることを認め、それを根拠にアイヌ民族に関連する政策を立案・遂行するに際しては、先住民族としてのアイヌ民族の民族的・歴史的・文化的・宗教的諸価値に最大限の配慮をしなければならないとしているのである。

5. アイヌ文化振興法の制定

(1) 明治以降のわが国はアイヌ民族を「保護」する政策をとってきたが、実際には、旧土人保護法による「同化」政策であった。

第二次大戦後、旧土人保護法において実際に運用されるのは下付地の譲渡にかかる道知事の許可と共有財産の管理に限定されていた。また、戦後の社会政策の整備にも関わらず生活や経済、教育などの分野でアイヌ民族と他の道民との間の格差は依然として大きく、一九七四年から北海道により「ウタリ福祉対策」が行われてきた。

このような生活環境の格差や民族に対する差別的状態の存在から、一九八四年には北海道ウタリ協会、一九八八年には北海道知事から包括的なアイヌ民族新法制定及び旧土人保護法廃止の要請がなされていた。

(2) 一九九五年春から官房長官の私的懇談会として「ウタリ対策のあり方に関する有識者懇談会」が開催され、翌年四月、ⅰ)アイヌに関する総合的かつ実践的な研究の推進、ⅱ)アイヌ語を含むアイヌ文化の振興、ⅲ)伝統的生活空間の再生、ⅳ)理解の促進、の四項目を柱とする新施策を可能な限り新たな立法措置をもって実施することを内容とする報告がなされた。これを受けて制定されたのが「アイヌ文化振興法」である。

(3) アイヌ文化振興法の目的は、アイヌ民族が民族としての誇りが尊重される社会の実現を図り、あわせて我が国の多様な文化の発展を図ることにあり(第一条)、その基本的な考え方は、アイヌ民族が北海道に居住し自然と共生する生活の中でアイヌ語・ユーカラ等様々な固有の文化を発展させてきた民族であり、アイヌ民族の誇りの源泉であるアイヌの伝統及びアイヌ文化を継承する基盤が失われつつあることから、アイヌ文化の振興並びにアイヌの伝統に対する知識の普及及び啓発を図ることにある。

そして、アイヌ文化振興法の目的からして差別的な旧土人保護法が廃止されるに至った。したがって、アイヌ文化振興法は、わが国のそれまでのアイヌ民族に対する政策を反省し、国際的潮流に鑑みて、「共存」「自立」を確保できるよう解釈されるべきことは明らかである。

(4) そして、アイヌ文化振興法はアイヌ文化の振興等にかかわる施策を推進するに際しての国及び地方公共団体の役割を明示している。

まず、国に対して、アイヌ文化の振興等を図るための施策に関する基本的指針を示すと共に施策の実施主体に対し必要に応じ助言を行う等の措置を講じ、これらの施策が全体として計画的・効果的に展開されるべく務めるよう定め（五条一項・三項、六条二項）、国及び地方公共団体がこれらの施策を実施するに当たっては、アイヌ民族の自発的意思及び民族としての誇りを尊重するよう配慮することを求めている（第四条）。したがって、これまでの国際的潮流、二風谷ダム事件判決およびアイヌ文化振興法が制定された趣旨からすれば、アイヌ文化振興法の解釈・運用あるいは施策の実施にあたっては、アイヌ民族を先住民族として認め、アイヌ民族の自発的意思及び民族としての誇りを尊重するよう配慮した解釈・運用がなされる必要がある。

6. 憲法第一三条および国際人権B規約第二七条違反

(1) アイヌ文化振興法附則第三条に規定された返還手続は『国の政治的・経済的・社会的・文化的な国家活動への完全な参加権、特に先住民族に係る事項の決定過程への参加権』及び『自由な、かつ情報を得た上での同意なしに押収され、占有され、使用され、又は損害を受けた土地』について返還請求権が認められようとしている」とする国際的潮流に反している。

しかも「先住少数民族の『文化享有権』が憲法第一三条に由来するものであることを明らかにしたうえで、アイヌ民族に関連する政策を立案・遂行するに際しては先住民族としてのアイヌ民族の民族的・歴史的・文化的・宗教的諸価値に最大限の配慮をしなければならないとした」二風谷ダム事件判決にも反するものであると言わざるを得ない。

さらには、「アイヌ民族の自発的意思及び民族としての誇りを尊重するよう配慮した解釈・運用がなされる」べきとするアイヌ文化振興法制定の趣旨そのものにも反するものである。

これらのアイヌ民族を先住民族として尊重することは憲法第一三条から導かれる権利である。憲法第一三条は国民各個人の人格的価値を承認すると言う個人主義・民主主義の原理を表明したものであり、少数先住民族を尊重することを規定した条項でもある。

(2)　したがって、共有財産等を返還するに当たっては、アイヌ民族を加え、あるいはその同意を得て返還手続を定めるか、少なくともB規約・先住民族権利宣言草案・二風谷ダム事件判決の趣旨を十分に盛り込んだ返還手続を定める必要があった。すなわち、納得できる公正でかつ合理的な手続によって返還処分をするべきであった。

しかし、一方的な返還手続を定めたアイヌ文化振興法附則第三条は、憲法第一三条から導かれる先住少数民族の権利に対する配慮を欠いた違法なものであり、それに則った本件返還手続処分は違憲な法律に基づく処分であって、無効ないしは少なくとも取り消しを免れない。

仮に、アイヌ文化振興法附則第三条が合憲であっても、具体的返還手続を進める被告にあっては、前述した憲法第一三条に基づいた具体的返還手続を実施すべきであったにも拘らず、先住・少数民族に対する配慮を欠いた憲法第一三条に違反する返還手続処分を実施したのであって、やはり無効ないし少なくとも取り消しを免れない。

第五　北海道旧土人共有財産の歴史的経過

1．共有財産形成の経緯

甲第二九号証によると共有財産の財源は三種に分けることが出来るとされ、一つは開拓使の官営漁業に依る収益金、二つ目は宮内省の御下賜金、三番目は救恤金の余剰金等とされている。

(1)　開拓使以来の共同組合事業の収益等の積立金

一八七五年、十勝土人漁業組合がつくられ開拓使の許可を得て漁場経営が行われた。日高でも同様に漁業組合を組織し経営し、胆振、釧路、厚岸方面でも漁場の共同経営が行われ(甲第三〇号証)、漁業組合の事業によってアイヌ民族の共有財産が発生した。

また、共有財産の原資として「アイヌが共同貯蓄した金」という指摘があるが(甲第三一号証)、これは勧農政策として開墾された「受産耕地」からの収益によって共有財産の財源となったと考えられる。この、共同貯蓄により形成された財産は「沙流郡各村旧土人共有」として共有財産に指定された。

十勝土人漁業組合の収益は、組合解散後、広尾郡旧土人五六戸分は各戸に分配され、残る十勝外四郡については、開拓使において保管し、郵船株式会社株式を購入して利殖を図ることとされた。その後、一八九三年（明治二六年）に十勝郡旅来村旧土人四五戸が財産の分割交付を願い出たため、各戸に分配され、中川郡外三郡については共有財産として残されている。

さらに、一八九四年（明治二七年）に至り、中川郡と河西・河東両郡に分割された上で共有財産として保管されており、一九〇二年（明治三五年）に至って旧土人保護法第一〇条に基づき長官管理の共有財産に指定された。

(2)　宮内省下賜金及び文部省交付金

「全道旧土人教育資金」は、後述の通り、明治天皇の下賜金及び文部省から下付されたものを基礎として、民間寄付を含んだものであるとされる。

(3)　行幸時御下賜金

一八八一年（明治一四年）に明治天皇が北海道巡幸した際に、札幌本庁管内旧土人に対し金九二五円二五銭を下賜されたが、この金員が財源となった、共有財産は「勇払郡鵡川村旧土人共有」、「勇払郡苫小牧町旧土人共有」、「虻田郡虻田村旧土人共有」、「勇払郡穂別村旧土人共有」、「勇払郡厚真村旧土人共有」、「虻田郡弁辺村旧土人共有」、「白老郡白老村旧土人共有」、「胆振國白老郡白老敷生両村旧土人共有」、「有珠郡伊達町旧土人共有」、「室蘭市旧土人共有」である。

(4)　救恤費（救助米）の余剰金

開拓使時代以来給与された救恤米の余剰や北千島への出稼ぎに伴う収益を積み立てたことにより共有財産が形成された共有財産が「色丹郡斜古丹村旧土人共有」である。

(5)　共有地の下付

一八七六年、開拓使が厚岸町の旧土人三六人を集めて漁業を営ませていたが、一八八四年、漁場および海産干場を下付した。また、一九三四年（昭和九年）には「旭川市旧土人稲村（イトン）ベウツク外四九名共有」に八〇町歩余りの土地を下付している。

これを財源として「厚岸町旧土人共有」が一九二四年（大正一三年）に、「旭川市旧土人稲村（イトン）ベウツク外四九名」が一九三四年（昭和九年）にそれぞれ旧土人共有財産として指定された。

(6)　なお、「天塩國天塩郡、中川郡、上川郡旧土人教育資金」

についてはその成立の経緯は明らかではない。

2. 共有財産の指定の経過

(1) 一八九九年(明治三二年)一〇月三一日付北海道庁令第九三号に基づいて、「全道旧土人教育資金」として現金及び公債証書合計六、二〇六円、「天塩國天塩郡、中川郡、上川郡旧土人教育資金」として現金および公債証書合計二六〇円などあわせて一〇件現金及び公債証書合計八、四七六円の財産につき北海道庁長官が管理する共有財産に指定された。

(2) その後、一九〇二年(明治三五年)一一月八日付北海道庁令第一三九号で「十勝國中川郡各村旧土人共有」財産として十勝郡大津村字前浜、および同村字ペアトンネ所在の鮭引網漁場、同所の鱒引網漁場、同村ペアトンネ五番地所在の海産干場、および同村汐見通二番地五号所在の郡村宅地一畝四歩および同所所在の木造柾葺倉庫一棟(建坪一五坪)、北海道製麻株式会社株式九〇株を、「十勝國河西郡伏古村、芽室村、河東郡音更村旧土人共有」財産として十勝郡大津村字ウツナイ太所在の鮭引網漁場、河西郡下帯広村字大通五丁目一番地の郡村宅地一六二坪および同村字三番地の郡村宅地一六二坪、北海道製麻株式会社株式八〇株などあわせて一四件につき北海道庁長官が管理する旧土人共有財産に指定された。

(3) さらに一九〇二年(明治三五年)一二月二一日付北海道庁令第一五九号において「石狩國札幌郡対雁村樺太ヨリ移住シタル旧土人共有」の石狩國石狩郡大字生振村字トウヤウス二二番地沿所在の鮭引網漁場など鮭引網漁場六か所、および石狩國厚田郡望来村大字衆富村字シラツカリ所在の鱒引網漁場二か所あわせて八か所の漁場が北海道庁長官の管理する旧土人共有財産に指定された。

(4) 一九〇三年(明治三六年)一月二三日付北海道庁令第一〇号で「胆振國白老・敷生両村旧土人共有」の財産として現金一〇〇円が北海道庁長官の管理する旧土人共有財産に指定された。

(5) 一九〇七年(明治四〇年)一月一六日付北海道庁令五号によって、「石狩國札幌郡江別村大字対雁村樺太ヨリ移住シタル旧土人共有」として石狩國札幌郡江別村大字対雁村一八九番地から二一二番地まで二四筆の畑が北海道庁長官の管理する旧土人共有財産に指定された。

(6) 一九二四年(大正一三年)二月二一日付北海道庁令第

二一号によって「釧路國厚岸郡厚岸町旧土人共有」の財産である厚岸郡厚岸町大字眞龍町字門静三二番地の三所在の雑種地・海産干場をはじめとする一九筆の雑種地・海産干場及び厚岸郡厚岸町大字末廣村字末廣村五番地所在の宅地一一段四畝一五歩、同町字門静二番地の二所在の宅地一段六畝一二歩五合あわせて二一件を北海道庁長官の管理する旧土人共有財産に指定された。

(7) 一九三一年（昭和六年）一二月二四日北海道告示第一四〇〇号において「色丹郡斜古丹町旧土人共有」財産として公債証書、勧業債権、拓殖債権、株式会社北海道拓殖銀行株式合計五、三〇五円を北海道庁長官が管理する旧土人共有財産に指定された。

(8) 一九三四年（昭和九年）一一月一日付北海道庁令第八四号において「旭川市旧土人稲村イトンベウック外四九名共有」の旭川市字川端町四丁目二五八〇番地ないし旭川市字近文町二〇丁目二七六二番地所在の畑一八四筆、旭川市緑町一九丁目二七六三番地ないし同町二〇丁目二八八五番地および旭川市字近文町二〇丁目三〇六四番地ないし三〇七九番地の宅地一三九筆、旭川市字近文町二二丁目二八八六番地ないし旭川市字北門町一四丁目二九〇五番地の田二〇筆、旭川市字川端町四丁目三〇五〇番地ないし同町一七丁目三〇六三番地の原野一四筆のあわせて三五七筆三五七件を北海道庁長官が管理する旧土人共有財産として指定された。

(9) 一九三四年（昭和九年）一一月一三日北海道庁令第九二号において「帯広市旧土人田村吉郎外四四名共有」の帯広市字基線西二五番地の甲の宅地一〇四八坪および帯広市字基線西二五番地の乙所在の雑種地四町二段六畝二二歩を、「旭川市旧土人稲村イトンベウック外四九名共有」の旭川市字旭町一一丁目三〇八〇番地ないし三〇八四番地所在の畑六筆が北海道庁長官の管理する旧土人共有財産に指定された。

(10) 一九四二年（昭和一七年）六月六日付北海道庁告示第九四七号において「旭川市旧土人共有」の財産として現金三、一一二円九八銭が北海道庁長官の管理する旧土人共有財産として指定された。

3．旧土人保護法制定以後の共有財産の管理

(1) 一八九九年に制定された旧土人保護法第一〇条は当初第一項で「北海道庁長官ハ北海道旧土人共有財産ヲ管理スルコトヲ得」と規定し、第二項で財産処分の手続として「北海道

庁長官ハ内務大臣ノ許可ヲ経テ共有者ノ利益ノ為ニ共有財産ノ処分ヲ為シ又必要ト認ムルトキハ其分割ヲ拒ムコトヲ得」とし、第三項で対象となる共有財産は「北海道庁長官ノ管理スル共有財産ハ北海道庁之ヲ指定ス」とされていた。

そして、アイヌ共有財産の管理については「管理に種々不都合なことがあったことをみとめ、この（旧土人保護）法によって道庁自らが管理する方針であることを明らかにしている」とされていた（甲第三一号証）。

しかし、旧土人保護法に基づく共有財産の指定は、それまでに形成された各地の共有財産全てを指定したものではない。これは、被告が管理する「指定外財産」が存在することからも裏付けられる。

すなわち、旧土人保護法制定以降も、同法第一〇条による指定に基づかず、共有財産を管理していたという実態からは指定そのものが恣意的になされていたことが窺われる。

(2)　また、指定そのものが恣意的である以上、指定された金額が指定当時存在していた共有財産のすべてであったかは明らかではない。さらに、今回被告が返還するとした財産がその金額を含め正当なものであるかどうかは指定以後現在までの管理の経過が明らかにされなければ判断できない。

原告らが被告らに対して行った公文書開示請求に対し管理の経過を示す記録がいくつか開示された。しかし、開示された記録は「旧土人共有財産台帳（昭和一〇年度、一二年度ないし一四年度、一六年度および一九年度）」（甲第一号証ないし甲第六号証）にとどまる。

また、一九八〇年以降については開示された「北海道共有財産管理簿」（甲第八号証）の期間のみは明確だがそれ以前については不明である。

したがって、責任を持って管理してきたとするには、共有財産として指定されてから今日までの管理経過・収支の金額等について明らかにされる必要がある。

(3)旧土人保護法とともに制定された共有財産管理規程では、現金については「利殖ヲ図スモノトス」、不動産については「賃貸利殖ヲ図スヘシ」とされ、その収益によって指定の目的に使用することとされていた。

しかし、現在は現金のみを管理しているとされている。このことから、被告による管理にあっては不動産の賃貸による利殖ではなく、不動産を処分し金銭による利殖が図られていたことが窺がえる。また、不動産が処分された時期、処分した価格等も全く明らかにされていない。

また、財産の処分は「共有者ノ利益ノ為ニ」「内務大臣ノ認可ヲ経テ」なされることとされていたが（旧土人保護法第一〇条第二項）、処分の目的・手続が法律に従っていたかどうか明らかではない。

4．各共有財産別の管理経過（詳細は原告平成一二年一〇月二日付準備書面参照）（本書では略す・編者）

各共有財産の管理状況については、原告平成一二年一〇月二日付準備書面六八頁以下で詳細に主張したところであり、各共有財産の変遷については原告平成一二年一〇月二日付準備書面添付の一覧表の通りである。

(1)　官報公告番号三中川郡幕別村旧土人共有

①　平成九年九月の北海道庁の「公告」によれば本件財産は芽室村・上士幌村と同様昭和六年の北海道庁令四四号で共有財産に指定されたこととされている。しかし、同令は財産の目的を「収益ハ之ヲ土人救護ニ充ツルモノトス」から「旧土人ノ救護、住宅改善及教育ノ資ニ充用スルモノトス」に変更したものであり新たに共有財産として指定したものではない。前述のように本件財産が初めて指定されたのは明治三五年北海道庁令第一三九号である。その際の目的は「備荒ノ為メ備蓄スルモノトス」であったが、大正一二年北海道庁令第一〇一号により目的が前述の「収益ハ之ヲ土人救護ニ充ツルモノトス」に変更されている。

このように、昭和六年庁令四四号は明治三五年に指定された共有財産について、その財産の目的を変更したにものにすぎない。にもかかわらず被告は当初の指定時である明治三五年からの管理の経過を明らかにして公告していない。

②　明治三五年北海道庁令第一三九号では、十勝國中川郡各村共有として「鮭曳網漁場二ヶ所、鱒曳網漁場一ヶ所、海産干場一ヶ所、宅地一筆、倉庫一棟、北海道製麻株式会社株式九〇株及び現金二一一三円三三銭が共有財産として指定されている。

これらの財産は明治八年三月に設立された「十勝土人漁業組合」に始まる。これはそれ以前より関係のあった和人四二戸と十勝七郡のアイヌ二八〇戸が共同して設立したものである。明治一三年の許可期間の満期がきて収益金・建物・船舶等を処分して五三、八一九円の収入を得た。この収益は一戸あたり一六七円一三銭の割合で各村単位に帰属を決めた。和人と広尾アイヌ分は本人に交付したが、アイヌ二二四戸分三七、四三九円は開拓史が保管し現金は郵船株式会社及び北海製麻の株式を購入して利殖はかったとされる（甲第三三号証）。その後、明治二六年旅来村四五戸と中川・河西河東三郡二六七戸に分割、翌二七年中川郡一三五戸と河西・河東二郡一三二戸に分割し（七月九日）、財産管理人として大津村斉藤兵太郎（和人）白人村チヨロコウクを総代として管理する事となった（一二月二八日）。これが明治三五年指定の財産の原資となり（甲第三三号証）、明治三四年一〇月、河西支庁長に引き継がれた（甲第二九号証）。

③　甲第二六号証には「十勝國中川郡各村旧土人共有」として鮭曳網漁場二ヶ所、鱒曳網漁場一ヶ所、（漁場三ヶ所時価一五〇〇円）、海産干場一ヶ所（時価三〇〇円）及び現金二九九六円が共有財産として報告されている。

④　昭和六年北海道庁令第四四号では中川郡幕別村旧土人共有として現金二、四〇〇円、海産干場六畝、宅地三四坪があげられている。

これには大正一五年まで存在していた漁場が共有財産に含まれていないが、中川郡各村（池田町、本別村）の共有財産からも漁場が共有財産から外されている。すなわち、昭和六年庁令四四号までに漁場が処分されていたのか、処分されていた場合その処分方法、価額が適正なものであったか、内務大臣の許可を得ていたかは明らかではない。

また、昭和六年の現金二四〇〇円は大正一五年当時の現金二九九六円に比べ減少しているが、この間の利息等の収入及びアイヌ救恤のための支出額が明らかでない限りこの額が正当なものであるかは明らかではない（仮に中川郡各村で分割したものであるとしても、その分割の基準は明らかにされていない。また、この時期の中川郡には今日の豊頃町が含まれていたが、昭和六年の指定は「幕別村共有」とされている。昭和六年庁令四四号によって豊頃町のアイヌは共有財産を失っている）。

⑤　なお、甲第三三号証の大正一五年四月一〇日現在の記録には、甲第二六号証と整合しない記述も見うけられる。すなわち、甲第三三号証には「余市町旧土人造資組合ヨリ道庁ヲ介シテ護岸工事敷設資金トシテ金参千円借入ノ申込ミアリ当庁ハ再三固辞シタルモ道庁及所轄後志支庁長余市町長カ保証ノ責ニ任スヘキ旨ヲ付言シテ切ナル希望アリタルヲ以テ九月十三日契約締結シ当庁保管ニ係ル中川郡旧土人共有財産中ヨリ金参千円ヲ貸付タリ、コレガ契約ノ要旨ハ大正十六年ヨリ向フ三カ年ノ年賦償還トシテ大正十八年十月三十日限リ元利合計償還ノ約定ニ（利子八年利九分）アリ」との記載があるが、これが事実であれば、貸付金の償還日時、金額について記録がない。この貸付金が昭和六年庁令四四号に際してどのような取り扱いを受けたのか不明である。

⑥　甲第二九号証によれば、昭和八年七月一日現在、幕別村旧土人共有財産として、海産干場六畝歩、宅地四三坪、（時価一二一円）、現金五七八二円が報告されている。また、

甲第三四号証及び甲第一号証によれば幕別村旧土人共有財産は昭和一〇年五月七日現在現金五八一五円とされている。これらの記載から、昭和八年から昭和一〇年までの間に海産干場と宅地が処分されたものと考えられるが、その処分方法、価格は明らかにされていない。

したがって、宅地及び海産干場の処分価格が明らかにされない限り、昭和一〇年の五八一五円が正当な金額であるか評価することはできない。

また、昭和六年から八年の間に現金が二・四倍に増加している。この増加の理由が適正な運用によって増加したものであることが明らかにされない限り適正に管理されたものということはできない。

⑦ 甲第六号証によれば、昭和一八年から昭和二二年まで四、一三八円と金額が変わっていない。他の財産に関しては利子と見られる加算がなされているが、幕別村共有については利子が加算されていないものと考えられる。

また、甲第七号証では昭和五一年一月二二日現在の金額が一万六三〇九円であることが明らかとなるが、昭和二二年以降昭和五一年までの管理状況は一切明らかにされていない。この間の利子及び支出が明らかにされない限り昭和五一年の金額が正当なものと認めることはできない。

(2) 官報公告番号四 全道教育資金

① 平成九年九月の北海道庁の「公告」によれば本件財産は昭和六年の北海道庁令五三号で共有財産に指定されたこととされている。しかし、本件財産が初めて共有財産として指定されたのは明治三二年北海道庁令第九三号である。その際の目的は「貧困ナル就学児童ニ学校用具ヲ給輿スル等就学奨励ノ資ニ充ツル者トス」とされていた。その後、昭和六年四月五日北海道庁令一八号で目的が「就学奨励及育英ノ資ニ充ツルモノトス」に変更されている。

昭和六年庁令五三号は明治三二年に指定された共有財産について再度指定したものであるが、被告は当初の指定時である明治三五年からの管理の経過を明らかにして公告していない。

② この財産の原資は明治一六年明治天皇から「下賜」された金一〇〇〇円及び翌一七年に文部省から支給された金二〇〇〇円であるとされる。文部省に対する支給申請は三県知事よりアイヌ児童の就学奨励のためになされたものである。これらの金員が明治三二年までの間アイヌ児童のために使われていたかは明らかではない。この一五年余に及ぶ期間の管理状態が明らかにされる必要がある。

明治三二年庁令九三号によって公債証書・現金六二〇六円が全道教育資金として共有財産に指定された。その後、甲第三五号証には「長官管理シツツアルアイヌノ共有財産全道共有分」として明治四〇年には現金八八三五円があげられ、甲第三六号証によれば明治四三年には全道共有として現金一万三九六円が報告されている。また、甲第三七号証では大正六年三月末で現金一万一一一八円と記載され、甲第二六号証では大正一五年三月現在一万二五五〇円（同書の一一三頁の表では四分利公債五三〇〇円、五分利公債一三〇〇円の合計六六〇〇円にとどまる）報告されている。

この後、昭和六年までの間の四分及び五分の利子は加算されて昭和六年の指定額として現れるべきであるが、昭和六年北海道庁令五三号では六二〇六円が全道教育資金として指定されている。この指定額は明治三二年と同じであるが、この間前述の通り金額が増加していたにもかかわらず、昭和六年に至ると六二〇六円になっているのである。管理の経過は明らかではない。

③　昭和六年以降、これは同年六月六日告示六五四号の「北海道旧土人奨学資金給与規定」にもとづく奨学資金の支出が昭和一二年まであったことは甲第二号証によって確かめられる。しかし、昭和一三年以降は「共有財産台帳」からは共有財産の目的である「就学奨励及育英ノ資ニ充ツルモノトス」以外の収支が認められる（甲第三号証ないし甲第六号証）。これは教育資金が規定の目的以外に運用されていたことを示すものである。

④　甲第四号証ないし甲第六号証においては「全道教育資金」の項目が台帳からなくなり、代わりに「全道一般」の項目が認められる。これが、「教育資金」を受け継いだものであることは金額より推認されるが、共有財産として指定された名称を変更した理由は明らかではない。

その後、平成九年九月の公告では「全道教育資金」とされているが、「全道一般」から引き継がれたものであるのか明らかではない。

⑤　甲第六号証によれば、昭和二〇年まで「証券利子」あるいは「国債証券利子」の収入が認められる。これに対し甲第三号証に「公債一万三六〇〇円」とあるが、その後台帳からは公債の記載がない（甲第四号証および甲第五号証）。公債のその後の経過が明示されない限り従って、昭和五一年の現金五万九八九八円が正しいものであると認めることはできない。

(3)　官報公告番号五　天塩國国天塩郡中川郡上川郡教育資金

①　北海道庁が編集した文書には一般に共有財産として指定される以前の財産の形成にかかわる記録がある。しかしながら、本件財産についてはそうした記述が見あたらない。

したがって、指定時金額二六〇円（公債証書）という金額がどのように決められ、その原資はどこから支出されたものであるのか明らかではない。

② 明治三二年指定当初の金額が二六〇円であったが、甲第二六号証では大正一五年には大蔵省預金として五九五〇円と報告されている。昭和六年の指定は明治三二年指定時とほぼ同じ二六六円とされている。この間の管理の経緯は明らかではなく昭和六年当時の二六六円が正当なものであると評価することはできない。また、昭和二一年以降の管理経過は明らかではなく、甲第七号証に記載されている昭和五一年の金額が適正な管理の結果であると認めることはできない。

(4) 官報公告番号六　勇払郡鵡川村旧土人共有

① 原資は明治一四年に明治天皇が来道した際に「下賜」した九二五円二五銭とされている。その後、明治三二年北海道庁令九三号で「胆振國勇払郡鵡川・井目戸・萌別・生竃・似湾・累標・穂別・弁冨内旧土人共有財産」として現金一〇三九円が共有財産として指定された。甲第二六号証によれば大正一五年には郵便貯金八六六円・債権二五七五円及び貸金三六八円、総額三八〇九円あると報告されている。

その間、大正一三年北海道庁令一九号で財産の目的が「備荒ノ為備蓄スルモノトス」から「収益ハ之ヲ土人救護ニ充ツルモノトス」に変更されている。

② 昭和六年の指定に際して鵡川村共有（現金五〇〇円）と穂別村共有（現金一〇〇〇円）に分割されたものと考えられるが、昭和六年指定時の金額合計一五〇〇円と大正一五年の金額三八〇九円に比べて減少している。しかし、その内容は明らかにされていないので昭和六年の金額が正当・正確であるということはできない。

甲第二九号証によれば、昭和八年には貸付金一五〇〇円あることが窺がえる。これが大正一五年から継続したものかどうかは不明であるが、この貸付金の融資先や期間・融資条件について明らかにされない限り昭和八年以降の財産額が正しいものと認めることはできない。

(5) 官報公告番号一〇　勇払郡厚真村旧土人共有

北海道環境生活部総務課アイヌ施策推進室が作成した文書では最初の指定が明治三二年道庁令九三号であると表記されているが、明治三二年道庁令九三号では「胆振國勇払郡苫小牧・樽前・覚生・錦多峰・小樽魚・勇払・植苗村旧土人共有」とされており「厚真」の地名は認められず、厚真村について共有財産が指定されたことはない。甲第二六号証においいて初めて「胆振國勇払郡苫小牧・樽前・覚生・錦多峰・小糸魚・勇払・植苗・厚真村旧土人」とあり債権七二五円・郵便貯金八二円の合計八〇七円と報告されている。

昭和六年の指定は、甲第二六号証にある「勇払郡苫小牧……(略)……植苗・厚真共有」を分割し「厚真村三〇〇円」と「苫小牧町一〇〇円」にしたものと推認できるが、大正一五年には八〇〇円以上存在したにもかかわらずその半額にも満たない四〇〇円を苫小牧町と厚真村で分割したことになる。この間の支出の経過が明らかではない以上、昭和六年以降の金額が適正なものであるということはできない。

(6) 官報公告番号一三　有珠郡伊達町旧土人共有

この財産は明治三二年北海道庁令九三号により「胆振国有珠郡稀府・東紋鼈・黄金蘂・有珠・長流村旧土人共有」として指定された現金五八円を継承するものとされる。

しかし、明治三二年に指定された金額の五八円と昭和六年の指定時の金額は同じ五八円である。甲第二六号証には大正一五年当時、債権一七五円、現金二六円計二〇一円であると報告されている。したがって、その収支が明らかにされない限り昭和六年指定の金額が適正であると認めることはできない。

(7) 官報公告番号一五　沙流郡各村旧土人共有

① この財産は「日高國沙流郡各村旧土人共有」として現金三四九円及び建家二棟が明治三二年北海道庁令九三号により共有財産に指定された。甲第三七号証によれば、財産の原資は明治一四年の「下賜金」に始まるものとされているが「火災のため関係書類消失し、従って御下賜当時の金額不明なり」と記されている。

明治一四年の下賜金は胆振管内の白老・勇払二郡に分割されたものであるが、この両郡に分与した金額も明らかにされていない。

② 甲第三七号証には「沙流郡門別村共有」として「拓殖債権一、四七七円、建物四三坪一五〇円、預金一四九円」を浦河支庁長が管理していることが記載されている。甲第二六号証には「沙流郡各村共有」として現金四五六円とされているが、建物が含まれていない。

したがって、大正一五年までの間に不動産が処分されたことになるが、その時期や・金額は不明であり、不動産の処分経過が明らかにならない限り大正一五年の記録が正しいものと認めることはできない。

(8) 官報公告番号一六　色丹郡斜古丹村旧土人共有

① この財産は一八七五年千島樺太交換条約によって居住地

の変更を余儀なくされた千島アイヌの共有に属するものである。甲第三七号証ではこの財産は「根室支庁長の保管」とされており、その金額は一万八二八六円である。

しかし、旧土人保護法に基づく北海道庁長官の管理する共有財産として指定したのは昭和六年北海道告示一四〇〇号である。共有財産として指定が遅れた理由は不明である。

② 大正一二年には金額にしておよそ一万七〇〇〇円に上る債権・貯金が存在し（甲第三八号証）、これが大正一四年にその一部をハリスト互助組合に割譲したとはいえ残額は八八〇七円、大正一五年には八七六三円の金額が認められる。

しかし、昭和六年に指定された金額は五三〇五円となっている。この間に財産が減少した経過が示されない限りこの金額を正当かつ正確なものと認めがたい。そして、斜古丹町役場保管の現金四一二円（大正一二年現在）及び昭和六年までの賃貸料収入はこの指定金額の中に含まれているかどうかも明らかにされなければならない。

③ 昭和六年の指定（告示一四〇〇号）は証券等の五三〇五円のみを指定している。この指定に漏れた海産干場・漁業権・建物はどのように取り扱われたか明らかにされないかぎりこの金額が適正であるということはできない。

甲第二九号証によれば昭和八年には海産干場・建物・漁業権等が認められる。（甲第二九号証）これは、昭和六年の指定の対象とならなかった現金以外の共有財産が昭和八年当時根室支庁長管理として現存していたことを示している。これに対し同じ甲第二九号証の「各町村共有財産調（昭和八年七月一日現在）」には根室支庁長保管として「証券五二〇〇円」とされている。

すなわち、被告が斜古丹村旧土人共有として公告した財産は、旧土人保護法及び共有財産管理規程に基づいて管理するとして現金のみを指定したものであって、本来、財産に含まれているべき「海産干場・建物・漁業権」を欠落させたものである。

したがって、その経緯を明確に説明されない限り、平成九年の告示における金額を正当かつ正確なものとしては認めがたい。

④ 甲第六号証における昭和二一年の前年度よりの繰越額は六〇三六円となっている。次に金額が明らかになるのは、甲第七号証の昭和五一年であり、その金額は三万二一四円である。昭和二一年ないしは二二年に比べて昭和五一年の金額はおよそ五倍となっている。ほかの財産ではおよそ二ないし三倍にとどまるのに比べ著しく高いものとなっている。しかし、この理由は明らかにされていない。

(9)　官報公告番号一七　旭川市旧土人五〇名共有

①　甲第一号証によれば昭和九年一一月二六日付で旭川市より引き継ぎとして二〇〇円が記載されている。この金額は旭川市のいかなる財源より支出されたものであるのか、またなぜ二〇〇円であるのか明らかではない。

昭和一〇年一月三一日付で社会課長より会計課長に対して「旭川旧土人共有財産」として約五万八〇〇〇円が引き渡されている。この現金の発生経過及び性格が不明である。

②　甲第三九号証には当共有財産の小作人への売り渡しにかかわる経過が記録されているが、共有者代表・借地人代表・旭川市当局者の三者で構成され予備会議を含めて六回開催されている「旧土人共有地開放委員会」の最後の二回、第四回目（昭和二三年五月二九日）及び第五回目（同五月三一日）両日は共有者代表が全員欠席のもとで進められ、共有者への譲渡金額が話し合われており事実上開放の決定と坪当たり単価の合意がなされている。しかも、全六回の会議のうち三回分の会議の議事録が抜けている。したがって、経過にも不審な点があるが、判明している経過だけでも共有財産の「開放」は財産権の侵害に相当する。

③　甲第七号証にみえる「預け入れ」金額二二七、六九五円がどの様に決定されたかを土地台帳に見える一筆ごとの譲渡価格に即して明示されなければこの金額が正当正確であることを認めることは出来ない。

(10)　知事が管理する財産　官報公告番号五　色丹村共有

「知事が管理する財産」とする規定は「北海道旧土人保護法に基づく共有財産」と別種のものである。いつどのような経過で知事が管理するに至ったか不明のものである。またいかなる法的根拠に基づき管理してきたかも不明である。

この財産も甲第六号証の「昭和一八年四月一日繰越額調」の頁に「指定外色丹村（定期）」と記載されているのが初出である。

したがって、昭和一八年の七〇七七円がどのように形成され管理されてきたかは全く明らかにされていない。甲第六号証は共有財産に付いては昭和二一年あるいは二二年まで記載があるが、本件財産に付いては記載が無い。この間の管理状況を示す書類、及び甲第七号証により明らかとなる昭和五一年までの管理状況を示す書類が明示されなければ五一年以降の金額が正当なものということはできない。

第六　財産管理の法的性格

原告平成一二年一二月七日付準備書面二五頁以下で述べた

ところであるが、他人の財産を管理する場合に関するわが国の法律制度を分類すると、①契約によって第三者の財産管理が行われる場合、②契約によらず第三者の財産管理が行われる場合、とにわけられ、②さらに、②のi)法律上の財産管理権に基づいて財産の管理が行われるものと、②のii)法律上の財産管理権なくして財産の管理が行われるものとに分けられる。

以下、それぞれの管理者の義務、特に財産管理の終了時における財産の管理者に課せられる義務について論じる（詳細は前記原告一二年一二月七日付準備書面で主張したところである）。

1. 契約による財産の管理

契約によって他人の財産の管理を行うことが予定されている民法上の典型契約「委任」と「寄託」であり、その他に、「他人ヲシテ一定ノ目的ニ従ヒ財産ノ管理又ハ処分ヲ為ナサシムル」契約（信託法一条）として「信託」がある。

(1) 委任

委任においては、受任者は事務処理に際し善管注意義務を負い（民法第六四四条）、委任者の求めに応じて事務処理の報告義務を負い、委任終了後は遅滞なくその顛末の報告義務を負っている（民法六四五条）。

事務処理終了時には、受任者は、委任者名義で受け取ったものおよび収取した果実の引渡義務を負い（民法第六四六条第一項）、さらに、受任者名義で事務処理し受任者名義で権利を取得した場合、権利の名義を委任者に移転する義務を負う（同条第二項）。また、引き渡すべき金銭を費消した場合、利息の支払義務を負い、その結果委任者に損害が生じた場合には賠償義務を負う（民法第六四七条）。

(2) 寄託

受寄者は目的物の保管義務を負い（民法第六五七条）、その注意義務の程度は、有償寄託においては善管注意義務が要求されるが、無償寄託では自己物同等の注意義務が課せられるにとどまる（民法第六五九条）。しかし、有償・無償を問わず、寄託物につき権利を主張する者により訴え提起または差押された場合、寄託者への報告義務がある（民法第六六〇条）。

寄託の終了に際しても、有償・無償を問わず、保管に際して寄託者のために受け取った金銭その他の物を寄託者に引き渡す義務を負い（民法第六四六条第一項）、自己の名で取得した権利を移転する義務（同条第二項）、および寄託者のための金銭を消費した場合の損害賠償義務（民法第六四七条）が課せられている。

(3) 信託

受託者は、信託の本旨に従って信託事務の処理をすべき善管注意義務を負い（信託法第二〇条）、管理の失当によって信託財産に損失を生じ、または、信託の本旨に反して信託財産を処分したときは、損失の補填または信託財産の復旧義務を負う（信託法第二七条）。受託者は管理に際して帳簿作成義務（信託法第三九条）を負い、利害関係者には帳簿の閲覧請求権が認められている（信託法第四〇条）。

信託の終了によって、信託関係は将来に向かって消滅し、解除の場合でもその効果は遡及しない（信託法第六〇条）とされるが、信託の終了に際して、受託者は最後の計算をして、受益者の承認を得なければならない（信託法第六五条）。

(4) 小括

契約による財産管理において管理者は、無償寄託の場合を除いて善管注意義務を負い、管理の終了に際しては、委任及び寄託では受取物引渡義務（民法第六四六条第一項・六六五条）及び金銭消費賠償義務（民法第六四七条・六六五条）を負い、信託においては計算に対する受益者の承認（信託法第六五条）を必要とすることにより権利者の安全を図っている。

また、委任においては、事務処理状況の報告義務および終了後の顛末報告義務（民法第六四五条）、寄託においては、目的物の権利関係に影響ある事実の報告義務（民法第六六〇条）、信託においては帳簿作成義務（信託法第三九条）利害関係者の帳簿閲覧請求権（信託法第四〇条）により権利者の保護が図られている。

2. 契約によらない財産の管理

(1) 法律上の財産管理権に基づく場合

法律上、他人の財産の管理権限が定められている場合として、不在者の財産管理（民法二五条ないし二九条）、子の財産の管理（民法八二四条、八三〇条ないし八三二条、八三七条）、被後見人の財産の管理（民法八五九条・八六一条・八六三条・八六九条）、相続財産の管理（民法九一八条・九二六条・九四〇条等）があげられる。

不在者の財産管理と相続財産の管理については、本人および相続人が不明であり財産を取得すべき権利者が不明である場合に行われ、子の財産管理および被後見人の財産管理は、どちらも本人の財産管理能力が不充分である場合に行われる。

① 不在者の財産の管理

家庭裁判所により選任された財産管理人は、財産目録調整義務を負い（民法第二七条第一項）、また、家事審判法第一六条が民法第六四四条、六四六条、六四七条、六五〇条を準用していることから、管理者は善管注意義務（民法第六四四条）を負い、財産管理の終了に際しては、受取物の引渡義務（六四六条）、金銭消費の賠償義務（六四七条）を負っている。

② 相続財産の管理

相続財産管理人の権利義務は民法第九五三条が民法第二七条ないし第二九条を準用していることから、上記の不在者の財産管理人と同様の義務を負う。

相続財産管理人は権利者である相続債権者又は受遺者の請求に対して相続財産の状況の報告義務を負い（民法第九五四条）、相続人が出現し相続を承認した場合、相続財産管理人の代理権は消滅し（第九五六条第一項）、その場合、管理計算義務が課せられる（同条第二項）。そして、相続人が不存在である場合でも民法第九五九条が第九五六条第二項を準用していることから、管理の終了に際しては管理計算義務が課されている。

③ 子の財産の管理

子の財産は親権者が管理することとされているが（民法第八二四条）、同条は「親権を行う者は、子の財産を管理し」と規定されているにとどまる。ここでいう財産の管理とは、財産の保全・性質を変じない範囲での利用・改良を目的とする一切の行為であり、目的の範囲において処分行為をすることも財産管理の中に包含される。

管理に際して管理者に課される注意義務は「自己のためにすると同一の注意」（民法第八二七条）に軽減されているが、注意義務違反がある場合、「管理の失当」として管理権喪失宣告の原因となる（民法第八三五条参照）。また、本人と親権者との利益相反行為には、特別代理人が選任され（民法第八二六条）、この特別代理人は善管注意義務を負う（家事審判法第一六条・民法第六四四条）から、管理者の注意義務が軽減されていても管理者の利益の下で子の利益が害されることはない。

親権者の管理にも計算義務が定められ（民法第八二八条）、子が成年に達したときに管理が終了し、親権を行った者が遅滞なく管理の計算を行う義務を負う。この管理の計算が要求されるのは「子が成年に達して親権が終了する」場合に限られると解される。

しかし、その他の事由により親権が終了する場合、後任の法定代理人が存在し、それが後見人であれば、前述の通り、就任後遅滞なく財産の調査を行い、財産目録を調整する義務があり、公認の法定代理人が親権者であれば、その者が管理計算義務を負うから、未成年の子の財産の管理計算が不明となることはない。

④　被後見人の財産の管理

後見人には、被後見人の財産を管理し、財産に関する法律行為について被後見人を代表する（民法第八五九条）権能が与えられている。そして、後見人の権能行使については、民法第八六九条によって六四四条が準用されていることから、善管注意義務を負っている。また、民法第八六〇条によって、本人と後見人との利益相反行為については、民法第八二六条が準用され、善管注意義務を負う特別代理人が選任される（家事審判法第一六条・民法第六四四条）。

後見人には財産調査・財産目録調製義務が課され（民法第八五三条）、後見開始後、一ヶ月以内に財産目録を作成する必要があり、後見人は、後見監督人または家庭裁判所の求めに応じて事務の報告、財産目録の提出をする義務を負う（民法第八六三条第一項）。

後見人は任務が終了した場合、二ヶ月以内に管理の計算をしなければならず（民法第八七〇条）、被後見人に返還すべき金額（民法第八七三条第一項）、及び自己のために費消した金銭については利息支払義務があり、損害が生じている場合には賠償義務を負う（民法第八七三条第二項）。

⑤　小括

以上の通り、法律上の財産管理権に基づく財産管理者には、子の財産の管理を除いて、委任に関する第六四四条が準用される結果、善管注意義務が課され、任務の内容として財産目録調製義務（不在者の財産管理人・相続財産管理人につき民法第二七条第一項、後見人につき民法第八五三条）を負っている。子の財産の管理については、前述の通り、善管注意義務を課さなくても親権者の利益のために子の利益が害されることがないよう利益相反に関する特別代理人制度が設けられている。

さらに、財産管理の終了に際しても、民法第六四六条・第六四七条が準用され、受取物の引渡義務・金銭消費の賠償義務を負っている。そして、管理の計算を行う義務がある（不在者の財産管理人につき家事審判法第三三条第一項、相続財産管理人につき民法第九五六条第二項、子の財産の管理者（親権者）につき民法第八二八条、後見人につき民法第八七〇条）。

したがって、他人の財産を管理する者は、少なくとも善管注意義務と管理計算義務を負っているといえる。

(2)　法律上財産管理権が存在しない場合

法律上の権原がなく行われる他人の事務の処理が法律上有効とされる場合として事務管理（民法第六九七条）がある。事務管理では、管理者は、本人の意思ないし利益に従って本人の事務を処理すべき義務を負い（民法第六九七条）、そして第六九八条所定の緊急事務管理の場合を除いて、管理者は善管注意義務を負う。

また、管理者はいったん事務管理を開始した以上、本人その相続人または法定代理人が管理をすることができるようになるまで管理を継続する義務を負い（民法第七〇〇条）、既に本人が知っているときを除き、管理を開始したことを遅滞なく本人に通知する義務を負う（民法第六九九条）。

そして、民法第七〇一条が委任に関する第六四五条ないし第六四七条を準用していることから、管理者は、事務管理を継続している間、管理の状況につき報告義務を負い、管理終了後は遅滞なくその顚末の報告義務を負う。

また、管理者は、事務管理継続中に本人名義で受け取ったものおよび収取した果実の引渡義務、管理者名義で権利を取得した場合には権利の名義の移転義務、管理者が金銭を消費したときには利息支払義務、損害が生じている場合には賠償義務をそれぞれ負担する。

3．共有財産の法的性格

(1)　本件訴訟で問題となっている共有財産の法的性格についても、原告平成一二年一二月七日付準備書面で述べたところである。

すなわち、共有財産は、旧土人保護法第一〇条に基づき被告が指定したことによって財産の管理が開始されたものであるから、契約によって財産管理権限が被告に付与されたものではない。また、権利者の意思に基づかない点では、事務管理に類似するが、旧土人保護法に基づき被告には指定した共有財産を管理する義務が課せられていたから「義務ナクシテ」管理を開始したのではなく、事務管理と構成することは適当ではない。

(2)　しかし、旧土人保護法第一〇条に基づく指定により被告に財産管理権限が付与され、財産の管理が開始される構造は、民法第八三八条第二項に基づく「禁治産の宣告（現行法では後見開始の審判）」によって管理者が選任され財産管理権が付与され管理が開始される構造と類似している。すなわち、法律上第三者による財産管理が行われることが予定され、抽象的な財産管理権は法定されており、指定ないし宣告によって具体的な管理の対象が定まり、管理権の行使がなされる点で両者の構造は類似している。

したがって、旧土人保護法第一〇条に基づく指定によって、被告は権利者に対して後見人類似の地位に立ち、旧土人共有財産管理規程等の旧土人保護法の関連法規に規定されていない部分については、後見に関する規定が類推され管理者たる被告の権利義務が確定されるべきであり、被告には、財産の管理に際して善管注意義務を負い、財産目録を調整する義務が課せられている。

(3) また、意思の合致がなく契約によって財産管理権限が付与されていない場合でも、法律によって信託が成立することがあり（法定信託ないし非任意信託）、この場合でも受託者が負担する権利義務の内容は契約による信託（設定信託ないし任意信託）と違いはない。

すなわち、旧土人保護法は共有財産からの収益を旧土人保護のために必要な施設を為し、施設を為した者に対する補助として給付すること（一九三七（昭和一二）年改正前は旧土人の子弟のうち貧困なる者に対する授業料として給付すること）を目的として法律をもって信託が設定され、北海道旧土人保護法の廃止により信託が終了し、信託関係は将来に向かって消滅したと解される。

そして、被告は受託者として、受益者である各共有財産の権利者に対し、信託の本旨に従って信託財産を管理すべき善管注意義務を負い（信託法第二〇条）、信託の終了に際して、最後の計算をして、受益者の承認を得る義務が課されている（信託法第六五条）。

(4) したがって、他人の財産を管理する者は原則として善管注意義務を負い、本件共有財産の管理においても、その法的性格を後見人類似と構成しても、法定信託としても、いずれにせよ被告は善管注意義務を負い、加えて、財産目録を調整する義務を負っている。

4. 指定外財産の法的性格

(1) 指定外有財産の法的性格についても、原告平成一二年一二月七日付準備書面で述べたところであるが、指定外財産は、管理している被告と、管理される財産の権利者との間で意思の合致は認められず、契約によって被告に財産管理権限が付与されたものではない。

そして、権利者の意思に基づかず、また、共有財産と異なり旧土人保護法に基づくものでもないことから、被告に法的な管理義務は存在しない。

したがって、指定外財産の管理については被告が「義務ナクシテ」管理を開始しており、その法的性格は事務管理と理解すべきである。

(2) そこで、被告は事務管理に基づき、本人である権利者の意思ないし利益に従って事務を処理すべき義務を負い（民法

第六九七条）、指定外財産の管理は緊急事務管理にはあたらないのであるから、被告は善管注意義務を負い（民法第六九八条）、本人への通知義務を負い（民法第六九九条）、管理状況報告義務、管理終了後は顛末報告義務（七〇二条・六四五条）を負っている。

5. 結論

(1) 被告は、「共有財産」及び「指定外財産」の管理においては、他人の財産の管理であるからその法的性格に基づいて、権利者本人ないしその相続人に対して善管注意義務を負っていた。

にもかかわらず、被告はこれまで「共有財産」あるいは「指定外財産」の管理をするに際し、財産の管理状況あるいは処分の状況につき、権利者である原告ら（原告らの被相続人を含む）に対して、何らの通知をすることもなかった。

また、返還公告によって返還するとされた財産の総額についても、被告は「現在管理している旧土人共有財産」が公告された金額であると主張するだけであって、公告した金額に至った出納の経緯を明らかにしない。

すなわち、被告は他人の財産を管理するものが負っている善管注意義務をつくして「共有財産」あるいは「指定外財産」を管理していなかった。

(2) また、財産管理の終了した際の処理手続においても、共有財産については信託の終了ないしは後見の終了手続に従い財産管理計算義務を負い、指定外財産については事務管理の終了手続にしたがって顛末報告義務を負っていた。

しかしながら、本件返還手続は、単に被告が現在管理している金額を返還の対象としたに過ぎず、平成一二年一二月七日付準備書面三頁以下で述べたように、管理の対象とされながら返還の対象とされていない財産が多数存在することから、被告は財産管理の終了に際して計算義務を怠っており、権利者に対する顛末報告義務を怠っていることは明白である。

(3) さらに、被告には、前述のように、財産管理について善管注意義務が課されており、財産の権利者を調査して、正当な権利者ないしその相続人に対して財産を返還するべき義務があり、本来の権利者ないしその相続人は容易に判明する事実のはずであるが一切調査することはなかった。

そして、本件返還手続においては、返還の対象者を返還請求した者だけに限定しているが、これは、被告自らが善管注意義務を尽くして管理してこなかったこと、及び、返還手続に際しても善管注意義務を尽くしていないことを認めたものにほかならない。

(4)　ところで、本来選択されるべき返還手続にかえて、あえて別の返還手続を選択するためには、その手続自体が合理的であって、かつ、その手続によるべき必要性がなければならないが、本件返還手続は、単に被告が現在管理している金額を返還の対象としたに過ぎず、平成一二年一二月七日付準備書面三頁以下で述べたように、管理の対象とされながら返還の対象とされていない財産が多数存在することから、本来履践されるべき手続に比べて合理的はないことは明白である。これは、管理者である被告が返還すべき金銭を消費し、ないし隠匿していながら自己の「言い値」を返還することによって手続を終結させようとするものであり、このような返還方法を採用すべき必要性はない。

すなわち、本件返還手続は、被告が善管注意義務をつくして管理していなかった事実を隠蔽するために採用されたものであると断ぜざるをえない。

(5)　以上の通り、アイヌ文化振興法附則第三条に定められた返還手続及び被告が行った共有財産等の返還手続は、権利者である原告らの財産権を一方的に侵害するものであり、憲法第二九条に違反し無効である。

また、本件返還手続が、憲法第一三条に基づくアイヌ民族の「文化享有権」を侵害し、国際人権B規約に違反していることは原告が従前から主張してきたとおりであり、さらに、財産管理の経緯及び金額算定の基礎が不明確であって手続が適正でないことを勘案すれば、本件返還手続を定めたアイヌ文化振興法附則第三条各項は憲法第一三条、第二九条、第三一条に違反する違憲無効なものであることは明白であり、同法に基づく本件返還手続およびそれに基づく本件処分は違憲な法令に基づく処分であって無効である。

第七　返還しない処分を受けた原告秋辺、原告鹿田、原告豊川について

原告秋辺の請求のうち返還が認められなかった財産、原告鹿田の請求のうち返還が認められなかった財産および原告豊川の請求について、原告秋辺得平、原告鹿田川見、原告豊川重雄はいずれも返還を請求した財産の権利者であり、被告の行った返還しない旨の決定が誤りであることにつき平成一三年五月三一日付準備書面で主張したところであるが、原告本人に対する尋問結果を踏まえてあらためて各原告が権利者であり、被告がなした返還しない決定が誤りであることを再度

論じる。

1．財産返還時に被告が負担する義務について

(1) 共有財産の管理についての法的性格が後見人類似のものと構成すると、法定信託と構成するとを問わず、被告は他人の財産を管理するものとして善管注意義務を負い、財産管理の終了に際しては、財産の権利者を調査して、正当な権利者を把握して財産を返還する義務を負っていた。

また、指定外財産については、その法的性格は民法上の事務管理であるから、被告は、善管注意義務を負い、本来の権利者を調査して返還すべき義務を負っていた。

したがって、共有財産等の返還に際しては、共有財産については信託の終了ないしは後見の終了に手続に従い財産管理計算義務を負い、指定外財産については事務管理の終了手続にしたがって顚末報告義務が課されていた。

(2) 被告には、財産の権利者を調査して、正当な権利者ないしその相続人に対して財産を返還するべき義務があり、被告が注意義務を怠っていなかったならば、本来の権利者ないしその相続人は容易に判明する事実である。

にもかかわらず、被告は、一切調査することはなく、財産の返還を請求するものに、自己が権利者であることを立証することを求める手続が策定された。本来、善管注意義務を負う財産の管理者である被告が財産を返還すべき相手である権利者を特定すべき義務を負うのであるから、本来の権利者を特定し、財産の返還を請求するものが特定された権利者に含まれていないことを明らかにすべきである。

すなわち、被告において財産の返還を請求するものが権利者でないことを立証すべきであり、本件返還しない決定をするに際しても、原告秋辺、原告鹿田、原告豊川が、それぞれ請求した財産の権利者に該当しないことは被告において立証すべきである。

したがって、原告が権利性をあえて主張しなくてもよいのであるが、念のため主張すると以下に述べるとおりであって、原告秋辺、原告鹿田、原告豊川が権利者であることが明白となったが、権利者でないことは被告によってなんら立証されていない。

2．原告秋辺得平について

(1) 原告秋辺は、平成一〇年九月一日、「全道旧土人教育資金」（共有財産公告番号四）、「色丹郡斜古丹村旧土人共有」（共有財産公告番号一六）、「色丹村共有」（指定外財産公告番号五）

につき権利を有するとして、被告に対し、財産の返還を請求した。

これに対し、被告は、平成一一年四月二日、「全道旧土人教育資金」については返還する旨の決定をしたが、残る「斜古丹村共有」及び「色丹村共有」の各財産については、原告秋辺が共有者であることが明らかではない、当該財産について権利を有することが明らかではないとして返還しない旨の決定をした。

しかし、原告秋辺は以下の通り、色丹郡斜古丹村旧土人共有（共有財産公告番号一六）及び色丹島色丹郡色丹村共有（指定外財産公告番号五）の各財産について権利を有している。

(2)　原告秋辺は、戸籍上昭和一八年九月二一日得撫郡得撫島字床丹無番地で父成田萬九郎、母秋邊ミサホの間に出生した。また、戸籍上の記録からは、親族に色丹島色丹郡色丹村並びに色丹郡斜古丹村に本籍をおくものはいない。

父成田萬九郎は、国後島や得撫島で船大工や漁夫として島周りの出稼ぎをしており、母秋邊ミサホは、国後島の漁場に女工として出稼ぎに行っていた。父萬九郎には母ミサホとは別に妻子があり、秋辺ミサホはいわば「現地妻」であった。

原告秋辺は父萬九郎と母ミサホの間に生れた兄弟四人と同様、萬九郎の本家である函館に行ったことはなく、母方の地元である釧路で育った。したがって、父方の家族、親族とは無縁であり、専らアイヌである母方の親族のもとで育てられた。

(3)　原告秋辺の母秋邊ミサホは大正七年一〇月に釧路市大字釧路村春採で出生したが、当時、ミサホの両親（秋邊福治・サヨ）は密猟監視員を務めており、千島列島中を移動しながら生活していた。色丹島で生活していたこともあり、その当時の写真も残されている。その写真は、被告に対する返還請求に際して原告秋辺が色丹村共有の財産について権利者であることを示す資料として提出しており、本件訴訟においても証拠として提出されており（乙第七号証の二）、同人の供述からも立証された。また、原告秋辺の母ミサホが色丹島で生活していたとの訴外西田カツミ氏の供述も存在する（乙第七号証の一）。

(4)　被告は、原告秋辺につき官報公告一六斜古丹村共有財産について「共有財産の指定当時に原告秋辺得平の血縁者が当該地域に居住していること及び共有者であることが確認できない」という（被告平成一二年六月三〇日）。

しかし、被告は、共有財産の指定当時に原告秋辺の祖父福治あるいは祖母サヨ、母ミサホが色丹島（色丹郡斜古丹村、色丹村）に居住していなかったこと及び官報公告番号一六番の共有財産および公告番号五番指定外財産の権利者ではないことをなんら立証していない。逆に、前述の通り、原告秋辺の母ミサホが色丹村に居住していたことが反対尋問を経て明らかとなった。

(5)　また、被告は、斜古丹村及び色丹村に本籍を有していた者の相続人のみを権利者として捉らえているようであるが、そのように権利者の範囲を狭く限定する根拠は明らかではない。さらに、本籍地がその者の居住地や出生地などを示すものではないことは公知の事実である。

本件共有財産等については共有者が特定されずに、「斜古丹村共有」及び「色丹村共有」とされているのであるから、色丹村に本籍を有していたアイヌはもちろん色丹村で生活していたアイヌが共有財産の権利者である。

したがって、前述のように原告秋辺の母ミサホが色丹島に居住していたことは明らかであり、被告において原告秋辺が権利者でない旨の積極的な立証がない限り、権利者として扱われるべきである。

3. 原告鹿田川見について

(1)　原告鹿田川見（以下「原告鹿田」という）は、平成一〇年九月三日、「全道旧土人教育資金」（共有財産公告番号四）、「天塩國天塩郡中川郡上川郡旧土人教育資金」（共有財産公告番号五）、「旭川市旧土人五〇人共有」（共有財産公告番号一七）につき権利を有するとして被告に対し、財産の返還を請求した。

これに対し、被告は、平成一一年四月二日、「全道旧土人教育資金」については返還する旨の決定をしたが、残る「天塩國天塩郡中川郡上川郡旧土人教育資金」、「旭川市旧土人五〇人共有」の各財産については、原告鹿田が当該共有財産の共有者であることが明らかではないとして返還しない旨の決定をした。

(2)　原告鹿田の祖父鹿田寅吉（鹿田アンノウッタ次男）は大正一一年二月二八日に戸主鹿田イソナイ（鹿田アンノウッタ長男）戸籍から分家している。そして、イソナイ死亡後長男正道が家督を相続し、昭和二年一〇月に正道が死亡したことにより、シマ（イソナイの長女（正道の姉））が家督を相続し戸主となっている。したがって、公告番号一七の財産は昭和一一年一一月に指定されているところ、原告鹿田は下付指令書に氏名が記載されている鹿田シマの相続人ではない。

しかし、原告鹿田の被相続人である父鹿田三吉及び祖父鹿田寅吉が当該地域で生活していたことは明らかである。

また、「天塩國天塩郡、中川郡、上川郡旧土人教育資金」

（共有財産公告番号五）についても同地域内に本籍地を持つ親族はいない。

しかし、原告鹿田は、以下の通り、「旭川市旧土人五〇名共有」（共有財産公告番号一七）、「天塩國天塩郡、中川郡、上川郡旧土人教育資金」の共有財産の共有者である。

(3) 旧土人保護法第一〇条に基づき共有財産に指定された各財産は「旭川市旧土人五〇名共有」（公告番号一七）を除いて、その共有者の氏名は明らかではなく、「河西郡芽室村旧土人共有」あるいは「中川郡幕別村旧土人共有」といったように村ごとの共有とされていた。

このような共有財産は、当該地域で生活するアイヌ全てが権利者である。このことは、被告の行った返還手続においても、指定当時の具体的権利者を特定することなく、当該地域内に本籍地を有する者の相続人を権利者として扱っていることからも明らかである。

すなわち、旧土人共有財産は、具体的に特定の権利者が観念されるものではなく、当該地域で生活するすべてのアイヌのために指定されたものと解される。

(4) そして、公告番号一七の「旭川市旧土人五〇名共有」の財産についても、指定時に権利者として氏名が掲げられた者は当該地域で生活するアイヌの代表者として氏名が掲げられたものと捉えるべきである。そして、前述の通り、当該地域のこのような性格を有する旧土人共有財産については、その地域で生活していた者について共有財産の権利者であると捉えるべきであるから、公告番号一七「旭川市旧土人五〇人共有」についても旧土人共有財産である以上、その他の共有財産と財産の性格を別意に解する必然性はない。

したがって、指定時に権利者として氏名が掲げられた五〇名の者は当該地域で生活するアイヌの代表者として氏名が掲げられたものと解すべきである。

すなわち、昭和九年一一月一日付第二八八九号指令に記載された者のみが共有者であったと捉えることは妥当でなく、同指令は各共有者を代表して五〇名が共有者を代表して共有財産の管理が開始されたと捉えられる（現在でも権利能力なき社団等では代表者名で財産管理をする（預金口座の開設、登記等）ことはよくあることであろう）。

(5) 前述のように、共有財産はその地域で生活していたアイヌの共有にかかるものであって、本籍が置かれていることや、権利者として氏名が掲げられた一部の者の相続人のみが権利者として認められると解するのは妥当ではない。すなわち、官報公告番号一七番の本件共有財産についても、「北海道旧土人概況（昭和一一年）」（甲第三四号証）には旭川市旧土人共有財産の共有者として記載されている戸数七五、人口三四五人の中に原告鹿田の被相続人たる父鹿田三吉あるいは祖父鹿田寅吉が含まれていることが強く推測される。

したがって、被告において原告鹿田が権利者でないことを被告が立証しない限り、原告鹿田が本件共有財産の権利者ではないということはできない。

すなわち、被告において、①昭和九年の指定に際しての第二八八九号指令に名前が掲げられた五〇名の者のみが当該共有財産の権利者であったこと、及び②「北海道旧土人概況（昭和一一年）」（甲第三四号証）においては旭川市旧土人共有財産の共有者は戸数七五、人口三四五人とされているが、この中に原告鹿田の被相続人たる父鹿田三吉あるいは祖父鹿田寅吉が含まれていないこと、の二点が積極的に立証されなければ、原告鹿田が旭川市旧土人共有の財産の権利者ではないということはできない。

したがって、原告鹿田が権利者ではないことを立証せずして、「原告鹿田川見が当該共有財産の共有者であることが明らかではない」ということは失当である。

4．原告豊川重雄について

(1) 原告豊川重雄（以下「原告豊川」という）は、平成一〇年九月七日、「天塩國天塩郡中川郡上川郡旧土人教育資金」（共有財産公告番号五）につき権利を有するとして、被告に対し、財産の返還を請求した。

これに対し、被告は、平成一一年四月二日、返還請求した財産については、原告豊川が共有者であることが明らかではないとして返還しない旨の決定をした。

(2) 原告豊川の現在の本籍地は札幌市北区北三七条西六丁目三五六番地である。原告豊川は、父豊川正（出生地不明）とムメノ（出生地不明）の間の七男として、昭和六年二月五日、当時、親兄弟が住んでいた石狩郡石狩町大字生振村六線北一九番地で出生した。

戸籍上からは、原告豊川が「天塩國天塩郡、中川郡、上川郡旧土人教育資金」（共有財産公告番号五）の権利者であるか明らかではないが、以下の通り、原告豊川は「天塩國天塩郡、中川郡、上川郡旧土人教育資金」（共有財産公告番号五）につき返還請求が認められるべきである。

(3) 原告豊川は、母ムメノから、父正や父の兄弟たちが、明治から大正にかけて五月から六月の二ヶ月間ほど、三隻の船で石狩から日本海岸を北上し、天塩川に入って鱒をとる出稼ぎをしていたと聞かされた。この期間は、船で移動して漁をしながらも、一箇所に小屋を作って定住していた。

その当時、父正らがいわゆる漁業権を有していたかどうかは明らかではないが、何年間も通っており、また、現地の漁業者といさかいがあったとは聞かされていないので、何らかの権利を有していたと考えられ、天塩での漁業を基盤に生活をしていた。

(4) 被告が提出した乙第一〇号証によると、返還請求時に原告豊川から提出された資料は除籍謄本のみであり、また、天塩國天塩郡との関係については本人の証言によらざるを得ないが、前述のように、対象地域に生活の基盤を有していた者については権利が認められるべきであるから、原告豊川についても権利者ではないことを被告の方で立証しない限り、権利者として扱われなければならない。

(5) 加えて、上川郡が、石狩國と天塩國に行政司法上区別があることは裁判書に顕著な事実であって、石狩國と現在の石狩郡が関連していることは名称から明らかである。この点からも原告豊川の供述は裏付けられる。

第八　結論

1. 処分性

共有財産等についてなされた本件処分は、返還決定ないし返還の申請却下決定は公権力の行使としてなされ、国民である共有者の財産額を確定する行為であって「直接国民の権利義務を形成しまたはその範囲を確立することが法律上認められているもの」であるから取消訴訟の対象としての「行政処分」にあたることは明らかである。

2. 訴えの利益

(1) 公告された共有財産が、本来返還対象となるべきすべての財産ではなく、返還手続の対象とされていない財産が存在すること、及び先住民族に関する政策決定に関する国際的潮流、二風谷ダム事件判決で認められたアイヌ民族の「文化享有権」さらには、国及び地方公共団体にアイヌ民族の民族としての誇りを尊重するよう配慮義務を課したアイヌ文化振興法第四条の趣旨に照らすと原告らが返還手続の策定に参加する手続上の権利が存在しており、かかる「法律上保護される利益」に反してなされた本件処分は原告にとって不利益な処分であることは明白である。

(2) また、本件共有財産等の返還処分は、単なる私法上の財産権についての処分とはいえず、多数の権利者間において相互に連鎖し、関連し合っている共有財産の返還処分であることに鑑みると、返還処分の無効を前提とする当事者訴訟や民事訴訟は紛争の根本的解決にはならないことから、本件請求については「当該処分の無効確認を求める訴えのほうがより直截的で適切な争訟形態」であって、本件訴訟も「現在の法律関係に関する訴えによって目的を達することができない」場合に該当することも明らかである。

(3) したがって、本件請求は行政事件訴訟法第三六条の要件を充足するものであり、本件返還決定および返還しない決定が、返還請求通りの返還決定をしたことの一事をもって原告らに有利な行政処分であるということはできず、最高裁昭和六二年判決の趣旨に従い、返還請求通りの返還決定という一見自己に有利に見える行政処分を受けた者であっても、実質的に不利益が存在する場合には行政処分の無効確認(取消)を求める「訴えの利益」が存在することは明らかである。

3. アイヌ文化振興法附則第三条及び本件返還手続の違憲性

(1) 被告は、現在管理していると称する財産を返還するとし、その金額を公表したが、その財産の管理経過が明らかでない以上、公表された金額が適正なものであるか不明である。被告は他人の財産管理者として善管注意義務を負っていたのであって、財産を返還する際には、正当な共有者ないしはその相続人を調査した上でその者に返還するべきであった。にもかかわらず、被告は、注意義務を怠り、共有者の中から請求してきた者にのみ返還するとしている。このような財産の返還方法は、「財産権はこれは侵してはならない」と定める憲法第二九条一項に違反し、原告ら財産の正当な共有者の財産権を侵害するものである。

(2) さらに、アイヌ文化振興法附則第三条に規定された返還手続は「『国の政治的・経済的・社会的・文化的な国家活動への完全な参加権、特に先住民族に係る事項の決定過程への参加権』及び『自由な、かつ情報を得た上での同意なしに押収され、占有され、使用され、又は損害を受けた土地』について返還請求権が認められようとしている」とする国際的潮流に反している。

しかも「先住少数民族の『文化享有権』が憲法第一三条に由来するものであることを明らかにしたうえで、アイヌ民族に関連する政策を立案・遂行するに際しては先住民族としてのアイヌ民族の民族的・歴史的・文化的・宗教的諸価値に最大限の配慮をしなければならないとした」二風谷ダム事件判決にも反するものであると言わざるを得ない。

さらには、アイヌ民族の自発的意思及び民族としての誇りを尊重するよう配慮した解釈・運用がなされるべきとするアイヌ文化振興法制定の趣旨そのものにも反するものである。

(3) このように、共有財産等の返還手続を定めたアイヌ文化振興法附則第三条は憲法第一三条・第二九条一項・第三一条、国際人権規約B規約第二七条、先住民族権利宣言草案第二〇条に違反する違憲無効なものであり、同法に基づく処分は違憲な法令に基づく処分であって無効であり、少なくも取り消されるべきである。

また、アイヌ文化振興法附則第三条一項が違憲の規定でないとしても、同条に基づく、本件具体的返還手続処分は憲法第一三条・第二九条一項・第三一条及びアイヌ文化振興法第四条の規定に違反する違憲違法な処分であって無効であり、少なくとも取り消されるべきであることは明らかである。

さらに、「指定外財産」に至ってはアイヌ文化振興法附則第三条にも規定されていないのであるから、その返還処分の無効性は明らかである。

したがって、原告らは訴状請求の趣旨記載の通り、被告が行った本件返還手続処分の無効確認ないしは取消を求める。

以　上

原告関係共有財産の経過と問題点

二〇〇〇年一〇月
アイヌ民族共有財産裁判原告団
アイヌ民族共有財産裁判を支援する全国連絡会

この文書は、原告団及び全国連が北海道情報公開条例に基づく請求によって開示させた文書、及び北海道立文書館所蔵の文書から確かめられる記録から作成した。

一部旭川市関係を除いては、原則として北海道庁発行になる記録のみから構成してある。

原告関係の共有財産及び「知事が管理する財産」（指定外財産）について発生から現在に至るまで経年的に変遷を示し、かつ現時点において指摘できる管理上の問題点を記述したものである。

文献一覧に明らかであるが、管理者たる北海道知事においては管理にかかわって一貫した形式の文書をもって記録していないため財産別の経過をたどることが困難であった。

またわれわれの入手できていない文書も相当数存在することも予想される。従ってこの文書の完全を主張することはできない。

しかし、断片的な経過からでさえ数多の疑義が生じる。記録の不正確・使途不明・目的外使用等を指摘することができた。また、財産外への持ち出しを窺わせるものがある。

われわれはここに指摘した諸点をわれわれの損失のすべてであるとするものではないが、われわれの財産の一部が確実に損害を受けたものであると主張する根拠になるものであると考える。

本訴訟における被告北海道知事が原告の訴えに対して「訴えの利益」の無いものであると主張するのであるならば、われわれの指摘したすべての点について明瞭な反証をもって否定するべきであろう。

凡例

(1)　共有財産別の名称その他において使用されている「旧土人」の呼称は特定書名以外は原則として用いない。

(2)　経過の表に「現金」とあるのは文書の表記に従ったものであるが以下の使われ方をしている。

①債権・預金等の金額

②債権・預金等と併記されている場合は支庁事務所等に保管されている現金
③不動産と区別されている貨幣金額

(3)　金額は一般に銭・厘単位まで記載されているが特に注目する以外は円単位（円以下切り捨て）で示した。

共有財産管理上の総括的問題点

共有別の問題点については別紙で示したところであるが、総括的に指摘できる事柄を以下に述べる。

(1)　財産の管理に当たって一貫した形式の管理簿は北海道庁においても支庁においても存在しなかったと推定される。従って、年度ごとの監査が行われた形跡を認めることができなかった。このため収支の記録の正確を期しがたい。

(2)　共有者に対し財産の現在高・収支を正しく伝えていなかったと考えられる。結果として、共有者としての自覚や権利意識、共有している財産の内容についての認識さえ共有者において形成する機会がなかった。

(3)　「旧法」の制定によって「指定」される以前に形成された共有財産についての資料が不足しているため指定金額が正当正確なものであることを認めがたい。

(4)　漁場（漁業権）・海産干場等の権利及び畑・宅地等の処分経過が不明のものが多い。処分経過とは、譲渡に至る理由・譲渡の相手・価額・収入の使途を含む。以上の要件が旧法第一〇条第二項に従って、「内務大臣ノ許可ヲ経テ共有者ノ利益ノタメニ」処分されたものであることが管理責任者である北海道知事によって証明されなければならないものと考える。

(5)　平成九年九月の告示には昭和六年指定（庁令第四四号・同第五三号・告示第一四〇〇号）としているものが原告関係では八件ある。これらの指定は　①目的の変更　②分割（原告関係では鵡川・穂別と厚真・苫小牧の二件）が主たる内容であるがこの必然的理由が見あたらない。

　さらに、直近の大正一五年の記録に照らして、金額の減額及び不動産の継続が不明瞭であることが目立つ。

　このため六年の指定内容が正当正確であることを認めがたい。

(6)　昭和二〇年から二二年にかけて共有財産台帳の記入が混乱している。また同台帳は昭和二二年までで切れている。これ以後、昭和五一年「明細書」の記録に現れるまでの期間の管理を示す文書が今のところ見あたらない。

そのため、この間の記録が示されない限り昭和五一年に「明細書」に現れる「預け入れ」金額が正当正確であることを認めがたい。

(7)　平成九年九月の「公告」は昭和五一年の「預け入れ」金額を根拠にしているためにその金額を正当正確なものと主張する根拠が認められない。

本文中に引用した記事の参照文献一覧

○括弧内は本文中に引用の場合の略称括弧なき場合は実名を用いる

○旧漢字は当用漢字に改めた

○＊印は「北海道立文書館」公報綴りになし

A　北海道公報

(1)　明治三二年　庁令第九三号

(2)　明治三五年　庁令第一三九号

(3)　大正一三年　庁令第二一号

(4)　昭和　六年　庁令四四号　＊庁令第五三号＊告示第六五四号＊告示一四〇〇号

(5)　昭和　九年　庁令第九二号

(6)　昭和一七年　庁令第九九号　告示九四七号

(7)　昭和二三年　規則第二九号

(8)　平成　九年　告示一〇四八号

B　北海道旧土人に関する調査（旧調査）北海道庁嘱託員河野常吉編　明治四〇年か？

C　旧土人に関する調査（調査）　北海道庁内務部　大正一一年一一月一八日

D　北海道旧土人　北海道庁　初版明治四四年、三版大正一一年六月二八日

E　色丹土人調査（色丹調査）北海道庁根室支庁在勤　浅野正　大正一二年五月

F　土人概要（概要）　北海道庁学務部社会課　昭和四年六月二八日

G　千島色丹土人調査書（千島調査）　喜多章明　昭和八年九月三日

H　十勝旧土人沿革ト互助組合ノ現状（十勝沿革）河西支庁河西支庁社会主任喜多章明述　昭和二年(?)

I　北海道旧土人概況（概況T15）　北海道庁　大正一五年一〇月一八日

J　北海道旧土人概況（概況S11）　北海道庁学務部社会課昭和一一年一月一〇日

K　北海道旧土人保護沿革史（沿革史）北海道庁　昭和九年三月二五日

L　旧土人共有財産台帳　北海道庁社会課

1　昭和一〇年度（台帳10）

2　昭和一二年度（台帳12）

3　昭和一三年度（台帳13）

4　昭和一四年度（台帳14）

5　昭和一六年度（台帳16）

6　昭和一九年度（台帳19）

M　北海道旧土人共有財産管理状況明細書（明細書）北海道歳入歳出外現金出納官吏　厚生省所管　昭和五三年一月二二日付

N　財産別沿革（道庁書類）　北海道環境生活部総務課　アイヌ施策推進室作成一九九七．八

O　昭和二〇年度旭川市旧土人共有財産貸付地名寄帳（名寄帳20）　社会課

P　昭和一一年土人保護関係書類（永久保存）中「引渡書」（マイクロフィルム）　社会課

Q　旧土人保護給与地（共有地）の開放関係書類（綴り）　旭川市・北海道

R　旭川市史　第一巻　旭川市　昭和三四年四月一〇日

財産別の問題点
共有財産経過に基づく

この項については、本書三一八頁以下の「(5)　控訴人準備書面」（二〇〇二年一二月一八日）第四官報公告の違法(2)、および五四二頁以下の「上告理由書」（二〇〇四年八月四日）4．共有財産に対する権利は国際人権規約B規約の文化享有権に該当する、に述べられているため、省略する（編者）。

原告関係共有財産の管理経過

3　中川郡幕別村共有

年度	形態・金額	備考
明治三五年（一一月八日指定、庁令一三九号）	中川郡各村共有として指定 鮭曳網漁場二、鱒曳網漁場一、海産干場一、宅地一、倉庫一 北海道製麻株券九〇株 現金　二一三円三三銭	＊この財産は明治八年三月に設立された「十勝土人漁業組合」に始まる。これは従前より関係ある和人四二戸と十勝七郡のアイヌ二八〇戸が共同して設立したものである。明治一三年の許可期間の満期にあたり収益金・建物・船舶等を処分して五万三八一九円の収入を得た。この収益は一戸あたり一六七円一三銭の割合で各村単位に帰属を決めた。和人と広尾アイヌ分は本人に交付したが、アイヌ二二四戸分三万七四三九円は開拓使が保管し現金は郵船株式会社及び北海製麻の株式を購入して利殖をはかった。（「十勝沿革」） 後、明治二六年旅来村四五戸と中川・河西河東三郡二六七戸に分割、翌二七年中川郡一三五戸と河西・河東二郡一三二戸に分割し（七月九日）、中川郡の分を財産管理人として大津村斉藤兵太郎（和人）、白人村チヨロコウクを総代として管理する事となった（一二月二八日）。（「十勝沿革」） 明治三四年一〇月河西支庁長に引き継ぐ（「沿革史」）

大正一五年	漁場　三　（時価一五〇〇円） 海産干場　（時価三〇〇円） 郡村宅地　三四坪 木造倉庫　一棟 北海道製麻株券　九〇株 現金　二九九六円	＊「概況T15」P114
昭和二年	公債　一万一二〇〇円 預金　一八六三円 貸付金　三〇〇〇円 漁場　三 海産干場　一 宅地（空欄）	＊「十勝沿革」P18 ＊「十勝沿革」P16~17に次の記述がある。 「余市町旧土人造資組合ヨリ道庁ヲ介シテ護岸工事施設資金トシテ金参千円借入ノ申込ミアリ当庁ハ再三固辞シタルモ道庁及所轄後志支庁長余市町長カ保証ノ責ニ任スヘキ旨ヲ付言シテ切ナル希望アリタルヲ以テ九月十三日契約締結シ当庁保管ニ係ル中川郡旧土人共有財産中ヨリ金参千円ヲ貸付タリ、コレガ契約ノ要旨ハ大正十六年ヨリ向フ三カ年ノ年賦償還トシテ大正十八年十月三十日限リ元利合計償還ノ約定ニ（利子ハ年利九分）アリ」
昭和　六年（一〇月二日指定、庁令四四号）	中川郡幕別村共有として指定 海産干場　六畝 宅地　三四坪 現金　二四〇〇円	
昭和　八年	海産干場・宅地時価　一二円	

昭和一〇年	現金	五七八二円	
		（計五七九四円）	
昭和一一年	現金	五八一五円	
	現金の部幕別村共有		
	指定当時金額	二四〇〇円	
	利殖金ノ積立	三五八九円	
		（計五九八九円）	
昭和一四年	現金	四七五〇円	「台帳14」
昭和一六年	現金	三九二八円	「台帳16」
昭和一八年	現金	四一三八円	「台帳19」
昭和二二年	現金	四一三八円	「台帳19」
昭和五一年	現金	一万六三〇九円	＊「明細書」
昭和五三年	現金	一万八六五一円	〃
昭和五五年	債権	二万　九八六円	〃
	預金	三四六円	
	計	二万一三三二円	
平成九年	現金	五万四〇一五円	

4　全道教育資金

年度	形態・金額	備考
明治三二年（一〇月三一日指定、庁令九三号）	公債証書・現金　六二〇六円	＊この資金の原資は「明治一六年旧土人教育ノ資金トシテ明治天皇ヨリ下賜アラセラレタル金壱千円及翌一七年文部省ヨリ同様ノ趣旨ヲ以テ下付セラレタル金弐千円ヲ基本トシテ積立タルモノ」（調査）とある。 ＊「財産ノ性質及其ノ目的・貧困ナル就学児童ニ学校用具ヲ給与スル等就学奨励ノ資ニ充ツル者トス」
明治四〇年	現金　八八三五円	＊「旧調査」Ｐ39に「長官管理シツツアルアイヌノ共有財産全道共有分」とある金額
明治四二年	現金　一万　二四二円	＊「北海道旧土人」に「本庁長官ガ管理シツツアルアイヌ共有財産」の四二年度末金額
大正　六年	現金　一万一一八円	＊「調査」Ｐ167による
大正一五年	現金　一万二五五〇円	＊「概況Ｔ15」Ｐ11
同	四分利公債　五三〇〇円 五分利公債　一三〇〇円 （公債計六六〇〇円）	＊「概況Ｔ15」Ｐ113の表。同表に「指定当時二六六円」とあるのは天塩国との欄違いか

昭和六年（一二月二四日指定、庁令五三号）	公債証書及現金　六二〇六円	＊「財産ノ目的・就学奨励及育英ノ資ニ充ツルモノトス」 ＊六月六日告示六五四号「北海道旧土人奨学資金給与規定」 第一条 北海道旧土人ノ子弟ニシテ就学又修学ヲナサントスル者ニハ本規定ニ依リ全道旧土人教育資金ニ関スル毎年度予算ノ範囲内ニ於イテ奨学資金ヲ給与スル ＊上記規定に従って昭和七年より支出 「概況Ｓ11」　Ｐ51　七年　一三五八円 八年　一六二五円 九年　一一九四年
昭和八年	現金　一万九一一三円	一六年まで支出しているが金額不明（沿革史）
昭和一〇年	公債　一万三三〇〇円 現金　三八四八円 （計一万七一四八円）	＊「台帳10」の昭和一〇年一〇月現在額 ＊「台帳10」の昭和一一年四月現在
昭和一二年	現金　三六三四円 公債　一万三六〇〇円 （計一万七二三四円）	＊「台帳12」年度締め高 ＊「台帳12」年度締め高（前年度繰越高に同じ）
昭和一三年	現金　三五二四円 公債　一万三六〇〇円 （計一万七一二四円）	＊「台帳13」公債欄、日付なし
昭和一四年	現金　三五二四円	＊「台帳13」三月二五日現在 ＊「台帳14」に「全道一般分」に前年度繰越高とある金額
（同年）	現金　三七四六円	＊「台帳14」の一五年三月一九日現在

昭和一六年	現金　二九五七円	*「台帳14」には「公債」の記述なし *「台帳16」の一七年三月二日現在、この年収入に証券利子あるも証券額記載なし、「公債」もなし
昭和一九年	現金　四五一二円	*「台帳19」九月一日現在
昭和二〇年	現金　五〇一三円	*「台帳19」昭和二一年三月七日現在
昭和五一年	現金　五万九八九八円	*「明細書」
昭和五三年	現金　六万八四九九円	〃
昭和五五年	債権　七万七〇二三円	〃
	預金　一二七一円	
平成　九年	現金　一九万八四二五円	

5　天塩国天塩郡中川郡上川郡教育資金

年度	形態・金額	備考
明治三二年（一〇月三一日指定、庁令九三号）	天塩国天塩郡中川郡教育資金として指定 公債証書現金　二六〇円	*北海道発行文書には指定前の原資の記述なし *「財産ノ性質及目的、貧困ナル就学児童ニ学校用具ヲ給与スル等就学奨励ノ資ニ充ツル者トス」（全道教育資金に同じ）
明治四〇年	天塩国分として　七六〇七円	*「旧調査」P40による。「明治四〇年末天塩国」として

	現金　七六〇七円	見える金額、この時期天塩国には他の財産はないことから「教育資金」と判断した
大正 六年	＊残高記載なし	＊「調査」P167（大正六年の記録）には天塩国分は記載なし
大正一五年	大蔵省預金　五九五〇円	＊「概況T15」P113
昭和六年（一二月二四日指定、庁令五三号）	天塩国天塩郡中川郡上川郡教育資金として指定 公債証書及現金　二六六円	＊指定範囲に「上川郡」が加わる
昭和 八年	現金　一二〇一円	＊「沿革史」P288
昭和 九年	現金　一二四六円	＊「概況S11」P48
昭和一〇年	現金　六九九円 公債　六〇〇円 （計一二九九円）	＊「台帳10」一〇月三一日現在
昭和一一年	現金及び有価証券一二四六円	＊「概況S11」P48
昭和一二年	現金　一三六九円	＊「台帳12」年度締高・債権欄は空欄
昭和一三年	現金　一四三五円	＊「台帳13」一一月三〇日現在
昭和一四年	現金　一四八〇円	＊「台帳14」一一月末締高
昭和一六年	現金　一五七〇円	＊「台帳16」年度末締高
昭和一九年	天塩中川村共有として 現金　一六八一円	＊「台帳19」一九年度末締
昭和二〇年	現金　一七一一円	＊「台帳19」二〇年度末締、二一年繰り越し
昭和二一年	＊残高記載なし	＊「台帳19」

昭和五一年	現金　四〇七三円	＊「明細書」
昭和五五年	債権　五二二〇円 預金　八六円	〃 〃
平成 九年	現金　一万三四四五円	

13　有珠郡伊達町共有

年度	共有の形態・金額	備考
明治三二年（一〇月三一日指定、庁令九三号）	胆振国有珠郡稀府・東紋鼈・黄金蘂・有珠・長流村共有として指定 現金　五八円	「調査」P170に次の記事あり 大正七年　室蘭支庁長管理 四分利付き国庫債権　一五六〇円 拓殖債権　一九五〇円 郵便貯金　二四二円六三銭三厘 の記載あり。伊達町共有はこの一部か町村長以下の管理（組合） （有珠郡伊達村として） 海産干場　一反歩　三〇円

			漁場　一カ所　五〇円
			の記載あり。今日のモイワ（島）の共有地であろう。
大正一五年	債権	一七五円	＊「概況T15」P114
	現金	二六円	
		（計二〇一円）	
昭和六年（一二月二四日指定、庁令五三号）	現金	五八円	
昭和八年	現金	二三五円	＊「沿革史」P289
昭和一〇年	現金	二二四円	＊「台帳10」
昭和一一年	現金	三二四円	〃
昭和一四年	現金	二五八円	＊「台帳14」
昭和一六年	現金	二八五円	＊「台帳16」
昭和一八年	現金	三〇三円	＊「台帳19」
昭和二二年	現金	三一七円	〃
昭和五一年	現金	一一八二円	＊「明細書」
昭和五三年	現金	一三三六円	〃
昭和五五年	債権	一四九六円	〃
	預金	二五円	
平成九年	現金	三八五二円	

6　勇払郡鵡川村共有

年度	形態・金額	備考
明治三二年（一〇月三一日指定、庁令九三号）	胆振国勇払郡鵡川、井目戸、萌別、生鼈、似湾、累標、穂別、辺富内村共有として指定 現金　一〇三九円	明治一四年、明治天皇より下賜された金九二五円二五銭を明治三二年に白老・勇払・沙流の各郡アイヌの人口に比して分配したものが原資とされるが、下賜金の明治三二年現在の残高、分割された各郡の金額については不明 ＊目的、収益ハ之ヲ土人救護ニ充テルモノトス ＊「概況T15」P113
大正一五年	郵便貯金　八六六円 債権　二五七五円 貸金　三六八円	
昭和六年（一〇月三一日指定、庁令五三号）	勇払郡鵡川村共有として 現金　五〇〇円	＊「目的、旧土人ノ救護住宅改善及教育ノ資ニ充用スルモノトス」明治三二年指定時の地域はここで二分され他の一は 穂別村共有　現金一〇〇〇円
昭和　八年	現金　三二七円 貸付金　一五〇〇円 （計一八二七円）	＊「沿革史」P288 昭和八年穂別　現金五〇二円 貸付金一五〇八円

			昭和一〇年穂別　現金八六一円
昭和一〇年	現金	一三七一円	*「台帳10」
昭和一一年	現金	一三七一円	
昭和一四年	現金	二〇二四円	*「台帳14」
昭和一六年	現金	二一三六円	*「台帳16」
昭和一八年	現金	二二二五円	*「台帳19」
昭和二二年	現金	二二六六円	*「台帳19」
昭和五一年	現金	六二四七円	*「明細書」
昭和五三年	現金	七一三四円	〃
昭和五五年	債権	八〇一八円	〃
	預金	一三二円	
平成九年	現金	二万　六五六円	
			平成九年穂別　二万六九四四円

10　勇払郡厚真村共有

年度	形態・金額	備考
大正一五年	指定区別は右の通り 債権　七二五円 郵便貯金　八二円	＊「道庁書類」には明治三三年指定三三一円と判断される記載があるが、同年一〇月三一日庁令第九三号には「厚真」の地名なし ＊「概況T15」P113には共有別として「勇払郡苫小牧、樽前、覚生、錦多峰、小樽魚、勇払、植苗、厚真村旧土人共有」とある。
昭和六年（一二月二四日指定、庁令五三号）	現金　三〇〇円	＊この年厚真と苫小牧に二分される 苫小牧　現金一〇〇円
昭和八年	現金　八九一円	＊「沿革史」P289
昭和一〇年	現金　九四八円	＊「台帳10」
昭和一一年	現金　九四八円	＊〃
昭和一四年	現金　一〇二五円	＊「台帳14」
昭和一六年	現金　一〇八三円	＊「台帳16」
昭和一八年	現金　一一二八円	＊「台帳19」
昭和二二年	現金　一一四八円	＊「台帳19」

年度	形態・金額	備考
昭和五一年	現金　三〇八三円	＊「明細書」
昭和五三年	現金　三五〇九円	〃
昭和五五年	債権　三九四二円 預金　六五円	〃
平成九年	現金　一万一五三円	苫小牧　現金一五一六円

15　沙流郡各村共有

年度	形態・金額	備考
明治三二年（一〇月三一日指定、庁令九三号）	日高国沙流郡各村共有として指定 現金　三四九円 建屋　二棟	「調査」P167に次の記事が見える 「支庁長の管理に属するもの　浦河支庁長保管のものは沙流郡旧土人の共有財産にして、明治一四年明治天皇本道御巡幸の際下賜せられ、爾来備荒の目的を以って貯蓄をなしきたれるものなるも、火災の為関係書類焼失し、従って御下賜当時の金額不明なり」
大正七年	沙流郡門別村として 拓殖債権　一四七七円 建物四三坪　一五〇円 預金　一四九円	＊「調査」P171、浦河支庁長管理

大正一五年	日高国沙流郡各村共有として 現金	四五六円	
昭和六年（一二月二四日指定、庁令五三号）	現金	三四九円	
昭和八年	現金	八二五円	*「台帳10」*「沿革史」P289は同額
昭和一〇年	現金	八七五円	*「台帳12」
昭和一一年	現金	八七八円	*「台帳14」
昭和一四年	現金	九九四円	*「台帳16」
昭和一六年	現金	一〇〇二円	*「台帳19」
昭和一八年	現金	一〇四四円	*「台帳19」
昭和二二年	現金	一六〇三円	
	現金	二八五八円	
昭和五一年	現金	三二五六円	*「明細書」
昭和五三年	債権	三六五二円	〃
昭和五五年	預金	六〇円	〃
平成九年	現金	九四〇八円	

16 色丹郡斜古丹村共有

年度	形態・金額	備考
（大正八年）	（指定前）現金一万八二八六円 ＊「概況」では大正一一年の額、となっている	「調査」P167に次の記述あり 「根室支庁長の保管に属するものは色丹土人に係るものにして、同土人は明治八年樺太千島交換の際帝国の臣民となり、爾来政府において保護救恤の目的に依り年一千円乃至五千円を支出してその生活費を補助せしが、その余剰金は漸次蓄積して共有財産とし、明治三十二年以来は年々輪番にバラムシロその他の島へ出猟して海獣及狐を捕獲しその収益を積み立てて現在一万八千二百八十六円の額に達せり」
大正一一年	支庁保管の共有金 預金部預金・郵便貯金・公債・貯蓄債権・勧業債権・拓殖債権・拓銀株券等あわせて 現金　一万六七七七円 斜古丹町役場保管 現金　四一二円 海産干場一二箇所一九反 畑　二反	＊「色丹調査」P36

(同年)	定置漁業権　九箇所 特別漁業権　九箇所 建物　教会堂一、共同倉庫一 　　居宅三、海苔製造場一 干場・漁業権賃貸料(役場保管) 現金　　四一二円 預金部預金、郵便貯金、公債、拓銀株券、現金あわせ 現金　一万七一九〇円	＊「千島調査」 ＊「千島調査」によれば大正一四年左の額から自活のための資金として共有者各自に分配した。その額は七九八六円(残額九二〇四円)
大正一四年	(根室支庁長保管共同財産として) 公債、貯蓄債権、勧業債権、拓銀株券、郵便貯金あわせ 現金　一万六七四九円	＊「色丹調査」P60 ＊「色丹調査」によれば九月一九日左の額から共有者各自に分配(ハリスト互助組合出資)した。その額は七九八七円(残額八七六二円)
大正一五年	現金　八七六三円	＊「概況T15」P113
昭和六年(一二月二四日指定、告示一四〇〇号)	色丹郡斜古丹村共有として 公債証書、勧業債権、拓殖債権及び北海道拓殖銀行株券 金額　五三〇五円	
昭和八年	現金、互助組合保管分 貸付金　五〇〇〇円	＊「沿革史」P171／172

	組合員貸付金	二〇七五円	
	預金	一一三九円	
	現金	一三六円	
	（互助組合現金計八二五〇円）		
	現金、根室支庁保管分		
	有価証券	四九〇五円	
	現金	五八七八円	
	（支庁保管現金計一万七八三円）		
	海産干場一二カ所	約一八反	
	建物（教会堂）	一	
	（居宅）	一	
	漁業権	九	
	畑・給与地	約一〇反	
昭和八年	証券	五二〇〇円	＊「沿革史」P288
昭和一〇年	現金	一八四二円	＊「台帳10」
昭和一一年	現金	三三九〇円	同じ
昭和一四年	現金	四〇三九円	＊「台帳14」
昭和一六年	現金	五〇四八円	＊「台帳16」
昭和一八年	現金	五四五〇円	＊「台帳19」
	定期	七〇七七円	
昭和一九年	現金	五四五〇円	＊「台帳19」一八年度より繰越しの額

昭和二一年	現金 六〇三六円	＊「台帳19」二〇年度より繰越しの額昭和二一年残高、同二二年繰越しいずれも記載なし（「台帳二二」）
昭和五一年	現金 三万 二一四円	＊「明細書」五三年一月二二日現在の表から「五一年一月二二日（預け入れ）」額
昭和五二年	現金 三万四五五六円	
昭和五五年	現金 三万八八五六円	＊「明細書」五五年七月二六日
平成 九年	現金 一〇万 九一円	

17 旭川市五〇名共有

年度	形態・金額	備考
		＊当財産は昭和九年三月二三日に成立した「旭川旧土人保護地処分法」第一条にもとづいて共有財産として指定されたものである。明治三二年に成立した旧土人保護法に基づき北海道各地でアイヌに対して給与地が割渡されたが、旭川にあってはこれが行われなかった。北海道庁は近文原野のうち約四六万坪を「旧土人給与予定地」（官有地）として旭川市に貸与し同市はこれの約三分の一をアイヌに無償貸与してきた。これ以後アイヌ住民の度重なる給与の実施を求める運動を経て上記法の成立をみたものである。この

昭和九年（一一月一日指定、庁令八四号）	旭川市五〇名共有として 畑　六一町二反八畝二六歩 宅地　三万六一六四坪五勺 田　七町九反三畝一九歩 原野　二町六反五畝一一歩	法によって初めて旭川のアイヌは近文の土地の交付を受けることになったのであるが、同法にいう「単独有財産」としての土地は旧法規定の五町歩には遥かに及ばない一町歩に限定され、残余分は「共有財産」として指定され北海道長官の管理に属し、運用の目的を「旧土人ノ救護並ビニ福利ノ増進ノ資ニ充ツ」ものとされた。
（一一月一三日指定、庁令九二号）	旭川市五〇名共有として 畑（六筆）四町歩	
昭和九年	現金　二〇〇円	＊「台帳10」九年一一月二六日旭川市役所より引き継ぎ、分
昭和一〇年	現金　三九六五円	＊「台帳10」一一年四月二二日締め ＊昭和一一年「引渡書」（社会課）なるものがあり（マイクロ資料）次の旨の記述が見える「社会課長（道庁）より、五八〇〇円四一銭一厘、右は旭川市旧土人共有財産現金である。保管を依頼する。会計課長宛」
昭和一一年	旭川（七五戸）共有財産として	＊「概況S11」P49「北海道庁長官ノ管理セル旧土人共有

（同年）	畑六六町一反七畝二八歩 時価二〇万円 水田七町九反三畝一九歩 時価　三万五〇〇〇円 宅地一二万四一七坪 時価六万五〇〇〇円 湿地二町二畝九歩 時価記載なし	財産調」、不動産ノ部同書には「現金ノ部」があるが旭川の記載なし
昭和一二年	現金　四二四九円	＊「台帳12」一三年四月三〇日締め
昭和一三年	現金　六六〇三円	＊「台帳13」一四年三月締め
昭和一四年	現金　五一二五円	＊「台帳14」一五年三月締め
昭和一七年（六月六日指定、告示九四七号）	（現金三一一二円九八銭） 現金　三二五九八円	＊「台帳16」の一七年四月一六日付けで収入として記帳あり ＊「台帳16」一七年四月締め
昭和一七年（六月二六日指定、庁令九九号）	畑二町八反五畝九歩 （八件総計）	＊近文町の畑について指定変更 ＊九年一一月指定より九反四畝二五歩の減
昭和一八年	現金（当庁）　四九〇円 特別当座一万三二〇四円 定期　二万七三〇七円	＊「台帳19」昭和一八年四月一日繰越額 ＊「台帳19」二〇年三月二三日締め
昭和一九年	現金　五万　四六一円	＊「名寄帳20」の貸付地の総収入は一万一七二三円九〇銭である。「台帳20」貸付地収入総額は一万六七五円となっており約一〇四九円の差がある
昭和二〇年	現金　五万六六七九円	

年度	形態・金額	備考
昭和二二年	現金　五万五五〇三円	＊「台帳19」二二年三月二四日締め
昭和二四年		＊昭和二四年共有地が売却され、地代六七万円と旭川市からの離作見舞金の合計三〇〇万円が共有者五〇戸に六万円づつ分配されたとされる。（『旭川市史』第一巻P269）
昭和五一年	現金　二二万七六九五円	
昭和五三年	現金　二六万　四三六円	
平成 九年	現金　七五万四五一九円	

知事が管理する財産　4　色丹村共有

年度	形態・金額	備考
大正一三年		＊「明細書」に「大正一三・二・二一（庁令第二一号）」で管理指定とある
昭和一八年	現金　七〇七七円	＊「台帳19」の「昭和一八年四月一日繰越額調」の欄に「指定外　色丹村（定期）」として見える金額 ＊「指定外」という規定は「台帳19」で初見される
昭和二〇年	現金　七三一三円	＊「台帳19」の「昭和二〇年度繰越額」の欄に「指定外色丹村」に見える金額

昭和二一年		＊「台帳19」には「二一年度繰越額」の欄があり一八年、二〇年と同様に「全道一般」以下の指定共有財産について金額の記載が見られるが「指定外」の項は見あたらない
昭和五一年	現金　三万五三五二円	＊「明細書」
昭和五三年	現金　四万　四二九円	〃
昭和五五年	債権　四万五四六四円 現金　　　　七五〇円 計四万六二一四円	〃
平成九年	現金　一一万七一一八円	

アイヌ民族共有財産裁判に対する意見書

二〇〇一年五月二五日
上村　英明
（恵泉女学園大学教授）

先住民族としてのアイヌ民族の権利が、近代的な法システムをもった日本政府によって剥奪されて以来、約一世紀半が過ぎようとしています。

一八五〇年代以来のロシアとの国境交渉において、日本政府は、アイヌ民族を日本固有の「国民」とみなし、その居住圏をもって道南以北の領土権を確保したにも拘わらず、それが確立すると、アイヌ民族の民族固有の権利を剥奪するばかりでなく、「国民」としての等しい権利さえ認めようとしませんでした。例えば、一八七二年の「北海道土地売貸規則」・「地所規則」、一八七七年の「北海道地券発行条例」がアイヌ民族をその法律の対象外としたことは有名であり、また、一八七一年の戸籍法の制定と同時にさまざまなアイヌ民族固有の文化を禁止し、日本語の強制をその民族政策として確立したことも異論の余地がありません。

一八九〇年代になると、こうした過酷な民族政策とその失敗を補い、これによって日本という国家の国際社会、とくに欧米列強に対する威信を確立するための立法措置が模索される中、一八九九年には本裁判の原因ともいえる「北海道旧土人保護法」が制定されました。端的にいえば、アイヌ民族に対する権利の剥奪や同化政策の強制に「文明化の使命」という美しい言葉のレッテルを張ることがこの法律の本旨であったといって過言ではありません。その結果、同法には、一方的な「農地」の給与、貧困者・障害者・高齢者などへ福祉の充実、旧土人学校を通しての教育の拡充、そして、「共有財産」の善意の管理などが規定され、また、極めて残念なことに、戦後の日本社会においてもこの法律が「民主主義」の下でも放置されてきたのです。

「北海道旧土人保護法」の撤廃は、その誕生と同じく、国際社会に対する「配慮」と深い関係を持っていました。日本では、一九九五年「人種差別撤廃条約」が批准され、一九九六年に国内的に発効しましたが、この条約では、撤廃されるべき民族差別がさまざまな形で明確に規定されています。そして、一九九七年に「北海道旧土人保護法」は廃止されましたが、興味深いことに、一九九九年六月に同条約の監視機関である「人種差別撤廃委員会」に提出した報告書で、日本政府はこの「北海道旧土人保護法」が「差別法（Discriminatory Law）」であったことを、これをすでに廃止したという説明付きで、国際社会に対して公式に認めました。

二〇〇一年三月スイス・ジュネーブで開催された「人種差別撤廃委員会」では、しかしながら、差別法が存在した以上それによって失われたものに対する賠償が不可欠との議論がなされ、委員会の対日勧告にあたる「最終所見（国連文書番号CERD/C/58/Misc. 17/Rev. 3：対訳は外務省のHPでも公開）」の第一七段落でもこの問題が厳しく取り上げられています。このの事実から確認したいことは、共有財産の返還に関する問題とは、当事者であるアイヌ民族ばかりでなく、日本政府および国連の人権機関がともに認めた「北海道旧土人保護法」という民族差別法により不当に管理されてきたアイヌ民族の共有財産を適正に返還する問題だということです。言い換えれば、この裁判の本質は、民族差別法の下でこの財産がどう管理されたかを明らかにしない限り、返還が適正かどうかを判断することはできないということに他なりません。

一部の情報からは、この裁判が原告側に訴えの利益が認められないとして十分な審理も行なわずに結審するのではないかという憶測を聞いています。

もしそうであるならば、アイヌ民族の適正な権利保障に懸念をいだくだけでなく、日本の司法制度そのものに対する以下の懸念二点を明記しておかなければなりません。

まず、国連の人権機関を中心にすでに国際的な関心事となっているこの裁判が十分な審理を放棄して結審するならば、民族差別法が一〇〇年近くに渡ってもたらした結果を何ら吟味することなく容認したとして、日本の司法当局そのものが、差別政策とその結果を容認したとみなされ厳しい国際世論の批判を受けることは間違いありません。ご存知のことだと思いますが、二風谷ダムに関する一九九七年の札幌地方裁判所判決が複数の国連人権機関において大きな人権上の前進として評価されている事実と対比すれば、この裁判のあり方によっては、その判決は一地方裁判所のそれを超えて、日本の司法制度そのものに対する国際的不信感を招く結果になる可能性を危惧しています。

つぎに、アイヌ民族原告の共有財産返還に関する不満とともに、日本政府による民族差別法という認定と国連人権機関の人権保障上の関心がある限り、この結審が不十分なものであれば、さらなる司法手続きが国内的にも、国際的にも今後展開されることは明らかであろうと考えられます。これが予想される以上、第一審にあたる札幌地方裁判所が、少なくとも法理論の筋道を明らかにすることは最低限の義務であり、これが行なわれなければ、広く人権という分野からみて裁判官の職務がこれを軽視したことに対する不信が生じることを懸念しています。

この分野において法理論の筋道を明確に示す作業は、一〇年前と比較すれば、決して難しい作業ではなくなってきました。とくに、日本の司法制度が、援用できる国際人権法はここ十数年に飛躍的な発展を遂げてきました。主要な国際人権条約である、国際人権規約の自由権規約・社会権規約、人種差別撤廃条約、子どもの権利条約、女子差別撤廃条約、拷問等禁止条約は、二〇世紀中にすべてが批准されており、いずれも裁判で援用することが可能となっています。例えば、子どもの権利条約は、先住民族に関する条項（第二九条、第三〇条）をもっており、国際人権規約・自由権規約および人種差別撤廃条約は、それぞれの「一般的意見23」および「一般的勧告23」で両条約が先住民族の権利を明確な対象であると規定しています。さらに加えて、社会権規約委員会でも女子差別撤廃委員会でも先住民族の権利は条約の論理に沿って積極的に議論されており、こうした事例を集めることはそう難しくはありません。この分野に関する限り、国内法の不備は、国際人権法によって十分とは言わないまでも、かなりの部分が補完されるようになっており、その意味において、高い国際的な関心が存在しているのです。

さて、ではなぜこうした国際的な関心が先住民族の権利の回復に向けられるようになったのでしょうか。その大きな理由のひとつは、国内における民主主義の実現にあるといわれています。近代市民社会は、個人の権利の平等を前提に民主主義の実現を目指してきましたが、個人の権利の実現に不可欠な集団の権利、その中でも重要な地位を占める民族の権利の平等は実現されませんでした。例えば、日本において個人の権利として教育を受ける権利は保障されたとしても、教育の内容を決める集団の権利は国家制度を通して、特定の民族文化を如実に反映してきました。裁判長、あなたや私が日本語をしゃべり、日本語で文書を書いているのはその結果であり、アイヌ民族の原告たちがアイヌ語で自由に自らの権利を主張できないのもそうした民主主義の欠陥による結果なのです。依然として、民族のあるいは民族アイデンティティの尊重という点において基本的な平等は、日本において確立されていません。こうした状況の中、国際的には、一九八〇年代後半から、民族の基本的な平等を実現し、真の意味における民主主義を実現するための試みが世界各地で始まりました。例えば、カナダでは、一九七一年に旧北西準州においてイヌイット民族の土地権回復運動が始まりましたが、一九九九年には、イヌイット民族の自治政府の誕生とともに二〇〇万平方キロメートルの土地を領有する「ヌナブット準州」が新しく形成されました。また、オーストラリアでは、一九九二年連邦最高裁判所のマボ判決、一九九三年連邦法である先住権原法、一九九六年の同じく最高裁判所によるウィック判決によって、先住民族の土地の権利が認められ、これを回復するための行政システムが形成されてきました。この点で誤解を避けていただきたいことは、一九五〇年代までは、カナダにおいても、オーストラリアにおいても、先住民族の権利は、日本とほとんど同じように無視され続けていたことです。とりわけ、こうした国々が、すばらしい先駆者であったという事実はありません。しかし、こうした国々では、当事者の人権回復運動に、まず司法当局が正面から向き合うことにより、行政や立法を動かすほどの権利擁護の流れがこれだけの短い時間の中で形成されてきた点を指摘しておきたいと思います。そして、個人を基礎とした多数決原理と異なる形での、こうした新たな民主主義の実現に、司法判断が果たす役割の重要性を再認識していただきたいとも考えています。

そして、最後に述べたいことは、今年が人権としての民族の権利にとって特別な年にあたるということです。二一世紀に入り、その最初の年である二〇〇一年を国連は「反人種主義の国際年」と制定しました。また、この年の最も重要なイベントとして、この八月末から九月初旬にかけてかつてアパルトヘイトの歴史をもつ南アフリカ共和国、またかつてガンジーが民族差別との闘いをはじめた港湾都市ダーバンで「反人種主義・人種差別撤廃世界会議」が国連の主催、そして、国連人権高等弁務官を事務局長として開催されます。このような年に、日本において、民族差別に関する裁判を扱うことの意味とそこで下される判決が国際社会および二一世紀の歴史に与える影響について、改めてご検討いただければ幸いです。

（了）

川村兼一（シンリッツ・エオリパック・アイヌ）

一九九九年一〇月二一日

第一回口頭弁論／意見陳述

〈アイヌ語〉

サィモン　ニシパ、パーセニシパ　クアニ　アナクネ　シネ　アタナン　アイヌクネーワレコロカトウー　カワムラシンリッ　エオリパカイヌ　クネー　ルエネー　タネ　オリパク　トゥラノシネイタック　ポカクイエールスイクスパーセニシパ　ピリカノ　ヌー　ワイコレ　タント　チウタリウタラテタサバシカトウーエネアニ　テエタワノ　アサンカラコタヌンクル　ウタラコロ　チコロベ　テクサマ　エシヌレアン　クスネークス　クサン　シンネタバンナ　ワンパーワンベ　ウコタマパクノ　アッカリテエタ　ワノチウタリエピッタノ　コロベ　ドーチヨー　セコロアイイエー　ウタラシッカシマワ　ソモウンコホシビレ、タンベウエンクスサパシルアン　タネホシビクスネークス　セコロイタッコロカ、アンキーカトウウエオヤクノアン　テクプリヒ　ソンノ

〈アイヌ語ローマ字表記〉

Saimon nispa, Pase nispa, kuani anakne shine atanan aynu ku-ne wa re kor katu Kawamura Sinnrit Eoripakaynu ku-ne ruwe ne. Tane oripak turano sine itak poka ku-ye rusui kusu, pase nispa pirkano nu wa i-kore. Tannto ciutari utar teta sap-as katu ene ani teeta wano Asankar kotanunkur utar kor cikorpe teksama es-nure-an kusu ne kusu ku-san sinne tapan na. Wanpa wanpe ukotama pakno akkari teeta wano ciutari epittano corpe Dohcho sekor ayye utar sikkasima wa somo un-kohosipire, tanpe wen kusu sap-as ru an. Tane hosipi kusu ne kusu sekor itak korka, an-ki katu ueoyaknoan tek purihi sonno wen. Tanepo icen atayehe ka sinnai nisa tek irenka ci-nu nukuri, eese-as eaykap Ciutari anak Ainu cine-kusu eciki un-rara no un-kaoyki wa ikore yan, nispa. Saimon nispa pirkano es-sannyo wa Ainu-puri somo oyrano monrayke-as kane Pirka aynu mosir ci-kar kuni ne un-kaoyki wa ikore. Pase turano teetawano ci-nomi kamuy tura Kawamura Sinrit Eoripakaynu ye itaki nena eeee. Iyayrayke turano

ウエン　タネポ　イチエン　アタイエヘ　カシンナイニサ
テツクイレンカチヌーヌクリ、エーセアシエアイカップ
チウタリ　アナクアイヌチネークス　エチキ　ウンララノ
ウンカオイキワ　イコレヤン、ニシパ
サイモンニシパ、ピリカノエシサンニョーワ　アイヌプリ
　ソモオイラノモンライケアシ　カネ　ピリカ　アイヌモシ
リ　チカラクニネ　ウンカオイキワ　イコレ　パーセ　トウ
ラノテエタワノ　チノミカムイ　トウラ　カワムラ　シンリ
ツ　エオリパカイヌ　イエー　イタキネーナ　エエエエ
イヤイライケ　トウラノクイエーシリネータバンナ　エエエ
エエ　イヤイライケレ

ku-ye sir ne tap an na eee. Iyayraykere.

裁判長、私は一人のアイヌで川村シンリツ・エオリパック・アイヌと申します。慎んで一言申し上げますので、どうかお聞き下さい。昔からアイヌウタリが持っていたもの、「共有財産」のことで、本日ここに私たちは参りました。北海道道庁は一〇〇年も前から、私たちの財産を一方的に管理していたのです。この一〇〇年の間、その財産について私たちが自ら管理したことは一度もありません。今、その「共有財産」を「返還」するといいますが、それは私たちアイヌを無視した本当に無責任なやり方です。この「返還」されるという「共有財産」は現代の貨幣価値への換算もきちんとなされておりません。公正なる裁判長、私たちアイヌにどうか正しいご判断をしてください。裁判長の正しいご判断が、アイヌ民族が民族の誇りを持って生きてゆける社会の実現に向かって前進させてくれるのです。はるか昔から我らが祈ってきた神々と共に、慎み深く川村シンリツ・エオリパック・アイヌが申し上げました。このような場を与えて頂きました事に心から感謝致します。ありがとうございました。

小川　隆吉

一九九九年一〇月二一日
第一回口頭弁論／意見陳述

1．私たちアイヌは、この地球上に人間として生まれたことをカムイに伝えるために、自称をアイヌ（人間）と呼んで今日まで生きてきました。

2．文字と貨幣を必要としない社会で、静かに平和に暮らし、争いが起こればチャランケ（討論）によってすべてを古老中心に解決する社会で、自然の恵みはコタン(村)に住む人間だけでなく生命あるすべての生き物と分かちあって暮らしてきました。

3．明治維新の北海道内陸部開拓計画は、アイヌの生活基盤のすべてを奪うことから始めたと言ったら言い過ぎでしょうか。道内だけでなく、一八七五（明治八）年、樺太・千島交換条約の時にはロシアに対してアイヌの住んでいるところはすべて日本のものだと一方的にこの条約をまとめています。

4．その一方で、明治政府の対アイヌ政策の中心は、刑罰中心で、きのこを取ってはいけない、鮭を取ってはいけない、に始まり野山に入る入会権まで奪っています。

5．この時期すでに、旧土人共有財産制度に移っていますが、明治三二年以後、北海道長官が内務大臣の許可を受け、共有財産を現地責任者として進めてきた財産管理は不正、汚職がはびこりました。このような実態を故高倉新一郎氏は昭和四七年発行の「新アイヌ政策史」に「管理者の中には往々アイヌの無知と自己の地位を利用して、専断の挙に出た者があり、その管理法の妥当を欠き」と記しています。

6．知事は、一昨年からの度重なる私たちの資料公開請求に対して「原資料は不存在」と言い、その管理責任のなさとずさんさをいみじくも明らかにしました。共有財産の管理経過を一度も知る機会のなかったこの百年、大祖父母、エカシ（翁）、フチ（おばあさん）にどのような過失、どのような罪があってこのような仕打ちを受けなければならないのか、その説明を北海道知事から受けたいと思います。

7．世界の先住民族の権利宣言案の中には「先住民族は、自己が伝統的に所有し、又はそれ以外で占有し若しくは利用してきた、並びに自由なかつ情報を得た上でのその合意なしに押収され、占有され、使用され又は損害を受けた土地、領域及び資源の返還に関わる権利を有する」と書かれています。非人道的手法、行為によって、その民族の生命と財産を奪ったという事実が判明した時には、時効がない、奪ったものは返す、これが今日の世界の考え、流れであると思います。

8．一八九九（明治三二）年は、帝国議会で二つの法律が誕生しています。北海道旧土人保護法と北海道拓殖銀行法ですが、一昨年この二つの法律が運命を共にしています。拓銀の死亡は道民に深い悲しみと不安を与えたと思いますが、北海道旧土人保護法の廃止は多くの道民に深い悲しみも不安も与えていません。不平等を保護という名で押し付け、北海道知事の重大な責任である共有財産管理も不問のまま告別式を終了しようとしていることは断じて許すことができません。

思いの一端を述べて、私の意見陳述を終わります。

北川しま子

一九九九年一〇月二一日
第一回口頭弁論／意見陳述

私は日高平取町出身です。探検家である松浦武四郎の「エゾ探検日記」の中で、私の母方の祖先である祖母が一一歳、父の方の祖母が一〇歳と記されています。話の中では、われわれの祖先がアイヌモシリ（人間の大地）でみんな仲良く楽しく暮らしていました。

大自然のおかげでわれわれ人間も動物も植物も生かされているのだから、決して自然を破壊しない、川や海を汚さないことを誓います。どうかわれわれ人間をお守りくださいませ、と日夜神に祈ります。人間の祈りを神々に伝える役目をイナウ（木弊）がするのです。アイヌ民族の家の神窓の外にイナウとヌサ（祭壇）のあるところで神への祈りを行います。大自然すべてが神と考えられて、人間の力ではどうすることもできないことがたくさんあります。さまざまな災いは魔物の仕業であるとされます。万物に神が宿ると考え、いろいろな場所で神への祈りを行います。特に火の神への祈りは大切にします。太陽、風、雨。雷、山、川、海、沖の神、鮭、フクロウ、狐、熊、水、火というようにたくさんの神々に感謝し、ヌサの前で祈ります。

神の創った聖なる大地、アイヌモシリでわれわれアイヌ民族が長い間、アイヌ文化を持ってコタン（集落）を作って生活をしていたことは、昔話、ユカラやウエペケレ、歌、踊りもあり、それぞれ各地の方言があり、少しの違いはありますが、その数は数えきれないほどあります。豊かな自然の中での狩猟採集を中心に独自の生活と風俗、習慣、言語、信仰は先祖から受け継がれて、われわれのアイヌ民族文化が今日に至るまで伝えられています。アイヌモシリ、すなわち樺太（サハリン）、千島列島、北海道はアイヌ民族が先住民族であり、われわれの聖なる大地であります。

和人の集団がアイヌモシリに侵略し、開拓と開発の名のもとに、われわれアイヌ民族抹殺行為が各地で起こり、大きなもので一四五七年のコシャマインの戦い、シベチャリとハエの闘争とシャクシャインの戦い、ノッカマップ、クナシリナメシの戦いなど、この他にも何百という事件がおきています。

和人がアイヌ民族を強制連行と強制労働に駆り立て、食事もろくに与えず、そこで病気になっても薬も与えず、アイヌ民族を劣る者として扱い、アイヌモシリの土地を奪い、言葉も奪い、先住権も主権をも全て奪っておいてから、明治三二年には、アイヌは五〇年もすればいなくなるということで北海道旧土人保護法が作られましたが、同化されてアイヌ民族は死んでしまってはいないのです。

百年後にアイヌ文化振興法が新しく作られましたが、何の権利もないし、百年以上も奪われた補償もなく、植民地政策が今もアイヌ民族を苦しめています。先住民族としての権利をわれわれアイヌに返してもらいたいのです。われわれアイヌ民族はアイヌモシリの大地を奪われてから貧乏に陥れられたので、日本政府はアイヌモシリの大地を返して、何百年もの間苦しめた謝罪をし、アイヌ民族の先住権と主権を認め、アイヌ民族の復権のために尽くすべきです。

日本政府の長い間のアイヌ民族蔑視政策は世界に恥ずべきことであり、共有財産の小さな問題どころか、「北方領土」というところはアイヌ民族の財産なのです。

北海道旧土人保護法とかアイヌ文化振興法などはアイヌ民族とのチャランケで作ったものでなく、そんな法律はアイヌ民族のためになっていません。奪ったものを返してから、北方領土は日本のものとの主張を聞きたいし、先住民族の権利、主権に関する国の意見も聞きたいものです。アイヌ民族との対等な話し合いを求めるものです。

考えを述べて私の意見陳述を終わります。

島崎直美

一九九九年一〇月二一日
第一回口頭弁論／意見陳述

クアニ　アナㇰネ　シマサキ　ナオミ　セコロ　クレヘ　アン　ワ。
私は　島崎　直美　という　名前　です
クアニ　アナㇰネ　シロイシ　ワ　クエㇰ　ルウェ　ネ。
私　は　白石　から　来　ました

私は鵡川の部落、チン　コタンで生まれ育ちました。現在も両親、弟が住んでいます。私の場合、父の代理人として請求者となり、原告となっています。父は寝たきりの母の看病のため、この場に出席することができません。

当時、共有財産のことについて話をした時、これから育つ若いアイヌ、子どもたちに役立つことができるのなら、ぜひ申請をすると言って書類を出してくれました。この父の思いも含めて私の意見を述べたいと思います。

私はいま四〇歳になりますが、アイヌの自覚は幼少の頃からありましたが、アイヌだからといって決して卑屈には育ちませんでした。私の育ったチン　コタンは名のとおり混血のアイヌがたくさんいたので、私はいじめなど受けずに来ました。私の中でのアイヌのイメージは回りの大人からの影響もあり、けっしてよいイメージではありませんでしたが、ほんの軽い気持ちでウタリ協会に入会してから勉強していくうちにどんどんイメージが変化してきました。アイヌにはどうして貧困者が多いのか。まだ差別が当たり前のようにまかり通ってきたのか。教育のレベルは?といった問題がたくさんありました。

勉強して分かってきたこと、それはアイヌのためと言いつつ北海道旧土人保護法が制定され、その中で長い歴史の始まりがありました。それは決してアイヌを豊かにさせませんでした。私たちの祖先たちは豊かで穏やかであった時代に独自の生活、文化、古くから培われてきた習慣、言語など素晴らしいものがたくさんあったのに、和人がたくさんアイヌモシリに押し寄せ、自分たちの社会環境を整備するために、自然を奪い、またアイヌの社会を全部奪った行為は許せません。

私は最初に下手なアイヌ語で自己紹介をしました。アイヌ語を習い始めて四年くらいになりますが、いまだに覚えたのはほんの少しです。それでも私の言葉だから、アイヌの母語だから、と勉強しています。こんな素敵な言語を、本来なら父母から伝承されるはずなのに、と思うことがしばしばあります。この言語も同化政策の犠牲そのものになったのかと残念でたまりません。また、私はアイヌ史を読み直してみました。その中の共有財産に目を止め、何度も何度も読みましたが、納得できませんでした。その内容は「共有財産とは明治初期に開拓使がアイヌのために官営の漁場を営んだ際の収益の剰余金、子弟教育のための宮内省からの御下賜金、開拓使以来給与してきた「救恤（きゅうじゅつ＝貧乏人、罹災者などを救い恵むこと）米」の余剰による資金を積み立てたものからなっている」とありました。勝手にアイヌの領土に入り、搾取しておいて、この日本政府のやり方は許せないと思います。この法律が二年前まであったのかと思うと信じられないが、これも現実なのだと受け止めています。

アイヌ新法が制定されるのが楽しみでもあったのですが、これもまた骨抜きの制定で、アイヌの生活に何の効力もありません。日本政府のごまかしだと思います。実際、私の生活に何の変化もございません。文化伝承、もちろん大切ですが、その前にアイヌの生活実態は何も変わりません。「北海道旧土人保護法」が明治三二（一八九九）年に制定されてから百年間、いや、それ以前からアイヌは苦しんできました。もう間近かに二一世紀がきます。また今までたどってきた悲しい歴史、過ちを繰り返さないで欲しいと思っています。

私たちの子孫、未来へと続くこれからの子どもたちのためにも、アイヌみんなが納得できる判断を望み、私の意見を終わります。

小川早苗

二〇〇〇年二月一〇日
第三回口頭弁論／意見陳述

私、原告小川早苗でございます。本裁判に係わる知事公告にあります番号四全道旧土人教育資金に対してお尋ねしたいことがありますので、以下に申し述べます。

1．当該財産はその名称の示すとおり「全道アイヌ（旧土人）」に託されたものであると判断いたします。従いまして、公告におけるその他の地域あるいは村落を限定して指定された共有財産とは性格を異にしたものでありますから、継承者の認定についても、それらと異なった扱いをされることがふさわしいと考えます。つまり、財産継承を申請しなくとも、本人がアイヌ民族に属するものであることを自認し、あるいは他の血族同胞がアイヌ民族に属すると認めるものすべてに、この財産は帰属すべきであると考えます。

従って、この財産について個人が継承者であることの申請をするように求め、かつ知事において認められた者の間でのみ分割し取得することは本財産設定の趣旨に反する不適切な扱いであると考えます。

以上の判断が、知事におきまして誤ったものとされるならば、その理由をお示し願います。アイヌ民族全体の仲間みんなに返されるべきものと考えます。

2．当該財産が北海道庁長官において指定されましたのは明治三二年一〇月三一日（庁令九三号）でありましたが、公告では昭和六年一二月二四日（庁令第五三号）となっております。何故に最初の指定に従って公告しなかったのかその理由をお示し願いたい。

3．「旧土人に関する調査」（北海道庁内務部編大正七年六月）には「明治天皇より明治一六年に下賜された金一千円及び翌一七年文部省より下付された金二千円を基本として積み立てられたもの」と記載されている北海道庁長官の保管になる共有財産が見えますが、この一件が当該財産の原資であると考えてよろしいか確認願いたい。

またそうであるとしたら明治三二年指定時のその他の原資がいかなる項目からなり各何円であったものかを運用の経過とともに示していただきたい。

4．明治三二年の指定時には公債証書及び現金で六二〇六円とありましたが公告によると昭和六年も同一二年も全く同額の六二〇六円となっております。この間およそ三二年が経過しておりますのに全くの同額であることが奇異に感じます。この間の運用経過を示す文書ともに昭和六年つまり公告の金額が誤りのないものであることをお示し願いたい。併せて、前記「調査」に「大正六年三月末現在高一万一一一八円五三銭八厘あり」と記されているものは本財産のことであるかどうか確認願いたい。

5．当該財産がアイヌ民族の子どもの就学や育英のためにどのように運用されたのか関係書類とともに実績の全貌をお示し願いたい。

次に、知事は公告に記載した共有財産一八件が管理するところのすべてのものであるとしていますが、かつて共有財産として指定されあるいは運用されていた共有財産のうちその存否が不明のものがありますのでこれに関してお聞きします。

北海道庁内務部編の「旧土人に関する調査」（大正七年六月）（以下「調査」）には札幌支庁長の管理する共有財産として、石狩郡石狩町、札幌郡江別町及び厚田郡厚田村に合わせて八ヵ所価格一千円の漁場がありました。これは明治三五年庁令一五九号によって指定されたものとされております。私どもの調べではこの運用並びに再指定あるいは「廃止」の経過が不明でありました。この点につき平成一〇年一一月三〇日付「北海道旧土人保護法に基づく共有財産を考える会」世話人代表小川隆吉名で質問いたしました。これに対する知事（貴職）の回答は昭和九年発行「北海道旧土人沿革史」に依拠し「北海道庁長官は樺太庁と協議し大正一四年に財産の処分に着手したとされておりますことから、このころまで管理していたものと考えております。」というものでした。

「沿革史」は北海道庁の発行になるものの一私人の編纂によるものでありますから共有財産管理者である知事がこうした出版物に依拠して自己の管理する共有財産の経過説明をすることはきわめて無責任であると考えます。

改めてお願いしたい。知事の保管する書類を持ってこの漁場の管理経過を示していただきたい。その際、推量ではなく漁場の漁業権移転等がある場合には明確な証拠をもって説明願いたい。

平成一二年二月四日付、被告側の準備書面(二)にはこのように書かれています。

「被告は共有財産返還手続きに当たり、それまで被告が管理していた共有財産について、その指定経緯や改廃状況を十分に調査した上で、返還の対象となるすべての共有財産を公告しているのである」。これが本当なのでしょうか。私たちが当事者照会で知事に質問しておりますが、たくさんの疑問があります。

1．道議会に出された資料「北海道旧土人共有財産告示の経緯」の中には、北海道旧土人保護法制定以後最初の制定（明治三二年一〇月三一日）の一〇件のうち、室蘭郡絵鞆村旧土人共有、金四〇円が抜けています。

2．浦河町ご下賜金については庁舎が焼けて分らないとのことですが、その後どうなっていますか。調査をされたい。

3．また、明治以来百年も経過し、貨幣価値が大きく変わっているにもかかわらず、理由はどうあれ、その見直しが全然考えられていないのは、全く納得ができません。

私のフチは入れ墨を入れた口から言葉がわき出るように、「この顔を忘れるな」「アイヌプリおぼえれ！」と。フチはアイヌでありたいと思い、幼い私が胸が詰まるほど、フチの心が伝わりました。全国のアイヌ民族は、今回のこの裁判をかたずを飲んで見守っております。アイヌの歴史が、どんなに虐げられてきたものであるか。その中でつくられてきた財産であるということを正確に判断して、裁判長の立場で公正な判決を出していただくよう強く望んでいます。

秋辺　得平

二〇〇〇年四月一三日
第四回口頭弁論／意見陳述

はじめに、私の母なる言葉「アイヌ語」で自己紹介だけさせていただきます。

イラムカラㇷ゚テ　イッ　ショㇿ　レー。
サイバンチョウニシパ、カニ　アナㇰ　ネ　アキベトクヘイクネ　ルウェネ。
アイヌモシㇼ　クシロ　ウン　ハルトリコタン　タ　エホラリ　アキベフクジエカㇱ、　エカㇱサンテㇰ　エカㇱ イキリ　トクヘイ　クネ。
タン　チャランケ　アン　ワ　クコ　ハウェ　ルスイ、アコㇿ　イクタ　コㇿカイ。
クコㇿ　ハウェ　ネ　ワ　シサㇺ　イタㇰ　パㇰノ、ソモクハウェ　アコㇿ　イタㇰ。
シサㇺ　イタㇰ　ネ　ヤッカイキ　クハウェ　クス　エヌヤン　ナ。

今のアイヌ語は次のような意味です。

裁判長様。私は秋辺得平と申します。アイヌの国、釧路の春採コタンの、その上手に住んでいた秋辺福治という長老の血筋の者、その祖父系の者です。

この裁判に出て、私の母語アイヌ語で話したいのですが、上手に話せないので、日本語でさせてください。

どうか、お聞きください！

今日の私の陳述は、短い時間ですので母語であるアイヌ語ができず、なぜ日本語で話すのかなど、その理由など、近現代のアイヌの歴史について述べる時間はありません、省かせ

第４回口頭弁論、札幌地裁前にて（2000年４月13日）

ていただきます。

私が北海道知事に申請した二件のアイヌ共有財産のことについて、とりわけ、色丹島の千島アイヌの共有財産というものについて申請した私の立場と心情、そして共有財産というものに対する私の意見と希望を述べさせていただきます。

最初に述べたつたないアイヌ語の内容についてですが、私の出自の母方のアイヌの血統について話しました。と言いますのは、私の父は和人であって、しかもアイヌである母を、いわゆる現地妻にしていたことが、私のアイヌとしての帰属意識、いわゆるアイデンティティを決定付ける背景として重要な問題であったからです。私の帰属は「アイヌ」に違いないのです。

その私の父というのは、函館の大野町の人で、船大工でした。昭和一五年頃に国後島の漁場に女工として出稼ぎに行っていた釧路の秋辺福治の娘ミサとその船大工の成田萬九朗が出会ったのです。

タラバ蟹の缶詰工場での女工でも、アイヌの女工は、男衆たちからも、和人の女工たちからも様々な差別、仕打ちを受けていて、そういう人たちの中にあって、優しく接してくれた船大工の男に好意を寄せて、二四歳もの年齢差も越えて一緒になったのだそうです。しかし、成田萬九朗という男にはすでに函館に妻子があって、秋辺ミサは言わば「現地妻」でした。釧路の春採に二人は居を構え、夫は本妻のところとを半年づつ行ったり来たりの生活ながらも、釧路で秋辺ミサとの間に四人の男の子をもうけました。その二番目が私こと秋辺得平であります。

　四人兄弟はだれ一人として父の本家の函館に行ったことがなく、釧路で育ちました。ですから、父方の家族や暮らしとは全くの無縁であり、もっぱら母方のアイヌとしての環境に育ったのです。ただ、母の両親、秋辺福治とサヨは、当人同士はアイヌ語で会話し、カムイノミの儀式もウポポリムセの歌や踊りも、サコロベやウチャシクマなどの口承文芸も疑いのない立派な母語として、アイヌ語を話す人たちでしたが、次の世代の子供や孫には決してアイヌ語を伝えませんでした。「これからは、アイヌ語はいらない。早く日本人になれ」という一念で、ただひたすらに同化政策に順じていたのでした。ただ時折イオマンテの祭りがあって、大勢の人が集い、民族衣装に身をつつんで行事が進行する様を、私も子どもながらに、何か熱いものだけは感じる、という体験を重ねてきました。

　私は昭和一八年生れで、その誕生は「船の中」でした。琴平丸という、乗組員数名という小さな船で、釧路港を母港に、根室から南千島あたりを回航する物資も人も運ぶ船だったようです。当時、得撫島《ウルップ》の床丹《トコタン》で働いていた成田萬九朗の元へ、臨月のお腹を抱えて秋辺ミサが琴平丸に乗って夫の元へ向かったのですが、得撫島《ウルップ》に到着する直前に、海の上で陣痛に見舞われてしまったのだそうです。やむなく、船長が出産を手助けして無事男の子が誕生、それが私でした。船長が自分が取り上げたので、島の名前から一字、「得」と、船の名前から一字「平」の字を取って得平《トクヘイ》と名付けたのです。

　父が国後島や得撫島で船大工や漁夫として島回りの出稼ぎをしていましたが、これら島々とのそうした縁は実は母の秋辺ミサのほうが深く、すでに幼い頃から両親の秋辺福治・サヨと共に千島の北はシュムシュ島、パラムシル島から南は色丹島に至るまで、千島中を渡って暮らしていたそうです。というのは、秋辺福治・サヨの夫婦は、釧路のアイヌでありながら、千島の島々で「密漁監視員」の仕事をやっていたのです。

　千島は世界四大漁場の一つであるばかりか、ラッコやキツネ、テンなどの動物の一大生息地だったそうで、日本政府の農林省は、これらの動物の密猟者の取締まりに手を焼いていたのですが、町が形成されていた大きな島はともかく、中小の人家のない島の管理は大変で、密漁に対しては監視小屋を置いて密漁監視員を常駐させる方法に頼ったようです。農林省に雇われた常駐監視員の仕事についたのが、私の母の両親だったのです。この密漁監視小屋に常駐したのは、釧路あたりからのアイヌが多く、しかも家族単位で小屋暮らしをするのが普通だったそうです。千島列島には、元からの住人であった千島アイヌの人たちはいなくなっていました。それは、ほぼ全滅に近い状態で、密漁監視員の適任者は北海道から雇わざるを得なかったのです。島には密漁監視小屋以外の人家がなく、銃を所持した密猟者たちに立ち向かうのは命がけで、密漁船が岸に着くのを見たら、監視員は先ず自分の家族を山へ隠れさせてから仕事についたそうです。

　当時、ヨーロッパなどで珍重され、大変な高値がついた毛皮として、ラッコ・銀ギツネ・黒テンなど相当な数が生息していたから、これにむらがる密猟者の横行は止められなかったようです。島での密漁監視の仕事は、いわば孤立無援、農林省から年に二回の給料と物資の支給があるだけで、危険極まりない仕事でした。大自然の只中での家族の暮らしには、アイヌ民族ならではの漁労採集の知恵を持つ者としての「優れた適格者の仕事人」であればこそ勤まったのでしょう。いずれにしても、千島アイヌに代わって北海道アイヌが、こうして島々を守ったのでした。千島アイヌがほぼ全滅に追い込まれた歴史は、千島列島の漁業資源や毛皮動物のあまりの豊富さが引き金になったようです。実は、これらの天然資源を欲しいままにしたかったのは、ロシアと日本という国家だったのです。

　千島アイヌの悲劇と残された共有財産のことを考えあわせると、私たちはその歴史の背景を見過ごすわけにはいかないのです。そもそも日本は、江戸時代からロシアの南下を恐れていました。領土拡大の国家野望は近代においてピークでした。千島では、北千島アイヌがロシア正教のクリスチャンになっていくなどのロシア化に神経を尖らせ、その対策に苦慮してもいたようです。日本とロシアの領土争いであったその最も象徴的なできごとの千島樺太交換条約は決定的に千島アイヌを全滅へと突き落とすことになります。有無を言わさず「ロシアに帰属するか、日本に帰属するか」を迫り、やむなく選んだ日本への帰属は、結局は、南千島の色丹島への強制移住でした。環境の激変と移住生活のストレスから、次々と死んでいきました。

　現在、千島アイヌである人を、ただの一人も探し当てることができません。先日実施された北海道庁のウタリ実態調査というアイヌ調査の項目にも、何一つ千島アイヌのことは記されていません。それでも、色丹島アイヌに共有財産について、名乗り出てくださいと北海道知事はいうのです。

　私の母はよく言っていました。「千島はどこもみんな宝の島だよ！」と。特にお気に入りは、択捉《エトロフ》島の小舟《コフネ》湾で、ここでの楽しく素晴らしかった暮らしの思い出をノートに書き残してもいます。また、両親と共に暮らした一〇歳頃の島での写真も残っています。色丹島のシャコタンに千島アイヌの仲間たちを訪ね、しばらく暮らしたこともあったそうです。そのひどい生活のことも聞いたことがあります。

私、秋辺得平にとって、色丹島旧土人共有財産のことはひとごとではありません。その共有財産は千島に暮らしていたアイヌみんなのものであり、アイヌ民族全体の共有財産であります。北海道知事がこれをまことに狭い範囲に限定して、申請人を特定しようとするのは、まったく理不尽なことです。そもそも北海道庁は対アイヌ政策について、国と共にその行為の全ての検証と反省をすべきと思います。

昭和四二年頃まで、道庁は公式にアイヌを「旧土人」呼ばわりしていました。根底には、本件の旧土人共有財産の処分の考え方同様、アイヌを無知蒙昧、未開土人としてきた過去のやり方を何ら反省しない、変えようとしない無責任さがあります。今、どこの世界であっても無知蒙昧、未開土人などというものは存在しないことは、今や学者・研究者の世界はおろか、国連の人権関係機関でも、そんなことは有り得ないものとなっています。道庁の形式ばかりのやり方こそ「蒙昧」なのではないでしょうか。

二一世紀は先住民族の文化の世紀といわれています。「全て互いに、異なるものとして尊重する」「いかなる生命も、ひとつとして無用なものは無く、生きとし生けるもの皆尊重される」こうした先住民のもつ自然哲学は学ぶべき多くのものを示唆していると思います。人を人として本当に尊重するならば、アイヌの共有財産をどうすべきかは、そもそもアイヌ自身が決めるべきものなのではないでしょうか。

私は私自身が生きてきたかかわりの場所である得撫島や釧路の春採というアイヌの歴史の場所を念頭に、色丹島の共有財産及び全道教育資金の二件について、知事に対して返還の申請をしました。この共有財産は、知事が管理してきたその責任において、通貨価値の変化に伴う見直しをしてから返還されるべきです。私はこれらの共有財産が正当に返還されたら、これを私することはしません。全て、アイヌ民族全体の教育のための基金として運用されるように積むことを決めています。

これで私の陳述を終わります。イヤイライケレ、ありがとうございました。

杉村　満

二〇〇〇年四月一三日
第四回口頭弁論／意見陳述

私は旭川の杉村満です。

この裁判は何も好んで引き起こしたものではありません。原告が二四名いるとはいえ、裁判に訴えるというのはたいへんなことです。言葉を奪われ、過酷な労働、アイヌにはない病をうつされ、無念の思いで死んでいった多くのアイヌの心を握りしめて、私の思いを述べさせていただきます。

この私たちの共有財産は、長い間、私たちアイヌ民族が差別を受けてきた、つらい歴史の産物です。ただ、個別に、または代表者に返してそれで終わりという性質のものでは絶対ありません。北海道開発の名のもとに、北海道全体の土地がアイヌを全く無視して和人の手にどんどん渡ったのはご承知の通りです。アイヌの風習は禁止されました。アイヌ語を話すな。入れ墨を入れるな。イオマンテ（熊送り）をするな。死んだとき家を焼くな。和人と同じような名前をつけろ。まだまだきりがありません。

アイヌ民族は生活の中でいつも多くの神々と共に自然の中で生きてきました。アイヌの生活の中には生きていくための掟がありました。それは今の社会の法律です。それを禁止したのです。アイヌをやめろというのは死ねということです。今もその過ちを国も道も正式に認めておりません。

しかし、アイヌ民族はそれに必ずしも従ったのではありません。アイヌ同士では懐かしいアイヌ語を使い、歌や踊りや、カムイノミは戦時中の貧しい時でも続きました。アイヌの伝統文化は少ないながら残りました。明治から一三〇年以上になりますが、貧しい中でも少しずつ、細々とは生き残り、今、ようやく生き生きとアイヌを出せるようになってきているのです。

精神文化の禁止はつらいけれど、もっとひどいのは生きていくことです。経済です。動物を取れなくなったのは大打撃でした。川の鮭を取るな。山の木を切るな。そして土地は取られてどんどん山奥へ追われたり。行くところがないのです。生きることさえ大変な状態になったのですから、貧乏などというものではありません。自由に自分が住む大地ではなくなったのですから「アイヌモシリ（アイヌの土地――人間の世界）」という言葉がどれほどアイヌにとって重要なことばであるか考えてみてください。

ここで、知事公告番号一七の旭川土地問題について意見を述べ、要求をいたします。

今回の「共有財産」の規定がある「北海道旧土人保護法」が廃止になりましたが、それと同時に、旭川には「旭川旧土人保護地処分法」があったのはご存じだと思います。なぜ旭川にだけ特別に別の法律があったのか、その成立と運用の経過を正確に調査してください。

「北海道旧土人保護法」成立以後、旭川の土地はその保護法にも従わない道庁の一方的な判断に対して我々の祖先が反対したのです。それ以来、明治三八年の第二次近文アイヌ地紛争といわれるもの、昭和七年からの「アイヌ地を返せ」の要求、終戦までのアイヌを無視して寄付などと言って処分したこと、終戦後の農地改革の時、と約五〇年も、その都度、アイヌの要求をまともに聞かず狡猾なだましが続いています。

無償で寄付したとするものとして、旭川師範学校の敷地、近文小学校敷地、大有小学校敷地、道路用地、鉄道用地、などがあります。「旧土人保護法」一〇条では「内務大臣の許可を経て共有者の利益のために共有財産の処分を」することができるとなっていますが、その「許可」の証拠、「共有者の利益のため」の証拠を見せていただきたい。

次に、戦後の昭和二三年「旭川市旧土人共有地開放促進委員会」が設立され、会議が持たれましたが、アイヌ民族側は、「自分たちの土地を返してほしい、というのが共有者全員の一致した強い希望だ」と何度も発言していますが、小作人などの賃借人に売り渡されたことになっています。アイヌが合意したという証拠を提出するよう、要求いたします。

旭川の土地の歴史と共有財産については、さらに今後の法廷で一つ一つ問題を明らかにしていく予定ですが、「共有財産」の管理や処分がどうであったのかを、はっきりさせなければ、この裁判の意味がありません。

明治八年に世を去った上川アイヌの指導者、クーチンコロの言葉です「やがて、この小石一つアイヌの自由にならず」。死後二〇年足らずで現実となりました。アイヌの言葉に、ピリカ　クヤイヌ（真心の意です）があります。法を守るのも過ちをするのも人間、ピリカ　クヤイヌ　に願いを込めて、そのことを強調して私の陳述を終わります。

伊藤　稔

二〇〇〇年六月八日
第五回口頭弁論／意見陳述

「旧土人」と呼び、「保護」を言い、「給与地」とかの制度をつくった当時の背景と私の体験について

先ず、私たち北海道生え抜きのアイヌ民族に対した「旧土人」呼ばわりは、誠に不謹慎で、そんな明治の卑下した表現は昨今言われる「文化国家」にはなじまなく野卑な表現です。それは、元官房長官、後藤田正晴氏が例の旧土人保護法の「旧土人」を「この用語はひどい」と言ったことでも判ります。辞典の「土人」なる字を調べたら、「原始生活をする未開人」などとありますが、「旧」（古い）まで付いた侮辱はいわれなき言いがかりです。

日本の国が成立して以来、「まつろわぬ」者の「征伐」の舞台は東北であり、日本の北限は本州、すなわち下北半島でした。確実なところ一二世紀アイヌが日本史に現れて以来、蛮人扱いを受けてきた私たちアイヌ民族ですが、文字社会以前に、かつての蝦夷が島（現北海道）において、広く謡われた世界最大最長の一つと言われるアイヌのユカラ（英雄叙事詩）を知った西洋の学者諸氏は、その文学性に感嘆した、と書かれていることから、その高い精神文化があったことが判ります。

更には、アイヌ地を法律をつくって根こそぎ奪った明治政府が、こともあろうに、「保護」とか「給与地」などの人道主義もどきの吹聴は全くのまやかしです。と言うのも明治政府は明治二年、蝦夷が島といわれていたアイヌモシリ（アイヌ固有の領地）を無断で併合し、「北海道」と改称し、開拓使を設置し、多くの土地を天皇の御料地にしました。そして、本州・内地では行き場のない二、三男の小作農民を多く移入させてアイヌ地を与えました。また、明治維新戦争の終結で行き場を失い難民化した武士階級も、一人が百町歩～三百町歩をもアイヌ地をわれ先にと取り合う状況をくりひろげました。かつての有島武郎の農場がよい例です。ニセコの有島牧場は一八九八年、北海道国有未開地処分法により、武郎の父武が四五〇ヘクタールの土地を得ました。かくして、当時の移住者集団は、さながら津波のように押し寄せ、その津波は手付かずのうっ蒼とした森をなぎ倒しました。そんな暴挙によって父祖伝来のアイヌ地やその宅地までも失い、たきぎ採り、鹿猟、鮭漁までも奪われ、その飢餓で同胞父祖たちが多くの餓死者を出しましたが、それはまさにアイヌ慟哭史です。

そんな悲惨極まりない生活の悪化を見かねた心ある役人が、

開拓使への献言で美名を借りた「保護法」が造られたのです。それによる給与地も、「保護」どころか悪辣な和人のだましに合い多くの土地を失いました。私もその一人です。

その被害の具体例を述べます。昭和二二・三年頃、生地名寄市内淵九線において、祖父伊藤ラッペウク名義の旧土人給与地四町四反八畝（一万三千五百坪）を同住所居住の和人小作人佐々木某氏に、売買契約書の偽造によって奪われました。その名義移転の手法は、元小作人、同町の代書、町（現在は市）の農地委員会の三者の結託によるものです。

「土地おかしいようだよ」と言われ行ってみて、その事実を時効一年前に発見した私は、詐欺の刑事訴訟のため地元の弁護士に相談しました。訴訟費用を前払いして、時効前に準備書面を裁判所に提出するよう依頼しましたが、「取り返すのは民事でもいい」となにやかにやと書類提出の先のばしをされました。刑事事件は時効になってしまい、結局、民事裁判で訴え、名寄で約一一年後の昭和三九年、決着を付けました。土地を返してもらうのが目的だったのですが、佐々木氏が二〇年以上使っていたという「耕作権」を盾に和解案を裁判官が出し、約一一〇万円の保証金で終わったのです。

全道で、騙され、酒代として、判を偽造されて、などでただ同然で取られた土地がたくさんあります。そのような土地を取り返した例をいくつか聞きますが、それは雀の涙ほどです。道の『北海道旧土人概況』の中にも和人に騙されて失う土地が多いことが書かれています。当然のことながら、その給与地の返還を願い、そうでなければ、その土地の今日の値にした補償を望むアイヌの同胞が多くいることを忘れないでもらいたいのです。

この共有財産問題は、過去のアイヌ民族の苦しい歴史の中から出てきたものです。従って、その財産管理の実態を徹底的に明らかにしてほしいと考えています。そうでなければ、明治政府以来、国家規模で引き起こしたアイヌ慟哭史のひた隠しにもつながり、それは善良な日本国民をも欺くことにもなるからです。国際的には侵略と人道への罪には時効がなく、その贖罪は負わなければなりません。最後に裁判長の公正な審判をお願いして、私の陳述を終わります。

原島　則夫

二〇〇〇年七月一三日
第六回口頭弁論／意見陳述

私は共有財産公告番号四「全道旧土人教育資金」を請求し

ましたので、この件に関し意見を述べ質問をいたします。

昨年一九九九年一〇月、北海道生活福祉部が実施した北海道ウタリ生活実態調査があります。ご承知のことと思いますが、この実態調査に基づいてアイヌ民族の和人との経済的、生活の格差を埋めるための施策、すなわち「北海道ウタリ福祉対策」が行われてきています。第一回の実態調査は一九七二年、それ以後七年ごとに、今回は六年後ですが、計五回の実態調査を行い、二六年間それに基づく福祉対策が継続的に行われてきています。

その調査のアイヌ民族の進学率を見ますと、高校進学は調査の最初の四一・六%から九五・二%に、大学進学も八・八%から一六・一%へと徐々に上がっています。全体の進学率が上がる中で、和人との格差は縮まってきていますが、大学進学率はなお和人の半分以下と開きがあります。一方、この実態調査の中の「必要としている対策」については、複数回答で「子弟教育のための対策」が七一・八%、「生活と職業の安定」が五六・三%となっています。この数字からは、自分自身が教育を受けることができず苦労してきたので、子どもたちには教育を受けさせたいという親の願いと、それがかなわない生活の実態が浮かび上がってきます。

わが家ではどうであったかというと、一九一八年（大正七年）生まれの私の父は、生まれる前に父親が亡くなりました。私生児扱いされて学校に通うのに苦労したということです。高等小学校に行きたかったが、かなえられませんでした。父は子どもにはそういう思いをさせたくないと、お金のことよりも教育が大事だという考えを貫いて、四人の子どものうち三人まで高校に通わせました。PTAの役員を務めるなどもしていました。上の二人に続いて私が高校に入った時、父は「困ったな」と漏らしていたと後で母から聞かされました。経済的に苦しくても教育を重視して育ててくれた親に感謝すると同時に、今日のアイヌ民族の重要な課題がやはり教育であると考えています。その意味で、今回の教育資金がどのように使われ、どのように管理されてきたのか、を正確に知りたいと思っています。

昭和一一年北海道庁『北海道旧土人概況』には、修学資金給与の対象者名、その他の支出が記されていますが、教育資金を必要とし、給与を望んでいた多くのアイヌがいたと思います。

高倉新一郎は、今から五八年前の一九四二年に著した『アイヌ政策史』で、北海道旧土人共有財産問題を取り上げ、「土地問題と共に北海道庁のアイヌ保護策に疑惑を懐かせたものは、その有する共有財産の管理方法の欠陥であった」と書き出し、共有財産の管理が疑惑に包まれたものであったことを多くの具体的事実をもって指摘しています。

これ以後、北海道旧土人保護法が制定されて一〇〇年、その管理はいっこうに事態の改善が見られていないのではないでしょうか。

今年二月一〇日の第三回口頭弁論で原告小川早苗さんが教育資金について陳述していますが、私がどうしても納得のできない点がありますので、指定財産四の全道旧土人教育資金についての質問をいたします。

明治三二年一〇月三一日指定の公債証書・現金六、二〇六円が北海道長官によって指定された最初のものですが、公告では昭和六年一二月二四日公債証書・現金六、二〇六円となっています。どうして最初の明治三二年の指定を公告していないのかおたずねします。

この指定財産は三二年経過した後でも全く同じ金額になっています。この間出し入れがあり、間違いなく金額の変動があると思うのですが、三二年間の出納の経過すべてを、ぜひ明らかにしてほしいと思います。

さらに、その後一九九七（平成九）年返還するという金額一九万八、四一五円になった六六年間の出納の経過も明らかにしてください。

次に、全道旧土人教育資金は、他の財産項目と異なりアイヌであればだれでも返還対象の資格があると請求の際に道より説明があり、その通りであると考えますが、そうだとするならば、アイヌ民族全体の財産であり、個人に返還できる性質のものではないと判断しますが、道の見解をお聞かせください。

以上、私の意見と質問ですが、十分なご検討をいただき、納得のいくご返答をお願いいたしまして、私の陳述を終わります。

青木　悦子

二〇〇〇年七月一三日
第六回口頭弁論／意見陳述

私は神奈川県川崎市に住んでおります。原告二四名のうち道外の居住者は私一人です。今回の共有財産の原告になってから初めてこの札幌の法廷に参りました。仲間の援助によって来ることができたのです。来たいと思っていても旅費がかかるのでこれまで来れませんでした。提訴の時には緊張した思いをメッセージに託しました。

私は一九四九年に十勝の幕別町、チロットコタンというアイヌの集落で生まれました。家族は母と兄二人姉と私の貧しい母子家庭でした。母と次兄と私は酒井姓でしたが、長兄は本間姓で、一番上の姉は武田姓でした。なぜ姓が違うかというと、母の妹の嫁ぎ先の本間家と母の実家の武田家に跡取りがいなかったので、それぞれ養子となっていたからです。昔のアイヌは北海道旧土人保護法によって下付されたわずかな土地を和人にだまし取られることが少なくなかったので、それを防ぐためでした。

私は、中学卒業後すぐに上京しました。アイヌ差別から逃れるためでした。多くのアイヌが地元での厳しい差別から逃れるために、それと職を求めて北海道を出たのです。今日では日本全国に私たちのウタリ（同胞）が住んでいます。東京都は、東京在住アイヌの幾度にもわたる要求によって、一九七四年「東京在住アイヌ実態調査」を行い、およそ二、七〇〇人のアイヌが東京都に住んでいるという数字が初めて明らかになりました。

アイヌ民族が土地を取り上げられ、差別・同化政策の結果、経済的に和人との格差が大きいことから、種々の福祉対策が行われてきました。「ウタリ生活実態調査」に基づく「北海道ウタリ福祉対策」が一九七四年スタートし、現在も続いていますが、これらはすべて北海道に限られていて道外の私たちアイヌは一つも恩恵を受けることができません。アイヌを民族として認めること、経済的保障、文化的な権利などを含め復権を求めた「アイヌ新法」制定によって、これらの課題の解決を期待していたのですが、国が制定した法律「アイヌ文化振興法」ができても、この法律は文化のみに限られているため、福祉対策はやはり北海道に限られているのです。同じアイヌ民族でありながら、道外のアイヌは、子どもに対する修学資金や、住宅資金、その他種々の生活改善事業の埒外にあるのです。これがアイヌ民族に対する国の姿勢です。北海道に限っているのは、明治以来の北海道の植民地化によってアイヌ民族に対する同化・差別政策が北海道に限って考えられていたのと全く変わっていないことを示すものだと思います。

この文化に限られた法律の附則で、今回の共有財産返還問題が出てきました。この返還手続き自体がアイヌ民族無視で問題があるのは訴状の通りですが、さらに返還の告示を一年以内と限り、だれに知らせたのでしょうか。私たちアイヌは知りませんでした。北海道ウタリ協会に通知した事実は後で資料から分かりましたが、その他のどのような組織・団体に通知したのか明らかにしてください。

私が返還について知ったのは、ほとんどぎりぎりになってからでした。また、請求権があると思われた故郷の叔母にこのことを知らせたら、叔母は幕別町役場の札内支所に聞きに行きました。対応したアルバイトとかの女性職員に「請求権があるのは代表者である吉田菊太郎（故人）の子孫だけ」と言われ、結局締切りに間に合いませんでした。このようなことで、共有財産の性質や内容、だれに返すものなのか、などを管理してきた道が責任を持って明らかにし、言われるまでもなく貨幣価値の見直しをし、返還するから申し出よと言うのではなく、正当な金額の返還を、道の責任ですべて行うべきではないでしょうか。

次に、共有財産番号三の「中川郡幕別村旧土人共有」について具体的な点をおたずねいたします。

十勝の共有財産は明治九年の漁業組合からスタートしたものです。この時は、中川郡各村となっており、曳網漁場や海産干場、宅地、現金などがありますが、今回返還すると公告した番号三は、昭和六年指定のもので「中川郡幕別村旧土人共有」になっています。最初の指定以後、財産処分などして変ったのだと思いますが、その財産管理の経過を教えてください。

「種々の問題が発生し」幾多の変遷の後、明治三五年一一月に北海道旧土人保護法一〇条の規定によって長官指定になったものです。

昭和六年一〇月指定された財産は現金二、四〇〇円となっています。同じ庁令で同じ「中川郡幕別村旧土人共有」として海産干場六畝、宅地三四坪が指定されていますが、返還財産の公告の表からは消えてしまっています。どうしてでしょうか、お伺いいたします。

道の公告では返還する共有財産はすべて現金であるということですが、現金にしたとすれば、いつ、どのように現金にしたのか教えてください。

私は、これらの財産管理の経過が示され、納得できるものでなければ、返還することができないものと思っています。また、返還は個人に返せる性質のものではないことは、今までの原告側が何度も主張している通りです。

最後にどうしても述べたい言葉があります。

大正一一年に一九歳でなくなったアイヌ知里幸恵が綴った『アイヌ神揺集』の序文で次の言葉を残しました。

「その昔この広い北海道は、私たちの先祖の自由の天地でありました。天真爛漫な稚児の様に、美しい大自然に抱擁されてのんびりと楽しく生活していた彼等は、真に自然の寵児、なんという幸福な人たちであったでしょう。」

ここ北海道は、もともとアイヌモシリ(国)でありました。アイヌだけが住んでいたのです。それを、一八六八年、先住民族であるアイヌを無視して、明治政府は北海道を内国植民地にしたのです。自分たちのモシリ(国)を侵略されて少数者になった私たちは、たくさんのものを奪われ、失って、多くのアイヌが自分の故郷を去らざるを得なくなったのです。

返還しようとする共有財産は、このアイヌ民族の長い間の歴史が刻まれたものです。この財産のもつ歴史と重みを知ってほしいと思っています。

法廷での公正な判断をお願いして私の陳述を終わります。

諏訪野楠蔵

二〇〇〇年一〇月五日
第七回口頭弁論／意見陳述

私は伊達市有珠の諏訪野楠蔵です。私の普段思っていて話したいことを述べ、お願いを致します。

北海道でも気候が温暖な内浦湾ぞいで、入り江があり島がある自然の変化に富んだ有珠では、私たちの祖先、有珠のアイヌ民族は豊富な海の幸を頼りに、あまり心配事もなくコタン（部落）が協力し合って生活を送っていました。

しかし、和人が多く入り込んできてからは私たちの生活は大きく変わり、魚介類、昆布などを取る場所や権利からも徐々に締め出される結果になりました。明治以後の風習の禁止で、アイヌ語を話せなくなったり、生活が破壊され苦しんできたことは、今まで何人も意見陳述で述べてきたとおりです。

有珠について言うと、私たちの子どもの頃は、まだ現在の有珠漁港近辺は砂浜が続き、蛤（はまぐり）、アサリなど多くの貝がいましたが、今は埋め立ててコンクリートの築堤です。昆布、魚類も減ってしまいました。五〇年前、三〇〇戸近くあった漁業者は現在は一〇〇戸あまり、現在アイヌの戸数の割合の七〇パーセントくらいです。

有珠には、潮が引くと歩いて渡れるモシリと呼んでいる小島があります。この小島の土地は先祖から引き継いで主に昆布干場になっていたわれわれアイヌ民族の土地です。この島の約四分の一の一反は、われわれアイヌ民族七二名の共有地になっていて、昭和になって仮登記していて現在もその仮登記のままです。実は、この小島の土地と思われる共有財産が、町村長などの管理していた有珠郡伊達村の海産干場（一反歩）と漁場（一か所）として道の資料に載っています（『旧土人に関する調査』北海道庁内務部、大正七年）。北海道長官の指定にならなかったのですが、長官指定になっていたら、ほかのアイヌの不動産と同じように処分されてなくなったに違いありません。全道各地にはこのようにアイヌ民族の共有財産であったものが、役場や村の名士が管理していて、はっきりしないまま分からなくなってしまったものがあると聞いています。私たち有珠の場合は、われわれ有珠のアイヌでちゃんと実際に使えるようにしようと話し合っている最中です。

今回返還するという共有財産、番号一三の「有珠郡伊達町旧土人共有」は、私たち三名が請求していますが、これについても言いたいことがあります。最初の指定が明治三二年で五八円なのに、道の告示は三二年後の昭和六年一二月二四日に再指定した時のものになっています。なぜ再指定を返還する基準にしたのか。しかも、なぜ三二年たってなお同じ五八円なのか、説明してください。

今回返還する金額三八五二円は、この間の利子だけを加算したものなのか、なぜ貨幣価値を考慮した金額ではないのか。アイヌ民族のために管理してきたと言うのであれば、明治三二年指定の時からの出納を全部資料を添えて納得のいくように説明するのが当然だと思うのですが、そうは思いませんか。

教育資金についても、長い間使わないでそのままにしておいたのは納得ができません。アイヌのことを考えて使うようにしてくれていたら、アイヌの中から、もっと学問を身に付けたましな人間ができたのではないか、と思います。

最後に、今回の原告の準備書面について、裁判長にお願いいたします。

道が責任を持って共有財産に関する資料を提出しなければならないのに、それを拒否したため、原告として財産の経過について道の資料で調べれるだけ調べました。裁判所として一つ一つ検討し、返還できるものなのかどうか確かめてください。金額が正当なものかどうか不明な点が多く、私たち原告としては、このままでは損害を受けていると判断しています。これに対し、被告の道が金額の正当なことを証明しなければ、私たち原告はその損害を受けたままという結果に終わることになりかねません。そのようなことにならないよう、ぜひとも、不明な点をこの裁判で明らかにしてほしい、と思います。このことをお願いして私の陳述を終わります。

豊川　重雄

二〇〇〇年一二月七日
第八回口頭弁論／意見陳述

私は豊川重雄です。アイヌの一人として言いたい。それを聞いてもらいたいと思います。

アイヌ民族はもともと北海道に住んでいて、北海道の土地も資源もアイヌのものだった。それを少し堅く言うとアイヌ民族は北海道の先住民族だということになります。二風谷裁判で萱野茂さんが言っているように、「アイヌは北海道の土地を日本政府に貸したおぼえも売ったおぼえもない。証文があったら見せてほしい」ということです。明治以来の差別・同化政策で生きることでどれ程先祖たちが苦労し、差別に泣かされてきたことか。「北海道旧土人保護法」も「共有財産」の管理も、「アイヌは無知蒙昧」ということで相談もなく一方的に決めてしまったもので、今回返すというわれわれの共有財産も管理の内容を明らかにしないということにアイヌは納得していない。

おれは石狩町生振コタンで生まれた石狩アイヌだが、子どものころは、家ではあんまりアイヌの話はしなかった。差別があるからだ。はたち過ぎに札幌に出てクマ彫りになった。この職業についてからアイヌとの付き合いが多くなって、アイヌとして考えるようになった。おれが石狩アイヌとして疑問に思ったことは、生振コタンにはアイヌはおれの家と親戚の家の二軒だけ。なぜ石狩にアイヌがいないのかということだった。対雁にはアイヌがたくさん住んでいた。聞いてはいたがそれがどういうことなのか知らなかった。三〇年くらい前になって、強制移住させられた樺太アイヌの悲劇を知らされた。明治八年のロシアと日本の「樺太千島交換条約」の中で、アイヌがなぜ犠牲にならなければならなかったのか。

最初、ようやく地元の真願寺の過去帳にたどり着き、苦労して遺族捜しをした。今、樺太のアイヌの人がどう思っているか分からないし、また、何のためにやるんだという人もいるけど、おれは、やっぱり知った以上、日本の領土問題でアイヌが北海道まで来て、いろいろ苦労して、たくさん死んでいった、そういうことをキチッとこの世に出してやりたい。キチッと出してやらなければ、あまりにもみじめだ。仲間と樺太アイヌの関係の人をたずね歩き、その苦労話を聞いて、はらわたが煮えくり返る思いだった。樺太アイヌは自分のことを「石狩アイヌ」と言うので、特に身内と思っている。ここでは細かいことははぶくが、だから、それから二〇年以上対雁慰霊祭などをやってこれたような気がする。

対雁の共有財産は、アイヌの意思も聞かないで寄付したり、有力者にうまいこと手に渡ったり、最後には樺太に帰ったアイヌにも返還したことになっているが、本当に返したものかどうか、資料がない。処分してしまったことになっていて、今回返す共有財産に入っていない。その経過を明らかにしてもらわなければ、どうしても納得が行かない。

日本人が同化政策でアイヌからアイヌをすてさせたことが悔しいと思っている。親たちはアイヌ語を知っていても自分ではアイヌ語を話さないし、子どもにアイヌ語を教えない。アイヌの風習をすてさせた。こんど、豊川がアイヌ意識を持ってカムイノミしようとしたら、道具を大変な金で買い戻さなければならない、となる。祖先が大切にしてきた立派なものを、いま、アイヌがアイヌとして何かやろうとすると、博物館のガラスケースに入っていて使えない。そのくやしさ。それはきっとおれだけではないと思う。

おれは今、豊平河畔で毎年秋に行っている「アシリ　チェプノミ」（新しい鮭を迎える儀式）の祭司をつとめ、自然に感謝し神に感謝するアイヌ民族の風習・生き方を引き継いでいくことが大事だと思っている。観光化されていく傾向があるけども、シャモに見せるためのものではない。自分たちの文化をキチッと持って生きていくことが大事だと思ってやっている。

道には「アイヌ施策推進室」というものがある。本当にわれわれアイヌのためにやっているのか分からない。福祉対策だというけど、百年以上のアイヌを無視した差別、同化政策を反省するのが第一だし、そうであれば、今回の「共有財産」については、本当の民族対策として、アイヌ全体、特にエカシやフチに還元することを考えるべきだ。個人に返せる性質のものではないとはっきりしている財産を個人に申請させて返すという。早く返して終わりにしたいと思っている、としか考えられない。そうでないというのであれば、個人に返すという納得できる理由を聞かせてほしい。

管理がはっきりしないうえに、金額の見直しもしない。こんなことで返せるというのであれば、道は笑われるだけだ。

裁判長、公正な判断をするのが裁判所であるなら、このことをしっかり見て、判断をしてもらいたい。

以上、私の考えを述べて、終わります。

荒木　繁

二〇〇一年二月四日
第九回口頭弁論／意見陳述

私は荒木繁です。父は石狩アイヌです。父は木彫りを身につけて、渡島の大沼で店を持っていましたが、札幌に引っ越してきました。札幌では父の木彫りを母が売り歩いていました。昭和二八年、父が四二歳で死んで、母とわれわれ兄弟五人の六人が残されて、生活が大変になりました。

一八歳の兄が彫り物を引き継ぎ、母がそれを売り歩きました。私も一三～四歳くらいから兄の手伝いをして木彫りを身につけ、それから五〇年近く木彫りの仕事をして生きてきました。

私が結婚する時、本籍地が樺戸郡新十津川町になっていることを知りました。新十津川ワッカウェンペッ（水の汚い川）です。後になって父名義の土地があることも分かりました。どうしてそこが本籍地になっているのか疑問に思っていましたが、NHKの番組で、アイヌが移住させられたところで、現在は人が住んでいない、と紹介していました。給与地であったと思われます。しかし、石狩アイヌがワッカウェンペッに好きこのんでいったはずがありません。全道各地に同じような例がありますが、強制移住させられたが、住むところではないので、引き上げてしまった、というのに間違いありません。

経済が、高度成長期といわれる頃はよかったのですが、木彫りの世界にも台湾などの外国ものが入ってくるようになり、大変になってきました。型だけ彫ることをわれわれアイヌに頼むというので、出かけた人もいました。プラスチック製の熊まで出回ったのです。このような偽物で、われわれの仕事を奪うだけではなく、アイヌ民族の精神的な生活に根差した手作りの伝統文化を、ぶち壊してしまうもので、許すことができません。

現在も、この製作と販売の構造は変わっていないので、仲間もほとんど木彫りをやめてしまっている状態です。何とかしなければならないと思っていますが、一人の力ではどうしようもありません。

このように、われわれアイヌ民族の生活は、大きく和人の考えとその時の経済に支配されて来たために、不安定なのです。もとはといえば、だまされて土地を取られたり、住んでいた土地から強制移住させられたことに根本原因があります。

現在、北海道に限って「北海道ウタリ福祉対策」というものが行われているのですが、それは本当の福祉対策にはなっていません。給付は高校の修学資金とほかいくつかぐらいなものです。貸付は、制限があったり枠があったりで大変です。修学資金にしても、新年度の給付が七月ですから、四月の入学時には、特に私立の高校や大学では、数十万円の費用を準備することができず大変困っています。

一六年前の一九八四年、ウタリ協会のアイヌ新法の要求で、産業や経済の抜本的な対策、自立化基金の要求を出していますが、「アイヌ文化振興法」では、その点は全く考えられていません。

私は、今回の請求で、全道教育資金を申請していますが、この共有財産についての疑問と要求は、何度もほかの原告が述べたとおりで、去年一〇月二日の原告準備書面で明らかにしています。指定した金額と管理していた金額の流れが全く分かりません。他の共有財産と違い、アイヌであればだれでも返還される資格があるのに、その機会を知らないで逃したのは、財産権の侵害に当たります。特にこの二点について明確な説明をしてほしい、と思います。

これからは、アイヌ語教育、彫り物や織布などの技術を子供たちが身につける教育、その他、誇りを取り戻す民族教育ができる抜本的な対策が必要です。この百年間の共有財産を返還するというからには、どのように生かすかを考えるべきです。私は、子どもの教育資金と苦労してきて今も生活に困っている年寄りの年金にしてほしいと思い、申請しました。共有財産がこれらの原資になればいいと考えている一人です。

裁判官が、アイヌ民族の歴史と共有財産の実態を正確につかまえて判断することを期待していますし、お願い致します。

これで私の陳述を終わります。

秋辺　得平

二〇〇一年一〇月九日
第一三回口頭弁論／意見陳述

私は、社団法人北海道ウタリ協会の副理事長として活動している最近の出来事を中心に意見陳述します。

去る七月二日、平沼赳夫経済産業大臣ならびに鈴木宗男衆議院議員による、相次ぐ「日本は単一民族」発言がありました。

この二人の発言内容は、いかに多くの問題を含み、私たちアイヌ民族の尊厳を傷つけ、歴史をゆがめたか、計り知れないものです。

この事件の対応に私どもの前理事長が極めて不適切であったことが原因で、その職を解任されました。後任の理事長は、本日もこの法廷においでの秋田春蔵さんであります。私はその際、副理事長として選任されました。八月六日のことでした。問題の単一民族発言から三五日目です。

私は、副理事長として最初の国際活動が、南アフリカのダーバンで開かれた「反人種差別撤廃世界会議」への出席でした。NGOとして八月二九日から九月七日の一〇日間の参加でした。

この会議の仕組みは、前半にNGOの会議を設け、後半に政府間会議を持ってきました。国連主催の会議は、今や、政府だけの会議ではなく、いわゆる非政府組織、NGO抜きでは有り得なくなってきています。

各国政府はNGOの発言と提案に大きく影響されるようになり、市民や民間団体と政府との協議スタイルが定着しつつあります。このたびのダーバン二〇〇一会議も同様でした。

参加者が政府代表団約四〇〇〇人、NGO代表団約二〇〇〇人、計約六〇〇〇人もの人々が、世界中から集まって会議が持たれました。

会議の目標は、会議の宣言を出すことと、それに基づく行動計画を出すことの二本柱。NGO全体会議は、宣言と行動計画を合わせたものとしてまとめましたが、その内容が、黒人差別、とりわけ奴隷売買を行った旧植民地時代の国に対して、謝罪と保障を求めるもの、また、シオニズム、ユダヤ主義に対する批判という、南アフリカ諸国、アラブ諸国と、アメリカ、イスラエルとの対決の様相も呈して、厳しいものとなりました。

政府間協議は、当初予想では、途中で会議がつぶれるのでは、と思われていましたが、しかし、会期の終盤には午前三時まで協議が続けられるという、予想外の進行となり、結果として、会議はNGOも政府間協議も日課をすべてこなす、という、ある意味で成功であったと言えるものでした。

この巨大な世界会議の内容は、その成果として、国連から近く文書として出されます。今後の課題を詰め込んだものと想像されますが、国際会議はそのありようが、政府のお上意識からの脱却、そして、市民が高かった敷居を超えて会議に参加し、創り上げていく重要な役割を担う、新しい時代がやってきたということが実感されます。

私たちアイヌ民族の問題も、これからは国内での理解を深めるとともに、国際的に大きく注目されていくことは間違いありません。国も北海道も、そして市町村も、それぞれ行政の責任者として、アイヌ民族施策をしっかりと行わなければ、国際社会の耳目からもその責任を問われることになるでしょう。

今こそ、北海道の知事は、アイヌ民族共有財産の正当な評価と納得のいく対応をすべきです。

私ども北海道ウタリ協会は、秋田理事長を先頭に、いわゆる「北方領土問題」に対しても、積極的にかかわることにしました。

この問題については、長い間、これへの言及を避けてきましたが、ついに口火を切ることになりました。

そこで、私は、色丹島斜古丹村のアイヌ共有財産の正当な返還を求めている原告でありますので、この千島列島の問題、いわゆる、北方領土問題について「アイヌの立場」から切り口を見たいと思います。

資料として次に北海道ウタリ協会の北方領土問題に関する基本方針、中間報告書、そして、「千島列島のアイヌ民族先住に関する資料」を提出します。

このことについて、若干のコメントを加えさせていただき、私の陳述とします。

小川　隆吉

二〇〇一年一〇月九日
第一三回口頭弁論／意見陳述

今回、地裁での最後の意見陳述の機会ということで、ここに裁判がどうなるのかと注目し、アイヌの多く住む、浦河、静内、新冠、門別などの日高地方、鵡川、白老などのアイヌの長老、仲間が傍聴に来ております。今、私は多くのアイヌの熱い思いを感じ、原告団長としてその思いや励ましを厳しく受け止めております。

まず最初に、私は最近の札幌でのアイヌの仲間のことを話します。

九月初め、住民の通報によって五二歳の一人暮らしの男性が死んでいるのが発見されました。彼のポケットには一〇円玉が入っているのみで、餓死でした。八月初め、仲間の世話で入ることのできた住宅の電話も切られていました。家族を失い、まわりからいくらかの善意があっても、結局は救いきれず、死んでいったのです。

もう一人、トラックの運転手をしていた四〇歳の男性がいます。急性脳梗塞で働くこともできず、健康保険に入っていず、病院に入ることもできません。奥さんと三人の子どもがいます。この奥さんはローンと夫の暴力、それでも働かなければならない職場の厳しい時間外労働が重なって、万策尽きてしまい、今、駆け込み寺に世話になっていますが、先の見通しがありません。

長期の経済不況が続く中、社会の底辺で生きる者の多い我々アイヌ民族の生活はますます厳しくなっています。特に、定職につけず、生活の乱れやアルコール依存症におちいったり、健康を害した場合は、どうしようもない状況に追い込まれています。

差別されてきたアイヌが、アイヌ文化振興法のいう「民族としての誇りが尊重される社会」が絵に画いた餅ではなく、実現されるためには、アイヌ自身の自覚と努力が必要なのは当然としても、その根本は日本の政治、社会の問題であることを、まず訴えたいのです。

アイヌ民族の歴史がどのようなものであったかを述べなければなりません。

私たちの祖先、エカシ、フチたちは、この北海道をアイヌモシリ「人間の住む大地」と呼び、カムイ(神)のふところ深く平和に暮らしてきました。

アイヌは自然とともに生きてきました。北海道の広葉樹林は大地をつくり、川を育て、海を育てます。鳥や魚、動物だけでなく、地上に生きるすべての動植物、命あるもの全ては、カムイが姿を変えて、アイヌ、すなわち人間とともに住んでいるのです。そのようなアイヌモシリが豊かで平和な時がいかに長かったことか。その中には、神のおきて、自然のおきて、アイヌのおきてが息づいていました。裁判長、その時代にはその時代の立派なおきてがあったことを知っていただきたいのです。

すでに亡くなったアイヌの山本多助エカシが言う「赤鬼、青鬼ども」が、和人が言う「内地」から「外地」であるこの大地・北海道に、アイヌやカムイに断りなしに入ってきて、「主なき土地」であると言って土地を取り上げ、「開拓」の名の下に自然を破壊し、アイヌの生活は一方的に破壊されました。アイヌ民族蔑視の差別政策と同化政策はアイヌを消滅させる「滅亡政策」でした。どれほど多くのエカシやフチたちが、苦しみと屈辱の中で死んでいったことか。

北海道大学構内に「遺跡保存庭園」があります。これはサクシュコトニ川に沿って、八世紀から九世紀頃の擦文時代の我々の祖先の生活の跡、三七の住居跡を含むもので、北大には「この貴重な遺跡を保存するために整備する」と掲示板には書いてありますが、保存・整備に力を入れず、草のおおい茂った遺跡「放置」庭園と化しています。

北大には、児玉作左衛門が全道、樺太、千島のアイヌ墓地から掘り出した、言わば「盗骨」一〇〇四体がエゾオオカミ、エゾシマフクロウと同時に棚に陳列されていました。

明治政府が植民地政策を推進する中で、北海道大学の植民学を講義した新渡戸稲造は「北海道の植民が大した困難を伴わなかったのは、原住民のアイヌ族が臆病で消滅に瀕した民族であったからである」(『新渡戸稲造全集』第二一巻「日本の植民」)と述べています。アイヌ支配が後の日本の海外植民地政策の第一歩であったのです。

一八七五年(明治八年)の樺太千島交換条約によって、樺太アイヌ八五四名は宗谷、そして江別の対雁へと強制移住させられ、苦難の道を歩みました。慣れない土地で慣れない農業を強いられ、コレラ、天然痘で三八五名の命が奪われ、結果的には、日露戦争後の一九〇六年(明治三九年)、故郷樺太に帰還したもの三六六名、と記録されています。この間、土地と漁場などの共同事業による大きな共有財産があり、北海道長官指定のアイヌの共有財産になっていました。しかし、土地などの多くはアイヌの意思に反して、寄付その他で処分され、お金の一部が樺太に帰ったアイヌにも返されることになった、という記録はありますが、正当にアイヌ自身の手に返還されたのかどうか証拠がありません。指定された共有財産でありながら、現在私たちに返還するとしている共有財産には含まれていない訳ですが、これらの歴史的解明が必要です。

もとより、明治の初期以来、アイヌ民族の共有財産は管理、運用指導を北海道長官が行ってきたものであり、北海道旧土人保護法施行以後は、長官指定のもとで管理、運用されてきました。

今回の返還に際し、被告知事は準備書面（二〇〇〇年二月四日付）で「被告が管理していた共有財産について、その指定経緯や改廃状況を十分に調査した上で、返還の対象となるすべての共有財産を公告しているのである」と言っているのですから、即座にその調査した結果を公表できるはずです。

しかしながら、道知事は準備書面で、ただ「返還は有利な行政処分である」と言うばかりです。ほかでもないわれわれアイヌ民族の財産です。管理の経過、内容を明らかにしないのは、われわれアイヌ民族を侮辱しているとしか言い様がありません。

北海道知事が資料を明らかにしないことから、私たちは道が明らかにしている限られた資料の詳細な点検に基づき、三八項目にわたる問題点・疑問点を指摘し、これに答えるよう要求しました。

また、私たちは、資料を公開し、疑問点・問題点に答えるよう要求した署名を呼びかけ、現在までに五五一二名分の署名を知事に提出しています。多くの人が管理の内容を明らかにできないはずはないと思っています。知事はただちにこの声に答えるべきです。

一二回の口頭弁論を行ってきましたが、貴裁判長が財産の管理経過の審理に踏み込まない訴訟指揮によって、金額等が正当なものかどうか明らかにならないまま結審することに納得がいきません。裁判の結果がどのようなものになるにせよ、知事がこの管理責任を明らかにすることがないならば、共有財産の返還「処理」は永久に不可能だと知るべきです。

アイヌ民族、そして道民、国民はこの裁判の判決に注目しております。裁判は道理に適った公正なものと信じております。裁判長の公正な判断に期待し私の陳述を終わります。

平成一四年三月七日判決言渡・同日原本受領裁判所書記官
平成一一年（行ウ）第一三号　北海道旧土人共有財産等返還手続無効確認請求事件

判　決

原告　小川　隆吉
原告　青木　悦子
原告　苗畑　レイ子
原告　酒井　晴美
原告　秋辺　得平
原告　荒木　繁
原告　小川　サナヱ
原告　川村　兼一
原告　北川　しま子
原告　鹿田　川見
原告　柴田　妙子
原告　原島　則夫
原告　豊川　重雄
原告　島﨑　直美
原告　伊藤　稔
原告　小名　與市
原告　諏訪野　楠藏
原告　諏訪野　義雄
原告　石井　廣子
原告　今野　恒子
原告　竹川　和子
原告　佐々木　信子

原告　杉村　滿
原告　砂澤　代惠子
同二四名訴訟代理人弁護士　村松　弘康
同　房川　樹芳
同　肘井　博行
同　粟生　猛
同　砂子　章彦
同　新川　生馬
同　増谷　康博
原告ら訴訟復代理人弁護士　佐藤　昭彦
札幌市中央区北三条西六丁目一番地
被告　北海道知事堀達也
同指定代理人　佐久間　健吉
同　田野　喜代嗣
同　小林　一延
同　秦　博美
同　加藤　修
同　中村　民俊
同　真屋　幹雄
同　渡邉　幹夫
同　小林　祐之
同　榊原　政博
同　新谷　忍

主文

1　原告らの請求のうち、被告が平成一一年四月二日付けでした別紙1第1項記載の返還するとの決定に係る各請求については、訴えをいずれも却下する。

2　原告らのその余の請求をいずれも棄却する。

3　訴訟費用は、原告らの負担とする。

事実及び理由

第一　請求

（主位的請求）

被告が平成一一年四月二日付けでした別紙1第1項記載の

返還するとの決定及び同第二項記載の返還しないとの決定はいずれも無効であることを確認する。

（予備的請求）

被告が平成一一年四月二日付けでした別紙1第1項記載の返還するとの決定及び同第2項記載の返還しないとの決定をいずれも取り消す。

第二　事案の概要

本件は、被告が、アイヌ文化の振興並びにアイヌの伝統等に関する知識の普及及び啓発に関する法律（平成九年法律第五二号。以下「アイヌ新法」という。）附則三条に基づいて、原告らに対し、原告らが返還請求をした財産（北海道庁長官ないし被告が北海道旧土人保護法（明治三二年法律第二七号。以下「旧保護法」という。）一〇条一項の規定によりあるいは同項に準じて管理していたもの）を、返還するとの決定又は返還しないとの決定を行ったところ、原告らが、被告に対し、主位的にこれらの決定の無効確認を、予備的にこれらの決定の取消しを求める事案である。

1　争いのない事実等

(1)　北海道庁長官ないし被告は、旧保護法一〇条一項の規定により、同条三項で指定された北海道旧土人共有財産（以下「共有財産」という。）を管理していた。また、北海道庁長官ないし被告は、旧保護法一〇条三項の規定による指定のない、発生理由及び経緯は定かではないが事実上管理するに至っていた財産（以下「指定外財産」といい、共有財産と併せて「共有財産等」という。）も、共有財産と一体的に管理していた。

共有財産は、その多くが旧保護法制定以前に形成されたものであり、おおむね①開拓使の官営漁業による収益金、②宮内省御下賜金、文部省交付金、③行幸時御下賜金、④賑恤費（救助米）の剰余金、⑤共有地の下付からなる。

共有財産の種類には、土地、建物などの不動産、現金、公債証書、債券、株券等があったが、被告は、不動産については昭和二七年までに管理を終えてその後は現金のみを管理しているとし、平成九年九月五日時点の共有財産等の管理額は、共有財産が一八件で一二九万三〇九八円、指定外財産が八件で一七万五二四〇円、合計二六件で一四六万八三三八円であるとする。

(2)　平成九年五月にアイヌ新法が制定され、その施行に併せて旧保護法が廃止された。

旧保護法の廃止に伴い、アイヌ新法附則三条により、アイヌ新法施行の際に北海道知事が現に管理する共有財産は共有者に返還されることになり、共有者から返還請求がない共有財産は財団法人アイヌ文化振興・研究推進機構に帰属することになった。

(3)ア　被告は、平成九年九月五日、アイヌ新法附則三条二項に基づいて、共有財産ごとに厚生省令で定める事項を官報で公告した。アイヌ新法附則三条三項により、共有財産の返還を請求する者は、同日から平成一〇年九月四日までの間、北海道環境生活部総務課アイヌ施策推進室宛てに返還請求書を提出することになった。

被告は、指定外財産についても、共有財産に準じた返還手続を行った。

イ　共有財産について、別紙3（返還請求財産一覧表）の原告名欄記載の各原告は、被告に対し、平成一〇年九月四日までに、同表返還請求財産欄記載の財産の返還請求をした。

指定外財産について、原告秋辺得平（以下「原告秋辺」という。）は、別紙2第2項記載の財産の返還請求をした。

ウ　被告は、共有財産等の返還請求者がその財産の返還を受けるべき資格を有するか否かを審査するため、平成一〇年一一月二六日、北海道旧土人共有財産等処理審査委員会（以下「審査委員会」という。）を設置した。委員は、アイヌ関係者二名、弁護士一名及び学識者二名の合計五名で構成されていた。

エ　被告は、上記イの原告らの共有財産等返還請求に関し、審査委員会の審査結果を踏まえ、平成一一年四月二日付けで、別紙1第1項記載のとおりの返還するとの決定（原告らのうち二三名の原告らに対する二六件の決定。以下「本件返還決定」という。）及び第二項記載のとおりの返還しないとの決定（原告らのうち三名の原告に対する五件の決定。以下「本件返還しない決定」という。）を行い（以下これらの決定をあわせて「本件決定という。」）、原告らにその旨の通知をした。

2　本案前の争点

(1)　取消訴訟に併合提起された無効確認訴訟に訴えの利益があるか。

（被告の主張）

同一の行政処分に対する取消訴訟と無効確認訴訟は、いずれも当該行政処分の瑕疵を理由としてその効力を争う点で異ならないところ、取消訴訟は無効確認訴訟に対し、違法性の程度、証明責任、判決効などの点で原告らにとってはるかに有利であるだけでなく、そもそも無効確認訴訟は、出訴期間を徒過し、審査請求前置を欠く場合であっても、その違法性の重大性等に鑑み、取消訴訟の補充的訴訟形態として認められたものであること、加えて、行政処分に対する無効確認訴訟が当該処分の出訴期間内に提起された場合には、無効確認請求のうちに取消請求も包含されているものと解されていることから、少なくとも、取消訴訟と重複して併合提起された無効確認訴訟は訴えの利益を欠く。

（原告らの主張）

無効確認訴訟は、出訴期間の制限がなく、事情判決の規定（行訴法三一条）も準用されていない（同法三八条）など、取消訴訟よりも原告らにとって有利な訴訟形態であるから、無効確認訴訟を主位的請求とし、出訴期間内であれば取消訴訟を予備的請求として併合提起する利益がある。

(2)　本件返還決定について、名宛人である原告らに無効確認又は取消しを求める法律上の利益があるか。

（被告の主張）

被告は、本件返還決定により、原告らに対し、原告らの返還請求どおりの決定をしたのであるから、本件返還決定は原告らにとって有利な行政処分であって、原告らの権利又は法律上の利益を侵害するものではなく、原告らに何ら不利益を与えるものではない。原告らには、本件返還決定の無効確認又は取消しによって回復されるべき法律上の利益は存しない。

よって、本件返還決定に係る請求は訴えの利益がなく不適法であり、却下されるべきである。

（原告らの主張）

被告は、原告らの返還請求と被告による返還決定という共有財産返還手続の一部にのみ着目し、その部分のみを捕らえて原告らにとって有利な行政処分であるとするが、以下のとおり、本件返還決定により原告らは不利益を受けている。

ア　アイヌ新法附則三条にいう「現に……管理する北海道旧土人共有財産」とは、旧保護法一〇条三項に基づいて指定され、同条一項によって管理されてきた共有財産のうち、アイヌ新法施行時既に共有財産としての管理が適法に終了した財産を除く共有財産をすべて含むと解すべきところ、被告が行った共有財産等の返還手続では、被告が現に管理するとして被告による公告があった財産に対してのみ返還請求ができるにすぎないから、公告された財産が本来返還対象となるべきすべての財産なのか不明である。

そして、本来返還対象となるべき財産が返還対象から除外されているならば、返還請求自体が不可能となり、本来返還請求できる財産が原告らに対して返還されないことになるから、原告らの財産権を侵害している。

イ　被告が貨幣価値の変動を十分に考慮しないまま共有財産を評価して返還額の公告をしていることは、本来原告らが有する返還請求権の一部を侵害している。

ウ　先住民族であるアイヌ民族には、共有財産等の返還手続の策定に参加するという手続上の権利があるにもかかわらず、共有財産等の返還手続の策定に当たり、アイヌ民族が手続の策定に参画する機会は一切設けられなかった。しかも、本件での返還手続について原告らの意見を反映しないまま公告がされている。したがって、原告らが返還手続の策定に参加する手続上の権利が侵害されている。

エ　このように、アイヌ民族の共有財産返還処分の効力をめぐる紛争について、本件返還決定の無効が確認されて又は取り消されることにより、被告が公告に遡って返還手続をやり直すことになる。そして、原告らは、本件返還決定よりもより有利な返還処分がされる蓋然性が非常に高いのであるから、訴えの利益は認められる。

(3)　本件決定の無効確認訴訟について、現在の法律関係に関する訴えによって目的を達することができないか否か。

（原告らの主張）

本件訴訟において、所有権に基づく返還請求や損害賠償請求の提起を考えることは全く不可能ではないが、本件訴訟が、旧保護法下における不当な強制的共有財産管理を清算することを目的として行われる共有財産の返還手続に関するものであること、返還の根拠となるアイヌ新法一条に「アイヌの人々の民族としての誇りが尊重される社会の実現を図り」という目的が掲げられており、本件返還決定はその一環として行われるものであって単なる私法上の財産権についての処分とはいえないこと、多数の権利者間において相互に関連し合っている共有財産の返還決定であること等に鑑みれば、返還決定の無効を前提とする当事者訴訟や民事訴訟は紛争の根本的解決にはならないのであり、無効確認を求める訴えの方がより直截的で適切な争訟形態であって、本件決定の効力の有無を前提とする現在の法律関係に関する訴えによっては目的を達することができない。

(4)　別紙2第2項（指定外財産）記載の財産に係る決定（別紙1第2項の1記載の原告秋辺に対する返還しないとの決定。以下「本件指定外財産に係る決定」という。）が、抗告訴訟の対象となるか否か。

（被告の主張）

抗告訴訟の対象となる行政庁の処分とは、公権力の主体たる国又は公共団体が法令の規定に基づき行う行為のうち、その行為によって直接国民の権利義務を形成し又はその範囲を確定することが法律上認められているものをいう。その他公権力の行使とは、法の根拠を要するとともに、国民の権利自由に対する侵害の可能性をもつ行為でなければならない。指定外財産は、旧保護法に基づく指定はされていないが、その沿革から北海道庁長官ないし被告が事実上管理するに至っていたものにすぎず、その返還も事実上共有財産に準じる処理をしているのであり、何ら法的根拠を有するものではなく、何らの公権力性は認められない。また、指定外財産の返還は返還請求に対応していたもので、被告が一方的にしたものではない。

したがって、本件指定外財産に係る決定は、行政処分その他公権力の行使には当たらないから抗告訴訟の対象とはならず、これに係る訴えは不適法であり、却下されるべきである。

（原告らの主張）

指定外財産の返還は、共有財産と一体にして管理してきた財産を被告の一方的判断で共有者の財産の返還手続を行ったのであるから、いわゆる権力的事実行為に該当し、公権力の行使に当たる行為である。

また、行政庁が行う行政活動として、行政処分に該当するか法律上一義的に明確でないとしても、同種の活動の一連の手続と比較してその実質的同一性が認められる場合には処分性が認められ得る。本件において、指定外財産も共有財産と一体として管理されてきたのであるし、アイヌ新法附則三条に基づく共有財産の返還と、指定外財産の返還の手続は全く同一であり、共有財産の返還が行政処分であることには争いがないから、指定外財産の返還決定には明らかに処分性が認められる。

よって、本件指定外財産に係る決定に行政処分性が認められ、抗告訴訟の対象となる。

3　本案の争点

(1)　アイヌ新法附則三条、本件返還手続の違憲性等

（原告らの主張）

ア　憲法二九条違反

共有財産について、被告は旧保護法及びアイヌ新法に基づき権利者に対して善良なる管理者の注意義務を負う。指定外財産については、被告は、事務の管理者として、善良なる管理者の注意義務を負う。それにもかかわらず、被告は、財産の管理、運用の状況、特に、金銭以外の指定財産が処分された経緯について所有者である共有者に全く報告していない。そして、公表された共有財産の金額が適正なものかも不明である。また、共有者ないし相続人を調査した上で返還すべきであるのに、共有者の中から請求してきた者のみに返還するとしている。本件においても、被告は、所有者である原告らに対して何らの通知をすることもなく、返還する財産についても、公告した金額に至った出納の経緯を明らかにせず、善管注意

義務を尽くしていない。このような財産の返還方法は、憲法二九条一項に明らかに違反し、原告らの財産権を侵害するものである。

したがって、アイヌ新法附則三条に規定する共有財産の返還方法は、憲法二九条一項に違反する。仮に、同条が合憲であっても、被告が行った具体的な本件返還手続は、憲法二九条一項に反する。

イ　憲法三一条違反

行政手続においても、憲法三一条が定める適正手続の保障ないしその保障の趣旨が及ぶ。本件返還手続は、被告が前記ア記載の義務を怠り、共有財産の管理の経緯や返還する金額算定の基礎が不明確なままであるし、正当な所有者について調査もされていない。そして、公告した日から一年以内に返還請求をした者のうち、被告が正当な共有者であると認めた者で、その代表者とされた者にだけ返還するとされているが、かかる手続制定が正当な所有者、特にアイヌ民族の意向に沿うものかの確認もされていない。また、実際の手続においても、アイヌ民族を関与させていない点で適正ではない。このように、本件返還手続を定めたアイヌ新法附則三条は憲法三一条に違反する。仮に、同条が合憲であっても、被告が行った具体的な本件返還手続は、憲法三一条に違反している。

ウ　憲法一三条、市民的及び政治的権利に関する国際規約（B規約）二七条及びアイヌ新法四条違反

アイヌ民族を先住民族として尊重することが憲法一三条から導かれることは、以下の事実からも明らかである。

B規約二七条は、「種族的・宗教的又は言語的少数者が存在する国において、当該少数民族に属する者は、その集団の他構成員と共に自己の文化を享有し、自己の宗教を信仰し、かつ実践し、又は自己の言語を使用する権利を否定されない」と規定している。

平成五年に国際連合人権小委員会作業部会においてまとめられた「先住民族権利宣言草案」では、先住民族に、国の政治的・経済的・社会的・文化的な国家活動への完全な参加権、特に先住民族に係る事項の決定過程への参加権を認めている。

札幌地方裁判所平成九年三月二七日判決（同裁判所平成五年（行ウ）第九号事件、いわゆる「二風谷ダム判決」）では、アイヌ民族である原告らに対して少数民族たるアイヌ民族固有の文化を享有する権利が憲法一三条により保障されるとした上で、アイヌ民族の文化等に影響を及ぼすおそれのある政策の決定及び遂行にあたっては、その権利に不当な侵害が起こらないようにするため、先住少数民族の文化等に対し特に十分な配慮をすべきである

としている。

そうすると、アイヌ新法の解釈、運用あるいは施策の実施にあたっては、アイヌ民族を先住民族として認め、アイヌ民族の自発的意思及び民族としての誇りを尊重するよう配慮した解釈、運用がなされるべきであって、共有財産等を返還するに当たっては、アイヌ民族を加え、あるいはその同意を得て返還手続を定めるか、少なくとも上記のような配慮を十分に盛り込んだ返還手続を定める必要がある。それにもかかわらず、アイヌ新法附則三条は、共有財産の一方的な返還手続を定めるにすぎず、先住民族の権利に対する配慮を欠いており、憲法一三条、B規約二七条に違反する。仮に、同条が合憲であっても、被告が行った具体的な本件返還手続が先住民族の権利に対する配慮を欠いており、憲法一三条及びアイヌ新法四条に違反する。

エ　よって、本件返還手続は手続そのものが違憲であり、仮にそうではなくても、本件にかかる具体的な返還手続が違憲、違法であるから、本件決定は無効ないし少なくとも取り消されるべきである。

（被告の主張）

被告は、共有財産等を共有者ないしその相続人から委任を受けて行っていたのではなく、旧保護法一〇条の規定に基づき行ってきた。したがって、共有者ないしその相続人に対し管理義務を負うものではない。

また、本件決定は、アイヌ新法附則及び厚生省令に基づき、あるいはこれらに準じて適正に行われたものであり、違法はない。

(2)　本件返還しない決定の違法性
（原告らの主張）

原告秋辺、原告鹿田川見（以下「原告鹿田」という。）、原告豊川重雄（以下「原告豊川」という。）は、本件返還しない決定によって返還されなかった財産の権利者であるから、被告の本件返還しない決定は誤りである。なお、共有財産等の返還に際して、被告は、本来の権利者を調査して、正当な権利者を把握して財産を返還する義務があるから、財産の返還を請求する者が権利者でないことについて被告が立証責任を負う。

ア　原告秋辺は、別紙2第1項(8)記載の共有財産（色丹郡斜古丹村旧土人共有。以下「共有財産(8)」という。）及び別紙2第2項記載の指定外財産（色丹村共有。以下「本件指定外財産」という。）について権利を有している。すなわち、これらの財産に対しては、色丹村で生活していたアイヌにも権利があるところ、原告秋辺の母秋邊ミサ（戸籍上の表記はアキホ）は、遅くとも大正一一年から昭和六年頃には色丹島に居住しており、上記財産の権利を有するから、相続人である原告秋辺は権利を有する。

イ　原告鹿田は、以下のとおり、別紙2第1項(3)記載の共有財産（天塩国天塩郡、中川郡、上川郡旧土人教育資金。以下「共有財産(3)」という。）及び同項(9)記載の共有財産（旭川市旧土人五〇名共有、旭川市旧土人共有。以下「共有財産(9)」という。）について権利を有している。

共有財産(9)は、鹿田シマが共有者としての権利を有するところ、鹿田シマは、原告鹿田の祖父鹿田寅吉が分家した本家の鹿田イソナイの相続人である。共有財産(9)は、その地域で生活しているすべてのアイヌのために指定されたものと解されるから、鹿田シマと同じ地域に生活していた原告鹿田の祖父鹿田寅吉及び父鹿田三吉も権利を有し、その相続人である原告鹿田は権利を有する。

共有財産(3)もまた、その地域に生活していたアイヌのために指定された財産であり、原告鹿田が権利を有する。

ウ　原告豊川は、共有財産(3)（天塩国天塩郡、中川郡、上川郡旧土人教育資金）について権利を有している。すなわち、この財産は、天塩国天塩郡、中川郡、上川郡に該当する地域に生活の基盤を有していた者に権利が認められるものである。原告豊川の父豊川正や同人の兄弟達は、明治から大正にかけて、毎年五月から六月の二か月間ほど、三隻の船で天塩川に行って鱒をとるという出稼ぎをしていて、天塩での漁業を基盤に生活していた。したがって、豊川正は共有財産(3)の権利を有し、その相続人である原告豊川は権利を有する。

（被告の主張）

本件返還しない決定は、返還請求者の資格審査のために開催された審査委員会の審査結果を踏まえて行った。審査委員会は、共有財産を、①指定当初の共有者名が特定、確認できる共有財産と、②当初の共有者名が特定、確認できない共有財産とに区分して共有者資格の確認をした。①については、当初の共有者と請求者の関係に関する書類等と、被告が保存する当初の共有者名が記載されている書類等により、請求者が共有者であることを確認した。②については、(a)請求者がアイヌであること、(b)請求者が当初の共有者と主張する者が当該共有財産の名称に係る地域に居住していたこと、(c)前記(b)の居住時期が共有財産の指定当時にかかっていること、(d)請求者が当初の共有者と主張する者と請求者自身の関係を確認し、資格の有無を判定した。指定外財産についてもこれに準じている。

ア　原告秋辺に対する返還しない処分について

共有財産(8)は前記②の当初の共有者名が特定、確認できない共有財産であり、本件指定外財産も当初の共有者名が特定、確認できない財産である。

審査委員会は、原告秋辺について、共有財産⑻に関して、前記⒜の事実は認められるものの、⒝、⒞の事実及び原告秋辺が共有者であることが確認できないという結論に、本件指定外財産に関して、原告秋辺が所有者であることが確認できないという結論に達した。被告は、これらの審査結果を踏まえて、原告秋辺に対する返還しない処分を行った。

イ　原告鹿田に対する返還しない処分について
共有財産⑶は前記②の当初の共有者名が特定、確認できない共有財産であり、共有財産⑼は前記①の指定当初の共有者名が特定、確認できる共有財産である。

審査委員会は、原告鹿田について、共有財産⑶に関して、前記⒜事実は認められるものの、⒝、⒞の事実及び原告鹿田が当初の共有者と主張する鹿田三吉が共有者であることが確認できないという結論に達した。また、共有財産⑼に関して、原告鹿田が共有者であると主張する鹿田三吉が当該財産の共有者であることが確認できないという結論に達した。被告は、これらの審査結果を踏まえて、原告鹿田に対する返還しない処分を行った。

ウ　原告豊川に対する返還しない処分について
共有財産⑶は前記②の当初の共有者名が特定、確認できない共有財産である。

審査委員会は、原告豊川について、共有財産⑶に関して、前記⒜の事実は認められるものの、⒝、⒞の事実及び原告豊川が当初の共有者であると主張する豊川正が共有者であることが確認できないという結論に達した。被告は、これらの審査結果を踏まえて、原告鹿田に対する返還しない処分を行った。

以上のとおり、本件返還しない決定は適法、適正なものである。

第四　当裁判所の判断

1　本案前の争点⑴（取消訴訟に併合提起された無効確認訴訟の訴えの利益）について

原告らは、無効確認請求を主位的に、取消請求を予備的に請求し、双方の訴えを併合して請求している。取消訴訟は、主張、立証すべき瑕疵の程度、立証責任の分配、判決の効力のいずれの点においても無効確認訴訟より原告らに有利であり、本件の取消訴訟は出訴期間の要件を充たしていることは明らかであるから（本件の取消訴訟においては、審査請求前置の要件はない。）、原告らは取消訴訟を提起すれば足り、無効確認訴訟を併合して提起する必要はないとも考えられる。

しかし、取消訴訟においては、一般的に、事情判決の制度により処分に瑕疵が認められても請求が棄却されることがあり得る（行訴法三一条一項）のに対し、無効確認訴訟は、事情判決の制度はないから、この点において、取消訴訟よりも無効確認訴訟の方が原告らにとって有利であるといえる。そして、事情判決がされるかどうかは、出訴期間や審査請求前置の要件とは異なり、本案の審理をしなければ明らかにならないから、取消訴訟を提起すれば足りるとはいいきれない。また、行訴法上、取消訴訟と無効確認訴訟は別個の抗告訴訟として規定され、取消訴訟を提起することができないときに限り無効確認訴訟を起することができるというような規定はない。したがって、無効確認訴訟を主位的に、取消訴訟を予備的に請求することにより両訴訟を併合提起した場合であっても、無効確認訴訟にも訴えの利益が認められるというべきである。

2　本案前の争点(2)（本件返還決定の無効確認又は取消しを求める法律上の利益）について

(1)　本件返還決定に至る経過は、争いのない事実及び各項記載の証拠によれば、次のとおりであったと認められる。

ア　被告は、平成九年九月五日、アイヌ新法附則三条二項に基づいて、共有財産ごとに、厚生省令で定める事項を、官報で公告した。公告した事項は、各共有財産ごとに、「北海道庁令又は告示の番号及び年月日」「共有別」「指定当時における財産種別」「指定当時における数量又は金額」「財産の目的」「本公告時における財産種別及び金額」「備考」である。このうち、「共有別」「指定当時における数量又は金額」「本公告時における財産種別及び金額」欄に記載された事項は、別紙2（共有財産及び指定外財産目録）第2項の各「共有別」「指定に係る数量又は金額」「官報公告の時に北海道知事が管理する金額」欄に記載したとおりである。被告は、同日付け官報において、共有財産の返還請求書の請求先、提出方法、提出期間、受付時間を公告した。（乙一）

イ　原告らは、これらの公告を受けて、被告にあてて、北海道旧土人共有財産返還請求書を提出した。原告らは、この請求書に、それぞれ、「申請に係る共有財産」として「官報公告における番号」「共有別」「指定に係る数量又は金額」「官報公告の時に北海道知事が管理する金額」を、別紙2（共有財産及び指定外財産目録）のとおり、記載した。（乙二の一から三一まで）

ウ　被告は、これらの申請を受理し、原告らが返還請求をした具体的な共有財産について、原告らに返還を受けるべき資格があるかどうかを審査し、審査委員会による審査結果を踏まえ、別紙1第1項記載のとおり、二三名の原告らは返還を受けるべき資格を有すると判断し、これらの原告らに対して、その請求のとおり、本件返還決定をした。

以上のとおり、本件返還決定は、被告が公告をした共有財産に関し、本件返還決定の名宛人である原告ら二三名（以下、この項において「原告ら」とはこの二三名の原告を意味する。）の財産、金額を特定した具体的な返還の請求に基づいて、原告らが返還の請求をした財産、金額のとおり、返還をする旨の決定をしたものである。すなわち、本件返還決定は、原告らの請求をすべて認めた原告らに有利な行政処分であり、本件返還決定によって、原告らが不利益を受けたり、権利を侵害されたとは考えられない。

(2) これに対し、原告らは、第一に、本来返還の対象となるべき財産が公告されず、返還の対象とならなかったため、原告らはこのような財産の返還を受けることができず、不利益を受けていると主張する。

しかし、本件返還決定は、各決定の対象であるそれぞれの財産、すなわち、被告が公告をし、原告らが返還の請求をした財産を、各決定の名宛人である原告らに返還するというものである。本件返還決定により生じる効果は、被告が公告をし、原告らが返還の請求をした財産が、原告らに帰属するということに尽きる。

被告が公告をせず、原告らが返還請求の対象としなかった財産の帰属については、本件返還決定は、何らの判断もしていない。本件返還決定が、各決定の対象でない財産に対して、何らかの法律上の効果を与えることはあり得ない。仮に、原告ら主張のとおり、返還手続の対象となるべきであるにもかかわらず、被告が公告をしなかったことによって返還手続の対象にならなかった財産があり、かつ、それが原告らに返還されるべき財産であるとしても、本件返還決定によって、その財産が原告らに返還されないことになったのではない。原告らの主張する不利益が存在すると仮定しても、その不利益は、被告が共有財産の返還手続の対象とすべきであるにもかかわらず対象としなかったということによって生じているものである。原告らが本件訴訟の対象として除去することを求めているのは本件返還決定であるが、判決によって本件返還決定の無効を確認し又は取り消したとしても、判決の効果として、共有財産の返還手続の対象とすべきであるにもかかわらず対象としなかった財産までをも取り込んだ返還手続を被告に行わせることはできない。

結局、原告ら主張の不利益は、本件返還決定無効確認又は取消しによっても回復することはできず、原告らに本件返還決定無効確認又は取消しによって回復すべき法律上の利益があると認めることはできない。

なお、原告らは、共有財産がアイヌ新法附則三条五項により指定法人である財団法人アイヌ文化振興・研究推進機構に帰属させられることがないようにするため、とりあえず返還請求の手続をとったものであると主張している。

しかし、原告らが返還請求手続をした意図が何であれ、原告らから返還請求の手続がされたことは事実であり、返還請求を受けた被告は、原告らが返還を求める資格を有するか否かを審査し、資格を有すると認められる場合には、原告らに対して返還決定をしなければならない。このように決定における判断は、返還請求をした者の意図とは関係がないから、原告らが返還請求の手続をした意図によって、本件返還決定の法律上の効果が異なることはあり得ない。

(3) 原告らは、第二に、本件返還決定は貨幣価値の変動を考慮した財産が返還されない点で不利益を受けていると主張する。

しかし、本件返還決定は、被告が財産、金額を具体的に示した公告に対して、原告らが財産、金額を特定した具体的な返還の請求をし、これに基づいて、原告らが返還の請求をした財産、金額のとおり、返還をする旨の決定をしたものである。本件返還決定によって、原告らに返還されることになった金額に関し、原告らが不利益を受けるとは考えられない。本件返還決定の無効が確認され又は取り消されたとしても、原告らが返還を請求した金額を上回る金額の返還決定が行われることはない。

したがって、貨幣価値の変動が考慮されていないとしても、原告らに本件返還決定の無効確認又は取消しによって回復すべき法律上の利益があると認めることはできない。

(4) 原告らは、第三に、原告らが返還手続の策定に参加する手続上の権利が侵害されている点、具体的には、アイヌ民族が少数民族として返還手続の策定に参加する手続上の権利があるにもかかわらず、この権利が侵害されている点で不利益を受けていると主張する。

しかし、本件返還決定は、原告らの返還の請求のとおりの財産、金額を返還する旨を決定したものであり、原告らの請求をすべて認めた決定である。

仮に原告らの主張するような手続上の瑕疵が本件返還決定にあり、本件返還決定の無効を確認し、あるいは決定を取り消し、その手続をやり直したとしても、原告らの請求を上回る処分、すなわち原告らの請求をすべて認めた本件返還決定以上に原告らにとって有利な処分が行われることはない。結局、本件返還決定の手続をやり直した上で、本件返還決定と全く同一の原告らの請求をすべて認める処分を再度行うことになる。このような場合に、原告らが、手続上の権利が侵害されたという理由により、本件返還決定の手続をやり直すことを求める必要性は考えられない。手続上の権利が侵害されたことを理由としても、原告らに本件返還決定の無効を確認し、又は決定を取り消す法律上の利益があるとは認められない。

原告らが、返還手続の策定に参加することによって、返還手続の対象とならなかった財産をも取り込んだ処分や、貨幣価値の変動を考慮した処分を求めるというのであれば、このような処分は、判決で本件返還決定の無効を確認し、又は決定を取り消しても、その判決によって被告に行わせることができないことは、既に述べたとおりである。

結局、手続上の権利侵害を理由としても、原告らに本件返還決定の無効確認又は取消しによって回復すべき法律上の利益があると認めることはできない。

(5) 以上のとおり、原告らに、本件返還決定の無効確認又は取消しによって回復すべき法律上の利益があるとは認められず、本件返還決定に係る請求には訴えの利益がない。したがって、本件返還決定に係る請求は、その余の点を判断するまでもなく不適法であるから、却下を免れない。

3 本案前の争点(3)（無効確認訴訟につき、現在の法律関係に関する訴えによって目的を達することができないか）について

本件返還決定に係る請求は、前記のとおり不適法であるから、判断の必要がない。ここでは、本件返還しない決定に係る無効確認訴訟について現在の法律関係に関する訴えによって目的を達することができないかどうかを検討する。

本件返還しない決定は、三名の原告らに対する五件の決定であり、これらの原告が、共有財産等として公告された財産（返還の対象となるのは、いずれも金銭である。）について、共有者であるとして、その返還請求をしたのに対して、被告がこれを認めなかったものである。

そうすると、これらの原告は、本件返還しない決定が無効であることを前提とすれば、共有財産等として公告された財産の共有者であるとして、被告に対して、金銭の給付請求をすることも可能であるとも考えられる。しかし、アイヌ新法附則三条に基づく共有者への返還手続は、公告した財産に対して複数の者が返還請求をすることが想定され、返還を受ける資格を有すると認められる者の数によって、返還請求をした者が現実に返還を受けることができる金額等、返還を受ける財産の内容が決定されるものである（指定外財産の返還も同様である。）。返還を認めない決定が無効であることを前提として、金銭の給付を求めようとしても、返還を認められなかった者には、給付を受けることができる金額が必ずしも明らかでなく、金銭給付訴訟を提起するのが困難である。また、返還を認めない決定が無効か否かによって、共有者の資格を

有すると認められた者が受け取ることができる金額が変動することになる。

このような点から考えると、本件返還しない決定の無効を前提として金銭の給付訴訟をするよりも、本件返還しない決定の無効確認訴訟の方が、直截的で簡明な手続であるといえ、抜本的な解決の手段ということができる。

したがって、本件返還しない決定の無効を主張する三名の原告らは、本件返還しない決定の無効確認訴訟を提起することができるというべきである。

4　本案前の争点(4)（指定外財産に係る決定が、抗告訴訟の対象となるか）について

本件指定外財産に係る決定は、被告が、事実上管理するに至っていた財産を返還することにして、返還請求を受け付け、請求者に返還するか否かを判断したものである。証拠（乙一、二の七）によれば、被告は共有財産に準じて、平成九年九月五日、別紙2（共有財産及び指定外財産目録）第2項記載のとおり指定外財産の公告をし、共有財産の返還請求書とほぼ同一の返還請求書の様式を定め、共有財産の返還手続と同一の提出方法、提出期間を定めたことが認められる。そうすると、返還請求者は、実体法上当該指定外財産に対する権利を観念することができるとしても、アイヌ新法附則三条による共有財産の返還手続と同様の手続により、被告の決定によって、当該指定外財産の返還を受けることができたり、受けられなかったりすることになる。したがって、返還請求者の指定外財産に対する権利は、事実上、被告の決定により定まるということができ、被告の決定が、直接、返還請求者の指定外財産に対する権利に直接影響を及ぼしているということができる。このような行政庁の行為は、行訴法三条が規定する行政処分その他公権力の行使に当たる行為に該当するというべきである。

被告はその行為が法律に基づかないことを理由に公権力の行使に当たらないと主張する。しかし、指定外財産の返還手続は、共有財産に準じて、アイヌ新法附則三条が規定した手続等と同様の手続、判断が行われ、共有財産と同様に返還請求者の権利に直接影響を及ぼす処分を行っているのであるから、指定外財産の返還手続自体が法令に定められていないことをもって、行訴法上のその他公権力の行使に当たる行為に該当しないということはできない。

よって、本件指定外財産に係る決定は、行政処分その他公権力の行使に当たる行為に該当し、抗告訴訟の対象となる。

5　本案の争点(1)（アイヌ新法附則三条、本件返還手続の違憲性等）について

(1)　前記二のとおり、本件返還決定に係る原告らの請求は不適法であるから、以下、本件返還しない決定について検討する。

本件返還しない決定は、原告秋辺、原告鹿田及び原告豊川（以下この項の「原告ら」とはこの三名の原告を意味する。）の返還請求（返還が認められたものを除く。）に対して、被告が、原告らは共有者であると確認できないとして、財産の返還を認めなかったものである。

原告らは、本件返還しない決定の無効確認又は取消しを求めている。無効確認訴訟も処分の取消訴訟も、行政庁の具体的な処分を前提とした原告の個別的、具体的な権利関係に関する争いを解決するための訴訟であるから、原告らは、本件返還しない決定が違法あるいは違憲であること、すなわち、原告らが共有者であると確認できないとして財産の返還を認めなかった被告の判断やその手続が違法あるいは違憲であることを主張しなければならない。

(2)　原告らは、アイヌ新法附則三条あるいは同条に基づく共有財産等の返還の具体的な本件返還手続が憲法二九条、三一条、一三条、B規約二七条に違反する、あるいは具体的な本件返還手続がアイヌ新法四条に違反すると主張し、本件返還しない決定の無効確認又は取消しを求めている。

しかし、憲法二九条違反の主張については、原告らは、アイヌ新法附則三条あるいは具体的な本件返還手続により共有財産等の共有者全般の財産権が侵害されていると主張しているが、原告らが共有者であると確認できないとして返還を認めなかった本件返還しない決定について、違憲の主張をしているわけではない。憲法一三条違反の主張についても同様、原告らは、アイヌ新法三条あるいは同条に基づく具体的手続の策定にアイヌ民族が参加する権利が侵害されていると主張しているが、原告らが共有者であると確認できないとして返還を認めなかった本件返還しない決定について、違憲の主張をしているわけではない。憲法三一条違反の主張については、原告らが、公権力の一定の措置によって重大な損失を被る個人がその過程において適正な手続的処遇をうける権利は同条により保障されるという見解に立って主張しているのであるが、憲法一三条違反の主張と根拠条文を異にするにすぎず、憲法一三条違反の主張と同様である。アイヌ新法附則三条及び具体的な本件返還手続のB規約二七条違反、具体的な本件返還手続のアイヌ新法四条違反の主張も同様である。

原告らは、本件返還しない決定の無効又は取消しを求めるものであるけれども、原告らが共有者であると確認できない

として返還を認めなかった被告の判断やその手続に違法、違憲があるという主張をせず、結局、本件返還しない決定の背後にあるアイヌ新法附則三条が規定する共有財産の返還手続の制度自体、あるいは、同条に基づく手続自体が違憲、違法等であることを、本件返還しない決定が違法か否かという問題とは離れて、一般的、抽象的に主張しているにすぎない。このことは、原告らが、本件返還決定も、本件返還しない決定も、同一の理由により違憲、違法であると主張し、請求した財産の返還が認められても、認められなくても、いずれにしても違憲、違法であると主張していることからも明らかである。

また、アイヌ新法附則三条あるいは同条に基づく具体的な本件返還手続が違憲等により無効であるとしても、そのことによって本件返還しない決定によって生じた状態、すなわち、原告らが返還請求をした共有財産等が返還されないという状態を除去することはできない。かえって、アイヌ新法附則三条あるいは同条に基づく具体的手続が違憲無効であるとすれば、被告が原告らに対して共有財産等の返還を行う法的根拠を欠くことになる。

このように、本件返還しない決定が違法か否かという問題と離れて、アイヌ新法附則三条あるいは同条に基づく具体的な本件返還手続の違憲性等の主張をすることは、抽象的に法令の解釈、適用を争うことに他ならない。このような主張は、本件返還しない決定の無効の理由、あるいは取消事由の主張にはならないというべきである。

(3) なお、原告らは、本件返還しない決定の判断過程において、アイヌ民族の関与がないことを手続上の違法事由として主張しているとも考えられる。

しかし、原告らの主張するとおり本件返還しない決定の前提として行われる資格審査にアイヌ民族を関与させるべきであるとしても、証拠（乙六の一及び二）によれば、その資格審査に際して、資格審査のために設置した審査委員会の構成員に、アイヌ民族関係者として社団法人北海道ウタリ協会や旭川アイヌ協議会の役員が含まれていて、被告がアイヌ民族の意見を反映させていたことが認められるから、この点に関して違法はないというべきである。

6 本案の争点(2)（本件返還しない決定の違法性）について

(1) 前記争いのない事実に証拠（各項に記載したもの）及び弁論の全趣旨をあわせると、以下の事実が認められる。

ア 審査委員会の委員は、アイヌ関係者二名、弁護士一名及び学識者二名の合計五名で構成された。（乙六号証の一及び二）

審査委員会は、返還請求者が共有財産等の共有者と認められるか否かを審査するため、審査基準として、①指定当初の共有者名が特定、確認できる共有財産については、当初の共有者と請求者の関係に関する書類等と、被告が保存する当初の共有者名が記載されている書類等により、請求者が共有者であると認められるか否かを審査し、②当初の共有者名が特定、確認できない共有財産については、(a)請求者がアイヌであること、(b)請求者が当初の共有者と主張する者が当該共有財産の名称に係る地域に居住していたこと、(c)前記(b)の居住時期が共有財産の指定当時にかかっていること、(d)請求者が当初の共有者と主張する者と請求者自身の関係により共有者と認められるか否かを審査した。指定外財産についてもこれに準じて審査した。

イ　審査委員会は、原告秋辺が共有財産(8)及び本件指定外財産の共有者であることが確認できない、原告鹿田が共有財産(3)及び(9)の共有者であることが確認できない、原告豊川が共有財産(3)の共有者であることが確認できないという結論を出した。

被告は、これらの審査委員会の審査結果を踏まえて、本件返還しない決定を行った。

ウ　原告秋辺は、昭和一八年九月一二日、父成田萬九郎、母秋邊ミサの子として出生した。戸籍によれば出生地は得撫郡得撫島宇床丹無番地であるが、実際は洋上船の中で出生した。

秋邊ミサの父秋邊福治は、阿寒川の支流アキベツという川の川筋の出身であり、戸籍上明治二〇年七月二三日に出生した。秋邊福治は、大正六年に分家し、大正一一年に釧路市春採地区に住む志富サヨと結婚した。その後しばらく釧路市内の興津内で漁業をしていたが、その後密漁監視員の仕事で千島列島に赴任した。秋邊ミサは、大正七年一〇月四日に釧路市内で出生した。秋邊ミサが幼少時、同人の両親は、密漁監視員や漁業の仕事をして、千島列島二四の島のほとんどを仕事で歩き、その赴任先でそれぞれ一年ないし二年の間居住した。秋邊ミサは、釧路市春採地区に暮らしたり、千島列島の両親の元で暮らしたりしていて、色丹島で生活していたこともあった。秋邊ミサは、成田萬九郎と内縁関係にあり、内縁関係にあった当時は国後島の漁場で女工として出稼ぎをしていた。

共有財産(8)は、当初の共有者名が特定、確認できない共有財産であり、昭和六年一二月二四日に共有財産の指定を受けた。本件指定外財産は、当初の共有者名が特定、確認できない共有財産である。

（甲四三、乙二、七の一ないし六、原告秋辺本人）

エ　原告鹿田の祖父は鹿田寅吉（鹿田アンノウックの次男）であり、鹿田寅吉は大正一一年二月二八日に戸主鹿田イソナイ（鹿田アンノウックの長男）の戸籍から分家した。鹿田イソナイの死亡後、鹿田イソナイの長男鹿田正道が鹿田イソナイの家督を相続し、鹿田正道が昭和二年一〇月に死亡後、鹿田シマ（鹿田イソナイの長女で鹿田正道の姉）が鹿田正道の家督を相続して戸主となった。

原告鹿田の父は鹿田三吉であり、同人は鹿田寅吉の子である。鹿田三吉は大正一二年七月一二日に旭川市で出生した。

共有財産(3)は、当初の共有者名が特定、確認できない共有財産であり、昭和六年一二月二四日に共有財産の指定を受けた。共有財産(9)は、昭和九年一一月一日に旭川市旧土人保護地処分法一条の規定に基づき鹿田シマ外四九名に下付された財産であり、指定当初の共有者名が特定できる共有財産である。（甲三四、甲四八、乙一、八、九、原告鹿田本人）

オ　原告豊川は、父豊川正、母豊川ムメノの子として、昭和六年二月五日、当時両親が居住していた石狩郡石狩町大字生振村六線北一九番地で出生した。

豊川正は、明治の末から大正にかけて、天塩川に行って鱒をとり、一年に三か月ほど天塩川流域に家を建てて生活していた。

共有財産(3)は、当初の共有者名が特定、確認できない共有財産であり、昭和六年一二月二四日に共有財産の指定を受けた。（甲五〇、乙一、一〇、原告豊川本人）

(2)　以上認定した事実を前提に、原告らを各処分の対象財産の共有者と認めなかった被告の判断に違法があるか検討する。

ア　審査委員会は、原告秋辺が共有財産(8)及び本件指定外財産の共有者であることが確認できないという結論にいたり、原告鹿田が共有財産(3)及び(9)の共有者であることが確認できないという結論にいたり、原告豊川が共有財産(3)の共有者であることが確認できないという結論にいたっていて、被告はその結果を基にして本件返還しない決定を行っている。

原告らが各処分の対象財産の共有者であるか否かの判断は、共有財産の管理に関する法令をはじめ、共有財産として管理が開始された当時のアイヌの風俗や風習、各共有財産の管理の経緯など、様々な歴史的、文化的な知見をもとにして判断する必要があるから、アイヌ関係者、弁護士及び学識経験者を構成員とする審査委員会の審査結果は尊重されるべきである。

そうすると、審査委員会の審査結果に不合理な点が認められない場合には、被告の判断に違法があるとは認められないというべきである。

なお、原告らは、被告において請求者が共有者でないことを立証すべきであると主張する。この主張が、請求者が共有者でないことが明らかでない限り被告は返還決定をすべきであるという趣旨であれば、この主張は正当でない。なぜなら、アイヌ新法附則三条は、請求者が当該指定外財産の共有者ないし相続人であることを返還処分の要件とし、被告は請求者が共有者であるかどうかを審査するのであって、被告が、処分に際して、請求者が共有者でないことを認定しない限り返還処分をすべきであるという規定にはなっていないからである。(本件訴訟における立証責任については、本件返還しない決定は、原告らが自己の権利を求める申請をしたところ、これを被告が拒否したものであり、本件返還しない決定によって、原告らが被告から権利を制限されたり、義務を課されたりしたものではないから、原告らにおいて共有者であることを立証する責任があるというべきである。)

また、原告らは、審査委員会の審査基準のうち、①指定当初の共有者名が特定、確認できる共有財産について、その特定された共有者から権利を承継したと認められる者を共有者とする基準、②指定当初の共有者名が特定、確認できない共有財産について、当該財産の名称に係る地域に指定当時に居住していた者を居住者としてその者から権利を承継したと認められる者を共有者とする基準に異論があるようである。しかし、①指定当初の共有者名が特定、確認できる共有財産については、その特定された共有者から権利を承継したと認められる者を現在の共有者と考えること、②指定当初の共有者名が特定、確認できない共有財産については、当該財産にかかわりのある地域(各財産の「共有別」に記載されているもの)に指定当時に居住していた者から権利を承継したと認められる者を現在の共有者と考えることにはいずれも合理性があり、審査委員会が設定した審査基準に不合理な点があるとは認められない。

イ　原告秋辺について、母秋邊ミサが色丹島で生活をしたことがあるという事実は認められても、共有財産(8)の指定当時に色丹島に居住していたかどうかは明らかでなく、指定当時当該財産の共有者であったと認めることはできないから、原告秋辺が共有者の権利を承継取得したと認めることはできず、審査委員会の審査結果に不合理な点は認められない。また、本件指定外財産についても同様に原告秋辺が所有者ないしその相続人であることが確認できない。

ウ　原告鹿田について、共有財産(3)に関して、父鹿田三吉が天塩国天塩郡、中川郡、上川郡に居住していた事実は認められず、鹿田三吉が指定当時当該財産の共有者であったと認めることはできないから、原告鹿田が共有者の権利を承継取得したと認めることはできず、審査委員会の審査結果に不合理な点は認められない。共有財産(9)に関して、原告鹿田は、指定当初の共有者である鹿田シマの相続人ではないから、原告鹿田が共有者の権利を承継取得したと認めることはできず、共有者であると認められないとした審査委員会の審査結果に不合理な点は認められない。

エ　原告豊川について、共有財産(3)に関して、父豊川正が、年に二、三か月、天塩国天塩郡、中川郡、上川郡で生活していた事実は認められても、共有財産の指定当時に当該地域に居住していたかどうかは明らかでなく、指定当時当該財産の共有者であったと認めることはできないから、原告豊川が共有者の権利を承継取得したと認めることはできず、審査委員会の審査結果に不合理な点は認められない。

(3)　したがって、審査委員会の審査結果に不合理な点は認められず、被告の判断に違法があるとは認められない。

7　結論

以上によれば、原告らの請求のうち、本件返還決定に係る請求については訴えの利益がないから訴えを却下することにし、本件返還しない決定に係る請求については理由がないから請求を棄却することにして、主文のとおり判決する。

（口頭弁論終結の日　平成一三年一〇月二三日）

札幌地方裁判所民事第三部

裁判長裁判官　中西　茂

裁判官　川口　泰司

裁判官　戸村　まゆみ

別紙1

第1　返還するとの決定

1　被告は原告小川隆吉に対し別紙2第1項(2)記載の財産を返還する。

2　被告は原告青木悦子に対し別紙2第1項(1)記載の財産を返還する。

3　被告は原告苗畑レイ子に対し別紙2第1項(1)記載の財産を返還する。

4　被告は原告酒井晴美に対し別紙2第1項(1)記載の財産を返還する。

5　被告は原告秋辺得平に対し別紙2第1項(2)記載の財産を返還する。

6　被告は原告荒木繁に対し別紙2第1項(2)記載の財産を返還する。

7　被告は原告小川サナヱに対し別紙2第1項(2)記載の財産を返還する。

8　被告は原告川村兼一に対し別紙2第1項(2)及び(9)記載の財産を返還する。

9　被告は原告北川しま子に対し別紙2第1項(2)及び(7)記載の財産を返還する。

10　被告は原告鹿田川見に対し別紙2第1項(2)記載の財産を返還する。

11　被告は原告柴田妙子に対し別紙2第1項(2)及び(4)記載の財産を返還する。

12　被告は原告原島則夫に対し別紙2第1項(2)記載の財産を返還する。

13　被告は原告島﨑直美に対し別紙2第1項(4)記載の財産を返還する。

14　被告は原告伊藤稔に対し別紙2第1項(5)記載の財産を返還する。

15　被告は原告小名與市に対し別紙2第1項(6)記載の財産を返還する。

16　被告は原告諏訪野楠蔵に対し別紙2第1項(6)記載の財産を返還する。

17　被告は原告諏訪野義雄に対し別紙2第1項(6)記載の財産を返還する。

18　被告は原告石井廣子に対し別紙2第1項(7)記載の財産を返還する。

19　被告は原告今野恒子に対し別紙2第1項(7)記載の財産を返還する。

20　被告は原告竹川和子に対し別紙2第一項(7)記載の財産を返還する。

21　被告は原告佐々木信子に対し別紙2第1項(7)記載の財産を返還する。

22　被告は原告杉村満に対し別紙2第1項(9)記載の財産を返還する。

23　被告は原告砂澤代恵子に対し別紙2第1項(9)記載の財産を返還する。

第2　返還しないとの決定

1　被告は原告秋辺得平に対し別紙2第1項(8)記載の財産及び別紙2第2項記載の財産を返還しない。

2　被告は原告鹿田川見に対し別紙2第1項(3)及び(9)記載の財産を返還しない。

3　被告は原告豊川重雄に対し別紙2第1項(3)記載の財産を返還しない。

別紙2　共有財産及び指定外財産目録

1　共有財産

(1)

官報公告における番号	3
共有別	中川郡幕別村旧土人共有
指定に係る数量又は金額	現金　2,400円
官報公告の時に北海道知事が管理する金額	現金　54,015円

(2)

官報公告における番号	4
共有別	全道旧土人教育資金
指定に係る数量又は金額	公債証書及び現金　6,206円
官報公告の時に北海道知事が管理する金額	現金　198,415円

(3)

官報公告における番号	5
共有別	天塩国天塩郡、中川郡、上川郡　旧土人教育資金
指定に係る数量又は金額	公債証書及び現金　266円
官報公告の時に北海道知事が管理する金額	現金　13,445円

(4)

官報公告における番号	6
共有別	勇払郡鵡川村旧土人共有
指定に係る数量又は金額	現金　500円
官報公告の時に北海道知事が管理する金額	現金　20,656円

(5)

官報公告における番号	10
共有別	勇払郡厚真村旧土人共有
指定に係る数量又は金額	現金　300円
官報公告の時に北海道知事が管理する金額	現金　10,153円

(6)

官報公告における番号	13
共有別	有珠郡伊達町旧土人共有
指定に係る数量又は金額	現金　58円
官報公告の時に北海道知事が管理する金額	現金　3,852円

(7)

官報公告における番号	15
共有別	沙流郡各村旧土人共有
指定に係る数量又は金額	現金　349円
官報公告の時に北海道知事が管理する金額	現金　9,408円

(8)

官報公告における番号	16
共有別	色丹郡斜古丹村旧土人共有
指定に係る数量又は金額	公債証書、勧業債券、拓殖債券及び北海道拓殖銀行株券 5,305円
官報公告の時に北海道知事が管理する金額	現金 100,091円

(9)

官報公告における番号	17
共有別	旭川市旧上人50名共有、旭川市旧土人共有
指定に係る数量又は金額	畑61町2反8畝26歩、宅地36,164坪5勺、田7町9反3畝19歩、原野2町6反5畝11歩、畑4町歩　現金 3,112円98銭
官報公告の時に北海道知事が管理する金額	現金 754,519円

2　指定外財産

官報公告における番号	5
所有者	色丹村共有
昭和18年4月1日における管理金額	7,077円97銭
官報公告の時に北海道知事が管理する金額	117,118円

5 原告団声明

我々は、北海道知事が約百年にわたり管理してきたアイヌ民族共有財産の返還手続処分は無効であり、これを取り消すよう求め、札幌地方裁判所に提訴した。同裁判所は、本日、これを却下するとの判決を下した。

この返還処分にはあまりにも多くの問題点がありながら、裁判長がその実体審理に踏み込まず門前払いの判断を下したことは全く原告の主張を認めない不当判決と断じざるを得ない。

まず第一に、日本政府も国連で認めた民族差別法「北海道旧土人保護法」によってアイヌ民族の財産権を侵害し北海道長官が「共有財産」を一方的に指定し管理していながら、百年間の管理台帳は六冊しかなく、疑問の多いその管理経過を一切明らかにせずに、ただ「有利な行政処分であり、訴えの利益がない」とのみ言う被告北海道の主張を認めたものである。

原告は、道の資料のみによる財産管理経過を明らかにし、その中で三八項目の疑問点・問題点を指摘したが、これらの疑問点に答えずして返還は有り得ない。被告北海道知事は、この具体的審理に応じず「訴えの利益」という法律論に固執する不誠実な態度に終始した。これは百年間にわたる管理責任の公正な点検を放棄し、その問題点を隠蔽しようとするものであった。

本判決は、この不当な被告の態度を追認する不当な判決といわざるを得ない。

第二に、被告北海道が進めてきた「共有財産」の返還手続には、憲法第三一条に基づき、本来、返還される主体であるアイヌ民族の意思が反映され、「共有財産」設置の経過と趣旨に照らして、これにふさわしい手続がとられるべきであった。道ならびに国の返還手続きはこれを欠き、一方的に決められたものであった。

加えて、法的根拠なしに管理してきた「指定外財産」の返還手続きには、法律に基づく返還を強調していながら法的根拠に基づかない返還も含むという大きな矛盾がある。

返還申請の期間を一年間と限り、共有者の中の返還請求者のみを返還の対象としさらに、その請求者の代表者のみに返還するという、個人の財産でないものを個人に返還するという矛盾。逆に、指定外財産に個人名があるものを一般に返還請求を求めるという矛盾。「指定外財産」返還について、被告は「何ら法的根拠を有するものではなく……行政処分その他の公権力の行使には当たらない」と主張する。本判決が、これに踏み込んでいないのは、怠慢の誹りを免れない。

第三に、二風谷判決の「文化享有権」と国連の「先住民族権利宣言草案」を踏まえてのアイヌ民族の権利と、「アイヌ文化振興法」にいう「民族としての誇りが尊重される社会の実現」を目指した共有財産の検証が行われるべきであった。

地裁判決後の記者会見・抗議集会（2002年３月７日）

原告は、口頭弁論の都度意見陳述を行い、明治以後のアイヌ民族に対する差別政策、同化政策の中で虐げられ苦しんできた実態を述べ、共有財産の性格とその実態を明らかにするよう努めてきた。これら意見陳述と法廷でのアイヌ語使用を一定の制限のもとではあるが認めたことは前進面と評価したい。しかしながら返還しないとする三名の尋問のみを行ったが、その中では、先住民族アイヌの独自の生き方や家族制が浮き彫りになり、狭い法解釈では当てはまらない、先住民族としての独自の権利を認めることが必要なことが明らかになった。被告北海道の共有財産返還「処理」は憲法第二九条の「財産権」、三一条の「法的手続きの保障」を侵害し、アイヌ民族の民族としての権利、「文化享有権」を認めない憲法一三条、国際人権B規約第二七条違反であることを、我々は主張してきたし、これからも主張する。提訴以来、二年半の口頭弁論を行ってきたが、被告北海道の態度は、財産管理の疑問点にも答えず財産管理の実態を隠蔽し、実体審理を回避し、終始門前払いのみを意図した不誠実なものであり、アイヌ民族はじめ、道民国民を欺くものである。

我々原告は、「アイヌ文化振興法」の新たな発展を目指し、アイヌ民族を尊重するにふさわしい共有財産返還「処理」判決であるべきとの立場で、意志結集を図り控訴することをここに明らかにする。

二〇〇二年三月七日

アイヌ民族共有財産裁判原告団

6　全国連（会長松田平太郎名）北海道知事宛要求署名

二〇〇一年九月二六日
北海道知事
堀　達也　様

アイヌ民族共有財産裁判を支援する全国連絡会
会長　松田　平太郎

「アイヌ民族共有財産の行方を明らかにさせる署名」（北海道知事への三項目要求署名）の提出について

一九九九年七月五日に提訴した裁判（札幌地方裁判所平成一一年（行ウ）第一三号）は、中西茂裁判長が次回の口頭弁論で結審することを明らかにしております．しかしながら、今まで一二回の口頭弁論を行いながら、返還するとする共有財産の件数と金額が正当であるかどうかを検討する実体審理を全く行っておりません。

私たちは、この返還に際しては、その財産経過を含め金額が正当なものであるかどうかを検討し確定した後でなければ返還は不可能であると考え、管理経過とその資料を明らかにするよう貴北海道知事に署名という形で要求してきました。

今回、第三次分として要求署名を提出いたします。

もとより、明治の初期以来、アイヌ民族の共有財産は管理、運用指導を北海道長官が行ってきたものであり、北海道旧土人保護法施行以後は、長官指定のもとで管理、運用されてきたわけで、今回の返還に際し、全責任を負ってきた道知事が納得できる管理経過の説明なしに、アイヌ民族に、それも請求した個人にのみに、資格を云々しながら返還できる訳がありません。

このことは、地裁での原告準備書面等で述べてきたところであり、特に、北海道知事が資料を明らかにしないことから、私たちは道が明らかにしている限られた資料の詳細な点検に基づき、三八項目にわたる問題点・疑問点を指摘し、これに答えるよう要求したにもかかわらず、それには一切答えず、「返還は有利な行政処分である」と言うのみであり、これはどう考えてもアイヌ民族を侮辱しているとしか言い様がありません。

地裁での口頭弁論は、裁判長の財産の管理経過の審理に踏み込まない訴訟指揮によって、金額等が正当なものかどうか明らかにならないまま結審を迎えようとしていますが、裁判の経過がどのようなものになるにせよ、知事がこの管理責任を明らかにせずして、共有財産の返還「処理」は永久に解決できないことを自覚すべきです。

被告知事が「被告が管理していた共有財産について、その指定経緯や改廃状況を十分に調査した上で、返還の対象となるすべての共有財産を公告しているのである」と言っているのですから、即座にその調査した結果を明らかにできるはずです。

この署名は、まさにこの要求で署名した一人一人が求めているものです。その要求の正当性と重さを踏まえ対処されるよう強く要求します。

なお、今までの道知事への署名提出日、数は下記の通りですので申し添えます。

記

北海道知事への要求項目

一、北海道知事は共有財産の管理経過に関する調査結果を公開してください。

二、北海道知事は共有財産の管理経過の調査の対象とした資料を公開してください。

三、北海道知事は原告が指摘した共有財産の管理の経過に関する疑問点・問題点に答えてください。

署名提出　第一次　二〇〇〇年一二月五日　二二六一名分
　　　　　第二次　二〇〇一年　一月二八日　一六〇六名分
　　　　　第三次　二〇〇一年　九月二六日　一六四五名分

計　五五一二名分

※**編者注**　文中「三八項目にわたる問題点・疑問点」は、本書「キ・原告準備書面　二〇〇一年一〇月九日」第五　北海道旧土人共有財産の歴史的経過（一六六頁）以下に述べられている。

第Ⅲ部　第二審　札幌高等裁判所　第三民事部

北海道旧土人共有財産等返還処分無効確認請求控訴事件　札幌高等裁判所平成14年(行コ)第6号

(1) 控訴状

二〇〇二年三月二一日

平成一四年三月二一日

札幌高等裁判所民事部御中

控訴人ら訴訟代理人
弁護士三津橋彬
同　村松　弘康
同　房川　樹芳
同　肘井　博行
同　砂子　章彦
同　粟生　猛
同　新川　生馬
同　増谷　康博
同　佐藤　昭彦

北海道旧土人共有財産等返還手続無効確認請求控訴事件

当事者の表示別紙当事者目録の通り

訴訟物の価額金一八、〇五〇、〇〇〇円

貼用印紙額金一三五、九〇〇円

予納郵便券金三、一二〇円×一組

　札幌地方裁判所平成一一年（行ウ）第一三号北海道旧土人共有財産等返還手続無効確認請求事件につき、平成一四年三

月七日に言渡された判決は全部不服であるので控訴する。

原判決の表示

一　原告らの請求のうち、被告が平成一一年四月二日付けでした別紙一第一項記載の返還するとの決定に係る各請求については、訴えをいずれも却下する。

二　原告らのその余の請求をいずれも棄却する。

三　訴訟費用は、原告らの負担とする。

控訴の趣旨

一．原判決を取り消す。

二．主位的に、

(1)　被控訴人が、アイヌ文化の振興並びにアイヌの伝統等に関する知識の普及及び啓発に関する法律附則第三条第一項の規定に基づき、平成一一年四月二日付で控訴人らに対してなした別紙三ないし二一記載の各北海道旧土人共有財産の返還手続処分はいずれも無効であることを確認する。

(2)　訴訟費用は被控訴人の負担とする。

との判決を求める。

三．予備的に、

(1)　被控訴人が、アイヌ文化の振興並びにアイヌの伝統等に関する知識の普及及び啓発に関する法律附則第三条第一項の規定に基づき、平成一一年四月二日付で控訴人らに対してなした別紙三ないし二一記載の各北海道旧土人共有財産の返還手続処分は、いずれもこれを取り消す。

(2)　訴訟費用は被控訴人の負担とする。

との判決を求める。

控訴の理由

追って、準備書面をもって主張する。

添付書類

一　訴訟委任状　一九通

以上

当事者目録

控訴人

小川　隆吉

青木　悦子

苗畑　レイ子

酒井　晴美

秋辺　得平

荒木　繁

小川　サナヱ

川村　兼一

北川　しま子

鹿田　川見

原島　則夫

豊川　重雄

島崎　直美

伊藤　稔

小名　與市

諏訪野　楠蔵

諏訪野　義雄

亡杉村満訴訟承継人（選定当事者）杉村　フサ

亡杉村満訴訟承継人　杉村　夫満郎

亡杉村満訴訟承継人　太田　奈奈

亡杉村満訴訟承継人　杉村　要

砂澤　代恵子

被控訴人
北海道知事堀達也

控訴人代理人
北海道合同法律事務所
弁護士　三津橋　彬

村松法律事務所
弁護士　村松　弘康

房川法律事務所（送達場所）
弁護士　房川　樹芳

肘井博行法律事務所
弁護士　肘井　博行

あわお法律事務所
弁護士　粟生　猛

札幌総合法律事務所
弁護士　砂子　章彦

新川法律事務所
弁護士　新川　生馬

増谷法律事務所
弁護士　増谷　康博

岩本法律事務所
弁護士　佐藤　昭彦

(2) 控訴人準備書面

二〇〇二年六月二八日

平成一四年（行コ）第六号
北海道旧土人共有財産等返還手続無効確認請求控訴事件
控訴人　小川　隆吉　外一八名
被控訴人　北海道知事
平成一四年六月二八日

準備書面

札幌高等裁判所
第三民事部　御中

控訴人ら訴訟代理人
弁護士　村松　弘康

記

頭書事件について、原判決には憲法違反、法律違反、理由不備、事実誤認、審理不尽の各違法が認められるので、原判決を直ちに棄却し、控訴人らの主張を認容すべきである。

第一　先住民族の視点の欠如

1　原判決は、控訴人らがアイヌ民族という先住民族であって、本件共有財産が近代の先住民族に対する差別や財産権の制限があったことと、その解消のためには歴史的にも法的にも違法な過去を率直に反省しそのためにはどのようにして未来へつなげるべきかという視点をもって判断すべきところ、それらの視点を欠いた恥ずべき認定であると断ぜざるを得ない。

2　今日では先住民族問題を捉えるとき、先住民族と近代国家との関係においてとらえなければならない。

したがって、被控訴人の本件共有財産等の返還手続を再検討するにあたっては、先住民族に対する「同化」から「自立」へという世界的潮流を考慮しつつ、これまでの差別的な実態を踏まえたうえで、憲法解釈・法解釈をしていく必要がある。なぜなら、憲法解釈・法解釈は、世界的潮流と無縁ではあり得ないし、今日までの世界の流れ・社会の変化に対応して柔軟に解釈・運用されてきたのであり、このことが憲法や法が時代を超えてその効力を保ってきた理由でもある。

3　アイヌ民族

控訴人らはアイヌ民族に属するものである。アイヌ民族は、「民族」の範疇に分類され、本土和人とは異なったエスニシティを有する集団であり、先住民族である。

日本国政府もこのことを認め、一九八八年一月二九日の参議院本会議において外務大臣が「アイヌの人々が独自の宗教及び言語を有し、また文化の独立性を保持していると認められる」と答弁している。

また、一九八六年一〇月二三日の衆議院内閣委員会において児玉健次委員の「北海道旧土人」とはどんな人たちをさすのかという質問に、小林功典政府委員（厚生省社会局長）は「北海道旧土人といいますのは、和人と言われた人たちが北海道に移住してくる以前から北海道に居住していた先住民族及びその子孫でございます。いわゆるアイヌと呼ばれる方々でございます」と答弁し、アイヌ民族が先住民族であることを明言している。

加えて、国連人権小委員会の作業部会においては、アイヌ民族は当然、先住民族として考えられており、現在国際社会においては、先住民族の定義はともかくとして、アイヌ民族が「先住民族」であることに疑いは差し挟む余地は全くない。

したがって、原告らアイヌ民族は先住民族としての法的存在である。

4　わが国のアイヌ民族への対応

(1)　一八六八年明治新政府が成立し、松前藩を除く松前・蝦夷地は新政府に引き継がれ、翌年、「蝦夷地」を「北海道」と命名した。

明治政府はアイヌ民族に対しては、それまでの幕府の分離政策から、急激な同化政策を採った。すなわち、耳輪、入れ墨などの伝統的な文化を禁止し、主食である鮭漁を事実上禁止し、「北海道土地売貸規則」、「北海道地券発行条例」等でアイヌ民族の土地私有を禁じ、一方的に官有地とするに至った。

このような流れの中で、一八九九年、「北海道旧土人保護法」が明治三二年法律第二七号として公布された。

旧土人保護法は第一条で「農耕ニ従事スル者ニハ一戸ニ付一万五千坪以内ニ限リ無償下付スル」ことを定め、第四条で「貧困ナル者ニハ農具及種子ヲ給付スル」ことを規定したが、これまで農業を営んでいなかったアイヌ民族が突然、農業へ転向するよう強制されても農業経営により生活を確立維持することができなかった。

この「旧土人保護法」に対しては、アイヌ民族自身は「アイヌ民族の基本的権利を踏みにじり、一方的に法の下に同化・保護政策を打ち立てた政府の姿勢に反発できず、『無智蒙昧の人種にして、その知識幼稚』（アイヌに対する表現）なるレッテルのもとに、給与地にしばられて居住の自由、農業以外の職業を選択する自由をせばめられ、教育においては民族固有の言語もうばわれ、差別と偏見を基調にした『保護・同化』政策によって、民族の尊厳をふみにじられたものである。この保護法こそ、日本の近代国家への成立過程においてひきおこされた恥ずべき歴史的所産なのである」（社団法人北海道ウタリ協会編『アイヌ民族自立への道』（一九八八年）一頁）として非難している。

このような旧土人保護法の第一〇条によって、本件共有財産の管理がなされていたのである。

5　旧土人保護法制定以前の共有財産の管理

旧土人保護法制定以前の共有財産の実態は、十勝土人漁業組合などの漁場経営にアイヌが参画し、収益を上げ、利益が還元されたところもあったが、次第に財産がアイヌ自身の手から失われて行った。

特に、三県時代から道庁発足直後まで官庁が共有財産の保管者であった時代に、北海道製麻株式会社および札幌精糖株式会社の株式により利殖を図ろうしたが、両社の破綻によって共有財産は著しく減少した。

これについては、「要するにアイヌ共有財産は、官庁や官吏個人に寄託された場合にはその管理が適性を欠き、または全く活用されないまま死蔵され、これを民間有力者の管理にゆだねた場合には種々の不正や弊害を生じたのであって、共有財産を確実に保全しアイヌの福祉に活用するための制度と誠意を欠いていたことは、否定できない事実であった。」と批評されている。（『新北海道史第四巻通説三』一八頁）

6　旧土人保護法制定以後の共有財産の管理

そして、アイヌ共有財産の管理については「管理に種々不都合なことがあったことをみとめ、この（旧土人保護）法によって道庁自らが管理する方針であることを明らかにしている」とされていた（『新北海道史第四巻通説三』一九四頁）。

しかし、旧土人保護法に基づく共有財産の指定は、それまでに形成された各地の共有財産全てを指定したものではない。これは、被告が管理する「指定外財産」の存在することにより裏付けられる。

すなわち、旧土人保護法制定以降も、同法第一〇条による指定に基づかず、共有財産を管理していたという実態からは指定そのものが恣意的になされたことが窺われる。

　また、指定そのものが恣意的である以上、指定された金額が指定当時存在していた共有財産のすべてであったかは明らかではない。さらに、今回被告が返還するとした財産がその金額を含め正当なものであるかどうかは指定以後現在までの管理の経過が明らかにされなければ判断できない。

　原告らが被告らに対して行った公文書開示請求に対し管理の経過を示す記録が開示された。しかし、開示された記録は『旧土人共有財産台帳（昭和一〇年度、一二年度ないし一四年度、一六年度および一九年度）』にとどまる。

　また、一九八〇年以降については開示された『北海道共有財産管理簿』の期間のみは明確だがそれ以前については不明である。

　旧土人保護法とともに制定された「北海道旧土人共有財産管理規程」では、現金については「利殖ヲ図スモノトス」、不動産については「賃貸利殖ヲ図スヘシ」とされ、その収益によって指定の目的に使用することとされていた。

　しかし、現在は現金のみを管理しているとされている。このことから、被告による管理にあっては不動産の賃貸による利殖ではなく、不動産を処分し金銭による利殖が図られていたことが窺がえる。また、不動産が処分された時期、処分した価格等も全く明らかにされていない。

　また、財産の処分は「共有者ノ利益ノ為ニ」「内務大臣ノ認可ヲ経テ」なされることとされていたが（旧土人保護法第一〇条第二項）、処分の目的・手続が法律に従っていたかどうかすら明らかではない。

7　アイヌ文化振興法の制定

　前述したとおり、極めて差別的な旧土人保護法を廃止し、それに伴って共有財産についても返還しようとしたのが本件の問題である。

　そうであるならば、返還に当ってはこれまでの差別的な問題点を正面から見据えて、その反省の上に立ちながら、将来に向って国際的潮流にもあった方策で返還されるべきであることは明らかである。

　そのため、アイヌ文化振興法はアイヌ文化の振興等にかかわる施策を推進するに際しての国及び地方公共団体の役割について、国に対しては、アイヌ文化の振興等を図るための施策を推進するとともに、地方公共団体が実施する施策を推進するために必要な助言その他の措置を講じることを求め、（第三条一項）、地方公共団体に対しては、当該区域の社会的条件に応じてアイヌ文化の振興等を図るための施策を実施することを求めている（同条二項）。

　そして、国に対しては、アイヌ文化の振興等を図るための施策に関する基本的指針を示すと共に施策の実施主体に対し必要に応じ助言を行う等の措置を講じ、これらの施策が全体として計画的・効果的に展開されるよう務めることを求めている（五条一項・三項、六条二項）。

さらに、国及び地方公共団体がこれらの施策を実施するに当たっては、アイヌ民族の自発的意思及び民族としての誇りを尊重するよう配慮することを求めているのである（第四条）。

これらのことは、全て、歴史的な反省及び国際的な潮流に則った解決すべきことを示唆している。

八　以上の通り、本件の判断に当ってはは控訴人らが先住民族であること、したがって先住民族の権利の観点抜きに判断できないところ、原判決はそれらの事実認識が欠落しているため、全てに亘り、審理不尽、事実誤認に陥ったものであるから直ちに取り消されるべきである。

第二　本件返還決定の無効確認または取消を求める法律上の利益について

1　原判決の判断

(1)　原判決は、「本件返還決定は、原告らの請求をすべて認めた原告らに有利な行政処分であり、本件返還決定によって、原告らが不利益を受けたり、権利を侵害されたとは考えられない。」と考え、控訴人らの請求を却下している。

(2)　さらに、本来返還の対象となるべき財産が公告されず、返還の対象とならなかったため、控訴人らがこのような財産の返還を受けることができなかった点については、「本件返還決定により生じる効果は、被告が公告をし、原告らが返還の請求をした財産が、原告らに帰属するということに尽きる。（中略）原告らの主張する不利益が存在すると仮定しても、その不利益は、被告が共有財産の返還手続の対象とすべきであるにもかかわらず対象としなかったということによって生じているものである。原告らが本件訴訟の対象として除去することを求めているのは本件返還決定であるが、判決によって本件返還決定の無効を確認し又は取り消したとしても、判決の効果として、共有財産の返還手続の対象とすべきであるにもかかわらず対象としなかった財産までをも取り込んだ返還手続を被告に行わせることはできない。」と判断している。

(3)　また、本件返還決定が貨幣価値の変動を考慮していない点については、特段の理由なしに「本件返還決定の無効が確認され又は取り消されたとしても、原告らが返還を請求した金額を上回る金額の返還決定が行われることはない。」と言い切っている。

(4)　さらに、控訴人らが返還手続の策定に参加する手続上の権利を被控訴人が侵害した点については、「仮に原告らの主張するような手続上の瑕疵が本件返還決定にあり、本件返還決定の無効を確認し、あるいは決定を取り消し、その手続をやり直したとしても、原告らの請求を上回る処分、すなわち原告らの請求をすべて認めた本件返還決定以上に原告らにとって有利な処分が行われることはない。（中略）原告らが返還手続の策定に参加することによって、返還手続の対象とならなかった財産をも取り込んだ処分や、貨幣価値の変動を考慮した処分を求めるというのであれば、このような処分は、判決で本件返還決定の無効を確認し、又は決定を取り消しても、その判決によって被告に行わせることができないことは、既に述べたとおりである。」と判断している。

(5)　要するに原判決の判断は、①本件返還手続は控訴人等にとって有利な行政処分であること、②仮に当該処分が無効または取り消されたとしても、その後に控訴人等に有利な返還手続が行われることはないこと、の二点を根拠として、本件においては訴えの利益がないとするものである。

(6)　しかし、原判決の判断は、控訴人らが共有財産の返還請求を行い、これが認められている以上「原告らにとって有利な行政処分」であると短絡的に考えている点、および判決の拘束力（行政事件訴訟法第三三条）の理解を欠く点で、明らかに法律解釈を誤っている。

以下詳論する。

2　本件返還決定は控訴人らにとって有利な行政処分ではない。

(1)　そもそも、本件返還手続は、アイヌ民族が先住民族であることや、旧土人保護法が廃止されるに至った経緯について、何らの配慮もなされぬまま行われたものであって、本件返還手続により、控訴人らのアイヌ民族としての先住権、人権、条約上の権利等が侵害されている。この点で、本件返還決定は、控訴人らにとって有利な行政処分でないことは明らかである。

(2)　原判決も認める通り、本件返還決定に至る経緯は、平成九年九月五日、アイヌ文化振興法附則三条二項に基づいて、被控訴人が共有財産ごとに厚生省令で定める事項を官報で公告し、控訴人らはこれらの公告を受けて、被控訴人に宛てて、北海道旧土人共有財産返還請求書を提出し、被控訴人がこれらの申請を受理し、審査の上本件返還決定を行った、というものである。

上記返還決定の経緯から明らかなとおり、本件返還決定は、被控訴人による「公告」が先行し、「公告」された共有財産のみが返還の対象とされているのである。決して、控訴人らの請求に応じて被控訴人が返還対象を確認・決定し、これを返還するとしたものではない。あくまで、被控訴人が返還すべき共有財産であると認識したものを「公告」したにすぎない。

そして、被控訴人の公告の仕方如何によって、自ずと返還請求が認められる範囲が決定される。例えば、一〇ある財産のうち、三しか公告しなかった場合は、残りの七の共有財産は返還手続から除外されることになる。

とするならば、一〇ある財産のうち、三の財産を返還したことをもって、控訴人らにとって有利な処分であるとは決していえないのである。

加えて、後述するように管理の違法は、本件返還手続に承継されている点でも控訴人らにとって不利益な処分である。

(3) 上記の例において、仮に複数回の返還請求が制度上認められるのであれば、控訴人らは残りの七の財産を返還請求する機会を失っておらず、三の財産の返還を取消すよう求めることは、現状よりも不利な結論を導くことになるから、訴えの利益はないことになろう。

しかしながら、アイヌ文化振興法附則三条二項は、旧土人保護法における不当な財産管理を清算すべく設けられた条項である。ここでは、複数回に渡る共有財産の返還が予定されていないことは明白であり、返還対象から外れた財産を控訴人らから返還請求する手段は存在しない。

また、同法附則三条五項は、返還されなかった共有財産は指定法人である財団法人アイヌ文化振興・研究推進機構に帰属することになる。

仮に、控訴人らが本件返還手続に不服があるから返還請求しないと考えた場合、公告された財産はすべて上記財団法人に帰属し、その後控訴人らが本件返還手続を争う術を持たない。

したがって、控訴人らが共有財産の全てを返還してもらうためには、本件返還請求の法律効果を否定し、同法附則三条二項に基づく返還請求をやり直してもらう必要がある。

(4) このように、共有財産の返還請求は、被控訴人の「公告」内容に左右されるものであって、控訴人らの返還請求は、いわば被控訴人の「公告」に支配されたものである。

にもかかわらず、控訴人らの請求通りの財産が返還されたという一事をもって、控訴人らに有利な処分であると評価するのはあまりにも短絡的な判断であるとの誹りを免れない。

確かに、控訴人らが返還請求をし、被控訴人がこれを認めた点のみを捉えれば控訴人らにとって有利な処分の様にも見える。

しかし、かかる捉え方は本件返還手続の一部のみに着目するものであって、妥当ではない。

そもそも、本件返還手続自体、控訴人らのアイヌ民族としての先住権や人権、財産権、条約上の権利を侵害する違憲・

違法な処分であり、かかる処分は控訴人らにとって有利な行政処分であるとは決していえないものである。

また、返還請求の前提となる「公告」が返還範囲を限定している点、複数回の返還請求が予定されず、返還請求を行わなければ、財団に財産が帰属し、控訴人らが返還手続を争う途を奪う点で、控訴人らに有利な処分とは決していえない。

したがって、本件返還決定が控訴人らにとって有利な行政処分であるから、訴えの利益はないとの判断は誤りである。

3　判決の拘束力（行政事件訴訟法第三三条）について

(1)　原判決は、本件返還決定が取り消されても、同様の処分がなされるだけであるとする（「結局、本件返還決定の手続をやり直した上で、本件返還決定とまったく同一の原告らの請求を認める処分を再度行うことになる。」と原判決は判示する。）。

(2)　しかし、上記判断は、行政事件訴訟の取消判決の拘束力についての理解を全く欠くものである。

行政事件訴訟法第三三条二項、三項の規定によれば、取消判決等が下された場合、判決の趣旨を尊重して処分をやり直さなければならなくなるのである。

すなわち、「取消判決の拘束力とは、行政庁に、処分又は裁決を違法とした判決の判断内容を尊重し、その事件について判決の趣旨に従って行動し、これと矛盾する処分等がある場合には、適切な措置を執るべきことを義務づける効力である。行政庁に対して司法裁判所の判決に対する遵守義務を定めることによって、行政処分の司法審査制度を実効あらしめるとの趣旨の下に、判決理由に示された裁判所の判断については、拘束力が生じるものと解されてきた。」（改訂行政事件訴訟の一般的問題に関する実務的研究・法曹会・司法研修所編三〇六頁以下）。

そして、拘束力の具体的内容については、同一処分の繰返し禁止効ないし同一過誤の反復禁止効がその中核をなすことについては異論がない。

したがって、仮に本件返還決定が、控訴人らの先住権、人権、財産権、条約上の権利等を侵害し、公告に記載された財産以外の財産の範囲が不明確である点、貨幣価値の変動の点、手続の点で違憲もしくは違法であり、無効または取り消すという判決が下された場合には、行政庁はその判断を尊重し、判決の趣旨に添った形で処分をやり直す必要があるのである。

すなわち、手続全体について、アイヌ民族の権利に十分配慮した上で、公告の対象とされなかった財産が存在する場合には、新たにその財産を公告の対象とし、貨幣価値の変動を考慮した額の公告をなし、さらにはアイヌの人たちを返還手続の策定に参加させたうえで、アイヌ文化振興法附則三条二項に基づく共有財産の返還をやり直すことになるのである。

したがって、本件返還決定を取り消しても、従前の処分が繰り返されることにはならない。

(3) 原判決は、判決の拘束力を看過し、取り消しても意味がないとして、訴えの利益を否定しているが、かかる判断が行政事件訴訟法の解釈を誤ったものであることは明白である。

4 結論

以上により、原判決は、本件返還決定が控訴人らに有利であると考える点、および判決の拘束力を看過する点で誤りがあり、破棄を免れない。

加えて、貨幣価値の問題、アイヌ民族すなわち先住民族の権利の点も考えに入れると、単純に現在有する百数十万円の返還が利益であることにはならないことは明らかである。総じて、原判決の判断は、共有財産問題を歴史的・憲法的な見地から判断しようとせず、単に目先の金銭問題に矮小化した形式論に堕した判断と言わざるを得ない。

そして、本件決定の無効確認および取消し請求は、訴えの利益を有するものである。

なお、控訴人らは、本争点について原判決における主張を維持した上、今後も準備書面により、主張を補充する予定である。

第三 本案の争点について

1 控訴人らの主張

原判決は控訴人らの主張を概ね次のようにまとめている。

ア 憲法二九条違反

共有財産について、被告は旧保護法及びアイヌ文化振興法に基づき権利者に対して善良なる管理者の注意義務を負う。指定外財産については、被告は事務の管理者として、善良な管理者の注意義務を負う。それにもかかわらず、被告は、財産の管理、運用の状況、特に、金銭以外の指定財産が処分されたについて所有者である共有者に全く報告していない。そして、公表された共有財産の金額が適正なものかも不明である。また、共有者ないし相続人を調査した上で返還すべきであるのに、共有者の中から請求してきた者のみに返還するとしている。本件においても、被告は、所有者である原告らに対して何らの通知をすることもなく、返還する財産についても、公告した金額に至った出納の経緯を明らかにせず、善管注意義務を尽くしていない。このような財産の返還方法は、憲法二九条一項に明らかに違反し、原告らの財産権を侵害するものである。

イ 憲法三一条違反

行政手続においても、憲法三一条が定める適正手続きの保障ないしその趣旨が及ぶ。

本件返還手続は、被告が前記ア記載の義務を怠り、共有財産の管理の経緯や返還する金額算定の基礎が不明確なままであるし、正当な所有者について調査もされていない。そして、公告した日から一年以内に返還請求をした者のうち、被控訴人が正当な共有者であると認めた者で、その代表者とされた者だけに返還するとされているが、かかる手続制定が正当な所有者、特にアイヌ民族の意向に沿うものかの確認もされていない。また、実際の手続においても、アイヌ民族を関与させていない点で適正ではない。このように、本件返還手続を定めたアイヌ文化振興法附則三条は憲法三一条に違反する。仮に、同条が合憲であっても、被控訴人が行った具体的な本件返還手続は、憲法三一条に違反している。

ウ　憲法一三条、市民的及び政治的権利に関する国際規約（B規約）二七条及びアイヌ文化振興法四条違反

アイヌ民族を先住民族として尊重することが憲法一三条から導かれることは、以下の事実からも明らかである。

B規約二七条は「種族的・宗教的又は言語的少数者が存在する国において、当該少数民族に属する者は、その集団の他構成員と共に自己の文化を享有し、自己の宗教を信仰し、かつ実践し、又は自己の言語を使用する権利を否定されない」と規定している。

平成五年に国際連合人権小委員会作業部会においてまとめられた「先住民族権利宣言草案」では、先住民族に、国の政治的・経済的・社会的・文化的な国家活動への完全な参加権、特に先住民族に係る政策の決定過程への参加権を認めている。

札幌地方裁判所平成九年三月二七日判決（同裁判所平成五年（行ウ）第九号事件、いわゆる「二風谷ダム判決」）は、アイヌ民族である原告らに対して少数民族たるアイヌ民族固有の文化を享有する権利が憲法一三条により保障されるとした上で、アイヌ民族の文化等に影響を及ぼすおそれのある政策の決定及び遂行にあたっては、その権利に不当な侵害が起こらないようにするため、先住民族の文化等に対し特に十分な配慮をすべきであるとしている。

そうすると、アイヌ文化振興法の解釈、運用あるいは、施策の実施にあたっては、アイヌ民族を先住民族として認め、アイヌ民族の自発的意思および民族としての誇りを尊重するよう配慮した解釈、運用がなされるべきであって、共有財産等を返還するに当たっては、アイヌ民族を加え、あるいはその同意を得て返還手続を定めるか、少なくとも上記のような配慮を十分に盛り込んだ返還手続を定める必要がある。それにもかかわらず、アイヌ文化振興法附則三条は、共有財産の一方的な返還手続きを定めるにすぎず、先住民族の権利に対する配慮を欠いており、憲法一三条、B規約二七条に違反す

る。仮に、同条が合憲であっても、被告が行った具体的な本件返還手続が先住民族の権利に対する配慮を欠いており、憲法一三条及びアイヌ新法四条に違反する。

エ　よって、本件返還手続そのものが違憲であり、仮にそうではなくても、本件にかかる具体的な返還手続が違憲、違法であるから、本件決定は無効ないし少なくとも取り消されるべきである。

2　これに対し、原判決は、本件返還しない決定が違法か否かという問題を離れて、アイヌ文化振興法附則三条あるいは同条に基く具体的な本件返還手続の違憲性等の主張をすることは、抽象的に法令の解釈・適用を争うことに他ならないと判断し（原判決二四頁）無効の理由や取消の主張にならないとする。

そして、原告らが共有者であると確認できないとして財産の返還を認めなかった被控訴人の判断やその手続が違法あるいは違憲であることを主張すべきであるが、立証されているわけではないとしている（原判決二三頁）。

3　しかし、控訴人らが、憲法二九条、同法三一条、同法一三条、国際B規約、二七条及びアイヌ文化振興法四条違反を主張しているのは、単に抽象的に違憲違法を主張したものではない。返還しない決定をされた三名が、単に現行の民事上の相続人である旨の立証ができないことだけで共有者の判断するべきでないことを主張しており、それは、憲法や国際B規約から導かれるとの主張をしていることを看過しており、明らかに理由不備・事実誤認である。

4　また、控訴人秋辺得平、同鹿田川見、同豊川について、原判決は「本件訴訟における立証責任については……原告らにおいて共有者であることを立証する責任があるというべきである」（原判決二八頁）との前提のうえで、同人らは権利を承継したと認定できない旨の判断をして審査結果に不合理な点はないとした。

しかし、これまで述べてきた通り、本件共有財産の歴史的経緯、先住民族の権利を前提として考えるとき、まず立証責任が管理をしていた被控訴人にあることを看過している上に、その立証の程度についての認定も誤っていると言わざるを得ない。

第四　条約法条約違反

1　控訴人らは、いずれもアイヌ民族であり、この点について争いはない（原判決はあえて認定していない）。アイヌ民族は、明らかに他民族を前提とした旧土人保護法の対象とされてきたこと、また明らかに日本政府も一九九二年B規約第四〇条一(6)に基く第三回報告書の中で「独自の宗教及び言語を有し、また、文化の独自性を保持している等から、本状にいう少数民族であるとして差し支えない」と報告したことから、少なくとも少数民族であることに争いはない。加えて、一九九七年三月の札幌地方裁判所においては、アイヌ民族は先住民族であることを国家機関として初めて認定するに至った（判例時報、一五九八号三三頁以下）。

なお、国際連合の「先住民族権利宣言草案」の人権小委員会においては、アイヌ民族は先住民族として部会に参加していた。

以上のことに鑑み、控訴人らアイヌ民族は少数先住民族であることは明白である。

2　少数先住民族は、先住権に関する限り独自の法人格を有する国際法主体となる。

しかも、我が国は、条約に関するウィーン条約（いわゆる条約法条約）を批准しているが、その第二七条によると「当事国は条約の不履行を正当化する根拠として自国の国内法を援用することができない」とされている

したがって、我が国も批准している国際人権規約B規約は、抵触する国内法に優先して適用されるべきであるが、第二七条においては「種族的、宗教的又は言語的少数民族が存在する国については、当該少数民族に属するものは、その集団の他の構成員と共に自己の文化を享有し、自己の宗教を信仰し、かつ実践し又は自己の言語を使用する権利を否定されない」とされている。

3　本件共有財産の形成の経緯は既に詳述しているところであるが、再論すると基本的には①開拓使の官営漁業による収益、②官内省の御下賜金、③は救恤金の余剰等であるとされているところ、実際には、アイヌ民族自ら蓄積した財産が相当含まれている（原告の平成一二年一〇月二日付準備書面六八頁以下）。

これらアイヌの共有貯蓄された財産の性質は共有財産という名称から類推される民法上の共有というよりは、あえていうならば総有ないしは合有に近い性質のものと考えられる。すなわち、そもそもアイヌ民族には所有という観念がなかったこと、共有財産が管理されるようになった後もその共有者として「戸」ないしはその代表者である「戸主」が認められており、いわゆる民法上の「共有」とは明らかに違うのである。

したがって、本件「共有財産」の性質はあえていうならば先住民族たるアイヌ民族の総有であるとの法的性質を有して

いたものと認められる。

4　そうであるならば、管理者である被控訴人がその管理を外して返還する場合には、総有としての性質を変更せず、そのまま先住民族に返還すべきである。そうでなければ、国際人権規約B規約二七条に規定される「自己の文化を享有する権利」を侵害してしまうことになる。しかるにアイヌ文化振興法附則第三条の返還規定及びそれに基く具体的返還方法は総有たる性質を無視した、いわゆる「共有物の分割」(民法第二五六条～二五八条)に近い返還方法を採用しており、明らかに条約法条約第二七条に違法している。

5　したがって、条約法条約に違反した本件返還方法はもとより無効であって、その無効手続に則って返還を進めた控訴人らの返還行為は無効である。

第五　アイヌ文化振興法三条の返還手続の違法性の承継について

1　原判決は、控訴人らが主張したこれまでの管理経過が明らかでなく、返還しようとする財産が現にある財産か否か不明である旨の主張に対し、本件返還決定を無効確認し又は取り消しても対象としなかった財産までも取り込んだ返還手続を行わせられないとして訴の利益はないとした。

2　ところで、そもそも本件共有財産は北海道旧土人保護法第一〇条による管理により被控訴人が管理していたものである。その管理利経過が極めて杜撰なものであったことは、これまで種々指摘してきたところである。

北海道旧土人保護法が、先住民族たるアイヌ民族を蔑視し、不当に財産を制約していたものであて、現行憲法下にあってはもちろん明治憲法下にあっても本来違憲なものであったことは明白である。したがって、その違憲な状態を管理をするに当って返還につき別の法律を策定したとしても、その違憲性・違法性は承継される。

3　加えて、旧土人保護法により管理され処分され、現在存在し管理しているという財産につき、それまでの管理状況が全く不明であって、なぜ現在あるとされる金額なのか全く説明されない。このような場合、従前主張している通り、その管理は管理者としての注意義務を尽くしておらず、違法である。

その違法状態は管理経過が明らかにされない限り、後行処分たる本件返還手続に承継されると解すべきである。なぜなら本件共有財産の管理手続における法的効果の実践は、最終的な管理終了である返還手続まで留保されており、その最終処分である返還時に管理経過を明らかにしない限り、違法状態が解消されないからである。

4　したがって、これまでの管理経過を全く明らかにしないまま、管理簿上存在するとする本件金額の返還だけでも控訴人らには経済上の利益があるから、訴の利益があるとする原判決は、共有財産の問題を明らかに矮小化して判断したものであって、この点においても憲法二九条、三一条、一三条等にも違反している。

以上

(3)　被控訴人答弁書

二〇〇二年八月二日

平成一四年（行コ）第六号　北海道旧土人共有財産等返還手続無効確認請求控訴事件
控訴人　小川隆吉　ほか二一名
被控訴人　北海道知事

答弁書

平成一四年八月二日

札幌高等裁判所第三民事部

被控訴人指定代理人
〒〇六〇－〇八〇八　札幌市北区北八条西二丁目一番一
札幌法務局訟務部（送達場所）
（電話　〇一一－七〇九－二三一一）
（FAX　〇一一－七〇〇－二七一八）

部付検事　田口　治美
上席訟務官　小林　洋勝
訟務官　小林　一延
〒〇六〇－八五八八　札幌市中央区北三条西六丁目
北海道総務部法制文書課
北海道事務吏員　秦　博美
同　宮田　康宏
同　中村　民俊
同　十亀　千尋
同　山下　直也
同　熊澤　武
北海道環境生活部総務課アイヌ施策推進室
北海道事務吏員　榊原　政博
同　山内　敏幸

第一　控訴の趣旨に対する答弁

本件控訴をいずれも棄却する
控訴費用は控訴人らの負担とする
との判決を求める。

第二　控訴理由に対する反論等

被控訴人の主張は、原審において主張したとおりであるが、以下、本件の争点に即して、平成一四年六月二八日付け控訴人ら準備書面（以下「控訴人ら第一準備書面」という。）に対して反論するとともに、従前の被控訴人の主張を補足する。

なお、略語は原判決の例による。

1　本案前の争点（本件返還決定の無効確認又は取消しを求める法律上の利益）について

(1)　本件返還決定は、控訴人らの返還請求どおりの返還決定をなしたもので、各返還決定は控訴人らにとって有利な行政処分であり、控訴人らの権利又は法律上の利益を侵害するものではなく控訴人らに何ら不利益を与えるものではないから、その処分の無効確認又は取消しによって回復されるべき法律上の利益は存在しないものである。したがって、本件返還決定の無効確認又は取消しを求める訴えは、不適法なものとして却下されるべきである（原審における答弁書六ページ八行目ないし八ページ一行目）。

この点、原判決も、本件返還決定は、控訴人らの「財産、金額を特定した具体的な返還の請求に基づいて、控訴人らが返還の請求をした財産、金額のとおり、返還する旨の決定をしたものである。すなわち、本件返還決定は、控訴人らの請求をすべて認めた控訴人らに有利な行政処分であり、本件返還決定によって、控訴人らが不利益を受けたり、権利を侵害されたとは考えられない。」（原判決一七ページ二一ないし二五行目）ことなどから、「控訴人らに、本件返還決定の無効確認又は取消しによって回復すべき法律上の利益があるとは認められず、本件返還決定に係る請求には訴えの利益がない」（原判決二〇ページ一九ないし二一行目）旨判示しているところであり、その判断は正当である。

(2)　これに対し、第一に、控訴人らは、本件返還手続は、アイヌ民族が先住民族であることや、旧保護法が廃止されるに至った経緯について、何らの配慮もなされぬまま行われたものであって、本件返還手続により、控訴人らのアイヌ民族としての先住権、人権、条約上の権利等が侵害されており、この点で、本件返還決定は、控訴人らにとって有利な行政処分とはいえないと主張する（控訴人ら第一準備書面八ページ最終行ないし九ページ五行目）。

しかしながら、前記1(1)で述べたとおり、本件返還決定は、控訴人らの返還請求に応じて返還請求どおりに行った処分であって、控訴人らにとって有利な処分であるから、何ら控訴人らの権利等を侵害するものではなく、控訴人らの主張は前提を欠き失当である。

(3)　第二に、控訴人らは、共有財産の返還請求は、被控訴人の「公告」内容に左右されるものであって、控訴人らの返還請求は、いわば被控訴人の「公告」に支配されたものであり、アイヌ新法附則三条二項には、返還対象から外れた財産を控訴人らから返還請求する手段は存在しないことから、控訴人らが共有財産の全てを返還してもらうためには、本件返還請求の法律効果を否定し、同法附則三条二項に基づく返還請求《ママ》をやり直してもらう必要があること（控訴人ら第一準備書面一〇ページ一六ないし二一行目）、あるいは、控訴人らは、返還請求の前提となる「公告」が返還範囲を限定している点、複数回の返還請求が予定されず、返還請求を行わなければ、財団に財産が帰属し、控訴人らが返還手続を争う途を奪う点（控訴人ら第一準備書面一一ページ六ないし九行目）で本件返還決定は、控訴人らにとって有利な行政処分とはいえないと主張する。

しかしながら、そもそも、本件返還決定は、被控訴人が公告をし、控訴人らが返還請求をした共有財産について、返還請求どおりに決定されたものであるから、本件返還決定に係る共有財産について、「公告」を含む返還手続は、何ら控訴人らの権利等を侵害するものではない。

また、控訴人らの主張は、アイヌ新法附則三条一項に規定されるアイヌ新法の施行の際現に前条の規定による廃止前の旧保護法一〇条一項の規定により北海道知事が管理する共有財産以外にも、本来返還の対象となるべき財産があることを前提としているものであると解されるが、被控訴人は、共有財産返還手続に当たり、それまで被控訴人が管理していた共有財産について、その指定経緯や改廃状況を十分に調査した上で、返還の対象となるすべての共有財産を公告しているのであって、それ以外に返還対象となるべき共有財産はないから、「公告」は何ら控訴人らの権利等を侵害するものではない（原審における平成一二年二月四日付け被告準備書面(二)二ページ四行目ないし四ページ四行目、同年六月一日付け被告準備書面(三)七ページ九行目ないし八ページ九行目）。

さらに、控訴人らの主張によれば、本件返還決定について、控訴人らは自ら本件返還請求をしておきながら、その法律効果である返還決定を否定すべきであるということになるが、このことは、明らかな自己矛盾の主張と言うべきであり、失当である。

この点、原判決は、「本件返還決定により生じる効果は、被控訴人が公告をし、控訴人らが返還の請求をした財産が、控訴人らに帰属するということに尽きる。」、「仮に、控訴人ら主張のとおり、返還手続の対象となるべきであるにもかかわらず、被控訴人が公告をしなかったことによって返還手続の対象にならなかった財産があり、かつ、それが控訴人らに返還されるべき財産であるとしても、本件返還決定によって、その財産が控訴人らに返還されないことになったのではない。」として、この点の「控訴人ら主張の不利益は、本件返還決定無効確認又は取消しによっても回復することはできず、控訴人らに本件返還決定無効確認又は取消しによって回復すべき法律上の利益があると認めることはできない。」（原判決一八ページ三ないし二四ページ）と判示しているところであるが、本来返還の対象となるべき財産はすべて公告されており、返還対象となるべき財産は他には存在しないことは前述のとおりであることのほか、その余の判断は正当である。

(4)　第三に、控訴人らは、仮に、本件返還決定を無効又は取り消すという判決が下された場合には、手続全体について、アイヌ民族の権利に十分配慮した上で、公告の対象とされなかった財産が存在する場合には、新たにその財産を公告の対象とし、貨幣価値の変動を考慮した額の公告をなし、さらにはアイヌの人たちを返還手続の策定に参加させたうえで、アイヌ新法附則三条二項に基づく共有財産の返還をやり直すことになるのであるから、本件返還決定を取り消しても、従前の処分が繰り返されることにはならない点で、原判決は、判決の拘束力（行政事件訴訟法三三条）の法律解釈を誤っていると主張する（控訴人ら第一準備書面一二ページ七ないし一三行目）。

しかしながら、そもそも、取消訴訟等は、行政処分の法律上の効果として、権利等を侵害された状態にある者が、処分の公定力を排除し、侵害状態を除去することを目的としてなす訴えであるところ、本件返還決定は、控訴人らの申請を認容した処分であって、控訴人らは本件返還決定によって何らの権利等を侵害をされていないことは前述のとおりであるから、本件返還決定の無効確認又は取消しを求める訴えは、狭義の訴えの利益を欠き、不適法である。

また、本件返還決定は、申請を却下し、又は棄却した処分ではなく、申請を認容した処分であるから、行政事件訴訟法三三条三項により同条二項が準用されるところ、判決の拘束力として、当該行政庁は、認容処分について、判決により手続に違法があることを理由として取り消された場合には、あらためて適正な手続をとり審理し直して処分しなければならず（この場合、他に特別の事情のない限り、内容的には再び同一の返還決定をすることになるであろう。）、他方、内容に違法があることを理由として取り消された場合にも、再び審理をし直して処分しなければならないが、再び認容処分がされる見込みはないということになる。本件においては、被控訴人は、控訴人らの請求どおりの認容処分をしたものであって、仮に、本件返還決定に取消事由があるとしても手続の違法にとどまると解されるから、判決により本件返還決定が取り消されるようなことがあったとしても、被控訴人としては、適正な手続をとり直して、再度同一の返還決定をすることになると解される。

なお、原判決は、「仮に控訴人らの主張するような手続上の瑕疵が本件返還決定にあり、本件返還決定の無効を確認し、あるいは決定を取り消し、その手続をやり直したとしても、原告らの請求を上回る処分、すなわち控訴人らの請求をすべて認めた本件返還決定以上に控訴人らにとって有利な処分が行われることはない。結局、本件返還決定の手続をやり直した上で、本件返還決定と全く同一の控訴人らの請求をすべて認める処分を再度行うことになる。このような場合に、控訴人らが、手続上の権利が侵害されたという理由により、本件返還決定の手続をやり直すことを求める必要性は考えられない。」旨（原判決二〇ページ一ないし八行目）と判示しているところであり、判決の拘束力の観点から訴えの利益を検討しているところであって、結論において正当である。

(5) 第四に、控訴人らは、貨幣価値の問題も考えに入れると、単純に現在有する百数十万円の返還は利益であることにはならないと主張し（控訴人ら第一準備書面一三ページ一ないし三行目）、貨幣価値の変動が十分に考慮されていない点で本件返還決定は、控訴人らにとって有利な行政処分とはいえないという趣旨の主張をするようである。

しかしながら、アイヌ新法附則三条に定める手続は、アイヌ新法の施行の際現に旧保護法一一条の規定により北海道知事が管理する共有財産を公告し、返還請求を経て当該共有財産を返還する手続として規定され、厚生省令一条は公告事項として「アイヌ新法附則三条二項の規定に基づく公告の時に北海道知事が管理する当該共有財産の金額」と規定しているものであるところ、被控訴人は、これらの根拠法令に従い、控訴人らの返還請求に基づいて、控訴人らの返還請求に対し、請求どおりの額を返還する旨決定したものであり、控訴人らに何ら不利益を与えるものではない（原審における平成一二年二月四日付け被告準備書面(二)　四ページ一一ないし一三行目）。

また、現行法上、物の返還処分に係る返還額の決定に当たり貨幣価値の変動を考慮すべき一般規定はないこと（原審における平成一二年二月四日付け被告準備書面(二)　五ページ四ないし一一行目）、アイヌ新法附則三条は、補償的要素を含めた貨幣価値の変動を考慮する制度としては設計されておらず、そもそもどのような法制度を設計すべきかということは、立法政策の当否の問題であって、法律上の争訟になじまないものであること（原審における平成一二年六月一日付け被告準備書面(三)　九ページ一〇行目ないし一〇ページ一行目）は、それぞれ既に主張したとおりである。

したがって、本件返還決定において、貨幣価値の変動が考慮されていないことは、本件返還決定の無効確認又は取消しを求める訴えの利益を肯定する根拠とはなり得ないものである。

この点、原判決も、「本件返還決定は、被控訴人が財産、金額を具体的に示した公告に対して、控訴人らが財産、金額を特定した具体的な返還の請求をし、これに基づいて、控訴人らが返還の請求をした財産、金額のとおり、返還をする旨の決定をしたものである。本件返還決定によって、控訴人らに返還されることになった金額に関し、控訴人らが不利益を受けるとは考えられない。本件返還決定の無効が確認され又は取り消されたとしても、控訴人らが返還を請求した金額を上回る金額の返還決定が行われることはない」（原判決一九ページ一一ないし一七行目）ものであり、「貨幣価値の変動が考慮されていないとしても、控訴人らに本件返還決定の無効確認又は取消しによって回復すべき法律上の利益があるとは認めることはできない」（原判決一九ページ一八ないし二〇行目）旨判示しており、その判断は正当である。

2　本案の争点①（アイヌ新法附則三条、本件返還手続の違憲性等）について

(1)　第一に、控訴人らは、アイヌ新法附則三条は、共有財産の一方的な返還手続きを定めるにすぎず、先住民族の権利に対する配慮を欠いており、憲法一三条、B規約二七条に違反し、仮に同条が合憲であっても、被控訴人が行った具体的な本件返還手続が先住民族の権利に対する配慮を欠いており、憲法一三条及びアイヌ新法四条に違反する。よって、本件返還手続そのものが違憲であり、仮にそうではなくても、本件にかかる具体的な返還手続が違憲、違法であるから、本件決定は無効ないし少なくとも取り消されるべきである（控訴人ら第一準備書面一五ページ一六ないし二四行目）、返還しない決定をされた三名が、単に現行の民事上の相続人である旨の立証ができないことだけで共有者の判断するべきでないことは《ママ》、憲法やB規約から導かれる（控訴人ら第一準備書面一六ページ九ないし一三行目）と主張する。

すなわち、控訴人らの違憲・違法に関する主張の核心は、先住民族の権利に対する配慮を欠くことが、アイヌ新法附則三条あるいは同条に基づく具体的な本件返還手続の違憲性等の根拠になるということに尽きるものであるが、控訴人らの主張する違憲、B規約違反等が、いかなる意味において具体的に控訴人らの権利利益の侵害に結びついているのか、何ら主張がなく、結局のところ、控訴人らの具体的な権利利益とは離れて、抽象的に法令の解釈、適用を争うことに他ならないものであって、控訴人らの主張は失当である。

この点、原判決は、「本件返還しない決定が違法か否かという問題と離れて、アイヌ新法附則三条あるいは同条に基づく具体的な本件返還手続の違憲性等の主張をすることは、抽象的に法令の解釈、適用を争うことに他ならない」（原判決二四ページ一八ないし二〇行目）ものであり、「このような主張は、本件返還しない決定の無効の理由、あるいは取消事由の主張にはならない」（原判決二四ページ二〇ないし二二行目）ものである旨判示しており、その判断は正当である。

(2)　第二に、控訴人らは、本件共有財産の歴史的経緯、先住民族の権利を前提として考えるとき、本件訴訟における立証責任は、本件共有財産を管理していた被控訴人にあるというべきである上、原判決は、その立証の程度についての認定も誤っていると主張する（控訴人ら第一準備書面一六ページ一九ないし二二行目）。

取消訴訟における立証責任の分配については、国民の自由を制限し、国民に義務を課する行政処分（侵害処分）の取消

しを求める訴訟においては、行政庁がその適法であることの立証責任を負担し、国民の側から国に対して、自己の権利領域、利益領域を拡張することを求める申請の却下処分（受益処分の拒否）の取消しを求める訴訟においては、原告がその申請の根拠法規に適合する事実についての立証責任を負うとの考え方を基本としつつ、個々の法規の条文解釈や、その法規の趣旨・目的等をも参照して立証責任の分配を決定するのが相当である（司法研究報告書第四五輯第二号・行政事件訴訟の一般的問題に関する実務的研究（改訂）一七二ページ）。

また、無効確認訴訟における立証責任の分配については、処分に重大かつ明白な瑕疵があることについて原告に立証責任があると解されている（最高裁昭和四二年四月七日第二小法廷判決・民集二一巻三号五七二ページ）。

これを本件についてみると、アイヌ新法附則三条一項ないし四項は、北海道知事は、その管理する共有財産を公告し、公告した共有財産について共有者からの共有財産の返還請求を受け、公告の日から起算して一年の期間の満了後でなければ、共有財産をその共有者に対し、返還してはならないと規定し、厚生省令二条は、共有財産の返還請求は、北海道旧土人共有財産返還請求書に、共有財産の共有者であることを明らかにする書類等を添付して行わなければならないと規定しているところであり、共有財産の返還請求に応じて返還請求どおりに行った返還決定は、受益処分であることから、受益処分の拒否処分の取消しを求める訴訟の立証責任は、受益処分を求めて申請をする原告側にあると解される。また、これらの条文の規定ぶりからしても、共有者において、自らが共有財産の共有者であることを明らかにして共有財産の返還請求をした場合に、北海道知事の管理する共有財産を共有者に返還するという法律効果が発生するものとして規定されていることから、返還請求をする原告側に立証責任があると解される。

したがって、本件返還しない決定の無効確認又は取消しを求める訴訟における立証責任については、控訴人らにおいて共有財産の共有者であることを立証する責任があるというべきである。

この点、原判決は、「アイヌ新法附則三条は、請求者が当該指定外財産の共有者ないし相続人であることを返還処分の要件とし、被控訴人は請求者が共有者であるかどうかを審査する」（原判決二八ページ六～八行目）という規定になっていること、「本件返還しない決定は、控訴人らが自己の権利を求める申請をしたところ、これを被控訴人が拒否したものであり、本件返還しない決定によって、控訴人らが被控訴人から権利を制限されたり、義務を課されたりしたものではないから、控訴人らにおいて共有者であることを立証する責任があるというべきである」（原判決二八ページ一一ないし一五行目）旨判示しているところであり、その判断は正当である。

(3)　第三に、控訴人らは、本件「共有財産」の性質はあえていうならば先住民族たるアイヌ民族の総有であるとの法的性質を有していたものと認められるところ、アイヌ新法附則三条の返還規定及びそれに基づく具体的返還方法は総有たる性質を無視した、いわゆる「共有物の分割」（民法第二五六条、二五八条）に近い返還方法を採用しており、B規約二七条に規定される少数民族の「自己の文化を享有する権利」を侵害してしまうことになるから、B規約二七条に違反し、違法、無効であると主張する（控訴人ら第一準備書面一八ページ二ないし二二行目）。

しかしながら、アイヌ新法附則三条及び厚生省令は、共有者から返還請求を受け、共有者であることの立証がなされた者に対して、共有財産のまま返還することとしている（厚生省令三条の受領書参照）のであって、「共有物の分割」に近い返還方法を採用しているものとはいえないから、控訴人らの主張は前提を欠くものである。また、B規約二七条は、少数民族は、その集団の他の構成員とともに自己の文化を享有する権利を否定されない旨規定しているところ、その規定内容は必ずしも明確ではないが、仮に、同条の自動執行力を肯定するとしても、共有財産の共有者であると認めるに足りないことを理由として、請求者に対し共有財産を返還しない決定をしたことは、何ら同条に反するものとはいえないものであり、控訴人らのB規約二七条違反の主張は、結局のところ、控訴人らの具体的な権利利益とは離れて、抽象的に法令の解釈、適用を争うことに他ならないものであって、控訴人らの主張は失当である。

この点に関する原判決の判示は、前期二(1)で述べたとおりである。

(4)　第四に、控訴人らは、ひっきょう、旧保護法は、先住民族たるアイヌ民族を蔑視し、不当に財産を制約していたものであって、現行憲法下にあってはもちろん明治憲法下にあっても本来違憲なものであったことは明白であるから、その違憲な状態を管理するに当って返還につき別の法律を策定したとしても、その違憲性・違法性は承継されると主張する（控訴人ら第一準備書面一九ページ七ないし一一行目）。

そもそも、旧保護法は、明治期以降、困窮に瀕していたアイヌの人々の生活の安定のため、土地を無償で下付し、農耕の奨励等を図ることを目的として制定されたものであって、違憲なものであったとはいえないから、控訴人らの主張は、前提を欠き、失当である。

また、控訴人らの論法に従うなら、いかなる内容のアイヌ新法を作ろうと違憲性・違法性は新法に承継されることになるが、控訴人ら自身、「共有財産の返還をやり直すことになる」（控訴人ら第一準備書面一二ページ一七、一八行目）と主張していて、あるべき共有財産の返還方法が少なくとも立法論的には存在することを前提にしているものと解されるところ、その前提をも失うことになるものといわざるを得ない点でも、失当である。

さらに、控訴人らは、旧保護法時代の共有財産等の管理経過が、明らかにされない限り、後行処分である本件処分にその違法性が承継される旨主張する（控訴人ら第一準備書面一七、一八行目）。

しかしながら、被控訴人は、共有財産の管理については、旧保護法一〇条等の規定に基づき適正に行ってきたものであり、控訴人らの主張は前提を欠き、失当である。

3　本案の争点②（本件返還しない決定の違法性）について

本件返還しない決定については、アイヌ新法附則及び厚生省令に基づき、あるいはこれらに準じて適正に行われたものであり、控訴人らの請求に理由がないことについては、原審における被告の平成一二年六月三〇日付け準備書面㈣及び平成一三年七月一一日付け準備書面㈥で詳細に主張したとおりであり、この点についての原判決の判断（原判決二五ないし二九ページ）も正当である。

4　なお、控訴人ら第一準備書面の「第一　先住民族の視点の欠如」は、先住民族等に関する控訴人らの一般的・抽象的な歴史認識ないし歴史観に関する議論を展開しているにすぎず、これらが本件訴訟で問題となっている具体的な法律の解釈・適用においていかなる帰結をもたらすものかを示すことがないものであるから、本件争点とは直接関連しないものとして、反論の必要はないと思料する。

第三　結論

以上のとおり、控訴人らの控訴理由はいずれも失当であるから、本件控訴は速やかに棄却されるべきである。

(4) 被控訴人意見書

二〇〇二年一二月一二日

被控訴人　意見書　平成一四年一二月一二日

被控訴人は、控訴人らの平成一四年一〇月七日付け証拠申出書（以下「控訴人ら証拠申出書(2)」という。）に対し意見を述べる。

なお、略語は、本書面において新たに用いるもののほか、従前の例による。

一　松本証人について

控訴人らは、松本証人を尋問することにより、「アイヌ文化振興法は、アイヌ民族の国際法主体としての地位を無視して制定されたものであって、アイヌ民族の国際法上の先住権を侵害するものである事実及びアイヌ文化振興法附則第三条に基づいて行われた本件処分は国際人権法に反する違法なものである事実を明らかにする」（控訴人ら証拠申出書(2)二ページ六ないし一〇行目）ことができるとして証人申請したようである。

しかしながら、松本証人については、既に証人作成に係る二〇〇二年一〇月付け意見書が甲第六一号証の一として提出されており、平成一四年一〇月七日付け控訴人等証拠説明書によると、「原判決は、アイヌ文化振興法がアイヌ民族の国際法主体性を無視して制定されたものでありアイヌ民族の国際法上の先住権を侵害することを看過した違法な判決である事実およびアイヌ文化振興法附則第三条に基づいてなされた本件処分が国際人権法に違反することを看過した違法な判決である」を立証するために提出したようであるが、証すべき事実は両者で相違がなく、また、同意見書は三五ページにも及ぶ大部なもので、松本証人のアイヌ文化振興法や本件返還決定等に関する法律上の見解は十分に述べられているものと思料する。さらに、証人の経歴は、甲第六一号証の二に記載されているが、アイヌ新法の策定に関与した経過は認められず、「アイヌ文化振興法は、アイヌ民族の国際法主体としての地位を無視して制定されたもの」かどうかについては、証人の実際の経験に基づくものというよりはむしろ証人の法律上の見解というべきものであり、「アイヌ民族の国際法上の先住権を侵害する」か否か、「本件処分は国際人権法に関する違法なものである」か否かについても、事実と言うよりはむしろ法律上の見解と言うべき事項であるので、証人訊問を行い反対尋問を経ることにより真実を発見することが可能になるような性格のものではないと考えられる。

以上により、松本証人を控訴審で新に訊問する必要は認められない。

二　滝沢証人について

控訴人らは、滝沢証人を尋問することにより、「共有財産形成の経緯および旧土人保護法制定以前の共有財産の状況、および旧土人保護法制定後の共有財産の管理の経過を明らかにし、本件返還手続きにおいて返還対象として公告された財産以外にも返還されるべき共有財産が存在している事実を明らかにする」（控訴人ら証拠申出書(2)二ページ一二ないし一五行目）ことができるとして証人申請したようである。

しかしながら、滝沢証人の経歴等が控訴人ら証拠申出書(2)では明らかにされていないので一概には言えないが、旧保護法は、明治三二年に制定された法律であるので、常識的に考えて、「共有財産形成の経緯」及び「旧土人保護法制定以前の共有財産の状況」については、滝沢証人が直接見聞し経験したものではなく、文献資料等の調査により間接的に了知したものであることは確実であるので、それらの文献資料等を書証として提出し、滝沢証人が有する見解については滝沢証人が意見書等を作成し、提出すれば足りるものである。

また、旧土人保護法制定後の共有財産管理の経過についても、滝沢証人が直接見聞し経験したものではないと推測されるので、書証、意見書等の提出で足りるものである。

以上により、滝沢証人を控訴審で新に訊問する必要性は認められない。

三　市澤証人について

控訴人らは、市澤証人を訊問することにより、「本件返還手続きに際して、被控訴人が管理している共有財産について、その管理の経過について十分な調査を行っていない事実を明らかにする」（控訴人ら証拠申出書(2)二ページ一七ないし一九行目）ことができるとして証人申請したようである。

市澤証人は、平成九年六月から平成一一年五月までの間、北海道環境生活部総務課アイヌ施策推進室主査の地位にあったものである。

しかしながら、本件返還手続きは、被控訴人が公告した共有財産について、共有者からの返還請求を受けて、返還するまたは返還しない決定をするという手続きでおこなわれるものであり、本件返還決定又は本件返還しない決定をした対象財産は公告及び返還請求の時点において特定されており、本件返還決定又は本件返還しない決定の適法性を判断するに当たり、処分の対象となった財産の管理経過を明らかにする必要は認められない。控訴人らは、公告外の財産の存在を主張し、公告以前の財産の管理経過を明らかにすることを求めるようであるが、それは、本件訴訟の争点とは関連しない事項であると考えられる。以上により、市澤証人を控訴審で新に訊問する必要性は認められない。

(5) 控訴人準備書面

二〇〇二年一二月一八日

平成一四年（行コ）第六号
北海道旧土人共有財産等返還手続無効確認請求控訴事件
控訴人　小川　隆吉　外一八名
被控訴人　北海道知事

準備書面

平成一四年一二月一八日

札幌高等裁判所第三民事部　御中

控訴人ら訴訟代理人
弁護士　村松　弘康
外

記

第一　原判決の「訴えの利益」に関する判断の誤り
第二　共有財産等の返還手続の構造
1．返還手続の経緯
2．返還手続の構造
3．返還手続の一回性
第三　官報公告の違法⑴（官報公告の対象とされるべき財産の範囲）
第四　官報公告の違法⑵（官報公告に含まれていない共有財産の存在）
1．共有財産指定の経過
2．共有財産として指定された財産のうち今回の官報公告に含まれていない財産
⑴　土地・建物（不動産）
⑵　公債・証券（有価証券）
⑶　漁業権その他の権利
⑷　現金
第五　官報公告の違法⑶（官報公告に際して被控訴人に課せられていた法的義務違反）
1．財産管理者としての義務
⑴　契約による財産の管理
⑵　契約によらない財産の管理
①法律上財産管理権が存在する場合
②法律上財産管理権が存在しない場合
⑶　共有財産の法的性格
⑷　指定外財産の法的性格
⑸　結論
2．アイヌ文化振興法附則三条二項及び共有財産に係る公告等に関する省令による義務
3．本件官報公告の違法性
第六　違法性の承継
第七　取消判決の拘束力
第八　本件返還決定ないし返還しない決定の無効確認あるいは取消による控訴人らの利益

第一　原判決の「訴えの利益」に関する判断の誤り

1．原判決は、本来返還の対象となるべき財産が公告されず、返還の対象とならなかったため、控訴人らがこのような財産の返還を受けることができなかった点につき、「本件返還決定により生じる効果は、被告が公告をし、原告らが返還

の請求をした財産が、原告らに帰属するということに尽きる。……(中略)……仮に、原告ら主張のとおり、返還手続の対象となるべきであるにもかかわらず、被告が公告をしなかったことによって返還手続の対象にならなかった財産があり、かつ、それが原告らに返還されるべき財産であるとしても、本件返還決定によって、その財産が原告らに返還されないことになったのではない。……(中略)……原告らが本件訴訟の対象として除去することを求めているのは本件返還決定であるが、判決によって本件返還決定の無効を確認し又は取り消したとしても、判決の効果として、共有財産の返還手続の対象とすべきであるにもかかわらず対象としなかった財産までをも取り込んだ返還手続を被告に行わせることはできない。」との判断を示している。

要するに原判決の判断は、控訴人らが無効を確認し、または取り消しを求めているのは、被控訴人の返還決定であり、その前提となる官報公告等ではないから、仮に返還決定処分が無効または取り消されたとしても、その処分の前提となる官報公告等に影響を及ぼさない以上、控訴人勝訴の判決が下されても、その後に控訴人等に有利な返還手続が行われることはない、ということを理由には訴えの利益がないとするものである。

2. しかしながら、かかる判断は、本件返還手続の構造、取消判決の拘束力(行政事件訴訟法第三三条)の理解を欠くものであり、明らかに法律解釈を誤ったものである。

すなわち、共有財産等の返還手続は、アイヌ文化振興法附則三条二項により、官報公告 ⇓ 共有者の返還請求 ⇓ 返還決定が一連の手続として構成されているところ、被控訴人には、一連の手続の第一段階である官報公告を行うに際して、共有財産の特定義務、財産管理の終了に際して計算義務、顛末報告義務を怠り、また、法令上の要求される内容の公告を行っていない違法が認められる。

そして、本件返還手続は、被控訴人による官報公告および返還決定の行為が相結合して、一連の手続として共有財産の返還という法律効果を目指すものであるから、先行する官報公告に違法が認められる場合、その違法は後続の返還決定に承継され後続の返還決定が違法な処分となる。

3. このように、違法性の承継が認められ、後続の処分が取消される場合、違法な先行行為の効力は、行政事件訴訟法第三三条に規定される取消判決の拘束力を介して否定され、行政庁には先行行為を取り消すべき法的義務が発生する。

すなわち、本件返還決定が判決により取り消された場合、判決の趣旨が行政庁を拘束し、行政庁は官報公告に遡って手続をやり直さなければならなくなる。具体的には、被控訴人は新たな官報公告を行うに際して、被控訴人が財産管理者としての善管注意義務に従って、財産管理の終了に際しての管理計算義務を果したうえで、官報公告する義務、アイヌ民族の先住民族性に配慮した手続を行う義務を負うことになる。

このように、新たに行われる返還手続においては、北海道旧土人保護法第一〇条三項で指定された財産のうち、これまでに適法に管理が終了された財産を除く共有財産がすべて公告されることになるから、従前の処分が繰り返されることにはならない。

したがって、変更された官報公告によって、控訴人ら共有者に返還されるべき共有財産の範囲が拡大し、今回よりも返還請求の対象が拡大され、またアイヌ民族の人権に配慮した手続が行われることにより、かかる返還請求に対する返還決定は、控訴人らにより有利な処分となる。

4．また、法令上、共有財産の返還手続は今回以外に行われることは予定されておらず、今回返還対象に含まれていない共有財産について控訴人らが返還を求めることは不可能である。

すなわち、仮に本件返還決定が取り消されない場合、官報公告の対象とされなかった共有財産が返還手続の対象とされる機会は永久に失われる。

したがって、アイヌ文化振興法附則三条にしたがって、すべての共有財産を返還手続の対象とするためには、違法な官報公告に基づく本件返還決定を取消し、本件返還手続の法律効果を否定したうえで同法附則三条二項に基づく返還手続をやり直す以外に方法はないのである。

5．よって、控訴人らの返還決定が取消されても、従前と同じ処分が行われる結果になるから控訴人らに訴えの利益がないとの原判決の判断は、本件返還手続の構造および取消判決の拘束力に対する誤った判断であり失当である。

以下、詳論する。

第二　共有財産等の返還手続の構造

1．返還手続の経緯

(1)　被控訴人は、北海道旧土人保護法（明治三二年法律第二七号　以下「旧土人保護法」という）一〇条一項に基づき北海道庁長官が指定したアイヌ民族の共有財産（以下「共有財産」という）を管理してきた。

その後、平成九年に至り、「アイヌ文化の振興並びにアイヌの伝統等に関する知識の普及及び啓発に関する法律」（平成九年法律第五二号　以下「アイヌ文化振興法」という）が施行され、旧土人保護法が廃止されたことに伴い、被控訴人が管理してきた共有財産は、アイヌ文化振興法附則三条三項に基づき共有者に返還することとされた。

同時に、被控訴人は、旧土人保護法一〇条一項に基づく指定を経ないで北海道知事が管理していた財産（以下「指定外財産」という）についても返還することとした（なお、「共有財産」及び「指定外財産」をあわせて以下「共有財産等」という）。

(2)　共有財産の返還手続は、「北海道知事は、共有財産を共有者に返還するため、旧土人保護法第一〇条三項の規定により指定された共有財産ごとに、厚生省令で定める事項を官報で公告しなければならない」（アイヌ文化振興法附則三条三項）とされ、官報公告の具体的内容は「アイヌ文化振興法附則第三条第二項に規定する北海道旧土人共有財産に係る公告に関する省令」（平成九年厚生省令第五二号（乙第四号証）以下「共有財産の公告に関する省令」という）第一条によって「北海道庁長官が庁令又は告示により公告した事項、当該庁令等の番号及び年月日並びに法附則三条二項の規定に基づく公告時に北海道知事が管理する当該共有財産の金額とする」ことが規定された。

(3)　被控訴人は、アイヌ文化振興法附則三条三項および共有財産の公告に関する省令第一条に基づき、共有財産を共有者に返還するため平成九年九月五日付官報で公告した。

その内容は、共有財産の公告に関する省令第一条に規定された公告すべき項目の他、共有財産の返還請求の方法について、平成一〇年九月四日までに共有財産の返還を請求する者が、被控訴人北海道環境生活部総務課アイヌ施策推進室あて返還請求書を提出するよう求めるものであった。

(4)　同日までに被控訴人は、指定外財産についても共有財産と同様の返還方法をとることを決め、同日、指定外財産について、「戦前から北海道庁長官（北海道知事）が管理している」財産について、「権利を有すると思われる方」が、翌平成一〇年九月四日までに被控訴人北海道環境生活部総務課まで申し出るよう求めることを公告した。

(5)　返還すべき正当な共有者ないしその相続人が不在であって、返還されない「共有財産」についてはアイヌ文化振興法附則三条五項に基づき、指定法人である財団法人アイヌ文化振興・研究推進機構に帰属し、指定法人においてアイヌ文化の振興等の業務に要する費用に充てることとされていた。

また、返還されなかった「指定外財産」については、被控訴人が民法第二三九条第一項の規定に基づき無主物先占を行い、所有権を取得したうえで、指定法人である財団法人アイヌ文化振興・研究推進機構に出捐し、「共有財産」に準じてアイヌ文化の振興の業務に要する費用に充てることとされた。

(6) 控訴人らは、被控訴人が指定法人に対し「共有財産等」を帰属させせないようにするため、とりあえず「共有財産等」がアイヌ民族に属するものであるとして、被控訴人に対し、平成一〇年九月四日までに返還請求手続をとった。

(7) 被控訴人は、平成一〇年一一月二六日、返還請求をした者が「共有財産等」の正当な共有者ないしその相続人であるかどうかの資格審査を行うために「北海道旧土人共有財産等処理審査委員会」(以下「審査委員会」という)を設置した。

被控訴人は、審査委員会において正当な共有者ないしその相続人であるか否かの審査を諮り、その答申を踏まえた上で被控訴人北海道知事が共有者と認める者に対し「共有財産」あるいは「指定外財産」を返還することとされた。

(8) 被控訴人が諮問した審査委員会は、控訴人秋辺得平が返還を求めた官報公告番号一六色丹郡斜古丹村旧土人共有の財産および官報公告番号五色丹村共有の指定外財産(以下「控訴人秋辺の請求のうち返還が認められなかった財産」という)、控訴人鹿田川見が返還を求めた財産のうち官報公告番号五天塩國天塩郡中川郡上川郡旧土人共有の共有財産及び一七旭川市旧土人共有の財産(以下「控訴人鹿田の請求のうち返還が認められなかった財産」という)、そして、控訴人豊川重雄が返還を求めた請求した官報公告番号五天塩國天塩郡中川郡上川郡旧土人共有の共有財産(以下「控訴人豊川の請求」という)を除き、その余の返還請求については控訴人らが共有財産の共有者ないし共有者の相続人であることを認めた。

(9) その間、控訴人らは、平成九年六月二六日付で「北海道旧土人保護法により知事が管理する共有財産の金額を示す文書一切、特に財産の種類・金額・算定根拠、宮内省からの御下賜金については下賜年月日・金額、救助米についてはそれらに関する文書一切を詳しく示す文書の公文書開示請求をしたのを手始めに、北海道あるいは審査委員会に対し、共有財産の指定に至る財産発生の原因とその内容・指定の理由・財産管理の経緯を明らかにするように求め、さらに返還方法についても問題があることを指摘し、それが明確になるまで返還手続を中断するように求めていた。

⑽　しかし、被控訴人は控訴人らの求めに応じず、共有財産の指定に至る財産発生の原因とその内容・指定の理由・財産管理の経緯を明らかにすることなく、また返還方法についても変更することなく、返還手続きを進め、平成一一年四月二日付で控訴人らに対し控訴状別紙三ないし二一記載の通り、返還請求が認められなかった控訴人秋辺の返還が認められなかった財産、控訴人鹿田の返還が認められなかった財産、控訴人豊川の請求の各請求を除き（上記⑻記載の通り）、控訴人らに対し「共有財産」を返還する処分をなし、その旨を記載した通知書を控訴人らに発送し、控訴人らは平成一一年四月六日ないし七日にそれを受け取った。

2．共有財産の返還手続の構造

⑴　共有財産等が返還されることとされたのは、アイヌ文化振興法の施行に伴い、共有財産の指定および管理の根拠となっていた旧土人保護法が廃止され、財産管理の根拠規定が失われることから、財産管理を終了させる必要があったためである。

そのため、アイヌ文化振興法附則三条一項は「北海道知事は、この法律の施行の際現に前条の規定による廃止前の北海道旧土人保護法（略）第一〇条第一項の規定により管理する北海道旧土人共有財産（略）が、次項から第四項までの規定の定めるところにより共有者に返還され、又は第五項の規定により指定法人もしくは北海道に帰属するまでの間、これを管理する」と規定した。この規定は、被控訴人が共有者へ共有財産の返還ないしは指定法人あるいは北海道に帰属するまでの間、被控訴人が共有財産の管理をすることについての根拠規定である。

⑵　そのうえで、アイヌ文化振興法附則三条二項は、「北海道知事は、共有財産を共有者に返還するため、旧保護法第一〇条第三項の規定により指定された共有財産ごとに、厚生省令で定める事項を官報で公告しなければならない」ことを規定し、被控訴人は共有財産の返還手続として官報に公告を義務づけた。

この官報公告の具体的内容は、共有財産に係る公告等に関する省令第一条によって「法附則第二条の規定による廃止前の北海道旧土人保護法第一〇条第三項の規定に基づく指定に掛かる北海道旧土人共有財産（略）について北海道庁長官が庁令又は告示（略）により公告した事項、当該庁令等の番号及び年月日並びに法附則三条二項の規定に基づく公告時に北海道知事が管理する当該共有財産の金額とする」こととされた。

(3) そして、アイヌ文化振興法附則三条三項は「共有財産の共有者は、前項の規定による公告の日から起算して一年以内に、北海道知事に対し、厚生省令で定めるところにより、当該共有財産の返還を請求することができる」ことを規定し、共有財産に係る公告等に関する省令第二条は「法附則第三条第三項の規定による共有財産の返還の請求は、別紙様式第一の北海道旧土人共有財産返還請求書に、次に掲げる書類を添付して行われなければならない。」と規定し、添付すべき書類として「1 返還請求者の戸籍謄本、2 返還請求者の印鑑証明書、3 共有財産の共有者であることを明らかにする書類」を掲げている。

すなわち、官報に公告された共有財産について（アイヌ文化振興法附則三条二項）、共有財産の共有者が被控訴人に対し返還請求をすることとされた（アイヌ文化振興法附則三条三項）のである。

(4) 以上の通り、アイヌ文化振興法附則三条によれば、共有財産の返還手続は、まず、官報公告が行われ、これに対して控訴人ら共有者が返還請求を行い、被控訴人が財産の所有者と認めた者に対して共有財産等の返還決定が行われることになっており、これらの行為が一連の手続として構成されている。

その結果、アイヌ文化振興法附則三条三項にもとづいて返還を求めることができる共有財産の範囲は、官報に公告された共有財産に限定され、当然に、返還決定の対象となる財産も官報に公告された共有財産に限定される。したがって、官報公告されなかった財産は返還請求の対象とならず、返還決定の対象ともならないのである。

すなわち、官報公告は、その後に予定される返還請求及び返還決定の前提として、返還の対象となる財産の範囲を確定する効果を有している。

3. 返還手続の一回性

アイヌ文化振興法附則三条二項は、旧土人保護法の廃止に伴って同法に基づく共有財産の管理を終了させ、共有財産を返還するための規定であり、同法附則三条五項は、返還されなかった共有財産が指定法人に帰属することを定めた規定である。

これらの規定からすれば、北海道知事が管理する財産について返還手続を行い、返還されなかった財産はすべて指定法人に帰属することとなるのであるから、手続終了後北海道知事が管理する共有財産は法令上存在しないことになる。とすれば、アイヌ文化振興法上、共有財産の返還手続の実施は、一回限り予定されているにすぎない。

すなわち、複数回に渡って共有財産の返還手続が実施されることは法令上予定されておらず、今回返還対象に含まれていない共有財産については、いかに控訴人らが返還を求めたとしても、北海道知事が、これを共有財産と認識して公告し、返還手続を行わない以上、控訴人から返還請求を行うことは法令上不可能である。

また、今回返還の対象とされなかった多数の共有財産について、控訴人ら共有者が返還を請求する根拠は法令上存在しないのである。

したがって、本件返還決定が取り消されない限り、官報公告の対象とされなかった共有財産が返還手続の対象とされる機会は永久に失われることになる。

すなわち、官報公告の対象とされなかった共有財産を返還手続の対象とするためには、本件返還手続の法律効果を否定し、同法附則三条二項に基づき官報公告からやり直すことが必要となる。

ただ、官報公告が違法となる蓋然性がなければ、かかる議論は無意味となる。そこで、以下、第三ないし第五において、先行行為たる被控訴人の官報公告が違法である蓋然性が高いという点につき、公告の対象となる財産に関連して論ずる。

第三　官報公告の違法(1)（公告の対象となるべき財産の範囲）

1．共有財産の返還手続は、前述の通り、官報公告　⇓　返還請求　⇓　返還決定という一連の構造を有しており、返還の対象が官報公告によって画されることになる。そして、官報公告の対象とされるべき共有財産は、「共有財産として指定された財産のうちこれまでに適法に管理が終了していた財産を除くすべての共有財産」であることは、以下の通り、明らかである。

2．公告の対象、すなわち返還されるべき共有財産の範囲は「この法律の施行の際現に前条の規定による廃止前の北海道旧土人保護法第一〇条第一項の規定により管理する北海道旧土人共有財産」（アイヌ文化振興法附則三条一項）になるが、これを現実に北海道知事が握持している共有財産に限定して解釈することが誤りであることは、原審における原告平成一二年三月二七日付準備書面で主張したところである。

3．すなわち、アイヌ文化振興法附則三条一項は、附則二条によりアイヌ文化振興法施行に伴い北海道旧土人保護法が廃止され、北海道知事による共有財産の管理の根拠規定が失われることから、共有者に返還されるか、または指定法人あるいは北海道に財産が帰属するまでの間の財産管理の根拠規定として定められたものにすぎない。同条項は、北海道知事が「現に」管理している共有財産について財産の帰属が確定するまで管理を継続する根拠を付与した規定に過ぎないのである。

4．また、「現に」の解釈が問題となるが、アイヌ文化振興法附則第三条各項が「北海道旧土人保護法の廃止に伴う経過措置」規定である趣旨に鑑みれば、アイヌ文化振興法附則第三条によって返還されるべき共有財産とは、北海道知事が現実に握持しているか否かにかかわらず、共有財産として指定され管理が開始された財産のうち、現在適法に管理されているべき財産と解すべきである。

このことは、「現に」との文言は、「現実に存在している」という意味ではなく、「現実に存在すべきであった」という意味で用いられていることから裏付けられる。

例えば、民法における「現に利益を受ける限度」（民法第一二一条但書）とは、現実に手元に存在する利益のみを指すと解されていない。すなわち、無能力取消において、相手方から受領した金員をもって他者に対する債務を弁済し、必要な生活費を支弁した時は、利益は現存するとされており（大審院昭和七年一〇月二六日判決　民集一一巻一九二〇頁）、仮に手元に金員が残されていなくとも、実質的にみて利益が現存すべかりし場合においては返還すべき範囲に含まれると解されるのである。

これに従えば、アイヌ文化振興法附則第三条にいう「現に……管理する共有財産」も同様に解釈すべきであり、「現に……管理する共有財産」とは、北海道知事が現実に管理対象として把握している共有財産のみをいうのではなく、旧土人保護法第一〇条三項に基づいて共有財産として指定され、同法第一〇条一項によって管理されてきた共有財産のうち、現に管理している共有財産のみならず、適法に管理が終了した財産以外の、法律上管理しているべき共有財産全てを含むと解される。

言い換えると、アイヌ文化振興法附則三条一項の「現に」との文言には、同法が施行される際、北海道旧土人保護法第一〇条三項に基づいて共有財産として指定された財産のうち、既に共有財産としての管理が適法に終了した財産を返還の対象から除く、という意味である。

したがって、現時点で、北海道知事が現実に握持してはいない財産であっても、不当に財産管理を怠り、散逸させるなどした財産については、法律上管理を義務づけられている財産であるから、「現に……管理する共有財産」として返還の対象とされるのである。

第四　官報公告の違法(2)（官報公告に含まれていない共有財産の存在）

共有財産の管理の経過については、原審における原告平成一二年一〇月二日付準備書面および原告平成一二年一二月七日付準備書面、原告平成一三年一〇月九日付準備書面において詳細に主張したところである。

上記各書面で明らかにしたとおり、旧土人保護法第一〇条による指定の際には、対象とされた財産は現金だけではなく、不動産、有価証券、漁業権等の権利が含まれていたが、今回の官報公告において返還する共有財産等はすべて現金とされている

控訴人らの調査の結果、旧土人保護法第一〇条三項により共有財産として指定され、その後適法に処分された記録がない財産、すなわち現在まで共有財産として管理されているべき共有財産のうち今回返還の対象とされなかった財産が存在することは、以下の通り明らかである。

1．共有財産の指定の経過

(1)　一八九九年（明治三二年）一〇月三一日付北海道庁令第九三号に基づいて、「全道旧土人教育資金」として現金及び公債証書合計六、二〇六円、「天塩國天塩郡、中川郡、上川郡旧土人教育資金」として現金および公債証書合計二六〇円などあわせて一〇件現金及び公債証書合計八、四七六円の財産につき北海道庁長官が管理する共有財産に指定された。

(2)　その後、一九〇二年（明治三五年）一一月八日付北海道庁令第一三九号で「十勝國中川郡各村旧土人共有」財産として十勝郡大津村字前浜、および同村字ペトアンネ所在の鮭引網漁場、同所の鱒引網漁場、同村ペトアンネ五番地所在の海産干場、および同村汐見通二番地五号所在の郡村宅地一畝四歩および同所所在の木造柾萱倉庫一棟（建坪一五坪）、北海道製麻株式会社株式九〇株を、「十勝國河西郡伏古村、芽室村、河東郡音更村旧土人共有」財産として十勝郡大津村字ウツナイ太所在の鮭引網漁場、河西郡下帯広村字大通五丁目一番地の郡村宅地一六二坪および同村字三番地の郡村宅地一六二坪、北海道製麻株式会社株式八〇株などあわせて一四件につき北海道庁長官が管理する旧土人共有財産に指定された。

(3) さらに一九〇二年（明治三五年）一二月二一日付北海道庁令第一五九号において「石狩國札幌郡対雁村樺太ヨリ移住シタル旧土人共有」の石狩國石狩郡大字生振村字トウヤウス二二番地沿所在の鮭引網漁場など鮭引網漁場六か所、および石狩國厚田郡望来村大字衆富村字シラッカリ所在の鱒引網漁場二か所あわせて八か所の漁場が北海道庁長官の管理する旧土人共有財産に指定された。

(4) 一九〇三年（明治三六年）一月二三日付北海道庁令第一〇号で「胆振國白老・敷生両村旧土人共有」の財産として現金一〇〇円が北海道庁長官の管理する旧土人共有財産に指定された。

(5) 一九〇七年（明治四〇年）一月一六日付北海道庁令五号によって、「石狩國札幌郡江別村大字対雁村樺太ヨリ移住シタル旧土人共有」として石狩國札幌郡江別村大字対雁村一八九番地から二一二番地まで二四筆の畑が北海道庁長官の管理する旧土人共有財産に指定された。

(6) 一九二四年（大正一三年）二月二一日付北海道庁令第二一号によって「釧路國厚岸郡厚岸町旧土人共有」の財産である厚岸郡厚岸町大字眞龍町字門静三二番地の三所在の雑種地・海産干場をはじめとする一九筆の雑種地・海産干場及び厚岸郡厚岸町大字字末廣村五番地所在の宅地一一段四畝一五歩、同町字門静二番地の二所在の宅地一段六畝一二歩五合あわせて二一件が北海道庁長官の管理する旧土人共有財産に指定された。

(7) 一九三一年（昭和六年）一二月二四日北海道告示第一四〇〇号において「色丹郡斜古丹町旧土人共有」財産として公債証書、勧業債権、拓殖債権、株式会社北海道拓殖銀行株式合計五、三〇五円が北海道庁長官が管理する旧土人共有財産に指定された。

(8) 一九三四年（昭和九年）一一月一日付北海道庁令第八四号において「旭川市旧土人稲村イトウンペック外四九名共有」の旭川市字川端町四丁目二五八〇番地ないし旭川市字近文町二〇丁目二七六二番地所在の畑一八四筆、旭川市緑町一九丁目二七六三番地ないし同町二〇丁目二八八五番地および旭川市字近文町二〇丁目三〇六四番地ないし三〇七九番地の宅地一三九筆、旭川市字北門町一四丁目二九〇五番地の田二〇筆、旭川市字近文町二二丁目二八八六番地ないし旭川市字川端町四丁目三〇五〇番地ないし同町一七丁目三〇六三番地の原野一四筆のあわせて三五七筆三五七件が北海道庁長官が管理する旧土人共有財産として指定された。

(9)　一九三四年（昭和九年）一一月一三日北海道庁令第九二号において「帯広市旧土人田村吉郎外四四名共有」の帯広市字基線西二五番地の甲の宅地一〇四八坪および帯広市字基線西二五番地の乙所在の雑種地四町二段六畝二二歩を、「旭川市旧土人稲村イトウンペック外四九名共有」の旭川市字旭町一丁目三〇八〇番地ないし三〇八四番地所在の畑六筆が北海道庁長官の管理する旧土人共有財産に指定された。

(10)　一九四二年（昭和一七年）六月六日付北海道庁告示第九四七号において「旭川市旧土人共有」の財産として現金三、一一二円九八円が北海道庁長官の管理する旧土人共有財産として指定された。

2. 共有財産として指定された財産のうち今回の官報公告に含まれていない財産

(1)　土地・建物（不動産）

①　官報公告番号三　中川郡幕別村旧土人共有財産

明治三五年北海道庁令第一三九号で、大津村汐見通二番地五号所在の郡村宅地一畝四歩および同所所在の木造柾萱倉庫一棟（建坪一五坪）が「十勝國中川郡各村旧土人共有」として指定されており、その後、昭和六年一〇月二日付北海道庁令第四四号で財産の目的が変更されるとともに十勝郡大津村汐見通二番地五号所在の宅地が「中川郡幕別村旧土人共有財産」とされている。

また、昭和一〇年度旧土人共有財産台帳（甲第一号証）不動産の部にも、宅地三四坪（時価一二円）が「中川郡幕別村旧土人共有」財産とされているが、その後、昭和二二年度までの旧土人共有財産台帳には土地の処分の記載はない。しかしながら、本件官報公告には含まれておらず、返還手続の対象とされていない。

②　官報公告番号一五　日高國沙流郡各村旧土人共有

明治三二年一〇月三一日付北海道庁令第九三号で、建家二棟が「日高國沙流郡各村旧土人共有」として指定されている。この建家二棟が処分された記録は確認できない。しかしながら、本件官報公告には財産として公告されていない。

(2)　公債・株券（有価証券）

①　官報公告番号三　中川郡幕別村旧土人共有財産

明治三五年北海道庁令第一三九号で、北海道製麻株式会社株式九〇株が「十勝國中川郡各村旧土人共有」として指定された。その後、この株式の処分についての記録は無い。しかしながら、本件官報公告には含まれておらず、返還手続の対象とされていない。

② 官報公告番号四　全道教育資金

明治三二年一〇月三一日付北海道庁令第九三号で「全道旧土人教育資金」として現金及び公債証書合計六二〇六円が指定された。

その後、昭和一〇年度台帳（甲第一号証）では一万三三〇〇円分の公債証書が翌年度に繰り越され、その後昭和一二年度台帳（甲第二号証）では前年度からの繰越高が一万三六〇〇円、昭和一九年度台帳（甲第六号証）では前年度からの繰越高が一万三六五〇円とされ、昭和二〇年度まで公債一万三六五〇円が共有財産に含まれていたことは明らかである。

そして、その後、公債が処分された記録は確認できず、現在も共有財産として現存しているはずであるが、前述の通り、今回返還の対象とされた共有財産は現金のみであるから、公債証書は返還の対象にすらなっていない。

③ 官報公告番号一六　色丹郡斜古丹村旧土人共有

昭和六年一二月二四日北海道告示第一四〇〇号で「色丹郡斜古丹町旧土人共有」財産として公債証書、勧業債権、拓殖債権、株式会社北海道拓殖銀行株式合計五三〇五円が旧土人共有財産に指定された。

その後、昭和一二年度台帳（甲第二号証）に色丹郡色丹村の欄に昭和一二年度前年度繰越高として勧業債権二七八五円が記録され、その後、数回に渡って債権が償還されているが、昭和一九年度台帳（甲第六号証）では色丹郡斜古丹村共有の昭和一九年度前年度繰越分として、公債・株式合計二二六〇円（内訳は、累利公債一一〇〇円、勧業債権一〇二〇円、北海道銀行株式一五〇円）が記録され、昭和一九年度中に勧業債権一〇円償還された記録がある。

したがって、昭和二〇年度には合計二二六〇円の公債・株式が斜古丹村共有財産として残されており、その後、これらの処分の記録はなく、現在まで共有財産として存在しなければならない。

しかし、本件で返還される財産はすべて現金であるから、これらの公債証書、勧業債権、株式会社北海道銀行株式については本件官報公告に含まれていないのである。

④ 官報公告番号一三　室蘭市旧土人共有財産

この財産については、公債は共有財産として指定されていないが、財産の管理過程において公債による利殖を図っており、昭和一〇年度台帳（甲第一号証）では前年度繰越高に公債一〇〇円が計上されており、昭和一〇年一二月二日公債五〇円が償還された記録が残されている。そして、残りの五〇円について償還ないし処分の記録は残されていないが、昭和一九年度台帳（甲第六号証）では昭和二〇年四月四日付で証券利子として一円が計上されていることから、このときまで公債が残されていたと推測される。

その後、この債権については処分された記録はなく、この公債証書についても共有財産として存続している財産であって、官報公告の対象とされるべき財産である。

(3) 漁業権その他の権利

官報公告番号三　中川郡幕別村旧土人共有財産

明治三五年北海道庁令第一三九号で、「十勝國中川郡各村旧土人共有」として十勝郡大津村字前浜、および同村字ペトアンネ所在の鮭引網漁場二ヶ所、同所の鱒引網漁場一ヶ所、同村ペトアンネ五番地所在の海産干場一ヶ所が共有財産に指定された。

北海道庁編「北海道舊土人概況（大正一五年）」（甲第二六号証）によると大正一五年現在中川郡各村共有として漁場三カ所、海産干場一ヶ所が共有財産に残されているが、昭和六年北海道庁令四四号では「中川郡幕別村共有」として指定されたのは海産干場一ヶ所（六畝）であり、漁場は含まれていない。

この間、漁場が処分された記録は明らかではなく、現在も共有財産として残されているべき財産である。

また、海産干場についても、昭和一〇年度台帳には記載されていないが、昭和六年以降処分された記録はみあたらないから、現在まで共有財産として残されているはずであり、本来官報公告の対象とされるべき財産である。

(4) 現金

① 官報公告番号三　中川郡幕別村旧土人共有

昭和一四年度台帳（甲第四号証）の年度末締高は現金四九一六円七一銭であったが、昭和一六年度台帳（甲第五号証）の前年度からの繰越高は三八五二円四一銭となっている。したがって、差引一〇六四円三〇銭が失われているが、共有財産から支出あるいは使用された記録がない以上、共有財産として管理されていなければならない金銭であり官報公告の対象とされる金銭である。

② 官報公告番号四　全道教育資金

昭和一〇年度台帳（甲第一号証）の昭和一〇年度末締高は現金三八四八円七五銭八厘であるが、昭和一二年度台帳（甲第二号証）の前年度繰越高は三三二一円九三銭八厘となっている。したがって、差引五二六円八二銭が失われており、また、昭和一四年度台帳（甲第四号証）年度末締高は現金三七四六円九八銭八厘であったが、昭和一六年度台帳（甲第五号証）の前年度からの繰越高は二七九〇円四九銭八厘となっている。したがって、差引九五六円四九銭が失われている。これらの金銭についても、共有財産から使用された記録がない以上、共有財産として管理されていなければならない金銭であり、少なくとも金一四八三円三一銭が今回の官報公告の対象となるはずの金銭である。

③　官報公告番号六　勇払郡鵡川村旧土人共有

昭和一〇年度台帳（甲第一号証）の昭和一〇年度末締高は現金一八八八円一五銭六厘であるが、昭和一二年度台帳（甲第二号証）の前年度繰越高は九二七円三四銭六厘となっている。したがって、差引九六〇円八一銭が失われているが、この金銭についても、共有財産から除外され、あるいは使用された記録がない以上、共有財産として管理されていなければならず、今回の官報公告の対象とされるべき金銭である。

第五　官報公告の違法⑶（官報公告に際して被控訴人に課せられていた法的義務）

前述の通り、本件官報公告から脱漏した共有財産が多数存在しているが、これは、被控訴人が本件返還手続の第一段階である官報公告を行うに際して課せられていた財産額を確定する法的義務を怠った結果である。すなわち、被控訴人には、以下の通り、財産管理者としての善管注意義務、管理計算義務を怠り、また官報公告の根拠規定であるアイヌ文化振興法附則三条二項および共有財産に係る公告等に関する省令上求められる内容の官報公告を行っていないから、本件官報公告は違法である。

1．財産管理者としての義務

他人の財産を管理する場合に関するわが国の法律制度を分類すると、⑴契約によって第三者の財産管理が行われる場合、⑵契約によらず第三者の財産管理が行われる場合、とにわけられ、さらに、⑵は①法律上の財産管理権に基づいて財産の管理が行われるものと、②法律上の財産管理権なくして財産の管理が行われるものとに分けられる。

以下、それぞれの管理者の義務、特に財産管理の終了時における財産の管理者に課せられる義務について論じる（詳細は原審における原告平成一二年一二月七日付準備書面で主張したところである）。

(1) 契約による財産の管理

契約によって他人の財産の管理を行うことが予定されている民法上の典型契約「委任」と「寄託」であり、その他に、「他人ヲシテ一定ノ目的ニ従ヒ財産ノ管理又ハ処分ヲ為ナサシムル」契約（信託法一条）として「信託」がある。

契約による財産管理において管理者は、無償寄託の場合を除いて善管注意義務を負い、管理の終了に際しては、委任及び寄託では受取物引渡義務（民法第六四六条第一項・六六五条）及び金銭消費賠償義務（民法第六四七条・六六五条）を負い、信託においては計算に対する受益者の承認を必要とする（信託法第六五条）ことにより権利者の安全を図っている。

また、委任においては、事務処理状況の報告義務および終了後の顛末報告義務（民法第六四五条）、寄託においては、目的物の権利関係に影響ある事実の報告義務（民法第六六〇条）、信託においては帳簿作成義務（信託法第三九条）、利害関係者の帳簿閲覧請求権（信託法第四〇条）により権利者の保護が図られている。

(2) 契約によらない財産の管理

① 法律上の財産管理権に基づく場合

法律上、他人の財産の管理権限が定められている場合として、不在者の財産管理（民法二五条ないし二九条）、子の財産の管理（民法八二四条、八三〇条ないし八三二条、八三七条）、被後見人の財産の管理（民法八五九条・八六一条・八六三条・八六九条）、相続財産の管理（民法九一八条・九二六条・九四〇条等）、があげられる。

法律上の財産管理権に基づく財産管理者には、子の財産の管理を除いて、委任に関する第六四四条が準用される結果、善管注意義務が課され、任務の内容として財産目録調製義務（不在者の財産管理人・相続財産管理人につき民法第二七条第一項、後見人につき民法第八五三条）を負っている。子の財産の管理については、前述の通り、善管注意義務を課さなくても親権者の利益のために子の利益が害されることがないよう利益相反に関する特別代理人制度が設けられている。

さらに、財産管理の終了に際しても、民法第六四六条・第六四七条が準用され、受取物の引渡義務・金銭消費の賠償義務を負っている。そして、管理の計算を行う義務がある（不在者の財産管理人につき家事審判法第三三条第一項、相続財産管理人につき民法第九五六条第二項、子の財産の管理者（親権者）につき民法第八二八条、後見人につき民法第八七〇条）。

したがって、他人の財産を管理する者は、少なくとも善管注意義務と管理計算義務を負っているといえる。

② 法律上財産管理権が存在しない場合

法律上の権原がなく行われる他人の事務の処理が法律上有効とされる場合として事務管理（民法第六九七条）がある。事務管理では、管理者は、本人の意思ないし利益に従って本人の事務を処理すべき義務を負い（民法第六九七条）、そして第六九八条所定の緊急事務管理の場合を除いて、管理者は善管注意義務を負う。

また、管理者はいったん事務管理を開始した以上、本人その相続人または法定代理人が管理をすることができるようになるまで管理を継続する義務を負い（民法第七〇〇条）、既に本人が知っているときを除き、管理を開始したことを遅滞なく本人に通知する義務を負う（民法第六九九条）。

そして、民法第七〇一条が委任に関する第六四五条ないし第六四七条を準用していることから、管理者は、事務管理を継続している間、管理の状況につき報告義務を負い、管理終了後は遅滞なくその顛末の報告義務を負う。

また、管理者は、事務管理継続中に本人名義で受け取ったものおよび収取した果実の引渡義務、管理者名義で権利を取得した場合には権利の名義の移転義務、管理者が金銭を消費したときには利息支払義務、損害が生じている場合には賠償義務をそれぞれ負担する。

(3) 共有財産の法的性格

① 旧土人保護法第一〇条に基づく指定により被控訴人に財産管理権限が付与され、財産の管理が開始される構造は、民法第八三八条第二項に基づく「後見開始の審判」によって管理者が選任され財産管理権が付与され管理が開始される構造と類似している。

すなわち、法律上第三者による財産管理が行われることが予定され、抽象的な財産管理権は法定されており、指定ないし宣告によって具体的な管理の対象が定まり、管理権の行使がなされる点で両者の構造は類似している。

② したがって、旧土人保護法第一〇条に基づく指定によって、被控訴人は権利者に対して後見人類似の地位に立ち、旧土人共有財産管理規程等の旧土人保護法の関連法規に規定されていない部分については、後見に関する規定が類推され管理者たる被控訴人の権利義務が確定されるべきであり、被控訴人には、財産の管理に際して善管注意義務を負い、財産目録を調整する義務が課せられている。

③ また、意思の合致がなく契約によって財産管理権限が付与されていない場合でも、法律によって信託が成立することがあり（法定信託ないし非任意信託）、この場合でも受託者が負担する権利義務の内容は契約による信託（設定信託

ないし任意信託）と違いはない。

すなわち、旧土人保護法は共有財産からの収益を旧土人保護のために必要な施設を為し、施設を為した者に対する補助として給付すること（一九三七年（昭和一二年）改正前は旧土人の子弟のうち貧困なる者に対する授業料として給付すること）を目的として法律をもって信託が設定され、北海道旧土人保護法の廃止により信託が終了し、信託関係は将来に向かって消滅したと解される。

そして、被控訴人は受託者として、受益者である各共有財産の権利者に対し、信託の本旨に従って信託財産を管理すべき善管注意義務を負い（信託法第二〇条）、信託の終了に際して、最後の計算をして、受益者の承認を得る義務が課されている（信託法第六五条）。

④　したがって、共有財産の法的性格を後見人類似と構成すると法定信託と構成するとを問わず、被控訴人は善管注意義務を負い、加えて、財産目録を調製する義務を負担していたのであり、返還手続に先立って返還すべき財産を確定する際に、かかる義務を果たす必要があった。

(4)　指定外財産の法的性格

①　指定外財産は、管理している被控訴人と、管理される財産の権利者との間で意思の合致は認められず、契約によって被控訴人に財産管理権限が付与されたものではない。

そして、権利者の意思に基づかず、また、共有財産と異なり旧土人保護法に基づくものでもないことから、被控訴人に法的な管理義務は存在しない。

したがって、指定外財産の管理については被控訴人が「義務ナクシテ」管理を開始しており、その法的性格は事務管理と理解すべきである。

②　そこで、被控訴人は事務管理に基づき、本人である権利者の意思ないし利益に従って事務を処理すべき義務を負い（民法第六九七条）、指定外財産の管理は緊急事務管理にはあたらないのであるから、被控訴人は善管注意義務を負い（民法第六九八条）、本人への通知義務を負い（民法第六九九条）、管理状況報告義務、管理終了後は顛末報告義務（七〇二条・六四五条）を負っている。

(5)　結論

①　被控訴人は、「共有財産」及び「指定外財産」の管理においては、他人の財産の管理であるからその法的性格に基づいて、権利者本人ないしその相続人に対して善管注意義務を負っていた。

にもかかわらず、被控訴人はこれまで「共有財産」あるいは「指定外財産」の管理をするに際し、財産の管理状況あるいは処分の状況につき、権利者である控訴人ら（控訴人らの被相続人を含む）に対して、何らの通知をすることもなかった。

また、返還公告によって返還するとされた財産の総額についても、被控訴人は「現在管理している旧土人共有財産」が公告された金額であると主張するだけであって、公告した金額に至った出納の経緯を明らかにしていない。

すなわち、被控訴人は他人の財産を管理するものが負っている善管注意義務をつくして「共有財産」あるいは「指定外財産」を管理していなかった。

② また、財産管理の終了した際の処理手続においても、共有財産については信託の終了ないしは後見の終了に手続に従い財産管理計算義務を負い、指定外財産については事務管理の終了手続にしたがって顛末報告義務を負っていた。

しかしながら、本件返還手続は、単に被控訴人が現在管理している金額を返還の対象としたに過ぎず、平成一二年一二月七日付準備書面三頁以下で述べたように、管理の対象とされながら返還の対象とされていない財産が多数存在することから、被控訴人は財産管理の終了に際して計算義務を怠っており、権利者に対する顛末報告義務を怠っていることは明白である。

③ したがって、被控訴人は、財産管理について善管注意義務が課されていたところ、被控訴人自らが善管注意義務を尽くして管理してこなかったこと、及び、官報に公告する際にも善管注意義務を尽くしていなかった。

2. アイヌ文化振興法附則第三条および共有財産に係る公告等に関する省令による義務

(1) アイヌ文化振興法附則三条二項は、被控訴人に対し「共有財産を共有者に返還するため、旧保護法第一〇条第三項の規定により指定された共有財産ごとに、厚生省令で定める事項を官報で公告しなければならない。」と規定し、返還のために官報による公告が必要であることを定め、官報で公告すべき具体的内容については共有財産に係る公告等に関する省令第一条により、共有財産の指定時の「北海道庁長官が庁令又は告示により公告した事項」、「当該庁令等の番号及び年月日」および返還のための公告時に「北海道知事が管理する当該共有財産の金額」の三項目が規定されている。

したがって、「北海道知事が管理する当該共有財産の金額」が官報で公告されるべきことが定められているが、この「北海道知事が管理する当該共有財産の金額」は、現実に北海道知事が握持している共有財産の金額ではなく、法律上管理しているべき財産であることは以下の通り明らかである。

(2)　すなわち、この共有財産に係る公告等に関する厚生省令では「現に」の文言は含まれていないことからすれば、公告の対象は現在被控訴人が認識している共有財産に限られると解することは誤りであり、「北海道知事が管理する」とは北海道知事が適法に管理しているべき財産と解すべきである。

なぜなら、「北海道知事が管理する」とは、被控訴人が法律に基づいて管理を開始し、適法に管理していることが前提であり、被控訴人は、旧土人保護法第一〇条三項により共有財産に指定された財産のうち、適法に管理が終了した財産を除いた財産を管理していなければならないのであるから、「北海道知事が管理する」とは適法に管理していれば含まれるすべての財産を意味すると解されるからである。

よって、適法に管理していれば逸脱することはなかった財産も当然に「北海道知事が管理する」財産に含まれるのである。

(3)　以上の通り、被控訴人には、共有財産に係る公告等に関する省令一条により管理している共有財産の金額を公告すべき法令上の義務が存在しており、その義務の内容は「北海道知事が管理する」共有財産の金額を公告することであるが、これは適法に管理していれば逸脱することはなかった財産も含めた共有財産の金額を公告することを意味している。

したがって、被控訴人は北海道旧土人保護法第一〇条三項により指定された共有財産のうち、公告時までに適法に管理を終了した財産を除いた共有財産の金額を確定し、公告すべき義務を負っていた。

3. 本件官報公告の違法

(1)　共有財産に係る公告等に関する省令では「北海道庁長官が庁令又は告示（以下本条において「庁令等」という。）により公告した事項、当該庁令の番号および年月日」を公告することとされている。

しかしながら、被控訴人は旧土人保護法に基づく共有財産の指定に関するすべての庁令又は告示について官報公告の対象としていない。

すなわち、今回返還の対象として公告された共有財産のうち、官報公告番号三中川郡幕別村旧土人共有の財産は明治三五年一一月八日付北海道庁令一三九号で共有財産に指定され、大正一二年六月二二日付北海道庁令一〇一号で目的が変更され、その後昭和六年一〇月二日付北海道庁令四四号で金額が変更されているが、今回官報公告されたのは、昭和六年の庁令四四号だけである。

また、官報公告番号四の全道教育資金については、明治三二年一〇月三一日付北海道庁令九三号で共有財産に指定され、昭和六年四月五日付北海道庁令一八号において目的が変更され、さらに昭和六年一二月二四日付北海道庁令五三号で再度の指定がなされているが、今回官報公告されたのは、昭和六年の庁令五三号だけである。

そのほか官報公告番号五ないし一五の各共有財産については、いずれも最初に指定された際とは異なる昭和六年庁令四四号あるいは同年庁令五三号が官報公告されているのみである。

したがって、本件官報公告は、共有財産に係る公告等に関する省令で公告することが義務づけられている「北海道庁長官が庁令又は告示……当該庁令の番号および年月日」の一部しか公告しておらず、被控訴人が行った公告は法令の要求を満たさない違法な公告にすぎず、共有財産の返還のための公告には該当せず、無効であるといわざるを得ない。

(2) また、官報公告が無効でないとしても、本件官報公告に際して、被控訴人は共有財産の返還のための官報公告に先立って、それまでの財産管理の経緯を調査せず、出納の経過を明らかにしておらず、公告当時に認識していた共有財産の金額を公告するにとどまっている。

これは、被控訴人は、共有財産の法的性格を後見人による財産管理類似のものと構成すると法定信託と構成するとを問わず財産管理者として負担していた善管注意義務、財産目録を調製義務に違反している。

また、後見人類似のものと構成した場合、財産管理の終了に際しての、受取物の引渡義務・金銭消費の賠償義務、管理の計算義務（民法第八七〇条、民法第六四六条・第六四七条準用）を怠ったものであり、法定信託と構成すれば、信託の終了の際の、最後の計算をして、受益者の承認を得る義務（信託法第六五条）を怠ったものであることは明白である。

よって、被控訴人には、本件返還手続の根拠規定であるアイヌ文化振興法附則三条二項および共有財産に係る公告等に関する省令一条によって、管理している共有財産の金額を公告すべき法令上の義務を負い、適法に管理していれば逸脱することはなかった財産も含めた共有財産の金額を確定し公告する必要があったにもかかわらず、被控訴人は公告時に認識していた金額を公告したにとどまり、法令上求められている内容の公告を行っていない違法が認められる。

したがって、本件返還手続に際してなされた公告は、被控訴人が財産管理者として課たすべき管理計算義務を怠り、その結果、法令上要求される「北海道旧土人保護法第一〇条三項により指定された共有財産のうち公告時までに適法に管理を終了した財産を除いた共有財産の金額」を確定し、公告すべき義務に違反しており、本件官報公告は違法である。

第六　違法性の承継

1．前記第三ないし第五より明らかなように、本件官報公告に際して、被控訴人には少なくとも他人の財産管理者としての善管注意義務を懈怠し、かつ法令上要求される公告内容を公告していない違法が認められ、本件官報公告は違法である。

かかる場合には、先行する公告の違法が、違法性の承継の理論により、後行の返還決定の無効・取消原因となる。

2．違法性の承継とは、連続して行われる行為の間で、一定の要件のもとで、先行行為の違法性が後続行為に承継される現象をいう。この違法性の承継が認められる場合、訴訟のレベルでは、先行行為の違法を理由に後続行為が取消される。例えば、土地収用の事業認定と収用採決の間では違法性の承継が認められ、事業認定が違法であれば、収用裁決も違法になり、取消訴訟において取り消されることになる（熊本地方裁判所昭和四三年一一月一四日判決行裁例集一九巻一一号一七二七頁）。

その他、違法性の承継が認められた裁判例として、

①自作農創設特別措置法に基づく農地買収計画と買収処分
最高裁判所昭和二五年九月一五日第一小法廷判決民集四巻九号四〇四頁

②都市計画事業決定と収用裁決
水戸地方裁判所昭和四七年一月二七日判決訟月一八巻八号一二五三頁

③都市計画街路の路線変更処分と仮換地指定処分
名古屋地方裁判所昭和五二年八月二九日行裁例集二八巻八号八八三頁

④都市計画事業認可と収用採決
名古屋地方裁判所昭和五一年六月二三日行裁例集二七巻六号九一七頁

⑤差押と公売処分
札幌高等裁判所函館支部昭和二九年九月六日判決下民集五巻九号一四四七頁

⑥出入国管理令上の法務大臣による異議棄却裁決と退去強制命令書発付処分
札幌地方裁判所昭和四九年三月一八日判決行裁例集二五巻三号一五八頁
大阪地方裁判所昭和五九年七月一九日判決訟月三一巻一号一七〇頁

⑦農業委員会委員の解任請求と解任処分
水戸地方裁判所昭和五九年二月二八日判決行裁例集三五巻二号一九七頁

⑧在留期間更新不許可処分と退去強制命令
名古屋高等裁判所昭和四九年一二月一九日判決行裁例集二一巻三号六一七頁

⑨町道の公示と道路引渡命令
和歌山地方裁判所昭和三二年一二月二三日判決判時一四一号一六頁

⑩都市計画事業決定と都市計画事業認可又は承認
東京地方裁判所平成六年四月一四日判決行裁例集四五巻四号九七七頁
東京高等裁判所平成七年九月二八日判決行裁例集四六巻八・九号七九一頁

等があげられる。

3．行政処分は、その根拠法規によって要件と効果が定められており、ある行政処分に違法があるとしてその効力を争う者は当該行政処分につき取消訴訟を提起し、取消判決を得ることによってのみその効力を否定できるものとされ、かつ、その訴えについては出訴期間の制限が設けられ、行政上の法律関係の早期確定を図っている（行政事件訴訟法第三条、第一四条）。したがって、一般的には、先行の行政処分の違法をめぐる争いは、その段階で終了させ、後続の処分への影響を遮断させることにより当該行政行為の法的安定性を確保しようとしているものと解される。そうすると、行政処分相互間において、違法性は承継されないのが原則ということになる。

しかしながら、出訴期間の経過により、もはや救済の機会は失われ、その後の行政過程の進行を阻むことが一切できなくなるとすると、救済の対象を著しく狭めることになる。

また、違法性が一切承継されないと解する場合、違法な先行行為を前提とする後続の処分につき取消を求める訴えを提起しても後続の処分に固有の取消原因がなければ、処分の取消はなされないことになってしまうが、違法な行為を前提とした処分が取消され得ないのは不合理ですらある。

そこで、このような不合理に対処するため、先行行為の違法を理由に後続の行為の取消を認めるのが違法性の承継理論である。

4．次に、違法性の承継が認められる要件が問題となるが、「先行処分と後行処分とが相結合して一つの効果の実現を目指し、これを完成するものである場合には、原則として、積極に解すべき」（田中二郎『新版行政法上巻全訂第二版』三二七頁　昭和四九年弘文堂）、また「①一つの手続ないし過程において複数の行為が連続して行われる場合において、②これらの行為が結合して一つの法効果の発生をめざすこと、である」（芝池義一『行政救済法講義（第二版）』六四頁　二〇〇〇年有斐閣）とされる。あるいは「違法性の承継の有無を判断するためのポイントは、……（中略）……私人が先行処分の段階で瑕疵を実効的に争えるように、当該先行処分の性質に見合った行政手続や争訟手続を、法律が整備している場合は、先行処分の瑕疵は専らその先行処分の取消訴訟で争わなければならない。そうでない場合は『違法性は承継』される」（山本隆司「行政処分の瑕疵論」（法学教室二三七号四一頁））とされる。

上記見解を総合すると、複数の処分が相結合して行なわれ、全体が一連の手続として一定の法律効果を目指す場合に、先行行為が違法であるときは、後続処分が先行行為の違法性を承継し、違法な処分とされることになる。但し、その場合でも、法律上先行処分について争訟提起が可能である場合、先行処分の違法は専ら先行処分の取消訴訟で争わなければならず、違法性の承継は認められないということになる。

5．共有財産返還手続は、官報公告、返還請求、返還決定という複数の行為が相結合して、一連の手続として共有財産の返還という法律効果を目指すものであるから、官報公告自体は一連の共有財産返還手続の段階的行為に過ぎない。したがって、先行する官報公告に違法が認められる場合、その違法は後続の返還請求及び返還決定に承継され、後続の返還決定が違法な処分となる。

加えて、官報公告自体は名宛人が特定されたものではないから、本件官報公告自体に個別具体性は認められない。よって、本件官報公告は、行政事件訴訟法三条の取消訴訟の対象である「行政庁の処分その他公権力の行使」に当たらず、本件官報公告そのものに対して取消訴訟を提起することはできないのである。

したがって、返還決定の取消を求める本件訴訟においては、先行の官報公告に違法が認められ、その違法が後続の返還決定に承継される結果、返還決定には取消原因が認められることになるのである。

第七　取消判決の拘束力

1．違法性の承継が認められ、後続の処分が取消される場合、違法な先行行為の効力が問題となるが、以下述べるとおり、行政事件訴訟法第三三条に規定される取消判決の拘束力を介して、先行行為の効力も否定され、行政庁にはその取消を行うべき法的義務が発生する。

その結果、本件においては、先行の官報公告の違法性故に後行の返還決定について取消判決ないし無効確認判決が下された場合、被控訴人には先行の官報公告についてその取り消しを行うべき法的義務が発生する。

すなわち、行政事件訴訟法第三三条第一項は、「処分又は採決を取り消す判決は、その事件について、当事者たる行政庁その他関係行政庁を拘束する。」と規定し、第二項は、「その処分又は採決をした行政庁は、判決の趣旨に従い、改めて申請に対する処分又は審査請求に対する採決をしなければならない」と規定し、第三項は「前項の規定は、申請に基づいてした処分又は審査請求を認容した採決が判決により手続に違法があることを理由として取り消された場合に準用する」ことを規定している。

これらの規定によれば、取消判決等が下された場合、その事件について当事者たる行政庁は拘束され」「判決の趣旨に従い」改めて処分をやり直さなければならない。
2. ここでいう拘束力とは、「判決それ自体の効力であるのではなく、取消判決の効果を実質的に保障するために行政事件訴訟法が特に与えた、特別の効力である」（藤田宙靖『第三版行政法I総論（再訂版）』四三二頁　二〇〇〇年有斐閣）とされる。
すなわち、取消判決それ自体は当該処分を取消し、処分が違法であることを確定するに過ぎない。しかし、取消判決だけでは私人の実質的権利救済のために不十分な場合があるから、そのような場合に取消判決の直接の効果を超えて関係行政庁に種々の措置を取ることを法的に義務付ける必要がある。かかる必要性から認められている効力が取消判決の拘束力である。

例えば、事業認定の違法を理由として収用採決が取消された場合、取消判決の直接の効果は、収用採決を取消すことのみであって、そのことによって当然に事業認定が取消されたことにはならない。しかし、その事案を全体としてみるとき、取消判決を意味あらしめるためには、当然、事業認定も取消されなければならないことになる。このような場合事業認定を行った行政庁は、まさに法三三条一項の規定によって、関係行政庁として、事業認定の取り消しを行うべく法的に義務づけられることになるのである。

この理は最高裁判所平成一一年一月一一日第一小法廷決定（判例時報一六七五号六一頁）でも確認されている。

すなわち同決定では「（地方議員の）除名処分の効力停止決定がされることによって、同処分の効力は将来に向って存在しない状態に置かれ、相手方の川島町議会議員としての地位が回復されることになり、これに伴って、相手方の除名による欠員が生じたことに基づいて行われた繰上補充による当選人の定めは、その根拠を失うと言うべきであるから、関係行政庁である川島町選挙管理委員会は、右効力停止決定に拘束され、繰上補充による当選人の定めを撤回し、その当選を将来に向って無効とすべき義務を負う」と判示しており、町議会による除名処分の効力が停止されることにともない、町選管は繰上補充による当選決定を無効とすべき義務を負うこととされているのである。

3．したがって、本件返還決定が、公告の違法性を承継することを理由に無効確認または取消判決が下された場合、本件返還決定の違法が確定するに過ぎないとしても、返還決定が取り消されるだけでは控訴人らの権利救済のために不十分なものであることは明らかであり、判決の拘束力により、無効確認ないし取消判決の直接の効果を超えて、被控訴人は種々の措置を取ることが法的に義務付けられるのである。すなわち、被控訴人は判決の趣旨に添って、違法な公告の取消を行うことが法的に義務付けられるのである。

よって、本件返還決定が取り消された場合、官報公告に遡って返還手続がやり直されることになり、北海道旧土人保護法第一〇条三項で指定された財産のうちこれまでに適法に管理が終了された財産を除く共有財産がすべて公告されることになるから、従前の処分が繰り返されることにはならないのである。

第八　本件返還決定ないし返還しない決定の無効確認あるいは取消による控訴人らの利益

1．原判決は、本件返還決定を取り消しても意味がないとして、訴えの利益を否定しているが、先行する官報公告の違法を承継することを理由として返還決定の取消判決が下された場合、取消判決の拘束力により、判決の趣旨に従い、従前とは異なる適法な官報公告に基づく返還手続が行われることになり、再度の返還手続において本件とは異なる内容の返還決定が出されるのであるから、従前の処分が繰り返されることにはならない。

2．すなわち、返還決定の取消判決が確定すると、被控訴人には、判決の拘束力を介して適法な官報公告を為すべき法的義務が発生する。

その結果、官報公告に際して、被控訴人が財産管理者としての善管注意義務を履行し、財産管理の終了に際しての管理計算義務を果たしたうえで、アイヌ文化振興法附則三条二項および共有財産に係る公告等に関する省令一条が要求する公告内容である、北海道旧土人保護法第一〇条三項で指定された財産のうち、これまでに適法に管理が終了された財産を除くすべての共有財産の金額を確定し官報公告する義務を負うことになるのである。

被控訴人がかかる義務を履行した場合、財産管理の経緯が調査され、出納の経過も明らかになる。

3．そして、本件返還手続においては、官報公告により返還される財産の範囲が確定されることからすれば、官報公告に変更が生じれば、控訴人らの返還請求の対象が変更されることになる。

また、返還される共有財産の範囲は官報公告によって決定されることになるが、後述するよう官報公告されていない多数の共有財産が判明している以上、変更された官報公告によって、控訴人ら共有者に返還されるべき共有財産の範囲が拡大し、今回の返還決定とは異なる、控訴人らにより有利な処分が行われることになる。したがって、本件返還決定につき取消判決が下されても従前の処分が繰り返されることにはならない。

以上

(6)　被控訴人準備書面(2)

二〇〇三年二月二〇日

平成一四年（行コ）第六号　北海道旧土人共有財産等返還手続無効確認請求控訴事件

控訴人　小川隆吉　ほか一八名

被控訴人　北海道知事

準備書面(2)

平成一五年二月二〇日

札幌高等裁判所第三民事部

被控訴人指定代理人

田口　治美

小林　洋勝

小林　一延

秦　博美
宮田　康弘
中村　民俊
十亀　千尋
山本　直也
熊澤　武
榊原　政博
山内　敏幸

被控訴人は、控訴人らの平成一四年一二月一八日付け準備書面（以下「控訴人ら第三準備書面」という。）について、次のとおり反論する。

なお、略語は、本書面において新たに用いるもののほか、従前の例による。

第一　「共有財産等の返還手続の構造」について

1　「返還手続きの経緯」について

控訴人らによる関係法令の制定の経緯やその内容の引用、共有財産等の返還手続の経緯等の説明であり、控訴人らと被控訴人との間で特段争いがない事項であると思料する。

ただし、「被控訴人は控訴人らの求めに応じず、共有財産の指定に至る財産発生の原因とその内容・指定の理由・財産管理の経緯を明らかにすることなく、（中略）返還手続きを進め」た（控訴人ら第三準備書面八ページ一六ないし一八行目）とする点については、被控訴人は、控訴人らの各要求に対して現存する資料の収集を行い、可能な限りの調査を実施し回答するなど誠意をもって対応したものである。

2　「共有財産の返還手続の構造」について

控訴人らは、共有財産等の返還手続が、時系列としては被控訴人の官報公告、共有者の返還請求、被控訴人の返還決定の順となっていることから、時系列の最初である被控訴人がアイヌ新法附則三条二項に基づいて行った官報広告（以下「本件官報公告」という。）が、返還の対象となる財産の範囲を確定すると主張するようである。

しかしながら、アイヌ新法附則三条は、一項で「この法律の施行の際現に前条の規定による廃止前の北海道旧土人保護法（中略）第一〇条第一項の規定により管理する北海道旧土人共有財産」を「共有財産」と定義し、それに続いて旧保護法廃止後の知事の共有財産の管理（一項）、共有財産の官報公告（二項）、共有財産の返還請求（三項）、共有財産の返還（四項）、共有財産の指定法人等への帰属（五項）の各規定を設けているものである。

したがって、共有財産の範囲は、アイヌ新法附則三条一項に基づき、アイヌ新法施行の際現に被控訴人が管理する共有財産か否かで定まるものであって、控訴人ら主張のように本件官報公告は返還決定の対象となる共有財産を限定したり、確定する効果を有するものではなく、本件官報公告は単に共有財産を返還するため広く一般に知らせるものにすぎないものである。また、アイヌ新法附則三条一項の規定に基づき旧保護法廃止後も引き続き被控訴人が管理する共有財産が、同条三項の返還請求の対象となるものであることは、文理上も明らかであり、控訴人らの主張は、独自の法文解釈に基づくものというべく、失当である。

3　「返還手続の一回性」について

控訴人らは、アイヌ新法附則三条の規定が、旧保護法廃止に伴う経過措置を定めたものであるから、共有財産の返還手続の実施は、一回限り予定されているにすぎないとし、本件官報公告をやり直さなければ今回返還手続の対象とならなかった「共有財産」が返還されないと主張する。

しかしながら、2で述べたとおり、本件官報公告には返還手続の対象となる共有財産を限定したり、確定する効果はなく、被控訴人はアイヌ新法施行の際現に知事が管理している共有財産のすべてを公告したものであるから、仮に控訴人ら主張のとおり本件官報公告をやり直したとしても、新たに返還手続の対象となる「共有財産」は存在しない。

したがって、控訴人らの主張には理由がない。

第二　「官報公告の違法」について

1　「公告の対象となるべき財産の範囲」について

控訴人らは、制度趣旨が異なる民法一二一条ただし書の「現ニ利益ヲ受クル限度」という文言の「現に」の解釈から、「現に……管理する共有財産」とは被控訴人が「現に管理している共有財産のみならず、適法に管理が終了した財産以外の、法律上管理しているべき共有財産全てを含むと解される」（控訴人ら第三準備書面一三ページ一一ないし一三行目）と主張する。

しかしながら、民法一二一条ただし書の規定は、制限能力者の法律行為の取消しの場合の返還範囲が現存利益に制限され、利益を必要な出費に充てた場合に利益は形を変えて現存することになり返還義務の範囲に含まれる旨を定めたものであり、そこにおける「現に」という言葉の解釈が、アイヌ新法附則三条のような旧法廃止の際の経過措置を定めた規定の解釈と同一に解することができないことは論を待たない。

原審における被控訴人の平成一二年六月一日付け準備書面㈢五ページ四ないし七行目でも主張したとおり、「この法律の施行の際現に」という文言は、言うまでもなく法制執務上の用語法であり、アイヌ新法「施行時点において事実として」ほどの意味を有するに過ぎないものである。

したがって、控訴人らの主張は、立法における法制執務上の用語法を実定法の解釈において独自の意味を有するものと曲解したものであり、明らかに失当である。

2 「官報公告に含まれていない共有財産の存在」について

控訴人らは、返還手続の対象となる「共有財産」が、被控訴人が「現に管理している共有財産のみならず、適法に管理が終了した財産以外の、法律上管理しているべき共有財産全て」であることを前提に、過去において不動産、有価証券、漁業権等が指定され、その後適法に処分された記録がないにもかかわらず、それらが本件官報公告に含まれていないので、本件官報公告には脱漏があり違法であると主張するようである。

しかしながら、第一で述べたとおり、控訴人らの主張の前提である「現に……管理する共有財産」に「法律上管理しているべき共有財産全て」が含まれるとする主張自体が、法制執務上の用語法を理解しない独自の見解である上、被控訴人は、共有財産の指定経緯や改廃状況を調査した上、返還の対象となるすべての共有財産を公告したものであるから、本件官報公告には脱漏があり違法であるとする結論については、その前提において失当である。

なお、原審における被控訴人の平成一一年一〇月一三日付け答弁書二ページ九ないし一一行目で述べたとおり、共有財産の種類には、過去においては、現金のほか、土地、建物などの不動産、公債証書、債券、株券等があったが、不動産については昭和二七年までに管理を終え、その後は現金のみを管理しているものである。

3 「官報公告に際して被控訴人に課せられていた法的義務」について

(1) 「財産管理者としての義務」について

控訴人らは、他人の財産を管理する場合の法的義務について、「契約による財産の管理」及び「契約によらない財産の管理」の二つに分類して、民法及び信託法の関係規定を引用し、るる解釈論を展開するようであるが、控訴人らの分類、説明は、本件における法律関係との関連が不明な独自の主張である。すなわち、被控訴人は、本件においては、特別の公法である旧保護法一〇条一項の規定等に基づき、あるいは同項等に準じて共有財産等を管理していたものであるから、控訴人らが引用する民法等の規定は本件に直接適用されるものではなく、被控訴人は、控訴人らの主張する善管注意義務等を負っていたものではない。

仮に、被控訴人が他人の財産を管理する者として善管注意義務類似の義務を負っていたとしても、被控訴人は、旧保護法一〇条一項、北海道旧土人共有財産管理規定等に従って、共有財産を適正に管理してきたものである。

(2) 「アイヌ文化振興法附則三条および共有財産に係る公告等に関する省令による義務」について

控訴人らは、公告等に関する厚生省令一条は「北海道知事が管理する当該共有財産の金額」を公告事項としており、「現に」という文言が入っていないことから、「適法に管理していれば逸脱することはなかった財産も当然に『北海道知事が管理する』財産に含まれる」（控訴人ら第三準備書面一七ページ一七・一八行目）と主張するようである。

そもそも、当該主張が控訴人らのアイヌ新法附則三条の「現に……管理する共有財産」という文言の解釈に係る主張（控訴人ら第三準備書面一二ページ一五行目ないし一三ページ二一行目）とどのような論理的関連性があるのかおよそ不明であると言わざるを得ない。このことは別としても、アイヌ新法附則三条二項は、同条一項に定義された「この法律の施行の際現に前条の規定による廃止前の北海道旧土人保護法（中略）第一〇条第一項の規定により管理する北海道旧土人共有財産」を公告すべきことを規定し、厚生省令は、その性格上、当該法律の委任を受けて、具体的な手続を定めたにすぎないものである。アイヌ新法附則三条二項の規定を受けた厚生省令一条に「現に」の一語が入っていないことはむしろ当然のことであり、入っていないことにより「適法に管理していれば逸脱することはなかった財産も当然に『北海道知事が管理する』財産に含まれる」とする原告の主張は、アイヌ新法附則三条の解釈との関連は別としても、法令の階層性を無視した独自の解釈であり、明らかに失当である。

(3) 「本件官報公告の違法」について

控訴人らは、厚生省令一条が「法附則第二条の規定による廃止前の北海道旧土人保護法（省略）第一〇条第三項の規定に基づく指定に係る北海道旧土人共有財産（省略）について北海道庁長官が庁令又は告示（以下本条において「庁令等」という。）により公告した事項、当該庁令等の番号及び年月日」を官報で公告すべき事項としているところ、本件官報公告は、その最終のものしか行われていないので、違法無効なものであると主張するようである。

しかしながら、厚生省令一条は、庁令等により告示した事項並びにその事項を公告した庁令等の番号及び年月日を公告事項としているが、当該共有財産等に係るすべての庁令等を広告事項としているものではなく、また、本件官報広告は、共有財産の共有者が返還請求できるよう周知するために行っているものであるから、返還しようとする共有財産を特定するに足りる事項を公告すれば足りるものと解されるので、被控訴人が主張するような違法は存しない。

なお、控訴人らは、控訴人ら第三準備書面二九ページ二行目以下において財産管理者としての義務違反を再度主張するようであるが、その主張については既に(1)において述べたとおりである。

4 結論

以上のとおりであるから、本件官報公告には被控訴人らが主張する違法は存しない。

第三 「違法性の承継」について

控訴人らは、先行する本件官報公告に違法が認められる場合、「違法性の承継の理論」により、その違法は後続の返還決定に承継され、後続の返還決定が違法な処分となると主張する。

しかしながら、いわゆる違法性の承継とは、後行処分自体には違法が存しない場合に、先行処分が違法であることを理由として、後行処分の取消しを求めることができるかの問題である（田中二郎・新版行政法上巻全訂第二版三二七ページ）。本件官報公告は、周知目的で行っているものであり特定個人の具体的な権利に変動を及ぼすものではなく、そもそも行政処分ではないから、いわゆる「違法性の承継」が問題となる場面ではない。

また、本件官報公告には何ら違法が存しないことは、第二で述べたとおりである。

第四　「取消判決の拘束力」について

控訴人らは、本件官報公告に違法性があり、その違法が本件返還決定に承継され、後続の処分が取り消される場合には、取消判決の拘束力により違法な先行処分である本件官報公告も遡及して取り消されるべきものであると主張するようである。

しかしながら、第二で述べたとおり、そもそも本件官報公告に控訴人らが主張する違法が存しないので、控訴人らの主張はその前提において失当である。

なお、控訴人らは、取消判決の拘束力により被控訴人は本件官報公告の取消義務を負うと主張するが、本件返還決定は控訴人らの返還請求に対してそのとおりの返還決定を行ったものであるから、たとえ本件返還決定が取り消されたとしても、控訴人らが自らの意思で行った返還請求自体には、取消判決の拘束力は及び得ず、控訴人らの返還請求が当然に失効するものではない。取消判決の拘束力が返還請求を飛び越えて本件官報公告に及ぶとする控訴人らの主張は、倫理の飛躍であり失当である。

また、仮に控訴人らの主張するとおり、本件官報公告自体を取り消して返還手続をやり直す場合には、本件官報公告が不特定多数人に対して向けられたものであることから、本件訴訟に当事者として参加しておらず、かつ、返還請求を行い返還決定を受けた者との関係においても、返還決定が失効することとなるので、それらの者の既得の利益を不当に侵害することになり、この点からも適当ではない。

第五　「本件返還決定ないし返還しない決定の無効確認あるいは取消による控訴人らの利益」について

控訴人らは、控訴人ら第三準備書面第二ないし第七までの主張を踏まえて、「先行する官報公告の違法を承継することを理由として返還決定の取消判決が下された場合、取消判決の拘束力により、判決の趣旨に従い、従前とは異なる適法な官報公告に基づく返還手続が行われることになり、再度の返還手続において本件とは異なる内容の返還決定が出される」（控訴人ら第三準備書面三五ページ二一ないし二四行目）と主張するが、当該主張部分に対する反論を含め、本件返還決定について、無効確認又は取消しを求める法律上の利益がないことは、既に控訴審における答弁書（三ないし九ページ）において述べたとおりである。

(7) 被控訴人準備書面(3)

二〇〇三年五月六日

平成一四年（行コ）第六号　北海道旧土人共有財産等返還手続無効確認請求控訴事件

控訴人　小川隆吉　ほか一八名

被控訴人　北海道知事

準備書面(3)

平成一五年五月六日

札幌高等裁判所第三民事部　御中

被控訴人指定代理人　田口　治美

桂井　孝教

齋藤　章夫

秦　博美

宮田　康宏

中村　民俊

十亀　千尋

山下　直也

熊澤　武

榊原　政博

山内　敏幸

被控訴人は、控訴人らの平成一五年二月二六日付け準備書面（以下「控訴人ら第四準備書面」という。）に対し、必要と考える範囲で反論を加える。

なお、略語は、本書面において新たに用いるもののほか、従前の例による。

第一　第一について

1　1の(1)ないし(5)について

(1)　控訴人らは、昭和一二年法律第二一号による改正前の旧保護法一〇条二項が「北海道庁長官ハ内務大臣ノ認可ヲ経テ共有者ノ利益ノ為ニ共有財産ノ処分ヲ偽シ又必要ト認ムルトキハ其ノ分割ヲ拒ムコトヲ得」と規定しているにもかかわらず、被控訴人が、かつて共有財産として指定されたことがある土地・建物、公債・株券及び漁業権その他の権利について、内務大臣の認可を得て処分を行ったか否かを明らかにしないことから、被控訴人の旧土人保護法及び旧土人共有財産管理規定に基づいて適法に管理していたとする主張は根拠がない（控訴人ら第四準備書面四ページ一〇ないし一二行目）と主張するようである。

(2)　しかしながら、そもそも、控訴人らのこの点の主張は、本件返還決定の無効確認又は取消しの訴えにおける訴えの利益の有無という本件の争点には、何ら関係のない主張であり、反論の必要はない事柄である。

(3)　あえて、反論するとすれば、次のとおりである。

すなわち、旧保護法一〇条二項の規定は、昭和一二年七月一日施行の昭和一二年法律第二一号による改正により、「内務大臣ノ認可ヲ経テ」の文言が削除され内務大臣の認可は不要となったところ、控訴人らの主張は、昭和一二年七月一日より前において、いかなる共有財産の処分があったというのか、何ら特定して主張しておらず、失当である。

(4)　以上によれば、控訴人ら主張は失当である。

2　1の(6)について

(1)　控訴人らは、北海道旧土人共有財産管理規程（昭和九年北海道庁令第九四号）二条に「共有財産中現金ハ之ヲ郵便貯金トシ、若ハ公債証書ヲ買入レ、又ハ確実ナル銀行ニ預入レ利殖ヲ図ルモノトス」とする規定があるにもかかわらず、旧土人共有財産台帳（甲第一号証ないし第六号証）によると、被控訴人は、共有財産を現金のまま管理し、利殖を図らなかったことは明らかであるから、被控訴人の「旧保護法一〇条一項、北海道旧土人共有財産管理規程等に従って、共有財産を適正に管理してきた」（被控訴人準備書面(2)五ページ二一・二二行目）とする主張は根拠がないと主張するようである。

(2)　しかしながら、そもそも、控訴人らのこの点の主張は、本件返還決定の無効確認又は取消しの訴えにおける訴えの利益の有無という本件の争点には、何ら関係のない主張であり、反論の必要がない事柄であることは、前記一と同様である。

(3)　あえて、反論するとすれば、次のとおりである。

すなわち、控訴人らの上記主張は、引用した証拠のどの部分から現金のまま管理していたのは明らかであると主張するのか、およそ不明と言わざるを得ないものである。

すなわち、旧土人共有財産台帳（甲第一号証）の二枚目冒頭には「現金ノ部」といった記載が見られるが、この記載は、全道旧土人教育資金（甲第一号証二二枚目）のような財産種別が現金とされた共有財産について、総括して記載したものであり、共有財産を現金のまま管理したことを意味するものではない。

また、原判決の別紙二第一項(1)ないし(7)の各財産は、北海道庁長官による指定当時、公債証書又は現金であるところ、指定時の金額と本件官報広告時の金額とを比較すると、いずれも金額が増額していることは明らかであり、その金額自体から何らかの「利殖」が行われていたことを推認させるものである。

さらに、甲第一号証ないし第六号証を子細に見ると、例えば、甲第一号証には、昭和一〇年一二月二日全道旧土人共有財産利子収入の受入額一四二円五〇銭、同月一一日には各村旧土人共有財産利子収入の受入額一四六円九四銭といった記載（甲第一号証五枚目）が認められるものであり、「利殖」を図っていた事実があることは明らかである。

(4)　以上によれば、控訴人ら主張は失当である。

3　2について

(1)　控訴人らは、「違法性の承継を行政行為間に限定することは正確ではない」（芝池義一・行政救済法講義第二版六三ページ七行目）から、違法性の承継が行政処分間においてのみ生ずるとする被控訴人の主張は失当であり、先行行為が公告のように行政処分に該当しない場合であっても違法性の承継の問題とされる場面が生じ得るのであるから、本件公告が行政処分に該当しなくとも、本件返還決定にその違法性が承継されると主張するようである。

(2)　しかしながら、控訴人らが引用する「行政救済法講義第二版」は、「違法性の承継を、行政行為（行政処分）間での問題として捉える説」（同書六三ページ四行目）が原則的には妥当することを前提として、その例外として「計画――行政行為間でも」「行政行為――強制執行行為間でも違法性の承継の認否が問題になる」ことがあり得ることを指摘しているにすぎないものである。

また、同書は、「違法性の承継が問題になるのは、訴訟の対象となる行為の間においてである」（同書六三ページ七・八行目）と明記し、そもそも訴訟の対象となり得ないような行政庁の行為と行政処分との間に「違法性の承継」が認められるとの前提には立っていないのである。

(3) 以上述べたとおり、いわゆる「違法性の承継」が問題となるのは、原則的には行政処分間においてであり、例外が認められるにしても訴訟の対象となる行為の間においてであるから、先行の本件官報公告と後行の本件返還決定との間に、いわゆる「違法性の承継」の問題が生じる余地はないものと解される。

(4) そして、本件官報公告に、何ら違法がないことは既に主張したとおりである（被控訴人準備書面⑵三ページ二二行目ないし七ページ一一行目）。

第二　第二について

1　控訴人らは、石崎誠也氏の意見書（甲第七五号証の一、以下「石崎意見書」という。）を引用して、原判決には法律解釈の誤りがあると主張する（控訴人ら第四準備書面一二ページ一四、一五行目）ようである。

2　しかしながら、石崎意見書は、次のとおり、前提事実の把握が誤っている点があるほか、独自の法律論を展開しているものであって、採用できないものである。

(1) まず、石崎意見書は、官報で公告された以外にも、本来返還されるべき共有財産が存在するとの控訴人の主張を前提として論述を展開している（石崎意見書三ページ一一行目ないし五ページ一五行目）。

しかしながら、被控訴人は、共有財産の返還手続きに当たり、それまで被控訴人が管理していた共有財産について、その指定経緯や改廃状況を十分に調査した上で、返還の対象となるすべての共有財産を公告しているのであって、それ以外に返還対象となるべき共有財産はないこと、本件返還決定は、何ら控訴人らの権利等を侵害しないものであることについては、既に主張したとおりである（控訴審における答弁書五ページ二ないし一六行目、被控訴人準備書面⑵一二行目ないし七ページ一一行目）。

(2) また、石崎意見書は、取消判決の拘束力に関し、本件官報広告が違法であることを理由に本件返還決定が取り消されれば、取消判決の拘束力により、官報公告を改めて行い、返還決定を改めて行うべき義務を負うと述べ、参考裁判例として福岡高裁昭和二九年二月二六日判決（行裁例集五巻二号四〇三ページ）等を掲げる（石崎意見書五ページ一六行目ないし六ページ二一行目）。

しかしながら、まず、申請に係る行政処分について取消判決があった場合には、申請人のした申請はいまだ行政庁の判断を受けないままの状態で存続していることになるのであって（行政事件訴訟法三三条二項参照）、取消判決の拘束力として、申請人のした申請が失効するものではない。これを本件についてみると、仮に、本件返還決定が取り消されたとしても、控訴人らの返還請求が失効するものではないから、被控訴人は控訴人らの返還請求に対して決定を行わざるを得ないのであり、この場合、取消判決の拘束力としては、結局のところ、同一処分の繰返し禁止効として、返還しない決定をしなければならないという（控訴人らにとって矛盾した）効力が生ずることになるにすぎないのであって、それを超えて官報公告を改めて行う（やり直す）べき法的義務を負うと解することはできない。

また、アイヌ新法附則三条に基づく共有財産の返還決定の手続は、申請人の行う各共有財産ごとの返還請求に対応して、各共有財産ごとに独立して存在する処分であり、これに対応する官報公告の効力も各共有財産ごとに独立して効力を有するものと解される。したがって、仮に、控訴人らの主張するように、本件官報公告した共有財産以外に返還の対象となる共有財産の存在が判明したとしても、新たに判明した共有財産について、追加して官報公告をして返還請求の手続きをすることになるにすぎず、既存の本件官報公告の効力に何ら影響を及ぼすものではなく、本件官報公告を改めて行う（やり直す）べき法的義務を負うと解することはできない。

もっとも、この点については、被控訴人は、返還の対象となるすべての共有財産を公告しているのであって、それ以外に返還対象となるべき共有財産はないことは、繰り返し述べているとおりである。

(3) さらに、石崎意見書は、取消判決の拘束力に関し、行政処分を取り消す判決の拘束力によって、自己の権利が回復する可能性がある場合、当該行政処分を争う訴えの利益が存在すると判断できると述べ、参考判例として、最高裁平成五年一二月一七日判決（民集四七巻一〇号五五三〇ページ）、最高裁昭和四三年一二月二四日判決（民集二二巻一三号三二五四ページ）を掲げる（石崎意見書七ページ二行目ないし二二行目）。石崎教授が引用する二つの最高裁判例は、狭義の訴えの利益について判示したものではなく、原告適格について判示したものであり、本件の争点には直接関係のない判例である。

(4) 以上によれば、石崎意見書は採用することができない。

(8) 被控訴人準備書面(4)

二〇〇四年二月二六日

被控訴人は、本準備書面において、証拠調べの結果を踏まえ、従前の主張を総括する。

なお、略語等は本書面において新たに用いるもののほか、従前の例による。

第一　本件控訴の争点

1　本案前の争点

本件返還決定について、名宛人である控訴人らに無効確認又は取消しを求める法律上の利益があるか。

2　本案における争点

(1)　アイヌ新法附則三条及び本件返還手続きは、違憲、違法なものであるか。

(2)　本件官報公告に違法が認められるか。また、先行する官報報告に仮に違法があった場合、後続する本件返還決定にその違法性が承継されるか。

(3)　本件返還しない決定は、違法なものであるか。

第二　争点に対する被控訴人の主張

1　本案前の争点

(1)　本件返還決定について、名宛人である控訴人らに無効確認又は取消しを求める法律上の利益があるか。

ア　控訴人らの主張

本件返還決定は、①控訴人らのアイヌ民族としての先住権、人権、条約上の権利等が侵害されていること、②本件返還決定に係る本件官報公告には返還すべき共有財産に漏れがあることから、返還請求の前提となる「公告」が返還範囲を限定している点、複数回の返還が予定されず、返還請求を行わなければ、財団（引用者注：アイヌ新法七条一項により指定された財団法人アイヌ文化振興・研究推進機構）に財産が帰属し、控訴人らが返還手続を争う途を奪っていること、③本件返還決定を取り消しても、従前の処分が繰り返されることにはならない点で、原判決は、判決の拘束力（行政事件訴訟法三三条）の法律解釈を誤っていること、④貨幣価値の変動が考慮されていないことから、控訴人らにとって有利な処分とは認められないと主張する。

イ　被控訴人の主張

(ア)　控訴人らの前記①の主張については、控訴審における答弁書三ページ一三行ないし四ページ一五行目で被控訴人が述べたとおり、本件処分決定は、控訴人らの返還請求に応じて返還請求どおりに行った処分であって、控訴人らにとって有利な処分であるから、何ら控訴人らの権利を侵害するものではないことは明らかであり、控訴人らの主張は前提を欠き失当である。

この点、原判決も、本件返還決定は、被控訴人が公告をした共有財産に関し、控訴人らの「財産、金額を特定した具体的な返還の請求に基づいて、控訴人らが返還の請求をした財産、金額のとおり、返還をする旨の決定をしたものである。すなわち、本件返還決定は、控訴人らの請求をすべて認めた控訴人らに有利な行政処分であり、本件返還決定によって、控訴人らが不利益を受けたり、権利を侵害されたとは考えられない。」（原判決一七ページ二一ないし二五行目）と判示しているところであり、正当な判断である。

(イ)　控訴人らの前記②の主張については、控訴審における答弁書四ページ一六行目ないし六ページ七行目、被控訴人準備書面(2)二ページ一五行目ないし五ページ八行目及び被控訴人準備書面(3)六ページ二ないし二〇行目で被控訴人が述べたとおり、共有財産の範囲は、アイヌ新法附則三条一項に基づき、アイヌ新法施行の際現に被控訴人が管理する共有財産か否かで定まるものであり、控訴人らは、同項の規定する返還すべき「共有財産」の解釈を誤っている。また、本件官報報告は、控訴人ら主張のように返還決定の対象となる共有財産を限定したり、確定する効果を有するものではなく、単に共有財産を返還するため広く一般に知らせるものにすぎないものである。さらに、被控訴人は、共有財産の指定経緯や改廃状況を調査した上、返還の対象となるすべての共有財産公告しているのであって、それ以外に返還対象となるべき共有財産はないから、本件官報公告は何ら控訴人らの権利等を侵害するものではない。

さらに、アイヌ新法附則三条に基づく共有財産の返還決定の手続きは、申請人の行う各共有財産ごとの返還請求に対応して、各共有財産ごとに独立して存在する処分であり、これに対する官報公告も各共有財産ごとに独立して効力を有するものと解される。したがって、仮に、控訴人らの主張するように、本件官報公告した共有財産以外に返還の対象となる共有財産の存在が判明したとしても、新に判明した共有財産について、追加して官報公告をして返還請求の手続きをすることになるにすぎず、本件官報公告及び本件返還決定の違法に何ら結びつくものではない。

この点、原判決は、「本件返還決定により生じる効果は、被控訴人が公告をし、控訴人らが返還の請求をした財産が、控訴人らに帰属するということに尽きる。」、「仮に、控訴人ら主張のとおり、返還手続きの対象となるべきであるにもかかわらず、被控訴人が公告をしなかったことによって返還手続きの対象にならなかった財産があり、かつ、それが控訴人らに返還されるべき財産であるとしても、本件返還決定によって、その財産が控訴人らに返還されないことになったのではない。」として、さらに、この点に関し「控訴人ら主張の不利益は、本件返還決定無効確認又は取消しによって回復すべき法律上の利益があると認めることはできない。」（原判決一八ページ三ないし二四行目）と判示しているところであるが、本来返還の対象となるべき財産はすべて公告されており、返還対象となるべき財産は他には存在しないことは前述のとおりであるほか、その余の原判決の判断は正当である。

(ウ) 控訴人らの前記③の主張については、控訴審における答弁書六ページ八行目ないし七ページ二一行目、被控訴人準備書面(2)七ページ下から一行目ないし八パージ一九行目及び被控訴人準備書面(3)五ページ二一行目ないし六ページ二〇行目で被控訴人が述べたとおり、仮に本件返還決定が取り消されたとしても、前記のとおりそもそも本件官報報告に違法が存しないものであり、被控訴人は、既存の本件官報公告を改めて行う（やり直す）べき法的義務を負うものではない。

また、仮に本件返還決定に取消判決が出されたとしても、本件官報公告の効力の及ぶ範囲は前記のとおりであるから、控訴人らの返還請求は失効するわけではなく、この返還請求はいまだ行政庁の判断を受けないままの状態で存続していることになるのである。したがって、被控訴人としては、この返還請求に対して、控訴人らも自認するとおり、再度同一の返還決定を繰り返すほかないのであるから、控訴人らには、本件返還決定の無効確認又は取消しによって回復されるべき法律上の利益が存在しないことは明らかである。

この点、原判決は、「控訴人らの主張するような手続上の瑕疵が本件返還決定にあり、本件返還決定の無効を確認し、あるいは決定を取り消し、その手続きをやり直したとしても、控訴人等の請求を上回る処分、すなわち控訴人らの請求をすべて認める処分を再度行うことになる。このような場合に、控訴人らが、手続上の権利が侵害されたという理由により、本件返還決定の手続きをやり直すことを求める必要性は考えられない。」（原判決二〇ページ一ないし八行目）と判示しているところであり、結論において正当である。

(エ) 控訴人らの前記④の主張については、控訴審における答弁書七ページ二二行目ないし九ページ五行目で被控訴人が述べてとおり、現行法上、物の返還処分に係る返還額の決定に当たり貨幣価値の変動を考慮すべき一般的規定はないこと、アイヌ新法附則三条は、補償的要素を含めた貨幣価値の変動を考慮する制度としては設計されておらず、そもそもどのような法制度を設計すべきかということは、立法政策の当否の問題であって、法律上の争訟になじまないものである。

この点、原判決も、「本件返還決定は、被控訴人が財産、金額のとおり、返還をする旨の決定をしたものである。本件返還決定によって、控訴人らに返還されることになった金額に関し、控訴人らが不利益を受けるとは考えられない。本件返還決定の無効が確認され又は取り消されたとしても、控訴人らが返還を請求した金額を上回る金額の返還決定が行われることはない」（原判決一九ページ一一ないし一七行目）ものであり、「貨幣価値の変動が考慮されていないとしても、控訴人らに本件返還決定の無効確認又は取消しによって回復すべき法律上の利益があるとは認めることができない」（原判決一九ページ一八ないし二〇行目）旨判示しているところであるが、正当な判断である。

(オ) 以上のとおり、控訴人らには、本件返還決定の無効確認又は取消しを求める法律上の利益がないことは明らかである。

2 本案における争点

(1) 本件返還決定について

被控訴人の主張は、控訴審における答弁書九ないし一三ページ及び被控訴人準備書面(1)ないし(3)において既に述べたとおりであり、被控訴人のした本件返還決定は適法である。

(2) 本件返還しない決定について

被控訴人の主張は、控訴審における答弁書一三ページ一六ないし二二行目並びに被控訴人準備書面(1)二ページ五行目ないし三ページ八行目及び五ページ二ないし一五行目において既に述べたとおりであり、被控訴人のした本件返還しない決定は適法であって、控訴人等の請求に理由がないことは原判決が正当に判断したとおりである。

(3) なお、控訴人らは、本件返還決定の違法の有無に関する争点について、瀧澤正証人（以下「瀧澤証人」という。）に係る陳述書（甲第七六号証、甲七八号証及び甲一〇一号証の一）、井上勝生証人（以下「井上証人」という。）に係る意見書（甲第七七号証）及びこれら両名による証人尋問により、本件官報報告された共有財産以外に返還されるべき共有財産が存在することや被控訴人の共有財産の指定及び管理に問題のあったことの立証を試みようとしたものである。

しかしながら、控訴人らの立証事項は、本件返還決定の無効確認又は取消しの訴えに係る本件争点とは、なんら関係のないものであり、本件返還決定の無効又は取消事由に関して何も立証されていないものであるが、なお念のため各証人の証言の信用性の評価について指摘しておく。

まず、瀧澤証人の証言は、被控訴人が開示した同証人が述べるところの原資料が二九三〇枚開示されているのを理解しながら、そのうち一〇〇〇枚以下の原資料を基に調査したにすぎないにもかかわらず、その大部分の原資料の確認をせずに、これを欠落部分として確認のないまま推論を重ねて述べている（瀧澤訊問調書三七ページ四行目ないし四三ページ九行目）と認められることから、その証言内容の信用性は乏しく、単なる憶測にすぎないものと判断されるべきものである。

次に、井上証人に係る意見書（甲第七七号証）及び証人尋問から、その証言の要旨は、およそ「一人一個人の調査では到底及ばないほどの膨大な資料がある」（井上訊問調書一四ページ二四、二五行目）ことなどから、共有財産の管理が「適正であるかどうかは、今まで一度も検証されたことはありません。」（井上訊問調書四一ページ一四、一五行目）と述べている。そうであれば、一個人としての研究家が、その立場及び見方によって「不適正だということを示す資料がある」（井上証人訊問四一ページ二二、二三行目）と示唆したとしても、そのこと自体は検証されておらず、確証があるわけでもないのであり、膨大な資料を検証すれば、適正でない事実が確認されるかもしれないという推論にすぎないのであるから、井上証人の証言によって本件官報公告に脱漏があった、又は被控訴人の共有財産の管理に問題があったと断定することはできないことは明らかである。

第三　結論

以上のとおり、控訴人らの主張はいずれも失当であるから、本件訴訟はすみやかに棄却されるべきものである。

(9) 控訴人準備書面

二〇〇四年三月二日

目次

はじめに　――本準備書面の目的――
1　原判決の誤り
2　共有財産の範囲
3　控訴人らの訴えの利益および本件処分の違法性――共有財産返還の一回性――
4　本準備書面の目的
第一　官報公告に際して被控訴人に課せられていた義務
1　財産管理者の法的義務
(1)　法律上の他人の財産の管理権限
(2)　契約による財産の管理
(3)　契約によらない財産の管理
①　法律上の財産管理権に基づく場合
②　法律上の財産管理権が存在しない場合
(4)　小括
2　共有財産等の法的性格

(1) 共有財産等の法的性格
① 後見人類似の法的性格
② 法的信託としての法的性格
③ 小括
(2) 指定財産の法的性格
(3) 被控訴人の平成一五年二月二〇日付準備書面について
(4) 小括

3 アイヌ文化振興法附則第三条および共有財産にかかる広告等に関する省令により被控訴人に課された管理経過調査義務
(1) 官報公告すべき共有財産の範囲
(2) アイヌ文化振興法附則第三条の「現に」の文言の解釈
① アイヌ文化振興法の目的
② アイヌ文化振興法附則第三条の趣旨
③ アイヌ文化振興法附則第三条の「現に」の解釈
④ 被控訴人の管理経過調査義務

4 被控訴人に課された法的義務

第二 被控訴人の義務違反
1 調査の不十分による義務違反
(1) 被控訴人の調査義務懈怠
(2) 調査の対象資料の質、量の不十分
2 幕別・池田の土地について
3 調査結果開示の懈怠

第三 本件返還手続きの違法性
1 本件返還手続きの構造（再論）
2 官報公告の違法性
(1) 善管注意義務違反および管理計算義務、管理経過調査義務を怠っていること
(2) 公告すべき「共有財産」すべての公告を怠っていること
3 官報公告の違法と返還決定の違法の連関
(1) 石崎意見書（甲第七五号証の一および甲第七九号証）について
(2) 違法性の承継論（再論）
(3) 小括

第四 取消判決の拘束力
1 取消判決による返還決定取消の効力
2 取消判決の拘束力
3 返還決定の取消判決による官報公告のやり直し

第五　本件返還決定ないし返還しない決定の無効確認あるいは取消による控訴人らの利益（再論）
1　原判決の誤り
2　控訴人らの訴えの利益
第六　請求が棄却された控訴人について
1　財産返還時に被控訴人が負担する義務について
2　控訴人秋辺得平について
3　控訴人鹿田川見について
4　控訴人豊川重雄について
おわりに

はじめに　――本準備書面の目的――

1　原判決の誤り

(1)　原判決は、「原告ら主張のとおり、返還手続の対象となるべきであるにもかかわらず、被告が公告しなかったことによって返還他続の対象とならなかった財産があり、かつ、それが原告等に返還されるべき財産であるとしても、本件返還決定により、その財産が原告らに返還されないことになったのではない。……（中略）……原告らが本件返還の対象として除去することを求めているのは本件返還決定であるが、判決によって本件返還決定の無効を確認し又は取り消したとしても、判決の効果として、共有財産の返還手続きの対象とするべきであったにもかかわらず対象としなかった財産までをも取り込んだ返還手続きを被告に行わせることはできない。」との判断を示した。（原判決一八頁）。

(2)　要するに、原判決は、控訴人らが無効確認または取消を求めているのは返還決定それ自体であるから、仮に控訴人らの主張が容れられたとしても、その処分の前提となった控訴人らの返還請求の無効ないし取消がなされるわけではなく、また、官報公告自体の無効または取消がなされることにもならない。

したがって、仮に控訴人が勝訴したとしても判決後になされる処分も、控訴人らが従前行ったのと同一内容の返還請求に対する同一の内容の返還処分となることから控訴人らに有利な返還手続きが行われることにはならないことを理由として、訴えの利益がないとしたものである。

(3) しかしながら、かかる判断は、本件返還手続の構造、取消判決の拘束力（行政事件訴訟法第三三条）の理解を欠くものであり、明らかに法律解釈を誤ったものである。

このことは、控訴人の平成一四年六月二八日付準備書面、平成一四年一二月一八日付準備書面において詳細に主張し、控訴人らの主張に対する被控訴人による反論に対しても控訴人らの平成一五年二月二六日付準備書面および平成一五年七月一五日付準備書面において再反論を加えてきたところである。

2 共有財産の範囲

共有財産について、被控訴人は、「アイヌ文化振興法施行の際、現に被控訴人が管理する共有財産」であると主張するが、右主張が誤りであることは、従前の控訴人ら準備書面および本準備書面一五頁以下において、厳しく指摘しているところである。

しかし、控訴審における審理の結果、被控訴人による「現に管理する共有財産」を特定するための作業は、原資料にあたることなく、二次的、三次的資料に依拠していたこと、および現に管理する共有財産において遺漏があることが明らかとなった。

したがって、仮に共有財産の範囲について、「現に管理する共有財産」と解しても、被控訴人が現に管理する共有財産のすべてを公告していない以上、共有財産の返還手続に違法があることは、明らかである。

3 控訴人らの訴えの利益および本件処分の違法性
——共有財産返還の一回性——

(1) また、被控訴人は「共有財産の指定経緯や改廃状況を調査した上、返還の対象となるべきすべての共有財産を公告しているのであって、それ以外に返還の対象となるべき共有財産はないから、本件官報公告は何ら控訴人らの権利を侵害するものではない。」とし、「アイヌ新法附則三条に基づく返還決定の手続は、申請人の行う各共有財産ごとの返還請求に対応して、各共有財産ごとに独立して存在する処分であり、これに対する官報公告も各共有財産ごとに独立して効力を有するものと解される。」として、仮に未返還の共有財産の存在が判明したとしても、「新たに判明した共有財産について、追加して官報公告をして返還請求の手続きをすることになるにすぎず、本件官報報告及び本件返還決定の違法に何ら結びつくものではない。」と主張する。

(2)　しかしながら、被控訴人が行った共有財産の調査が極めて不十分であり、本来返還されるべき共有財産が存在していることは、滝沢証人や、井上勝生証人の証人尋問の存在から明らかである。したがって、本件官報公告以外に、返還すべき共有財産が存在しないとの被控訴人の主張は事実に反する以上、本件官報報告が、何ら控訴人らの権利を侵害しないとの主張は理由がない。

(3)　さらに、アイヌ文化振興法附則三条に基づく共有財産の返還手続きは、本来、一回の返還手続きにより終了することを予定しているものであり、被控訴人が主張するような追加の返還手続を予定していないことは明らかである。

すなわち、アイヌ文化振興法附則三条は「北海道旧土人保護法の廃止に伴う経過措置」規定であり、旧土人保護法の廃止により、同法一〇条に基づく被控訴人の共有財産管理権限が法律上の根拠を失うことになるため、同法下における共有財産の管理を清算すべく設けられた規定である。

したがって、アイヌ文化振興法が、旧土人保護法下における共有財産の返還を複数回に渡って行うような制度を前提としていないことは明らかである。

さらに、旧土人保護法が廃止された以上、共有財産の管理権限を被控訴人は持たないのであるから、「未返還の共有財産」を被控訴人が管理すること自体、法的根拠を欠くことになるから、「追加して」返還手続きを行うこと自体、法的根拠を欠くことになる。

(4)　加えて、控訴人らが共有財産の返還請求を行う場合には、アイヌ文化振興法附則三条によれば、知事の公告が行われることが前提となっている。したがって、被控訴人が公告を行わない限り、共有財産の返還請求をする法的手段を控訴人らは持たない。この意味で本件官報公告は、控訴人らの権利の得喪にとって、決定的かつ最終的な影響を与えるものである。

原判決および被控訴人は、新たに共有財産が発見された場合には、再度返還請求すべき旨主張しているが、アイヌ文化振興法附則三条の規定を見ても、控訴人その他のアイヌ民族の権利者が、新たに共有財産を発見したとしても、返還を求める法的手続にかんする規定は、一切存在しない。

被控訴人は新たに判明した共有財産について、どのような根拠に基づいてどのように返還手続をするのか明らかにしないままの前述の主張は、無責任極まる放言と言わざるを得ない。

(5)　以上検討したように、本件返還手続は、旧土人保護法下における共有財産管理の清算として行われるものであり、その法の趣旨から見ても、本来一回限りの手続であり、だからこそ被控訴人が述べるように新たな未返還の共有財産が発見された場合ごとに返還手続を行うことを予定する法的手続も定められていないのである。

また、被控訴人が、「共有財産の指定経緯や改廃状況を調査した上で」すべての共有財産を公告したと主張していることからしても、被控訴人には、新たな公告をやり直す意図は皆無である。

したがって、本件返還決定を取り消し、または無効を確認し、公告から手続をやり直さなければ、返還の対象となっていない共有財産に対して控訴人らが返還請求を行う機会を永久に奪うことになるのである。

4 本準備書面の目的

(1) 本書面においては、まず、本件返還手続の第一段階である官報公告に際して被控訴人に課せられていた義務を明らかにし（本書面第一）、平成一五年九月三〇日の滝沢証人の尋問結果および同年一二月二日実施の井上勝生証人の尋問結果に基づき被控訴人が義務を果たしていない違法があることを明らかにする。（本書面第二）

(2) その上で、これまでの控訴人らの主張を整理し、官報公告の違法が返還決定の違法をもたらすことを明らかにし（本書面第三）、取消判決の拘束力により返還決定の取消判決が出された場合、被控訴人には判決の趣旨に添って違法な官報公告をやり直す義務が生じることを論じる（本書面第四）。

(3) その結果、「返還決定が取り消されても、従前と同じ結果になるから控訴人らに訴えの利益がない」とした原判決の判断が法律判断を誤ったものであり、控訴人らに無効確認または取消判決をもとめる利益があることを明らかにする（本書面第五）。

(4) 最後に、原判決において請求が棄却された控訴人らについて、その判断が誤りであることを明らかにする（本書面第六）。

第一 官報公告に際して被控訴人に課されていた法的義務

控訴人らは原審における平成一二年一二月七日準備書面および控訴審における平成一四年一二月一八日付準備書面等において、他人の財産を管理する場合に関する法律制度を分類し、被控訴人には他人の財産管理者として少なくとも善管注意義務（民法六四四条参照）および管理計算義務（民法六四五条参照）が課されていることを明らかにしてきた。

以下、あらためて、財産管理者の法的義務および共有財産等の法的性格を明らかにしたうえで、被控訴人に課されている義務、特に財産管理の終了時における財産の管理者に課されている義務について論ずる。

1　財産管理者の法的義務

(1)　法律上の他人の財産の管理権限

わが国における他人の財産管理に関する法律制度を分類すると、①契約に基づく財産管理と②契約によらない財産管理に大別され、②は(i)法律上の管理権限に基づく財産管理と(ii)法律上の権限なしに行われる財産管理とに分類される。

いずれにせよ他人の財産管理を行うものについては、少なくとも、善管注意義務（民法第六四四条参照）および管理計算義務（民法六四五条参照）が課されていることは以下のとおり明らかである。

(2)　契約による財産の管理

わが国では、契約に基づく他人の財産管理としては、委任（民法六四三条以下）と寄託（民法六五四条以下）および信託（信託法一条）が認められている。

これらの契約による財産管理においては、無償寄託の場合を除き、管理者には善管注意義務が課せられている。（受任者につき民法六四四条、有償受託者につき民法四〇〇条、六五九条、信託につき信託法二〇条）。

そして、財産管理の終了に際して、委任及び寄託では受取物引渡義務（民法第六四六条第一項、六六五条）及び金銭消費賠償義務（民法第六四七条・六六五条）が課せられ、信託においては計算に対する受益者の承認を必要とする（信託法第六五条）ことにより権利者の安全が図られている。

また、委任においては、事務処理状況の報告義務および終了後の顛末報告義務（民法第六四五条）、寄託においては、目的物の権利関係に影響ある事実の報告義務（民法六六〇条）、信託においては帳簿作成義務（信託法第三九条）が課せられている。

(3)　契約によらない財産の管理

① 法律上の財産管理権に基づく場合

法律上、他人の財産の管理権限が定められている場合として、不在者の財産管理（民法二五条ないし二九条）、子の財産の管理（民法八二四条、八三〇条ないし八三〇条、八三七条）、被後見人の財産の管理（民法八五九条、八六一条、八六三条、八六九条）、相続財産の管理（民法九一八条、九二六条、九四〇条等）、があげられる。

法律上の財産管理権に基づく財産管理者には、子の財産の管理を除いて、委任に関する第六四四条が準用されている。

その結果、管理者には善管注意義務が課されており、管理事務のひとつとして財産目録調製が義務付られている。（不在者の財産管理人・相続財産管理人につき民法第二七条第一項、後見人につき民法第八五三条）。

なお、子の財産の管理については、善管注意義務を課さなくても親権者の利益のために子の利益が害されることがないよう利益相反に関する特別代理人制度が設けられている。

また、財産管理の終了に際しても、民法第六四六条・第六四七条が準用され、受取物の引渡義務・金銭消費の賠償義務が課され、管理計算を行う義務が課せられている（不在者の財産管理人につき家事審判法第三三条第一項、相続財産管理人につき民法第九六五条第二項、子の財産の管理者（親権者）につき民法第八二八条、後見人につき民法第八七〇条）。

② 法律上の財産管理権が存在しない場合

法律上の権原がなく行われる他人の事務の処理は事務管理（民法第六九七条）により規律されるが、事務管理では、管理者は、本人の意志ないし利益に従って本人の事務を処理すべき義務を負い（民法第六九七条）、そして第六九八条の緊急事務管理の場合を除いて、管理者には善管注意義務が課されている。

また、民法第七〇一条が委任に関する第六四五条ないし第六四七条を準用していることから、管理者は、事務管理を継続している間、管理の状況に尽き報告義務を負い、管理終了後は停滞なくその顚末の報告義務を負う。

さらに、管理者は、事務管理継続中に本人名義で受け取った物および収取した果実の引渡義務、損害が生じている場合には賠償義務をそれぞれ負担する。

(4) 小括

以上、要するに、他人の財産を管理する者には、通常、善管注意義務（民法六四四条）と管理計算義務（民法六四五条）が課せられているのである。

特に、財産管理の終了に際しては、善管注意義務の発現である管理計算義務として、それまでの管理の経過を清算し、本人名義で受け取った物および収取した果実の引渡義務、管理者名義で権利を取得した場合には権利の名義の移転義務、管理者が金銭を消費したときには利息支払義務、損害が生じている場合には賠償義務（民法六四六条、六四七条）が課せられることになる。

2. 共有財産等の法的性格

(1) 後見人類似の法的性格

① 後見人類似の法的性格

控訴人らは平成一四年一二月一八日付準備書面において共有財産の法的性格について、旧土人保護法第一〇条に基づく指定により被控訴人に財産管理権限が付与される構造は、民法第八三三条第二項に基づく「後見開始の審判」によって後見人（財産管理者）が専任され、財産管理が開始される構造と類似していることを指摘した。

すなわち、法律上第三者による財産管理が行われることが予定されており、管理者の抽象的な財産管理権は法定されているものの、具体的な財産管理は、後見開始の審判あるいは指定によって管理の対象が定められ、管理権の行使がなされる点で両者の構造は類似しているのである。

その結果、旧土人保護法第一〇条に基づく指定によって、被控訴人は権利者に対して後見人類似の地位に立ち、旧土人共有財産管理規定等の旧土人保護法の関連法規に規定されていない部分については、後見に関する規定が類推され管理者たる被控訴人の権利義務が確定されるべきであり、被控訴人には、財産の管理に際して善管注意義務を負い、財産目録を調製する義務が課せられていると解される。

② 法定信託としての法的性格

また、控訴人らは同書面において、長官による共有財産の指定は当事者の意志の合致に基づくものではないから、契約に基づくものとはいえないが、法律によって信託が成立することがあり（法的信託ないし非任意信託）、この場合でも受託者が負担する権利義務の内容は契約による信託（設定信託ないし任意信託）と違いはないことを指摘した。

すなわち、旧土人保護法は共有財産からの収益を旧土人保護のために必要な施設を為し、施設を為した者に対する補助として給付すること（一九三七年（昭和一二年）改正前は旧土人の子弟のうち貧困なる者に対する授業料として給付すること）等を目的として法律をもって信託関係が設定されたと構成し得るのである。

この構成によると、被控訴人は受託者として、受益者である各共有財産の権利者に対し、信託の本旨に従って信託財産を管理すべき善管注意義務を負い（信託法第二〇条）、信託を終了に際して、最後の計算をして、受益者の承認を得る義務が課されている（信託法第六五条）。

③ 小括

要するに、共有財産の法的性格を後見人類似と構成すると法定信託と構成するとにかかわらず、旧土人共有財産管理規定等の旧土人保護法の関連法規に規定されていない部分については、財産管理者としての一般義務である善管注意義務を負い、加えて、財産目録を調整する義務を負担しており、返還手続に先立って返還すべき財産を確定し公告するに際してかかる義務を果たす必要が認められることは明らかである。

(2) 指定外財産の法的性格

指定外財産の法的性格についても、控訴人らの平成一四年一二月一八日付準備書面において事務管理に基づくと構成せざるを得ないことを指摘した。

すなわち、指定外財産の管理については、権利者との間で意志の合致は認められず、また、旧土人保護法一〇条に基づく指定がされていない以上旧土人保護法に基づくものでもないことから、被控訴人に法的な管理義務はなく、被控訴人が「義務ナクシテ」管理を開始しており、その法的性格は事務管理と理解せざるを得ないのである。

その結果、指定外財産の法的性格が事務管理と構成されるのであるから、被控訴人は、本人である権利者の意志ないし利益に従って事務を処理すべき義務を負い（民法第六九七条）、善管注意義務（民法第六九八条）、本人への通知義務（民法第六九九条）を負っており、管理状況報告義務、管理終了後は顚末報告義務（七〇二条・六四五条）を負っていることは明らかである。

(3) 被控訴人の平成一五年二月二〇日付準備書面について

以上のような控訴人らの主張につき、被控訴人は平成一五年二月二〇日付準備書面において、被控訴人は「特別の公法である旧保護法第一〇条一項の規定等に基づき、あるいは同項等に準じて共有財産等を管理していたものであるから、控訴人らが引用する民法等の規定は本件には直接適用されるものではなく、被控訴人は控訴人らの主張する善管注意義務を負っていたものではない」と主張する（同書面五頁）。

しかし、かかる主張は失当である。

以下、理由を述べる。

そもそも、控訴人らは、旧保護法に基づく指定及び今回の返還手続が、特別の法律上の規定に基づくものであることについてはなんら争っていない。また、控訴人らは「旧土人保護法に基づく共有財産の管理自体が私法上の法律関係であり、民法等の私法上の規定が直接適用される」、と主張するものではない。

控訴人らは特別の法律上の規定に基づく関係においても、その特別法およびその関連法規等に規定ない事項について、一般法（民法）上の規定ないしその趣旨が及びうることを主張しているのである。

そして、特別の法律上の規定に基づく関係においても一般法上の規定ないしその趣旨が及びうることは以下の最高裁判例からも明らかである。

すなわち、国と国家公務員の間において、法は公務員の職務専念義務、法令・上司に従うべき義務、国の給与支払義務を定めているが、「国の義務は右給付義務にとどまらず、国は、公務員に対し、国が公務遂行のために設置すべき場所、施設もしくは器具等の設置管理または公務員が国若しくは上司の指示の下に遂行する公務の管理あたって、公務員の生命及び健康等を危険から保護するよう配慮すべき義務を負っている……このような安全配慮義務は、ある法律関係に基づいて特別な社会的接触の関係に入った当事者間において、当該法律関係の付随的義務として当事者の一方又は双方が相手方に対して負う義務として一般的に認めるべきものであって国と公務員との間においても別異に解すべき論拠はなく……」とされている（最高裁昭和五〇年二月二五日判決　民集二九巻二号一四三頁）。

上記裁判例は、公務員関係に関する法令に規定がないとしても、一般法上認められる安全配慮義務が認められている、と判示したものである。

また、刑事訴訟法一二一条に基づく刑事手続き上の証拠物の保管についても、保管者は善管注意義務が課せられると解されており（最高裁昭和三八年一月一七日判決・集民六四号一頁）、義務違反については国家賠償法による責任追求になるものの民事上の賠償責任を負うのである（東京高裁昭和三一年一月三一日判決・下民集九巻一号一五三頁）。

このように、特別の法律上の規定に基づく関係においても、その特別法およびその関連法規等に規定がない事項について、民法その他一般法上の規定ないしその趣旨が及びうるという控訴人等の主張は決して独自の主張ではなく、最高裁判例においても是認されているものである。

要するに、控訴人等は特別法である旧土人保護法およびその関連法規である旧土人共有財産管理規定等で規定されていない財産管理の方法については民法その他一般法による規律に従うという当然のことを主張しているに過ぎないのである。

(4)　小括

共有財産は、旧土人保護法第一〇条に基づく指定によって成立し、長官がこれを管理することとなっている。

このように、旧土人保護法は、長官に他人の財産についての管理権限が与えたに過ぎないのである。そして、他人の財産について他人の財産を管理する者に一般的に課せられる善管注意義務を免除する特別の規定が旧土人保護法にない以上、管理に際して善管注意義務を負っていたと解さざるを得ない。

さらに、指定外財産は被控訴人（北海道庁長官）が法律上の権限なく、また「法律上ノ義務ナクシテ」管理していたものであり、公法上の特別の関係ではありえず、その法的性格は事務管理であるといわざるを得ない。したがって、指定外財産についても。被控訴人は善管注意義務を負っていたことは明らかである。

そして、財産管理を終了する際にも、善管注意義務の財産管理終了時における発現形態である管理計算義務が他人の財産の管理者に生じるが、この管理計算義務についても法律上特別の免除規定が設けられていない以上、被控訴人には財産管理の終了に際して善管注意義務（民法第六四四条参照）および管理計算義務（民法六四五条参照）が課せられていたことは明らかである。

3．アイヌ文化振興法附則第三条及び共有財産に係る公告等に関する省令により被控訴人に課される管理経過調査義務

(1) 官報公告すべき共有財産の範囲

アイヌ文化振興法附則第三条二項は、被控訴人に対し「共有財産を共有者に返還するため、旧保護法第一〇条三項の規定により指定された共有財産ごとに、厚生省令で定める事項を官報で公告しなければならない。」と規定し、返還の手続として、被控訴人が官報による公告を行うべきことを定めている。

この規定を受けて、官報で公告すべき具体的内容については、共有財産に係る公告等に関する省令第一条が、共有財産の指定時の「北海道庁長官が庁令又は告示により公告した事項」、「当該庁令等の番号及び年月日」および返還のための公告時に「北海道知事が管理する当該共有財産の金額」の三項目を公告すべきことを規定している。

そして、「北海道知事が管理する当該共有財産の金額」（以下「公告すべき『共有財産の金額』」という）が官報で公告されるべきことになるが、この公告すべき「共有財産の金額」が、現実に北海道知事が握持している共有財産の金額に限られず、法律上管理しているべき財産であることは控訴人らが原審以来主張してきたところである（平成一二年三月二七日付準備書面、平成一三年一〇月九日付準備書面、平成一四年一二月一八日付準備書面など）。

以下、あらためて、公告すべき「共有財産の金額」について論じる。

(2) アイヌ文化振興法附則三条の「現に」の文言の解釈

① アイヌ文化振興法の目的

アイヌ文化振興法は、「アイヌの人々の民族としての誇り

が尊重される社会の実現を図り、あわせてわが国の多様な文化の発展に寄与すること」を目的としており（アイヌ文化振興法第一条）、そのうえで同法はアイヌ文化の振興等に関わる施策を推進する際の国および地方公共団体の役割について、国に対しては「アイヌ文化の振興等を図るために施策を推進するよう努めるとともに、地方公共団体が実施するアイヌ文化の振興等を図るための施策を推進するために必要な助言その他の措置を講ずるよう努め」ることを求め（同法第三条一項）、地方公共団体に対しては、「当該区域の社会的条件に応じ、アイヌ文化の振興等を図るための施策の実施に努め」ることを求めている（同条二項）。

さらに、国に対しては「アイヌ文化の振興等を図るための施策に関する基本的指針を定め」る（同法第五条一項）とともに、施策の実施主体に対し必要に応じ助言を行うなどの措置を講じ、これらの施策が全体として計画的、効果的に展開されるよう努めることを求めている（同法五条三項、四項、六条）。

そして、そのすべての前提として、「国及び地方公共団体は、アイヌ文化の振興等を図るための施策を実施するに当たっては、アイヌの人々の自発的意思及び民族としての誇りを尊重するよう配慮する」ことが求められている（同法四条）。

これらのアイヌ文化振興法の目的及び趣旨に鑑みると、本件の共有財産の返還手続を行う際に、アイヌの人々の民族としての誇りを尊重するよう配慮することが被控訴人に求められているのである。

② アイヌ文化振興法附則三条の趣旨

そもそもアイヌ文化振興法附則第三条は「北海道旧土人保護法の廃止に伴う経過措置」規定であり、旧土人保護法の廃止に伴い共有財産を管理する法令上の根拠が失われることから、旧土人保護法下での財産管理を清算するために設けられた規定である。

この趣旨にかんがみると、アイヌ文化振興法附則第三条によって返還されるべき共有財産とは、北海道知事が現実に把握していると否とにかかわらず、共有財産として指定され管理が開始された財産のうち、適法に利用・処分されあるいは管理が終了した財産を除く、現在適法に管理されているべき財産であると解すべきである。

なぜなら、旧土人保護法第一〇条に基づき共有財産として指定された財産のうち、これまでに適法に処分され管理が終了している財産を除いたすべての財産が清算されてはじめてアイヌ文化振興法附則三条目的が達せられることになるのであり、目的が達せられない限り、被控訴人は法律上の根拠なく共有財産の管理を継続するという違法な状態が出来することになるからである。

③　同法付則三条の「現に」の解釈

上述のようなアイヌ文化振興法及び同法付則三条の目的および趣旨にかんがみると、同法付則第三条一項の「現に……旧土人保護法第一〇条第一項の規定により管理する北海道旧土人共有財産」のうち、「現に」との文言は「現実に把握している」という意味に加えて、「現実に存在すべきであった」という意味をも含んだ形で用いられていると解する必要がある。

すなわち、同項は、アイヌ文化振興法が施行される際、旧土人保護法第一〇条により指定された共有財産のうち、アイヌ文化振興法が施行されるまでにすでに適法に管理が終了した財産を返還の対象から除くという意味に理解することになる。

かかる解釈は文理に反する解釈ではなく、また控訴人ら独自の解釈ではないことは、控訴人らが原審における平成一二年三月二七日付準備書面以来主張してきたところである。

例えば、「現ニ利益ヲ受クル限度」（民法第一二一条但書）とは、現実に手元にのこされている利益のみに限られず、実質的に見て利益が現存する場合には、それを返還すべきと解される。すなわち、金員の返還に際して、その金員からは必要な生活費を支弁し手元に金が残されていないとしても、生活費に支弁した部分は実質的に見て利益が現存するとされ、返還すべき利益として認められるのである（大審院昭和七年一〇月二六日判決　民集一一巻一九二〇頁）。

④　被控訴人の管理経過調査義務

被控訴人には、アイヌ文化振興法附則三条および同条に基づく厚生省令を根拠として共有財産を返還すべき法律上の義務が課されていた。

そして、被控訴人は、旧土人保護法第一〇条三項によって共有財産に指定された財産のうち、適法に管理が終了した財産を除いた残りをすべて管理していなければならないのであるから、返還の対象となる同法付則三条にいう「北海道知事が管理する」財産とは、被控訴人が共有財産として指定した財産のうち、これまでにすでに適法に管理が終了した財産を除いた、残りのすべての財産である。

したがって、返還に際しては、省令によって、返還される共有財産の金額が公告されることとされているのであるから、省令に定められている公告すべき「共有財産の金額」とは、被控訴人が現実に握持している金額に限られず、法律上管理しているべき金額も公告すべき「共有財産の金額」に含まれる。

その結果、公告すべき財産をすべて公告する義務が課せられた被控訴人には、上記公告を行う当然の前提として、公告の対象となるすべての共有財産の管理経過を調査すべき義務が認められる。

また、本件の共有財産の返還手続が、差別的内容を持っていた旧土人保護法に基づく共有財産の管理を清算するためになされるものであることから、旧土人保護法第一〇条に基づき共有財産として指定された財産のうち、これまでに適法に処分され管理が終了している財産を除いたすべての財産が清算されてはじめて返還手続の目的が達成されるのである。

そして目的が達せられない限り、被控訴人は法律上の根拠なく共有財産の管理を継続するという違法な状態が出来することになるのであるから、かかる違法な状態を出来させないためにも返還するべき共有財産のすべてを公告する必要があり、そのためにはすべての共有財産の調査が不可欠であり、この点からも被控訴人には本件返還手続に際してすべての共有財産の管理経過を調査すべき義務が課せられていたものといえる。

要するに、被控訴人は本件官報公告をするに際して、アイヌ文化振興法三条および共有財産にかかる公告等に関する省令に規定された公告を適法に行うために、返還すべき共有財産を確定する必要があり、その前提として、すべての共有財産の管理の経過を調査する義務があったのである。

なお、被控訴人もかかる義務があったことを自認しているからこそ「その指定経緯や改廃状況を十分に調査した上で、返還の対象となるすべての共有財産を公告しているのである」（原審における被控訴人の平成一二年一月四日付準備書面三頁）あるいは「被控訴人は、共有財産の指定経緯や改廃状況を調査した上、返還の対象となるすべての共有財産を公告した」（被控訴人の平成一五年一月二〇日付準備書面五頁）と主張し、調査義務を果たしたものと強弁しているものと推察されるが、第二で述べるとおりかかる義務を怠っていたことは明白である。

4　被控訴人に課された法的義務

以上の通り、被控訴人には他人の財産の管理者として善管注意義務（民法六四四条参照）および管理計算義務（民法六四五条参照）が課せられていた。

さらに、被控訴人には、共有財産に係る公告等に関する省令一条により管理している共有財産の金額を公告すべき法令上の義務が存在しており、その義務の内容は「北海道知事が管理する」共有財産の金額を公告することであるが、公告すべき「共有財産」が北海道旧土人保護法第一〇条三項により指定された共有財産のうち、公告時までに適法に管理を終了した財産を除いた残りすべての共有財産の金額であることはこれまで述べてきたとおりである。さらに、かかる法令上の義務を果たすために共有財産の管理経過を調査すべき義務が認められることも上述のとおりである。

このように、被控訴人には他人の財産を管理する者に課せられる管理計算義務に基づき、それまでの管理の経過を清算し、返還の対象とすべき共有財産を確定し、公告すべき義務が課せられていた。

そして、返還の対象とすべき共有財産の中には、被控訴人が現実に把握していなくとも、旧土人保護法第一〇条に基づき指定された財産のうち、不当に管理を怠り、散逸させるなどして、現在把握されていない財産についても、法律上管理しているべき財産であり、返還の対象とされるべき共有財産に含まれることから、これらをすべて公告すべきであったことは再三指摘してきたところである。

第二　被控訴人の義務違反

平成一五年九月三〇日実施の滝沢正証人の尋問結果および同年一二月二日実施の井上勝生証人の尋問結果により、以下のとおり、被控訴人が管理計算義務、共有財産の管理経過の調査義務を怠ったことが明らかとなった。

1　調査不十分による義務違反

(1)　被控訴人の調査義務懈怠

前述のとおり、被控訴人は共有財産の管理経過を終了するに当たって管理計算義務を負い、返還されるべきすべての財産（これは指定された共有財産のうち、これまでにすでに適法に管理を終了しているものを除いたすべての財産のことである）を公告すべき義務を負っていた。

これにつき、被控訴人は「その指定経緯や改廃状況を十分に調査した上で、返還の対象となるすべての共有財産を公告しているのである」（原審における被控訴人の平成一二年二月四日付準備書面三頁）あるいは「被控訴人は、共有財産の指定経緯や改廃状況を調査した上返還の対象となるすべての共有財産を公告した」（被控訴人の平成一五年二月二〇日付準備書面五頁）と主張しているが、この調査結果は未だ開示されず、かかる主張を裏付ける証拠はこれまでに何一つ示されていないことは、控訴人ら平成一五年二月二六日準備書面において指摘したとおりである。

そして、平成一五年九月三〇日実施の滝沢正証人の尋問結果および同年一二月二日実施の井上勝生証人の尋問結果によって、以下のとおり、被控訴人が行った調査は、その対象が限定された不十分なものであり、被控訴人に官報公告に際して課せられていた上記義務を怠っていたことが明らかとされた。

(2) 調査対象の質、量の不十分

被控訴人が官報公告を行うに際して行った調査の対象は「旧土人保護法（共有財産）関係資料調査リスト」（甲第九五号証 以下「調査リスト」という）に掲げられた資料だけと考えられる。

しかし、この調査リスト掲記の資料が調査対象として質、量ともに不十分であり、これを調査しただけでは官報公告に際して被控訴人に課せられていた管理計算義務および管理経過調査義務を満たすものでないことは明らかである。

この調査リストについて滝沢証人は、

「甲三二号証、甲九四号証、甲三二号証の添付文書等が作成されているんですが、原資料になったのが甲九五号証に書かれているリストというもの、これが当時、道が調べたもののすべてだろうというふうに考えているわけですか。」

との質問に対して

「はいそのとおり考えました」

と証言している。（滝沢正証人尋問調書四頁）

また、井上証人も、

「このリストに基づいて、道が、今回公告した共有財産特定作業を行ったと、その資料というふうに理解してよろしいでしょうか」

との質問に対して、

「ええ、調査された資料のリストであると思います。」

と証言しているのである。（井上勝生証人尋問調書四三頁）

特に、井上証人によれば、

「この調査関係資料リストは、三種類に分かれております。一つは行政概要、これは、北海道庁が出しました冊子類ですね。……（中略）……北海道庁が刊行しました「北海道舊土人」の記述は、これはアイヌ民族の風俗、宗教、病気、習慣、その様なものをすべて含めたもので、しかも、全体が五〇頁に満たない。しかも大きな活字で書かれた……そういうものであります。そして、……その記述は、政策を批判的に点検するというようなものでは全くありません。……こういうものによって管理経過を調査するということはありません。研究者にとっては、そういう調査は考えられないものであります。」

ということであり、（井上証人尋問調書四四頁から四五頁）、調査の対象とした資料自体本来調査の対象とすべきでないものが含まれており、また対象とした調査の量が不十分であることが指摘されている。

すなわち、被控訴人が本件公告に際して調査の対象とした資料はその質、量ともに十分なものであったとはいえないのである。

このことは、共有財産のうち現金の出納を記録していた共有財産台帳（甲第七号証、八号証、八九号証ないし九三号証）も調査リスト（甲第九五号証）に含まれていないことからも裏付けられるのである。

2　幕別、池田の不動産について

また、被控訴人作成にかかる「旧土人共有財産（土地）に係る告示の経緯」（甲第九四号証、以下「告示の経緯」という）には「幕別・池田については、現在管理されていない。権利移転の手続関係について調査中」と記載されているが、この調査結果についてはこれまで全く明らかにされていない。

このことについて滝沢証人は、

「告示の経緯ということですけれども、二枚目の注二を見ますと、『幕別・池田については、現在管理されていない。権利移転の手続関係については現在調査中。』というふうになっていますね。」

「はい。」

……（中略）……

「昭和六年一〇月二日に『海干一宅地一』というふうになって、宅地が一あるようなんですが、それが昭和二七年まで矢印がついていまして、その後廃止とかってなっていないわけですね。」

「そのとおりです。」

……（中略）……

「そうすると、この経緯を調査した段階で、この土地が廃止になっていないのに、現在管理されていないので、それがどうなったか調査中であるということがこの注に記載されているわけですね。」

「そのとおりです。」

「その調査結果というのは、結論として、今までの開示請求、それから先生が調べた資料の中に出てきているのでしょうか。」

「開示された資料には、今のところ見つけることができないでいます。」

と証言している。（滝沢正証人尋問調書七頁から八頁）。

すなわち、被控訴人は官報公告に際しても、本件訴訟においても、幕別・池田の土地についての調査結果を一切明らかにしていないのである。

そして、返還手続としてなされた官報公告においては、幕別町旧土人共有財産については現金のみとされている（乙第一号証）が、指定された不動産が適正に処分されたか否か不明のまま残されているのである。

このように、返還の対象とすべき「共有財産」が官報公告された財産以外にも存在する可能性は否定できない。

3 調査結果開示の懈怠

被控訴人は「その指定経緯や改廃状況を十分に調査した上で、返還の対象となるすべての共有財産を公告しているのである」(原審における被控訴人の平成一二年二月四日付準備書面三頁)あるいは「被控訴人は、共有財産の指定経緯や改廃状況を調査した上、返還の対象となるすべての共有財産を公告した」と主張するが、その調査結果はこれまでのところ一切明らかにされていない。

このような調査結果が開示されていない調査については、調査したと認めることはできない。

このことにつき井上証人は

「被控訴人は、第一審、控訴審において、共有財産の返還に当たっては十分な調査をし尽くしたと主張しておりますが、先生から見て、共有財産の公告に当たり、被控訴人は十分な調査をしたと評価できるでしょうか」

「評価できません」

「どのような点で評価できないとお考えでしょうか」

「アイヌ民族の共有財産の管理につきましては、膨大な第一次資料、原資料が残っていることが分かっております。その第一次資料についての調査が行われているとは思われません。あるいは、第一次資料についての調査の内容が公表されておりませんので、公表されていないものは十分に調査をしたというふうに評価できません。」

と証言している。(井上勝生証人尋問調書二頁)。

また、井上証人は

「まだ、共有財産に関する本格的な調査というものは十分に行われていないということなんでしょうか。」

との質問に対し

「行われたことはありません」

と証言し(同証人尋問調書八頁から九頁)、

「先生のこれまで調査された結論をお聞きしたいんですが、道は、一次資料に当たって共有財産を特定していったと、そういう形跡があるのでしょうか。」

「分かりませんが、先ほどの証言で申し上げましたが、公表されていない調査は調査されていないと同じであります。公表されていない以上、それは調査されたと認められません。」

と証言している。(同証人尋問調書四五頁)。

これらの証言によると、被控訴人の主張する調査は第一次資料を対象としていない不十分なものであり、共有財産について本格的、体系的な調査はいまだ行われたことはないのである。

また、控訴人は「調査した」と主張しているが、その調査結果が一切明らかにされていないのであるから調査したと認めることはできない。

したがって、被控訴人は本件官報公告に際して課せられていた管理計算義務に基づく調査を行っておらず、また、返還手続に際して課せられた共有財産の管理経過調査義務の懈怠が認められる。

その結果、本件官報公告は、被控訴人に課せられた善管注意義務、管理計算義務、管理経過調査義務が尽くされていないでなされた違法なものである。

第三　本件返還決定の違法性

1　共有財産等の返還手続の構造（再論）

(1)　アイヌ文化振興法附則三条及び同法施行規則によれば共有財産返還の手続は以下のとおりである。

①　北海道知事が返還に係る共有財産及び価格を官報に公告する。

②　公告の日から一年以内に、共有権者が返還を請求する。

③　北海道知事が上記請求について審査した上、返還財産について決定し、請求者に返還する。

④　公告の日から一年を経過しても返還請求のない財産については、指定法人に帰属する。

この手続によれば、①の官報公告の段階では、返還の相手方は特定されておらず、返還を求めるものは、官報に公告された日から一年以内に返還の申出をすべき旨の広告がなされている。

そして、附則三条三項によれば、②の共有権者による返還請求は、公告された共有財産についてだけなされ、それ以外の財産について返還請求することはできないことになる。つまり、北海道知事が返還の対象となる共有財産であると認定しない限り、返還請求はできないのである。

その上で、返還の申し出があった財産については、権利者と認められた者に対して返還する決定を行い、正当な権利者と認められない者に対して返還請求に対して返還しない決定をすることとされている。

このように、返還申出の対象とされる財産が官報に公告された財産に限られることになるので、アイヌ民族側から、官報に公告されなかった共有財産に対する返還請求をなしえないことになる。

(2) 共有財産の返還の一回性

アイヌ文化振興法附則三条及び同法施行規則による共有財産の返還手続は、そもそも複数回の返還手続を予想しておらず、本来一回の公告に基づく返還決定を行うにすぎないものと解される。

以下、理由を述べる。

まず、官報公告の対象とされるべき共有財産は、「共有財産として指定された財産のうちこれまでに適法に管理が終了していた財産を除くすべての共有財産」であることは、これまで述べてきたとおりであるから、これらすべてを官報で公告すべきであったことになる。

そして、アイヌ文化振興法附則三条は「北海道旧土人保護法の廃止に伴う経過措置」規定であり、旧土人保護法の廃止に伴い共有財産を管理する法令上の根拠が失われることになることから、旧土人保護法下での財産管理を清算するために設けられた規定である。

とするならば、共有財産の返還手続は、複数回行うことを予定していないと解するのが自然である。なぜなら、複数回の返還を予定しているならば、旧土人保護法に基づく被控訴人の管理権が消滅しているにも係わらず、未返還の共有財産について被控訴人に管理権を認めるのと同様の結果となり、このような結果をアイヌ文化振興法が予定しているとは考えられないからである。

また、アイヌ文化振興法附則において、返還されなかった共有財産の返還については、何らの規定がなく、アイヌ民族が主体的に返還を求める手続きについても、何ら規定していない。このような附則の規定の仕方からすれば、共有財産の返還手続は、一回のみ行われることが予定されていたと解するのが自然である。

さらに、事実上、共有財産返還手続は一回しか行われない可能性が高い。なぜならば、被控訴人自体、「共有財産の指定状況や改廃状況を調査した上、返還の対象となるすべての共有財産を公告している。」と明言しているのであり、被控訴人が主導的にさらなる共有財産の調査を行い、新たな公告を行うとは考えられない。

(3) 以上のような本件共有財産の返還手続にかんがみると、共有財産の返還手続は、官報公告→ 返還請求→ 返還決定という一連の構造を有しており、返還される共有財産の範囲が官報公告によって画されるという特徴が認められる。

そして、かかる返還手続は、一回のみ行われることが予想されているものである。

2　本件官報公告の違法性

(1)　善管注意義務および管理計算義務、管理調査義務を怠っていること。

以上のとおり、被控訴人は、「共有財産」および「指定外財産」の管理においては、他人の財産の管理者として、権利者本人ないしその相続人に対して善管注意義務を負っていた。

にもかかわらず、被控訴人はこれまで「共有財産」および「指定外財産」の管理をするに際し、財産の管理状況あるいは処分の状況につき、権利者である控訴人ら（控訴人らの被相続人を含む）に対して、何らの通知をすることもなかった。

また、返還公告によって返還するとされた財産の総額についても、被控訴人は「現在管理している旧土人共有財産」が公告された金額であると主張するだけであって、公告した金額に至った出納の経緯を明らかにしていない。

すなわち、被控訴人は他人の財産を管理するものが負っている善管注意義務を尽くして「共有財産」あるいは「指定外財産」を管理していなかった。

また、財産管理が終了した際の手続においても、共有財産については信託の終了ないしは後見の終了に手続に従い財産管理計算義務を負い、指定外財産については事務管理の手続きにしたがって顛末報告義務を負っていた。

しかしながら、本件返還手続は、単に被控訴人等が現在管理している金額を返還の対象としたに過ぎず、平成一二年一二月七日付準備書面三頁以下で述べたように、管理の対象とされながら返還の対象とされていない財産が多数存在することから、被控訴人は財産管理の終了に際して計算義務を怠っており、権利者に対する顛末報告義務を怠っていることは明白である。

また、官報公告に際して課せられていた共有財産の管理経過調査義務を怠っていたことも明らかである。

したがって、被控訴人は、財産管理について善管注意義務が課されていたところ、被控訴人自らが善管注意義務を尽くして管理してこなかったこと、及び、官報に公告する際にも善管注意義務を尽くしておらず、管理経過調査義務も尽くしていなかったのである。

(2)　公告すべき「共有財産」すべての公告を怠っていること

また、本件官報報告に際して、被控訴人は共有財産の官報公告に先立って、それまでの共有財産管理の経緯を調査せず、出納の経過を明らかにしておらず、公告当時に認識していた共有財産の金額を公告するにとどまっている。

これは、被控訴人は、共有財産の法的性格を後見人による財産管理類似のものと構成すると法的信託と構成するとを問わず財産管理者として負担していた善管注意義務、財産目録の調整義務に違反している。

また、後見人類似のものと構成した場合、財産管理の終了に際しての、受け取り物の引渡義務・金銭消費の賠償義務、管理の計算義務（民法第八七〇条、民法第六四六条・第六四七条準用）を怠ったものであり、法定信託と構成すれば、信託の終了の際の、最後の計算をして、受益者の承認を受ける義務（信託法第六五条）を怠ったものであることは明白である。

よって、被控訴人には、本件返還手続の根拠規定であるアイヌ文化振興法附則三条二項および共有財産に係る広告等に関する省令一条によって、管理している共有財産の金額を公告すべき法令上の義務を負い、適法に管理していれば逸脱することはなかったにもかかわらず、これを怠り、被控訴人は公告時に認識していた金額を公告したにとどまり、法令上求められている内容の公告を行っていない違法が認められる。

したがって、本件返還手続に際してなされた公告は、被控訴人が財産管理者として果たすべき管理計算義務を怠り、その結果、法令上要求される「北海道旧土人保護法第一〇条三項により指定された共有財産のうち公告時までに適法に管理を終了した財産を除いた共有財産の金額」を確定し公告すべき義務に違反しており、本件官報公告は違法である。

3 官報公告の違法性と本件返還決定の連関

(1) 石崎意見書（甲第七五号証の一および甲第七九号証）について

石崎誠也新潟大学法学部教授の意見書（甲第七五号証の一）では、本件返還決定の特徴は、被控訴人によって官報公告された共有財産についてのみ、返還の請求をなしうることができるところにあると指摘されている。

すなわち、官報公告は返還請求の対象を規定するものであり、公告されなかった財産の返還請求は同返還請求手続によっては不可能となるところに、本件返還手続の特徴が認められるのである。

その結果本件において控訴人らは、官報で公告された以外にも、本来返還されるべき共有財産が存在することを主張してきたが、被控訴人が旧土人保護法に基づき管理している共有財産として公告しない限り、その返還を請求することはできないことになる。

そして、石崎意見書では、アイヌ文化振興法による共有財産返還手続きは、被控訴人である北海道知事が官報に公告したものについてのみ、共有権者の返還請求がなし得るものである以上、被控訴人は、返還の対象となるべき共有財産をすべて公告する義務があるとしたうえで、被控訴人は公告に際しての義務を果たすため、返還の対象となるべき共有財産について精査し、それを漏れなく官報に公告しなければならない。そうしないと、法の趣旨に反して、返還請求者の権利を侵害することとなることを指摘している。

したがって、返還の対象となるべき共有財産の一部が公告されなかった場合、それは瑕疵ある公告であり、それは本件返還決定処分の違法を構成し、この違法は、返還請求者の権利を侵害するものである。

そして、官報公告が共有財産返還の一環をなすものであり、独自の行政処分ではないと構成するのであれば、瑕疵ある公告は当然に返還決定処分の違法事由となるのである。

(2) 違法性の承継論（再論）

① 前述第三の2で述べたとおり、本件官報公告に際して、被控訴人には少なくとも他人の財産管理者としての善管注意義務を懈怠し、かつ法令上要求される公告内容を公告していない違法が認められる以上、本件官報公告は違法である。かかる場合には、先行する公告の違法が、違法性の承継の理論により、後行の返還決定の無効・取消原因となる。

② この違法性の承継とは、連続して行われる行政行為の間で、一定の要件のもとで、先行行為の違法が後続行為に継承される現象をいう。この違法性の承継が認められる場合、訴訟のレベルでは、先行行為の違法を理由に後続行為が取消されることを意味する。例えば、土地収用の事業認定と収用裁決の間では違法性の承継が認められ、事業認定が違法であれば、収容裁決も違法になり、取消訴訟において取り消されることになる（熊本地方裁判所昭和四三年一一月一四日判決行裁例集一九巻一一号一七二七頁　その他違法性の承継が認められた裁判例については控訴人らの平成一四年一二月一八日付準備書面において例示したとおりである）。

③ 行政処分は、その根拠法規によって要件と効果が定められており、ある行政処分に違法があるとしてその効力を争う者は当該行政処分につき取消訴訟を提起し、取消判決を得ることによってのみその効力を否定できるものとされ、かつ、その訴えについては出訴機関の制限が設けられ、行政上の法律関係の早期確定を図っている（行政事件訴訟法第三条、第一四条）。

したがって、一般的には、先行の行政処分の違法をめぐる争いは、その段階で終了させ、後続の処分への影響を遮断させることにより当該行政行為の法的安定性を確保しようとしているものと解される。そうすると、行政処分相互間において、違法性は承継されないのが原則ということになる。

④ しかしながら、出訴期間の経過により、もはや救済の機

会が失われ、その後の行政過程の進行を阻むことが一切できなくなるとすると、救済の対象を著しく狭めることになる。

また、違法性が一切承継されないと解する場合、違法な先行行為を前提とする後続の処分につき取消を求める訴えを提起しても後続の処分に固有の取消原因がなければ、処分の取消はなされないことになってしまうが、違法な行為を前提とした処分が取消され得ないのは不合理ですらある。そこで、このような不合理に対処するため、先行行為の違法を理由に後続の行為の取消しを認めるのが違法性の承継理論である。

⑤　この違法性の承継が認められる要件については、控訴人らの平成一四年一二月一八日付準備書面において明らかにしたところであるが、「違法性の承継の有無を判断するためのポイントは、……(中略)……私人が行政処分の段階で瑕疵を実効的に争えるように、当該先行処分の性質に見合った行政手続きや争訟手続を、法律が整備している場合は、先行処分の瑕疵は専らその先行処分の取消訴訟で争わなければならない。そうでない場合は、『違法性は承継』される」(山本隆司「行政処分の瑕疵論」(法学教室二三七号四一頁))とされる。

すなわち、複数の処分が相結合して行われ、全体が一連の手続として一定の法律効果を目指す場合に、先行行為が違法であるときは、後続処分が先行行為の違法性を承継し、違法な処分とされることになる。

但し、その場合でも、法律上先行処分について争訟提起が可能である場合、先行処分の違法は専ら先行処分の取消訴訟で争わなければならず、違法性の承継は認められないということになる。

⑥　共有財産返還手続は、官報公告、返還請求、返還決定という複数の行為が相結合して、一連の手続として共有財産の返還という法律効果を目指すものであるから、官報公告自体は一連の共有財産返還手続の段階的行為に過ぎない。

したがって、先行する官報公告に違法が認められる場合、その違法は後続の返還請求及び返還決定に承継され、後続の返還決定が違法な処分となる。

加えて、官報公告は名宛人が特定されたものではないから、本件官報公告自体に個別具体性は認められない。よって、本件官報公告は、行政事件訴訟法三条の取消訴訟の対象である「行政庁の処分その他公権力の行使」に当たらず、本件官報公告そのものに対して取消訴訟を提起することはできないのである。

したがって、返還決定の取消を求める本件訴訟においては、先行の官報公告に違法が認められ、その違法が後続の返還決定に承継される結果、返還決定には取消原因が認められることになる。

(3) 小括

本件返還手続につき、官報公告に違法が認められる場合には、一連の手続の一部として返還決定が違法性を帯びることは、石崎意見書によると、違法性の承継を認める理論による違いはない。

そして、本件官報公告には前述のとおり違法が認められるのであるから、結果として、本件返還決定あるいは返還しない決定も違法性を帯びているといえるのである。

第四　取消判決の拘束力

1　取消判決による返還決定の取消の効力

官報公告の違法が返還決定に連関し、後続の処分が取り消される場合、違法な先行行為の効力が問題となるが、以下述べるとおり、行政事件訴訟法第三三条に規定される取消判決の拘束力を介して、先行行為の効力も否定され、行政庁にはその取消を行うべき法的義務が発生する。

その結果、本件においては、先行の官報公告の違法性故に後行の返還決定について取消判決ないし無効確認判決が下された場合、被控訴人には、判決理由を尊重して先行の官報公告をやり直すべき法的義務が発生する。

すなわち、行政事件訴訟法第三三条第一項は、「処分又は裁決を取り消す判決は、その事件について、当事者たる行政庁その他関係行政庁を拘束する。」と規定し、第二項は、「その処分又は裁決をした行政庁は、判決の趣旨に従い、改めて申請に対する処分又は審査請求に対する裁決をしなければならない」と規定し、第三項は「前項の規定は、申請に基づいてした処分又は審査請求をした裁決が判決により手続に違法があることを理由として取り消された場合に準用する」ことを規定している。

これらの規定によれば、取消判決が下された場合、「その事件について当事者たる行政庁は拘束され」「判決の趣旨に従い」改めて処分をやり直さなければならない。

2　取消判決の拘束力

ここでいう拘束力とは、「判決それ自体の効力であるのではなく、取消判決の効果を実質的に保障するために行政事件訴訟法が特に与えた、特別の効力である」（藤田宙靖『第三版行政法Ⅰ総論（再訂版）』四三二頁　有斐閣）とされる。

すなわち、取消判決それ自体は当該処分を取り消し、処分が違法であることを確定するに過ぎない。しかし、取消判決だけでは私人の実質的権利救済のために不十分な場合があるから、その様な場合に取消判決の直接の効果を超えて関係行政庁に種々の措置を取ることを法的に義務付ける必要がある。かかる必要から認められている効力が取消判決の拘束力である。

例えば、事業認定の違法を理由として収用裁決が取消された場合、取消判決の直接の効果は、収容裁決を取消すことのみであって、そのことによって当然に事業認定が取消されたことにはならない。しかし、その事案を全体としてみるとき、取消判決を意味あらしめるためには、当然、事業認定も取消されなければならないことになる。このような場合事業認定を行った行政庁は、まさに法三三条の規定によって、関係行政庁として、事業認定の取消を行うべく法的に義務づけられることになるのである。

この理は最高裁判所平成一一年一月一一日第一小法廷決定（判例時報一六七五号六一頁）でも確認されている。

すなわち、同決定では「（地方議員の）除名処分の効力停止決定がされることによって、同処分の効力は将来に向かって存在しない状態に置かれ、相手方の川島町議会議員としての地位が回復されることになり、これに伴って、相手方の除名によって欠員が生じたことに基づいて行われた繰上補充による当選人の定めは、その根拠を失うと言うべきであるから、関係行政庁である川島町選挙管理委員会は、右効力停止決定に拘束され、繰上補充による当選人の定めを撤回し、その当選を将来に向かって無効とすべき義務を負う」と判示しており、町議会による除名処分の効力が停止されることにともない、町選管は繰上補充による当選決定を無効とすべき義務を負うこととされているのである。

3　返還決定の取消判決による官報公告のやり直し

したがって、本件返還決定が、公告の違法性を承継することを理由に無効確認または取消判決が下された場合、本件返還決定の違法が確定することに過ぎないとしても、返還決定が取り消されるだけでは控訴人らの権利救済のために不十分なものであることは明らかであり、判決の拘束力により、無効確認ないし取消判決の直接の効果を超えて、被控訴人は種々の措置をとることが法的に義務づけられるのである。すなわち、被控訴人は判決の趣旨に添って、違法な公告を取消し、公告をやり直すことが法的に義務づけられるのである。

よって、本件返還決定が取り消された場合、官報公告に遡って返還手続がやり直されることになり、北海道旧土人保護法第一〇条三項で指定された財産のうちこれまでに適法に管理が終了された財産を除く共有財産がすべて公告されることになるから、従前の処分が繰り返されることにはならないのである。

第五　本件返還決定ないし返還しない決定の無効確認あるいは取消による控訴人らの利益

1　原判決の誤り

原判決は、本件返還決定を取り消しても意味がないとして、訴えの利益を否定しているが、先行する官報公告の違法を承継することを理由として返還決定の取消判決が下された場合、取消判決の拘束力により、判決の趣旨に従い、従前とは異なる適法な官報公告に基づく返還手続が行われることになり、再度の返還手続において本件とは異なる内容の返還決定が出されるのであるから、従前の返還決定が繰り返されることにはならない。

すなわち、返還決定の取消判決が確定すると、被控訴人には、判決の拘束力を介して適法な官報公告を為すべき法的義務が発生する。

その結果、官報公告に際して、被控訴人が財産管理者としての善管注意義務を履行し、財産管理の終了に際しての管理計算義務を果たしたうえで、アイヌ文化振興法附則三条二項および共有財産に係る広告等に関する省令一条が要求する公告内容である、北海道旧土人保護法第一〇条三項で指定された財産のうち、これまでに適法に管理が終了された財産を除くすべての共有財産の金額を確定し官報公告する義務を負うことになるのである。

被控訴人がかかる義務を履行した場合、財産管理の経緯が調査され、出納の経過も明らかになる。

以上から、原判決の「判決の効果として、共有財産の返還手続の対象とすべきであるにもかかわらず対象としなかった財産までをも取り込んだ返還手続を被告に行わせることはできない」との判断が誤りであることは明白となった。

2　控訴人らの訴えの利益

そして、本件返還手続においては、官報公告により返還される財産の範囲が確定されることからすれば、官報公告に変更が生じれば、控訴人らの返還請求の対象が変更されることになる。

また、返還される共有財産の範囲は官報公告によって決定されることになるが、後述するよう官報公告されていない多数の共有財産が判明している以上、変更された官報公告によって、控訴人ら共有者に返還されるべき共有財産の範囲が拡大し、今回の返還決定とは異なる、控訴人らによる有利な処分が行われることになる。

すなわち、本件返還決定につき取消判決が下されても従前の返還処分が繰り返されることにはならないことが明らかである。

したがって、控訴人らには返還決定の無効又は取消を求める法律上の利益が認められる。

第六　請求が棄却された控訴人について

原判決において請求が棄却された控訴人秋辺得平、控訴人鹿田川見および豊川重雄については、いずれも返還を請求した財産の権利者であって、被控訴人が行った返還しない旨の決定が誤りであることについては、原審における平成一三年五月三一日付準備書面、および平成一三年一〇月九日付準備書面で主張したところであり、請求を棄却した原判決が誤りであることは明らかである。

1　財産返還時に被控訴人が負担する義務について

(1)　前述第一のとおり、被控訴人には共有財産の管理について善管注意義務が課せられ、返還に際して善管注意義務の発現である管理計算義務、また管理調査義務が課せられていた。すなわち、財産管理の終了に際しては、財産の権利者を調査して、正当な権利者を把握したうえで、その者に財産を返還する義務を負っていた。

また、指定外財産については、その法的管理は民法上の事務管理であるから、被控訴人は、善管注意義務を負い、本来の権利者を調査して返還すべき義務を負っていた。

(2)　被控訴人には、財産の権利者を調査して、正当な権利者ないしその相続人に対して財産を返還するべき義務があり、被控訴人が義務を怠っていなかったならば、本来の権利者ないしその相続人は容易に判明する事実である。にもかかわらず、被控訴人は、前述第二のとおり調査義務を怠り、財産の返還を請求するものに、自己が権利者であることを立証することを求める手続を策定した。

本来、善管注意義務を負う財産の管理者である被控訴人が財産を返還するべき相手である権利者を特定するべき義務を負うのであるから、本来の権利者を特定し、財産の返還を請求するものが特定された権利者に含まれていないことを明らかにすべきである。

すなわち、被控訴人において財産の返還を請求するものが権利者でないことを立証すべきであり、本件返還しない決定をするに際しても、控訴人秋辺、控訴人鹿田、控訴人豊川が、それぞれ請求した財産の権利者に該当しないことは被控訴人において立証すべきである。

したがって、控訴人が権利性をあえて主張する必要は認められないが、念のため主張すると以下に述べるとおりであって、控訴人秋辺、控訴人鹿田、控訴人豊川が共有財産返還の返還を求めることができる権利者であることは原審における各控訴人の訊問結果から明らかである。

2　控訴人秋辺得平について

(1)　控訴人秋辺は、平成一〇年九月一日、「全道旧土人教育資金」（共有財産公告番号四）、「色丹郡斜古丹村旧土人共有」（共有財産公告番号一六）、「色丹村共有」（指定外財産公告番号五）について返還請求をした。

これに対し、被控訴人は、平成一一年四月二日、「全道旧土人教育資金」について返還する旨の決定をしたが、残る「斜古丹村共有」及び「色丹村共有」の各財産については、控訴人秋辺が共有者であることが明らかではない、当該財産について権利を有することが明らかではないとして返還しない旨の決定をした。

しかし、控訴人秋辺は以下の通り、色丹郡斜古丹村共有（共有財産公告番号一六）及び色丹郡色丹村旧土人共有（指定外財産公告番号五）の各財産の権利者である。

(2)　控訴人秋辺の母秋邊ミサホは大正七年一〇月に釧路市大字釧路村春採で出生した。当時、ミサホの両親（秋邊福治・サヨ）は密漁監視員を務めており、千島列島中を移動しながら生活をしていた。色丹島で生活していたこともあり、その当時の写真も残されている。その写真は、被控訴人に対する返還請求に際して控訴人秋辺が色丹村共有の財産について権利者であることを示す資料として提出している（本件訴訟においても証拠として提出されている　乙第七号証の二）。また、控訴人秋辺の母ミサホが色丹島で生活していたとの訴外西田カツミ氏の供述も存在する（乙第七号証の一）。

(3)　被控訴人は、控訴人秋辺につき官報公告一六斜古丹村共有について「共有財産の指定当時に控訴人秋辺得平の血縁者が当該地域に居住していること及び共有者であることを確認できない」という（被控訴人の原審における平成一二年六月三〇日付準備書面)。

しかし、被控訴人は、共有財産の指定当時に控訴人秋辺の祖父福治あるいは祖母サヨ、母ミサホが色丹島（色丹島斜古丹村、色丹村）に居住していなかったこと及び官報公告番号一六番の共有財産および公告番号五番指定外財産の権利者ではないことはなんら立証されていない。

(4) また、被控訴人は、斜古丹村及び色丹村に本籍を有していた者の相続人のみを権利者としてとらえているようであるが、そのように権利者の範囲を狭く限定する根拠は明らかではない。さらに、本籍地がその者の居住地や出生地などを示すものではないことは公知の事実である。

本件共有財産等については共有者が特定されずに、「斜古丹村共有」及び「色丹村共有」とされているのであるから、色丹村に本籍を有していたアイヌはもちろん色丹村で生活していたアイヌが共有財産の権利者である。

したがって、前述のように秋辺の母ミサホが色丹島に居住していたことは明らかであり、被控訴人において控訴人秋辺が権利者でない旨の積極的な立証がない限り、権利者として扱われるべきである。

3 控訴人鹿田川見について

(1) 控訴人鹿田川見（以下「控訴人　鹿田」という）は、平成一〇年九月三日。「全道旧土人教育資金」（共有財産公告番号四)、「天塩国天塩郡中川郡上川郡土人教育資金」（共有財産公告番号五)、「旭川市旧土人五〇人共有」（共有財産公告番号一七）につき返還請求をした、

これに対し、被控訴人は、平成一一年四月二日、「全道旧土人教育資金」については返還する旨の決定をしたが、残る「天塩国天塩郡中川郡上川郡旧土人教育資金」、「旭川市旧土人五〇人共有」の各財産については、控訴人鹿田が当該共有財産の共有者であることが明らかではないとして返還しない旨の決定をした。

(2) 控訴人鹿田の被相続人である父鹿田三吉及び祖父鹿田寅吉が当該地域で生活していたことは明らかである。

旧土人保護法第一〇条に基づき共有財産に指定された各財産は「旭川市旧土人五〇名共有」（公告番号一七）を除いて、その共有者の氏名は明らかではなく、「河西郡芽室村旧土人共有」あるいは「中川郡幕別村旧土人共有」といったように村ごとの共有とされていた。

このような共有財産は、当該地域で生活するアイヌ全てが

権利者である。このことは、被控訴人が行った返還手続においても、指定当時の具体的権利者を特定することなく、当該地域内に本籍地を有する者の相続人を権利者として扱っていることからも明らかである。

(3) そして、公告番号一七の「旭川市旧土人五〇名共有」の財産についても、指定時に権利者として氏名が掲げられた者は当該地域で生活するアイヌの代表者として氏名が掲げられたものと捉えるべきである。

前述の通り、当該地域にこのような性格を有する旧土人共有財産についても、その地域で生活していた者について共有財産の権利者として捉えるべきであるから、公告番号一七「旭川市旧土人五〇名共有」についても旧土人共有財産である以上、その他の共有財産と別意に解する必然性はない。

したがって、指定時に権利者として氏名が掲げられた五〇名の者は当該地域で生活するアイヌの代表者として氏名が掲げられたものと解すべきである。

(4) したがって、被控訴人において控訴人鹿田が権利者でないことを被控訴人が立証しない限り、控訴人鹿田が本件共有財産の権利者ではないということはできない。

すなわち、被控訴人において、昭和九年の指定に際しての第二八八九号指令に名前が掲げられた五〇名の者のみが当該共有財産の権利者であったことが立証されなければ、控訴人鹿田が旭川市旧土人共有の権利者ではないということはできない。

4 控訴人豊川重雄について

(1) 控訴人豊川重雄（以下「控訴人豊川」という）は、平成一〇年九月七日、「天塩国天塩郡中川郡上川郡土人教育資金」（共有財産公告番号五）につき返還請求をした。

これに対し、被控訴人は、平成一一年四月二日、返還請求した財産については、控訴人豊川が共有者であることが明らかではないとして返還しない旨の決定をした。

(2) 控訴人豊川は、母ムメノから、父正や父の兄弟たちが、明治から大正にかけて五月から六月の二ケ月ほど、三隻の船で石狩から日本海岸を北上し、天塩川に入って鱒をとる出稼ぎをしていたと聞かされた。この期間は、船で移動して漁をしながらも、小屋を作って定住していた。

(3) 前述のように、対象地域に生活基盤を有していた者については権利が認められるべきであるから、控訴人豊川についても権利者ではないことを被控訴人の方で立証しない限り、権利者として扱われなければならない。

おわりに

裁判所におかれては、少数先住民族たる控訴人らの主張について、これまでの歴史の経緯及び世界の潮流をみて、正しい判断をされることが重要である。

以上

小川　隆吉

二〇〇二年八月六日
第一回口頭弁論／意見陳述

控訴審の冒頭に当たりまして、原告の一人として裁判長並びに陪席裁判官のみなさんに一言申しあげさせていただきます。

私は三月七日の札幌地方裁判所の判決以来よく眠ることのできない夜を過ごしてまいりました。

一人目をつむると、腹立たしさ、悔しさが頭を持ち上げて参ります。

また、アイヌの先祖たちに対して、このままでは本当に申し訳ないという気持ちもおこってきました。

私たちはこの裁判で何を訴えたのであったか、改めて考えました。

なにかを訴えるというより先に、原告として集まった者には怒りがあったように思います。「アイヌは自分の財産さえ十分に守る力がないから、国がかわって管理してめんどうを見てやる」というのが旧土人保護法――この法律は名前からして私たちを侮辱するものです――の考えでした。この制定から百年間、そのあいだに憲法の改正があったにもかかわらず、私たちアイヌには自分にかかわる共有財産の管理や運用の実態について何の連絡もありませんでした。共有財産には、畑や宅地などの土地があり、漁場の権利、海産物の干し場、現金があったこと――これらの一つがアイヌモシリの一部であり、私たちの先祖の血と汗がにじんだものでした――、これらがある時勝手に株券や現金に換えられてしまったことなどはみんな、この返還問題が起こってから勉強をしてわかったことです。これらの経過一つひとつをいっさい説明することなしに、「新しい法律ができたから、欲しい者は申し出ろ、資格があれば返してやる」というのが共有財産返還処分なのです。これでは、アイヌの権利を無視した「旧土人保護法」の扱いと全く同じではありませんか。

新しい法律には、その第一条の目的に「アイヌの人々の民族としての誇りが尊重される社会の実現を図り」と述べられています。そんな言葉を掲げた法律にもとづいて、この共有財産処分が行われようとしています。今ここで沈黙していたら、アイヌ自ら民族の誇りを投げ捨てることになります。私もほかの原告も、この裁判はペウタンケ（危急を訴える叫び声）の叫びなんだと思っています。

第一審の判決の言っていることは、「おまえたちアイヌが返還を求めた共有財産を返してやるというのにどこに文句があるのか」ということでありました。

それは、被告北海道知事の言い分である「この訴訟には訴えの利益が存在しない」という主張をそっくり認めたものでありました。

実はお恥ずかしいながら、私はこの裁判に臨んで初めて「訴えの利益」なる法律の言葉があることを知りました。それで考えました。「私たち原告のアイヌは、なんか利益を求めたかな」と。北海道知事が示した共有財産の額にあれこれ文句を付けて少しでも多額のお金をもらいたい、自分一人の取り分をたくさん欲しい、そんなことを考えたり、口にする原告は一人もいませんでした。

そんなことではなく、「エカシやフチに老齢年金みたいなものができないだろうか」とか「アイヌの子供の奨学資金にしたらどうか」などと話し合ったものです。弁護士さんや支援のみなさんとの勉強会を通じて、私たちの訴えが通った時こそ、そんな話し合いがアイヌのあいだで楽しく語られ本当の共有財産にする事ができるだろうと考えるようになりました。アイヌ民族にはもともと財産を独り占めにするという考え方が弱く、カムイから与えられた大自然の恵みをコタンに住むものが共同でいただくという考えで生活を営んできましたから、この裁判こそアイヌ民族の伝統を確かめ、未来に生かそうとする訴えなのだと確信するようになりました。

裁判長並びに陪席の裁判官のみなさんにお願いをいたします。

私は法律の言葉についてはよくわかりませんし使い方も間違っているかもしれませんが、先ほど申し上げました新しい法律――アイヌ文化振興法――省略して申し上げました――の第一条「アイヌの人々の民族としての誇りが尊重される社会の実現を図る」という趣旨が、言葉のその通りの意味で実現されるためのご判断をいただきたいのです。

また、この訴訟における「訴えの利益」とは、日本の社会にアイヌ民族の伝統がよりよく生かされることなのだということを判決を通してお示し下さい。

僭越なお願いをいたしましたが、このような陳述の機会をお与え下さいましたことに感謝申し上げます。

ありがとうございました。

鹿田　川見

二〇〇二年一〇月八日
第二回口頭弁論／意見陳述

カナダ政府は、もともとその土地の持ち主であるイヌイットにヌグナット（われわれの土地の意）準州を設け、土地の所有、狩猟及び漁労の権利を返しています。

ニュージーランド政府は、マオリ族に土地を返還し、保障金を払い、マオリ族の先住権を認め、過去を謝罪しました。日本政府は、私たちアイヌに先住権も自決権も認めないまま、「アイヌ文化の振興並びにアイヌの伝統等に関する知識の普及及び啓発に関する法律」を制定しました。アイヌにはもともと土地の私有概念はありませんでした。ですが、神々の領域と人間の領域は厳密に分けられていたとされています。アイヌには守ってくれるもの、恵みを与えてくれるもの、おそれおおいもの、人間を活かさせてくれるもの、病気を持ってくるものなど、あらゆるものにカムイが存在しています。カムイに対して畏敬の念を持ち、敬虔な祈りの日々を送ってきました。身分に上下がなければ、当然国家を形成する必要もなかったのです。それをいいことに明治維新以降、この北海道の肥沃な土地を一〇万坪単位で日本人に払い下げ、また国有地としてきました。その後、残った条件の悪い土地を、北海道旧土人保護法により、一万五千坪をアイヌに払い下げたのです。それまでの狩猟、漁労、採集の生活から、いきなり農耕に変えるように無理を押しつけられたのです。伝統的な猟や鮭を取ることさえ禁止されたのです。生きていく上で依存度の高いものを禁止されて、豊かになるはずがありません。

一八九九年に制定された「北海道旧土人保護法」は私たちの先祖がアイヌとして生きていくことを、ことごとく否定するにとどまらず、アイヌの存在そのものを否定し、日本に同化させようとした法律でした。ですから、当然のように、日本政府の代表者は国連へも、「日本は少数民族は存在しない」と報告していたのです。一九八六年には、当時の中曾根首相の「日本は単一民族である」という発言につながったのも、北海道旧土人保護法の意図する流れにあったと言えるでしょう。単一民族イコール優秀だという幻想が、日本政府にとって〝アイヌの存在〟は不都合だったのではないでしょうか。私たち、アイヌは多くの誤解を受けながら、搾取や強制的な労働で虐げられてきました。

私は、博物館に勤めていまして、「あなたは純粋なアイヌか」と尋ねられたことがあります。つい、私は「あなたは純粋な日本人なのですか」と聞き返してしまいました。その方は小学校の教員でした。「本物のアイヌはどこに行ったら見れますか」とこれは小学生。

「フッーの人とアイヌとでは、身体的に変わっているところはどこですか」とこれも小学生。答えに困った私は、「私はアイヌですよ」と言うと「エーッ、信じられない、展示の説明してくれたり、頭いいのに……」と。先週のことです。私たちアイヌには誤解が付きまとっています。法律ができても、人の意識はそう変われないという証しのような質問でした。

アイヌの血という意味で言うのなら、確かに混血されています。ですが、それは血が薄くなる、すなわち、アイヌが消えていくのではありません。たとえ、一〇分の一でも一〇〇分の一でも、その身体に流れているのなら、アイヌの遺伝子は、忘れていた記憶を呼び覚ましてくれるはずです。今日、私は、二歳八か月の娘を連れてきました。例え、私の代で理解されないにしてもこの子が意思を継いでくれたなら、五〇年も六〇年も続けられることでしょう。

共有財産のことで、日本政府や北海道庁の皆さんが、アイヌが絶滅して、この問題が自然消滅することを願っているとしたならば、あり得ません。今日、ここにいる原告だけを考えても、意思を受け継いでくれる子孫は必ず現れます。

裁判長並びに陪席裁判官の皆さんが、人事異動でどこかへ行かれても、これは続きます。私たちアイヌに対し公平な判決を下し、誤った過去に対しての謝罪をもってでしか、終われられないのです。どうか、「訴えの利益がない」という理由ではねつけないでください。

裁判長並びに陪審裁判官の皆さんが、私たちアイヌの過去を識りたいとおっしゃるなら、原告一同、何回でもお話しさせて頂きます。どうか公正な判決をお願いします。

川村 兼一（シンリツ・エオリパック・アイヌ）

二〇〇三年二月二七日

第四回口頭弁論／意見陳述

〈アイヌ語〉

タネ ワノ トゥイカㇱ マ ワン アトゥイタ パ エトㇰ タ、テンノー セコンレーアン シサㇺ サパネクㇽ オㇿワ、アヌタリ アイヌ サパネクㇽ アンライケ、オㇿワノ、シサㇺ ネ マヌㇷ゚ シレーイッカ、ペターイッカ エトランネ カ ソモキノ、オカイ シㇽタバン、エポソカネ、ラメトッコㇿ ネ ヤッカ、アイヌ ネ ヤッカ、メノコ ネ ヤッカ、ベゥレクンネヤッカ、オンエクンヤッカ、インネウタㇻ オビッタノ ウエイシサㇺ コトゥミコㇿパ ワ、ヘンパㇰ スイ カ、シサㇺ カㇻ チャシ、コチョラゥキ ワ、シサㇺ タㇻバ キラバ ワ イサㇺ。 イキㇷ゚ネ コㇿカ、ランマ シサㇺ ウエイスンケ イキ アイネ、エネ イタキヒ、ウコオㇱ ケビッカアン クス、ウコイタカン ロㇰ、セコㇿ イタㇰ クス、ピㇼカ ソンコ、アイヌ エイソカㇻ コㇿ ウエカㇻ バ イケ、シサㇺ コスンケ ワ ロンヌ ルゥエ

〈アイヌ語ローマ字表記〉

Tane wano tu-ikasma-wan-atuyta pa etok ta Tenno sekor re an sisam sapanekur orwa an=utar sapanekur ann=rayke, orowano sisam ne manup sire-ikka, peteikka etoranne ka somokino okay sirtapan. Eposokane, rametokkor ne yakka, aynu ne yakka, menoko ne yakka pewrekur ne yakka, onnekur ne yakka, inne utara opittano wey-sisam kotumikorpa wa, henpaksuy ka sisam kar casi kocorawki wa sisam-itarpa kirapa wa isam. Ikip ne korka, ramma sisam wey-sunnke iki ayne, ene itak ihi ukooskepirka=an kusu ukoitak=an rok sekor itak kusu pirka sonko aynu eisokar kor uekarpa ike sisam kosunke wa ronnu ruwe tapan. Tokugawa-shogun okay i ta, tono-nispa uetekekammpa kor emus ani, ikor ani, nep ne yakka aynu orwa eikka ayne, orowano suy kunnci kusu ne-rok sisam orwa aynu ne takka, menoko ne yakka monrayke easkay pe opittano cepkoyki ta an=tura wa Dorei-monrayke orwa sinen an=rayke, sinen sinkinekot, sinen sisam orwa usa wenomke, usa kamuysiyeye usa siyamosiyeye an=kotusseka ruwe tapan. Orowano neipak Yaun-mosir, Yaunkur mosir sekor aynu re kore wa otta okay pe ne korka Meiji otta Nippoy-seifu anakne ene-

タバン。 トクガワショーグン オカイ イ タ、トノニㇱバ、イホッㇰㇽ、ウエテケカンバ コㇿ エムサニ、イコラニ、ネㇷ゚ネ ヤッカ アイヌ オㇿワ エイッカアィネ、オロワノ スィ クンチ クス、ネーロㇰ シサㇺ オㇿワ アイヌ ネ ヤッカ、メノコ ネ ヤッカ、モンライケ エアㇱカイ ベ オビッタノ チェプコイキタ アントゥラ ワ ドレイモンライケ オㇿワ シネン アンライケ、シネン シンキエコッ、シネン、シサㇺ オㇿワ、ウサ ウエノㇺケ、ウサ カムィシィエィエ ウサ シャモシィエィエ アンコトゥッセカ ルゥエタバン。 オロワノ ネイパㇰ ヤユンモシㇼ、ヤユンクㇽ モシㇼ セコㇿ アイヌ レー コレ ワ オッタ オカ ベ ネ コㇿ カ メイジ オッタ ニッポィセイフアナㇰ ネ エネアン ヤユンモシㇼ コㇿ クㇽ シネンカ イサㇺ、セコㇿ スンケ コㇿ アンコㇿ モシㇼエィッカ、オロワノ ホッカイドウ セコンレー コレイネ、タネ パㇰ ノ ヤアユンモシㇼ アナㇰ ネニッポン コㇿ ベ ネ ルゥエ タバン。アンコㇿ モシッタ シサㇺ キー ウエニケ オㇿ ワ ホッネン アイヌ オッタ シネン パテㇰ オマンボソ ロㇰ ベ。アイヌ ネ マヌㇷ゚ アナㇰ ネ アノケレ コトㇺ シラン。 サイモン アンキ アッバケタ ダータ イサㇺ セ

an Yaun-mosir kor kur sinen ka isam, sekor sunke kor an=kor mosir eikka, orowano 〃Hokkaido〃 sekonre kore ine tane pakno Yaun-mosir anakne Nippon kor pe ne ruwe tapan. annkor mosir ta sisam ki wen ike orwa hotnen aynu otta sinen patek onumposo rokpe. Aynu ne manu p anakne an=okere kotom sir an. saimon an=ki atpake ta date isam sekor Doucou itak kor an korka, saymon-osapanekur pawetenke hike Doucou date poronno un=nukare. Sino poronno-ampe anakne nupuri sinne. Atpake ta an kampi ka ta, asahikawa-kyuuyoteici-sokuminnka sekor an=kampinuye ruwe tapan.「syokmin」sekor an=kampinuye p ne-ampe orwa an=eraman neno Hokkaido anakne Nippon kor Koronia ne ruwe tapan. Ci=kor Asankarkotan es=eye=an yakun, sirki ene anihi, teeta wano tapan sir. Tapan nup. tapan pet, ci=sirritutari kor pe ne ruwe ne korka, sisam arki wa, irenka ani mosir eikka wa, Nippoy-seihu anakne tondenhei sekor re an topattumi ekota poronno toy kore wa. aynu ekota ponno kore reuwe tapan. Eepakita, aynu ekota toy an=eirusa, sekor an=kanpinuye sir tapan. Sapporo wa Asankar ene, Sicisidan an=topte hine un=kore toy teksamake ta casi annkara ine casi kotcaketa aynu kotan an yak

コㇿ　ドーチョー　イタㇰ　コㇿ　アン　コㇿカ、　サイモノサバネクル　パゥエテンケ　ヒケ、　ドーチョー　データポロンノ　ウンヌカレ。　シーノ　ポロンノアンベ　アナㇰ　ネ　ヌプリ　シンネ。　アッパケ　タ　アン　カンビカ　タ、　アサヒカワキュウヨヨテイチショクミンカ　セコㇿ　アンカビヌィエ　ルゥエ　タバン。　ショクミン　セコㇿ　アンカンビヌィエㇷ゚　ネアンベ　オㇿ　ワ　アネラマンネノ　ホッカイドウ　アナㇰ　ネ　ニッポン　コㇿ　コロニア　ネ　ルゥエ　タバン。　チコㇿ　アサンカㇻ　コタンエセィユアン　ヤクン、　シリキ　エネ　アニヒ、　テエタワノ　タバイシリ、　タバン　ヌㇷ゚、　タバン　ベッ、　チシンリトゥタリコㇿ　ベ　ネ　ルゥエ　ネ　コㇿ　カ、　シサㇺ　アㇻ　キ　ワ、　イレンカ　アニ、　モシㇼ　エイッカ　ワ、　ニポィ　セイフ　アナㇰ　ネ　トンデンヘイ　セコン　レ　アン　トバットゥミ　エコタ　ポローンノ　トィコレ　ワ。　アイヌ　エコタ　ポンノ　コレ　ルゥエ　タパン。　エエパキタ　アイヌ　エコタ　トィ　アネイルサ、セコㇿ　アンカンビヌィエ　シッタバン。　サッポロ　ワアサンカㇻ　エネ　シチシダン　アントㇷ゚　テ　ヒネ　ウンコレ　トィ　テㇰ　サマケ　タ　チャシ　アンカラ　イーネ　チャシ　コッチャケタ　アイヌ　コタン　アン　ヤク　ウエン　セコㇿ　シサㇺ　イタッコㇿ　アイヌ　コㇿ　クニㇷ゚

wen sekor sisamu itakoro aynu kor kunip unkore toy orowano tomikoro kunip orowa kara aynu ankoikiwa sisam weysisam ka sonno ponno aynukor toy eokka kusu Ne-kusu hunpe pa pasikur neno wekarpa ruwe tapan. ampe kusu ci-sinrit-utari mosinnosiki ne paye wa Naimusho koasurani ruwe tapan. ane ankusu an motoho ku=kor wa ku=itak ruwe tap ne kusu saymon-osapanekur tonoke, ku=itakipe ratcitara es=kewtumu oroke omare wa ratci-irenka un=kor pareyan

ウンコレ　トイ　オロワノ　トミコㇿ　クニㇷ゚　オㇿ　ワ
カラ　アイヌ　アンコイキワ　シサㇺ　ウエイシサㇺ　カ
ソンノ　ポンノ　アイヌコㇿ　トイ　エイッカ　クス　ネ
クス　フンペ　パ　パシクル　ネノ　ウエカルパ　ルゥエ
タパン。　ネアンベ　クス　チシンリトゥタㇻ　モシンノシ
キ　ネ　パイエ　ワ　ナイムショー　コアスラニ　ルゥエ
タパン。　タネ　アンクス　アン　モトホ　クコㇿ　ワ、
クイタㇰ　ルゥエ　タㇷ゚　ネ　クス、　サイモソサバネクㇽ
　トノケ、　クイタキベ、　ラッチタラ　エシケウトゥム　オ
ロ　ケ　オマレ　ワ　ラッチイレンカ　ウンコㇿ　バレヤン。

今から一二〇〇年前に、天皇という名の和人の首長によりわれらアイヌの首長が殺され、それから、和人という者が山を侵し川を侵しするのにあきもせずにいる有様です。もちろん勇者であっても男であっても、女であっても、若者であっても、年寄りであっても大勢皆が悪い和人と戦って幾度も和人が築いた砦を攻め落して和人の将兵は逃げて散った。しかしながら、いつも和人は奸計を巡らしてこう言ったもの、互いに仲良くするため話し合おう、と言ったので良い知らせとアイヌは信じて集まったところを和人が欺いて殺したのです。徳川将軍の時代に武士と商人が手を結んで武力、経済力で何でもアイヌから奪った末、それから更に強制労働のため和人により男であっても、女であっても働ける者は皆漁場へ連れて行かれました。奴隷労働によりある者は殺され、ある者は過労で死に、ある者は和人から結核やら、疱瘡やら、梅毒やら感染させられたのです。それからその時までヤユンモシリ、ヤユンクルモシリとアイヌが名付けてそこで暮らしていたものであったが、明治に日本政府はそういうヤユンモシリを領する者が一人もいないと欺きながら、われらの住せし地を奪いそれから「北海道」と名付けて、今に至るまでヤユンモシリは日本が領するものであるのです。我らの土地で和人がした悪事により二〇人のアイヌの内一人のみが残ったもの。アイヌというものは絶やされるような様でありました。裁判をした当初に資料はないと道庁は言っていたけれど、裁判長が指示すると道庁は資料を沢山私たちに見せた。本当に沢山あるものは山のようでした。最初にある紙の上に「旭川給与予定地植民課」と書かれていたのです。「植民」と書かれたものそれから分かるように北海道は日本の植民地であるのです。我らが旭川について言えば、様子はこうであります。昔からこの山この原野この川は我らの先祖たちのものであったのだけれど和人が来て公式に土地を盗んで、日本政府は屯田兵という盗賊に沢山土地を与えて、アイヌに少し与えたのです。それに加え、アイヌへ土地を貸し与えると書かれているので

す。札幌から旭川へ七師団が移されて、我らに与えられた土地のすぐそばに基地が作られて、基地の前にアイヌコタンがある。悪いことを和人は言ってアイヌが所有すべきものそれから軍隊からアイヌは抑圧され和人も悪い和人も本当に少しアイヌが所有する土地を奪い鯨を見つけたカラスのように集まったのです。それ故我らの先祖たちは東京へ行って内務省に訴えたのです。今正当なる理由によって私は述べたことでありますので、裁判長殿、私の言ったことを公平にあなたの心の中に置いて正しい判断をお願いいたします。

秋辺　得平

二〇〇三年五月一三日
第五回　口頭弁論　意見陳述

私ははじめに一枚のポスターをお見せします。

これはアイヌ文化振興法が一九九七年（平成九年）に施行され、法に基づく事業実施の機関としてただ一つ指定された法人である、アイヌ文化振興財団から出されたポスターであります。

これは歴史的なものと言えます。国がアイヌ民族に関して公式にふれたものであり、そこには標語として次のように書かれています。

「アイヌ民族の誇りが尊重される社会の実現を」

つまり、アイヌ民族の「誇り」が尊重されてこなかったことをも意味しています。

ここに一枚の写真があります。小さくて皆さんには見えないかもしれませんが、私の長女の結婚式の時に、結婚披露宴で、私だけがアイヌ衣装を着ています。一般的に、北海道においてアイヌの関係者が日常和人と交わる冠婚葬祭、通過儀礼などのこういった儀式にアイヌの民族衣装を着用するということはほとんど例を見ません。間違いなく一般の和人と同じような服装で出るということですが、私は娘の結婚披露宴にこの民族衣装を誇りを持って着用して出ました。もちろん回りの親戚からは抵抗はございましたけれども、私自身はプライドを持っております。差別されアイヌを隠して生きてこなければならなかった社会では、「誇り」などはありません。これら民族衣装を当たり前に着るということの誇り、それをアイヌ自身に取り戻さなければならないというふうに考えています。

日本という国が、近代化を始めた明治以降の種々の政策のうち、北海道を国有地として手中にし、海産資源、鉱物資源、森林資源、そして農業開拓として一〇〇年余りの短期間に、北海道の人口を世界でも最速の五〇〇万人も植民せしめたのです。

この近代化というのは、脱亜入欧、富国強兵政策のもとに、それを推し進めるために、諸外国の経験に習いました。アメリカの白人による北米への植民地政策でした。北海道へ白人の指導者を招いて、先住民に対するやり方、近代農業のやり方など、多くのことを取り入れたのです。

これは、ついには北海道でのやり方を、そのままアジアの近隣諸国へ侵略し植民地化する、格好の予行演習ともなりました。

日本政府は、明治以降の国策として、こうして国際的にかかわりを拡大していき、とりわけ欧米列強をパートナーとして臨み、政策も模倣し、植民地政策の根幹の飽くなき欲望は、それまでの内国の封建的圧制からアイヌや近隣諸国への侵略圧制へと変わっていったのです。これによる人々の犠牲は多大なものであったでしょう。近代化という名の野蛮行為に他なりません。

これからのパートナーは先住民族、その哲学にこそあります。真の近代国家として、真に国際社会の一員としての日本になるためには、歩む道を見直す必要があるのではないでしょうか。

アイヌの共有財産という名の忌まわしきものは、国内外の誰が見ても悪しきものと考えているのではないでしょうか。近代化といって行ってきたことの誤りを正し、人と人が、人と自然が、国と国が「共に生きる」本当の共生社会を目指すことだと思います。

過日、私は参議院の憲法調査会にアイヌとして初めて招かれ、アイヌの立場から憲法について述べました。このときの資料を提出しますので、ぜひご覧いただきたいと思います。

日本政府は、国の責任でアイヌの人口調査を行っておりません。政府が国連に報告している北海道ウタリ福祉対策は、北海道が実施している「北海道ウタリ生活実態調査」に依拠しているので、国の責任や主体性が確保されていません。今後の施策の充実についての方策を探るためにもしっかりとした調査を、国の責任において行うべきと考えます。

二風谷裁判では、アイヌ民族を先住民族として明確に認めております。先住民族としての権利を認めていくという当然のことを、国は考えていくという方向でなければならないと考えています。

アメリカでは、ネイティブ・アメリカン（インディアン）が現在、白人に対して闘っている裁判闘争などを具体的に述べたく思っていますが、時間がないことと、難しいので、こちらの都合でもう一度、時間を与えていただきたく思います。

アイヌの共有財産が正義に基づいて返還されるよう判決してくださることを切に願います。

秋辺　得平
二〇〇三年七月一五日
第六回口頭弁論／意見陳述

私、秋辺得平は、アイヌ語を母語としていた秋辺福治という長老の子孫に当たります。

この、裁判の原告の一人であり、そして、北海道ウタリ協会の副理事長という職にある者として、ここに謹んで意見を述べさせていただきます。

今日、この機会を与えてくださった裁判長に感謝を申し上げたいと存じます。

前回も意見陳述の機会を与えていただき、その際に「インディアン信託裁判」について述べさせていただく時間が無かったため、再度の意見陳述をお願いしたところです。

イヤイライケレ　ありがとうございました。

私は、次の二点について述べたいと思います。一点目として、国際的な状況としての「先住民族の権利」についてです。二点目として、この裁判の争点である北海道知事とアイヌ民族の関係における共有財産の存在認知についてです。

先ず、「インディアン信託裁判」について申し述べます。

このことは、九州女子大学の手島武雅教授からの資料提供によるもので、その内容は、アイヌの共有財産の裁判としての本裁判とその本質がよく似ているという指摘であります。

（後掲）

北米における先住民族の歴史的な状況はよく知られているとおり、コロンブスの北米大陸到達ということに始まったヨーロッパ人による植民地支配の歴史でありました。

北米大陸のいわゆるインディアンと呼ばれた先住民族は

三〇〇もの民族がいて、三つの大きなタイプに分けられる。しかも、一〇〇をも超える多様な言語を持つ人達であって、とうてい「インディアン」とひとくくりに出来るものではなく、それぞれの民族ごと独自の文化を持ち、白人たちの接触も様々であり、結んだ約束事や条約なども一様ではなかったのです。

そうした中で、五大湖周辺のイロコイ民族連合は、結束に成功し、北米の他の先住民族に大きな影響を与えたばかりか、その結束のための重要な役割を果たした「イロコイ憲法」が、後のアメリカ合衆国憲法の骨子として参考にされたほど、平和を希求し、人々の権利と社会の仕組みの平等をうたったものです。人間共有の優れた思想を先住民族の智恵として持っていたからと言われています。

そうした北米の先住民族は、第二次世界大戦後の植民地からの独立が世界各地で起きるのを見ながらも、これに追従しませんでした。

あえて共存の道を選ぶ中で、現実の問題として、白人社会との様々な格差や不平等に対して異議を申し立て、権利を主張していきました。

「インディアン信託裁判」もその一つと言えます。

インディアン信託裁判の問題点は、アイヌ共有財産裁判と同様に、支配者側の身勝手な論理で、先住民族の共有財産をもてあそんだことにあります。

インディアン信託裁判の内容については、原文が英語であり、かつ、難解な裁判用語のため、和訳されたといえども細部に言及するのは困難ですので、この点は避けたいと思います。

しかし、このことで大切なことは、遠い国のこととして避けるのではなく、むしろ、司法というものと先住民族とのことでは、歴史的にも現実的にも密接な関係にあるという点だと思います。

私は、一九七九年にヤイユーカラアイヌ民族学会の交流団長として初めてカナダとアメリカに先住民族を訪ねました。

最初の日にお会いした方が、ジョージ・マニエルという方でBC州インディアン首長連合の大統領の地位にある方でした。彼が私たちに大変に重要な提案をしてきました。

それは、「先住民族が抱えている諸問題を国連の場で訴え、協議しませんか」というものでした。

彼らは既に国連に対して、このことを強く働きかけていて、「ぜひ、アイヌの人達にも参加して欲しい」というものでした。

その後、一九八七年に北海道ウタリ協会は、ＩＬＯと国連に参加することとなり、現在も継続していますが、いずれこの裁判についても報告することになると思います。

国連の「国際先住民の一〇年」は、今年で九年目を迎えます。来年はいよいよ「先住民族の権利に関する国連宣言」が出される予定となっています。

国際的な先住民族の仕組みは確実に定着しつつあります。

前回この裁判のおりに、私たち原告団は民族衣装に身を包み、裁判所に入ったところ、玄関ホールで目に飛び込んで来たものがありました。

それは、美しい紋様が施された裁判官の装束でありました。私たちの目の前には、それがカラフトアイヌかサハリンや沿海州の先住民族の民族衣装のように映ったのですが、それはそうではなく、日本の裁判所の裁判官のかぶり物や官衣であったのです。

民族衣装というものに特別な思いを持つ私たちアイヌには、このホールでの「裁判所の衣装類や歴史パネルの展示」には興味深い物がありました。

日本の裁判制度が、その多くを西欧から学び導入したことが分かるとともに、省みれば日本の近代化というものが富国強兵、脱亜入欧政策を基幹として急激な西欧化を目指したことを思い起こします。

アイヌ民族に対する国や道の政策が、北米の先住民族に対して取ったものを参考にしたことは、クラーク博士やケプロン等を招いて学んだことからも、対アイヌ政策のルーツが北米にあることは、容易に分かるところです。こういったことからも、「インディアン信託裁判」と「アイヌ共有財産裁判」とが類似していることは、歴史の必然のようなものであります。

この類似の共通した原因を考えてみれば、それは、まさに行政府の先住民族に対する姿勢のあり方にあります。

先住民族を蔑視する長い間の偏見に基づいた差別行政であったと断言できます。

それが、どういうものであったかは、この裁判における様々な意見や証拠からも明らかになっているのではないでしょうか。

私自身もいくつもの体験をしていますが、次の事例が忘れがたいこととして記憶に残っています。

それは、かつて町村金吾北海道知事が「ウタリ対策三億円構想」なるものを打ち上げた時のことでした。

三億円の対策というものが、どんなものなのか、私は北海道ウタリ協会の総会に参加して聞いてみることにしました。

しかし、ひどい体験をすることになったのです。釧路からいつになく沢山の代議員たちとともに札幌での総会にやってきて、受付で事件が起きました。

受付の際に、そこに山積みにしてあった議案書を見たいと思い、手をのべたところ、いきなりバシッと手を叩かれてしまいました。

叩いたのは、受付をしていた鈴木という人で、道庁民生部総務課の主事でした。なんとこの人が北海道ウタリ協会の事務局を担当しているのでした。

私にこう言い放ちました。「座って待っていなさい。始まったら議案書を配るから」というのでした。

ただ驚いたと同時に、言い知れぬ屈辱感と腹立たしさに襲われました。そもそも代議員総会の議案書なるもの、事前に全道の各支部に配布されるべきであろうし、ましてや、まるで無知な赤ん坊を叱るかのごとき仕打ちは言語同断でありました。

それ以来、私は自分達アイヌが置かれている状態がどういったものなのか、徹底的に知りたいと思うようになりました。

北海道庁にウタリ協会の事務局があるのは何故なのか。北海道旧土人保護法とはいったい何なのか。

疑問は山ほどありました。ですから、北海道ウタリ協会という自分達の組織が一体どうなっているのかということにも当然目が向くようになり、できる限り活動に参加して突き止めようとすることになったのです。

その後、北海道ウタリ協会の事務局は道庁本体からは一応独立はしたものの、今日現在でも事務局長は道庁からの出向者が務めています。

私たち自身の自立へ向けての積極的な活動は、まだまだ不十分とはいえ、ここで重大な問題は、アイヌ共有財産の経過等について、道庁がウタリ協会の事務局を握っているせいなのか、ウタリ協会と道庁との間で、この件について協議したことが全くといっていいほど無いという点です。

アイヌ文化振興法が成立すると同時に、旧土人保護法が廃止となり、そこで現れた共有財産の処分が、こともなげに突然に公告され、申し出が無ければアイヌ文化振興財団に渡しますよという驚くべき方法をとってきたのです。

行政というものは、住民のために、最善の策を取るものなのではないでしょうか。

しかし、昭和四二年頃のこの当時、北海道庁は、公式にアイヌをアイヌ民族ともウタリとも呼んでいませんでした。その呼称は、「旧土人」でした。

さすがに、その後は旧土人呼ばわりを止めはしたものの、今度はウタリと呼び始めました。これがやっとアイヌ民族と正しく呼称するようになったのは横路孝弘知事の時代になってからでした。

このような状況の中で、アイヌの共有財産が、誠意と熱意を持って扱われることも無く、今日に至ったのです。

裁判長ニシパ（裁判長様）

北海道庁は、共有財産を調査し、公告し、それに基づいて手続きをしたと言っていますが、これが正しいものと判断できるのでしょうか。

公告そのものが極めて疑問であると言わざるを得ません。新潟大学の石崎先生の意見書に述べられているとおりであり、公告はまさにアイヌ民族の意思が反映されていないばかりか、北大の井上先生の意見書にあるように、十分に調査したものでないことも事実であります。

違法性の継承がなされたものに他なりません。

裁判長ニシパ、裁判はジャスティス、正義だと言います。どうか正義をお示しください。お願いします。

（資料）インディアン信託裁判

二〇〇三／〇二／〇一

手島　武雅

コベル対バビット（Cobell v. Babbitt）
コベル対ノートン（Cobell v. Norton）

この訴訟事件は、首都ワシントンD.C.の合衆国地方裁判所に一九九六年六月一〇日に提訴された集団訴訟であり、アメリカインディアンズとその相続人およそ五〇万人のアメリカインディアンとその相続人に属し、かつ合衆国政府に信託として託されてきた数十億ドルの管理の実態を連邦政府に明らかにさせる目的をもつものである。本件は、アメリカインディアンによる対連邦政府訴訟の中で、過去最大規模の訴訟となり、内務省・財務省双方の大規模な不正管理の実態を暴くものとなった。

文書資料と法定での証言により、連邦政府官史の管理上の過失、杜撰さ、不誠実さなどが明らかにされ、ロイス・ランバース地裁判事は、彼らの行為を財政的かつ行政的に無責任な行為であると断じた。当時の内務省長官（バビット：Babbitt）、同次官（ゴゥヴァー：Gover）、財務省長官（ルービン：Rubin）は、裁判所に対する資料提出の遅延や虚偽の証言などにより、同判事によって一九九九年二月に「法定侮辱」と宣せられた。その後も、財務上の杜撰や行政組織による遅延行為、証拠文書の隠滅、報復行為などが明るみに出され、こうした行為に対し一九九九年八月一〇日、同判事は、内務・財務両省に六〇万ドルの支払いを命じた。

本件の基盤にある事実は、合衆国のインディアン政策の歴史に密接に関係している。政府の保留地政策の失敗から生じた保留地の分割割り当て政策の結果、「信託者」として政府は、土地の区画に対する権原を保持し、また個々のインディアンの信託（トラスト）を確立した。これにより、政府は、そのような財産の管理に対する完全な責任を負うことになった。この責任には、鉱山、石油・天然ガス生産、木材などから上がるあらゆる収益を回収して、インディアンに配分する義務も含まれていた。

一世紀以上に及ぶ不正行為の結果、合衆国政府は、数十万人の受益者の正確な記録も、訴訟に関わる受益者に当然属する数十億ドルの正確な記録も持っていない。

モンタナ州のブラックフィート部族のエルイーズ・コベルたちによって提訴された訴訟の目的は、貨幣財産に対する説明を政府にさせることと、制度の恒久的改革をもたらすことの二つである。

ランバース判事も、同事件をその二つの目的に沿って二分した。第一段階、すなわち制度改革の公判後、一九九九年一二月二一日に同判事は、内務長官と財務長官の両人がインディアンに対する信託責任に違反してきたと判断した。同判事は、制度の分解と改革を最低五年間、裁判所の監視下に置くこととし、制度改革の努力を詳しく記した四半期毎の報告書の提出を政府に命じた。さらに、内務省に対しても、すべての信託資金の会計を提出するように命じた。

政府は、翌二〇〇〇年一月三日に、勝訴と主張する一方で、同判事の判断が司法権限を超えているとして控訴したが、二〇〇一年二月二三日に三人の合議制控訴裁判所は、政府の不正行為の規模からして裁判所の監視下に置く決定は正当化され得ると判断して、地裁の判決を支持する決定を出した。

ランバース判事は、自分の命令を実行させるために、文書の保存と提出を監視する特別判事補（a special master）と、信託制度改革実行に関する内務省の発言の真実性を評価して判事に報告する連邦監視官（a federal monitor）を任命した。一九九九年一二月の判決から一九ヶ月後、裁判所への最初の報告書で、同監視官は、裁判所命令に従って会計報告を提出するための努力を行っているという内務省の表明は「ごまかし」であり、「非現実的な対応と言い逃れ」に終始していると断じた。

その後も、政府機関の「サボタージュ」は続き、二〇〇一年一一月二八日、ランバース判事は、ノートン長官とマカレブ次官（インディアン問題担当）を「法定侮辱」罪で裁くことにし、二〇〇二年二月二一日、この公判が終了した。

二〇〇二年九月一七日、ランバース地裁判事は、歴史的判決を下し、ノートン長官とマカレブ次官を次の五点の理由で「法定侮辱」と断じた。(1)「歴史的会計プロジェクト」を始動させようという一九九九年一二月二一日の裁判所命令に従わなかったことで訴訟上の不正行為を働いた、(2)二〇〇〇年三月から二〇〇一年一月までの間の同プロジェクトに関する同省の真の行動を隠蔽することによって裁判所を欺いた、(3)一九九九年九月から同年一二月二一日の間のＴＡＡＭＳ（インディアン局信託財産・会計管理システム）の真の状態を公表しないことで裁判所を欺いた、(4)ＴＡＡＭＳとインディアン局データクリーンアップに関して二〇〇〇年三月以来、虚偽でかつ誤解を生じさせる四半期毎の現況報告を提出することで裁判所を欺いた、(5)ＩＩＭ（個人インディアン貨幣）信託データのコンピュータセキュリティに関して、二〇〇〇年三月以来、虚偽でかつ誤解を招く発表を行うことで裁判所を欺いた。

同地裁は、ＩＩＭ信託の改革を取り上げ、過去の会計を前進させるための第一・五段階公判を予定している。これは、内務省に対して、ＩＩＭ信託の受益者に負っている信託義務をいかにして果たすのかを具体的に示す計画を二〇〇三年一月六日までに提出することを義務付けている。

同地裁はまた、原告に自分たちのどのような計画でも提出する許可を与えた。原告は、第一・五段階公判が二〇〇三年五月一日に始まることを予期して、一月の締め切りまでに提出する予定である。

島﨑　直美

二〇〇四年三月四日
第九回口頭弁論／意見陳述

私が、勇払郡鵡川村旧土人共有財産の原告・控訴人として、意見を述べさせていただくのは、今日で二回目になります。第一回目の意見陳述は一九九九年一〇月に、札幌地裁で述べさせていただきました。

地裁で、裁判長から「棄却」という言葉を聞いた時のことが、今でも昨日のようにはっきりと、この胸にずしんと重く響いています。私は、法律のことは良く分かりませんが、分かったことは、アイヌがここに現存しているということを無視されたということなんだ、と思い知らされ、悔しさと共有財産裁判という大きな壁に立ち向かう意欲が沸き上がり、高裁の提訴へと踏み込み、地裁から、四年八か月の月日が流れました。

私の四世代前の祖先は、一八七三年北海道が調べた「明治六年勇払郡諸調書（抄）」の中に、名前がしっかりとウエンカトム（二六歳）とアイヌ明記されています。今からさかのぼる一五七年前に生まれたウエンカトムが、勇払郡鵡川村にいたことは明らかで、先住民族アイヌであることには間違いありません。

一四〇〇年代頃から、本州から移住してくる日本人の数が増えはじめ、アイヌモシリの南部を中心として勢力が強まり、それは、やがてアイヌ民族への抑圧へと変わりました。その抑圧に対して、アイヌ民族は、一四五七年コシャマインの戦い、一六六九年シャクシャインの戦い、一七八九年のクナシリ・メナシの戦いなどの大規模武装蜂起で抵抗します。しかし、いずれも敗退し、特にクナシリ・メナシの戦いでの敗退以降は、全島がほぼ完全に和人の支配下に入り、抑圧、搾取されるままに明治国家を迎えることになりました。抑圧や収奪にさらされながらも、それまではこの大地の主人公であったアイヌは、この日本人による近代帝国主義によって、島全体を「無主の地」とされ、国家に奪われてしまいました。オーストラリアの大地が白人によって「テラヌリウス」（無主の地）と宣告され、先住民から取られたと同じことがこの島でも行われ、それ以後このアイヌモシリは北海道と命名されて、アイヌの手から奪われたのです。アイヌがそれまで住んでいた土地さえも国家の土地とされたアイヌは、文字通り立っている土地さえも自分のものではなくなりました。

それ以来、国家はアイヌのためになる施策をほとんど何一つ行わなかったと言ってもいいでしょう。一八九九年に「北海道旧土人保護法」が制定されましたが、この法律はアイヌに少しの土地を与えて農業を強制することをはじめ、医療、教育の奨励などの「保護」対策を行うとしていますが、井上証人が明らかにした通り、「保護」の名のアイヌ民族の生活権を保障しない、アイヌ民族否定の法律でした。その後、同法は数度にわたって改正されましたが、死法と化しながらも、法律そのものは一九九七年まで存続していました。一九九七年五月一四日「アイヌ文化の振興並びにアイヌの伝統等に関する知識の普及及び啓発に関する法律」、いわゆる「アイヌ文化振興法」の成立により、国は「北海道旧土人保護法」を廃止しました。この「アイヌ文化振興法」は、アイヌ民族の基本的権利には全く触れず、文化のみを対象とした法律で、私たちがそれまで求めてきた、歴史を反省し基本権を認めた総合的な法律とは全く異なる内容になりました。

この法律の施行日を同年七月一日とし、香港返還のニュースが世界中を埋め尽くしているなかでスタートさせた、日本政府の意図通り、日本国内で同法施行が知られることはなかったのです。法律は制定されましたが、私たちの民族的少数者の権利、アイヌ民族が主張している先住民族の権利は、個人や集団のいずれの場合も保障されていません。現在においても、アイヌ民族を先住民族と認めていない政府の態度自体が、歴史的事実を、ごまかして隠蔽しているのものだ、と思います。公権力により一方的に同化政策を押しつけられ、長い間いろいろな日本の法体系に苦しめられてきたのも事実です。

裁判に関わり、あらためて先住民族アイヌがおかれてきた時代背景を思い、考えされられたことはもちろんですが、先祖の無念さを考えた時に、私たちのできることは、次世代の子供たちへ同じ苦しみを残してはいけない、ということだと強く思います。私は母親として常に子供に教育する立場にあります。本来、受け継ぐべき親から子への文化伝承なども、胸を張って継承できる社会にしなければならないと思います。共有財産の管理の歴史的経過を知れば知るほど、国、道の管理がいかに曖昧で、でたらめな扱いだったのかが分かってきました。

また、今年は「人権教育のための国連一〇年」、「世界の先住民の国際一〇年」の最終年でもあります。この一〇年間、アイヌ民族についての「差別」などの人権教育は、成果を上げてきたとは思えませんし、私たちアイヌ民族は、日本の先住民族であるとの認知を広める努力をしてはいますが、一向に変化はありません。アイヌモシリを侵略した日本国がやらなければならないことは、私たちアイヌがおかれてきた正しい歴史の実態と、北海道旧土人保護法がアイヌを苦しめてきた法律であったことを、国民に知らせる義務があると思います。

三月四日、今日は、第二回アジア先住民女性会議がフィリピン、バギオ市で、一〇年振りに開催されています。私はアイヌ女性として出席するつもりでしたが、あいにくアイヌ共有財産裁判の日と重なり、残念ですが参加を取りやめました。会議に参加できる女性に、裁判の状況をアジア先住民族に知らせてくださいとお願いし、アイヌの思いも含めて伝えてもらうことになっています。会議からの報告がとても楽しみです。

私たち大人は歩いてきた足跡を、子供たちに学び取ってもらえるようなリーダーでありたいものです。そのためにも、控訴人の責任を重く受け止めて、これからも頑張らなければならないと思っています。子供の未来は私たちの夢でもあります。

裁判長さん、これからの社会が互いに理解のできる人間同士が力を合わせ築いていける社会になるよう、以上述べた私たちアイヌ民族の歴史にも厳しい反省の目を持ち、正義ある判断を強く望み、私の意見陳述を終わります。

小川 隆吉

二〇〇四年三月四日
第九回口頭弁論／意見陳述

当高等裁判所におきまして口頭弁論も一つの山を越した観がいたします今日、改めて裁判長に申し上げます。

先の札幌地方裁判所におきます第一審判決は、私どもにとっては誠に残念な判決でありました。それは共有財産一〇〇年の管理実態に一つもふれることなく、法の言葉だけの解釈に終始し、結果として私どもの訴訟に門前払いを命ずるものでありました。

これに対しまして、当高等裁判所におきましては私どもの申請をお聞き入れくださり井上勝生、滝沢正両証人の証言の場を与えていただきました。

お二人の証言を通じて、問答無用の扱いを受けつつ世を去ったエカシ、フチの時代の一端が明らかになったと私は感じております。

裁判長のご英断により、札幌高等裁判所が本当のシサムの法廷になったことを、エカシ、フチに代わってお礼申し上げます。

前回口頭弁論の井上先生の御証言で、共有財産というものが旧法に基づき北海道長官が指定する以前からアイヌ民族の共同の営みであったことを改めて確信いたしました。私どもアイヌにとってすべての天然にあるものはカムイであり、またカムイによって人間すべてに与えられたものでした。一人の人間が独り占めできるものではありませんでした。

私は井上先生のお話で、旧法以前に先祖たちが十勝川で元気に鮭漁をしている姿を思い浮かべました。

アイヌを保護するという口実のもとで、実は漁業からアイヌを閉め出すのが旧法の役目だったことがはっきりしてまいりました。

滝沢先生の証言からは、一〇〇年にわたってアイヌのものでありながらアイヌには全然知らされていなかった共有財産の管理がどれだけずさんなものだったのか、具体的に明らかにされました。

裁判長に改めて申し上げます。

私どもは、北海道庁のいい加減に調査した結果をそのまま受け取ることはできません。どうかもう一度共有財産のはじめから今日までを厳しく調査し直すための機会を与えてください。

私ども控訴人は目先の利益から裁判に訴えているのではありません。私どもだけではなく、多くのウタリの仲間が公正で隠し立てのない共有の財産を受け取りたいのです。

滝沢　正　証人尋問調書

二〇〇三年九月三〇日
第七回口頭弁論

速記録

（平成一五年九月三〇日第七回口頭弁論）
事件番号　平成一四年（行コ）第六号
証人氏名　滝沢　正

控訴人代理人（**房川樹芳弁護士**）

——（甲第一〇一号証の二を示す）これは、滝沢先生の履歴書ですけれども、自分でお作りになった履歴書ということですね。

滝沢　はい、そのとおりです。

——ここに書かれたとおりの履歴であるということでよろしいですか。

滝沢　はい、間違いありません。

——「職歴以外の役職」のところで、「アイヌ民族共有財産裁判を支援する全国連絡会幹事」というふうになっておりますね。

滝沢　はい、そうです。

——そうすると、今回の控訴人の方々の裁判を支援しようという立場にいらっしゃるということですか。

滝沢　はい。平成九年度以来、そういうつもりでやってきております。

——そうすると、今日これからいろんな資料についてお尋ねするんですけれども、その資料については、控訴人に有利なように考えられて話をするんじゃないかという批判もあろうかと思うんですけれども、その点についてはいかがですか。

滝沢　私、九年度以降、これから述べますところの資料を見てきたのですけれども、その事実にだけ即して申し上げたいというふうに思います。

——（甲第七六号証を示す）これは証人の名前が書かれていますけれども、証人の署名・捺印に間違いありませんか。

（編者注：平成一五年二月二〇日付陳述書、紙幅の関係で本書では省略）

滝沢　間違いありません。

——これは、御自分でそれまで調査されたことを分かりやすく記載したものということになるわけですね。

滝沢　はい。この時点におけるつかんだ限りでのことを書いたというものです。

——共有財産のいろんな今回関係するものの経緯といったものをかなり資料に基づいて具体的に記載されているということになりますね。

滝沢　そうです。

——（甲第七八号証を示す）この陳述書に記名と捺印がありますけれども、これもあなたの記名と捺印ということでよろしいでしょうか。（編者注：平成一五年七月一五日付陳述書、本書では省略）

滝沢　はい、間違いありません。

——これは、主として旭川のことに関して書かれたものということですね。

滝沢　そのとおりです。

——これも基本的には当時の調査に基づいたものを書かれているということでしょうか。

滝沢　そうです。間違いありません。

——（甲第一〇一号証の一を示す）これも記名と捺印がありますけれども、これもあなたの記名と捺印に間違いないんでしょうか。（編者注：平成一五年九月二五日付陳述書、本書では省略）

滝沢　はい、そのとおりです。

——これは、あなたが作成したものを弁護士と検討して、分かりやすく再度書き直して最終稿にしたものということですね。

滝沢　はい、そのとおりです。

——内容としては、このとおり間違いないということでしょうか。

滝沢　間違いありません。

——後でお尋ねしますけれども、前書いた甲七六号証、甲七八号証の被控訴人のほうから指摘があった部分で、若干訂正した部分があるということは間違いないんですね。

滝沢　間違いありません。

——きちんと読み直してみた結果、一部誤りがあったということで訂正しているわけですね。

滝沢　そのとおりです。

——それは甲一〇一号証の一に書かれているということですね。

滝沢　そのとおりです。

——甲一〇一号証の一によりますと、被控訴人である道知事のほうが、今回の共有財産を返還するに当たって十分な調査をしてないのではないかということが一点、もう一つは、財産が不明朗になっている、あるいは、まだ残されている財産があるんじゃないかという辺りの事実の指摘が二点目、大きく分けてその二つのことを書かれているわけですね。
滝沢　この陳述書によると、もう一つ述べていると思います。もう一つは、昭和九年に旭川から北海道に管理権限が移管されましたけれども、この経過に関して不明朗な点があると。この点も特に今回の陳述書で述べたところであります。
――まず、第一点目の不十分なのではないかという点に関してお尋ねしますが、これは、被控訴人側が原審で、平成一二年二月四日付け準備書面の三ページ、「その指定経緯や改廃状況を十分に調査した上で、返還の対象となるすべての共有財産を公告しているのである。」というふうに断定して主張されていることに対して、そうではないのではないかということを指摘した部分ということになりますね。
滝沢　そのとおりです。
――陳述書によりますと、道のほうで基本的に調べた資料というものについて、まず、一ページの(1)から二ページのところまで書かれていますけれども、これは、甲三二号証、甲九四号証、甲三二号証の添付文書等が作成されているんですが、原資料になったのが甲九五号証に書かれているリストというもの、これが当時、道が調べたもののすべてだろうというふうに考えているわけですか。
滝沢　はい、そのとおり考えました。
――(甲第九五号証を示す)「旧土人保護法(共有財産)関係調査資料リスト」、ここにずっといろんな文献、市町村史が書かれていますけれども、これはどこから手に入れたものなんですか。
滝沢　これは、平成九年だったと思いますが、控訴人の代表の小川隆吉さんの情報公開請求に基づいて出された資料でありました。
――(甲第九六号証の一を示す)陳述書の二ページの(2)に書かれていますが、五回公開請求しているその一連のものの最初の開示請求したものということですね。
滝沢　はい、最初のものです。
――これは、共有財産に関して調査した資料を全部出してほしいという趣旨で請求したものなんでしょうか。
滝沢　これは、その前から小川さんの考え等もそばで聞いておりましたので、この文書は、返還されるとされる共有財産のすべてを開示してほしいというふうな意味を持って出されたものであろうと私は理解しておりました。
――そのとき出されたのが、甲九五号証の調査したリストというものですね。
滝沢　はい。これともう一つ出されております。もう一つが……。

――明細書ですか。

滝沢　はい、そのとおりです。

――(甲第三二号証を示す)そのとき、この一枚目が提出されたということですね。

滝沢　ええ、それだけだったと思います。この日付は平成九年七月八日現在というものでした。

――甲九五号証をリストと言いますけれども、そういったリストに基づいて現金について調査して整理したものが甲三二号証。

(甲第九四号証を示す)「旧土法共有財産(土地)に係る告示の経緯」というものが、土地に関する経過の資料ということですね。

滝沢　はい。多分、これは道庁の中で、今お示ししましたリスト、並びに明細書を基にして作られた一つ目の資料ではないかというふうに考えております。

――(甲第三二号証を示す)二枚目を見てください。「北海道旧土人共有財産告示の経緯」ということで、これは現金の流れを示したものということなんでしょうか。

滝沢　はい、そうです。この文書は、「財産別沿革」というもう一つの道庁が作ったと考えられる文書に付けられていたものでした。

――今言われた財産別沿革というのは、甲三二号証の後ろから二枚目、「財産別沿革」というのがありますけれども、これに付けられていた文書ということですか。

滝沢　そう考えてます。

――甲三二号証の二枚目以下が、現金の流れを示しているものということですね。

滝沢　そうです。

――甲三二号証の二枚目の表を作るに当たってチェックした資料というのが、後ろにずっと、下に①から⑱というページ数が書かれているものが裏付け資料ですよという趣旨になるわけですね。

滝沢　多分、これは冊子になっておりますから、そういう意味で作られたものだろうと考えます。それから、もう一つは、この表自体が裏付けになっている告示に掲げてある現金をそのとおり、その連月に入れて表を作っておりますので、そうであろうというふうに判断しました。

――まず、陳述書で問題にしたのは、先ほどからおっしゃっているけれども、一番最初に挙げた文献というのが、甲九五号証のリストが最初にこれがすべてですよと出されていて、その後、更に文書を公開請求しています。

(甲第一〇〇号証の一を示す)つい最近、平成一五年七月一六日付けで文書請求してます。また請求してみたわけですね。

滝沢　そういうことです。

——そうすると、更にまた書類が出てきたということですか。

滝沢　そのとおりです。

——ところが、その前に、もうこれ以上の書類がないと言われていたにもかかわらず、また数年たって請求したら出てきたということになったわけですか。

滝沢　その前に、まだ平成一〇年の七月、八月段階でも開示請求しておりましたが、そのときでも、この明細書についてはないというふうなお答えだったと思いますが、この度は、共有財産状況明細書を指定して、昭和九年以降ということを開示してくれというふうに指定したところ、これが出てきたわけです。

——今回、これで最後ですよということで、これ以外に現在はありませんと書いてありますけれども、前も同じように、もうこれ以上ないと言われて出てきているところを見ると、まだまだあるのではないかということが疑われるということでしょうか。

滝沢　はい。そのように考えております。これまでの開示の経過を考えますと、書類名を限定するか、書類の内容を限定すれば、それに沿って開示されるというふうな経過がございましたので、更に我々がまだどういう書類があるか分かりませんが、その書類を指定すれば出てくるかもしれないと、そういう感じは持っております。

——いずれにしても、当時行った、調査したリストが開示されていて、それに沿っているものだろうと。それ以外のものが出てくるということは、今回の告示に当たっては、リスト以外のを調べてないであろうということを陳述書に書いてあるんですね。

滝沢　そういうふうに考えました。

——（甲第一号証ないし甲第六号証を示す）旧土人共有財産台帳、豊富のものがありますけれども、これもこのリストに載ってないですか。

滝沢　載っておりません。

——この台帳も調べていないというふうに考えざるを得ないということになるわけですか。

滝沢　そのとおりです。

——（甲第九四号証を示す）これは、告示の経緯ということですけれども、二枚目の注二を見ますと、「幕別・池田については、現在管理されていない。権利移転の手続関係について調査中。」というふうになっていますね。

滝沢　はい。

——「幕別・池田」というのは、「中川郡各村（大津村）」という部分をずっと行くと途中で二つに分かれていますね、その二つに分かれているほうの右側、「幕別（大津村）」、この欄を指しているわけですね。

滝沢　そのとおりです。

——昭和六年一〇月二日に、「海干1宅地1」というふうになって、宅地が1あるようなんですが、それが昭和二七年まで矢印が付いてまして、その後、廃止とかってなっていないわけですね。

滝沢　そのとおりです。

——ほかの欄を見ますと、廃止になっているところは「廃止」と記載されているわけですね。

滝沢　そのとおりです。

——そうすると、この経緯を調査した段階で、この土地が廃止になっていないのに、現在管理されていないので、それがどうなったか調査中であるということがこの注に記載されているわけですね。

滝沢　はい、そのとおりです。

——その調査結果というのは、結論として、今までの開示請求、それから、先生が調べた資料の中に出てきているのでしょうか。

滝沢　開示された資料の中には、今のところ見付けることができないでいます。

——そうすると、調査結果が不明朗なまま今回の告示がなされたということになるわけですか。

滝沢　私はそう判断いたしました。

——（乙第一号証を示す）今回の開示の官報ですけれども、二枚目の番号三、土地のことは備考欄にも出てきてないということになるわけですね。

滝沢　はい、そのとおりです。私は、この公告の表を見て、ちょっと奇異に思ったことなんですが、特に幕別ばかりではなく、ほかの共有別につきましても、一番古い指定が昭和六年というふうに指定されておりまして、実は幕別の場合は明治三五年から指定されておりますので、普通ならばそういうふうに指定されるべきではないだろうかというふうに考えましたが、昭和六年からになっている。ただ、昭和六年の段階では現金だけが記載されていて、これらの不動産等が記載されていないということがあります。

——全部のところを聞くのは時間の関係があるので、代表的なところだけ聞かせてもらいます。それで幕別のところを今聞いているわけなんですけれども、そうすると、調査中ということで、それが結果として調査結果も備考欄にも書かれていずに、今回の告示がなされているということなので、やはり調査がその点でも不十分なのではないかということにもなるわけですね。

そのように判断しました。

――（甲第一号証を示す）今の幕別の土地のことに関連して聞きますと、右下にページが出ているんですが、一－七七を見てください。これは、昭和一〇年度の財産台帳ですね。

滝沢　はい、そのとおりです。

――これを見ますと、不動産の部の一番左のほうの欄に、「河東郡幕別村旧土人共有」ということで、三四坪、時価一万二〇〇〇円の土地の記載があるわけですね。

滝沢　そのとおりです。

――そうすると、この台帳でも、昭和一〇年の段階でもはっきりしているんですが。

（乙第一号証を示す）土地の記載が全く抜けているということになるわけですね。

滝沢　そのとおりです。

――幕別のところ、「指定当時における数量又は金額」というふうに書かれていますので、この二四〇〇円というのは、土地も含めて価額を全部記載したということではないんですか。

滝沢　この公告の表によりますと、指定されたのは昭和六年ということになっておりますから、この段階ではまだ宅地は存在したことは先ほど申し上げたとおりです。ですから、宅地は処分されておりませんから、それの価格が二四〇〇円に含まれているとは考えられません。

――（甲第三二号証を示す）二枚目を見てください。現金の経緯を調査したものですけれども、昭和六年一〇月二日の幕別の欄を見ると、二四〇〇円と書かれていますね。そうすると、現金の経過はちゃんと二四〇〇円で載っているから、今回の官報に載っている二四〇〇円というのは、やはり現金のみを記載していて、土地についてはすっぽり抜け落ちているということになるわけですね。

滝沢　そう考えました。

――この土地はどこに行ったか不明のままであるということですか。

滝沢　そうです。

――もう一つ典型的な例を、全道教育資金の件をお尋ねします。

（甲第一号証を示す）一－二六のページを見てください。これは公債の台帳です。裏を見ますと、一万三三〇〇円という記載があって、額面……。

滝沢　額面現在額とでも読むんでしょうかね。

――これが一万三三〇〇円と、で、公債の欄があって、これは全道教育資金の公債なんですね。

滝沢　それはそのとおりです。

――（甲第六号証を示す）六－五三を見てください。今度は記載が変わって、「全道一般」というふうに書かれていますけれども、ここで金額が、一万三六五〇円、先ほどの一万三三〇〇円と金額が変わっていますけれども、金利とか途中の経過を見ると増えていっていますので、これがそれに当たると思いますが、これが昭和一九年四月の欄に載っているわけですけれども、このときまでこの公債があったわけですね。

滝沢　はい。その摘要の欄を見ますと、「全道一般」とありまして、次に、「累利公債」というふうに書いてありますから、額等から見ても、この額が多分、教育資金の公債証書の額だったと、そう考えます。

――この公債というのは、先ほどの道が調べた経緯の一覧表がありましたね、現金の一覧表と土地の一覧表がありましたけれども、そのどちらにも載っていないわけですか。

滝沢　公債は載っていないと思います。

――公債についての昭和六年からの先ほどの経緯のような調査経過というものは、資料としては何も出てきていないことになるわけですか。

滝沢　これまでのところは見ることができないでいます。

――公債がどこに行ったのかが不明のままであるということになるわけですか。

滝沢　そのように考えました。

――（甲第九四号証を示す）漁業権についてお尋ねします。二枚目を見てください。先ほどお尋ねした幕別の欄の二つに分かれた右側のほう、先ほどは宅地のことを聞きましたが、「海干1」、これは海産干場の略になるわけですね。

滝沢　そのとおりです。

――これは、海産干場、それから宅地がありますけれども、更にその前、明治三五年の欄を見ますと、海産干場は1ありますね、宅地もある。その前に、「漁場3」と書かれていますね。この漁場が、幕別と帯広に分かれているんですが、これはどちらにもないということになるわけですか。

滝沢　はい。これは、道のほうの調査でもつかんだことだと思いますけれども、幕別村には、最初の指定の明治三五年の段階で、漁場3、海産干場1、宅地1、倉庫1が入っていたと。それが昭和六年に指定替えになりまして、新たに指定されて、帯広と幕別に分けられたと。でありますから、当然、この帯広か幕別のどちら側かに、漁場も海産干場も倉庫もあっていいというふうに考えられるのですが、昭和六年の指定によれば、漁場は三つとも消えております。海産干場はまだ残っておりまして、これは幕別に指定されております。しかし、それは公告の昭和六年の指定欄には載っていないということになります。

――結局、明治三五年の指定にあった漁場が、もうどこに行ったか分からない状態であるということになるわけですね。

滝沢　そうだろうと考えます。

――現金についてお尋ねいたします。甲一〇一号証の一の陳述書で言えば一〇ページになりますが、大ざっぱにお尋ねいたしますけれども、まず、現金も全部、原資料をずっと追ってみたわけですね。

滝沢　はい、そのとおりです。現金を追ったのは、特に共有財産台帳で追いました。

――追ってみた結果、現金の記載というのは、どういう経過になっていたんでしょうか。利殖等で順次増えているんですか、それとも減ったり増えたりしているんでしょうか、それとも一定なんでしょうか。

滝沢　共有財産台帳を見ますと、貯金利子等の項目がたくさん見られますので、利殖の経過はあったと思います。そのほかに、保護のための支出項目がありますから、利子より多い場合には、利殖分が加えられているということもあったろうと思います。

――今までの現金も含めて調査したことに関しては、先ほどの甲七六号証に文章で表示されていますが、もう一つ、平成一二年一〇月二日付けの準備書面に、今回にかかわるものの表を添付しているんですが、このお金の流れとかいろいろ備考欄に書かれている、これは、先生が調査したものをまとめたものですね。

滝沢　はい。この時点までに分かったものをまとめたものです。

――これを見てみますと、現金が何年か置きに出てくるんですけれども、調査してみても飛び飛びにしか現金が出てこないということになるわけですか。

滝沢　そのとおりです。

――それが一つ問題ではなかろうかということですね。

滝沢　はい、そのとおりです。

――もう一つは何かあるんでしょうか。

滝沢　現金の動きにつきましては、多分、現金という概念は道の側では明細書に載せられた金額というふうにお考えになったのではないかというふうに考えます。ですから、途中で私、現金をずっと調査したのですが、一つには、最初の道が使ったと思われるリストの中に道の報告書がたくさんあるんですけれども、その報告書の中には、実際の価額がずっと書いてあります。で、それが飛び飛びになるんですが、それが分かりまして、先ほどの表にしました。それも分かるんですが、これも調査の対象にはしていなかったろうと。それから、先ほどから申しているように、財産台帳、これも飛び飛びなんですが、これは、現金が飛び飛びに分かると。しかし、これを追跡したような形跡もなかったというふうに先ほど申し上げたわけです。

――（甲第八九号証を示す）つい最近の開示の請求で出てきたこれが明細書になるわけですね。これは昭和二三年からの明細ということ。

滝沢　昭和三三年です。これは三三年と読み取れると思います。

――これ以降は、台帳としては残っているのでしょうか。調査の結果はどうだったんですか。

滝沢　この点につきましてですが、もはや昭和一九年度ののしか共有財産台帳は存在しておりません。あるいは、現在のところ開示されておりませんので、見ることができません。ですから、昭和二三年でいったん現金の追跡は私どもは切れたわけですが、その後が、この明細書というものが三度にわたって出されまして、それでだんだんとさかのぼって、ああ、ここまではっきりしているのか、ここまではっきりしているのかというふうに分かっていったわけですね。その一番古いときを示すのが、この昭和三三年だろうというふうに思われます。

――これは、今回の告示された金額をさかのぼっていくと、昭和三三年の今示している明細書のところまでは、金額の増加の率とかを考えると、大体合っていると思われるわけですか。

滝沢　私は、利子等については詳しく知っている者ではありませんけれども、大体、追跡をしていきまして、特に幾つかの二分利だとか四分利だとかというものを計算してみましたが、その限りにおいては、利子としては利殖されていた経過があったろうというふうに判断しました。

――昭和三三年から現在までは、何とか理解、そういうことでは付くということですが、三三年より前のものがないわけですね。

滝沢　そのとおりです。

――先ほどおっしゃっていましたけれども、二三年までは分かるということですが、台帳でその辺が追えるということですか。

滝沢　二三年ではなくて、財産台帳は一九年のものまでしか残っていません。ただ、一九年の中に二〇年、二一年という記載がありまして、繰越し繰越しと、繰越しの額と若干の利子だけが書かれてあります。

――（甲第六号証を示す）これが一九年度の旧土人共有財産台帳なわけですね。

滝沢　そうです。

――六ｰ四二を見てください。これは苫小牧のものですけれども、一九年度、それから「前年度ヨリ繰越」ということで二〇年度、更に左のほうに二一年度、二一年度と、「前年度ヨリ繰越」という記載がありますけれども、このことを今おっしゃったわけですね。

滝沢　はい、そのとおりです。

――この台帳は、ほとんどそういうことで二二年までは繰越しで記載されているということになるわけですか。

滝沢　そのとおりです。

――この繰越しと、先ほどの昭和三三年の明細の間が何もないということになるわけですね。

滝沢　そのとおりです。

――二二年度の台帳の金額と三三年に明細で出てくる金額とは、連続性があるんでしょうか、ないんでしょうか、それは分からないですか。

滝沢　それは分かりません。

――そうすると、先ほど利殖していた二分、あるいは四分ということで考えてみると、ちょっとよく分からないということですか。

滝沢　分かりません。

――全体的な、おかしいところで代表的なところをお尋ねしましたけれども、先ほどちょっとおっしゃってて、旭川はまた別格におかしいんだという指摘、その点についてお尋ねいたします。旭川は、ちょっとまた特殊なんですか、何か特色があるんでしょうか。

滝沢　旭川は、皆さん御承知のとおり、昭和九年に制定されました法律によって共有財産が法的には始まったというふうに考えられますが、その前史もまた注目に値するというふうなことで陳述書に書いたわけです。

――ほかのところは昭和六年に指定されているんですが、旭川市は昭和九年の指定から始まっているということになるわけですね。

滝沢　それは、保護地処分法が制定されまして、それに基づいて指定されたということで、昭和九年だろうと考えております。

――（乙第一号証を示す）告示番号一七を見ますと、昭和九年一一月一日と書かれていますね。

滝沢　そのとおりだと思います。

――次の二枚目を見ますと、一番上、昭和九年一一月一三日、現金が最後指定されていて、これが昭和一七年六月六日と、三回にわたって渡されたものが今回の告示の対象になっているというふうに読み取れるようですけれども。

滝沢　ええ、そう考えました。

――今おっしゃった、この辺に関連して面白い点があるということだったんですが、現金で引継ぎに問題があったというふうに書かれているようなんですけれども、そこの問題についてお尋ねします。

（甲第八六号証を示す）右下の番号一五七のページを見てく

ださい。領収書があります、昭和九年一一月に二〇〇円、ただし書を見ると、「昭和九年十一月十六日財第三六九號御通知ニ依ル引渡金五千圓ノ内」ということで、五〇〇〇円が別途あって、そのうち二〇〇円が、北海道庁長官から旭川市収入役にあてている領収書ですので、旭川市から長官に二〇〇円が渡っているということを示すものになるわけですね。

滝沢　はい、そのとおりです。

――（甲第一号証を示す）一－一一を見てください。現金の部、九年一一月二六日に二〇〇円、「旭川市役所ヨリ引継ギ」ということで二〇〇円というのが出てきますけれども、これは旭川市から引き継がれた二〇〇円ということですね。

滝沢　はい。

――（甲第八六号証を示す）一六〇ページを見てください。ここにも仮領収証ということで、一一月二六日付けで二〇〇円が出てきて、会計のことが書かれたものが出てくるんですが、これは、先ほど示した一五七ページの二〇〇円とは同じものになるんでしょうか、ちょっと分かりませんか。

滝沢　ちょっとそれは分かりかねます。

――同じものを示しているのかなというふうに思うのですが。

滝沢　ただ、状況的には九年一一月のやり取りですので、あるいは同じものであったかもしれないと、推定はできます。

――一五七ページの領収書に書かれたもの、それから、一六〇ページの台帳みたいなものに書かれているものと仮領収証、これが一一月二六日、これは先ほどの甲一号証の記載のとおりに、旧土人財産台帳に二〇〇円が載っているということになるわけですね。

滝沢　はい。ちょっと御説明いたしますが、この旭川の台帳部分につきましては、昭和一〇年度と書いてありながら、昭和九年一一月から始まっております。したがいまして、ちょうど旭川分の台帳は、引継ぎに関して、ここから記帳が始まったというふうに考えられます。そのうち、先ほどの二〇〇円の入金は、九年一一月二六日の、言わば、この台帳の第一項目目ですね、ここに引継ぎというふうに入っているわけです。

――一五六ページを見てください。これが先ほど示した二〇〇円と同じような領収書なんですが、同じく五〇〇〇円のうちから一八〇〇円が旭川市から北海道庁長官に渡っているんですが、これが同じく九年一一月一六日ですけれども、この台帳には九年一一月二六日の二〇〇円からしか載っていないと、この前の甲八六号証の一五六ページに出てくる一八〇〇円が台帳に載っていないということになるわけですね。

滝沢　ええ、台帳の中には見付けることができません。

――一六三ページを見ると、先ほどの二〇〇円のときにあった帳簿と同じような内容なんですけれども、ここでは、五八〇〇円四一銭一厘が道庁の会計に旭川市から引き継いであるようなんですが、昭和一〇年一月三一日ですけれども。（甲第一号証を示す）一－一二ページを見てください。これが昭和一〇年一月の欄なんですけれども、一月三一日までずっと見ていきますが、五八〇〇円四一銭一厘が載っていないわけですね。

滝沢　ええ、これも見付けることができませんでした。

——これも台帳外、簿外で長官が手元に管理していたと思われるもの、金額が台帳には載っていないということになるわけですね。

滝沢　台帳には載っていないということははっきり申し上げることができると思いますが、どのような管理形態であったかは分かりません。

——（甲第八五号証を示す）一一一ページを見てください。これも先ほどと同じような体裁のもので、五四六五円五三銭というものが道庁に入っているようなんですが、これも台帳の昭和一〇年一〇月の欄を見ても載ってないということになるわけですね。

滝沢　そのとおりです。

——一一一ページの台帳のただし書のところを見ますと、一番最後に（指定外として）という文言が出てきますけれども、これはどういったことを意味するというふうに理解されているのでしょうか。

滝沢　この文書に出てくる、現金を管理した担当というのは、道庁内では、歳入歳出外現金出納官吏という者が管理していたと考えられます。これは、共有財産管理規定に基づきまして、現金の出納は歳入歳出外現金出納官吏が管理するものとするというふうになってますから、まずその管理が指定された共有財産等の現金を管理していたろうと考えられます。しかしながら、括弧でわざわざ指定外というふうに書くということは、これは指定外の分だぞという指示だろうと、あるいは、この現金出納官吏は、指定された金額の管理のほかに指定外の管理もしていたかもしれないと、そのことをうかがわせるものです。

——一〇七ページを見てください。領収証があって、今示した一一一ページに出てくる五四六五円五三銭の領収証もきちんとあるということになるわけですね。

滝沢　そのとおりです。

——そうすると、どうも旭川市でも指定外の財産があって、それが長官に指定外でまた移転されているものがあるらしいということになるわけですね。

滝沢　これらの文言から推定しますと、そう考えざるを得ないというところです。

――今回の告示で指定財産の返還もされていますけれども、指定外財産の返還も同時になされていますね。

滝沢　はい。

――その指定外財産のほうにこれがあったのではないんですか、それはもう全然入ってないんですか。

滝沢　指定外財産の欄には旭川のこれに該当するものはなかったと考えますので、そちらには入っていないと思います。

――そうすると、やはり旭川の共有財産の部分の指定外の金額がどこに行っているのかということが問題になるということですか。

滝沢　そのとおりです。

――これは引継ぎの問題ですけれども、もう一つ、土地の売却の問題についてお尋ねします。

（甲第五号証を示す）五－一四、四月一六日の欄の二行目。一番上の字が読み取れないんですが、土地の売却代金というのが、鉄道省に売却しているようなんですけれども、三一一二円九八銭という金額が受入金額として入っていますね。これは共有地を売ったと理解できるんでしょうか。

滝沢　ほかの旭川市の記録にもこのことはありますので、これは鉄道に売った鉄道用地の代金だと考えられます。

――（甲第三二号証を示す）一枚目、一七番の三段目、旭川市旧土人共有ということで、三一一二円九八銭という金額が出てきますけれども、これは鉄道省に売った金額と全く同じ金額、これが当時昭和一七年に管理していた中で現金として指定したものというふうに理解できるわけですか。

滝沢　そのとおりに理解しました。

――現金というのは、当時、土地台帳で、現金を管理したのは三一一二円九八銭だけだったんでしょうか。

滝沢　そうではなくて、台帳を見ますと、北海道に移管後も旭川の土地の賃貸料がずっと入ってきたと思いますので、これがその都度、賃貸料として書き込まれていて、現金はほかにもありました。

――（甲第五号証を示す）五－一四ページを見てください。土地の売却代金三一一二円九八銭が載ってますけれども、一番左側にこの年度の累計金額が出てますね、これは、賃料等そのほかもろもろ全部合わせた金額ということになるわけですか。

滝沢　多分そうだろうと思います。

――その合計額を見ると、三万二六八三円二九銭という金額が載っていますね。

滝沢　この欄はそのとおりだと思います。

――ところが、昭和一七年で指定されているのは三一一二円だけで、ほかの金額は指定されていなかったということになるわけですか。

滝沢　これについてですけれども、旭川の土地は、昭和六年に共有財産として指定されておりますね。ですから、それから上がってくる益金というのは指定の範囲内と考えてもよいかとは思います。

——そうすると、甲五号証は昭和一六年度の台帳ですので、先ほど示した三万二六八三円というのは、昭和一七年にも当然引き継がれているということになるわけですね。

滝沢　そうであろうと思われます。

——しかし、昭和一七年六月の共有財産として指定されたのは、先ほどの鉄道省に売却した三一一二円九八銭のみであったということになるわけですね。

滝沢　そう考えます。

——そうすると、二万九〇〇〇円くらいのお金は、指定外でどこかにあったということになるわけですか。

滝沢　多分、この金額の相当部分は、先ほど申しました賃貸料から加算されたものであろうと。ただ、それが全額であるかどうかは計算上ちょっと分かりません。

——こうやってお金が行ってるんですが、どうも基本財産というのが旭川にはあったということの指摘があるようなんですが、それがあったということなんですか。

滝沢　そのとおりです。

——（甲第八三号証を示す）二三二ページを見てください。ここに旭川の共有財産のことが記載されていまして、基本財産ということで、救恤金とか恩賜金の積立金ということで、合計として一万三四一六円一八〇銭という金額が記載されていますが、これが旭川にあった基本財産ということになるわけですか。

滝沢　はい、そのとおりです。この文書によれば、この金額は旭川市が明治三九年以来、給与予定地の収益金の一部を割いて、基本財産として積み立ててきたものだというふうに判断されます。

——先生の陳述書によると、これが金利等で少しずつ増えて、最終的には大体一万五〇〇〇円くらいにはなってたんじゃないだろうかというような指摘があるようなんですが、それはそのとおりなんですか。

滝沢　はい。一万五〇〇〇円くらいというふうに考えたのは、一つは、旭川市の管理課の資料で、今、拓殖課の資料として残って証拠として出していると思いますが、この中には、年度ごとに決算表がありまして、その中に六〇円とか七〇円だとかっていうふうな年度ごとの積立額があります。それをも足したと。それと、利子も増えているだろうというふうになると、一万五〇〇〇円程度は、道に移管になる直前の旭川の基本財産の額となっていたろうというふうに推定しました。

——それは昭和九年には基本財産として存在していたはずだ

ということですね。
滝沢　そのとおりです。
――しかし、実際に昭和九年に指定されたのは、現金として
は、先ほどの鉄道省に売却した金額のみということになるわ
けですか。
滝沢　いや、その現金は昭和一七年ですから。
――昭和九年には指定されなかった。
滝沢　昭和九年には土地のみが指定されて、現金は一切指定
されていなかったと思います。
――その後も指定されないまま現在に至っているということ
になるわけですか。
滝沢　その後の指定の表にはありませんので、指定されない
ままに至っていると考えられます。
――昭和一七年に、先ほど、鉄道省の売却代金と同じ金額が
現金として共有財産として指定されていますけれども、この
基本財産が昭和一七年までに使い果たされたということでは
ないんですか。
滝沢　その経過は分かりません。ただ、台帳等を見る限りは、
そちらからの支出等の動きがややあるかもしれませんが、使
い果たされたというふうには判断できないと思います。
――そうすると、やはり、基本財産もどこに行ったか不明の
ままであるということになるわけですね。
滝沢　そのとおりです。
――（甲第八一号証を示す）一－四を見てください。「昭和十
年度旭川舊土人共有財産収支豫算表」、これの欄外に、「基金
六千百三十二円ニ対スル利子」うんぬんという言葉が出てき
ますね。そうすると、基金として六一三二円があったという
ふうに考えられる記載なんですが、これはどういうふうに理
解したらよろしいんですか。
滝沢　これは予算表でありますから、しかも、昭和一〇年と
言えば、新しい法律が制定された翌年の予算表でありますか
ら、当然どこかに原資があって、そこから歳入があるという
ことが想定されて作られたものだと考えられます。それを基
金があると言っている。
――そうすると、昭和一〇年に予算として利子を運用してい
たわけなんですが、その前提となる基金として六一三二円と
いうのが附記という欄に出てくるんですけれども、先ほどの
先生のお話だと、昭和九年ころまでに先生が推定されていた
基本財産は一万五〇〇〇円ぐらいあったのではないかという
ふうに先ほどの資料から見ると推測されるわけですね。
滝沢　そうです。
――その一万五〇〇〇円とここに出てくる基金六一三二円と
いうのは、どういった関係になるんですか。
滝沢　それは、実際の関係は分かりません。特にこの予算を

作るときに、この基金というのを何を指して言っていたかを示す資料はほかにもないから、判断できません。ただし、あるいは先ほど申し上げた基本財産というのは、道の別の文書を見れば「救恤基金」という語を使っておりますので、それを指しているものかなとは思います。ただ、現金の額は違いますけれども。

――そうすると、先ほどの基本財産の一万五〇〇〇円の一部かもしれないし、全く別のものかもしれないけれども、資料上調べてみた結果は、それはよく分からないということになるんですね。

滝沢　そのとおりです。

――しかし、ここに出てくる六一三二円という基金があったようですけれども、これも結局、一七年のときには現金等で共有財産として指定はされていないということになるわけですね。

滝沢　そのとおりだと思います。

――それから、被控訴人からの指摘された分で、八〇〇〇円のことをちょっとお尋ねしますけれども、何か昭和一三年とそれから昭和一四年にも両方繰入れしていたというふうに当初は言っていたようだったんですけれども、これは違っていたわけですか。

滝沢　ええ。見直したところ、昭和一四年の分につきましては、前年度歳入額の欄に八〇〇〇円とあったのを、当年度の八〇〇〇円と見間違いましたので、後の陳述書で訂正させていただきました。

――一－二九を見てください。これの上のほうに「三九」と書いてある欄の、「基金繰入金」という、この八〇〇〇円のことを今おっしゃっているわけですね。

滝沢　そのとおりです。

――これが前年度の予算額に出てくるので、これを当初見誤って、一四年度もそうしていたようだと言っていたのは、これは誤りだったということですか。

滝沢　そのとおりです。

――一三年度は訂正しなくてよろしいんでしょうか。

滝沢　一三年度は、ここに書かれてあるとおりに繰入れがあったと判断せざるを得ないと思います。

――一－一七を見てください。これは一三年度なんですけれども、これの一番左の第五款に、「資金繰入金」、「金八千円」と出ていますね。そうすると、この八〇〇〇円が基金に繰り入れられていたというふうに考えられるわけですか。

滝沢　ええ、そうだと判断しました。それは、基金からこの歳入へと繰り入れられたと判断しました。

――基金から歳入に繰り入れられたと。

滝沢　はい。

――そうすると、この八〇〇〇円が繰り入れられる基金がやはりどこかにあったということを示すことになるわけですか。
滝沢　そのとおりに考えました。
――これは先ほどからおっしゃっている基本財産の一万五〇〇〇円、あるいは、先ほどの附記に出てきた基金の六一三二円との関連は分からないんですか。
滝沢　明快にはどうであるかは分かりません。
――しかし、八〇〇〇円を入れられる基金が別途あったことを示すものであるということになるわけですね。
滝沢　そのとおりです。
――（甲第五号証を示す）五－四を見てください。これの三一日の欄、「指定外旭川市分ヨリ一般経理繰入」と。で、これは一万四七三五円一六銭という金額が出ていますね。これはどういうことになるんですか。
滝沢　これが先ほどの旭川市から北海道へ移管したときに「指定外」という語が使われておりますので、それらのものの一部ではあるかもしれません。
――しかし、この台帳にも書かれているように、旭川市に指定外の財産がどうもあったことを示すということになるわけですか。
滝沢　はい、そのとおりだと思います。
――（甲第八三号証を示す）右下の番号二三四のページを見てください。ここに「貸地料ノ滞納額」という欄がありますね。これを読むと、市から和人に転貸せる土地があって、それの地代がどうも滞納してると、それは別表のとおりにして、その金額は六一七四円になってる、というようなことが書かれていますね。
滝沢　はい、そのとおりです。
――そうすると、土地を貸していて、その賃料滞納額があって、これは地代ということになるんですが、この地代の滞納分についてはどういうふうな処理をされたかということは、何か文献で最終的に分かりましたか。
滝沢　これまで見たところでは、分かりません。ただ、一部、債権破棄の表が資料の中にあったと思いますが、その金額がこれに該当するかどうかは分かりません。
――そうすると、不良債権化してしまって回収できなかったかもしれないけれども、こういった滞納地代の処分も不明朗なままになっているということなわけですか。
滝沢　そのとおりです。

被控訴人代理人（桂井）

――証人は、アイヌ民族に関する共有財産について、どのような資料に基づいて調査を今までしてこられたんでしょうか。

滝沢　私のした調査は、先ほど申し上げたとおり、平成九年以来、小川隆吉さんやその他の方が北海道に公文書開示を求めて、それが出されたものを中心にして調査をいたしました。

――甲号証の中にいろいろな文献や何かも提出されているんですが、そういうのも拝見されているという理解でよろしいでしょうか。

滝沢　はい、そのとおりです。

――証人が調査された資料や文献等の中には、同じ一つの史実に対して、様々な表現であるとか見解というのがあるということはなかったんでしょうか。

滝沢　具体的にこれについては違う見解があるのではないかとか、解釈があるのではないかというふうにお示しされれば、それについて答えることができると思いますが、一般的にはちょっと今お答えできません。

――抽象的で答えられないということですか。

滝沢　はい。

――甲七六号証の陳述書によりますと、証人の解釈で「窺われる」であるとか、「推測される」という表現が散見されるんで、順次確認させていただきたいと思うんですけれども。

(甲第七六号証を示す)　六ページ、一八行目以下を見てください。「道による管理にあっては不動産の賃貸による利殖ではなく、不動産を処分し金銭による利殖が図られていたことが窺がわれます。」というふうにあるわけですが、これは証人の調査に基づく判断なのでしょうか。

滝沢　ええ、そのとおりです。

――(甲第一号証を示す)　一丁裏を見てください。これは昭和一〇年度の「舊土人共有財産台帳」ですけれども、これには土地賃貸料として受入金額が記載されていることは御存じですよね。

滝沢　はい、そのとおりですね。

――(甲第二号証ないし甲第六号証を示す)　これについては再三出てきているわけですけれども、途中年度が飛んでいるわけですけれども、昭和一二年度から一九年度までのうちの五年分の旧土人共有財産台帳ということになるわけですけれども、毎年度、この台帳の中に土地賃貸料として受入金額の記載があることは確認しておられるわけですよね。

滝沢　はい、確認しております。

――これによりますと、北海道は不動産の賃貸を行ってきたということは明らかだと思うんですが、いかがなんでしょうか。

滝沢　はい、そのとおりですね。

――(乙第一一号証の一を示す)　二九六ページを見てください。証人は、財産の処分は内務大臣の認可を経てなされることとされていたと述べておられるわけですが、具体的には甲七六号証の陳述書の六ページ、二三行目でそのように述べておられるわけですけれども、北海道旧土人保護法改正資料によりますと、内務大臣の認可は昭和一二年の法改正で必要がなくなっているということが乙一一号証の一で分かるんではないかと思うんですが、これについては御存じでしたか。

滝沢　ええ、そのとおり、存じ上げております。

――（乙第一三号証を示す）一一ページを見てください。昭和四年の土人概要によりますと、江別町及び対雁村土人共有財産の売却として、「茲に於て舊土人保護法に基き、内務大臣の認可を得て夫々處分に着し、昭和元年十二月を以て全く結了した」というふうにあるわけですけれども、これは法に基づいて処分していたというふうに考えてよろしいわけですよね。

滝沢　はい、それはそのとおりです。ただ、この文言について私の理解を申し上げてよろしいでしょうか。

――手短に。

滝沢　はい。これは対雁についての表現であります。私が陳述書等に申し上げているのは、対雁については一つも申し上げておりません。

――（甲第七六号証を示す）一〇ページの一〇行目以下を見てください。ここの括弧書きに、「仮に中川郡各村で分割したものであるとしても、その分割の基準は明らかにされていません。」というふうにされているわけですが、証人がいわゆる「十勝沿革」というふうに表現されているものだと思うんですが、「十勝舊土人沿革ト互助組合ノ現状」によって調査をして、そのように判断されたということになるんでしょうか。

滝沢　これにつきましては、その文書は読みましたが、その中から明らかな根拠が見いだされなかったというので、ここに書いたつもりです。

――その部分において、調査した範囲においては分からなかったと、こういうことでございますか。

滝沢　はい、そうです。

――（甲第三三号証を示す）一二ページを見てください。「十勝舊土人沿革ト互助組合ノ現状」ですが、これには「共有財産の分配」として、河西、河東及び中川郡について、「旧土人共有財産ノ収益積立金ノ一部ヲ割キテ各一戸當五十円宛ヲ分配スルコトヽシ」とあるわけですが、この記述については御承知だったわけでしょうか。

滝沢　はい、知っておりました。

――（乙第一三号証を示す）一〇ページを見てください。さらに、今の先ほど出ました土人概要によりますと、大正一二年末の共有財産について、河西、河東、中川郡各村土人共有財産が、「土人救護の目的を以て一戸當り五拾圓の割を以て三百二十二戸に対し総額一万六千百圓を配付し」というふうな記載があることについては御存じでしたか。

滝沢　はい、知っておりました。

――これらによりますと、大正一二年末以降、共有財産の一部につきましては、河西、河東、中川郡の各村で分配されて、その分配の基準も明らかになっていたというふうには言えるんではないでしょうか。

滝沢　そう言えないと思います。それは、今おっしゃっているものは、財産の一部を処分して現金に換えたものの分割ですね。

――はい。

滝沢　それはそのとおりであろうと思いますが、その後にまだ残っているものがありました。それが、先ほど申しましたが海産干場とか、それから宅地等ですよね。で、帯広と幕別に分けた、その基準がまず分からないし、その残っているものがなぜその割合にそれぞれが分けられたのかは分からないということです。私のほうは、その不動産のほうに注目して陳述をしたつもりでありますので。

――現金に着目しないで、不動産について着目して陳述書を書かれたと、こういうことですか。

滝沢　現金のほうはそのとおりであろうと思いますので、特別懐疑は持ちませんでした。

――（甲第七六号証を示す）陳述書の一一ページの六行目以下を見てください。ここには幕別村旧土人共有財産につきまして、「一九三一年から一九三三年の間に現金が二・四倍に増加していますが、この増加の理由も明らかではありません。」とされているわけですが、これは証人の調査に基づく結論ということで理解してよろしいでしょうか。

滝沢　はい、私の判断です。

――（甲第三四号証を示す）四九ページを見てください。「北海道舊土人概況」、昭和一一年版によりますと、幕別村旧土人共有財産について、指定当時の金額二四〇〇円に、利殖金の積立額三五八九円二一銭が加わって、五九八九円二一銭というふうになっていると示されていることは御存じだったでしょうか。

滝沢　これ、見ました。

――これによれば、この増加の理由というのは分かるというふうにお考えにならないでしょうか。

滝沢　横の、同年度のほかの財産の増加額等と比較してこれを書いたはずです。ですから、幕別だけが少し多いのかなと思って、これを書きました。

――そういう趣旨で書いたということですか。

滝沢　そうです。

――（甲第七六号証を示す）陳述書の一二ページの一行目以

下を見てください。ここで証人は、「文部省に対する支給申請は三県知事よりアイヌ児童の就学奨励のためになされたものである。これらの金員が一八九九年までの間アイヌ児童のために使われていたかは明らかではありません。」としておられるわけですが、これも証人の見解ということでよろしいですか。

滝沢　そのとおりです。

――（乙第一一号証の二を示す）一〇五及び一〇六ページを見てください。これは、明治一六年二月二八日の三県令が宮内省にあてた下附申請書ですけれども、一〇六ページ、一一行目以下には、「三県適宜ノ地へ一二ノ校舎設立致候得共県庁経費ハ毫モ之二充ツルノ余裕無」というふうにあるわけですが、この記載については御承知だったんでしょうか。

滝沢　はい、読んでおりました。

――（乙第一二号証を示す）二三ページを見てください。明治四四年七月、北海道庁作成の「北海道舊土人」によれば、二三ページ、九行目以下では、「三縣ノ時ニ至り　皇室ヨリ教育資金一千圓下賜セラレ政府亦數千圓ヲ支出シテ資金ニ充テタレハ教育頓に興リ當時『アイヌ』中ニ名ノ師範學校卒業者ヲ出スニ至レリ」という記載があるわけですが、これについても御存じですよね。

滝沢　はい、読みました。

――この記載によりますと、共有財産がアイヌ児童の就学奨励のために使われていたと、で、それなりの効果があったというふうに判断はできないんでしょうか。

滝沢　できないと思います。私、陳述書で申し上げたのは、旧法が制定されました明治三二年以降の共有財産について申し上げております。で、この明治三二年に初めて全道教育資金は六二〇六円が指定されました。それが使われていたかどうかということが一つの問題だろうと。それから、その事前に使われていたかどうかという問題を今御指摘されましたけれども、基本的には私は明治三二年以降の問題を、これは十分に使われていなかったというふうな判断で陳述書を書いたつもりでございます。それから、明治三二年以前のこの救恤金等につきましては、研究者の論文なんかによりますと、この間も三県の間でせっかく御下賜頂いたお金を有効に使わなければならないという意見もあり、また、御下賜頂いた金を軽々に使うわけにはいかないという議論もあって、意見が調整されず、これが活用された経過は分かんないと、見当たらないというふうな研究の成果もあります。

――そういう見解もあると、こういうことですね。

滝沢　そうです。

――（甲第一〇一号証の一を示す）旭川市の旧土人共有財産の基本財産についてちょっとお尋ねしますけれども、一五ページの七行目以下で、「一万五〇〇〇円程度の積立金が昭和9年には存在したことが推定されます。」とあるわけですが、これも証人の調査に基づく記載ということでよろしいですか。

滝沢　そのとおりです。

――（甲第八二号証の一二を示す）見開き左側のページの中で、旭川市土人救恤基金について、昭和六年度末現在、一万三〇九〇円五三銭一厘であったわけですが、昭和七年に六九六四円が旧土人に給与されて、昭和七年度末で六一二六円五三銭一厘となっていると、こういうことでよろしいでしょうか。

滝沢　この表現はそうだろうと思います。

――（乙第一六号証を示す）三五一ページを見てください。これは、「旧土人救恤基金蓄積条例」であるわけですけれども、二条によれば、「基金ハ旧土人保護上必要ノ場合ニ於テ市会ノ議決ヲ経其ノ全部若ハ一部ヲ支消スルモノトス」とあるわけですが、この点については御存じだったでしょうか。

滝沢　読みました。

――そうされますと、昭和九年に一万五〇〇〇円程度の積立金が存在したことが推定されると証人はおっしゃっているわけですけれども、その認識は若干違ってるということはないんでしょうか。

滝沢　その費消されるというふうなことが市役所において行われているとすれば、それの記録が残っているかと思いますが、それは見ることができないので、それは推定にとどまります。ただ、それでは逆に、その推定されて一万五〇〇〇円くらいであるか、それじゃ、その残ったと考えられる額が、この旭川市において道に移管される前にすべて費消されたかどうかということについては、つかむことができなかったわけです。でありますから、道のほうには何らかの形でこれが移管されたままあるだろうと推定したわけです。

――推定ということですね。

滝沢　そうです。

被控訴人代理人（田口）

――最初に証人の経歴のお話があったんですが、証人の御専門としてはどういうことになるんでしょうか。

滝沢　学校の教員に専門というのはありませんで、まあ、子供の顔を見て授業をやるのがせいぜいの専門であります。

――そしたら、今日、証人としてお立ちになった趣旨としては、アイヌの歴史についての研究をされているということで証人に立っていただいているものですから、そちらの観点からの御専門というとどういうことになるんでしょうか。

滝沢　私は社会科の教員でありますので、この間、三十数年教員をやっていますが、主に日本史を担当してまいりました。

で、北海道にいて日本史を担当するというふうになりますと、どうしてもアイヌ民族の歴史について無関心ではいられないのがありまして、それで大体教員になって間もなくのころかと思いますけれども、大体一九八〇年ころから、やや本格的に北海道史の文献その他については読み込んだつもりでおりまして、そういうようなものを生かして、授業に生かすとか、そういうことをやっていました。

——そうすると、学校の教員をされている傍らで歴史の研究もされていたというような理解でいいんでしょうか。

滝沢　はい、そういうことです。

——そうした歴史の研究に当たって、一番大切な点というのはどういうことなんでしょうか。

滝沢　…………。

——ちょっと抽象的で申し訳ありませんが、過去の事実について探究していくわけですけれども、それに当たっては、古い資料というのを探して、それに基づいて判断するという過程があるとは思うのですが、例えば、資料の収集についてはどんな点を注意されるのか、あるいは、集まった資料から判断する過程においてはどういう点を注意されるのかという辺りを教えていただきたいんですが。

滝沢　率直に申し上げまして、生徒に授業するのではなくて、こういうような場面で、ある意味では争われる場面に必要な知識というのは、やっぱりもともとの原資料が大事だろうというふうに思いました。で、私が最初にこの共有財産について目にすることができたのは、道が開示された、道がこれまで明治以来、何度かにわたって報告されてきたアイヌ政策に関する報告書ですね。ただ、これは、もう少し原簿があって、この報告書が作られているんだろうというふうに思いましたので、それで小川さんらに、原簿そのものに当たらなければ、管理経過が不明だと言っても駄目なんじゃないですか、というふうなことも申し上げたりしまして、で、これまで申し上げた資料の開示請求にかかわってきたわけではあります。

——できるだけ過去にさかのぼれるように、過去に近い原資料に当たるというのが一つ大事なことだということでいいですか。

滝沢　はい、それが基本だったと思います。

——それでは次に判断の場面ですけれども、原資料をつなぎ合わせても資料がない部分というのが多分あると思います。そこについて、今回、証人は「推測」という言葉を使って幾つかされているんですが、その推測をするに当たってはどういう点を注意されているんですか。

滝沢　これは、例えば昭和一七年のある時点のある数字を確定するときには、その前の年、あるいはその前の年の同じ項目の推移がやっぱり気になりました。それから、その翌年の推移が気になりますね。それと、道の報告書が、先ほど申し上げましたが、その数字等々と合うのかどうか、今度、横の資料ですね。そういうようなものを縦・横合わせてみるというふうなことでやっていました。

——では、残っている資料の前後と、それから、そのほか、横の資料とおっしゃいましたが、それを分析して推論をしていくということでよろしいですか。

滝沢　そうでした。

——では、具体的な中に入ってお伺いしますが、まず、今回の研究の資料となったのは、公文書の開示請求によって得た資料ということでしたが、証人はその公文書の開示請求には携わっているんでしょうか。

滝沢　携わってません。

——そうすると、資料は控訴人らが取得したものをそのまま頂いたという形なんでしょうか。

滝沢　はい、そのとおりです。ただ、控訴人が書くであろう開示請求書の内容につきましては、私の意見も申し上げてあります。

——（甲第一〇一号証の一を示す）一三ページの(2)というところを見てください。(2)の一段落目で「甲第八五号証の文書綴りは三〇頁分が開示されましたが、四三頁分が欠落している」という記載がありますね。

滝沢　そのとおりです。

——二段落目ですが、「甲第八六号証」とあるのですが、「甲第八五号証」の誤記ではないかというふうには思うのですが、こちらのほうでも、「フィルム番号で」「途中一一三から一五三までが欠落している」と、そういう記載がありますね。

滝沢　はい。

——この一部が欠落している理由について、証人は分析されましたか。

滝沢　してません。

——ただ、この「欠落しているので」ということで、欠落していることからある事実を推論をしているというふうに読めるんですけれども、そうですよね。

滝沢　ええ。事実推定しましたが、それは欠落した後のほうの残っている資料を基にして判断をしました。

——それで、証人のこの陳述書によりますと、「欠落しているので現金の引継は他にあったことも考えられます。」って、そういうことでしたが、欠落していることから直ちにこういうことは言えるんですか。

滝沢　これは、この辺りのおびただしい資料、帳簿がいっぱい出てきますと、とにかく現金のやり取りについての資料が多い、資料グループですね、それでそういうふうに推定しました。

――証人の最初の話ですと、原資料に当たるのが一番大切だとおっしゃったものですから、そうすると、欠落しているというのは非常に注目されることなのかなとも思ったんですが、その点については全く注意されなかったということなんでしょうか。

滝沢　注目はしました。なぜ欠落したのかと。例えば、これはあるのではないかと。しかし、あるんだけれども開示されていないのではないかというふうな疑問を私は今でも持っております。

――その点は控訴人らには確認していないんですか。

滝沢　してますけれども。

――それで、控訴人は何と言っていましたか。

滝沢　控訴人は初めからトータルに自分らの財産の管理がきっちりと明治三二年以来やられていないというふうな御判断でありますから、まあ、学習会などではその辺の具体的な例を申し上げただけです。

――証人は余りここの点を御存じないようなんですが、実は番号が付いておりますので、これはマイクロフィルムの番号をもって数字がずっと書いてあって、マイクロフィルムにおいては欠番というのはないんですよね。

滝沢　（うなずく）

――で、その経過の中で、結論を申しますと、道からは全部開示をしたんだけれども、一部だけを写しとして交付申請されたということで、全部控訴人らも見られているはずなんですよね、その欠落した部分も。

滝沢　見ていると思います。

――その点は御存じだったんですか。

滝沢　ええ、それはそのとおりだと思いますけれども。

――で、原資料に当たるのが大事だっていう証人のお立場からすれば、原資料が残っているのを分かるんであれば、そこを確認してから推論しなきゃいけないんじゃないですか。

滝沢　いや、原資料が残っているかどうかは分からないままに、控訴人も多分そうだろうと思いますし、私もそう思いました。フィルム番号が全部通しであるというふうにも分かりません。

控訴人代理人（村松弘康弁護士）

裁判長、今の尋問に異議があります。フィルム番号が通しであるのであれば、通しであることをきちっと前提として押さえて尋問していただけませんか。誤導になると思いますので。

被控訴人代理人（田口）

――分かりました。証人は、公文書の開示の実施方法として、閲覧と写しの交付というのがあるのは御存じですか。

滝沢　はい。

――それで、閲覧と写しの交付をどっちにするかを決めるのは、道側なのか、請求者なのかっていうのは、どちらか分かりますか。

滝沢　これは、それぞれのケースによって違うというふうに理解していましたけれども。

――今回のケースでは、全部の資料を閲覧として道側は出して、そのうちの一部を控訴人らが写しの交付として持っていったという経過があるんですが、そういう事情は控訴人らからは聞いていないということなんですね。

滝沢　いや、それは聞いてます。

――でしたら、なぜ、原資料に当たろうということを大事にされる証人が、原資料を、その欠落部分を確認しないまま推論されたんですか。

滝沢　それは、私自身のこの段階での理解は、情報公開のイニシアチブといいますかね、それはどうもお持ちのほうの側にまだあるのかなというふうな理解をしていたわけですよ。ですから、一切というふうに言って出されたものは、これが一切といわれる文書に該当しますというふうに開示側が判断すれば、それが一切だろうと。ただ、一切というときに、その欠落なんかが何度も出てきているものですから、その途中で、待てよと、これは一切といっても一切ではないのではないかと、何らかの書類の名前を特定するか、内容を特定しなければ、開示されないのではないかと考え始めて、それをその後の開示請求に入れたわけです。

――若干質問と答えがかみ合っていないように思うんですが、実は、この開示の時点では、二九三〇枚を閲覧として出したんですけれど、そのうち、写しの交付を請求して持っていったものは一〇〇〇枚以下だったということで欠番が生じているんですが、そういう経過も控訴人らからは聞いていないんですね。

滝沢　それは聞いておりました。

――聞いていたんですか。

滝沢　ええ。

――そしたら、なぜ、欠落部分を確認しないまま推論されたんですか。

滝沢　それは、私のところに届けられたものがそれだけだったと言わなきゃならないと思いますね。

――で、客観的な資料、証人の言葉で言う原資料に近いものですが、これが存在するにもかかわらず、自分の主張に都合のいい部分だけ抜き出して事実を組み立てたり推論するというのは、歴史の研究の方法として正しい姿勢ではないんではないですか。

滝沢　そう思いません。これ、私は、今のところは歴史の研究の方法とだけは考えておりませんで、この裁判の係争の問題というふうに考えております。

——では、裁判の係争ということであれば、一部分だけ抜き出して、そこから推論しても構わないというお考えなんですか。

滝沢　私が言ってる陳述書の本論は、私が見ることができた文書の記述についてだけ断定をし、あとは推論してるわけですよね。ですから、私は、そこの場合は推論は推論と言わざるを得ないのでそう書いてありまして、私の言ってる本論のほうの陳述のほうにおいてお問い合わせをいただきたいというふうに思うのですけれども。

——では次の質問に移りますが、旧土人共有財産台帳というのは、昭和一九年までしか残っていないということでしたね。

滝沢　開示された限りではそうです。

——それから、一方で、道が作成された共有財産の明細書というのは、昭和三三年ということでした。

滝沢　はい。

——そうすると、その昭和一九年と昭和三三年の間というものは、客観的な資料がない状態ということになりますね。

滝沢　そうです。

——その場合に関してなんですが、まず、この期間の客観的資料がない理由として、歴史研究家の立場からは何か分析されたことはあるんですか。

滝沢　これまた私の推論になってしまいますので。

——はい、どうぞ。

滝沢　それを申し上げますと、この間は、戦後の経済的な混乱期と、それから、道庁における統治の形態も非常に動揺した時期であろうというふうに思われます。そういう意味では、正確に共有財産の設定された目的・趣旨に基づいてこれが運用されていたかどうか疑わしい時期でありまして、それから、共有財産のガードのほうも、公債等の減価等が激しく進んだと考えられます。そういうふうな状況に有効に対応した行政がなされなかったのではないかと、これは私の推論なんですが、その辺りを証明するものはどこかで見えなくなっているほうがいいというふうに考えられて、なぜか残ってないのではないかと、これは私が歴史的に推論したわけです。

——で、時代的に記録の保管も難しい状況だったということは、その点はよろしいですか。

滝沢　多分そういうような事情はあったと思います。ただし、これは……。

――ただし、証人は違う考えだということですね。

滝沢　はい、そうです。

――それは結構です。では、抜けている客観的資料がない部分を推論する場合ですが、それはどういうふうに推論するということになるんですか。

滝沢　それについては、私は陳述書では推論しておりません。欠けているということを指摘しているだけですね。

――ですから、証人のですと、欠けているから共有財産はあったはずだと、返還されるべき共有財産はあったはずだというふうに推論されているんじゃないですか。それは言ってないんですか。

滝沢　いや、もちろん台帳の中でですね、台帳は二〇年まであったとなっているわけですよ。それ以降は、廃止するとなってないんですよ。だから、今、返せと言っているんですね。ですから、その間は継続的に共有財産はあったというふうな前提しか成り立たないのではないでしょうか。

――ほかの推論というのは、可能性としてはないんですか。

滝沢　この資料の欠けている部分については、私は推論はしておりません。

――してないということですか。

滝沢　はい。

――では、その間の客観的資料がはっきりせず、処分の経過も分からないから、共有財産はまだ現存しているはずだというような推論もしていないということでいいんですか。

滝沢　共有財産は現存するだろうという推論はできると思います。なぜかといいますと、共有財産を処分することができる、あるいは廃止できるのは長官であろうと。で、ほかの例を見ますと、それまであった共有財産がある時点からなくなるというのは、廃止という告示をしてるはずです。これは、その間、なされていないというふうに考えざるを得ないわけです。これだけは推論をさせていただきました。

――ただ、その客観的な資料として残りにくい時代だったということを考えれば、その告示に関する手続について、手続が漏れていたという可能性も否定はできないんじゃないですか。

滝沢　そういう事情もまた一つの事情であったとは推論されますね。

控訴人代理人（房川）

――先ほど、写真の番号の欠落のことを指摘されましたですね。

滝沢　（うなずく）

――（甲第八一号証を示す）これは、控訴人のほうで、先生も意見を申し上げて、いろいろと調べたものと。で、マイクロフィルムを使って提出してきたものだということですね。

滝沢　（うなずく）

――これは、旭川に関する書類なわけですね。

滝沢　ええ、ここの部分は旭川に関するものだったと思います。

――先ほど指摘されたのは、旭川の部分。

滝沢　はい。

――（甲第九五号証を示す）先ほど、欠落の部分を除いて推論するのはおかしいのではないかというような指摘をされていましたけれども、今、指摘された資料というのはこの甲九五号証のリストに載っているんでしょうか。

滝沢　これは載ってません。

――となると、道のほうでは先ほど一部欠落の部分を調査しないで推論するのはおかしいのではないかということを批判されていたけれども、全くこの旭川の資料を調査しないままに今回の返還の告示をしていたということになるのではないでしょうか。

滝沢　私はそう考えました。

――それは、人の財産を管理している者の姿勢としてはどうなんでしょうか。

滝沢　いや、先ほど申し上げたかったんですが、いかに例えば戦後の混乱期であったとはいえ、他人の財産ですね、しかも、北海道沿革にかかわるアイヌ民族の共有財産だとすれば、これは何があっても継続的に正確な資料を残す、あるいは、その財産を旧法の趣旨に従って減価しないように、利殖をするように、そのような方法が採られてしかるべきだったと思いますが、それの形跡はこれまでのところ見当たらなかったと思います。

――そうすると、先生の今回の立場としては、道のほうが不十分な調査しかしていなかったのではないかという点が一点でしたですよね。

滝沢　そのとおりです。

――それから、先生が原典に当たることができたもので推論できた、で、残っているのではないかというふうに推論したものが、先ほどの甲一〇一号証の一の陳述書ですけれども、そうすると、まず、一部欠落の部分はあるけれども、全くこのマイクロフィルムに関したものは道のほうは調査していないということが一つなわけですね。

滝沢　そう考えました。

――道のほうの調査は十分だったというふうに断定した主張をされていたけれども、全くそうは言えないということになるわけですね。

滝沢　そう思います。

――それから、先ほど代表的な分かりやすい部分の幾つかを指摘されましたけれども、これは、先ほど反対尋問で指摘された欠落部分に基づいた推論ではなくて、ほかの資料で当たって、財産が残っているはずだということをるる説明をされていたと、そういうふうにお聞きしてよろしいでしょうか。

滝沢　はい、そのとおりです。

――それから、先ほど乙一三号証で、河西、河東、中川郡各村の共有財産に関して、各戸に五〇円を配付したという記述がありましたですね。

滝沢　（うなずく）

――（乙第一三号証を示す）これは、「公債、債券等總額三万九千百四圓にして内収益積立金は三万二百十四圓あったので」、それを「一戸當り五拾圓の割を以て三百二十二戸に對し總額一万六千百圓を配付し」と、このことを先ほど、これで配付したのではないかという質問だったわけですね。

滝沢　そうだったと思います。

――しかし、後ろを読むと、「之等は直接本人に交付することなく、互助組合長に保管せしめ土人救濟に使用せしむることゝした。」ということで、結局、アイヌの人たち個人には渡ってないんですね。

滝沢　ええ、そのとおりだったと思います。

――この互助組合長に保管させたということは、この保管させたお金はどうなったんでしょうか。それは当たった資料からはよく……。

滝沢　私の見た限りの資料では、その先は分かりません。

――それから、総額一万六一〇〇円ですけれども、まだ二万数千円残っているようですが、これはどうなったんでしょうか。

滝沢　これも行方ははっきりしないと思います。

札幌高等裁判所
裁判所速記官
裁判所速記官

井上 勝生 証人尋問調書

二〇〇三年一二月二日
第八回口頭弁論

速記録

（平成一五年一二月二日　第八回口頭弁論）
事件番号　平成一四年（行コ）第六号
証人氏名　井上勝生
控訴人代理人（佐藤昭彦弁護士）

――先生は、現在、北海道大学大学院文学研究科の教授でいらっしゃいますね。

井上　はい、そうです。

――御専門分野は何になりますでしょうか。

井上　明治維新を中心とします日本近世史、日本近代史です。

――（甲第七七号証を示す）甲七七号証の三〇ページに先生の経歴が記載されていますが、御経歴、これで間違いございませんでしょうか。（編者注：甲七七号証は、平成一五年五月一三日付「歴史研究者の意見書」、紙幅の関係で本書では省略するが、今西一編『世界システムと東アジア』（二〇〇八年、日本経済評論社刊）に所載）

井上　間違いありません。

――甲七七号証は証人である先生が書かれました意見書になっておりますが、この内容について、現在、訂正すべきところ等、ございますでしょうか。

井上　ございません。

――この印鑑は先生が押されたということで間違いないですね。

井上　ええ、そうです。

――先生が今までの研究生活の中で執筆された論文のうち、アイヌ民族の共有財産に関連する論文はございますか。

井上　ございます。

――それはどのような論文でしょうか。

井上　一九九九年に、北海道立アイヌ文化研究センターの研究紀要の第五号ですが、そこに資料紹介、「北海道土人陳述書」を発表しました。

――（甲第一〇三号証の二を示す）今先生がおっしゃられた論文というのは、甲一〇三号証の二で提出されている文書に間違いありませんか。

井上　間違いありません。

――それでは、これからの尋問の中で、北海道旧土人保護法のことを「旧法」と言い、文化振興法のことについては「振興法」と略させていただきます。

井上 （うなずく）

――被控訴人は、第一審、控訴審において、共有財産の返還に当たっては十分な調査をし尽くしたと主張しておりますが、先生から見て、共有財産の公告に当たり、被控訴人は十分な調査をしたと評価できるでしょうか。

井上 評価できません。

――どのような点で評価できないとお考えでしょうか。

井上 アイヌ民族の共有財産の管理につきましては、膨大な第一次資料、原資料が残っていることが分かっております。その第一次資料についての調査が行われているとは思われません。あるいは、第一次資料についての調査の内容が公表されておりませんので、公表されていないものは十分な調査をしたというふうに評価できません。

――それでは、今先生が評価できないとおっしゃったことについて具体的にお伺いしたいと思います。

（乙第一二号証を示す）「北海道舊土人」という書証ですけれども、この書証から全道教育資金が教育目的のために使用されたということはできるでしょうか。

井上 できません。

――それは、なぜですか。

井上 これに関しましては、第一次資料、「北海道土人陳述書」に記載があります。

――（甲第一〇三号証の一、二を示す）この甲一〇三号証の二の原資料としては、甲一〇三号証の一、「北海道土人陳述書」と書かれている文書に間違いないですね。

井上 間違いないです。

――それでは、先ほどの質問との関連で、教育資金が教育目的に使用されなかったという部分について摘示していただけますか。

井上 ページ数で申しますと、二〇六ページでございます。

――二〇六ページの、上下段ありますが、どちらになりますか。

井上 上段の一番最後の行から始まっております。

――その部分について、簡単に現代語訳をして説明していただけませんか。

井上 これは、郡秘第百三号でありまして、北海道庁長官が内務省の縣治局長に対しまして、調査依頼のありました件を取調べをしまして、回答をしております。それで、第一項、宮内省の恩賜金と文部省下付金につきましては、函館、札幌、根室の三県庁に配当したるまでで、まだアイヌ民族に配付していないと。これを行政庁で管理していると。会計法が実施されてからは、この会計法ができましたというのは三県時代ではありませんで、道庁時代に既に入ってからであります。百方講究したけれども、適当な方法を得ないと。そのまま道庁において管理してきたけれども、これを処分をしなきゃいけない、というふうに書いてございます。それで、次のページの二〇五ページですが、これは本来横書きの紀要に縦書きが入ったものですから、ページ数がさかのぼっております。二〇五ページの上の段では、その教育資金がどこの銀行で、あるいはどこの金庫で保管されているか、その経過を詳細に書いております。二〇六ページに戻りますが、二〇六ページの「其三」のところですが、ここでは、教育資金が使われていないだけではなくて、こういうふうに書いております。恩賜金については、札幌県において恩賜の旨をアイヌ民族に訓諭したことがあると。しかし、函館、根室の二県では、告知したことが、これは明治二八年の現在までという意味でありますが、現在までアイヌ民族にも知らせないままである、というふうに書いております。

――今先生に指摘していただきました甲一〇三号証の二の記載と、乙一二号証の記載、これを併せ読むと、全道教育資金は教育目的のために支出されてはこの当時なかったというふうに読めるということですね。

井上　そのとおりであります。そうしまして、その「北海道舊土人」という、これは北海道庁が明治四四年に作成した冊子でありますが、そこに書いてありますこの三行ぐらいの記述が、実は正確ではないということが分かります。

――今指摘していただいた三行の記述というのが、乙一二号証の二三ページの後ろから六行目の下、「皇室ヨリ」というところからということですね。

井上　はい、そうであります。

――どのように不正確ということだったんでしょうか。

井上　教育資金一〇〇〇円が下賜せられたと、政府が数千円を支出したと、それで、教育がにわかに興って、アイヌ二名の師範学校卒業生を出すに至ったと。この記述は教育資金が使われたというふうに誤解を与える記載でありますが、師範学校につきましては、当時は授業料はありません。それだけではなくて、学費を支給されております。したがいまして、個々に奨学金が支給されることはありません。それから、「政府亦數千圓」というふうに書いておりますが、これは文部省の二〇〇〇円であります。支出したのは二〇〇〇円で、指導されて蓄積された結果、数千円に達しました。この「數千圓」という記載は、一般的には妥当ではないというふうに思います。

――（乙第一一号証の二を示す）これは「対アイヌ政策法規類集」というものですが、この文書は歴史家の間ではどのように評価されている文書ですか。

井上　これは、アイヌ民族史に関する資料集であります。この資料集は、法令等を多数収録しておりますが、その収録しました内容に不正確な部分が多々あるということで、研究者には注意されております。テキストクリティックにかかわる問題ですが、この「アイヌ政策法規類集」が手本にしました「北海道舊土人保護沿革史」のテキスト、それが既に間違いが多いものだと、場所によっては法令の数行が脱落しているということが研究者の間ではしばしば注意を喚起されております。

――今先生が間違いというふうにおっしゃったのは、どのような点で間違いがあるということなんでしょうか。間違いの内容です。それは内容的にうそがあるということなのかどうかということなんですが。

井上　私が申しましたのは、誤字、脱字、脱落ですね、そういうものについて申し述べました。

――こういうふうにお聞きしてよろしいんでしょうか。原資料との対比において、誤字、脱字等があるということでよろしいんでしょうか。

井上　はい、そのとおりです。

――その具体例を何か挙げることができますか。

井上　できます。

――これは、前回、滝沢証人の尋問の中で出てきたところです。尋問調書のページ数として三二ページのところになります。それでは、乙第一一号証の二の一〇六ページを見てください。先ほど先生が証言された関連で、原資料とこの文書が異なる部分というのはどこになるんでしょうか。

井上　このマーカーを付けてある部分であります。

――一〇六ページの真ん中の部分ですね。

井上　はい、そうです。

――どの点が違いますか。

井上　この部分は、違っている部分を読み上げますが、「一二ノ校舎設立致候得共」というふうに書いております。これは、前回の尋問で被控訴人側の代理人の方が読み上げました。これは、正しい原本では、「一二ノ校舎設立致度候ヘトモ」というのが正しいテキストであります。これは文意が全然違うということであります。

――この正しい文章は、どこに記載されているんでしょうか。

井上　「公文類聚」であります。

――（甲第一一八号証を示す）この「公文類聚」のどこに書かれていますか。

井上　これは、手書きのページ数が書いてありますが、七ページ目のやはりマーカーをした部分であります。この部分に書かれています。これは、太政官の作成しました正しいテキストであります。

――こちらが原資料ということですね。
井上　そうでございます。
――そのほかに教育資金を有効に利用していないと思われる証拠はございますか。
井上　ございます。
――どのような証拠になりますでしょうか。
井上　これは高倉新一郎氏の著作でありますが、「新版アイヌ政策史」でそのことが記述されております。
――（甲第一〇四号証を示す）この甲一〇四号証のどこに教育資金に関する記述がありますか。
井上　第二項が、「北海道旧土人共有財産管理問題」でありますが。
――ページ数でいくと、五〇〇ページ以下ということですね。
井上　はい、そうです。教育資金につきましては、五〇一ページから五〇二ページ前半にかけて記述されております。
――かいつまんで内容を説明していただけますか。
井上　その部分だけ、私が読み上げさせていただきます。「三県の間に意見の一致を見ず、結局アイヌの数に応じて分割保管するに過ぎず、北海道庁時代になって」とありまして、少し省略いたしますが、「何らの具体案をみないで徒らに死蔵され」たというふうに書いております。この文献は、被控訴人側が情報公開によって開示されました共有財産関係資料調査リストに、調査済みのリストとして挙げられております。
――今のお答えをちょっともう一度確認しますけれども、教育資金が死蔵されていたということについて、この甲一〇四号証では記載されている。で、この甲一〇四号証自体が、公告をするために道側が調査した資料の中に含まれているということですね。
井上　そのとおりです。
――この甲一〇四号証を精査していれば、教育目的に教育資金がちゃんと使われていなかったということが分かったということでしょうか。
井上　そのとおりです。
――（甲第一〇二号証を示す）これは「アイヌ民族に関する指導資料」というものですが、まず、この指導資料はだれにあてた指導資料なんでしょうか。
井上　これは、財団法人アイヌ文化振興・研究推進機構が、全国の小・中学校に配付された資料だと聞いております。
――この資料を作成した方は、どのような方が作成されたんでしょうか。
井上　専門の方々が作成されました。
――この指導資料の中には、共有財産問題に関して、どのようなことが書かれていますか。
井上　六六ページに共有財産の問題が書かれております。かいつまんで申しますと、「一つは」というところからでありますが、教育資金は未使用のままに置かれていたことが批判されたと指摘されています。それから、「もう一つは」というところで、「開拓使や三県が各地で行った授産事業に由来する金銭・土地・漁場などである。これらは官吏や民間人が管理者となっていたが、杜撰な管理による財産の大幅な減少や不透明な使用状況が問題となった。」と指摘されています。それから、これは旧法以後の管理についてでありますが、「この管理が適正に行われたか否かについては、未だ十分に検証されていない。」というふうに指摘されています。

——これらの記述に関して、先生はどのように評価されますでしょうか。

井上　これは、この文献が作成されました主要目的の趣旨からいきまして、編集方針にも書いていますが、事実に基づいた慎重な記述だというふうに思います。ただ、アイヌ民族の立場から申しますと、不十分な記述が見受けられます。それは、教育資金につきましては、函館県、根室県でアイヌ民族に告知もされなかったことが不正確に記述されています。それから、授産事業に基づく金銭・不動産につきましては、「官吏や民間人が管理者となっていた」と書かれておりますが、これは正確には「官吏や官吏に委嘱された民間人が管理者となっていた」というふうに、正確に記述すべきであるというふうに思います。それから、旧法以後の管理につきましては、「未だ十分に検証されていない」というふうに指摘されていますが、これは正確には、まだ一度も検証されたことはありませんから、「未だ検証されていない」というふうに書くべきであります。

——先生の今の評価からいたしますと、まだ共有財産に関する本格的な調査というものは十分に行われていないということなんでしょうか。

井上　行われたことはありません。

——（乙第一三号証を示す）この乙一三号証も前回の滝沢証人の尋問で反対尋問に用いられた証拠ですが、この乙一三号証、土人概要について、先生の御研究から何か問題点を指摘することができますか。

井上　問題点は幾つかあります

——それでは、一つずつ教えてください。

井上　第一点目は、(イ)の「河西、河東、中川郡各村土人共有財産」についての記述であります。マークされた部分に、一戸当たり五〇円の割をもって配付されたというふうに書かれております。これは前回の反対尋問で被控訴人代理人の方がここを読み上げられまして、配当の基準が明確であるという趣旨で御質問がありました。これは、配当の基準につきましては、一戸当たり五〇円という事柄と、戸数が何軒であるかという、二通りの事柄が配当の基準として問題になります。戸数につきましては、これは、ちょうどこのことが実行されているときに、アイヌ民族の問題に知悉しておりまして自ら当たっていました吉田巖が日記に重要な記述をしております。

——では、その点について指摘していただきたいと思います。

（甲第一一六号証を示す）まず、この吉田巖というのは、どのような人物なんですか。

井上　これは、十勝にありましたアイヌ学校の教員でありました。校長も兼ねておりました。それから、アイヌ保導員という公職でありますが、土人保導員と当時は呼んでおりましたが、その公職に当たっておりました。

——この「吉田巖日記」の中に、今先生が御指摘された点はどこに書いてあるんでしょうか。

井上　一一三ページであります。

——一一三ページの下段ということですね。

井上　はい、そうです。

——どのような内容が書かれていますか。

井上　これは、九月二八日の記載であります。二つ目の段落ですが、「○○にいはせずとも」というところから始まっております。「○○」といいますのは、アイヌ民族の方がプライバシーの問題で伏せられていると推測されます。その前の段落では、そのアイヌ民族の方が役場に抗議に来たというところから始まっております。「委任状や本人の捺印は、まづ要件をさきに篤といひ聞かせ置きて、賛同納得ののち調印せしむべきは順序である。いきなり現在せぬ者や、現在しても資格も何もない○○や○○やなどまで、むやみやたらにかつぎあげて調印させたあたりは、随分らんぼうな且遂行の上は文書偽造、詐欺行為でなくて何であらう。」というふうに吉田巖が指摘しております。これは、現在せぬ者や、現在しても資格も何もない○○や○○やなどまで捺印を取ったと、調印させたということでありますから、これは軒数にかかわる偽造であります。上の段の九月二六日の部分ですが、この部分では、この九月二六日に各員の調印が済んだということが記載されています。調印が済んでから、吉田巖がそのような行為があったということを指摘しております。

——今の御指摘ですと、三二二戸に対して一戸当たり五〇円、この三二二戸というのが、偽造、それから、現在せぬ者の署名等を用いて戸数の確定を行ったと推測できるということなんでしょうか。

井上　ええ、そのとおりです。

——（乙第一三号証を示す）乙一三号証に戻ります。そのほかに指摘できる問題点はありますでしょうか。

井上　ございます。

——どの点でしょうか。

井上　それは、㈡の「江別町及對雁村土人共有財産」に関するところでありますが、マークされておりますが、最後の行におきましてこういうふうに書かれています。「舊土人保護法に基き、内務大臣の認可を得て夫々處分に着し」と書かれてます。これは、前回の反対尋問で被控訴人代理人が読み上げたところであります。それに関連しまして、この㈠の「河西、河東、中川郡各村土人共有財産」でありますが、この財産の処理は、一行目の、内収益積立金を処理して、互助組合長に保管するように分割したんであります。収益積立金といいますのは、北海道庁令の共有財産管理規程の第四条だったと思いますが、第四条によりまして、原資にその都度振り込むという規定になっております。原資に関する処理は、これは内務大臣の認可が必要であります。しかし、内務大臣の記載は、㈡にはあるんでありますが、㈠の部分につきましては記載がございません。これは問題がある箇所であります。

――今のをまとめますと、「江別町及對雁村土人共有財産」の処理に関しては内務大臣の許可を得たという部分の記載があるにもかかわらず、「河西、河東、中川郡各村土人共有財産」に関しては内務大臣の許可についての言及がないということでよろしいんですね。

井上　そのとおりです。

――まだ何か問題がありますか。

井上　あります。

――どのような点でしょうか。

井上　㈫の「静内郡静内村共有財産」についてであります。この中で、この共有財産は、静内村長において保管し、それを静内の互助組合の財産に編入した、というふうに書かれております。これは、静内村長において管理しました共有財産でありますが、これは旧法が実施されている期間におきまして共有財産に指定されておりません。

――この財産の行方に関しては調査されましたでしょうか。

井上　調査はする必要があると思います。

――まだ調査未了だけれども、調査する必要があるということですね。

井上　はい、そうであります。

――今後の調査により、新たに返還すべき共有財産や現在公告されている共有財産の内容というものが変更される可能性はございますか。

井上　あると思います。

――今後、調査の対象とすべきであると思われる資料には、どのようなものがございますか。

井上　順次、列挙いたしますと、旧法制定時におきましては、十勝アイヌの共有財産につきまして、帯広の蝦夷考古館に収容されております吉田菊太郎文書があります。吉田菊太郎文書は、目録が作成されております。

――（甲第一二〇号証を示す）この甲一二〇号証というのが、先生が今おっしゃった吉田菊太郎の資料ということですね。

井上 そのとおりです。

――若干説明していただけますか。

井上 これは、幕別町の教育委員会が作成しました目録であります。その中に、三〇ページ、あるいは三一ページを御覧ください。これは、例として私が掲げるのでありますが、時間がありませんので端的に申し上げますが、例えば、二〇一〇番、ここには漁場関係の書類があります。明治二七年よりと書きまして、官署関係書類、附川口漁場関係書及び河西郡往復とありまして、共有漁場貸付金、製麻会社株券利子。これは株が問題になりました会社ですが、そのようなことが書かれております。そのほか、多数の十勝の共有財産に関する原資料が一見してあることが分かります。

――この十勝の共有財産以外に関しても、何か資料がございますか。

井上 これは、六四ページであります。これはやはり十勝アイヌの共有財産にかかわるものでありますが、札幌製糖株式会社の株券を十勝アイヌ民族が持っておりまして、この会社が操業停止をする、あるいは倒産するということによって被害を受けたわけであります。その株券関係の原資料がここに収録されております。

――今おっしゃったように甲一二〇号証は十勝の共有財産の関係の資料ということですが、それ以外の共有財産に関係する資料はございますか。

井上 ございます。

――どのようなものがありますか。

井上 例えば、先ほど証言いたしました「北海道土人陳述書」がございます。あるいは、「十勝外四郡土人關係書類」という、これは原資料を綴じ合わせました分厚い原資料であります。今回、証拠として提出させていただきました。そのようなものが原資料としてありまして、まだほとんど未調査であります。

――そのほかに公官庁に保管されているであろうと思われるような資料等はございますか。

井上 ございます。

――どのようなものがありますか。

井上 これは、旧法制定以後の資料でありますが、今回、情報開示によって出されましたアイヌ民族共有財産関係の帳簿の原本、あるいは道庁と支庁、役場の間の往復の文書、あるいはアイヌ民族の側からの願書の原本、そういうものが多数入っています。

――（甲第一二二号証の二、三を示す）特にこの甲一二二号証の三で書かれている表がございますね、これについて説明していただけますか。

井上　これは、「北海道舊土人共有財産管理規程」によるものであります。これは、北海道庁令でありますが、左側のページの一番下の段ですが、明治三五年八月九日の訓令によりまして、「第二條」にはこのように書かれております。「毎年一月二十日限リ別紙第一號様式ニ依リ六月二十日限リ第二號様式ニ依リ共有財産ノ調書ヲ作リ報告スヘシ」と。それで、原表の形式が見本として掲げられております。この「第一號様式」のような原表、あるいは「第二號様式」の原表が当時作成されたわけでありまして、こういうものが出てくる可能性はあると思います。

――滝沢証人の調査に関して、証人はどの程度存じ上げていますか。

井上　私は、近代史も研究しておりますので、滝沢証人からはしばしば相談を受けました。

――滝沢証人が調査した資料というのは、現認されている資料のうちの何割程度なのでしょうか。

井上　ざっと、これは私の見たところだけでは、私の記憶によって申し上げますが、情報開示によって出された資料のほぼ三分の一か四分の一程度を滝沢証人は調査をされたと思います。それは、時間があったけれども調査をしなかったんじゃなくて、そうではありませんで、一人一個人の調査では到底及ばないほどの膨大な資料があるということであります。

――今指摘していただいた資料というのは、ほかの近代史における問題を考察する場合に比べて多いと言えるのでしょうか。

井上　必ずしも多いとは言えないと思いますが、少ないとも言えないわけです。大体、近代史の資料の残存の仕方としましては、特に少ないとも言えないし、多いとも言えない、普通の残り方だと思います。

――極端に資料が少なくて考察が不可能というわけではないのですね。

井上　そのとおりです。

――今指摘していただいた資料というのは、容易に閲覧することが可能なんでしょうか。

井上　手続をとりますと、容易に閲覧することが可能であります。

――先生のような歴史の専門家が共有財産の調査に加わることで、返還すべき共有財産に関する新たな資料が発見される可能性はありますか。

井上　あると思います。

――具体的にはどのような調査方法を用いて発見するのでしょうか。

井上　普通の調査のやり方ですと、最初に資料目録を作成します。資料目録を作成しまして、それを公表いたします。それから、系統的に調査を始めますが、調査を始めるに従いまして、また新しい資料が発見されるというのが通例であります。

――そのような手法は、歴史の研究家が通常採られる手法と聞いてよろしいんでしょうか。

井上　そのとおりです。

――仮定の話なんですけれども、今後、新たにアイヌの共有財産の調査を行うとした場合に、どのような方法を採るのが適切と先生はお考えになりますか。

井上　先ほど申しましたように、最初に資料目録を作成すると。あるいは、当時の行政の部署の変遷を復元するというような基礎的な手続をとりまして、する必要があると。それで、資料が膨大にありますから、調査委員会を作りまして、専門家が入って調査をする必要があるというふうに思います。

――調査委員会を作った上で、資料の調査をすべきだというのが先生の御意見ということですね。

井上　そのとおりです。

――それでは質問を変えまして、旧法に基づく管理についてお伺いいたします。歴史的観点から見て、旧法に基づく管理の中で不適切と思われるものがありますか。

井上　ございます。

――それを示す資料はありますか。

井上　あります。

――どのような資料がございますでしょうか。

井上　不適切と思われる資料は、一つは、前回、滝沢証人が管理経過の台帳の一部を調査された結果を証言されました。まず、それが当たると思います。それから、ほかに例えば先ほど申しました吉田巌の日記がございます。

――（甲第一一六号証を示す）では、先ほど指摘していただいた点のほかに、どのような問題点が「吉田巌日記」に記されているか、甲一一六号証を使って説明していただけますか。

井上　これは、一一一ページの部分ですが、九月一三日の記載であります。先ほども申し上げましたが、十勝の共有財産を六つの互助組合に分割するというときに、吉田巌がこのことを記しております。事柄についてでありますが、共有財産を六つの互助組合に分割するというのは、行政的な意図としましては、アイヌ民族が旧法によりまして土地の売買を禁じられておりました。そのために小作契約を結びまして、それから、事実上の売買と同じような処理をされていたという現状がございます。それを問題にしました道のほうで、互助組合という組織を作りまして、その組合長を市町村長にすると、それで、その組合長が土地の貸付けに当たるというような組織の改変をいたしました。これは、北海道庁の政策変更としましては、形式的にはそういう互助組合というものに分割したわけでありますが、実情は市町村長が理事長になりましたから、各市町村にこのアイヌ民族に対する政策をゆだねたということと同じだというふうに記録されています。そういう、いわゆる組織の改変が行われたんでありますが、実はそういう改変に当たりまして問題点が指摘されています。それは、アイヌ民族に対しまして、これは証言などがございますが、そういう役場が実は差別的な対応をしたというようなことが指摘されています。あるいは、最も差別的な対応をしたのはこういう役場であるというふうに言われています。ですから、問題がそれによって解決したわけではございません。したがいまして、そういう対応をするときに、各互助組合でその分割されました共有財産をどういうふうに使用するのかという点につきまして目標がなかったと言われております。これは、例えば十勝の役場で社会課の任に当たっておりました喜多章明自身がそういうことを言っております。この九月一三日の記載では、こういうふうに書かれています。チホーマ沼を公園にするのに、五〇〇〇円かけて伏古旧土人組合がやるという問題が新聞に見えていると、これは先日喜多君からも話があったとき、自分の意見は述べたと、自分は五〇〇〇円という旧土人共有財産の利子をもって充てるなんていう考えは夢にもない、という形で吉田巌が反対しております。これは、各互助組合に分割されました財産が、公園を造るという計画に充てるように検討されたと、これは実現しなかったんでありますが、検討されたということを如実に示しております。これは問題がある箇所であります。

——今指摘していただいたもののほかに、共有財産の管理の不適切性を示す資料はございますか。

井上　ええ、ございます。

——どのようなものがありますでしょうか。

井上　「北海道社會事業」。

——「北海道社會事業」という文書ですね。

井上　はい。

——（甲第一一二号証を示す）「北海道社會事業　第七號」ですが、これにはどのような問題点が書かれているのでしょうか。

井上　この「北海道社會事業」の三ページでありますが、「土人保護事務打合會」が開かれております。その中に書かれております。

——どのような内容が書かれていますか。

井上　検討されました内容は、四ページの上から四段目であります。「土人共有財産管理に關する件」の部分ですが、それにつきまして、下の段のマークを付けた部分であります。

道のほうはこのように説明しまして、検討を提起しております。ちょっと読みますと、「従来の財産管理状況の跡を見るに必ずしも妥當と言ふを得ざる以て」と、従来の財産管理状況の経過が必ずしも妥当ではないということで、それで調査を提起しております。

——北海道も、共有財産の管理に関して、この時点で適切性を欠いているという認識を持っていたということで間違いないですか。

井上　そのとおりであります。

——（甲第一一五号証を示す）これは、今見ていただいた「北海道社會事業」の、同じ「社會事業」のこれは号数が違って「第四十二號」となりますが、ここには、「舊土人保護施設改善座談會」というものが札幌グランドホテルで開催されたという記述がございます。この座談会はどのような座談会だったのでしょうか。

井上　昭和一〇年の当時には、旧法に対しまして、アイヌ民族から批判が起こっていました。旧法を廃止するという要求も出されておりました。そういう中で、北海道庁がアイヌ民族の意見を求めたものであります。

——この中で、どのような点が指摘されていますか。

井上　主に指摘されておりますのは、旧法の第一条、アイヌ民族に対する土地下付が五町歩以下という問題がありましたが、五町歩以下の問題につきまして、アイヌ民族から、土地が不足していると、実際アイヌ民族がもらっている土地ははるかに少ないという点が指摘されております。それから、共有財産につきましては、共有財産を統一して、財団を作って、そのような組織を作ることが提起されております。あるいは、その財産の報告をすることを求めるアイヌ民族の発言もあります。

——旧法が施行されている時期に、北海道国有未開地処分法というのがございましたね。

井上　はい。

——アイヌ民族も、この国有未開地処分法に基づいて、土地を譲り受けるということはできたのでしょうか。

井上　できました。

——できたという事実はあるんですね。

井上　はい。

——ただ、広くその土地の取得が認められたという認識でしょう。

井上　これは、今申し上げました座談会でアイヌ民族が発言しておりますが、旧法第一条によりまして、五町歩以下の土地が下付される。それから、国有未開地処分法によりまして、土地を付与される資格をアイヌ民族は持っております。このアイヌ民族の証言によりますと、五町歩以下という旧法第一条の規定は、現場におきましては非常にそれが拘束力を持っていたということが証言されております。

――で、旧法の一条に基づく五町歩以下の土地の下付ですら拒否されたという事業があるのでしょうか。

井上　ございます。

――それは、どのような理由から拒否されたのでしょうか。

井上　アイヌ民族が寛大な旧法によりまして保護されているという理由によりまして拒否された、ということが記録に記されております。

――先生が今おっしゃった事実は、どのような資料から分かるのでしょうか。

井上　文献がございます。山田伸一さんの書かれた論文がございますが、その中で指摘されております。

――（甲第一一四号証を示す）今おっしゃった論文というのは、この甲一一四号証ですね。

井上　そうです。

――そのほか、旧法下におけるアイヌ民族の声を記した文献等、ございますか。

井上　ございます。

――どのような文献でしょうか。

井上　貝澤正さんが書かれました「アイヌわが人生」という文献がございます。

――（甲第一一一号証を示す）この点について、アイヌ民族の方がどのような考えを持っていたと記されているのでしょうか。

井上　「老アイヌの歩んだ小道」という貝澤正さんの文章がございます。その七ページですが、マークを付けました部分です。三行目のところ、「アイヌは『旧土人保護法』という悪法の陰にかくされて、すべてのものを収奪されてしまったのだ。」というふうに貝澤正さんが指摘しています。これは、土地問題だけではなくて、アイヌ民族の共有財産についてもやはり指摘できる問題であります。それから、六ページのほうでは、やはりマークをした部分で、六ページの終わりから四行目ですが、「もっとも無知蒙昧で非文明的な民族に支配されて三〇〇年。」というふうにアイヌ民族の怒りを表現しております。これは、一九八四年だったと思いますが、ウタリ協会が総会で可決しましたアイヌ民族の新法案におきましても、これはよく知られておりますけれども、民族差別法である北海道旧土人保護法というふうにアイヌ民族自身が評価しているということが明記されておりました。

――（甲第一一四号証を示す）先ほど、旧法に基づく土地の下付を拒否された事案について、甲一一四号証が根拠であるというふうにおっしゃいましたけれども、どこにその拒否の記述がございますでしょうか。

井上　これは、一五四ページであります。一番上の段の一行目からですが、一九〇二年に平取・荷菜など沙流川筋のアイヌ三七戸が、大水害にかかりまして被害を受けたと。これは、当時、山林が乱開発されましたために、水害がしばしば村に起こったわけであります。そのために、勇払郡のシムカップ原野に土地の下付を出願いたしました。それに対して、室蘭支庁長が長官に対して不許可の処分をするように上申いたしました。その趣旨が、その下の部分の引用資料の中に明記されております。その部分を申しますと、引用資料の二行目の部分からでありますが、開拓上ほとんど無制限とも言える寛大な土人保護法によって蒙昧頑愚、まあ、頑固で愚かな土人に権利を与うるは地方発達上に一大打撃を加えるのはもちろんだと、土地整理にも差し支えるから速やかに不許可の処分をしていただきたい、ということを室蘭支庁長が長官に対して上申しております。

――今後の調査によって、旧法下における財産管理の問題点を示す資料がまだ発見される可能性があるというふうに先生はお考えになりますか。

井上　はい、考えています。

――それでは質問を変えます。旧法下の財産管理との関係で、旧法の制定の経緯についてお伺いいたします。旧法による管理以前にも、共有財産が強制的に管理されていたということですけれども、その管理の実態を知る資料としてはどのようなものがございますか。

井上　これは、「北海道土人陳述書」、一次資料ですが。それから、先ほど申しました「十勝外四郡土人關係書類」、そういうもの。それから、研究文献としましては、高倉新一郎さんの「アイヌ政策史」、それから、阿部正己氏の論文、それから、富田虎男氏の旧法制定の経過に関する論文が発表されております。

――（甲第一〇三号証の一、二を示す）この「北海道土人陳述書」というものは、どのような文書なのでしょうか。

井上　これは、明治二八年に平取アイヌが上京しまして、帝国議会の貴族院に陳情を行いました。それに関連しまして、貴族院の議員が北海道庁長官に連絡を取りました。その書簡が収録されております。それから、北海道庁がそれに答えて提出しました北海道庁の弁明書が収録されております。それから、その弁明書に付属しまして北海道庁が添付しました原資料の写しが多数この中に収録されております。

――甲一〇三号証の評価として、研究家の目から見てどのような評価ができるのでしょうか。

井上　これは、原資料を拓殖務省が写した資料であります。そういう意味では、非常に信頼度の高い資料であります。

――かなり多岐にわたった内容になっていると思うんですが、

かいつまんでこの陳述書の中にはどのような陳述があるのか、教えていただけますか。

井上　この陳述書を使いまして、主要な資料としまして、高倉新一郎氏が「新版アイヌ政策史」の中で指摘しております。それに従って御説明したいと思います。

——（甲第一〇四号証を示す）では、どのような内容の陳述があるのか、教えていただけますか。

井上　高倉新一郎氏は、先ほどは共有財産の問題について証言いたしましたが、五〇三ページの部分、それから五〇四ページの部分、それから五〇六ページまでですね、ここで、十勝アイヌの共有財産の問題について記述しております。内容をかいつまんで説明いたしますと、十勝アイヌの共有財産は、この五〇三ページの真ん中の部分ですが、財産総額が五万円を超えました。「五万三千八百余円に達した。」というふうに書かれております。それが、時間もありますので途中を省略しまして、五〇四ページのところ、その真ん中、中央の部分から御説明いたしますと、明治二二年、北海道庁はその直接管理を廃して、釧路郡長へその管理を委任すると、郡長はこれを挙げて大津村の有力者に委託して管理させたと、それで問題が起こったと、この管理者が不適切な管理を行ったと、それで刑事事件までも引き起こすに至ったと。しかもこの間、あるいは盗難に遭い、あるいは費消され、資金の滅亡すくなからず、融通した金額は多く不良貸付となって回収見込みが立たないものさえあったと。明治二六年、道庁がその間を奔走し、アイヌ民族の希望に基づいてと書いてありますが、不明なもの・回収不能なるものは棄損し、現在高を組合員たるアイヌの代表者名に分かち、一部は各自に分配し、一部はさらに財産管理法を設けて郡長が個人の資格でその保管・利殖・出納のことを掌ることとした、というふうに書いてあります。

——更に、どのような抗議運動等の問題点が書かれているか教えていただけますか。

井上　高倉新一郎氏は、株券問題について、五〇五ページの中央部分ですが、明治二二年、道庁が土人保護嘱託者に引き継いだ株券は、北海道庁が援助設立した札幌製糖会社ならびに北海道製麻会社のものと変わったと。共同運輸会社は日本郵船会社となって、配当がすこぶるよかったんだけれども、ところが、アイヌ民族の共有財産が変えられた製麻会社、製糖会社の両会社の事業が少なくて、配当がないばかりか、製糖会社などは未払金を請求されて、株券の一部を売却してこれに充てねばならないという状態で、その損失は少なくなかったという点を指摘しています。五〇六ページでは、「さらに当時の新聞でそれがスキャンダルになりました。「さらに当時の新聞をして『恩賜金を以て相場を試みし理事官あり』とさえ極言させている。」と、これは新聞記事の指摘であります。そうしまして、「こうした輿論の趣旨は敢えて当らずとしても、当路の者が、最初土人取締の意志に反して御用会社の株券を購入させ」、これは共同運輸会社であります。「後またこれを他の御用会社の」、これは製麻会社と製糖会社であります。高倉新一郎氏は御用会社と言っておりますが、「それに転じたのであって、明らかにその資金を利用したものといえよう。」というふうに指摘しております。

――この点の記述について、先生はどのように評価されていますか。

井上　これは、当時の「北海道土人陳述書」、あるいは、「十勝外四郡土人關係書類」、そのほか、公文書、阿部正己氏の研究などを引用しておりますので、信頼できる研究であるというふうに評価しております。

――ということは、共有財産として、旧法の制定前のことですけれども、御用会社の株にどんどんと財産が変わっていって、最終的にはなくなってしまったというようなことなんでしょうか。

井上　そうです。株の問題につきましては、指摘している文献がございます。

――それはどの文献になりますか。

井上　「新札幌市史」であります。

――（甲第一〇五号証を示す）六六六ページを見てください。ここにどのような内容が書かれているでしょうか。

井上　札幌製糖の設立と操業停止、倒産に至る経過をやや詳しく記しております。四行目のところからですが、四月に創立が認められたと。利子の下付及び利益保証が許可されたと、これは、北海道庁から利子補給がされ、利益保証もされたということであります。「社長には掘基の甥掘宗一が就任し」と書いてますが、これは前ページに記されておりますが、掘基は道庁の高級官吏である理事官であります。少し飛ばしますが、「会社経営上の危機に当面」、新しく伊東が社長となったけれども、伊東が株券偽造事件を起こした。これは当時の新聞でスキャンダルとして盛んに取り上げられた問題であります。二四年、北海道庁理事官が社長に就任して、会社経営に努力したと。しかし、二五年には再び行き詰まったと書いてありまして、二八年には操業停止、三四年には解散したという経過が書いてあります。

――これと同時期に、アイヌ民族の方々が抗議運動を起こしたという事実はございますか。

井上　ございます。

――その抗議運動の内容に関しては、どのような資料がございますでしょうか。

井上　「十勝外四郡土人關係書類」という膨大な書類がござ

います。

――（甲第一〇八号証の一を示す）先生が今おっしゃられた、「十勝外四郡土人關係書類」というのは、この書類ですね。

井上　そうです。

――この中に、どのような抗議運動が行われたということが記されているのでしょうか。

井上　この資料は、膨大な原資料のとじ込み資料であります。それで、私がほんの一部ですが、一部の部分を解読いたしまして、抄録を提出させていただきました。

――（甲第一〇八号証の二を示す）これが、今先生がおっしゃられた抄録ですね。

井上　そのとおりです。

――カナ交じりの文で書かれていますが、端的にどのような内容が記されているか、教えていただけますか。

井上　これは、アイヌ民族が郡長あてに提出しました上申書、届書、願書類がとじられているものの一部であります。アイヌ民族が何を指摘しているかということを申し上げますと、解読の二ページにありますが、株券の問題、その箇所がマークしてあります。それから、六ページ目、管理者がアイヌ民族に対して一回も清算報告をしていないというような、これは一例でありますが、不適当な管理について郡長あてに上申をしております。これが第一点であります。もう一つは、郡長に対しまして、一ページ目に、郡長がアイヌ民族の出しました要望に対しまして、不適当な書類を送らせているということを各所で指摘しております。それから、四ページの二つ目の書類です。マークしてある部分ですが、宮本旧郡長が、焦げ付きました貸金をアイヌ民族からその管理者に対して恵投せよというふうに、圧言をもって圧力を掛けたと、そして、処分を帳消しにさせたと、そういう前郡長の行為に対しまして、アイヌ民族のほうから抗議をしております。アイヌ民族自身は、この願書の中の三ページ目で述べていますが、「本年ヨリ私共自営致候ニ付」、これは、十勝の河口部で行っておりました鮭の漁業でありますが、そのアイヌ民族の共有財産である漁場を返してほしいと。そして、自分たちにその鮭漁を再び自営させてほしいという願書を出しております。そういう願書を出した理由といいますのは、四ページ目にマークした部分ですが、旧土人管理者の不正な管理のために、四年間、自分たちは田畑を捨てて、ほかの地域の漁夫になって働いたと。それで、田畑はことごとく草原に変じたと。そのために、器具、種物、農具も種子もないと、そういうことを訴えております。その次の部分では、「一旧土人、御保護の義」と書いてますが、旧土人の保護のことを釧路郡役所にお任せして以来、アイヌ民族は自営を束縛されて困難していると。現に本年は、三一二戸が農具も種もなくて困っていると。

共有財産の利子か、あるいは現金を使って、種そのほかを買えるように保護を求めた、それを三月中に出願したんだけれども、この願書が出されておりますが六月になっても何らの沙汰もないと。ついに種まきの季をなくしたと。それで、旧土人が、今年の冬は飢餓に迫ることは疑いがないと。それは、「雪中ノ食ニ充ツル」と書いてありますが、営業のための漁業ではありませんで、アイヌ民族の生活のため、これは伝統的なレベルだと思いますが、そういう漁業のために、漁場取戻しの件を出願したんだということを、これは郡長ではありませんで、道庁の内務部長にじかに訴えております。それから、その文章の後半のほうでは、こういうふうに言ってます。「吾等旧土人ハ」、アイヌは、「相当ノ財産アルモ」、十勝アイヌは多額の財産を持っておりました。「圧政セラレ束縛ノ下ニ苦シミ、自営活計ヲ妨ケラレ、重罪人ノ治産ヲ禁セラレタルモノ如ク」であると、更にその後は、「三百拾弐戸無業ニ苦シミ」、これは文字通り業が無いということですが、「雪中ノ餓死ヲ免レザルニ就キ、電報ヲ以テ」、至急、郡長に対して指示を出してほしいということを道庁の内務部長にあてて訴えております。これが三点目で有ります。四点目は、一ページ目に書いてありますが、こういうアイヌ民族の要求に対しまして、アイヌ民族の運動が高揚しておりました。それで、これは七月の上申書ですが、マークを付けた部分ですが、「過日郡長ニ於テハ、白仁参事官ト」、参事官は道庁の高級官吏ですが、「御協議ノ上」、その参事官と協議をして、何分穏当に処分したいと。「旧土人ニ自営セシムル旨、旧土人并ニ私ヘモ」、私というのは、この総代人の大津蔵之助、和人でありますが、「御申聞之次第モ御座候」というふうに言ったというふうにアイヌ民族が言っております。そういうような措置をするというようなことを、郡長と、道庁から派遣されました参事官が処理をしたというようなことをうかがわせる部分がございます。

——このようなアイヌの方々の陳述、それから、抗議運動というのが、明治二五年ごろ活発になっていったということでよろしいんでしょうか。

井上　はいその通りです。

——明治二五ごろの抗議運動を契機として、新しい法律といいますか、十勝の共有財産の管理に関して法律ができたと思うんですが、それはどのような法律ですか。

井上　これは、「北海道土人陳述書」に収録されております。

——何という名前の法規範でしょうか。

井上　古民財産管理法だと思います。

——（甲第一〇三号証の二を示す）古民財産管理法については、これに記載があるんでしょうか。

井上　そのとおりです。

――場所を示していただけますか。
井上　一番最後の一七一ページでございます。
――古民財産管理法、正確には、「十勝国中川河西河東上川郡古民財産管理法」という名前の法律ですけれども、これは、旧法との対比で、どのような特徴があるのでしょうか。
井上　この法律は、第七条に記されておりますが、時間もありませんので、ポイントになる部分だけ申し上げますが、「総テ惣代人ノ申出ニシテ正確ナルモノニアラサレハ支出セス」というふうに明記されております。それから、第八条以下では、通常報告、決算報告が厳密に規定されております。第一二条では、帳簿の形式も指定されております。第一四条、第一五条では、管理人の義務が書かれております。第一四条の初めの部分には、「凡ソ他人ノ財産ヲ管理スル者ハ」という他人の財産を管理する者の心得が書いてあります。それから、先ほど、第七条に「総テ惣代人ノ申出ニシテ」というふうに書かれておりましたが、この「惣代人」といいますのは、第一条のところに、「十勝国中川河西河東上川四郡古民総代『トレツ』ヨリ」と書いてありますが、これはアイヌ民族自身の総代であります。
――旧法では、財産の管理に関して、アイヌ民族の関与というのが全くなかったということなんでしょうか。
井上　そのとおりです。
――それに対して、古民財産管理法というものは、アイヌ民族の意思を反映した形での財産管理を規定したものと理解してよろしいでしょうか。
井上　そのとおりです。
――以上のような旧法の制定経緯、旧法下での問題点を勘案して、旧法下での共有財産の管理というものを、先生はどのように評価されますか。
井上　旧法の第一〇条では、長官が管理すると、それで、長官が処分し、分割し、長官自らが指定すると書かれております。それから、旧土人共有財産の管理規程によりますと、その財産は使用目的以外には使用できないというふうに書かれておりまして、その使用目的といいますのは、教育と備荒であります。備荒といいますのは、いわゆる救貧であります。これは、アイヌ民族の自らの財産を自分たちの生業に生かすという道を全く閉ざしたものであります。そういう意味で、旧法は、古民財産管理法、まあ、古民財産管理法も子細に見ますと、アイヌ民族の要求を全面的に受け入れたものではありませんが、少なくとも、アイヌ民族が決算書類、帳簿などを点検し、あるいは、その支出に関して、アイヌ民族の要望を出すことができました。そういうものとは全く反した管理法であります。私が専門家として率直に申し上げますと、これは、アイヌ民族の保護は旧土人保護法にのっとって運営されたわけでありますが、アイヌ民族の財産を取り上げたというのに等しいと思います。

――旧法は、先生から見て、アイヌ民族を保護するものであったと言えますか。

井上　これは、先ほどの、第一条の土地下付の問題、それと、国有未開地処分法との関係で申し上げましたが、アイヌ民族を保護するというものとは、当時の歴史的背景全体を考えまして、これは全く言えないと思います。

被控訴人代理人（桂井）

――証人の研究分野は、先ほどのお話や意見書の中にありますとおり、日本近世・近代史ということなんですけれども、この分野のうちで、アイヌの近代史と申しますか、そのような分野における研究者の方というのは多いのでしょうか、現在活躍しておられる方で。

井上　どういうものと比較して多いと申し上げるのか、私は分かりませんが、ごく一般的に言いますと、多いとは言えないかもしれません。

――第一線で近代史を研究しておられる方々は、証人のほかには、意見書の二ページ、冒頭のほうで書いてあります文献の著者ということで、小川正人さん、山田伸一さん、麓慎一さん、滝沢正さんとかということで、この方々が今メインで動いておられるというか、そういう理解は適当ではないと。

井上　その方々がそれに含まれると思います。

――含まれるということですね。

井上　はい。

――証人は、意見書の中で麓慎一さんの著作を引用しておられるわけですけれども、麓さんも当然、アイヌ共有財産については造詣が深い方というふうに理解してよろしいですよね。

井上　ええ、そのとおりです。

――（乙第一七号証を示す）麓さんの「近代日本とアイヌ社会」、六二ページによりますと、「その後、釧路郡長は、この問題の根本的な解決を行っている。十勝地域の帯広村と大津村のアイヌと協議し、『共有金』問題に決着をつけたのである。」と記載されているわけですよね。

井上　はい。

――この記載というのは、麓さんは、当該共有財産については解決を見たというふうに考えていたのではないかと読めるんですが、証人はそういうふうには考えておられないということになるんでしょうか。

井上　思いません。

――六三ページ、「しかし」以下の部分、先ほど、甲第一〇八号証の二でも出てきた、江政敏さんが取締人を解任されたことや、江政敏の漁場が一部返却されたことが挙げられていますが、一つの問題解決ということだったというふうには考えられないんでしょうか。

井上　「一つには」というところは、帝国議会で白仁武が、共有金に関して、これは、その取扱いが妥当でなかったということを明確に証言したと、その部分のことであります。これはよく知られた事実であります。江政敏は、旧土人取締人を解任されました。それから、「また一つには」というのは、江政敏の漁場が、ここに麓さんは明記されていますけれども、一部返却であります。一部が返却されたというふうに書いております。その前に、麓さんが、「根本的な解決を行っている。」と書いておられますのは、どういうレベルの根本的な解決なのか、私は今すぐには分かりません。

――それは、やはり同じ研究者の方々でも、それぞれ評価が違うという一例というふうに理解してよろしいでしょうか。

井上　それぞれの書き方も違うということだと思います。それぞれのいろんなニュアンス、慎重な書き方をされる方もいらっしゃいます。

――見方と角度による書き方も、ニュアンスも自ずと一致するものではないと。

井上　いいえ、事実認識は、例えば、帝国議会の白仁武の証言を確認しているというようなところでは、全く一致しております。

――前提は一致しているということですね。

井上　はい。全く事実関係は一致しております。

――（乙第一八号証を示す）四〇ページ、当時の新聞記事ということになりますけれども、これによりますと、五か所の漁場の件については決着済みだというふうに報じられているんですが、証人はこの記事については、どう御判断されるのでしょうか。

井上　これも率直に申し上げますが、私ども研究者がこういう新聞記事を使う場合には、その新聞記事をそのまま資料としては用いません。第一次資料と、参照しまして、こういう新聞記事を資料として取り扱います。新聞記事の最後に、「一先づ粉擾を結着するに至りたりと。」と書いてあるからといって、その粉擾が解決したというふうには資料では取り扱いません。それは、先ほどの証言で申し上げたとおりであります。

――当時の社会の評価の一部には、そういう評価もあったと。

井上　新聞記事にはそういうものがあったことは事実であります。

――（甲第一〇三号証の二、甲第七七号証を示す）「北海道土人陳述書」ですが、証人は、甲七七号証の意見書の二二ページ一一行目以下で、北海道土人陳述書四五ページから五九ページの資料群によると、「十勝アイヌの委任をうけた和人代理人の書類が一八九四年（明治二七年）暮から翌年にかけても作成されていることが確認できる」とした上で、「和人代理人に委任する十勝アイヌ民族の運動は続いていた。」と結んでおられるわけですね。

井上　そのとおりです。

――甲一〇三号証の二の四五ページから五九ページには、四五ページの「郡長巡視報告抜萃」これにある郡長の八項目の指示のほかに、財産引継ぎに関する委任関係であるとか、元管理者の二瓶さんから代理への財産引継ぎの経緯、あるいは、財産引継ぎに関しての釧路外一二郡長への報告などが記載されているだけというふうにも思えるんですが、そうではないでしょうか。

井上　これは、中川郡の旧土人一三五名総代人チヨロカウクとか、総代人トレツとか、そういう方々の書類が引き続き出されております。そういう事実は、アイヌ民族のこういう総代人を通じました運動が継続していることを示しております。そういうふうに理解しております。

――このように、十勝共有財産の分割引継ぎの手続きにおいては、アイヌの方々から和人代理人に対する委任がなされたということなんですが、どうしてこういう手続きをしたのでしょうか。

井上　やはり、当時の社会状況からしまして、和人の代理人を選挙したということだと思います。当時の記事にもそのとおりに書いてあります。

――そういった意味では、意味と言うと不適切かもしれませんけれども、和人代理人に対する委任によって、ある意味では適切な共有財産の分割引継ぎが行われたという趣旨に理解するということでは駄目なんでしょうか。

井上　先ほど証言で省略しましたが、「十勝外四郡土人関係書類」の中で、郡長に対して、和人代理人大津が自ら出掛けて出願したという記事があります。その記事には、リクンテキだったと思いますが、そういう名前のアイヌ民族ほか二名、三名が同行したと書いてあります。それで、郡長は道庁長官に報告したんでありますが、彼らが強く願っていると、このままではいかなる紛擾が起きるかもしれないからということで、対処を求めております。それは、和人代理人だけの運動ではなくて、十勝アイヌ民族も参加してた、そういう運動であることを如実に示しております。

――委任によって意思表示をなしていたということになるんですか。

井上　それはそうであります。

――甲七七号証の意見書の一三ページの一行目、「現地北海道の官吏らは、アイヌ民族を『寛大』に『保護』された『保護民』として、国有未開地処分法の一般規程適用を拒否したのである。」と述べるわけですけれども、これは、どうしてそういうふうにお考えになるのかということについてお尋ねします。

井上　この根拠でしょうか。

――はい。

井上　これは、先ほどの証言でも出てきました文献ですが、貝澤正さんの「アイヌわが人生」の中で、一九三一年だったと思いますが、そのときに、自分たちは一般法によって土地の付与を出願しても、おまえたちは寛大に保護されたアイヌ民族だからということで、付与を拒否されるということ、保護民が何を言うかというふうに、あしらわれたということを証言しております。

――そういう事例があったから、そういう御判断をされたということですか。

井上　それと、完全に一致するわけではありませんが、先ほど証言しましたシムカップ原野での土地下付の出願が、「寛大ナル土人保護法ニヨリ蒙昧玩愚ノ土人ニ権利ヲ与フルハ地方発達上ニ一大打撃ヲ加フル」という理由で拒否されております。これは、厳密に申しますと完全に一致する事例ではないのでありますが、そういうことが理由として出されたということであります。それを資料的に裏付けられていると思います。そういう証言はほかにもあります。

――そういう事例が一次資料の中などに散見されるからということで、一般規程が拒否されたという結論に達したということですか。

井上　一次資料にそういうものがありまして、それから、アイヌ民族の中で、そういう扱いを受けたという証言がアイヌ民族自身から出されているということを勘案しまして、そういうふうに申し上げているのであります。

――同じく意見書の一二ページの九行目に、「国有未開地処分法による付与事例もあるが」という記載があるんですけれども、その部分と先ほどのお答えと矛盾するんじゃないかという気がするんですが、いかがなんでしょうか。

井上　矛盾するとおっしゃる理由が私には理解できません。どのように矛盾するか、教えいただきたいと思いますが。

――一般規程の適用を拒否されたということは、拒否された例もあるけれども、国有未開地処分法による付与を受けた事例もあると、こういうことになるんですか。

井上　国有未開地処分法による付与事例があることは、よく知られています。中には中規模の土地を付与されたアイヌもいます。それは、先ほどの談話会の中で、アイヌ民族は能力がないのではないのであって、そういう適当な経営規模の土地が与えられれば、しっかり経営しているんだということで、アイヌ民族自身の証言など、それはたくさんございます。ただ、そういう付与事例は少数であったということが一般的に言われております。

——少数ではあるけれども、あると。

井上　そのとおりです。

——（甲第一〇四号証を示す）五〇五ページの八行目九行目ですけれども、ここにありますように、共有財産を北海道庁が釧路郡長に管理を委託したというのは、「明治二十二年以後は会計法の定めるところにより道庁自らがその管理者となることはできなくなった。」ということですが、その点はご承知しておられたということでよろしいですか。

井上　承知しております。

——会計法の定めるところによって、道庁が管理者となることができなくなったわけですけれども、受任者の不正行為をもって、北海道庁の責任が問われるということになるでしょうか。

井上　これも率直に申し上げますが、私はそういう法律的な問題については詳しくありません。ただ、歴史の研究者としては、やはり、委嘱した官のほうにも責任はあるんであろうと思います。

——（甲第七七号証を示す）意見書の五ページ、この白仁委員の答弁の中で、「……十勝ノ」うんぬん「乱雑ニ渉リマシテ……」ということで、その後、「ハイ、其当時ハ」うんぬん「今日デハ……」というふうにつなげておられるわけですけれども、その「乱雑ニ渉リマシテ」の後ろのほうを記載しなかった理由は、何があるのでしょうか。

井上　今は覚えておりませんが、分量の問題であるのか。それとも、ここに関係ない記載があるのか。私が正解に証言することはできません。

——特に記憶がないということですね。

井上　はい。

——（甲第一一〇号証を示す）六ページには、「最初ハ北海道長官ガ管理致シテ居リマシテ、郡長戸長ヲシテ其働ヲ為サシメテ居リマシタガ明治二十三年此方ト申シマシテハ道廳長官ガ管理スルト云フコトガ出來ヌヤウニナリマシタ、規則上、ソレ故ニ北海道廳ノ理事官ガ一個人ノ名義ヲ以テ管理致シテ居ッタ時代ガゴザイマス」というふうに言って、会計法の成立によって道庁が管理できなくなった経緯を答弁しておられるわけなんですが、それはもう当然御承知のとおりということでしょうか。

井上　はい。

——その後で、「不都合ナコトモアリマスルノデ、今日デハ」という答弁が続くわけですけども、ここで白仁委員が不都合があったと言っているのは、だれが共有財産を管理していた時代のことを指しているのか、承認は理解しておられますか。
井上　理解しておるつもりであります。
――具体的には。
井上　これは、官によって委託された郡長の時代、あるいは、郡長によって管理を委嘱された民間人が管理している時代というふうに、高倉新一郎氏が正確に書いていると思います。その前の時代も、これは大蔵省が設立した広業商会が流通に介在している時代でありますが、そのときも不適当な管理があったというふうに高倉新一郎氏は書いています。それは、道庁が管理している時代であります。
――会計法の成立によりまして、北海道庁が直接管理できなかった時代というのが数年間あるわけですよね。
井上　そのとおりです。
――その時代の一個人が管理していた時代に、不都合があったと言うことを意味しているという場合もあるのではないですか。
井上　それは、白仁の短い発言ですから、そういうふうに確定できるかどうかは今すぐには分かりません。厳密に読むべきだと思います。
――（甲第七七号証を示す）先ほどの株券の話に付随してですけれども、意見書の二一ページ四行目五行目、「このような会社の株券に変わったという事件経緯における道庁の責任問題がある。」と述べているわけですが、これは、札幌製糖株式会社のことを指しておっしゃっているのでしょうか。
井上　いいえ、これは高倉新一郎氏もそうでありますが、北海道製麻株式会社と札幌製糖株式会社、両方についてであります。
――二社についてということですが。
井上　そうです。
――（乙第二三号証を示す）六六五ページ、北海道製麻株式会社の事業状況は、必ずしも悪いものではなかったというふうに取れるんですが、どうでしょうか。
井上　北海道製麻株式会社は、経営が種種返遷しました。それを調べるんでありますると、北海道製麻株式会社自身の社史がございます。社史が設立されて以来の同社の経営経過を記しております。それを調査すべきだというふうに私は思います。
――この文献上では、六六五ページの後ろから五行目、「製品について」ということで、一定程度、生産販売もいい業績を残していた時代もあったというふうに書いてあるわけですよね、これは。
井上　ええ、そうですね。これは、北海道製麻株式会社の経営は、この記述は北海道製麻株式会社自身の社史、それから、当時の会社報告などを使ってこういう記述がされていると思います。もしもそういう議論をするんでありましたら、そういう第一次資料で議論すべきだと私は思います。こういうもので議論すべきではないと思います。

――そうしますと、同じく六六六ページのほうで、札幌製糖の記述で、破綻原因がいろいろあるわけですけれども、その中の一つには、経済情勢や天候等の影響も受けて、いわゆる、甜采の収穫が十分でなかったというようなことも背景にあると思うんですが、そういう影響は受けてないというお考えになるんでしょうか。

井上　受けていると思います。その受けている影響がどの程度かということは、当時の様々な報告書類などを調査すべきだと思います。

被控訴人代理人（田口）

――先ほどの主尋問の中でも、旧土人保護法の制定の経過にかかわる話が出ましたが、文献の中には、旧土人保護法の制定の趣旨として、このようなことが書かれているものがあるのですが、それについての証人の見解を伺いたいと思います。管理能力のないアイヌの人々の財産の浪費、散逸を防ぎ、もって同族の保護の政策を遂行するために、この旧土人保護法が制定されたんだというような見解もあるのですが、それに対しては、証人はどういうお考えなのでしょうか。

井上　どういうお考えというのは、どういうことを申し上げればよろしいのでしょうか。

――旧土人保護法が、アイヌの財産管理に関して、保護するための政策として制定されたんだという見解があると思われますが、それについては、証人はどう評価されているのでしょうか。

井上　そういう見解があるということは知っております。そういう見解が間違いであるということは、はっきりと申し上げます。

――証人は、それは間違いであるという見解に立っていらっしゃるということでよろしいですか。

井上　そのとおりです。

――（甲第一一〇号証を示す）二ページを見てください。これは、先ほど来、貴族院の議事速記録として何度も示されているものですが、上段部分、政府委員の話から入りますが、「本案提出ノ理由ハ」ということで、ここで、旧土人保護法の提出理由を述べた後に、議員の一人の質問ということで、子爵曾我という方から質問があり、その中で、「本案ハ誠ニ結構ナ案デ本員等ハ此案ノ出ルコトヲ數年前ヨリ希望致シテ居リマシタガ」というような記載がありますが、これは証人はご存じですか。

井上　読んだことがあります

――曾我さんという方が、議員のお一人として、「本案ハ誠ニ結構ナ案デ本員等ハ此案ノ出ルコトヲ數年前ヨリ希望致シテ居リマシタ」というふうに書いてありますが、議員の方は、こういう見解を持っていたということはよろしいですか。

井上　よろしいんじゃないでしょうか。

――こういうことからすると、後から振り返ってどうだったかということはともかくとして、この時代における議員、ないし議会の検討結果としては、アイヌ保護のための旧土人保護法の制定は必要だったという者が多数だったということになるのじゃないでしょうか。

井上　そういうふうにはならないと思いますが。

――主尋問で旧土人保護法による指定後の共有財産の管理の関係についてお話があったのですが、結論としては、旧土人保護法による指定後の共有財産の管理については、適正なのか不適正なのかについては、証人の見解はどういう見解になるんですか。

井上　私の意見は、証言の中で申し上げましたが、管理の経過が適正であるかどうかは、今まで一度も検証されたことはありません。それで、資料を見てみますと、吉田巌の日記のように不適正であるということを示す資料がございますし、資料を調査すれば、今まで全く報告も監査もされていないわけでありますから、管理の経過が明らかになってくる部分がたくさんあるというふうに考えております。

――ただ結論としては、調査されていないので、適正か不適正かという断定はまだできる状況ではないというのが証人の見解なのでしょうか。

井上　いいえ、そうではありません。不適正だということを示す資料があるということを今日証言いたしました。

――（甲一〇四号証を示す）旧土人保護法による共有財産指定に関する問題について、先ほども話が出たので確認しておきますが、先ほど来示されています高倉新一郎さんの「アイヌ政策史」ですが、五〇五ページの五行目、「県および道庁が直接その管理に当った約六年間を除いては、常に紛糾を重ね」という記載がありますが、この記載を読みますと、高倉氏が指摘している財産管理の問題性があったという時期は、道庁の管理外にあった時代を指しているというふうに読めますが、そこはそれでよろしいんでしょうか。

井上　管理外とは言えないと思います。

――ただ、高倉氏の前後の記載を読むと、そのように読めるのではありませんか。

井上　高倉氏は、この本の中で全体として書いてありますが、官にもそれに関して責任があるということは彼は書いております。

――では、そこは読み方が違うということですか。

井上　今おっしゃった御意見であれば、そういうことだと思います。

――先ほど、古民財産管理法、明治二六年制定のようですが、この話題が出たので確認しますが、古民財産管理法は明治二六年で、旧土人保護法は明治三二年ということですが、手続の内容だとかも、両方の法律を比較すると異なっていたり、対象となる地域だとかが異なるということになると思うんですが、なぜ、古民財産管理法というのが、十勝国の一部についてこういう形で設けられたのかについて、何か歴史的な見解というのはあるのでしょうか。

井上　対象となる地域が異なるとおっしゃいましたが、異なるという表現は適当でないと思います。重なっております。

――重なりますが、どうして、十勝国の一部に関してだけ、このような財産管理法が作られたのかという経緯について、何か研究の成果はあるのでしょうか。

井上　それは、今日証言しましたが、アイヌ民族の和人代理人、それから、アイヌ民族自身も参加して、富田虎男さんが札幌学院大学の紀要に発表された論文がありまして、アイヌ三二〇戸が、十勝土人の総会を開いて、そして、和人の代理人を選挙して、郡長に対する願書を作成するような運動があったと。これは、富田虎男さんの十勝アイヌ民族の総会というのを開く運動を発見した資料として、研究として知られております。そういうものが背景にあるということです。

――アイヌ民族の活動の強い地域については、そういう管理法が別に設けられているという趣旨なのでしょうか。

井上　いいえ、ほかの地域については、まだ調査されておりませんから、それは何とも申し上げられません。

――今の調査結果としては、アイヌ民族の活動とリンクして作られたように思われるという意味なんですか。

井上　それは証言いたしましたが、アイヌ民族の要求によって、もちろん、それをある程度入れてできた管理法だと思います。今から一一〇年前ですが、そのときに、そのような非常に公開性のある財産管理法ができたということだと思います。

控訴人代理人（村松弘康弁護士）

――（甲第九五号証を示す）この資料は何だというふうにお考えになりますか。

井上　これは、題名が「旧土人保護法（共有財産）関係調査資料リスト」とありまして、私の記憶によりますと、小川隆吉さんの開示請求によりまして、共有財産の管理状況の明細書とともに道庁が情報開示した資料であるというふうに記憶しております。

――そうしますと、このリストに基づいて、道が今回広告した共有財産特定作業を行ったと、その資料というふうに理解してよろしいでしょうか。

井上　ええ、調査された資料のリストであると思います。

――この資料を見まして、先生の先ほどからおっしゃっている、いわゆる原資料、若しくは一時資料といいますが、そういう資料は含まれているのでしょうか。

井上　これは含まれておりません。

――原審の地方裁判所のとき、平成一二年二月四日付けの被控訴人の準備書面を読みますが、「被告は共有財産返還手続に当たり、それまで被告が管理していた共有財産について、その指定経緯や改廃状況を十分に調査した上で、返還の対象となるすべての共有財産を公告している」と、これは被控訴人側の主張ですが、すべての共有財産を特定する、その管理経過も含めて、それから、漏れがないかどうかも。つまり、この甲九五号証の資料で特定することは、できるとお考えですか。

井上　できないと思います。

――できない理由は、先ほどおっしゃったように、一次資料、原資料に当たらない限り、そういう本格的な調査を行わない限り、特定ができないというふうに伺ってよろしいでしょうか。

井上　例えば、この関係調査資料リストは、三種類に分かれております。一つは行政概要、これは、北海道庁が出しました冊子類ですね。それから、市町村史は、たしか九点だったと思いますが、市町村史が挙げられておりますが、共有財産が記述されておりますのが一ページ、あるいは、この二、三行の文献にほとんどあります。それから、政策史としましては、北海道庁が作成いたしました「北海道舊旧土人保護沿革史」と、高倉新一郎氏の「新版アイヌ政策史」が挙げられております。例えば、私、専門家としての意見を申し上げますと、北海道庁が刊行しました、「北海道舊土人」の記述は、これはアイヌ民族の風俗、宗教、病気、習慣、そのようなものをすべて含めたもので、しかも、全体が大体五〇ページに満たない、しかも大きな活字で書かれた、先ほども出されておりますが、そういうものであります。そして、先ほども証言しましたが、その記述は、政策を批判的に点検するというようなものでは全くありません。先ほど教育問題について私が証言しましたが、不正確な記述があると、これは、研究者は、こういうものによって管理経過を調査するということはありません。研究者にとっては、そういう調査は考えられないものであります。

――先生のこれまで調査された結論をお聞きしたいんですが、

道は、一時資料に当たって共有財産を特定していったと、そういう形跡はあるのでしょうか。

井上　分かりませんが、先ほどの証言で申し上げましたが、公表されていない調査は調査されていないと同じであります。公表されていない。以上、それは調査されたと認められません。

札幌高等裁判所

裁判所速記官

裁判所速記官

意見書・アイヌ民族共有財産と先住権

二〇〇二年一〇月
札幌学院大学　法学部教授
松本祥志

1. はじめに

アイヌ民族共有財産（以下、「共有財産」と略称する。）事件は、アイヌ民族の先住権にとって中心的な課題である。というのは、アイヌ民族共有財産のある部分が土地および資源に対する物権的な権利にその起源をもっているからである。法的権利の性質は、その根源的な権利が何であるかによるのであり、その物権的権利の現在の形態が現金という債権的な形態であるかどうかなどとは関わりがないからである。

アイヌ民族が、その共有財産として主張している権利は、その根本において、現金に対する民法的な債権というより、むしろ、共有財産と総称されている民族の権利の原因となった歴史的な権利である。それが、道による管理の経緯のなかで、銀行預金という形態をとるようになったとしても、預金残高が、問題の原点なのでも、真の争点なのでもない。

ところが、悲劇的なことに、道による一九九七年の「『北海道旧土人保護法に基づく共有財産』の返還手続き」以来、ボタンのかけ違いが始まった。このボタンのかけ違いは、理論的にはもちろん、同年の「アイヌ文化の振興並びにアイヌの伝統等に関する知識の普及及び啓発に関する法律」（以下、「アイヌ文化振興法」または「本法」と略称する。）附則第三条に起因する。

アイヌ文化振興法は、明示的にはアイヌ民族を先住民族としてはおらず、それが国会で可決される際に、衆議院および参議院において、アイヌの人々の「先住性」は歴史的事実であるという趣旨の附帯決議が付されただけであった。

しかし、この附帯決議を国際法からみれば、日本国の国家機関が、アイヌ民族を先住民族として正式に再確認したものである。国際法においては、国内法体系における法的効力の有無または優劣に関わりなく、国家機関が表明した意思が、その国家の正式な意思とされるのであるから、国会決議という形式であっても、二風谷ダム事件札幌地裁判決に続き、日本国がアイヌ民族として正式に承認していることを再確認した行為であると解さざるをえない。なぜなら、日本国は、その正式な国家機関である札幌地方裁判所という国家機関を通じて、アイヌ民族の先住性を承認を与えることによって、アイヌ民族の国際的権利の解釈および適用に関する限り、アイヌ民族が日本国とは異なる一つの国際法主体であることを国際法上正式に承認していたので、その国会決議は、アイヌ民族という他の国際法主体に対する意思表示と位置付けられるからである。

それでは、アイヌ民族が国際法主体であるということはどういう意味なのか、国際法主体に必然的に認められる基本権としての先住権とはどういう権利なのか、先住権と国内法との関係はどうなるのか、先住権との関係で二〇〇二年三月七日アイヌ民族共有財産事件第一審札幌地裁判決（以下、「第一審判決」と略称する。）にどのような問題があるのか。以下において、これらの課題を検討する。

2．国際法主体としてのアイヌ民族

アイヌ民族に国際法主体性があるか否かという問題に対する回答は、まず国際法主体とは何かという問題から始められなければならない。

国際法において、従来、国際法主体は国家だけであるとされてきた。しかるに、国際連合は、パレスチナ戦争の停戦調停のために現地で任務を遂行していたスウェーデン人国連主席停戦交渉官ベルナドッテ伯が、イスラエル領内において、一九四八年に殺害された事件への対処として、国連が遺族に支払った金額を当時国連加盟国でなかったイスラエルに損害賠償請求できるかという問題が国連総会で議論になり、この問題について国際司法裁判所の勧告的意見を求めることとなった。

国際連合が、イスラエルに損害賠償を請求することのできる国際法主体であるかという問題に対して、国際司法裁判所は、一九四九年の「国連の役務中に被った損害の賠償事件」勧告的意見において、国際法主体とは、国際的な権利または義務を有し、かつそれを国際請求によって主張する能力をもつもの、と定義した。この勧告的意見によれば、国際請求を提起する権能とは、請求の立証、提出および解決のために国際法によって認められている慣習的な手段に訴える能力のことである。これらの手段には、抗議の表明、調査の要請、交渉および仲裁裁判または国際司法裁判所への付託要請があるという。

先住民族は、人民の下位概念として、『経済的、社会的及び文化的権利に関する国際規約』および『市民的及び政治的権利に関する国際規約』の共通第一条（以下、「国際人権規約共通第一条」と略称する。）の下で、人民自決権という国際的な権利を有している。また、国際請求は、国内裁判所に対してもなされうるし、実際、なされてきた。問題は、国家のような統治機構をもたない先住民族の場合に、誰が民族を代表して国際請求を提起するかである。

この問題について、一九四九年国連損害賠償事件についての国際司法裁判所勧告的意見は、ある者が、「その構成員との関係で、構成員に遵守を要求する権限を認める権利をもつ立場」になければならないとしている。しかも、一九七五年の西サハラ事件に関する国際司法裁判所の勧告的意見において、このことは、「国家で構成されていようと、あるいは部族または個人によって構成されていようと、ある集団がその構成員と区別される法主体であると主張するための不可欠な基準である」とされた。

それでは、アイヌ民族に、「その構成員との関係で、構成員に遵守を要求する権限を認める権利をもつ立場」の者はいるのであろうか。アイヌ民族の場合には、それに該当するものは、社団法人北海道ウタリ協会であろう。

3．二風谷ダム事件判決における先住性の承認

札幌地裁による一九九七年三月二七日のいわゆる二風谷ダム事件判決において、アイヌ民族の先住性が認められたことは、アイヌ民族共有財産の問題に如何なる意義を与えるのであろうか。

この判決が下された時点において、先住民族という概念は、国内法にはなかった。つまり、わが国の制定法にも判例にも、先住民族という法概念はなかった。また、二風谷ダム事件判決そのものにおける先住民族概念は、明らかに、国内法概念ではなく、国際法上の概念である。そのことは、固有の文化に対する先住民族の権利については、『市民的及び政治的権利に関する国際規約』第二七条に定められている少数民族の権利の場合以上に配慮を要すると指摘した次のような記述から、読みとられうる。

「……少数民族が、一地域に多数民族の支配が及ぶ以前から居住して文化を有し、多数民族の支配が及んだ後も、民族固有の文化を保持しているとき、このような少数民族の固有文化については、多数民族の支配する地域にその支配を了承して居住するに至った少数民族の場合以上に配慮を要することは当然であるといわなければならない。このことは国際的に、先住民族に対し、土地、資源及び政治等についての自決権であるいわゆる先住権まで認めるか否かはともかく、先住民族の文化、生活様式、

伝統的儀式、慣習等を尊重すべきであるとする考え方や動きが強まっていることからも明らかである。」

二風谷ダム事件訴訟において直接争われていたのは、土地や資源に対するアイヌ民族の権利ではなく、固有の文化に対するアイヌ民族の権利であったので、少数民族の権利を保障しているB規約第二七条の適用だけでも対処されえたのであったが、札幌地裁は、そこから一歩踏み出して、アイヌ民族の先住性を認めることによって、一般の少数民族の場合よりも手厚く、アイヌ民族の固有の文化に対する権利が保障されるべきであると判示したのであった。

「少数民族の場合以上に配慮を要する」とするために依拠した既存の法的根拠は何だったのであろうか。国内法には先住権の概念がなかったのであるから、その法的根拠は国際法以外にはありえない。それは、国際法上の先住権である。つまり、二風谷ダム事件判決について、アイヌ民族の先住性は認められたが、先住権は認められなかった、と評釈されることがあるが、そうではなく、少なくとも「少数民族の場合以上に配慮を要する」とされた限りにおいて、アイヌ民族は国際法上の先住権を適用されたのである。

それでは、国際法上の先住権とは、全体として如何なる権利なのであろうか。

4. 特別国際法上の先住権

国際法規則の種類の分類の仕方の一つに、適用主体及び対象の範囲から、一般国際法と特別国際法とに分る方法がある。条約のように締約国などにしか適用されない国際法規則は特別国際法と呼ばれ、ユス・コーゲンス（一般国際法の強行規範）および国際慣習法のようにすべての国際法主体に適用される国際法規則は、一般国際法と呼ばれる。

先住権についての特別国際法の一つは、『経済的、社会的及び文化的権利に関する国際規約』および『市民的及び政治的権利に関する国際規約』の共通第一条である。その一項では、すべての人民は、自決権に基づき、「その経済的、社会的及び文化的発展を自由に追求する」と定められている。同条二項では、「すべての人民は、……自己のためにその天然の富及び資源を自由に処分することができる。人民は、いかなる場合にも、その生存のための手段を奪われることはない」とされている。同条三項では、「締約国は、……自決の権利が実現されることを促進し及び自決の権利を尊重する」と規定されている。

人民とは何であるかについて、あらゆる国際法主体が合意する包括的で完結な定義は発見し難いが、その基本的なコンセプトは、いわば非近代的な――つまり前近代的または脱近代的な――共同体の権利であると概括することができよう。つまり、近代的な権利は、神話や迷信、しきたりなどから解放され、存在者間の関連性を断絶させ、家族をも含め、あらゆる関係空間がますます分節化されてゆくコンテクスト・フリーな社会における個人の権利であるのに対し、共同体の権利は、例えば神話のような何らかの共同性によって関連づけられている構成員が形成するコンテクスト拘束的な社会における権利である、と言うことができるのではないだろうか。

言い換えれば、共同体社会を解体した分節化が、各自のホームにまで進み、近代が完成の域に近づくにつれ、真のホームや共同体が再要求され始めるようになってきたが、個人の権利だけではホームも共同体も構築できないことから、それを補完するために人民の権利が登場させられたのであろうと考えられるのである。人民の権利を個人の権利の概念で解析しようとすると、権利としての性質が弱いことに気付かされるのもそのためであろう。

先住民族は人民概念の下位概念であることは、固有の共同性を尊重するという先住民族の方向性によって証明される。アイヌ民族が、固有の共同性を尊重していることは、チプサンケ、チャシ、チノミシリなどについての二風谷ダム事件判決の記述においても確認されている。従って、アイヌ民族に対して国際人権規約共通第一条の人民の自決権が適用されなければならないことになる。そのことは、二風谷ダム事件判決においても、「自決権であるいわゆる先住権」という表現によって再確認されている。

同規定によれば、アイヌ民族は、「その経済的、社会的及び文化的発展を自由に追求する」ことになり、「自己のためにその天然の富及び資源を自由に処分することができる」。アイヌ民族は、「いかなる場合にも、その生存のための手段を奪われることはない」。また、地方自治体としての道をも含め日本のあらゆる国家機関は、アイヌ民族の「自決の権利が実現されることを促進し及び自決の権利を尊重」しなければならないのである。それでは、これらの権利は、アイヌ民族共有財産訴訟との関係において、具体的に何を意味するのであろうか。

国際人権規約共通第一条の人民の自決権に関する規定によれば、アイヌ民族は、「その経済的……発展を自由に追求する」ことができるのであるから、その経済的発展に関する一つの具体例であるアイヌ民族の共有財産の処分についても、自由に追求することができるはずである。というのは、一つの民族としてのアイヌの人々の社会はコンテクスト拘束的な共同体社会であり、その経済的発展は、共同して追求されてきたと考えられるからである。

実際、二風谷ダム事件判決においても、「アイヌ民族は『イオル』と呼ぶ空間領域をひとつの単位として生活を営んできたが、そこには、家屋があり、またイオルの人々が共同で用いる生産の場や墓地などが設けられていたこと、イオルには、それ以外に神話的な伝承を持つ山や川などの特定の場も存在し、アイヌの人々の生活を体系づけてきた」と判示されている。この判決は、本件アイヌ民族共有財産のなかにイオルに対する権利が含まれているか否かに関わりなく、アイヌ民族の経済的発展が、共同して追求されてきたことの証拠として援用されうるものである。

そうであるとすれば、アイヌ文化振興法附則第三条に基づく、道知事による公告は、アイヌ民族個人による申請を求めた点で、国際人権規約共通第一条一項において「経済的……発展を自由に追求する」とされている規定に違反している。また、共有財産第一審判決は、国際法主体としてのアイヌ民族とは別個の国際法主体である日本国の「内規」にすぎない行政法上の「訴えの利益」概念によって、アイヌ民族によるその共有財産の「発展を自由に追求する」ことを妨げた点で、同条項に違反している。

さらに、アイヌ民族の共有財産には、「その天然の富及び資源」による財産も含まれていることから、国際法主体としての日本国の国家機関の立法、行政または司法機関によって、アイヌ民族の意思に反してその財産を処分することは、明らかに、「自己のためにその天然の富及び資源を自由に処分することができる」と定めた国際人権規約共通第一条二項に違反する。

アイヌ民族の共有財産に、「その天然の富及び資源」による財産も含まれていることは、道自身も認めており、例えば道が作成したある文書において、「開拓史の援助のもとに一定の期限を付して、漁業を経営させ、その剰余金を共有財産として積立てし、それから生じる収益をもって保護救済の資金に充当した。この金額は、官の指定した民間有志、戸長、あるいは官により保管されてきたが、法制定により道長官において管理することとなった」と記述されている。それは、後に現金化されたかどうかとは関わりなく、「その天然の富及び資源」により生み出された財産であることに疑いはない。

また仮に、日本国の国家機関である道が、道の公告から第一審判決まで、国際法主体としての日本国の「内規」（つまり日本国の国内法）である行政法に従って手続を進めてきたつもりであったとしても、アイヌ民族の自由意思に基づいて処分されたとは言い難い。

つまり、アイヌ文化振興法の決定段階において、アイヌ民族の代表の参加は認められなかったし、またその最終案についてアイヌ民族の同意を求めることもなかった。

さらに、共有財産返還請求資格審査のために設置された審査委員会の構成員の中に「アイヌ民族関係者として社団法人北海道ウタリ協会や旭川アイヌ協議会の役員」が含まれている事実は、本件返還しない決定の判断過程においてアイヌ民族の自由意思を尊重した証拠としても、またアイヌ民族を判断過程に関与させた証拠としても援用されえない。つまり、五名で構成される委員会において、アイヌ民族関係者が二名にすぎなかったということは、アイヌ民族を対等に扱っていないことを示している。自己の財産の処分方法を決定する委員会において、権利者の人数の方が無権利者よりも少ないというのは、異常である。そのような場合、アイヌ民族の共有財産を処分しようとする試み自体が、国際人権規約共通第一条一項の自己決定権――つまり人民自決権――を侵害することになるのである。

5. 一般国際法上の先住権

一般国際法において先住民族という法概念が使われるのは、それに何らかの意味があることを示している。つまり、例えば二風谷ダム事件判決において、アイヌ民族の固有の文化に対し、「少数民族の場合以上に配慮を要することは当然である」とした際の法的根拠は、同判決においては明示されていない。しかし、同判決は、「土地、資源及び政治等についての自決権である先住権まで認めるか否かはともかくとして」と述べることによって、自決権以外のところにその国際法上の根拠を求めようとしていたことを示唆しているかのようにさえ解釈されうる。仮にその法的根拠が国際人権規約共通第一条の自決権でなかったとすれば、同判決においては、それ以外に、日本国が締約国となっている特別国際法に言及されていないので、その法的根拠は、一般国際法に求められざるをえない。

一般国際法上の先住権とは、国際法主体としての先住民族の基本権を意味している。人民の下位概念である先住民族は、国際法主体であり、しかもどの種類の国際法主体であっても基本権を与えられていなければ、法主体としての意味がなくなる。それは、国際法においてだけではなく、国内法においても、同様である。それでは、国とは区別される国際法主体である先住民族の基本権としての先住権とは何なのであろうか。

その回答は、実定法としての既存の国際法に求められなければならない。国際法の法源は、条約と国際慣習法とであるから、それらに回答が求められなければならない。

(1) 条約を根源とする先住権の一般国際法

先住権を具体的に定義した唯一の条約は、一九八九年に国際労働機関（ＩＬＯ）総会において採択された『独立国における先住民及び種族民に関する条約（第一六九号）』（以下、「ＩＬＯ先住権条約」と略称する。）である。この条約における先住権規定が、既存の条約における唯一の規定であるから、条約を法源とする一般国際法上の先住権の定義は、この条約の規定に依拠する以外にはありえない。つまり、日本国はこの条約を批准してはいないが、批准の有無とは関わりなく、この条約における先住権の定義が、既存の実定国際法における一般国際法上の先住権についての定義の唯一の根源とされるのである。将来、この条約における先住権の定義と抵触する新たな先住権条約が締結された場合には、「後法優先原則」によって、新たな条約の下での定義の方が、一般国際法上の先住権の定義とされることになる。

例えば、国家の要件についての一般国際法は、一九三三年にラテン・アメリカ諸国によって署名された『国の権利及び義務に関する条約』（モンテビデオ条約）第一条の規定を起源としており、日本国をも含め同条約を批准していない国家も、同条約を起源とする一般国際法上の国家概念に拘束されており、国家承認制度における「尚早の承認」に関する国際法規則は、それを前提にしなければ存在しえない。

一般国際法上の先住権の定義についての唯一の条約上の根源とされるＩＬＯ先住権条約における先住権には、土地または地域に対する権利が含められている。かかる権利が先住権に含められた理由は、同条約第一三条一項に明記されている。

「政府は、……当該人民とかれらが占有し又はその他のかたちで利用する土地又は地域、場合によりその両者との関係、特にこの関係の集団的な面が、これらの人民の文化的及び精神的価値に対し特別な重要性をもつことを尊重しなければならない。」

土地に対する所有権及び占有権の擁護について、同条約第一四条は、次のように定めている。

「1．当該人民が伝統的に占有する土地に対するかれらの所有権及び占有権は承認される。更に、当該人民が排他的に占有してはいないが、かれらがその生存及び伝統的な活動のために伝統的に使用してきた土地を利用するかれらの権利を擁護する措置が適当な場合にとられなければならない。……

2．政府は、当該人民が伝統的に占有する土地を確認し並びにかれらの所有権及び占有権の有効な保護を保障するために必要な措置をとらなければならない。
　3．当該人民による土地に対する要求を解決するために、国内法体制内に適当な手続が設けられなければならない。」

第一五条は、先住民の土地に属する天然資源に対する権利の擁護、協議手続および補償について、次のように定めている。

「1．当該人民の土地に属する天然資源に対するかれらの権利は、特別に擁護される。この権利は、これらの資源の利用、運用及び保存に呈するこれらの人民の参加の権利を含む。
2．国が鉱物又は地表下の資源の所有権、若しくは土地に属するその他の資源についての権利を保有する場合は、政府は、これらの人民の土地に属するこのような資源の探査若しくは開発のための計画に着手し又は許可する前に、かれらの利益が損なわれるかを確認することを目的として、これらの人民と協議するための手続を確立し維持しなければならない。当該人民は、可能な場合はいつでも、これらの活動の利益にあずかり、またこのような活動の結果受ける損害に対して適当な補償を受ける。」

また、先住民族の土地を移転するさいの協議の必要性について、第一七条は、次のように規定している。

「1．当該人民の構成員の間の土地の権利の移転に関しかれらが設けた手続は、尊重されなければならない。
　2．その社会の外部のものに土地を譲渡し、又はその他のかたちでその権利を移転する当該人民の資格が考慮されるときはいつでも、かれらと協議しなければならない。
　3．〔略〕」

ＩＬＯ先住権条約におけるこれらの規定を総合化すると、先住民族の土地および資源を処分するさいの協議の必要が導出されうる。先住民族に直接影響する立法又は行政措置が考慮される際の協議、および先住民族にかかわる政策ならびに計画の決定過程への、「少なくとも他の階層の住民と同じ範囲」での自由な参加については、同条約第六条においても規定されている。

　かかる協議または参加の必要性については、日本国の関連国内法によっても主張されうるものであり、しかも第一審判決においても、その一般的な必要性については否定されていないものである。同判決が、例えば、本件返還しない決定の判断過程において、「被告がアイヌ民族の意見を反映させていたことが認められる」と述べたとき、先住民族の意見を反映させる必要性を前提にしていたことは言うまでもない。

ＩＬＯ先住権条約を根源とする先住権に関する一般国際法が求める参加や協議は、先住民族関係者を審査委員会の構成員に何人か含めることによって達成されるのではなく、いわばパートナーとして対等平等な立場で話し合うことを意味している。このことは、国際法主体としての国家が、国家とは異なる国際法主体である先住民族との間で合意を形成しようとする場合、当然に要求されていることであると言わなければならない。

ここで、アイヌ民族が日本国とは別個の国際法主体であるという法的根拠および意義について検討されなければならない。

(2) 国際慣習法を根源とする一般国際法

条約ではなく国際慣習法を根源とする一般国際法もありうるが、国際慣習法は国家慣行と法的確信（opinio juris）とによって形成される。国家慣行については、宇宙空間に関する国際慣習法が当時のソ連のスプートニク一号の各国上空の飛行と同じにインスタントに形成されたとされているように、たった一回の国家慣行によっても国際慣習法を形成することもあるが、同一パターンの国家慣行の反復が必要とされる場合が多い。法的確信とは何を意味するのか、それは法が形成されていない段階で法の存在を前提にしているという意味で循環論なのではないかなど、疑問が出されてきている。法的確信という要件の正確な意味が何であろうとも、一般に、国際裁判および国際裁判がその証拠になると推定され、証明責任はかかる判決に反対する側にあるとされている。

かつて、国際慣習法において、先住権をその前提において否定していたのが、無主地（terra nullius）先占の法理であった。植民地宗主国だけではなくその他の国家も、住民が生活している土地を「無主地」として、発見および実効的支配によって「先占」できると主張してきたが、先住民族の権利に対する理解と関心の深まりは、この法理の転換を余儀なくしてきた。

例えば、「西サハラはスペインによる植民地化の時点において誰にも属さない地域（terra nullius）であったか」という国連総会の質問に対する国際司法裁判所の一九七五年西サハラ事件勧告的意見において、国際司法裁判所は、次のように回答した。

> 「法律家の間にあった意見の相違がどんなものであったにせよ、当該時期の国家慣行は、社会的および政治的な

組織をもつ部族または人民が居住する地域を無主地とみなしてはいなかったことを示している。国家慣行は、かかる地域の場合における主権取得が、一般に、源始的権原による無主地の『先占（occupation）』によって一方的に達成されるとみなしていたのではなく、むしろ、現地支配者との間で締結される協定によって達成されるとみなしていたことを示している。確かに、『先占』という言葉は、たんに主権取得を示すだけの非専門的な意味で使われることもあった。しかしそのことは、国家当局との間のそのような協定による主権取得が、用語の本来の意味での『無主地』の『先占』とみなされていたことを意味してはいない。それとは反対に、現地支配者との間でのそのような協定は、それが当該地域の実際の『譲渡』とみなされていようがいまいが、権原の派生的な起源とみなされていたのであり、無主地先占によって獲得される源始的権原とはみなされていなかった。」

　国際司法裁判所の勧告的意見には法的拘束力が与えられておらず、原則として、紛争当事者を法的に拘束するものではないが、そこで示された国際慣習法の存在または不存在についての解釈は、それについてのもっとも有権的な解釈とされている。

　例えば、カナダとアメリカのイヌイット（エスキモー）民族は、一九七三年のコルダー事件判決およびベーカー・レイク事件判決において、その狩猟地、放牧地および漁業水域に対する伝統的権原が認められた。スウェーデン最高裁は、一九八一年のサミ（ラップ）民族事件判決において、スカンジナビア半島北部でトナカイを飼って暮らしてきたサミ民族が、その放牧地に対して所有権的な権利をもつと判示した。

　さらに、マレー島民マボらが、コモンローの一部として、カナダ、アメリカ、ニュージーランドの裁判所やイギリスの枢密院において認められてきた慣習法に基づく土地所有権を主張したオーストラリア高等法院（オーストラリア最高裁）の一九九二年第二次マボ事件判決において、

「住民が生活している土地が無主地に分類されうるという国際法の考え方がもはや一般的な支持を受けられないとすれば、現地住民は、『われわれの法における権利のほんの一部でもそのような人民に認めることは愚かである』（In re Southern Rhodesia〔1919〕AC at pp.233-234）という考え方は、維持されえない」。

「……先住民の社会組織化の程度についての推測に基づき、土地に対するかれらの権利を否定する差別的原則に固執することは、国際的規準およびコモンローの基本的

価値の両者に反している」。

無主地先占の法理の法的効力が根本的に疑われるようになった今日においては、先住民族との間で締結された土地の譲渡協定の存在が証明されない限り、当該土地に対する法的権限は当該先住民族にあると断定せざるをえない。

それでは、アイヌ民族の国際法上の先住権と日本国国内法との法的関係はどうなのであろうか。

6. 先住権と国内法

(1) 国内法援用禁止原則

法の一般原則として、国際法主体間において、国際義務の履行を免れるために一方の国際法主体によるその内規の援用が認められうるとは考えられない。その国際法主体が個人であっても、人民であっても、国際機構であっても、また国家であっても、この原則の例外とはされえない。

したがって、国際法と国内法との関係についてとられている方式が、イギリス型の国であろうと、日本国憲法第九八条のように国際法の国内的効力を一般的に認める受容理論を採用しているアメリカ型の国であろうと、また、ある条約が自動執行的であるとされていようと、非自動執行的であるとされていようと、国際法にもとづく国際的権利を行使して国際請求を行っている個人や人民など他の国際法主体に対しては、いかなる国家機関も、そのような国内法制度の援用によって国際義務の履行を免れることはできない。国際法主体間においては、国際的な権利または義務の解釈ないし適用に関しては、国際法が適用される。その関係において、国内法が適用されうるのは、国際的な権利または義務と抵触しない限りにおいてであり、または訴訟当事者がそれに同意をした時だけである。

それについて、『条約法に関するウィーン条約』（以下、「条約法条約」と略称する。）第二七条は、つぎのように明確に規定している。

「当事国は、条約の不履行を正当化する根拠として自国の国内法を援用することができない」

要するに、国際法主体間で国際法が適用される場合、国内法は、たとえ憲法であっても、法規範としては扱われず、ひとつの社会的事実として扱われるにすぎないのであり、その社会的事実は、国際義務違反の存在を証明する証拠のひとつとされるにすぎない。この原則は、国家のみが国際法主体とされていた時代には、国家間にしか適用されなかったが、国際法主体が個人や人民にまで拡大された今日においては、国際法主体としての個人や人民が当事者である場合にも適用されることは言うまでもない。

たとえば、ポーランドが国内法によって上部シレジアにおける財産や農地を収用したことが、ドイツとポーランドとのあいだで一九二二年に締結された上部シレジア割譲に関する条約に違反するかが争われた上部シレジア事件についての一九二六年の常設国際司法裁判所本案判決は、「国内法は、判決や行政措置と同様に、国家の意思を表示し、また国家の行為を構成する、たんなる事実にすぎない」と判示した。

このように国内法は、たんなる社会的事実として、国際義務に一致しているか、それとも違反しているかを判断するさいの証拠とされることはあっても、それが国際義務違反にともなう国際責任を免れるために援用されてはならない、とされているのである。

この国内法援用禁止原則は、ふるくから確認されてきており、国際裁判所の判例においても、繰り返し確認されてきている。

たとえば、一八六一年に始まったアメリカ南北戦争において、南軍の発注によりアラバマ号と名づけられた船舶が、イギリスのリバプールで民間の船舶として建造され、処女航海と称して、貴婦人などの招待客を乗せてリバプール港を出航、ポルトガル領アゾレス諸島において招待客と入れ換えに武器・弾薬および乗組員の供給を受け、軍艦として南軍のために戦い、一八六四年北軍によって撃沈されるまで北軍に多大な損害を与えた事案について、アメリカは、イギリスに避止義務についての「中立国の義務」の違反があったと申立てた。それに対してイギリスは、その憲法原則からして、民間船舶の建造および航行という民間の行為に介入する権限がなかったという抗弁を出したが、一八七一年にアメリカとイギリスとのあいだで締結されたワシントン条約にもとづき設置された仲裁裁判所においては、イギリス「政府は、それがもっている法的手段の不十分さの抗弁によって、相当な注意を払わなかったことを自己正当化することはできない」とされた。つまり、国内法が制定されていないということは、国際義務を免れるために援用されえないのである。

また、ダンチッヒ領域内ポーランド人の待遇に関する一九三一年の常設国際司法裁判所の勧告的意見は、この原則をつぎのように確認している。

「国家は、他国に対して、国際法または有効な条約のもとで課せられている義務を免れるために自国自身の憲法を援用することができない……。本件にこれらの原則を適用すれば、ポーランド国民およびポーランド系に属しまたはポーランド語を使用する他の者の待遇に関する問題は、もっぱら国際法規則およびポーランドとダンチッヒとの間で効力をもっている条約規定にもとづいて解決されなければならない」。

それと同じく、常設国際司法裁判所による、翌一九三二年の自由地帯に関する事件の判決において、国家は「国際義務の範囲を狭めるために自国自身の立法に依拠することができないのは明白である」と判示された。

比較的最近のところでは、アメリカは、『国際連合の本部に関する国際連合とアメリカ合衆国との間の協定』（以下、「国連本部協定」と略称する。）第二一条の仲裁を行うことなく、国連総会にオブザーバーとして出席するためのパレスチナ解放機構オブザーバー団（Palestine Liberation Organisation Observer Mission）事務所に「一九八七年テロ防止法（Anti-Terrorism Act of 1987）」を適用して、同事務所を閉鎖することができるかが争点とされた国連本部協定事件に関する一九八八年の国際司法裁判所勧告的意見が、つぎのように、この原則を再確認している。

「国際法は国内法に優越するという国際法の基本原則を想起するだけで十分であろう。この原則は、イギリスとアメリカとのあいだのアラバマ号事件における一八七二年九月一四日の仲裁裁定にまでさかのぼる判例によって認められており、また、例えば常設国際司法裁判所が『ある条約を締結している諸国間の関係において、国内法規定は条約規定に優越しえないということは一般に受け入れられている国際法原則である』としたギリシャ・ブルガリア共同体事件に関する事例以来、頻繁に想起されてきた」。

つまり、国際義務を免れるために、他の国際法主体に対して自国の国内法を援用することはできないという国内法援用禁止原則は、いくつかの国における実際の判決において、かならずしも一貫して適用されているわけではないにしても、国際法原則としてあまねく承認されているのである。この原則を前提にしなければ、いかなる国際義務違反行為も、国家による国内法の恣意的な制定によって合法化されてしまうという不当な結果になってしまうからである。

それゆえ、たとえばアイヌ文化振興法のような国内法制度も、たんなる社会的事実にすぎないのであり、国際義務を免れるために援用されえない。また、中央政府の議会が先住権を国内実施するための国内法を制定していないので、裁判所は先住民族として承認されているにも拘わらずアイヌ民族に先住権を適用し難いという国内法事情も、国際義務違反に対する国ないし地方自治体の国際責任を免れさせるために援用されえないのである。したがって、国内法において適法な行為が国際法において必ずしも適法とされるわけではないし、逆に、国内法において違法な行為が国際法において必ずしも違法とされるわけでもない。

このことについて、国連国際法委員会の一九八〇年『国家責任に関する暫定条文草案』第四条は、つぎのように明確に規定している。

「国の行為は、国際法によってのみ国際的に違法と性格づけることができる。この性格づけは、当該同一の行為が国内法によって適法と性格づけられることによっては影響を受けない。」

また、この規定に相当する二〇〇一年『国家責任に関する暫定条文草案』第三条において、同様な内容で、つぎのように定められている。

「国の行為を国際違法行為とする性格づけは、国際法にもとづいて規律される。この性格づけは、当該同一の行為が国内法によって適法と性格づけられることによっては影響を受けない」。

二〇〇一年『国家責任に関する暫定条文草案』は、さらに、「第二部 国の国際責任の内容」のなかの第三二条において、条約法条約第二七条の文言とほぼ同様に、つぎのように定めている。

「責任国は、この部の義務の不履行を正当化する根拠として自国の国内法の規定を援用することはできない」。

一方、理論の上では、たとえば日常生活における国と国民――つまり国際法上の「私人(private persons)」――とのあいだの関係の場合のように、他の国際法主体がまったく関わっていないところでの自国の内部関係において、イギリス型の変形理論方式を採用したり、一定の条約を非自動執行的としたりすることは、国際法と国内法との妥当空間を峻別する二元論のもとにおいて、国家の裁量権の範囲内にある。また、他の国際法主体がかかわっていない場合、国際法と国内法との優劣関係について、国家という国際法主体内において、憲法が条約に優位すると国内法制度で決めることも、国家の裁量権の枠内のこととして認められる。しかし、個人を含め他の国際法主体の国際的な権利・義務が関わっている場合には、二元論のもとにおいてであっても、地方自治体は、条約の自動執行性に関する国内法原則をも含め、いかなる国内法制度の援用によっても国際義務の履行を免れることはできない。

それゆえ、たとえばアイヌ民族が、わが国の国内裁判所において、国際人権規約共通第一条に包摂されている先住権にもとづく国際的権利を行使して国際請求を行う場合、アイヌ民族は——日本国籍を持っていようが持っていまいが——国際法主体として現われるのであるから、被請求人である国または地方自治体は、国内法制度を援用してその国際義務から免れることはできないのである。たとえば、国内において、憲法は国際法に優位するという原則が最高裁判決などの国内判例において確立されていたとしても、その原則は、国際法主体が個人や人民に拡大される以前に妥当していた原則である。今日では、国際法主体としての個人が国際人権を行使したり、人民が人民の権利を行使しているような国内裁判において、国や地方自治体による国際義務違反を正当化するために憲法などの国内法を援用することは許されていない。そのことは、たとえば国内法関係において、憲法上の義務を免れるために自分の家に代々伝えられてきた家訓を援用することができないのと同様である。また一般に、国際法の解釈および適用において、あらゆる国際法主体は平等とされなければならないので、異なる国際法主体間においては、自己の内規を他の国際法主体に一方的に押しつけることはできないのである。

しかし実際には、たとえば国や地方自治体が、条約の自動執行性に関する国内法制度の援用によって国際義務を免れようとする場合というのは、たいがい、個人や人民などの国際法主体がその国際的権利にもとづいて国際請求を行っている場合であろう。それではなぜ、この場合のように、国内法主体間に適用されるはずの条約の自動執行性に関する理論と、国際法主体としての個人や人民の国際的権利についての理論とが、貫徹されていないのであろうか。それは、国際法研究者の専門分化による研究テーマの細分化などのせいで、国際法の構造的変換が、国際法の関連各分野に分断され、分断された各分野が断絶され、それぞれがその内部において不均等に自己発展してきたためである。

(2) 国際法主体の拡大

かつては、国家のみが国際法主体とされていた。どこから見ても、政治学的な意味での国家の内実を備えているようには思われないような主体でさえも、むりやり国家とされていた。

たとえば、ローマ法王（Holy See）やヴァチカン市国（State of the City of Vatican）、マルタ騎士団国（Sovereign Order of Malta）のような、国民がいなかったり、領土のないような主体や、ロンバルディア同盟（Lombardian League）やライン都市同盟（Great League of the Rhine Cities）あるいはハンザ同盟（Hanseatic League）のような都市同盟（League of Cities）であっても、その国際的役割――おもに宗教的または政治的な役割――の大きさなどのゆえに、国境を超えるその国際的活動を続けさせるため国際法主体性を認めざるをえないような場合、それらをむりやり国家としてきたのである。極端に言えば、国際法主体をすべて国家としていたのである。

そのため国際法は、国家そのものを実体法的要件によってというよりは、むしろ、「国家承認制度（Recognition of States）」という手続法的要件によって定義しようとしてきた。しかるに、イギリス型の変形理論や非自動執行条約概念が誕生したのは、そのようにして「国際法主体＝国家」と前提されていた時代においてであった。そのような時代において、国際法は国家と国家とのあいだでしか適用されず、国内において適用されうる法はもっぱら国内法であるとする「二元論（dualism）」のもとで、たとえ国内において国際義務が履行されなくても、その国際義務不履行の結果として他の国家に生じた損害を賠償しさえすれば、国家責任は解除されうると主張されえたので、国内における国際義務の不履行だけでは国際法上の問題は生じないとされていたのである。

そして、外国において自国民の身体・財産に被害が加えられた場合における自国民保護のための外交的保護権も、被害者個人の権利ではなく、被害者の国籍国の権利であると説明されてきた。また、この権利の発動要件として要求されている、被害者による当該外国の国内裁判所への提訴などの国内救済手続を、その被害者の国籍国による外交的保護権行使のための実体法的な要件なのではなく、手続法的要件であると説明されてきた。手続法説においては、被害の発生によってすでに国際義務違反が発生していると位置づけられるが、その国際義務に対応する国際的権利の主体を個人ではなく、国家であるとすることにより、個人の権利を国家の権利に埋没させ、矛盾をはらみながらではあったが、「国際法主体＝国家」の前提がむりやり維持されてきた。

この前提が妥当する限りにおいては、たしかに、基本的に「国内＝国際法主体内」の等式が妥当し、国内には他の国際法主体は存在しないので、国内法制度に矛盾する国際義務は国内では履行しないという選択が、国家の裁量として許されるので、「国際義務を免れるための国内法制度の援用」をめぐる理論と実践とのあいだにギャップは生じてこない。

ところが、第二次世界大戦後の世界は、ナチス・ドイツの人種差別政策に対する反省などから、国際人権法を誕生させた。しかもそれだけではなく、戦後の国際経済制度のもとにおける自由貿易の飛躍的進展や民間投資の拡大があいまって、個人の国際的役割は飛躍的に発展させられ、国際法主体の範囲が個人にまで広げられてきた。今日の世界経済は、個人の国際法主体性を前提にしなければ成立しえないところまで発展しており、たとえば『投資紛争解決条約』（前文、第二五、三六条等）など、「多くの国際条約が、貿易・投資紛争において国家が個人の国際法主体性を認めるべきことを定められている」。さらに、近年とくに顕著な現象として、インターネットの普及や国際ＮＧＯの発展が、個人の活動を国境内に留めておくことをますます困難にしている。

また、植民地からの独立闘争は、人民をも国際法主体にし、先住権という基本権をもつ先住民族は人民のひとつの形態とされる。

かつて個人の国際法主体性について論議されていたのは、おもに外交的保護権との関係においてであった。個人が国際法主体になりうるかという問題に、最終的な決着をつけたのは、一九四九年国連の職務中に被った損害の賠償事件に関する国際司法裁判所の勧告的意見であった。そこで国際法主体とは、国際的な権利または義務を有し、かつそれを国際請求によって主張する能力をもつものと定義された。個人の国際的権利執行能力については、二元論のもとで、各国の国法体系のなかに位置づけられていた国際法として、その国内裁判所への出訴権により確保されていた。

また、この時点においてすでに個人は、二国間友好通商条約などにおいて国際的権利を保障され、また海賊行為に関する国際慣習法などにおいて国際義務を課せられており、これらの国際的権利・義務の解釈・適用に関する限りにおいてではあるが、国際法主体として認められるためのふたつの要件を満たしていたのである。そして、国際人権規約が一九七六年に効力を発生したことにより、個人が国際法主体とされる限度が国際人権全般に広げられるようになり、また先住民族などの人民も国際人権規約やＩＬＯ先住権条約などの条約においても国際法主体とされるようになったのであった。

国際人権は、伝統的な外交的保護権の場合とは異なり、個人の権利とされており、もはやその者が属する国家の権利とされているのではない。先住民族の権利も、領土保全の原則を侵害しない限りにおいて、国家とは区別される概念としての先住民族の権利とされている。しかるに、国際人権を享有する個人および先住権を享有する先住民族が、その権利を行使するかどうか、または、その行使を国家に委任するかどうかを自ら決定できるのでなければ、その国際人権や先住権は個人や先住民族の権利であるとは認められえない。なぜなら、個人や先住民族が自らの権利を行使しようとするさい、国家の意思によってではなく、自らの意思で国内裁判所に請求を提出することができないとしたら、その権利は人権ないし先住権とは呼ばれえないからである。

かくして、今日の国際法においては、個人も先住民族も一定の限度で国際法主体とされるようになった。そのため、国際法の適用可能性の問題は、「国際法の国内適用論」という古典的な枠組みによってではなく、〈国際法主体間〉での適用および〈国際法主体内〉での適用という新たな普遍的枠組みによってとらえ直し、従来の「国内適用論」は〈国際法の国際法主体内適用論〉の一形態として位置づけ直されなければならない。

ところが、変形理論方式や非自動執行条約は、国際法主体間のレベルにおいて、国際法主体としての個人や先住民族によって行使される国際的権利でさえ、しばしば、個人や人民の国際法主体性が認められていなかった時代のように、国家というひとつの国際法主体内のレベルにおける国内法主体内の問題として、歪曲してとらえてしまい、国家の意思に委ねてしまっている。

変形論方式や非自動執行条約についての国内法制度は、国際法主体としてあらわれる個人や先住民族がその国際的な権利・義務を自ら履行する能力を国内法によって損ねる結果をもたらすことになる。しかも、おうおうにして、そのような結果をもたらす阻害要因は、突発的でも偶然的でもなく、国際法理論の奥にひそかに内蔵されている要因である。つまり、国際法主体の拡大という新たな法現象による国際法の構造的変革が、国際法の他の分野における諸理論において、かならずしも貫徹されておらず、依然として「国際法主体＝国家」という古典的な公式が前提にされがちなのである。

7. 第一審判決における循環論

アイヌ民族の歴史的な財産の返還の方法についての原告の請求を却下した本判決の論旨は、原告に訴えの法律上の利益がない、というものである。

確かに、何千円であったとしても、何の対価もなく、タダで――つまり何も失うものがなく――貰えるのであれば、それを辞退する訴えに法律上の利益はない。誰でも、ありがたく頂戴する。それは、裁判所の判決によってわざわざ指摘されるまでもないことである。しかし、道がアイヌ民族に「返還する」と言っている約一三〇万円は、アイヌ民族の約一三〇年間にわたる共有財産をその対価としているのである。その「返還」によって、先住権の主要部分である土地と資源とに対するアイヌ民族の国際的な法的権利を消滅させてしまう恐れを伴っているのである。

この第一審判決によって、二風谷ダム事件判決において「先住性」を承認されたアイヌ民族の先住権や少数民族の権利がどのような影響を被ることになるかには無頓着なまま、言い換えれば、二風谷ダム事件判決の判例との整合性を考慮することなく、国が決めたアイヌ文化振興法附則第三条は、国が決めたことだから正しい、また道の公告手続は、道が行ったことだから正しいという前提が、同判決の『倫理』である。この倫理は、言説の当否を「誰が言ったか」という権威だけに求めている点で、前近代的である。この前近代性は、「訴えの利益」論という近代的な法概念によっても、近代化されてはいない。しかし、よく考えてみると、「誰が言ったか」という権威主義の憂鬱から解放するために近代社会を誕生させたのではなかったのだろうか。

かかる封建的な倫理を底礎させているこの判決の論理構造は、きわめて単純な三段論法の循環である。三段論法は、大前提が正しい限りにおいて妥当しうるものであり、それが不当なものである場合には、それに続く論理展開が如何に正確であったとしても、結論は妥当なものではなくなる。したがって、大前提が何であるかが決定的な問題となる。

第一審判決における論理展開の大前提になる命題は、「国や道は誤りを犯しえない（＝誤りが犯されることがあるとすれば、アイヌの方である）」というものである。しかるに、アイヌ民族は、国の法律に従い道の決定によって実施された返還の適法性を争うこと自体が誤りであるのに、それを争っている。国や道に過ちはありえないのであるから、結論は、アイヌ民族の主張には根拠がないというものになる。主張に根拠がないのであるから、国や道の行為の国際法上および憲法上の適法性を検討する必要がない。この適法性は審理されえないのであるから、違法という結論には至りえないことになる。この三段論法の循環が、本判決の全体を構成しているので、もう少し詳しく検討する必要がある。そこにおける三段論法は、おおむね次のように循環されている。

大前提として、共有財産の返還の方式を定めたアイヌ文化振興法附則第三条は、国が制定したものであるから、国際法や憲法に違反することはありえない。

従って、原告の主張を認めて、本件返還手続を無効としたり取消したりしたとしても、原告にとってそれ以上有利になることはありえない。

その結果、本件請求に訴えの利益がない。

原告に訴えの利益がないので、アイヌ文化振興法附則三条の規定および道の返還公告が、国際法、憲法に違反しているという原告の主張を審理する必要もない。

国際法上および憲法上の適法性は審理されえないのであるから、国際法上および憲法上の違法は、必然的に、ありえない。

かかる違法がありえないのであるから、国際法上および憲法上の違法性を審理する利益はない。

だから、原告は数千円でしかなくても、文句を言わずに、だまって、ありがたく受け取りなさい、というのである。

しかし、もし原告が主張するように、アイヌ文化振興法附則第三条および道の返還公告が国際法と憲法に違反しており、法的に無効であるとすれば、改めて共有財産の扱い方について、アイヌ民族との間で協議されなければならないことになるハズである。

アイヌ民族が、先住権という国際的権利を行使して、アイヌ民族共有財産の処分手続のやり直しを要求しているときに、「訴えの利益」に関する国内法制度のような、アイヌ民族とは異なる国際法主体である日本国の「内規」(＝国内法制度)を一方的に押し付けることは、国際法上許されない。アイヌ民族が適用に同意した国内法制度ないし規則以外は、適用することが許されない。アイヌ民族との協議を回避して、国際法上適正な解決をえることはできない。

アイヌ民族の関与を認めるべき法的義務は、本判決においても暗に認められている。というのは、本件返還手続にアイヌ民族の関与がないことについての原告の主張に対して本判決は、共有財産返還請求者に返還を受ける資格があるかを審理するため、道が設置した五名の審査委員会にアイヌ民族が二名いた事実を指摘し、「……審査委員会の構成員に、アイヌ民族関係者として社団法人北海道ウタリ協会や旭川アイヌ協議会の役員が含まれていて、被告がアイヌ民族の意見を反映させていたことが認められる」と判示しているからである。

アイヌ民族による関与が必要とされる理由として、判決は、「共有財産の管理に関する法令をはじめ、共有財産として管理が開始された当時のアイヌの風俗や風習、各共有財産の経緯など、様々な歴史的、文化的な知見をもとにして判断する必要があるから」であるとしている。

このような理由にもとづくアイヌ民族関与の必要性は、道が共有財産の返還手続を策定し決定する際にもっと大きかったと言わざるをえない。そして、アイヌ文化振興法附則第三条の決定過程において、「少なくとも他の階層の住民と同じ範囲」でのアイヌ民族の参加がなかったことが、第一審判決における三段論法の大前提に妥当性がないことを示している。

8. おわりに

判決が、三段論法の大前提について、国や道であっても違法がありうるというところから出発しなければ、アイヌ民族共有財産問題は複雑化されざるをえない。なぜならそれには、アイヌ民族の民族としての存在を前提にしない認識が底礎しているからである。アイヌ民族の人々が、「裁判所の仰る通り、訴えの利益がなかったので、共有財産は忘れ去り、民族の歴史を放棄致します」と引き下がることにはなりえないし、引き下がるべきでもない。

裁判所の判断は、アイヌ文化振興法附則第三条が、アイヌ民族を国際法主体として正当に扱っているか、先住権に関する一般国際法に違反していないか、国際人権規約共通第一条に違反していないかなどの国際法上の課題に応えることから始められなければならない。

これらの課題に応えることを省略することは、それが「訴えの利益」などのような国内法上の技術的法概念の援用によって省略を試みたとしても、アイヌの人々を民族として扱っていないことを意味することには少しも変わりなく、アイヌ民族の存在を否定してしまうことになり、わたしたちとアイヌの人々との関係を旧土人保護法以前の状態に引き戻すことになりかねない。

第一審判決が、かかる当然の論理を採用できなかったのは何故であろうか。その根本原因は、「単一民族イデオロギー」からの脱却への不安であるかもしれないし、先住権に対するアイヌ民族の要求が際限のない過大な土地返還要求に膨張してゆくことについての懸念かもしれない。

しかし、異文化だけが自文化を成熟させる。アイヌ文化は、その他の文化と同様に、たんに日本にとってだけではなく、時空を超えた人類全体にとっての貴重な財産でもある。国際法主体であるアイヌ民族の存在を否定する「単一民族イデオロギー」は、たんに二一世紀の課題とされているマルチカルチュラリズムに逆行しているだけではなく、異なる文明、宗教または文化をもつ多様な諸国、人民、個人および国際機構を法主体とする国際法の存立基盤そのものを根本的に損ねかねないイデオロギーである。

また、先住権に対するアイヌ民族の要求増大についての懸念は、杞憂である。和人がアイヌ民族の先住民族としての権利を認めることは、最低限の敬意の表明にすぎず、アイヌ民族が求めているのも民族としての敬意である。日本の国家機関は、その場しのぎのような対応に終始し、アイヌ民族を民族として尊重し、アイヌ民族に一つの民族としての敬意を払うことを怠るから、アイヌ民族は別の方法で名誉回復を図らざるをえなくなるのである。

異なる民族との間に紛争が発生した場合、自民族だけで作ったルールを相手方民族に対して一方的に適用しようとする試みは、どんなに適正に自民族のルールに従っていたとしても、国際法においては許されない。それは、平和的解決をめざしているとは言えない。

一般国際法上の先住権は、関係当事者が、お互いに相手方を対等平等なパートナーとして、協議するべきことを求めているのであり、一方当事者の要求が、そのまま通されるべきであるとはしていない。

しかるに、アイヌ文化振興法附則第三条および道の返還公告の決定過程において、対等平等なパートナーとして、アイヌ民族との協議がなされたことを示す証拠はない。

したがって、アイヌ民族共有財産の問題は、アイヌ文化振興法附則第三条が、先住権に関する国際法および憲法第一三条などに違反し、無効であることを確認し、この問題をアイヌ民族が自らの方法で解決を試みる機会を確保するべきである。

アイヌ民族の共有財産は、国際法上も国内法上も、道知事の財産なのでも日本国の財産なのでもなく、アイヌ民族自身の財産であることが忘れられてはならない。

意見書

二〇〇三年二月
新潟大学　法学部教授
石崎誠也

はじめに

本訴訟は、「アイヌ文化の振興並びにアイヌの伝統等に関する知識の普及及び啓発に関する法律」（平成九年五月一四日、法律第五二号。以下「アイヌ新法」という。）に基づき、北海道知事（本件被控訴人・被告）が旧「北海道旧土人保護法」（以下、「旧法」という。）により管理する「北海道旧土人共有財産」（以下、「共有財産」という。）を、同法附則三条の規定に基づき、共有者に返還する決定（以下、「返還決定処分」という）を行ったことに対し、共有権者が提起した無効確認又は取消を求める訴訟である。原審は、請求の一部を認められなかった者につき、当該部分の無効又は取消しを求める訴えの利益を認めたが、その他については、返還請求通りの返還決定がなされているとして、訴えの利益を否定した。

たしかに通常は請求をすべて認容する処分の取消しを求め

ることはありえないであろう。しかし、アイヌ新法における共有財産返還手続では、返還請求の対象が被控訴人の官報公告によって特定される制度となっており、それ以外に返還されるべき共有財産があったとしても、その返還請求をすることはできないようになっている。本件においては、まさに、官報で公告された共有財産が返還されるべき共有財産のすべてであるかどうかが重要な争点となっているのである。ところが、後述のように、現行の行政事件訴訟法制下にあっては、控訴人は返還決定処分を争う以外に、官報公告の違法性を争うことができない。アイヌ新法による共有財産返還手続の特殊性を踏まえるならば、返還決定処分に対する無効確認訴訟又は取消訴訟を認めることによって、官報で公告した返還にかかる共有財産の範囲が適法なものであるかどうかを審査し、違法と判断された場合には、無効確認判決または取消判決の拘束力によって適法な返還手続を改めて行わせることが、控訴人らの正当な権利を保護する上で必要であると考える。

以下、詳述する。

1、アイヌ新法における共有財産返還手続の特徴

(1) アイヌ新法による共有財産の返還手続の概要

アイヌ新法附則三条及び同法施行規則によれば、共有財産の返還手続は次のようになされる。

①北海道知事が返還に係る共有財産及び価格を官報に公告する。

この官報公告の段階では、返還の相手方は特定されておらず、同日、請求権者は公告の日から一年以内に返還の申し出をすべき旨の公告がなされている。

②公告の日から一年以内に、共有権者が返還を請求する。

附則三条三項によれば、②の共有権者による返還請求は、公告された共有財産についてだけなされ、それ以外の財産について返還請求をすることはできないものとされている。つまり、北海道知事が返還の対象となる共有財産であると認定しない限り、返還請求をすることはできないのである。

③北海道知事が上記請求について審査した上、返還財産について決定し、請求者に返還する。この場合、正当な共有権者と認められない場合は、返還請求を拒否する。

④公告の日から一年を経過しても返還請求のない財産については、指定法人に帰属する。

以上の通り、具体的な返還請求権は、③の北海道知事による返還決定をまって生じるものである。その意味で、③は返還請求権を具体的に確定する行政処分である。また、被控訴人の管理する共有財産の共有権者への返還は、同法の定める返還手続によって返還財産及び価格の特定並びに返還する相手方を特定することが予定されており、同返還決定なしに返還請求をすることは、原則として予定されていないと考えられる。

それに対し、①の公告は、その時点で返還対象者が特定されていないので、返還請求にかかる具体的効果が発生していないので、その行政処分性を肯定することは困難であろう。むしろ、本件公告は、本返還手続の一環をなすものと考えられる。たしかに、控訴人が主張するように、官報公告によって、返還対象共有財産が特定されるので、それをもって独自の行政処分といいうる余地があることは否定できないが、行政処分に関する現在の判例理論を前提とすれば、それが認められる可能性は少ないと考えられる。

(2) 本返還決定の特徴

①上述のように、本返還決定は、被控訴人によって官報公告された共有財産についてのみ、返還の請求をなしうることができる。すなわち、官報公告は返還請求の対象を規定するものであり、公告されなかった財産の返還請求は同返還請求手続によっては不可能である。

本件において原告は、官報で公告された以外にも、本来返還されるべき共有財産が存在することを主張しているが、北海道知事たる被控訴人が旧法に基づきその管理する共有財産であると認めて公告しない限り、その返還を請求することはできないのである。つまり、本法は、返還の対象となるべき共有財産の範囲をめぐって、返還請求者（原告）と被告との間に意見の不一致がある場合、被告の判断が一方的に貫徹するしくみとなっている。

義務づけ訴訟が極めて困難な現行行政事件訴訟法の下にあっては、原告が公告にかかる共有財産以外にも返還の対象となるべき共有財産があると考えたとしても、本件共有財産返還手続で、その返還を請求することは実際上不可能なのである。

②アイヌ新法による共有財産返還手続は、被控訴人である北海道知事が官報に公告したものについてのみ、共有権者の返

還請求がなしうるものである以上、被控訴人は、返還の対象となるべき共有財産をすべて公告すべき義務があるものと考えられる。そのため、被控訴人は、返還の対象となるべき共有財産について精査し、それを漏れなく官報に公告しなければならない。そうしないと、法の趣旨に反して、返還請求権者の権利を侵害することとなるからである。従って、返還の対象となるべき共有財産の一部が公告されなかった場合、それは瑕疵ある公告であり、それは本件返還決定処分の違法を構成するものと考えられる。その違法は、返還請求権者の権利を侵害するものであることはいうまでもない。この違法は、アイヌ新法の返還手続を踏まえるならば、被控訴人が判決の趣旨に従って、改めて返還されるべき全共有財産を官報に公告し、返還請求申請手続をやり直すことによって除去することができる。

なお、官報公告が共有財産返還手続の一環をなすものであり、独自の行政処分ではないとすると、瑕疵ある公告は当然に返還決定処分の違法事由となる。ここでは瑕疵の承継という問題は生じない。但し、仮に公告に行政処分性が認められるとしても、返還請求が当該公告についてのみなされるものであり、返還決定処分との一体性のあることを鑑みると、瑕疵の承継は当然に認められよう。

③控訴人が、官報公告の違法性を主張し、返還手続のやり直しを求めようとすれば、現行の行政事件訴訟法の下にあっては、返還決定処分を争う以外に方途のないこともまた確かである。

(3) 本件返還決定処分の不利益処分性

本共有財産返還手続が、本来返還の対象となるべきすべての共有財産を官報で公告することによって開始されなければ、控訴人がその権利を全うすることができない制度となっていることは上述の通りである。だとすれば、控訴人主張のように、返還対象となるべき財産の一部を公告しないまま、本件返還手続が行われたとすれば、本件返還決定処分は原告にとって不利益性を有することになる。

ところで原判決は、本件返還決定処分が原告の返還請求のすべてを満たしていることを理由に、当該処分の取消しを求める訴えの利益が存在しないとしているが、それは本返還手続の特殊性を見ない極めて形式的なものである。上述のように、本返還手続は、官報に公告された財産のみが返還の対象となるので、公告された共有財産の返還を求めることはできないうえ、さらに期限内に返還請求手続をしないと、当該財産は指定法人に帰属することとなり、控訴人は当該財産の返還を請求することがまったく不可能となる。そのため、控訴人はやむを得ず公告された共有財産について返還請求をしたものと考えられる。アイヌ新法が官報で公告された共有財産についてだけ返還請求を認めているという制度のもとで、不十分な公告によりなされた返還決定が、公告に基づく返還請求をすべて満たしているという理由で、控訴人らに対し不利益性を持たないとされるならば、不十分な公告がもたらす権利侵害性を見落とすことになる。

2、本件返還決定処分の取消判決の拘束力と原告の訴えの利益

さて、本件官報公告が違法であることを理由に本件返還処分決定が取り消されるならば、取消判決の拘束力により、官報公告を改めて行い、返還決定処分を改めて行うべき義務を負う。

(1) 拘束力の性質

行政事件訴訟法三三条一項は、「処分又は裁決を取り消す判決は、その事件について、当事者たる行政庁その他関係行政庁を拘束する」と規定する。この拘束力には、いわゆる同一過誤反復禁止効の他、申請再審査義務、不整合処分取消義務、原状回復義務の効果が認められている。本処分は、申請に基づく処分であるが、申請の対象となる共有財産の公告に瑕疵があることを理由に返還決定処分が取り消されたとすれば、同判決の拘束力により、被控訴人は、判決の趣旨に従い、官報公告を訂正し、改めて共有権者の申請を受け、返還決定処分のやり直すべきを義務づけられると考えられる。行政処分に至る一連の行政機関の措置に違法性があり、それを理由として行政処分が取り消された場合は、関係行政庁は、判決の趣旨に従って、当該措置を適法に行い、改めて行政処分をしなければならない。例えば、建築確認における消防長の同意の違法が問われた福岡高裁昭和二九年二月二六日判決（行裁例集五巻二号四〇三頁）は、消防長の同意の行政処分性を否定したうえで、「消防長の不同意又は同意取消の結果知事が建築不許可処分をなした（とあるいは同意はあって他の理由で不許可処分をしたとを問わないのであるが）場合、知事を相手とする、右不許可処分取消判決の効力は、消防長に及び（……）、消防長を拘束する（……）結果、消防長は知事のなした建築不許可処分が違法でないことを主張することができないのは勿論、知事のなす建築許可処分の実現に協力する義務を負うに至るから、若し、同意を拒否しあるいは同意を取消たる事案にあっては、当然右の拒否、取消を撤回して同意

をなすべき義務を負担することとなるのである。」としている。本判決は、最高裁昭和三四年一月二九日判決（民集一三巻一号三二頁）で是認されている。同判決は消防長の同意の行政処分性を否定した著名な判決である。同判決は、拘束力については直接触れていないが、「知事のなした建築出願不許可処分に対し、その違法を理由として行政訴訟を適法に提起し、その訴訟において、右不許可処分の前提となった消防長の本件同意拒絶乃至同意取消の違法を主張しうる」ことを認めており、それは原審判決と同様、拘束力が消防長に及ぶことを前提としたものであると考えられる。

なお、仮に官報公告が行政処分であるとしても、当該公告の違法を理由に返還決定処分が取り消された場合、取消判決の拘束力によって、被告に公告処分の変更義務が生じることも問題がない。いわゆる不整合処分の取消し義務が生じることは、権利返還処分にかかる最高裁平成五年一二月一七日判決（民集四七巻一〇号五五三〇頁）や地方議会議員除名処分にかかる最高裁平成一一年一月一一日決定（判例時報一六七五号六一頁）など、最高裁判例の示すところである。

(2) 拘束力と訴えの利益

①さて、最高裁判例によれば、行政処分を取り消す判決の拘束力によって、自己の権利が回復する可能性がある場合、当該行政処分を争う訴えの利益が存在すると判断できる。

前掲の最高裁平成五年一二月一七日判決（民集四七巻一〇号五五三〇頁）は、第一種市街地再開発事業の施行地区内の宅地の借地権者に対する権利変換処分に関する宅地所有者の取消訴訟について、「施行地区内の宅地の所有者が当該宅地上の借地権の存在を争っている場合に、右借地権が存在することを前提として当該宅地の所有権者及び借地権者に対してされる権利変換処分に関する処分については、借地権者に対してされた処分が当該借地権が存在しないものとして取り消された場合には、施行者は、宅地の所有者に対する処分についても、これを取り消した上、改めてその上に借地権が存在しないことを前提とする処分をすべき関係にある（行政事件訴訟法三三条一項）。その意味で、この場合の借地権者に対する権利変換処分に関する処分は、宅地の所有者の権利に対しても影響を及ぼすものといわなければならない。そうすると、宅地の所有者は、自己に対する処分の取消しを訴求するほか、借地権者に対する処分の取消しをも訴求する原告適格を有するものと解するのが相当である。」としている。その他、取消判決の拘束力によって権利が回復する可能性のある場合に、訴えの利益が認められることは、最高裁昭和四三年一二月二四日判決（民集二二巻一三号三二五四頁＝いわゆる東京一二チャンネル事件）からも読みとることができる。

なお、司法研修所編『改訂行政事件訴訟法の一般的問題に関する実務的研究』（法曹会・平成一二年）は、拘束力により原状回復義務が生じる場合には、処分の取消しを求める訴えの利益が肯定されるとしているが（三一一頁）、拘束力と訴えの利益に関し参考とされるべきである。
②本件返還決定処分は、上述のように、原告にとっての不利益性を含むものであり、当該不利益は、本返還決定処分が官報公告に瑕疵があることを理由に取り消された場合は、取消判決の拘束力によって回復されうる利益であるということが明かであるから、原告は本件返還決定処分の取消しを求める訴えの利益を有していると考えられる。
なお、原告は、主位的に本件返還決定処分の無効確認を請求しているが、無効確認訴訟にも行政事件訴訟法三三条は準用されるので（同三八条）、訴えの利益に関して何ら変わるところはない。

私の意見書に対する被控訴人の意見について

二〇〇三年七月一二日
石崎誠也　新潟大学　法学部教授

平成一五年五月六日付被控訴人準備書面(3)（以下「被控訴人準備書面」という）における私の意見書に対する反論に対する私の意見は次の通りである。

1、被控訴人準備書面は、「被控訴人は、共有財産の返還手続に当たり、それまで被控訴人が管理していた共有財産について、その指定経緯や改廃状況を十分に調査した上で、返還の対象となるべき共有財産はないこと、本件返還決定は、何ら控訴人らの権利等を侵害しないものであることについては、既に主張したとおりである。」としている（五頁）。
しかし、本件の争点は、被控訴人が官報公告にかかる共有財産が本来返還されるべき共有財産の一部を公告しなかったことの瑕疵の有無である。意見書は、判決が当該官報公告に瑕疵が存在することを理由に、本件返還決定の違法性を認めた場合は、当該判決の拘束力により判決の趣旨に従って改めて官報公告を行う義務が発生するという趣旨である。それはつまり、被控訴人の主張が裁判所の受け入れることとならなかった場合のことであるので、被控訴人の主張する事実認識を前提に意見書を批判しても、それは無意味な批判である。

2、次いで「被控訴人準備書面」は、「申請に係る行政処分について取消判決があった場合には、申請人のした申請はいまだ行政庁の判断を受けないままの状態で存続していることになるのであって（行政事件訴訟法三三条二項参照）、取消判決の拘束力として、申請人のした申請が失効するものではない。これを本件についてみると、仮に、本件返還決定が取り消されたとしても、控訴人らの返還請求が失効するものではないから、被控訴人は、控訴人らの返還請求に対して決定を行わざるを得ないのであり、この場合、取消判決の拘束力としては、結局のところ、同一処分の繰返し禁止効として、返還しない決定をしなければならないという（控訴人らにとって矛盾した）効力が生ずることになるにすぎないのであって、それを超えて官報公告を改めて行う（やり直す）べき法的義務を負うと解することはできない」としている（六頁）。

しかし、行政事件訴訟法三三条二項が規定するのは、「申請を却下し若しくは棄却した処分」が取り消された場合である。この場合は、申請のあった状態に立ち返るとして何ら問題はない。本件の場合は、形式的には申請が認容された場合であって、同項が規定する場合ではない。もし、申請の前提となる官報公告に違法があることを理由として、本件返還決定が取り消された場合は、上述のように改めて官報公告をすることとなり、それに応じて改めて返還申請がなされることとなるのである。判決の趣旨に従い、最初の官報公告で欠如した共有財産を含む官報公告がなされ、それを踏まえた新たな返還決定がなされたとしても、それは取消判決の趣旨に合致するものでこそあれ、当該判決の趣旨に何ら反するものではない。

ところで、行政事件訴訟法三三条三項は、申請を認容する処分が取り消された場合の拘束力について規定している。同項によれば、認容処分が手続違法を理由として取り消された場合は二項が準用されるので、改めて申請手続をとることとなく適正な手続に従って改めて審査することとなるが、実体違法を理由として認容処分が取り消された場合は、申請者が当該申請にかかる処分を得ようとすれば、改めて申請手続から開始することとなる。従って、被控訴人準備書面のいうように、申請に対する処分が取り消された場合は、常に申請のあった状態に立ち返るというのは、現行法制度を正しく理解していない主張である。

先の意見書でも述べたように、申請を認容する処分の取消を申請者が請求する例は通常はありえないであろう。今回、控訴人がそのような請求をせざるを得なかったのは、アイヌ新法に基づく共有財産返還手続の特殊性にあることも、当該意見書において述べていたとおりである。すなわち、官報公告にかかる財産だけが返還請求の対象となり、それ以外の財産に対する返還請求はできない制度となっていることを充分に考慮すべきである。従って、官報公告が本来返還すべき財産を公告していないことを理由として、本件返還決定の無効を確認しまたはそれらを取消す判決が下されたときは、申請の前提となる官報公告を改めて行うこと以外に、控訴人らの権利を実現することはできないのである。

3、さらに「被控訴人準備書面」は、「アイヌ新法附則三条に基づく共有財産の返還決定の手続は、申請人の行う各共有財産ごとに返還請求に対応して、各共有財産ごとに独立して存在する処分であり、これに対応する官報公告の効力も各共有財産ごとに独立して効力を有するものと解される。したがって、仮に、控訴人らの主張するように、本件官報公告した共有財産以外に返還の対象となる共有財産の存在が判明したとしても、新たに判明した共有財産について、追加して官報公告をして返還請求の手続をすることになるにすぎず、既存の本件官報公告の効力に何ら影響を及ぼすものではなく、本件官報公告を改めて行う（やり直す）べき法的義務を負うと解することはできない。」としている（六頁）。

① 私も、官報公告にかかる返還決定が各共有財産ごとに独立の行政処分をなすと解することには異存はない。しかし、本件訴訟において、原告の返還請求に基づく返還決定について、原告がその無効確認又は取消しを請求しているのは、官報公告三、同四、同六、同一〇、同一三、同一五、同一七に関するものであるが、このいずれについても、控訴人は官報公告の違法性を主張しているのである（平成一四年一二月一八日控訴人準備書面二八頁）。従って、これらの共有財産については、判決が上記の違法主張を認めたときは、判決の趣旨に従って、当初の官報公告で欠けていた財産を追加的に補充することになるのであり、それはまさに判決の拘束力による法的義務である。被控訴人準備書面は控訴人の主張を正解していないと思われる。なお、官報公告五については、原告に返還しないとの決定のあったものであるが、これについても官報公告の違法性が主張されていることを指摘しておきたい。

② これら官報公告に係る各共有財産に関するものとは別に、本来返還されるべき財産が存在する場合について考えてみる。アイヌ新法に基づく共有財産の返還決定は、各控訴人の返還請求権を確定するだけでなく、返還の認められなかった財産についてはその返還請求権を否定する効果も持つものである。

上述のように、アイヌ新法に基づく共有財産の返還手続は官報公告に係る財産だけを対象とするので、ある財産について官報において公告しなかったとすれば、それは当該財産が返還対象となる共有財産ではないとする被控訴人の判断を示すものである。つまり、官報公告とそれを前提とした返還決定は、それ以外の財産の返還を拒否するという効果を持つものである。従って、官報公告に瑕疵があることを理由に返還決定処分の無効確認判決ないし取消判決があった場合は、それは公告されなかった財産を返還対象外財産とする被控訴人の判断を否定するものであり、被控訴人においてあらためて判決の趣旨に従い官報公告を行う義務が生じると考えるべきものである。なお、被控訴人は、「新たに判明した共有財産について、追加して官報公告をして返還請求の手続をすることになるにすぎず」と述べているが、被控訴人がかかる共有財産の存在を否定していることに本件訴訟の真の争点があるのであり、現行行政事件訴訟法のもとでは、無効確認判決ないし取消判決の拘束力によってかかる手続を被控訴人に義務づける以外に、控訴人がその権利を実現できないということを真剣に踏まえるべきである。

※この②は、①であげたように官報公告に係る共有財産とは全く別の共有財産の存在を主張する場合に必要となる議論である。

4、また、「被控訴人準備書面」は、意見書で取り上げた最高裁判例が「狭義の訴えの利益について判示したものではなく、原告適格について判示したものであり、本件の争点には直接関係ない判例である」としているが、この趣旨は全く不明である。

行政法学説が「狭義の訴えの利益」と区別して原告適格を論じる場合は、いわゆる「主観的訴えの利益」の問題、すなわち原告の主張する利益が「法律上の利益」たりうるかどうかの問題として議論される。それに対し、「狭義の訴えの利益」は、いわゆる「客観的訴えの利益」の問題であって、抗告訴訟（取消訴訟または無効等確認訴訟など）によって現実的救済の可能性があるかどうかが問題である。なお、「原告適格」という用語は広義で用いられることもあり、その場合は上記の「主観的訴えの利益」と「客観的訴えの利益」を包含する概念として用いられる。

先の意見書であげた最高裁平成五年一二月一七日判決（民集四七巻一〇号五五三〇頁）は、都市再開発法に基づく権利変換処分に関し、「宅地の所有者は、自己に対する処分の取消しを訴求するほか、借地権者に対する処分の取消しをも訴求する原告適格を有するものと解するのが相当である」とするものである。後者の訴訟の可能性について、本判決は次のように述べている。「借地権が存在することを前提として当該宅地の所有者及び借地権者に対してされる権利変換に関する処分については、借地権者に対してされた処分が当該借地権が存在しないものとして取り消された場合には、施行者は、宅地の所有者に対する処分についても、これを取り消した上、改めてその上に借地権が存在しないことを前提とする処分をすべき関係にある（行政事件訴訟法三三条一項）。」すなわち、ここでは、取消判決の拘束力による現実的救済の可能性を指摘しているのである。これはまさに「狭義の訴えの利益」の問題である。この事件では、原告（宅地権者）は自己に対する権利変換処分の不利益性を問題としており、原告適格性（主観的訴えの利益）の存在は明白であって、それは誰も問題にしていない。そもそも主観的訴えの利益が存在していなかったら、自己に対する処分の取消訴訟も借地権者に対する処分の取消訴訟もいずれも不可能であろう。

同様のことは最高裁昭和四三年一二月二四日判決（民集二二巻一三号三二五四頁）でもいえる。この事件は、競願において申請を拒否された者は、競争者に対する免許処分の取消訴訟の他、自己に対する申請拒否処分の取消訴訟も提起することができるとした事例である。この事件においても、自己の申請に対する拒否処分があったのであるから、原告適格性（主観的訴えの利益）はおよそ問題となり得ない。同判決は「本件棄却決定の取消しが当然に訴外財団に対する免許の取消しを招来するものではないことを理由に、本件訴えの利益を否定するのは早計であって、採用できない」としているが、これは文字通り「狭義の訴えの利益」の問題である。

以上要するに、被控訴人準備書面の上記論旨は、失当という他はない。

以上

国際連合人権委員会への報告

二〇〇三年一月二三日
人権と先住民族問題に関する特別報告者
ロドルフォ・スターベンハーゲン

II. RELATED ACTIVITIES

Visit to Hokkaido

30. On the occasion of a private visit to Japan, the Special Rapporteur gladly accepted the invitation extended to him by the Ainu Association of Hokkaido to visit some Ainu communities in the region from 24 to 27 November 2002 ,and he is pleased to be able to share his impressions with the Commission on Human Rights.

31. The Ainu, the original indigenous inhabitants of the island of Hokkaido, were formally incorporated into the Japanese State in the nineteenth century. Official government policy was to integrate the Ainu into Japanese society and culture, a process that over the decades led to the almost complete loss of Ainu ethnic identity. At the same time, Ainu hunting and fishing communities were practically destroyed as their labour became incorporated into the economic activities brought by an increasing number of Japanese settlers to Hokkaido. The Ainu soon became a minority on their own ancestral territory.

32. The current generation of Ainu have lost most of their direct links to their traditional lands and lifestyles, through land expropriations and the agrarian reforms of the period following the Second World War. Their hunting and fishing rights were extinguished or severely curtailed by the authorities.

33. The first reaction to preserve their vanishing culture was undertaken about 20 or 30 years ago by Ainu activists who, concerned about the loss of their language, traditions and identity, formed the Ainu Association of Hokkaido. Even though public opinion and government authorities were not very supportive of these efforts, they finally achieved a long-hoped-for result: the passage of the

Ainu Cultural Promotion Law of 1997 by the Japanese Diet, which replaced the Hokkaido Former Aborigines Protection Law of 1899. As a result of the Law the Government set up a foundation and research centre for the promotion of Ainu culture. In Hokkaido there are also various public and private museums exhibiting Ainu cultural artefacts and traditions. Efforts are also under way to introduce knowledge about Ainu culture and history into school textbooks.

34. In his numerous interviews, the Special Rapporteur was informed that the Ainu Cultural Promotion Law does not entirely satisfy Ainu aspirations, because it does not formally recognize their social and cultural rights as an indigenous people.

35. A landmark case for the Ainu was achieved in the Sapporo District Court, which decided in 1997 that the building of the Nibutani Dam on the Saru River illegally affected traditional sacred and burial sites of Ainu communities. While the Court did not declare the building of the dam null and void, because such a decision would affect the public welfare, the Ainu for the first time won a legal victory. The Special Rapporteur visited the dam site, saw some of the affected sacred sites and spoke with the plaintiffs who had filed the case in court.

36. Another contentious issue relates to the management by the Hokkaido government, for over a 100 years, of the "communal property" of the Ainu for which, according to the 1997 Law, they were to be compensated. The Ainu Communal Property Justice Association states that the Ainu people were not consulted about this and that the monetary amount that they have been offered is far less than the real value of the communal property that they lost, accounting for inflation during the intervening years. A number of Ainu have filed a complaint in the Sapporo District Court demanding just compensation and citing the violation of several of their human rights.

37. Ainu people, particularly women, also reported incidents of discrimination against them in daily activities. While these cases are not very widespread, they affect the self-perception and self-esteem of Ainu people. It is one

of the reasons why only a few members of the younger generation have taken up the defence of their Ainu identity actively.

38. Nowadays, Ainu cultural activists undertake a series of activities at the community level to preserve knowledge of the Ainu language and their arts and traditions. They hope for more government support and understanding on the part of the rest of society (as well as other Ainus), because they are aware that their human right as an indigenous people are at stake in this process.

39. The Special Rapporteur considers that the Ainu Cultural Promotion Law could be improved to incorporate specific references to the human rights of Ainu indigenous people. He would also like to see the official institutions involved in Ainu cultural programmes go beyond the preservation of cultural traditions and become more involved in actively promoting contemporary Ainu cultural creativity within a human rights-centred intercultural development approach, as suggested, for example, by the United Nations Educational, Scientific and Cultural Organization, in order to concentrate on economic, social and cultural rights. The "community property" issue in Hokkaido must be solved in accordance with existing human rights provisions.

Brief Communications

40.Australia. The Special Rapporteur's attention has been drawn to an ongoing dispute between, on one side, the Nyungah Circle of Elders and the Combined Swan River and Swan Coastal Plains Native Title Claims in Western Australia, and on the other, the Federal Government and the government of Western Australia, regarding the alleged threats by local governments, developers and mining interests against aboriginal sacred areas, including disturbances or desecration of aboriginal sites. These claims should be dealt with constructively within the framework of the Aboriginal and Torres Strait Islander Act, 1974 and the Aboriginal Heritage Act, 1972. The Special Rapporteur enjoins the federal and provincial governments to uphold the rights of aboriginal peoples to their sacred areas.

41.Brazil. The Special Rapporteur is concerned about allegations of several murders and threats against the lives of indigenous leaders of the Xucuru people in north-eastern Brazil in connection with the demarcation and formal designation of the Xucuru's territory as indigenous land according to federal law. Squatters and settlers on the indigenous lands are apparently involved in this violence, which has not been adequately investigated by the local authorities. The Special Rapporteur calls upon the Government of Brazil to take urgent preventive measures to protect the Xucuru people and their leaders and ensure that the process of land demarcation is carried out within the framework of the law and with due respect for the human rights of all concerned parties.

42. Mexico. During a visit to several indigenous areas in April 2002, the Special Rapporteur was informed by indigenous villagers in Chiapas that threats of violence continued in communities to which a number of displaced persons had returned after the Acteal massacre in December 1997. The relatives of persons detained after the massacre complain that those accused did not receive fair hearings, whereas indigenous organizations argue that the persons who had instigated the deed have not been identified or even questioned by the authorities, and that the weapons used in the attack are still in the hands of the alleged culprits. The event still needs to be fully clarified.

43.Violence also erupted in Agua Fria, State of Oaxaca, Mexico, in May 2002, when 26 indigenous labourers were ambushed and murdered on their way back from work in a nearby forest, ostensibly by persons from a neighbouring village. The massacre is related to a long standing land dispute, in which the interests of private loggers and the inefficiency and corruption of government authorities play a role. The case has not yet been concluded. Nor, for that matter, has the case of human rights lawyer Digna Ochoa been solved. Ms Ochoa, who was murdered in her office by unknown assailants in October 2001, was widely respected for her defence of the environmental rights of indigenous farmers in the State of Guerrero. A constructive human rights approach to judicial matters requires the Mexican authorities to make renewed efforts to elucidate these killings, to punish the perpetrators and, above all, to make concerted efforts to prevent further violence in indigenous areas.

III. CONCLUSION

44.The Special Rapporteur notes with regret that violent acts against indigenous persons and communities in different parts of the world have not ceased. They are usually linked to social conflicts over land rights and use of resources. While there is progress regarding legislation concerning indigenous peoples, very often the laws include provisions that actually limit the full enjoyment of all human rights by these peoples. There is an "implementation gap" between the laws themselves and their effective application at the local level. Institutional mechanisms to ensure their adequate implementation are not always available to indigenous communities. Much too often, powerful economic and political interests actually override the laws themselves, leaving indigenous communities without due protection of their human rights. It is urgent that this issue be addressed fully and the Special Rapporteur intends to cover the problem of administration of justice in his next report to the Commission on Human Rights.

45. Government authorities, indigenous peoples' organizations and human rights associations have been most helpful in providing the Special Rapporteur with information and documentation in the preparation of this report, and he wishes to gratefully acknowledge their cooperation.

国連　経済・社会理事会　二〇〇三年一月二一日
E/CN.4/2003/90Add.1
人権委員会　暫定的協議事項の一五項目
先住民問題（人権と先住民問題）
二〇〇二年／六五委員会決議に基づいて、人権と先住民問題の基本的自由に関するロドルフォ・スターベンーハーゲン（特別報告者）の報告

（Inroduction　省略）
（Ⅰ．省略）　＊他国に関するレポート
（Ⅲ．省略）　※結論

II. 関連活動

北海道訪問

30. 日本への私的な訪問の機会に、特別報告者は、北海道ウタリ協会による招待を喜んで受け、二〇〇二年一一月二四～二七日、北海道のいくつかのアイヌ社会を訪ねた。そして国連人権委員会ともども彼の印象を分かち合えることを喜んでいます。

31. 北海道本来の先住者であるアイヌ民族は、一九世紀に、日本国によって公式に併合されました。公式な国の政策は、アイヌを日本の社会・文化の中に統一することでありました。アイヌ民族はアイデンティティを失うのに数十年かかりました。同時に、アイヌの労働が北海道への数多くの日本の開拓移民によってもたらされた経済活動に統合され、アイヌの狩猟・漁労を営む社会は、実際上破壊されました。アイヌ民族が先祖以来の土地において、少数者となるには時間がかかりませんでした。

32. アイヌの今の世代は、第二次世界大戦後の土地の没収と土地利用に関する改革（農地改革）を通じて、伝統的な土地とライフスタイルに直接の絆のほとんどを失っています。彼らの狩猟・漁労の権利は、権力によって消滅させられるか厳しく制限されました。

33. アイヌの消滅する文化を保存する最初の反応は、言語、伝統、アイデンティティの消失に関係して、北海道ウタリ協会をつくるアイヌの活動家によって、約二〇～三〇年前に始められました。世論や国家権力は、これらの努力にあまり支持はしませんでしたが、彼らは、ついに長い間望んでいた結果を達成しました。すなわち、日本の国会で、一八九九年の北海道旧土人保護法に取って代わる一九九七年のアイヌ文化振興法の通過です。法律の結果として、政府は、アイヌ文化振興法のための財団と研究センターを設立しました。また北海道には、アイヌの文化的工芸品や伝統を展示している、各種公立、私立博物館があります。また、教科書の中にアイヌ文化や歴史についての知識を紹介する努力も続けられています。

34. 多くの聞き取り調査によって、特別報告者は、先住民族としてアイヌの社会的、文化的権利が、正式に認められていないので、アイヌ文化振興法は完全にはアイヌの熱望を満たしていないことを知りました。

35. アイヌ民族の画期的な裁判は、札幌地裁で達成されました。それは、沙流川の二風谷ダム建設がアイヌ・コミュニティの伝統的聖地や埋葬地に不当に影響を及ぼしたという判決を、一九九七年、下しました。そのような判決は、公共の福祉に影響を及ぼすということから、ダムの建設を法律上無効とは宣言しなかったとはいえ、アイヌ民族は、初めて法的な勝利を収めました。特別報告者は、ダムサイトを訪ね、影響を受けた聖地のいくつかを見て、裁判を起こした原告と話しました。

36．もう一つの継続的問題は、アイヌ民族の「共有財産」（一九九七年の法律によって補償されるべき）を北海道が百年以上のあいだ管理してきた、その経過に関するものです。アイヌ民族共有財産裁判全国連によると、アイヌ民族はこのことについて相談を受けておらず、返還するとする金額は、この間のインフレを考慮すれば、共有財産の真価よりも遥かに少ない、と述べている。補償を要求し、いくつかの人権の違反行為を例証し、多くのアイヌが札幌地裁に、不満を正式に告訴した。

37．また、アイヌの人々、特に女性は、日々の活動で、彼女らに対しての差別的出来事を報告しました。これらの事例は、それ程はびこっているわけではないけれど、アイヌの人々の自己認知と自尊意識に影響を与えています。それが、若い世代のほんの少数のみしかアイヌとしてのアイデンティティの防御（訳者注：多数の和人の圧迫の中でアイヌを主張していくこと）を積極的に取りあげていない理由の一つです。

38．今日、アイヌ文化の活動家たちは、アイヌ語と芸術、伝統の知識を保存するために、コミュニティ・レベルでの一連の活動を行っています。彼らは、彼らの先住民族としての人権が、この過程で危険に晒されていることに気付いているので、政府のさらなる支援と、社会の残りの部分（他のアイヌも同様）の側の理解を望んでいます。

39．特別報告者は、アイヌ文化振興法が、アイヌ先住民族の人権への明確な言及を組み入れるために改善されることが可能であると考えています。また同時に、アイヌ文化プログラムを含む公的機構が、文化伝統の保存にとどまらず、活発に経済的、社会的、文化的権利に集中するために、ユネスコによって示されているように、人権中心の異文化間の発展アプローチのなかで、現代のアイヌ文化創造を積極的に進めることに、もっと関与することも期待したい。北海道における、共有財産問題は、現存する人権諸規定によって、解決されなければなりません。

簡潔な情報

（四〇～四三　他国の情報）

国連の特別報告者、ロドルフォ・スターベンハーゲン氏（右）に、小川隆吉原告団長が共有財産裁判の資料を手渡す（2002年10月24日）

Ⅲ、結論

44．特別報告者は、世界各地で、先住民ないし先住コミュニティに対する暴力的な行為が止まっていないということを、残念に思う。彼らは普通、土地権と資源の利用に関しての社会的闘争につながっています。先住民族にかかわる立法に関しての進歩はあるが、大変しばしば、法律は、これら民族によるすべての人権の行使を実際に制限している規定を含んでいます。地方のレベルでの法律自身とその効果的適用の間の「履行ギャップ」があります。これらの十分な履行を保証する制度上のメカニズムが、先住民社会に常に得られるわけではありません。余りにもたびたび、人権の当然な保護なしに先住民社会を置き去りにし、強力な経済的、政治的利害関係が、実際に法律自身を踏みつぶしています。この問題に十分焦点を当てることは緊急です。そして、特別報告者は、人権委員会の次のレポートで、司法の施政の問題を扱うつもりです。

45．政府当局、先住民族の組織、人権団体は、このレポートの準備で、特別報告者に、情報や資料を提供することに大変協力的でした。

（翻訳責任　大脇　徳芳）

平成一六年五月二七日判決言渡　同日原本領収　裁判所書記官
平成一四年（行コ）第六号北海道旧土人共有財産等返還手続無効確認請求控訴事件
（原審・札幌地方裁判所平成一一年（行ウ）第一三号）
口頭弁論終結日　平成一六年三月四日

判決

控訴人　小川　隆吉
控訴人　青木　悦子
控訴人　苗畑　レイ子
控訴人　酒井　晴美
控訴人　秋辺　得平
控訴人　荒木　繁
控訴人　小川　サナヱ
控訴人　川村　兼一
控訴人　北川　しま子
控訴人　鹿田　川見
控訴人　原島　則夫
控訴人　豊川　重雄
控訴人　島﨑　直美
控訴人　伊藤　稔
控訴人　諏訪野　楠蔵
控訴人　諏訪野　義雄
亡杉村滿訴訟承継人控訴人（選定当事者）
杉村　フサ
控訴人　砂澤　代恵子
控訴人ら訴訟代理人弁護士　村松　弘康
同　房川　樹芳
同　肘井　博行
同　栗生　猛
同　砂子　章彦
同　新川　生馬
同　増谷　康博
同　佐藤　昭彦
被控訴人　北海道知事　高橋　はるみ
同指定代理人　田口　治美
同　桂井　孝敬

同　斉藤　章夫
同　中西　猛雄
同　宮田　康宏
同　新矢　泰久
同　熊澤　武
同　原田　幸二
同　山内　敏幸

主文

一　本件控訴をいずれも棄却する。
二　控訴費用は控訴人らの負担とする。

事実及び理由

第一　当事者の求めた裁判

1　控訴人ら

(1)　原判決を取り消す。

(2)　(主位的請求)
被控訴人が平成一一年四月二日付けでした原判決別紙一の「第一　返還するとの決定」記載の各決定(番号一一、一八ないし二二を除く)及び同別紙一の「第二　返還しないとの決定」記載の各決定はいずれも無効であることを確認する。

(予備的請求)

被控訴人が平成一一年四月二日付けでした原判決別紙一の「第一　返還するとの決定」記載の各決定(番号一一、一八ないし二二を除く)及び同別紙一の「第二　返還しないとの決定」記載の各決定をいずれも取り消す。

(3)　訴訟費用は、第一、二審とも、被控訴人の負担とする。

2　被控訴人

主文同旨

第二　事案の概要

次のとおり補正するほか、原判決の「事実及び理由」の「第二　事案の概要」に記載されたとおりであるから、これを引用する(一審原告柴田妙子、同石井廣子、同今野恒子、同竹川和子及び同佐々木信子に関する部分を除く。)。

1　原判決四頁一六行目の次に改行して次のとおり加える。

「なお、一審原告杉村満は、原審口頭弁論終結（平成一三年一〇月二三日）後の平成一三年一二月二四日死亡し、その地位を妻である控訴人（選定当事者）杉村フサ並びに子である杉村夫満郎、太田奈奈及び杉村要（いずれも選定者）が相続した（記録上明らかである。）。」を加える。

2　同四頁一九行目の「指定された」の次に「（原判決別紙二第一の⑴につき昭和六年一〇月二日、⑵ないし⑻につき昭和六年一二月二四日、⑼につき昭和九年一一月一日）」を加える。

3　同六頁一八行目の「出訴期間内」を「取消訴訟の出訴期間内」と改める。

4　同七頁一六行目から二五行目までを次のとおり改める。

「ア　被控訴人には、他人の財産の管理者として善管注意義務（民法六四四条参照）及び管理計算義務（民法六四五条参照）が課せられていた。

また、被控訴人には、アイヌ新法附則三条二項、「アイヌ文化の振興並びにアイヌの伝統等に関する知識の普及及び啓発に関する法律附則第三条第二項に規定する北海道旧土人共有財産に係る公告等に関する省令」一条により、管理している共有財産の金額を公告すべき法令上の義務が存在しており、その義務の内容は「北海道知事が現に管理する」（アイヌ新法附則三条一項）共有財産の金額を公告することであるが、公告すべき「共有財産」は、旧保護法一〇条三項により指定された共有財産のうち、公告時までに適法に管理を終了した財産を除いた残りすべての共有財産である。アイヌ新法の目的及び趣旨に鑑みて、被控訴人には、共有財産の返還手続を行う際に、アイヌの人々の民族としての誇りを尊重するよう配慮することが求められていること、上記の趣旨の共有財産が清算されてはじめて旧保護法の廃止に伴う経過規定であるアイヌ新法附則三条の目的が達せられることからして、同条一項の「現に」との文言は、「現実に把握している」という意味に加えて「現実に存在すべきであった」という意味を含んだ形で用いられていると解する必要がある。

さらに、公告すべき財産をすべて公告する義務が課せられていた被控訴人には、上記公告を行う当然の前提として、公告の対象となるすべての共有財産の管理経過を調査すべき義務が認められる。

ところで、アイヌ新法附則三条三項によれば、共有権者による共有財産の返還請求は、官報公告された共有財産についてだけなされ、アイヌ民族側から、公告されなかった共有財産に対する返還請求はなし得ない。

また、上記のとおり、官報公告の対象とされるべき共有財産は共有財産として指定された財産のうち既に適法に管理が終了した財産を除くすべての共有財産であること、旧保護法の廃止により旧保護法に基づく被控訴人の共有財産管理権が消滅した後に、未返還の共有財産について被控訴人に管理権を認めるのと同様の結果をアイヌ新法が予定しているとは考えられず、返還されなかった共有財産の返還について何らの規定がないこと等からすれば、アイヌ新法附則三条及び同法施行規則において、複数回の返還手続は予定されておらず、一回の公告に基づく返還決定が行われるにすぎないものと解される。被控訴人は、返還対象となるすべての共有財産を公告した旨明言しており、事実上、被控訴人が主導的にさらなる共有財産の調査、新たな公告を行うとは考えられない。

しかるに、被控訴人が行った調査は、その対象が限定された不十分なものであった。官報で公告された以外にも、本来返還されるべき共有財産が存在する。

例えば、不動産について、明治三二年北海道庁令第九三号で「日高國沙流郡各村旧土人共有」と指定された建家二棟、明治三五年北海道庁令第一三九号で「十勝國中川郡各村旧土人共有」と指定された宅地及び倉庫一棟、並びに、昭和六年北海道庁令第四四号で「中川郡幕別村旧土人共有」と指定された宅地は、その後処分された記録がないのに、本件官報公告には含まれていない。

公債・株券について、上記明治三二年北海道庁令第九三号で「全道旧土人教育資金」として指定された公債証書（昭和二〇年度時点で一万三六五〇円）、上記明治三五年北海道庁令第一三九号で「十勝國中川郡各村旧土人共有」と指定された北海道製麻株式会社株式九〇株、並びに、昭和六年北海道告示第一四〇〇号で「色丹郡斜古丹町旧土人共有」と指定された公債証書及び株式（昭和二〇年度時点で合計二二六〇円）は、その後処分された記録はないのに、本件官報公告に含まれていない（本件で返還される財産はすべて現金であり、上記の公債証書及び株式は返還の対象になっていない。）。なお、本件官報公告における番号一四の室蘭市旧土人共有財産の管理過程において、公債による利殖が図られているが（昭和一〇年時点で五〇円）、上記公債はその後処分された記録がないのに、本件官報公告には含まれていない。

漁業権その他の権利について、上記明治三五年北海道庁令第一三九号で「十勝國中川郡各村旧土人共有」として指定された鮭引網漁場二か所、鱒引網漁場一か所及び海産干場一か所は、その後処分された記録がないのに、本件官報公告に含まれていない。

現金について、昭和一〇年から昭和一六年にかけて、本件官報公告における番号三の「中川郡幕別村旧土人共有」の台帳に計上されていた一〇六四円三〇銭、番号四の「全道教育資金」の台帳に計上されていた一四八三円三一銭、番号六の「勇払郡鵡川村旧土人共有」の台帳に計上されていた九六〇円八一銭が、それぞれ共有財産から支出あるいは使用された記録がないのにその後の繰越額から失われている。

これらの財産は、処分された記録がないから、現在まで共有財産として残されているはずであり、本来官報公告の対象とされるべきものである。

また、旧保護法の趣旨に従えば、共有財産の管理にかかる費用は管理者たる行政の側が負担すべきであったが、旭川市においては、昭和二年から昭和七年までの間に共有財産から管理費合計一万一九三五円が支出され、昭和九年に旭川市から北海道に共有財産の管理運用が引き継がれた後も、昭和一七年までの間に、予算上管理費合計三万六七六八円が計上されている。これらは共有者らに損害を与えたものとして返還されなければならない。

さらに、旭川市においては、救恤金及び恩賜金を内容とする「基本財産」(昭和九年時点の推定額一万五〇〇〇円程度)が存在しており、これは旭川のアイヌの共有財産として指定されるべきものであった。旭川市が昭和九年に共有財産の管理運用を北海道に引き継いだ際、現金一万六三〇六円の引継がなされたはずであり、これも返還されるべき共有財産であるが、本件官報公告には含まれていない。

したがって、本件の官報公告は、被控訴人に課せられた善管注意義務、管理計算義務、管理経過調査義務が尽くされないでなされ、かつ公告時に認識していた金額を公告したにとどまる違法なものである。

官報公告は、共有財産返還手続の一環をなすもので、独自の行政処分でないから、瑕疵ある公告は当然に返還決定処分の違法事由となる。また、官報公告の違法性は、後続行為である返還決定に承継されるとも考えられる。いずれにしても、本件の官報公告は違法であるから、結果として、本件返還決定は違法性を帯びているといえる。」
5　同八頁九行目から一三行目までを次のとおり改める。
「エ　本件返還決定が公告の違法性を承継することを理由に無効確認または取消判決がなされた場合、被控訴人は、行政事件訴訟法三三条に基づく判決の拘束力により、判決の趣旨に添って違法な公告を取消し、公告をやり直すことが法的に義務付けられ、財産管理者としての善管注意義務、管理計算義務、管理経過調査義務に基づいて旧保護法一〇条三項により指定された共有財産のうち既に適法に管理を終了した財産を除いたすべての共有財産の金額を確定し、これを公告することになるから、従前の処分が繰り返されるということはない。

そして、上記のとおり本来返還されるべき共有財産が存在する以上、変更された公告によって、控訴人ら共有者に返還されるべき共有財産の範囲が拡大し、本件返還決定とは異なる、控訴人らにより有利な処分が行われることになる。

したがって、控訴人らには本件返還決定の無効確認又は取消しを求める法律上の利益が認められる。」

6 同一三頁五行目から七行目までを次のとおり改める。

「なお、本件返還しない決定における権利者の立証責任については、本件共有財産の歴史的経緯、先住民族の権利を前提として考え、また上記のとおり被控訴人は他人の財産を管理する者として善管注意義務を負い、財産管理の終了に際しては本来の権利者を調査して財産を返還すべき義務を負っていることに照らせば、被控訴人の側で、本来の権利者を特定し、財産の返還を請求する者が特定された権利者に含まれていないことを明らかにすべきである。」

7 同一三頁一二行目の「秋邊ミサ」から同頁一三行目の「ホ」までを「秋邊ミサ（又はミサホ。以下「秋邊ミサ」という。）」と改め、同頁一四行目の次に改行して次のとおり加える。

「上記の財産は、共有者が特定されずに「斜古丹村共有」「色丹村共有」とされているのであるから、色丹村で生活していたアイヌが権利者である。控訴人秋辺が権利者でない旨の積極的な立証はない。」

8 同一三頁二四行目の末尾に続けて「「五〇名共有」の五〇名のみが当該共有財産の権利者であったとの立証はない。」を加える。

9 同一四頁八行目の末尾に続けて「控訴人豊川が権利者でない旨の立証はない。」を加える。

第三　当裁判所の判断

1 当裁判所も、本件返還決定の無効確認又は取消請求に係る控訴人らの訴えをいずれも却下し、本件返還しない決定の無効確認又は取消請求をいずれも棄却した原判決は相当であると判断する。その理由は、次のとおり補正するほか、原判決の「事実及び理由」の「第四　当裁判所の判断」に説示のとおりであるから、これを引用する。

⑴　原判決一七頁二六行目ないし同一八頁二四行目までを次のとおり改める。

「⑵控訴人らは、第一に、上記の公告は被控訴人に課せられた善管注意義務、管理計算義務、管理経過調査義務が尽くされないでなされ、かつ公告時に認識していた金額を公告したにとどまる違法なものであり、したがって本件返還決定も違法性を帯びるところ、本件返還決定の無効確認または取消判決がなされた場合、判決の拘束力により被控訴人は公告をやり直すことが法的に義務付けられ、その公告によって控訴人ら共有者に返還されるべき共有財産の範囲が拡大し、控訴人らにより有利な処分が行われることになるから、控訴人らには本件返還決定の無効確認又は取消しを求める法律上の利益が認められる旨主張する。

しかして、甲三二、甲七六ないし七八、甲九四、甲一〇一の一、証人滝沢正、同井上勝生及び弁論の全趣旨によれば、本件の返還手続に際して北海道が作成した「旧土法共有財産（土地）に係る告示の経緯」と題する資料（甲九四）中に、旧保護法一〇条三項により共有財産として指定された「幕別（大津村）　海干1宅地1」「池田町　原野4」について、「現在管理されていない。権利移転の手続関係について調査中」との記載があり、上記各不動産は本件広告の対象たる共有財産とはされていないことが認められるように、旧保護法一〇条三項により共有財産として指定された財産の中には、北海道知事において指定後の管理の経緯の詳細を把握しきれていないものがあることは否めない。

しかしながら、アイヌ新法附則三条は、アイヌ新法施行の際北海道知事が現に管理する財産の返還手続を定めるものにすぎない。同条の「この法律の施行の際現に……管理する北海道旧土人共有財産」との文言は、返還手続の対象となるのが北海道知事がアイヌ新法施行の際現に管理している共有財産であるという意味において一義的であって、これを控訴人ら主張のように、公告時までに適法に管理を終了した財産を除いた残りすべての共有財産という趣旨に解することはできない。北海道知事がアイヌ新法施行の際に現に管理していない財産については同法附則三条による返還手続の対象外といわざるを得ない。

したがって、たとえ本件返還決定について無効確認又は取消しの判決をし、その結果、アイヌ新法附則三条二項による公告の手続が再び行われることになったとしても、被控訴人としては、アイヌ新法施行の際に現に管理していなかった財産については、これを公告の対象とすることができない。

他方、仮に被控訴人がアイヌ新法施行の際現に管理していながら、本件の官報公告からは漏れた共有財産があるとすれば、その共有財産については同法附則三条による返還手続がなされるべきであるが、そのような再度の返還手続は、本件返還決定について無効確認又は取消しの判決がなされない限りなし得ないものと解する必要はない。むしろ、アイヌ新法附則三条その他の規定において再度の返還手続が禁じられていない以上、被控訴人としては、アイヌ新法施行の際現に管理していながら本件官報公告から漏れた共有財産を発見した場合には、再度の返還手続を行うべきものと解するのが相当である。このように返還の対象となる共有財産が新たに判明した場合に、その共有財産について追加して官報公告をして返還請求の手続をすることができるということは、被控訴人も認める手続であって、何ら控訴人らにとって不利益な法解釈とはいえない。

すなわち、被控訴人がアイヌ新法施行の際に現に管理していなかった財産については、本件返還決定について無効確認又は取消しの判決がなされても、同法附則三条による返還手続によってこれが控訴人らに返還されるということはあり得ず、また、被控訴人がアイヌ新法施行の際に現に管理していた共有財産については、それが本件の官報公告から漏れていたとしても、本件返還決定によって再度の返還手続が制限されるものではない。

本件返還決定の趣旨は、官報公告の対象となり控訴人ら（控訴人杉村フサについては亡杉村満）が返還請求をした共有財産をそれぞれに帰属させるということに尽き、控訴人らに対して何ら不利益を及ぼすものではないというべきである。

よって、控訴人らには本件返還決定の無効確認又は取消しを求める法律上の利益がないといわざるを得ない。」

(2) 同一九頁一六行目の「原告らが」から同頁一七行目の「金額」までを「被控訴人がアイヌ新法施行の際に現に管理していなかった金額」と改める。

(3) 同二〇頁三行目の「ても、」の次に「内容的には」を加える。

(4) 同二五頁二六行目の「行った」の次に「(乙三の七、乙三の一五、乙三の一六及び乙三の二〇)」を加える。

(5) 同二八頁一行目の「審査結果に」を「審査結果の認定あるいは推認の方法等において」と改め、同頁三行目、四行目及び九行目の「共有者」をいずれも「権利者」と改め、同頁一〇行目の「本件訴訟」から同頁一五行目の「る。」までを「一般に、国民、住民の側から行政庁に対して自己の権利、利益を拡張することを求める申請の却下処分の取消しを求める訴訟においては、原告がその申請の根拠法規に適合する事実についての立証責任を負うというべきであり、アイヌ新法附則三条による共有財産の返還手続についても、請求に係る共有財産を返還しない旨の決定を受けた原告の側で自らが当該共有財産の共有者であることを立証すべきものと解される。以上は、共有財産に関する歴史的経緯やアイヌの人々の先住性によって異なるものではない。」と改める。

(6) 同二九頁二三行目の次に改行して次のとおり加える。
「七　控訴人らは、アイヌ民族は先住民族として特別国際法上あるいは一般国際法上の主体性が認められ、国際的権利を行使して国際請求ができる旨の主張をもするが、そのことによって被控訴人がなした本件返還決定及び本件返還しない決定の結論が左右されることにはならないから、控訴人らの上記主張には理由がない。」

(7) 同二九頁二四行目冒頭の「七」を「八」と改める。

2　よって、原判決は相当であり、本件控訴は理由がないからこれをいずれも棄却することとして、主文のとおり判決する。

札幌高等裁判所第三民事部

裁判長裁判官　坂本　慶一

裁判官　北澤　晶

裁判官　石橋　俊一

編者注：「第三　当裁判所の判断」1の(1)は、判決が道側の「指定後の管理の経緯の詳細を把握しきれていない」と、すなわち、アイヌ民族共有財産調査の不十分を明示したものである。ここで判決文が言及した甲三二は、道作成の「北海道旧土人共有財産明細書」であり、また甲七六および甲七八、甲一〇一の一は、滝沢正提出の一連の陳述書である。本書では割愛した。

(1) 公開質問状(No.1)

二〇〇四年六月一四日
小川隆吉

北海道知事高橋はるみ様
公開質問状
アイヌ民族共有財産裁判
控訴人代表　小川隆吉

貴職におかれましては公務ご多忙の折、恐縮とは存じますが、私ども係争中の「アイヌ民族共有財産裁判」につきまして緊急に以下の質問をいたしたく文面に示しました。

できる限り速やかにお答えをいただきますようお願いいたします。

二〇〇四年五月二八日付け北海道新聞朝刊は、貴職が五月二七日胆振管内大滝村のホテルにて記者会見をし、同日の札幌高等裁判所控訴審判決に対して「公告した以外に道(知事)が管理している共有財産はない」「記録をすべて精査して公告した。再調査は考えていない」と述べた旨伝えております。

この発言に関わりまして以下の質問をいたします。

1

札幌高等裁判所の判決文中「当裁判所の判断」に、以下の判示がみえます。

「北海道が作成した旧土法共有財産(土地)に係る告示の経緯」と題する資料中に、旧保護法一〇条三項により共有財産として指定された、「幕別海干1宅地1」「池田町原野4」について、「現在管理されていない。権利移転の手続き関係について調査中」との記載があり、上記各不動産は本件公告の対象たる共有財産とはされていないことが認められるように、旧保護法一〇条三項により共有財産として指定された財産の中には、北海道知事において指定後の管理の経過の詳細を把握しきれていないものがあることは否めない。」この判示において、裁判所は「北海道知事は共有財産の指定後の管理経過を詳細に把握しきれていない」まま一九九七年の公告を行ったこと、つまり公告には返還されるべき共有財産の漏れがあったことを認め、その再調査をおこなうことを求めて

高裁判決後、記者会見で「声明要旨」を発表する村松弁護団長（2004年５月27日）

います。

新聞報道による、貴職の発言は高等裁判所の上記「判断」を否定し、判決の求めるところを拒否したものと受け止められますがそのとおりでよろしいでしょうか。

2

上記「判断」に例示された「幕別村海産干場1宅地1」および「池田町原野4」に関わる文書は、作成期日は不明ですが紛れもなく貴職の部下が共有財産返還処分の準備のために作成したものであって、私どもの調査によるものではありません。新聞報道上の貴職の主張に従えば、この二件の共有財産の適法な処分がその後北海道によってなされ、現金として、公告されたいずれかの財産別にくわえ入れられたものと理解されます。以下質問いたします。これら二件の不動産が何時現金化され、その金額はいくらであったのか。公告されたどの共有別に何時加算されたのか。お示し頂きたい。念のため申し上げますが、一九九七年七月の公告の共有別には「池田」の項目はありません。このあたり私どもの納得が行くご説明をお願いします。

3

貴職および貴職代理人は、原審以来一貫して本件処分は、「現に」管理する共有財産の返還である旨強調してきました。この「現に」の解釈において、私どもと大きな隔たりがあることは口頭弁論を通じて明らかでありました。私どもは、貴職らの主張する「現に」とは「管理経過は不問にするべきである」とする意を含んでいるものと理解しております。仮に、貴職らの主張にしたがって質問致します。貴職は「記録をすべて精査して公告した」と申しておりますが、その結果「現に」管理している共有財産がすべて把握されたはずでありますから、公告を作成するに当たってそのもととなった「原簿」類をお示し頂きたい。

「原簿」類の名称はなんというものでしょう。共有別の現金残高、「現に」管理している部局名、預貯金ならば預け入れ先および年月日など、公告された一八件の共有財産および八件の「返還する財産」（指定されないまま知事が管理している財産）が、それら「原簿」類の記帳の通りであることを示して頂きたい。

4

貴職代理人は、準備書面において「公告した以外に返還の対象となる共有財産の存在が判明したら追加公告する」事もあり得ると主張しました。高等裁判所は、私どもの「本件返還処分は一回きりのものとして設計されている」とする主張を退け、貴職の主張を容認しました。その「判断」自体は私どもの受け入れられないものでありますが、「判断」の文言に、「返還の対象となる共有財産が新たに判明した場合に、その共有財産について追加して官報公告をして返還請求の手続きをすることができるということは、控訴人も認める手続きであって、何ら控訴人らにとって不利益な法解釈とは言えない。」とあります。この「判断」を法解釈上の空論に終わらせないためには、本件裁判の披控訴人としてではなく、北海道の首長としての知事が疑わしきものについては再調査を行う必要があると考えますがいかがでしょうか。

5

二〇〇三年九月三〇日の口頭弁論において、滝沢正氏が旭川市ほか数件について公告に含まれていないと考えられる共有財産を指摘した際に、貴職代理人は滝沢氏と同一の原資料を取り上げて反論を試みましたが、指摘された共有財産が適法に処分され、公告の「旭川市50名共有」等に適正な手続きをもって編入されたことを立証するものではありませんでした。また、同年一二月二日に井上勝生証人は、公告された「幕別村」の共有財産の原資にはアイヌ自身の漁業からの利益が編入されたこと、「旧法」以前にはアイヌの総代が加わる財産管理法が存在したこと、同共有財産の管理をめぐって和人管理者とアイヌの争論があったことを明らかにしました。これも代理人は同時代の資料並びに研究書をもって争いましたが「現に」管理され、公告された「幕別村」の共有財産に対する疑いを否定することは出来ませんでした。以上は、口頭弁論の一部ですが、この経過は、貴織および貴職代理人も共有財産を論ずるにあたって「現に」管理する現金のみを対象とするのではなく、歴史的経過に関わって弁論を行わざるを得なかったことを示しています。

今、係争の成否は措くとして、私どもは、研究者等の協力を得て、共有財産の全経過を調査することが、「アイヌ文化振興法」の目的「アイヌの人々の民族としての誇りが尊重される社会の実現」のために、有意義かつ必要であると考えますが、貴職の見解をお伺いします。

6

今回最後の質問となります。二風谷ダム裁判において札幌地方裁判所はその判決で、「アイヌ民族は我が国の統治が及ぶ前から主として北海道に居住し、独自の文化を形成しており、これが我が国の統治に取り込まれた後もその多数構成員のとった政策等により、経済的、社会的に大きな打撃を受けつつも、なお民族としての独自性を保っていると言うことができるから、先住民族に該当するというべきである。」と述べています。

また、同判決は「アイヌ民族」を「市民的及び政治的権利に関する国際規約（B規約）二七条、や憲法一三条によって」その権利が保障されていると判断しています。以上の判断に関わって、以下質問致します。

貴職は、この判決が認めた「アイヌ民族は先住民族である」こと、B規約及び憲法一三条によって規定された独自の権利を有すること、を認めますか。

なお念のため、本件「共有財産裁判」の原告を「アイヌ民族と認識しておりますかどうかもおたずね致します。

高等裁判所の弁論に関わって、さらにおたずねしたい事がありますが、今回は以上の六項の質問といたします。
お答えは、同胞はじめ北海道民の皆様に共有財産の諸問題を理解して頂くために公開したく、正確に伝えるために文書をもってご回答がいただけるようお願い致します。
出来ますなら今月中にご回答いただけるようお待ち申しております。

二〇〇四年六月一四日

(2) 公開質問状(No.1)への回答

二〇〇四年六月二九日
北海道知事
高橋はるみ

アイヌ民族共有財産裁判
上告人代表　小川隆吉　様
環総第五三七号
平成一六年六月二九日
北海道知事　高橋はるみ　公印
北海道旧土人共有財産等返還手続無効確認請求控訴事件に関する公開質問について
平成一六年六月一四日付けの公開質問条に対し、本件訴訟との関連において、次のとおり回答申しあげます。

記

Ⅰ　1、4及び5について

今回の控訴審判決におきましては、アイヌ新法に基づく返還手続きの対象となるのは、同法施行の際に「知事が現に管理している共有財産」であると示されたところであり、道は、この手続きに当たりまして、裁判中でも示しましたとおり、その指定経緯や改廃状況を十分に調査した上で、返還の対象となる全ての共有財産を公告しておりますことから、再調査を考えていないものです。

なお、「知事が現に管理していない共有財産」については、今回の判決では、アイヌ新法に基づく返還手続きの対象外とされており、そのこと以外に何らかの判断が示されたものではありません。

Ⅱ　2について

このことにつきましては、平成一〇年一一月三〇日付けで、「北海道旧土人保護法に基づく共有財産を考える会世話人代表小川隆吉様」より同内容の質問があり、同年一二月一一日付け環総第一〇二七号で北海道環境生活部長から「幕別町及び池田町に関わる共有財産の土地については、これまで文献等も含め調査を行ってまいりましたが、現在残されている旧土人共有財産台帳における賃貸料収入の実積からみて、昭和20年頃までに管理を終え、共有者の方に返還されたものと考えております。」と回答しているものです。

Ⅲ　3について

このことにつきましては、原審、控訴審におきまして訴訟の証拠として提出がされているものです。

(3) 公開質問状(№.2)

二〇〇四年七月一二日
小川隆吉

北海道知事　高橋はるみ　様
アイヌ民族共有財産裁判上告人代表
小川　隆吉

二〇〇四年六月一四日付公開質問状に対し、平成一六年六月二九日付回答をいただきました。しかしながら基本的な回答の考え方について、「本件訴訟との関連において」と言い、裁判で争っているからとして、具体的に答えなければならない質問に対し、全く答えていないのは残念です。これでは返還すると言われても疑問が深まるばかりで、返還することは不可能と思います。少しでもその疑問に答えていただくために、疑問のある箇所についてのみ端的に質問致します。その質問に対して、率直に答えていただくようお願い致します。

1

幕別・池田の土地処分について、貴職は「旧土人共有財産台帳における賃貸料収入の実績からみて」としておりますが、

①この「旧土人共有財産台帳」は、昭和何年の何ページの第何項の賃貸料収入実績を指しているのですか。金額高も合わせてお示しください。

②その金額を以て共有者に返還されたと判断した根拠をお示しください。

2

「現に管理する共有財産」の原簿については、「原審控訴審におきまして訴訟の証拠として提出がされている」というお答えですが、これでは、書類名・管理部署名・金額が分りかねます。

また、私たちが記憶している限りでは、被告（被控訴人）から「原簿」と呼ぶに相当する証拠は提出されていなかったはずですのでお尋ねします。

①もし提出されていたのならば、その文書類の名称をお答えください。

②私たちの認識では、こちらから提出した「北海道旧土人共有財産管理状況明細書保管者　北海道歳入歳出外現金出納管理」がそれに当たるものと判断していますが違い

ますか。そうである、そうでない、でお答えください。

3

「北海道知事において指定後の管理の詳細を把握し切れていないものがあることは否めない」と裁判所が判断し、「返還の対象となる共有財産が、新たに判明した場合には、再度の返還手続きをおこなうべきものと解するのが相当である。……追加して官報公告をして返還請求の手続きすることができるということは、披控訴人も認める手続きであって、何ら控訴人らにとって不利益な法解釈とはいえない。」と判決文でいっております。「被控訴人も認める手続き」というのは、被控訴人「準備書面(4)」(平成一六年二月二六日付)四頁「本件官報公告した共有財産以外に返還の対象となる共有財産の存在が判明したとしても、新たに判明した共有財産について、追加して官報公告をして返還請求の手続きをすることになるにすぎず、……」を言っていると思われますが、「返還の対象となる共有財産が新たに判明した場合には、再度の手続きを行う」と判断してよろしいでしょうか。

4

本件訴訟の原告を「アイヌ民族」と認めるかどうかお聞きしたい。「念のため」として質問したのは、「当該質問と本件訴訟とは関係ないものと考えます」という準備書面の法的なレベルで考えるのではなく、当事者として訴訟の根幹をなすものと考えているからです。今月一七日(土)までに文書でお答えくださることをお願い致します。

二〇〇四年七月一二日

(4) 公開質問状(No.2)への回答

二〇〇四年七月二三日
北海道知事
高橋はるみ

アイヌ民族共有財産裁判
上告人代表　小川　隆吉　様

環総第七〇二号
北海道知事　高橋　はるみ

北海道旧土人共有財産等返還手続無効確認請求訴訟事件に関する公開質問状（№2）について

平成一六年七月一二日付けの公陽質問状（N〇二）に対し、次のとおり回答申し上げます。

記

I　1、について

昭和二〇年度の台帳には「賃貸料収入」の項目がありましたが、その後は現金のみを管理してきた状況から、共有者の方に返還されたものと考えております。

II　2、について

甲一号証ないし甲八号証及び甲八九号証です。

III　3、について

道は、アイヌ新法に基づく返還手続きに当たりまして、返還の対象となるすべての共有財産を公告しておりますが、仮に、返還の対象となる共有財産が新たに判明した場合には、控訴審判決が示すように再度の返還手続きが出来るものと考えております。

IV　4、について

本件訴訟は、行政手続きについて争っているものであり、当該質問と本件訴訟とは関係がないものと考えます。

第Ⅳ部　最高裁判所　上告

北海道旧土人共有財産等返還処分無効確認請求上告受理事件　最高裁判所平成16年(行ツ)第256号

(1) 上告状兼上告受理申立書

二〇〇四年六月八日

平成一六年六月八日

最高裁判所　御中

上告人兼上告受理申立人訴訟代理人

弁護士　村松　弘康

弁護士　房川　樹芳

弁護士　肘井　博行

弁護士　粟生　猛

弁護士　砂子　章彦

弁護士　新川　生馬

弁護士　増谷　康博

弁護士　佐藤　昭彦

当事者の表示　別紙当事者目録の通り

上記当事者間の札幌高等裁判所平成一四年（行コ）第六号北海道旧土人共有財産等返還手続無効確認請求控訴事件につき、平成一六年五月二七日に言渡された判決は全部不服であるので、上告を提起し、並びに上告受理を申立てる。

北海道旧土人共有財産等返還手続無効確認請求上告兼上告受理申立事件

訴訟物の価格　金　円

貼用印紙額　金　円

原判決の表示

1、本件控訴をいずれも棄却する。

2、訴訟費用は控訴人らの負担とする。

上告の趣旨

1、原判決を破棄する。

2、主意的請求

(1) 被上告人が、平成一一年四月二日付けでした第一審判決別紙一の「第一 返還するとの決定」記載の各決定（番号一一、一七ないし二一を除く）及び同別紙一の「第二 返還しないとの決定」記載の各決定はいずれも無効であることを確認する。

(2) 訴訟費用は被上告人の負担とする。

との判決を求める。

3、予備的に、

(1) 被上告人が、平成一一年四月二日付でした第一審判決別紙一の「第一 返還するとの決定」記載の各決定（番号一一、一七ないし二一を除く）及び同別紙一の「第二 返還しないとの決定」記載の各決定をいずれも取り消す。

(2) 訴訟費用は被上告人の負担とする。

4、訴訟費用は被上告人の負担とする。

との判決を求める。

上告受理申立の趣旨

1、上告を受理する。

2、原判決を破棄し、さらに相当の裁判を求める。

3、訴訟費用は、第一、第二審、上告審とも、相手方の負担とする。

との判決を求める。

上告した後の上告人たちと弁護士の記者会見（2004年6月8日）

上告及び上告受理申立の理由

追って、上告理由書及び上告受理申立理由書を提出する。

添付書類

上告状兼上告受理申立書　副本　一通
訴訟委任状　一八通

以上

当事者目録

上告人
小川　隆吉
青木　悦子
苗畑　レイ子
酒井　晴美

秋辺　得平
荒木　繁
小川　サナヱ
川村　兼一
北川　しま子
鹿田　川見
原島　則夫
豊川　重雄
島﨑　直美
伊藤　稔
小名　與市
諏訪野　楠蔵
亡杉村　満訴訟承継人（選定当事者）　杉村　フサ
亡杉村　満訴訟承継人　杉村　夫満郎
亡杉村　満訴訟承継人　太田　奈奈
亡杉村　満訴訟承継人　杉村　要
砂沢　代恵子

被上告人
北海道知事　高橋　はるみ

上告人代理人
村松法律事務所
弁護士　村松　弘康
房川法律事務所（送達場所）
弁護士　房川　樹芳
肘井博行法律事務所
弁護士　肘井　博行
あわお法律事務所
弁護士　粟生　猛
札幌総合法律事務所
弁護士　砂子　章彦

新川法律事務所
弁護士　新川　生馬

増谷法律事務所
弁護士　増谷　康博

岩本法律事務所
弁護士　佐藤　昭彦

(2) 上告理由書

二〇〇四年八月四日

平成一六年（行サ）第四号
北海道旧土人共有財産等返還手続無効確認請求上告事件
上告人　小川　隆吉　外一七名
被上告人　北海道知事

上告理由書

平成一六年八月四日

最高裁判所御中

上記上告人ら訴訟代理人
弁護士　村松　弘康
外

はじめに
第一　憲法第一三条および国際人権規約B規約第二七条違反
　1　上告人らはアイヌ民族である
　2　世界の先住民族に対する施策の潮流について
　3　国際人権規約B規約及び国内的効力（憲法第一三条）
　4　共有財産に対する権利は国際人権規約B規約の文化享有権に該当する
　5　本件返還手続
　6　結論
第二　憲法第二九条一項違反
第三　憲法第三一条違反
第四　民事訴訟法第三一二条二項六号（理由不記）
最後に

はじめに

被上告人が上告人らに対して為した各北海道旧土人共有財産の返還手続処分が依拠し原審も当然有効としたアイヌ文化の振興並びにアイヌの伝統等に関する知識の普及及び啓発に関する法律附則第三条以下の返還手続に関する規定は、憲法第一三条、第二九条一項、第三一条に抵触する憲法違反の法令であり、かかる違憲の法令に基づく本件処分は当然に違憲無効な処分である（民事訴訟法第三一二条一項）。

また、原判決には、判決に理由を付していない判断が認められる（民事訴訟法第三一二条二項六号）。

以下詳述するが、本件は少数先住民族問題であるという視点を欠いて判断することは許されないものである。

第一　憲法第一三条および国際人権規約B規約第二七条違反

1、上告人らはアイヌ民族である。

(1)　上告人らはアイヌ民族に属するものである。アイヌ民族は、「民族」の範疇に分類され、本土和人とは異なったエスニシティを有する集団であり、少数・先住民族である。

日本国政府もこのことを認め、一九八八年一月二九日の参議院本会議において外務大臣が「アイヌの人々が独自の宗教及び言語を有し、また文化の独立性を保持していると認められる」と答弁している。

(2)　また、いわゆる二風谷ダム判決（札幌地方裁判所平成五年

（行ウ）第九号権利取得裁決及び明渡裁決取消請求事件　判例時報一五九八号三三頁以下）は、アイヌ民族の先住民族性について「アイヌ民族は、幕藩体制の下で大きな政治的、経済的影響を受けつつも独自の社会生活を継続し、文化の享有を維持しながら北海道の各地に居住していたことが認められ」さらに、「アイヌ民族に対し採られた諸政策などにより、アイヌ民族独自の文化、生活様式等が相当程度衰退することになった」が「現在アイヌの人々は、我が国の一般社会の中で言語面でも、文化面でも他の構成員と殆ど変わらない生活を営んでおり、独自の言語を話せる人も極めて限られているものの、民族としての帰族意識や民族的な誇りの下に、個々人としての、あるいはアイヌの人々の民族的権利の回復と地位向上を図るための団体活動を通じて、アイヌ民具の収集、保存、博物館の開設、アイヌ語の普及、アイヌ語辞典の編さん、アイヌ民族の昔話の書物化、アイヌ文化に関する講演等を行ない、アイヌ語や伝統文化の保持、継承に努力し、その努力が実を結んでいることが認められる。」と認定した。その結果「アイヌの人々は我が国の統治が及ぶ前から主として北海道において居住し、独自の文化を形成し、またアイデンティティを有しており、これが我が国の統治に取り込まれた後もその多数構成員の採った政策等により、経済的、社会的に大きな打撃を受けつつも、なお、独自の文化及びアイデンティティを喪失していない社会的な集団であるということができる」として、「先住民族」に該当すると判断している。

前述のようにわが国においては、それまでアイヌ民族が先住民族であることを公的機関がどこも認定しておらず、この判決は国家機関として初めてアイヌ民族の先住民族性を肯定したものである。

(3)　加えて、一九八六年一〇月二三日の衆議院内閣委員会において児玉健次委員の「北海道旧土人」とはどんな人たちをさすのかという質問に、小林功典政府委員（厚生省社会局長）は「北海道旧土人といいますのは、和人と言われた人たちが北海道に移住してくる以前から北海道に居住していた先住民族及びその子孫でございます。いわゆるアイヌと呼ばれる方々でございます」と答弁し、アイヌ民族が先住民族であることを明言している。

(4)　なお、国連人権小委員会の作業部会においては、アイヌ民族は当然、先住民族として考えられており、現在国際社会においては、先住民族の定義はともかくとして、アイヌ民族が「先住民族」であることに疑いを差し挟む余地は全くない。

(5)　以上の諸点から、上告人らアイヌ民族が先住民族であって、少なくとも少数民族としての法的存在であることは疑う余地がない。

(6) しかも、本件で問題とされる共有財産は、差別と不公平の象徴であった北海道旧土人保護法第一〇条によって強制管理されていた共有財産を返還する手続きについての処分であるから、まさに先住民族問題、少なくとも少数民族問題であるため、国際連合人権委員会の少数民族に関する作業部会における「先住民族の権利宣言」の動向を無視することは許されないし、わが国も批准している国際人権B規約の少数民族に関する規定に反した法規の制定や処分を行うことは許されないところである。

(7) しかるにアイヌ文化の振興並びにアイヌの伝統等に関する知識の普及及び啓発に関する法律附則第三条以下の規定は上記国際的な先住民族に対する世界的な潮流に反し、国際人権B規約にも反し、ひいては憲法第一三条に反した規定であって、違憲無効の法規に依拠した本件返還処分には効力がないことは理の当然である。

2、世界の先住民族に対する施策の潮流について

(1) 先進諸国の先住民族政策について

先進諸国の先住民族政策については、平成一二年一〇月五日付準備書面において詳細に主張したところであるが、以下、簡単に概括する。

① アメリカ合衆国

一九六八年に「インディアンの市民的権利に関する法律」が制定され、合衆国の人権規定が部族政府にも適用されることとされ、一九七五年には「インディアン自決・教育助成法」が制定され、ネイティブ・アメリカンの自決や教育に関するプログラムを政府の責任において実施するに至っている。また、ネイティブ・アメリカン部族から違法・不当に奪った土地に対する権利を回復補償する措置ないし立法が多くなされるに至っている。

また、アラスカ先住民については、一九七一年「アラスカ先住民請求処理法」が制定され、それまでの先住権を消滅させる代償として四〇〇〇万エーカーの土地所有権と九億六二五〇万ドルの金員を先住民に付与することとされた。そして、土地所有権の帰属主体及び金員の受給・運用主体として、個人と部族ではなく企業形態をとり、地域会社と村落会社を法定した。この措置は「広大な土地所有権

を先住民に移転したという点でアメリカ史上最大の『先住権補償立法』である」と評価されている。

このように、現在は権利の回復補償がなされてきている。

②　オーストラリア

オーストラリアにおける先住民族が置かれた法的状況を語るには、いわゆる「マボ判決（Mavo vs State Queensland, (1992)66A.L.J.R.408)」が重要である。トーレス海峡諸島に属するマレイ諸島は一九世紀後半にクインズランド領に併合・編入されたが、先住民との間に割譲条約を締結するという手続はとられずに一方的にクインズランド領とされていた。

この訴訟は、マレイ諸島の伝統的居住者であるメリアム族の一員の原告の一人であるエディ・マボは、原告が先住権に基づきメリアム族がマレイ諸島に対して所有者等としての権利を有すること、かつ、クインズランド州政府はそのメリアム族のその権利を消滅させることができないこと等の確認を求め、これに対しクインズランド州政府はマレイ諸島の併合時に国王が絶対的所有権を獲得したと主張して争ったものである。

一九九二年六月三日、オーストラリア連邦最高裁（High Court）が判決を下したが、先住民の先住権の存在を認め、従前判例で認めてきたオーストラリア先占取得論を否定し原告らが先住者として土地に対する権原を保護されると判断した。

このマボ判決は大きく政治を進展させ、一九九三年に「先住権法」の制定をもたらす結果となった。この先住権法には、ⅰ）先住権原を承認し保護すること、ⅱ）先住権原に影響する将来の取り引きについてそのやり方及び基準を定めること、ⅲ）先住権原の請求の認定する仕組を定めること、ⅳ）先住権原が無効とした過去の行為について効力を付与すること、が定められている。

③　ニュージーランドにおける先住民政策

一九五三年制定されたマオリ法は、マオリの土地の所有についてヨーロッパ人の侵入以前から所有形態であるマオリ・ランド（Maori Land）と、ヨーロッパ人と同様売買等により所有するに至ったあるゼネラルランド（General Land）の二つの形態の土地所有権が認められている。現在では、このマオリ・ランドは、全面積の約五パーセント前後しかないが、マオリの慣習に従って保有されている。現在、マオリの人口は、全体の一〇分の一に満たないが、その中で、様々な民族文化の普及・保存のための教育や施策が行われている。

とりわけ、マオリ語はニュージーランドの公用語となり、公文書は英語とマオリ語の両用併記である。放送も英語のプログラムの他、マオリ語のものも用意されており、政府もマオリ語教育の新しい施策が実施されている。

④ カナダにおける先住民政策

一九八六年連邦政府はインディアン共同体の自治政府政策を発表し、現行の憲法の枠内で新たな自治政府協定の交渉ができること、協定は連邦議会の立法により効力が生じることとされている。この政策にしたがって、現在までに、北部準州では西部イヌイットによる「イヌビアレット」、西部の認定インディアンとメティスによる「デネ・ネーション」、東部イヌイットによる「ヌナブット」等の自治政府協定が締結され、ケベック州北部ではクリー族およびナスカピ族に自治政府が認められ、ブリテッィシュコロンビア州ではセシェルト・インディアン・バンドが自治政府共同体として認められている。

一九九〇年マルルーニー首相は連邦下院の首相演説において、i)先住民の請求の和解および条約上の土地の付与の促進、ii)インディアン保留地の生活環境の改善、iii)憲法の枠内でのインディアン及びイヌイットの自治政府の権限の拡大のため立法上の選択権の提供、iv)現代カナダにおける先住民の基本的役割の見なおし」を柱とする先住民協議事項（Native Agenda）を発表した。これらの事項については、王立先住民委員会において審議されることとされ、先住民の掲載、社会、文化等について審議し、先住民とカナダ政府及びカナダ社会とのより良い関係が模索されている。

⑤ 以上の通り、アメリカ合衆国、オーストラリア、ニュージーランド、カナダ、の状況を概観したが、いずれも、近年では「共存」「自立」の立法がなされている。

(2) 国連等における先住民族に対する取組み

① 国際機関における先住民族問題への取組み

二〇世紀初頭において、先住民族はプランテーションや鉱業において奴隷同然の労働に従事させられていた。一九一九年に設立された国際労働機関（ILO）は、設立当初から先住民の労働問題に取組んできた。劣悪な労働状況を改善するため、専門部会を設けて検討し、一九五六年のILO第三九回総会に検討結果をまとめた「先住民族――独立国における先住民の生活労働状況」が報告された。この報告に基づき、一〇七号条約「先住民並びに部族及び半部族住民の保護及統合に関する勧告」が作成された。

この条約の目的は、「未開」で「遅れて」いる「先住民族」はやがて「文明化」することにより「進歩」し「文明社会の恩恵」にあずかることができるとして、「統合」を進めることにあった。他方、先住民族が伝統的に占有する土地に対する所有権を認めており（同条約第一一条）、教育の機会均等を規定する（第二一条）など画期的な内容も含んでいた。

一九七〇年代に入ると先住民族自身による復権運動への取組みが積極的となった。その中でＩＬＯ一〇七号条約に対する批判も高まった。それを受けてＩＬＯでは一九八六年に一〇七号条約改訂問題に関する専門家会議を開催した。その後、二年間の検討を経て、一九八九年ＩＬＯ一六九号条約「独立国における先住及び部族民族に関する条約」が採択された。この条約では統合主義的イデオロギーを排除することになった。しかし、条約の作成過程に先住民族が直接参加できなかったため、多くの不満が残っているといわれている。特に、①政治的な権利（自決・参加権）には全く触れられていないこと、②条約適用対象の呼称は「先住民族（indigenous peoples）」が採用されないよう「国際法の下で同語に付随するであろう諸権利に関して何らの意味合いも持つと解釈されるものではない」という但書きが付けられたこと、③先住民族に影響を及ぼす立法や行政処置の検討において単に「協議する」という弱い表現になったこと、④先住民族の慣習・慣習法などの制度を保持する権利に関しては「国内法体系に合致する限り」という制限がついたこと、⑤先住民族の土地に属する天然資源に対する権利保障に関する項では「決定権」がないことなど問題点が指摘されている。

但し、先住民族は各国政府にＩＬＯ一九七号条約の批准を要求しているが、現在までわが国は批准していない。

② 国際連盟の取組み

国際連盟は、少数者の権利保護をその主要な活動のひとつとしていた。国際連盟規約第二三条(b)では「自国の管理に属する地域内の土着住民（native inhabitants）に対し、公正なる待遇を確保することを約す。」と規定している。また、少数者に国内法の下における平等な取り扱いとともに自己固有の教育的及び文化的制度の維持を保障するなどの二三の多数国間条約を作成した。

しかし、これらの条約は先住民族に言及したものではなかった。

③ 国際連合の取組み

一九四七年、国連経済社会理事会に置かれた人権委員会の下部機関として設立された「差別防止・少数者保護小委員会」（以下「小委員会」という）が専門機関として「人権と自由に関するあらゆる種類の差別の防止と人種的・民族的・宗教的及び言語的少数派の権利保護の問題」に関する研究・勧告に携わった。

国連では、一九六五年から一九六六年にかけて少数者の権利保護の問題に関する四つの条約を採択した。それは「人種差別撤廃条約」、「経済的、社会的及び文化的権利に関する国際規約（A規約）」（以下「A規約」という）、「市民的及び政治的権利に関する国際規約（B規約）」（以下「B規約」という）及び「B規約の選択議定書」である。

特に、B規約の第二七条では「種族的・宗教的又は言語的少数民族が存在する国において、当該少数民族に属する者は、その集団の他構成員とともに自己の文化を享有し、自己の宗教を信仰しかつ実践し又は自己の言語を使用する権利を否定されない」という少数民族の権利の保護を規定した。

これらの条約についてはわが国も批准した。

④　国連においては、一九六五年「人種差別に関する研究」の成果を受けて一九七一年から先住民族の差別問題に関する研究が開始された。この研究の担当者となったJ．M．コーボゥは一九八一年から一九八三年にかけて報告書「先住民に対する差別に関する研究」（以下「コーボゥ報告」という）を小委員会に提出した。コーボゥ報告第五巻では「先住民族」が「自己の生活領域において発達した侵略前及び植民地化前の社会と歴史的連続性を有し、自己の領域又はその一部において現在優勢であるところの社会の中の他の部分と自己を異なるとみなす者」と定義されている。

⑤　国連の経済社会理事会は一九八二年に「先住住民に関する作業部会」を設置することを決議した。作業部会の目的は①先住民族の人権の保護とその促進に関する各国政府の施策の見直し、②先住民族の権利に関する世界宣言の準備である。また、一九九〇年国連は、一九九三年を「世界の先住民の国際一〇年」（国際先住民（族）年）とする決議を採択している。その間、作業部会には国連の諮問資格を持たないNGOの参加も認められ、先住民族自身の参加もなされた。多様な議論の中、一九九三年の第一一会期作業部会はE・ダイス作業部会長の下で「先住民族権利宣言草案」がまとめられた。一九九四年八月、人権小委員会は作業部会の草案を承認し、「人権委員会」に上呈された。

作業部会の「草案」は「自決権」のほかに「国の政治的・経済的・社会的・文化的な国家活動への完全な参加権、特に先住民族に係る事項の決定過程への参加権」が認められている（第四条、第一九条、第二〇条）。また、先住民族の医学的・生物学的な知識などを含めたあらゆる文化的、知的財産権（第二九条）が認められている。教育を受ける権利・開発に係る権利等が規定されている。また、土地の権利とそれを具体化した権利として、「自由な、かつ情報を得た上での同意なしに押収され、占有され、使用され、又は損害を受けた土地」について返還請求権（第二七条）を有することが明確にされ、伝統的な土地からの強制移住が禁止され（第一六条）、環境権や天然資源の権利等が認められている。

ただし、この「草案」には「先住民族」の定義規定がなされていない。このことについて、各国政府関係者から主観的な解釈が入りやすいとして不備が指摘されたが、先住民族側は第三者に定義される必要はないと考えている。作業部会では「コーボゥ報告」の定義が該当するものとされている。

⑥「草案」は人権委員会でさらに検討されることが決議され、人権委員会の中に「作業部会」を設けることになった。ただし、人権小委員会の「先住民族作業部会」においては、全ての先住民族、NGOが自由にオブザーバーとして参加することが許されていたが、「人権委員会の作業部会」では一定の手続を踏まなければ参加が認められないこととされた。今後最終案文作成まで、作業部会と人権委員会での審議が繰り返され、確定すると経済社会理事会の総会で審議され、最後に国連総会で宣言として採択されることになっている。

3、国際人権規約B規約及び国内的効力（憲法第一三条）

(1) 一九六五年、国連総会において「人種差別撤廃条約」が採択され、翌一九六六年には「経済的、社会的及び文化的権利に関する国際規約（A規約）」（以下「A規約」という）と「市民的及び政治的権利に関する国際規約（B規約）」（以下「B規約」という）及び「B規約の選択議定書」が採択された。

特に、B規約の第二七条では「種族的・宗教的又は言語的少数者が存在する国において、当該少数民族に属する者は、その集団の他構成員と共に自己の文化を享有し、自己の宗教を信仰し、かつ実践し、又は自己の言語を使用する権利を否定されない」と規定し、少数民族の権利の保護を図っている。

(2) そして、一九七九年八月四日、我が国は国会においてB規約の締結を承認し（昭和五四年条約第七号）、同年九月二一日発効している。日本国憲法は条約について国会の承認を必要とし（憲法第七三条三号）、天皇による条約の交付手続を定め（憲法第七条一号）、更に第九八条二項で条約の遵守を謳っている。これらの規定が、一元的な見地のもとに条約の国内法的効力を認めていることは明らかである。

(3)　また我が国は、条約に関するウィーン条約（いわゆる条約法条約）を批准しているが、その第二七条によると「当事国は条約の不履行を正当化する根拠として自国の国内法を援用することができない」とされている。

したがって、我が国も批准している国際人権規約B規約は、抵触する国内法に優先して適用されるべき法規である。

(4)　さらに一九八一年に、日本政府は規約人権委員会（B規約第四〇条に基づき規約の締結当事国からの報告書を審査することになっている）に対して、第一回報告書を提出しているが、その際の審議において「条約は国内法より高い地位を占める」と答弁している。また、B規約第二七条の規定は「……権利を否認されてはならない」という規定の形態からも自動執行的性格を有しており、何らの国内法上の立法措置は必要ないのである。

(5)　憲法は第九八条において「日本国が締結した条約及び確立された国際法規は、これを誠実に遵守することを必要とする」とされているから、B規約は憲法上も遵守されなければならない。

(6)　これらを踏まえて、判例においては、刑事事件ではあるが、大阪高裁の平成元年五月一七日決定において、「我国が昭和五四年八月四日『市民的及び政治的権利に関する国際規約』を批准し（昭和五四年八月四日条約第七号）、昭和五四年九月二一日発効したこと、同規約第三部第九条三に所論のような規定があること、条約が国内法上法形式としての『法律』より上位の効力を有する法規であることは所論指摘のとおりである。」と判示し、B規約が法律より上位の効力であることを当然の前提としているところである。

(7)　加えて、いわゆる二風谷ダム事件判決（札幌地方裁判所平成九年三月二七日判決）は、アイヌ民族を先住民族として認定し、法解釈において最大限の配慮をすべきとしたが（判例時報一五九八号三三頁以下）、ここにおいてB規約と憲法の関係について論じている。

すなわち、先住民族としてのアイヌ民族についても、日本国憲法第一三条は「個人として尊重」され、「幸福追求に対する権利」が、国政上「最大限の尊重」されることを保障しており、アイヌ民族にとって「個人として尊重され」、「幸福追求する権利が国政上尊重される」こととは、アイヌがアイヌとして生き続けていること、その文化を享有し続けることを憲法が保障しているとの原告の主張に対して、判決は憲法第一三条が「その文言及び歴史的由来に照らし、国家と個人との関係において個人に究極の価値を求め、国家が国政の態度において、構成員としての国民各個人の人格的価値を承認するという個人主義、民主主義の原理を表明したものである」とした上で「各個人の置かれた条件が、性別・能力・年齢・財産等種々の点においてそれぞれ異なることからも明らかなように、多様であり、このような多様性ないし相異を前提として、相異する個人を、形式的な意味ではなく実質的に尊重し、社会の一場面において弱い立場にある者に対して、その場面において強い立場にある者がおごることなく謙虚にその弱者をいたわり、多様な社会を構成し維持して全体として発展し、幸福等を追求しようとしたものにほかならない」とした。

そして、「えてして多数民族は、多数であるが故に少数民族の利益を無視ないし忘れがちであり、殊にこの利益が多数民族の一般的な価値観から推し量ることが難しい少数民族独自の文化にかかわるときはその傾向は強くなりがちである。少数民族にとって民族固有の文化は、多数民族に同化せず、その民族性を維持する本質的なものであるから、その民族に属する個人にとって、民族固有の文化を享有する権利は、自己の人格的生存に必要な権利ともいい得る重要なものであって、これを保障することは、個人を実質的に尊重することに当たるとともに、多数者が社会的弱者についてその立場を理解し尊重しようとする民主主義の理念にかなうものと考えられる。またこのように解することは、前記B規約成立の経緯及び同規約を受けてさらにその後一層少数民族の主体的平等性を確保し同一国家内における多数民族との共存を可能にしようとして、これを試みる国際連合はじめその他の国際社会の潮流に合致するものといえる」との判断を示している。

その結果、「原告らは、憲法第一三条により、その属する少数民族たるアイヌ民族固有の文化を享有する権利を保障されている」と認定され、少数民族たるアイヌ民族固有の「文化享有権」が憲法第一三条から保障されるとし、「先住少数民族の文化等に影響を及ぼすおそれのある政策の決定及び遂行に当ってはその権利に不当な侵害が起らないようにするため、右利益である先住少数民族の文化等に対し特に十分な配慮をすべき責務を負っている」とし先住少数民族の「文化享有権」が憲法第一三条に由来するものであることを明らかにしている。

(8) ところで、憲法一三条は、「すべて国民は、個人として尊重される。生命、自由及び幸福追求に対する国民の権利については、公共の福祉に反しない限り、立法その他の国政の上で、最大の尊重を必要とする。」と規定する。前述した、B規約は法律より上位の法規であって、憲法九八条二項で遵守しなければならない法規である。

このような少数民族の人権規定は、憲法上も当然認められるものであって、その由来するところは、個人に究極の価値を求め、国民各個人の人格的価値を承認する憲法一三条に求められるのは当然である。

4、共有財産に対する権利は国際人権規約B規約の文化亨有権に該当する。

(1) 共有財産形成の経緯

甲第二九号証によると共有財産の財源は三種に分けることが出来るとされ、一つは開拓使の官営漁業に依る収益金、二つ目は宮内省の御下賜金、三番目は救恤金の余剰金等とされているが、以下詳述するように、アイヌ民族自身の財産が相当数含まれている。

① 開拓使以来の共同組合事業の収益等の積立金

一八七五年、十勝土人漁業組合がつくられ開拓使の許可を得て漁場経営が行われた。日高でも同様に漁業組合を組織し経営し、胆振、釧路、厚岸方面でも漁場の共同経営が行われ（甲第三〇号証）、漁業組合の事業によってアイヌ民族の共有財産が発生した。

また、共有財産の原資として「アイヌが共同貯蓄した金」という指摘があるが（甲第三一号証）、これは勧農政策として開墾された「受産耕地」からの収益によって共有財産の財源となったと考えられる。この、共同貯蓄により形成された財産は「沙流郡各村旧土人共有」として共有財産に指定された。

十勝土人漁業組合の収益は、組合解散後、広尾郡旧土人五六戸分は各戸に分配され、残る十勝外四郡については、開拓使において保管し、郵船株式会社株式を購入して利殖を図ることとされた。その後、一八九三年（明治二六年）に十勝郡旅来村旧土人四五戸が財産の分割交付を願い出たため、各戸に分配され、中川郡外三郡については共有財産として残されている。

さらに、一八九四年（明治二七年）に至り、中川郡と河西・河東両郡に分割された上で共有財産として保管されており、一九〇二年（明治三五年）に至って旧土人保護法第一〇条に基づき長官管理の共有財産に指定された。

② 宮内省下賜金及び文部省交付金
「全道旧土人教育資金」は、後述の通り、明治天皇の下賜金及び文部省から下付されたものを基礎として、民間寄付を含んだものであるとされる。
③ 行幸時御下賜金
一八八一年（明治一四年）に明治天皇が北海道巡幸した際に、札幌本庁管内旧土人に対し金九二五円二五銭を下賜されたが、この金員が財源となった、共有財産は「勇払郡鵡川村旧土人共有」、「勇払郡苫小牧町旧土人共有」、「虻田郡虻田村旧土人共有」、「勇払郡穂別村旧土人共有」、「勇払郡厚真村旧土人共有」、「虻田郡弁辺村旧土人共有」、「白老郡白老村旧土人共有」、「胆振國白老郡白老敷生両村旧土人共有」、「有珠郡伊達町旧土人共有」、「室蘭市旧土人共有」である。
④ 救恤費（救助米）の余剰金
開拓使時代以来給与された救恤米の余剰や北千島への出稼ぎに伴う収益を積み立てたことにより共有財産が形成された共有財産が「色丹郡積丹村旧土人共有」である。
⑤ 共有地の下付
一八七六年、開拓使が厚岸町の旧土人三六人を集めて漁業を営ませていたが、一八八四年、漁場および海産干場を下付した。また、一九三四年（昭和九年）には「旭川市旧土人稲村イトウンベック外四九名共有」に八〇町歩余りの土地を下付している。

これらが財源となって「厚岸町旧土人共有」が一九二四年（大正一三年）に、「旭川市旧土人稲村イトウンベック外四九名」が一九三四年（昭和九年）にそれぞれ旧土人共有財産として指定された。

(2) 共有財産の指定の経過
① 一八九九年に制定された旧土人保護法第一〇条は当初第一項で「北海道庁長官ハ北海道旧土人共有財産ヲ管理スルコトヲ得」と規定し、第二項で財産処分の手続として「北海道庁長官ハ内務大臣ノ許可ヲ経テ共有者ノ利益ノ為ニ共有財産ノ処分ヲ為シ又必要ト認ムルトキハ其分割ヲ拒ムコトヲ得」とし、第三項で対象となる共有財産は「北海道庁長官ノ管理スル共有財産ハ北海道庁之ヲ指定ス」とされていた。
そして、アイヌ共有財産の管理については「管理に種々不都合なことがあったことをみとめ、この（旧土人保護）法によって道庁自らが管理する方針であることを明らかにしている」とされていた（甲第三一号証）。
② 一八九九年（明治三二年）一〇月三一日付北海道庁令第九三号に基づいて、「全道旧土人教育資金」として現

金及び公債証書合計六二〇六円、「天塩國天塩郡、中川郡、上川郡旧土人教育資金」として現金および公債証書合計二六〇円などあわせて一〇件現金及び公債証書合計八四七六円の財産につき北海道庁長官が管理する共有財産に指定された。

③ その後、一九〇二年（明治三五年）一一月八日付北海道庁令第一三九号で「十勝國中川郡各村旧土人共有」財産として十勝郡大津村字前浜、および同村字ペトアンネ所在の鮭引網漁場、同所の鱒引網漁場、同村ペトアンネ五番地所在の海産干場、および同村汐見通二番地五号所在の郡村宅地一畝四歩および同所所在の木造柾葺倉庫一棟（建坪一五坪）、北海道製麻株式会社株式九〇株を、「十勝國河西郡伏古村、芽室村、河東郡音更村旧土人共有」財産として十勝郡大津村字ウッナイ太所在の鮭引網漁場、河西郡下帯広村字大通五丁目一番地の郡村宅地一六二坪および同村字三番地の郡村宅地一六二坪、北海道製麻株式会社株式八〇株などあわせて一四件につき北海道庁長官が管理する旧土人共有財産に指定された。

④ さらに一九〇二年（明治三五年）一二月二一日付北海道庁令第一五九号において「石狩國札幌郡対雁村樺太ヨリ移住シタル旧土人共有」の石狩國石狩郡大字生振村字トウヤウス二二番地沿所在の鮭引網漁場など鮭引網漁場六か所、および石狩國厚田郡望来村大字衆富村字シラツカリ所在の鱒引網漁場二か所あわせて八か所の漁場が北海道庁長官の管理する旧土人共有財産に指定された。

⑤ 一九〇三年（明治三六年）一月一三日付北海道庁令第一〇号で「胆振國白老・敷生両村旧土人共有」の財産として現金一〇〇円が北海道庁長官の管理する旧土人共有財産に指定された。

⑥ 一九〇七年（明治四〇年）一月一六日付北海道庁令五号によって、「石狩國札幌郡江別村大字対雁村樺太ヨリ移住シタル旧土人共有」として石狩國札幌郡江別村大字対雁村一八九番地から二一二番地まで二四筆の畑が北海道庁長官の管理する旧土人共有財産に指定された。

⑦ 一九二四年（大正一三年）二月二一日付北海道庁令第二一号によって「釧路國厚岸郡厚岸町旧土人共有」の財産である厚岸郡厚岸町大字眞龍町字門静三二番地の三所在の雑種地・海産干場をはじめとする一九筆の雑種地・海産干場及び厚岸郡厚岸町大字末廣村字末廣村五番地所在の宅地一段四畝一五歩、同町字門静二番地の二所在の宅地一段六畝一二歩五合あわせて二一件を北海道庁長官の管理する旧土人共有財産に指定された。

⑧ 一九三一年（昭和六年）一二月二四日北海道告示第一四〇〇号において「色丹郡斜古丹町旧土人共有」財産と

して公債証書、勧業債権、拓殖債権、株式会社北海道拓殖銀行株式合計五三〇五円を北海道庁長官が管理する旧土人共有財産に指定された。

⑨ 一九三四年（昭和九年）一一月一日付北海道庁令第八四号において「旭川市旧土人稲村イトウンベツク外四九名共有」の旭川市字川端町四丁目二五八〇番地ないし旭川市字近文町二〇丁目二七六二番地所在の畑一八四筆、旭川市緑町一九丁目二七六三番地ないし同町二〇丁目二八八五番地および旭川市字近文町二〇丁目三〇六四番地ないし三〇七九番地の宅地一三九筆、旭川市字近文町二二丁目二八八六番地ないし旭川市字北門町一四丁目二九〇五番地の田二〇筆、旭川市字川端町四丁目三〇五〇番地ないし同町一七丁目三〇六三番地の原野一四筆のあわせて三五七筆三五七件を北海道庁長官が管理する旧土人共有財産として指定された。

⑩ 一九三四年（昭和九年）一一月一三日北海道庁令第九二号において「帯広市旧土人田村吉郎外四四名共有」の帯広市字基線西二五番地の甲の宅地一〇四八坪および帯広市字基線西二五番地の乙所在の雑種地四町二段六畝二二歩を、「旭川市旧土人稲村イトウンベツク外四九名共有」の旭川市字旭町一一丁目三〇八〇番地ないし三〇八四番地所在の畑六筆が北海道庁長官の管理する旧土人共有財産に指定された。

⑪ 一九四二年（昭和一七年）六月六日付北海道庁告示第九四七号において「旭川市旧土人共有」の財産として現金三一一二円九八円が北海道庁長官の管理する旧土人共有財産として指定された。

(3) 各共有財産別の管理経過（詳細は原告平成一二年一〇月二日付準備書面参照）

各共有財産の管理状況については、原告平成一二年一〇月二日付準備書面六八頁以下で詳細に主張したところであり、各共有財産の変遷については原告平成一二年一〇月二日付準備書面添付の一覧表の通りである。

① 官報公告番号3　中川郡幕別村旧土人共有

a　平成九年九月の北海道庁の「公告」によれば本件財産は芽室村・上士幌村と同様昭和六年の北海道庁令四四号で共有財産に指定されたこととされている。しかし、同令は財産の目的を「収益ハ之ヲ土人救護ニ充ツルモノトス」から「旧土人ノ救護、住宅改善及教育ノ資ニ充用スルモノトス」に変更したものであり新たに共有財産として指定したものではない。前述のように本件財産が初めて指定されたのは明治三五年北海道庁令第一三九号である。その際の目的は「備荒ノ為メ備蓄スルモノトス」であったが、大正一二年北海道庁令第一〇一号により目的が前述の「収益ハ之ヲ土人救護ニ充ツルモノトス」に変更されている。

このように、昭和六年庁令四四号は明治三五年に指定された共有財産について、その財産の目的を変更したにものにすぎない。

b　明治三五年北海道庁令第一三九号では、十勝國中川郡各村共有として「鮭曳網漁場二ヶ所、鱒曳網漁場一ヶ所、海産干場一ヶ所、宅地一筆、倉庫一棟、北海道製麻株式会社株式九〇株及び現金二一三円三三銭が共有財産として指定されている。

これらの財産は明治八年三月に設立された「十勝土人漁業組合」に始まる。これはそれ以前より関係のあった和人四二戸と十勝七郡のアイヌ二八〇戸が共同して設立したものである。明治一三年の許可期間の満期がきて収益金・建物・船舶等を処分して五万三八一九円の収入を得た。この収益は一戸あたり一六七円一三銭の割合で各村単位に帰属を決めた。和人と広尾アイヌ分は本人に交付したが、アイヌ二二四戸分三万七四三九円は開拓史が保管し現金は郵船株式会社及び北海製麻の株式を購入して利殖はかったとされる（甲第三三号証）。その後、明治二六年旅来村四五戸と中川・河西河東三郡二六七戸に分割、翌二七年中川郡一三五戸と河西・河東二郡一三二戸に分割し（七月九日）、財産管理人として大津村斉藤兵太郎（和人）白人村チヨロコウクを総代として管理する事となった（一二月二八日）。これが明治三五年指定の財産の原資となり（甲第三三号証）、明治三四年一〇月、河西支庁長に引き継がれた（甲第二九号証）。

c　甲第二六号証には「十勝國中川郡各村旧土人共有」として鮭曳網漁場二ヶ所、鱒曳網漁場一ヶ所、（漁場三ヶ所時価一五〇〇円）、海産干場一ヶ所（時価三〇〇円）及び現金二九九六円が共有財産として報告されている。

d　昭和六年北海道庁令第四四号では中川郡幕別村旧土人共有として現金二四〇〇円、海産干場六畝歩、宅地三四坪があげられている。

e　なお、甲第三三号証の大正一五年四月一〇日現在の記録には、甲第二六号証と整合しない記述も見うけられる。すなわち、甲第三三号証には「余市町旧土人造資組合ヨリ道庁ヲ介シテ護岸工事敷設資金トシテ金参千円借入ノ申込ミアリ当庁ハ再三固辞シタルモ道庁及所轄後志支庁長余市町長カ保証ノ責ニ任スヘキ旨ヲ付言シテ切ナル希望アリタルヲ以テ九月十三日契約締結シ当庁保管ニ係ル中川郡旧土人共有財産中ヨリ金参千円ヲ貸付タリ、コレガ契約ノ要旨ハ大正十六年ヨリ向フ三カ年ノ年賦償還トシテ大正十八年十月三十日限リ元利合計償還ノ約定ニ（利子八年利九分）アリ」との記載があるが、これが事実であれば、貸付金償還の日時、金額について記録がない。この貸付金が昭和六年庁令四四号に際してどのような取り扱いを受けたのか不明である。

f　甲第二九号証によれば、昭和八年七月一日現在、幕別村旧土人共有財産として、海産干場六畝歩、宅地四三坪、（時価一二円）、現金五七八二円が報告されている。また、甲第三四号証及び甲第一号証によれば幕別村旧土人共有財産は昭和一〇年五月七日現在現金五八一五円とされている。

g　甲第六号証によれば、昭和一八年から昭和二二年まで四一三八円と金額が変わっていない。他の財産に関しては利子と見られる加算がなされているが、幕別村共有については利子が加算されていないものと考えられる。

②　官報公告番号4　全道教育資金

a　平成九年九月の北海道庁の「公告」によれば本件財産は昭和六年の北海道庁令五三号で共有財産に指定されたことこととされている。しかし、本件財産が初めて共有財産として指定されたのは明治三二年北海道庁令第九三号である。その際の目的は「貧困ナル就学児童ニ学校用具ヲ給與スル等就学奨励ノ資ニ充ツル者トス」とされていた。その後、昭和六年四月五日北海道庁令一八号で目的が「就学奨励及育英ノ資ニ充ツルモノトス」に変更されている。

　昭和六年庁令五三号は明治三二年に指定された共有財産について再度指定したものであるが、被告は当初の指定時である明治三五年からの管理の経過を明らかにして公告していない。

b　この財産の原資は明治一六年明治天皇から「下賜」された金一〇〇〇円及び翌一七年に文部省から支給された金二〇〇〇円であるとされる。文部省に対する支給申請は三県知事よりアイヌ児童の就学奨励のためになされたものである。

　明治三二年庁令九三号によって公債証書・現金六，二〇六円が全道教育資金として共有財産に指定された。その後、甲第三五号証には「長官管理シツツアルアイヌノ共有財産全道共有分」として明治四〇年には現金八八三五円があげられ、甲第三六号証によれば明治四三年には全道共有として現金一万三九六円が報告されている。また、甲第三七号証では大正六年三月末で現金一万一一一八円と記載され、甲第二六号証では大正一五年三月現在一万二五五〇円（同書の一一三頁の表では四分利公債五三〇〇円、五分利公債一三〇〇円の合計六六〇〇円にとどまる）報告されている。

c　昭和六年以降、これは同年六月六日告示六五四号の「北海道旧土人奨学資金給与規定」にもとづく奨学資金の支出が昭和一二年まであったことは甲第二号証によって確かめられる。

d　甲第四号証ないし甲第六号証においては「全道教育資金」の項目が台帳からなくなり、代わりに「全道一般」の項目が認められる。これが、「教育資金」を受け継いだものであることは金額より推認されるが、共有財産として指定された名称を変更した理由は明らかではない。

その後、平成九年九月の公告では「全道教育資金」とされているが、「全道一般」から引き継がれたものであるのか明らかではない。

e　甲第六号証によれば、昭和二〇年まで「証券利子」あるいは「国債証券利子」の収入が認められる。

③　官報公告番号5　天塩國国天塩郡中川郡上川郡教育資金

a　北海道庁が編集した文書には一般に共有財産として指定される以前の財産の形成にかかわる記録がある。しかしながら、本件財産についてはそうした記述が見あたらない。したがって、指定時金額二六〇円（公債証書）という金額がどのように決められ、その原資はどこから支出されたものであるのか明らかではない。

b　明治三二年指定当初の金額が二六〇円であったが、甲第二六号証では大正一五年には大蔵省預金として五九五〇円と報告されている。昭和六年の指定は明治三二年指定時とほぼ同じ二六六円とされている。

④　官報公告番号6　勇払郡鵡川村旧土人共有

a　原資は明治一四年に明治天皇が来道した際に「下賜」した九二五円二五銭とされている。その後、明治三二年北海道庁令九三号で「胆振國勇払郡鵡川・井目戸・萌別・生鼈・似湾・累標・穂別・弁富内旧土人共有財産」として現金一〇三九円が共有財産として指定された。甲第二六号証によれば大正一五年には郵便貯金八六六円・債権二五七五円及び貸金三六八円、総額三八〇九円あると報告されている。

その間、大正一三年北海道庁令一九号で財産の目的が「備荒ノ為備蓄スルモノトス」から「収益ハ之ヲ土人救護ニ充ツルモノトス」に変更されている。

b　昭和六年の指定に際して鵡川村共有（現金五〇〇円）と穂別村共有（現金一〇〇〇円）に分割されたものと考えられるが、昭和六年指定時の金額合計一五〇〇円と大正一五年の金額三八〇九円に比べて減少している。
甲第二九号証によれば、昭和八年には貸付金一五〇〇円あることが窺がえる。

⑤　官報公告番号10　勇払郡厚真村旧土人共有

a　北海道環境生活部総務課アイヌ施策推進室が作成した文書では最初の指定が明治三二年道庁令九三号であると表記されているが、明治三二年道庁令九三号では「胆振國勇払郡苫小牧・樽前・覚生・錦多峰・小糸魚・勇払・植苗村旧土人共有」とされており「厚真」の地名は認められず、厚真村について共有財産が指定されたことはない。

b　甲第二六号証において初めて「胆振國勇払郡苫小牧・樽前・覚生・錦多峰・小糸魚・勇払・植苗・厚真村旧土人」とあり債権七二五円・郵便貯金八二円の合計八〇七円と報告されている。

c　昭和六年の指定は、甲第二六号証にある「勇払郡苫小牧……(略)……植苗・厚真共有」を分割し「厚真村三〇〇円」と「苫小牧町一〇〇円」にしたものと推認できる。

⑥　官報公告番号13　有珠郡伊達町旧土人共有

a　この財産は明治三二年北海道庁令九三号により「胆振国有珠郡稀府・東紋鼈・黄金蘂・有珠・長流村旧土人共有」として指定された現金五八円を継承するものとされる。

b　しかし、明治三二年に指定された金額五八円と昭和六年の指定時の金額は同じ五八円である。甲第二六号証には大正一五年当時、債権一七五円、現金二六円計二〇一円であると報告されている。

⑦　官報公告番号15　沙流郡各村旧土人共有

a　この財産は「日高國沙流郡各村旧土人共有」として現金三四九円及び建家二棟が明治三二年北海道庁令九三号により共有財産に指定された。甲第三七号証によれば、財産の原資は明治一四年の「下賜金」に始まるものとされているが「火災のため関係書類消失し、従って御下賜当時の金額不明なり」と記されている。

b　甲第三七号証には「沙流郡門別村共有」として「拓殖債権一四七七円、建物四三坪一五〇円、預金一四九円」を浦河支庁長が管理していることが記載されている。甲第二六号証には「沙流郡各村共有」として現金四五六円とされているが、建物が含まれていない。

⑧　官報公告番号16　色丹郡斜古丹村旧土人共有

a　この財産は千島樺太交換条約によって居住地の変更を

余儀なくされた千島アイヌの共有に属するものである。甲第三七号証ではこの財産は「根室支庁長の保管」とされており、その金額は一万八二八六円である。

b　大正一二年には金額にしておよそ一万七〇〇〇円に上る債権・貯金が存在し（甲第三八号証）、これが大正一四年にその一部をハリスト互助組合に割譲したとはいえ残額は八八〇七円、大正一五年には八七六三円の金額が認められる。

c　昭和六年の指定（告示一四〇〇号）は証券等の五三〇五円のみを指定している。この指定に漏れた海産干場・漁業権・建物はどのように取り扱われたか明らかにされないかぎりこの金額が適正であるということはできない。

甲第二九号証によれば昭和八年には海産干場・建物・漁業権等が認められる（甲第二九号証）。

d　甲第六号証における昭和二一年の前年度よりの繰越額は六〇三六円となっている。次に金額が明らかになるのは、甲第七号証の昭和五一年であり、その金額は三万二一四円である。

⑨　官報公告番号一七　旭川市旧土人五〇名共有

a　甲第一号証によれば昭和九年一一月二六日付で旭川市より引き継ぎとして二〇〇円が記載されている。

b　甲第三九号証には当共有財産の小作人への売り渡しにかかわる経過が記録されている。

(4) 本件共有財産の内容

①　前述した通り、共有財産の経過は種々のものが認められるが、特に本件各共有財産は、その当初の財産を遡ると鮭曳網漁場であったり、鱒曳網漁場や海産干場、宅地等が多い。また、下賜された財産においても、その使用目的はアイヌ民族全体に対するものが多い。そう考えるとそれらの所有形態はいわゆる民法上の「共有」とは違っていると考えるのが自然である。

②　民法には「共有」について二四九条以下で規定がなされているが、これは、一つの物に対し複数の所有者のいる状態であって、かつ持分を有することが前提とされ、その持分も自由に譲渡することができ、しかも、共有物の分割請求が可能とされている形態であって、民法制定時に欧米から移入された概念である。わが国においては、それに当てはまらない所有概念が多く、そのため、総有や合有などの所有形態につき研究され理論的にも蓄積されてきていたのである。そもそも、共有の原則規定である「所有権」の考え方もローマ法、ゲルマン法、ヨーロッパ大陸法、欧米法

と違っており、それぞれの歴史や文化・思想に規定されていたと考えられる（注釈民法⑺物権⑵二二五頁以下）。

③　まして、アイヌ民族においては、本来、個人所有の概念すらなかったのである。

土地についての個人所有の概念がなく、まして、漁場や干場について個人所有や個人所有に分割できる共有の概念はなかったのである（甲第六六号証ないし甲第七二号証）。

すなわち、土地も海も草も森も木も、そして人も自然の一部であり自然のめぐみを人は感謝して戴くという考え方を有していた。このような自然に対する考え方はあらゆる生活様式に反映されるアイヌ民族の「思想」「文化」そのものである。

④　権利概念も社会のあり方により変化するものであり、有体物に対する所有を前提とした考え方から無体物に対する権利へと拡大変化していったように、本来、アイヌ民族の土地・漁場・干場等の財産については、個人所有の概念はなくまして民法上の「共有」概念が概当するものではなかった。

そのため、「共有財産」も、当時のアイヌ民族の所有概念を反映しているものと見るべきであって個人所有に分別できる財産でなかったことは明らかである。

⑤　このような点からみて、「共有財産」がその後「現金」のみになったとしても、本来的な意味での「所有形態」を変化させることは、アイヌ民族の「文化」そのものを破壊することに等しいのである。

⑥　したがって、本件「共有財産」の所有形態は本来のアイヌ民族の所有形態を維持するべきであり、これをあえて民法上の概念に当てはめると「総有」に近いものであろう。

5、本件返還手続

⑴　被上告人は、北海道旧土人保護法（明治三二年法律第二七号　以下「旧土人保護法」という）第一〇条一項に基づき北海道庁長官が指定したアイヌ民族の共有財産（以下「共有財産」という）を管理してきたが、「アイヌ文化の振興並びにアイヌの伝統等に関する知識の普及及び啓発に関する法律」（平成九年法律第五二号　以下「アイヌ文化振興法」という）の施行に伴い旧土人保護法が廃止され、アイヌ文化振興法附則第三条三項に基づき北海道知事が管理する共有財産を共有者に返還することとされた。

同時に、被上告人は、旧土人保護法に基づく指定を経ずして北海道知事が管理していた財産（以下「指定外財産」という）についても返還することとした。

(2)　アイヌ文化振興法附則第三条三項に基づいて返還手続を定めた「アイヌ文化振興法附則第三条第二項に規定する北海道旧土人共有財産に係る公告に関する省令」（平成九年厚生省令第五二号　以下「共有財産の公告に関する省令」という　乙第四号証）に従い、被告は自らが管理する共有財産を共有者に返還する方法を平成九年九月五日付官報で公告した。

その内容は、平成一〇年九月四日までに共有財産の返還を請求する者が、北海道環境生活部総務課アイヌ施策推進室あて返還請求書を提出することとされ、指定外財産については、「戦前から北海道庁長官（北海道知事）が管理している」財産について、「権利を有すると思われる方」が、翌平成一〇年九月四日までに北海道環境生活部総務課まで申し出るよう求めるものであった。

(3)　また、返還すべき正当な共有者ないしその相続人が不在であって、返還されない「共有財産」についてはアイヌ文化振興法附則第三条五項に基づき、指定法人である財団法人アイヌ文化振興・研究推進機構（以下「指定法人」という）に帰属し、アイヌ文化の振興等の業務に要する費用に宛てることとされていた。また、返還されなかった「指定外財産」については、被告が民法第二三九条第一項の規定に基づき無主物先占を行い、所有権を取得し、その後指定法人に出捐し、「共有財産」に準じてアイヌ文化の振興の業務に要する費用に宛てることとされていた。

(4)　上告人らは、被上告人が指定法人に「共有財産等」を帰属させないようにするため、とりあえず「共有財産等」がアイヌ民族に属するものであるとして、被上告人に対し、平成一〇年九月四日までに返還請求手続をとった。

被上告人は、平成一〇年一一月二六日、返還請求をした者が「共有財産等」の正当な共有者ないしその相続人であるかどうかの資格審査を行うために「北海道旧土人共有財産等処理審査委員会」（以下「審査委員会」という）を設置し、その審査委員会において正当な共有者ないしその相続人であるか否かの審査を諮り、その答申を踏まえた上で被上告人が共有者と認める者に対し「共有財産」あるいは「指定外財産」を返還することとされた。

(5)　審査委員会は、上告人秋辺得平が返還を求めた官報公告番号一六色丹郡斜古丹村旧土人共有の財産および官報公告番号五色丹村共有の指定外財産（以下「上告人秋辺の請求のうち返還が認められなかった財産」という）、上告人鹿田川見が返還を求めた財産のうち官報公告番号五天塩國天塩郡中川郡上川郡旧土人教育資金及び官報公告番号一七旭川市旧土人共有の財産（以下「上告人鹿田の請求のうち返還が認められなかった財産」という）、そして、上告人豊川重雄が返還を求め請求した官報公告番号五天塩國天塩郡中川郡上川郡旧土人教育資金（以下「上告人豊川の請求」という）を除き、その余の返還請求については上告人らが共有財産の共有者ないし共有者の相続人であることを認めた。

(6) その間、平成九年六月二六日、上告人小川隆吉が「北海道旧土人保護法により知事が管理する共有財産の金額を示す文書一切、特に財産の種類・金額・算定根拠、宮内省からの御下賜金については下賜年月日・金額、救助米についてはそれらに関する文書一切を詳しく示す文書の公文書開示請求をしたのを最初に、別紙一記載の通り、北海道あるいは審査委員会に対し、共有財産の指定に至る財産発生の原因とその内容・指定の理由・財産管理の経緯を明らかにするように求め、さらに返還方法につき問題があることを指摘し、それらが明確になるまで返還手続を中断するよう求めてきた。

(7) しかし、被上告人は上告人らの求めに応じず、共有財産の指定に至る財産発生の原因とその内容・指定の理由・財産管理の経緯を明らかにすることなく、また返還方法についても変更することなく、返還手続を進めた。そして、平成一一年四月二日付で、上告人秋辺の返還が認められなかった財産、上告人鹿田の返還が認められなかった財産、上告人豊川の請求の各請求について財産を返還しない決定および原告らの残りの請求について財産を返還する決定がなされ、上告人らは、平成一一年四月六日ないし七日に、その旨を記載した通知書を受領した。

(8) 以上のことから、被上告人は本件共有財産を権利を有すると思う者が返還を申し出なければそもそも返還せず、また返還を申し出た者に対してだけ共有財産を返還するものであったことが判明する。

(9) ところで、明治以降のわが国はアイヌ民族を「保護」する政策をとってきたが、実際には、旧土人保護法による「同化」政策であった。

第二次大戦後、旧土人保護法において実際に運用されるのは下付地の譲渡にかかる道知事の許可と共有財産の管理に限定されていた。また、戦後の社会政策の整備にも関わらず生活や経済、教育などの分野でアイヌ民族と他の道民との間の格差は依然として大きく、一九七四年から北海道により「ウタリ福祉対策」が行われてきた。

このような生活環境の格差や民族に対する差別的状態の存

在から、一九八四年には北海道ウタリ協会、一九八八年には北海道知事から包括的なアイヌ民族新法制定及び旧土人保護法廃止の要請がなされていた。

⑽　一九九五年春から官房長官の私的懇談会として「ウタリ対策のあり方に関する有識者懇談会」が開催され、翌年四月、ⅰ)アイヌに関する総合的かつ実践的な研究の推進、ⅱ)アイヌ語を含むアイヌ文化の振興、ⅲ)伝統的生活空間の再生、ⅳ)理解の促進、の四項目を柱とする新施策を可能な限り新たな立法措置をもって実施することを内容とする報告がなされた。これを受けて制定されたのが「アイヌ文化振興法」である。

⑾　アイヌ文化振興法の目的は、アイヌ民族が民族としての誇りが尊重される社会の実現を図り、あわせて我が国の多様な文化の発展を図ることにあり（第一条）、その基本的な考え方は、アイヌ民族が北海道に居住し自然と共生する生活の中でアイヌ語・ユーカラ等様々な固有の文化を発展させてきた民族であり、アイヌ民族の誇りの源泉であるアイヌの伝統及びアイヌ文化を継承する基盤が失われつつあることから、アイヌ文化の振興並びにアイヌの伝統に対する知識の普及及び啓発を図ることにある。

そして、アイヌ文化振興法の目的からして差別的な旧土人保護法が廃止されるに至った。したがって、アイヌ文化振興法は、わが国のそれまでのアイヌ民族に対する政策を反省し、国際的潮流に鑑みて、「共存」「自立」を確保できるよう解釈されるべきことは明らかである。

⑿　そして、アイヌ文化振興法はアイヌ文化の振興等にかかわる施策を推進するに際しての国及び地方公共団体の役割を明示している。

まず、国に対して、アイヌ文化の振興等を図るための施策に関する基本的指針を示すと共に施策の実施主体に対し必要に応じ助言を行う等の措置を講じ、これらの施策が全体として計画的・効果的に展開されるべく務めるよう定め（五条一項・三項、六条二項）、国及び地方公共団体がこれらの施策を実施するに当たっては、アイヌ民族の自発的意思及び民族としての誇りを尊重するよう配慮することを求めている（第四条）。

したがって、これまでの国際的潮流、二風谷ダム事件判決およびアイヌ文化振興法が制定された趣旨からすれば、アイヌ文化振興法の解釈・運用あるいは施策の実施にあたっては、アイヌ民族を先住民族として認め、アイヌ民族の自発的意思及び民族としての誇りを尊重するよう配慮した解釈・運用がなされる必要がある。

6、結　論

(1)　これまで論じてきたように、本件「共有財産」の返還手続を規定した文化振興法附則三条及びそれに基く返還手続は、アイヌ民族のいわゆる「共有財産」の歴史的な所有形態などのアイヌ民族の「文化の価値」を不当に軽視ないしは無視し、アイヌ文化に対する財産のあり方に関する対策を講じないまま、安易に申し出があった者だけに返還してこと足れりとする文化振興法の返還手続規定は国際人権規約B規約第二七及び憲法第一三条から保護される「文化享有権」を著しく損なう規定である。

したがって、本件返還手続処分は憲法第一三条に違反した法規に従ったもので、その違憲性は免れ難く無効である。

(2)　指定外財産については、本来文化振興法附則第三条の対象外であるにも拘わらず、当該規定によって返還したものであるから、前述の通り、本件規定が違憲であることからみてもその処分が違憲であることは論をまたない。

(3)　返還しない決定を受けた上告人秋辺・同鹿田・同豊川についても、違憲である文化振興法附則第三条以下に基いて返還しないと判断されたものであって、そもそも当該判断をすべき根拠が認められないのであるから前述と同じく本件処分は無効である。

第二、憲法第二九条一項違反

1、旧土人保護法第一〇条は、アイヌ民族は総じて財産管理能力が乏しいと断定し政府による保護が必要であるとして、アイヌ民族に代わって北海道庁長官がその財産を管理することを規定したものである。

2、財産管理については、被上告人は、他人の財産を管理するものとして権利者のために善良なる管理者として財産を管理すべき義務を負っていた。このことは、被上告人が策定した北海道旧土人共有財産管理規程（明治三一年北海道庁令第九四号　以下「共有財産管理規程」という）の第二条で「旧土人共有財産ハ……利殖ヲ図ルモノトス」とされ、第六条で「旧土人共有財産の収入支出ハ政府ノ会計年度ニ従ヒ之ヲ計算シ収益余リアルモノハ……元資ト共ニ之ヲ管理スルモノトス」と規定されており、被上告人には、指定した財産が目減りしないよう管理する義務があったこと、また、収支計算する義務が課せられていたことからも裏付けられる。

したがって、北海道長官（北海道知事）は善管注意義務を負っていたのであり、アイヌ民族のために、善良なる管理者として財産を管理運用する義務が課されていた。

また、指定外財産はその法的性格が民法上の事務管理であると解されるのであるから、被上告人は、権利者に対し善管注意義務を負っていた。

3、にもかかわらず、被上告人は、一八九九年（明治三二年）旧土人保護法制定に伴い最初の共有財産が指定されて以来現在まで一〇〇年余りにわたって、共有財産等の管理状況について権利者たる共有者に対して全く報告をしていない。
また、現在までに、被上告人が公表している財産管理状況は、一〇〇余年のうち、昭和一〇年代の数年分および昭和五五年度以降の二〇余年分だけであって、それ以外の期間については管理の状況が不明であり、指定された財産がどのような経過をたどって現在に至ったものであるか、特に当初現金以外の財産が指定されていたにもかかわらず処分され、現在は現金のみの管理となった経緯は一切不詳のままである。

すなわち、被上告人は財産管理者として負っていた善管注意義務を怠り、かつ計算義務を定めた共有財産管理規程第六条にさえ反している（共有財産に関する計算書類は甲第一号証から甲第八号証までしか存在していないことから、被上告人が計算書類すら継続的に作成していなかったことは明らかである）。

4、そのうえ、被上告人は一方的に現在管理していると称する財産を返還するとし、その金額を公表したが、その財産の管理の状況が明らかでない以上、公表された金額が適正なものであるか不明である。

5、被上告人は管理者として「共有財産」を返還するにあたっては、前述したように「総有的」な財産として、アイヌ文化振興法附則第三条の返還方法は「総有的」な返還をすべきである。

6、このように、管理経過が不明なまま返還すること、総有的な財産を申し出した者にのみ返還しようとすること、財産的価値を放置していることなどから、このような財産の返還方法は、「財産権はこれを侵してはならない」と定める憲法第二九条一項に違反した規定であり、上告人らの財産を侵害する規定であるからアイヌ文化振興法附則第三条および共有財産の公告に関する省令は憲法第二九条一項に違反し、それら規定に基く本件返還手続に処分は無効である。

第三、憲法第三一条違反

1、基本的人権の尊重を基本原理とする日本国憲法の趣旨からすると、憲法第三一条が定める適正手続の保障が及ぶのは刑事手続に限定されるわけではなく、いわゆる行政手続、特に国民の基本的人権を侵害するおそれのある行政処分あるいは行政庁の決定に関しては適正手続の保障ないしはその保障の趣旨が及ぶものと解される。

2、その点からすれば、本来、被上告人は他人の財産の管理者として、財産の所有者が誰であるか把握していたはずであるにもかかわらず、あるいは他人の財産の管理者として正当な所有者についての調査をすべき義務があるにもかかわらず、本件処分はその義務を怠るものであり、上告人らの財産権を侵害している。したがって、この点のみでも本件処分は適正手続の保障を定めた憲法第三一条に違反するものである。

3、また、本件返還手続は、被上告人が財産を返還する旨の公告をし、その日から一年以内に返還の請求をした者のうち、被上告人が正当な共有者であると認めた者で、さらにその共有者の代表者にだけ財産を返還するとしているが、この返還手続自体所有者である上告人らの意向を確認することもなく一方的に定められたものである。

4、加えて、国際人権B規約や先住民族権利宣言草案及び二風谷ダム裁判の判決（札幌地方裁判所平成五年（行ウ）第九号権利取得裁決及び明渡裁決取消請求事件、札幌地方裁判所平成九年三月二七日判決）が「先住少数民族の文化等に影響を及ぼすおそれのある政策の決定及び遂行に当ってはその権利に不当な侵害が起らないようにするため、右利益である先住少数民族の文化等に対し特に十分な配慮をすべき責務を負っている」と述べていることを勘案すると、本件共有財産の返還手続には、「自ら決定した手続によって、自己に影響する可能性のある法的又は行政的措置の立案に完全に参加する権利」を有している先住少数民族であるアイヌ民族が返還手続に関与している必要がある。それにも拘らず、アイヌ文化振興法の制定にはアイヌ民族が民族として参加していない。少なくとも「民族の同意」を得て返還手続をするという措置を定めてもいない。この点から見ても憲法第三一条に違反している。

5、したがって、本件処分が依拠するアイヌ文化振興法附則第三条以下は行政手続にも適用ないし準用される憲法第三一条に違反するものである。

6、仮に、アイヌ文化振興法附則第三条以下が合憲であっても被告は具体的な返還手続を行なうに当たっては、善管注意義務を負った者として、共有者を十分に調査し、しかも代表者のみに返還するとか返還方法を一方的に決めず、アイヌ民族を関与させて返還手続を進めるべきであるにも拘らず、それを怠っており本件返還手続は憲法第三一条に違反している。
よって憲法に違反した返還手続は無効である。

第四、民事訴訟法第三一二条二項六号（理由不記）

1、原判決は「旧保護法一〇条三項により共有財産として指定された財産の中には、北海道知事において指定後の管理の経緯の詳細を把握してきれないものがあることは否めない」との重大な指摘をした（原判決一〇頁）。

2、ところが、判決は続いて「アイヌ新法附則三条は、アイヌ新法施行の際北海道知事が現に管理する財産の返還手続を定めるものにすぎない。同条の『この法律の施行の際現に……管理する北海道旧土人共有財産』との文言は、返還手続の対象となるのが北海道知事がアイヌ新法施行の際現に管理している共有財産であるという意味において一義的であって、これを控訴人ら主張のように、公告時までに適法に管理を終了した財産を除いた残りすべての共有財産という趣旨に解することはできない」と判示した（原判決一〇頁）。

3、しかし、この原判決は、上告人らの主張を排斥するに当って、「現に管理する財産の返還手続を定める」の意味は、条項の文言が「現に管理している共有財産である」とあって「一義的」だと述べるに留まり、何故「一義的」なのかその理由が示されていない。

4、例えば、民法における「現に利益を受ける限度」（民法第一二一条但書）とは、現実に手元に存在する利益のみを指すと解されていない。すなわち、無能力取消において、相手方から受領した金員をもって他者に対する債務を弁済し、必要な生活費を支弁した時は、利益は現存するとされており（大審院昭和七年一〇月二六日判決　民集一一巻一九二〇頁）、仮に手元に金員が残されていなくとも、実質的にみて利益が現存すべかりし場合においては返還すべき範囲に含まれると解されるのである。

このように「現に」という文言は、立法趣旨から「現実に管理」しているというように「一義的」な理解をされていない文言なのである。

5、この民法一二一条但書についての大審院の判断に従えば、アイヌ文化振興法附則第三条にいう「現に……管理する共有財産」の解釈は、北海道知事が現実に管理対象として把握している共有財産のみをいうのではなく、旧土人保護法第一〇条三項に基づいて共有財産として指定され、同法第一〇条一項によって管理されてきた共有財産のうち、現に管理している共有財産のみならず、適法に管理が終了した財産以外の、法律上管理しているべき共有財産全てを含むと解されなければならなくなる。

6、ところが、原判決は、「現に」の解釈を単に「一義的」に定まっているとしているが、一義的に定まっていないことは前述の民法一二一条但書の判断における大審院の判断からみて明らかであるから、何故、文化振興法における「現に」の解釈が「一義的」に定まるのかその理由がないのである。

7、これは、民事訴訟法第三一二条二項六号に「判決に理由を付せず」に判断した場合に該当する。したがって、文化振興法附則第三条の「現に」の解釈についての理由を示して判断すべきであって、最高裁において明示されるべきである。

最後に

以上詳述したが、上告人らは少数先住民族として、本件返還手続が過去の不当な管理経過を一切明らかにせず、封印しようとする被上告人の姿勢に強い怒りを覚えるものであり、正しく公平なしかも管理経過も明らかにした上で納得のいく返還手続を望むものである。

そのため最高裁判所においては、世界の潮流に恥じない歴史に残る判断を期待するものである。

以上

2　上告人要望書

最高裁判所長官様

二〇〇五年一二月一二日
アイヌ民族共有財産裁判上告人団
団長　小川　隆吉

要望書

私たちは「北海道旧土人保護法」に基づき一〇〇年余に渡って、北海道（日本政府）が管理してきた「アイヌ民族共有財産」の返還について、最高裁判所に御要望申し上げます。

つまり、アイヌ民族共有財産返還にあたって、アイヌ民族を無視した杜撰な財産管理が続けられ、理不尽な返還をしようとしている事を承知していただきたいのであります。従いまして北海道の杜撰な共有財産の管理責任を問うと同時に、共有財産を当時の貨幣価値のままおよそ一四七万円を返還しようとする理不尽さを訴えております。

アイヌ民族は、先住民族としてアイヌモシリ（静かな人間の大地）北海道で平和に暮らしておりました。しかし、明治以来時の政府は、アイヌ民族の土地を奪い、狩猟の禁止により生活権を奪い、言葉や生活習慣・風習等すべてにわたって強制同化政策が進められました。アイヌ民族の生活は、困窮を極め貧困のどん底とならざるを得ませんでした。現在上告している「アイヌ民族共有財産裁判」は、アイヌ民族の屈辱的な歴史を確認していただきたいのであります。日本政府と北海道が、歴史的・意図的に造りだした国民的課題でありましょう。従って日本政府と北海道（知事）および国民的責任において解決すべきであります。

五年間にわたる札幌地裁および札幌高裁では、アイヌ民族の権利回復を訴えてまいりました。そして、札幌高裁では「共有財産指定後の管理経過の詳細を把握していないものがある事は否めない」として、財産管理の杜撰さを明らかにしました。

しかし、北海道が返還する財産は「アイヌ文化振興法（略称）施行にともなって、「現に管理する財産に限る」とするもので、北海道（知事）の管理責任を重視しておりません。最高裁判所へ上告している今回、私たちは次の要望をお聴きいただける事をお願い申し上げます。

記

◎最高裁において、口答弁論の実施を強く要望いたします。
◎最高裁において、調査官面談を実施することを要望いたします。

3 最高裁判所上告棄却決定書

平成一六年（行ツ）第二五六号
平成一六年（行ヒ）第二七六号

決定

当事者の表示　別紙当事者目録記載のとおり

上記当事者間の札幌高等裁判所平成一四年（行コ）第六号北海道旧土人共有財産等返還手続無効確認請求事件について、同裁判所が平成一六年五月二七日に言い渡した判決に対し、上告人兼申立人らから上告及び上告受理の申立があった。よって、当裁判所は、次のとおり決定する。

主文

本件上告を棄却する。
本件を上告審として受理しない。
上告費用及び申立費用は上告人兼申立人らの負担とする。

理由

一　上告について

民事事件について最高裁判所に上告をすることが許されるのは、民訴法三一二条一項または二項所定の場合に限られるところ、本件上告理由は、違憲及び理由の不備をいうが、その実質は単なる法令違反をいうもの又はその前提を欠くものであって、明らかに上記各項に規定する事由に該当しない。

二　上告受理申立てについて

本件申立ての理由によれば、本件は、民訴法三一八条により受理すべきものとは認められない。
よって、裁判官全員一致の意見で、主文のとおり決定する。

平成一八年三月二四日

最高裁判所第二小法廷

裁判長裁判官　吉田　祐紀
裁判官　滝井　繁男
裁判官　津野　修
裁判官　今井　功
裁判官　中川　了滋

当事者目録

上告人兼申立人　小川　隆吉
上告人兼申立人　青木　悦子
上告人兼申立人　苗畑　レイ子
上告人兼申立人　酒井　晴美
上告人兼申立人　秋辺　得平
上告人兼申立人　荒木　繁
上告人兼申立人　小川　サナヱ
上告人兼申立人　川村　兼一
上告人兼申立人　北側　しま子
上告人兼申立人　鹿田　川見
上告人兼申立人　原島　則夫
上告人兼申立人　豊川　重雄
上告人兼申立人　島﨑　直美
上告人兼申立人　伊藤　稔
上告人兼申立人　小名　與市
上告人兼申立人　諏訪野　楠藏

選定当事者
上告人兼申立人　杉村　フサ
（選定者は別紙選定者目録記載のとおり）
上告人兼申立人　砂澤　代恵子

上記一八名訴訟代理人弁護士
村松　弘康
房川　樹芳
肘井　博行
粟生　猛

砂子　章彦
新川　生馬
増谷　康博
佐藤　昭彦

被上告人兼相手方　北海道知事　高橋　はるみ
同指定代理人　大平　直美

選定者目録

杉村　フサ
杉村　夫満郎
太田　奈奈
杉村　要

アイヌ民族共有財産裁判上告人緊急声明

アイヌ民族共有財産裁判
上告人一同

私たちは、北海道旧土人保護法にかかわる「アイヌ民族の共有財産」管理とその「返還」に関して札幌地方裁判所、札幌高等裁判所の相次ぐ不当な判決を不服とし、二〇〇四年八月最高裁判所に、上告してきたところであります。

去る二〇〇六年三月二四日最高裁判所は、第二小法廷五名の裁判官全員一致の意見として、私たちの訴えを棄却しかつ、上告審としても受理しない旨の判断を下しました。

上告書提出以来私たちは、北海道の先住者アイヌとしての声を直接届けるべく、調査官面談および口頭弁論の開催を求め、かつ下級審では十分に行なわれなかった管理経過についての事実審理を周到に行う機会を与えられるよう要望してきたところであります。この度の棄却は、上告人にとってはきわめて不当かつ侮辱的な判断であると言わざるを得ません。

最高裁判所は、上告棄却の理由として「上告理由は単なる法令違反をいうもの」としています。私たちの訴えは、「北海道旧土人保護法」の下、百年余にわたる不法杜撰な共有財産管理にあらわれた、北海道知事及び日本国のアイヌ政策の不当性を問い直すものでありました。この訴えの本質からして、最高法規に照らして厳格な審理をするべき最高裁判所こそふさわしい場でありました。上告理由書は、この訴えが、日本国憲法および先住民族の権利を尊重する国際法に照らして真摯に審理されるべきであることを委曲を尽くして述べています。

これを「単なる法令違反をいうもの」と断ずる最高裁判所は、私たちの訴えの真意を不当におとしめるものであります。加えて、自らに課せられた、最高の判断によって行政および立法府の不備不当を正すべき責務を放棄したものといわなければなりません。

私たち上告人一同は、このような最高裁判所の判断を到底受け入れることができません。

また、私たちが下級審において明らかにした北海道知事による共有財産管理における多くの問題点は、札幌高等裁判所においてその一部が認められたのみで、全体の解明と私たちおよび祖父母・父母の被った損害は、司法の場で審理されることの無いまま残されることになりました。最高裁判所はじめ札幌地方裁判所・同高等裁判所が、如何に法的手続きや法文上の文言の解釈によって私たちの訴えをしりぞけたとしても、北海道長官および知事の残した文書がしめす不当杜撰な共有財産管理の事実、および九七年知事公告が示した共有財産の虚偽が消え去るものではありません。

日本の近代百余年の間に、「旧土人」と称され、国家と多数日本人から十分な尊重と配慮を受けることなく待遇されてきたわれわれアイヌの人権と誇りを、日本国の司法がその回復のために何ができるのか、第二小法廷裁判官諸氏は改めて自らの課題として頂きたい。

以上、怒りをもって抗議するものです。

二〇〇六年三月二七日

付録

北海道旧土人保護法に基づく共有財産の返還手続について

平成九年九月五日
北海道環境生活部総務課アイヌ施策推進室
札幌市中央区北三条西六丁目
電話　〇一一－二三一－四一一一（内線二四－一三五）

北海道では、北海道旧土人保護法が廃止されたことに伴い、これまで同法に基づき知事が管理してきた共有財産を共有者の方々に返還する手続を進めています。

この返還手続は、アイヌ文化の振興並びにアイヌの伝統等に関する知識の普及及び啓発に関する法律（平成九年法律第五二号）の附則第三条の規定に基づいて行うもので、返還する財産は平成九年九月五日付け官報で公告しています。

共有者の方は、平成一〇年九月四日までに返還請求を行ってください。

◇　詳しくは、北海道環境生活部総務課アイヌ施策推進室又は各支庁社会福祉課へお問い合わせください。

受付期間　平成九年九月五日㈮～平成一〇年九月四日㈮
●受付時間／九時から一七時一五分
ただし、土曜日、日曜日、祝日、年末年始（一二月二九日から一月三日）は受付しておりません。

1　返還する財産

返還する共有財産については平成九年九月五日付けの官報で公告していますが、その概要は次のとおりです。

なお、現在知事が管理している財産は現金のみであり、土地については既に共有者に返還済みです。

2　返還請求の方法

共有財産の返還の請求は、厚生省令で定められた別記様式第一の「北海道旧土人共有財産返還請求書」に、次の書類を添付して行ってください。

(1)　返還請求者の戸籍抄本又は住民票の写し
(2)　返還請求者の印鑑証明書
(3)　共有財産の共有者であることを明らかにする書類
（個々の事情により、必要な書類が異なる場合もありますので、詳しくはお問い合わせください。）

番号	北海道庁令又は告示の番号及び年月日	共有別	指定当時における財産種別	指定当時における数量又は金額	公告時における財産種別及び金額	備考
1	昭和六年一〇月二日 北海道庁令第四四号	河西郡芽室村旧土人共有	現金	金 一三〇〇円	現金 六万三〇九五円	
2	同	河東郡上士幌村旧土人共有	同	金 二八〇円	現金 一六七〇円	
3	同	中川郡幕別村旧土人共有	同	金 二四〇〇円	現金 五万四〇一五円	
4	昭和六年一二月二四日 北海道庁令第五三号	全道旧土人教育資金	公債証書及現金	金 六二〇六円	現金 一九万八四一五円	現在管理しているのは現金のみです。
5	同	天塩国天塩郡、中川郡、上川郡旧土人教育資金	同	金 二六六円	現金 一万三四四五円	現在管理しているのは現金のみです。
6	同	勇払郡鵡川村旧土人共有	現金	金 五〇〇円	現金二万六五五六円	
7	同	勇払郡苫小牧町旧土人共有	同	金 一〇〇円	現金 一五一六円	
8	同	虻田郡虻田村旧土人共有	同	金 七〇円	現金 五八一円	
9	同	勇払郡穂別村旧土人共有	同	金 一〇〇〇円	現金 二万六九四四円	
10	同	勇払郡厚真村旧土人共有	同	金 三〇〇円	現金一万一五三円	
11	同	虻田郡弁辺村旧土人共有	同	金 一〇〇円	現金 一三七五円	

12	同	白老郡白老村旧土人共有	同	金　一三五円	現金　二三七五円	現在は、白老郡白老村旧土人共有として、一体的に管理しています。
	明治三六年一月二三日	北海道庁令第一〇号	胆振国白老郡白老敷生両村旧土人共有	同	金　一〇〇円	
13	昭和六年一二月二四日	北海道庁令第五三号	有珠郡伊達町旧土人共有	同	金　五八円	現金　三八五二円
14	同	室蘭市旧土人共有	同	金　一二〇円	現金　二六四六円	
15	同	沙流郡各村旧土人共有	同	金　三四九円	現金　九四〇八円	
16	昭和六年一二月二四日 北海道庁告示第一四〇〇号	色丹郡斜古丹村旧土人共有	公債証書、勧業債券、拓殖債券及北海道拓殖銀行株券	金　五三〇五円	現金一〇万九一円	現在管理しているのは現金のみです。
17	昭和九年一一月一日 北海道庁令第八四号	旭川市旧土人五〇名共有	畑	六一町二反八畝二六歩	現金 七五万四五一九円	現在管理している金額の中には、昭和九年一一月一日北海道庁令第八四号及び昭和九年一一月一三日北海道庁令第九二号により指定した土地に係る収益が含まれていますが、当該土地については昭和二四年に共有者に返還済みです。
			宅地	三万六一六四坪五勺		
			田	七町九反三畝一九歩		
			原野	二町六反五畝一一歩		
	昭和九年一一月一三日 北海道庁令第九二号	旭川市旧土人五〇名共有	畑	四町歩		

17	昭和一七年六月六日北海道庁告示第九四七号	旭川市旧土人共有	現金	金三一一二円九八銭		
18	大正一三年二月二一日北海道庁令第二一号	厚岸郡厚岸町土人共有	雑種地 海産干場	二町四段二畝八歩	現金 二万八四三二円	左記土地は、昭和二七年九月一三日北海道規則第一七四号により指定を廃止し、共有者に返還済みです。現在管理しているのは現金ですが、この現金は当該土地から生じた収益が原資となっています。
			畑	一町五段二四歩		
			宅地	三段二七歩五合		

3　返還請求書の提出先

北海道環境生活部総務課アイヌ施策推進室

住所　〒〇六〇　北海道札幌市中央区北三条西六丁目

電話　〇一一－二三一－四一一一（内線二四－一三五）

4　返還請求書の提出方法

直接持参又は郵送（書留）

5　返還請求書の提出期間

平成九年九月五日から平成一〇年九月四日まで。（郵送の場合、平成一〇年九月四日の消印まで有効）

6　受付時間

九時から一七時一五分まで。

ただし、土曜日、日曜日、祝日、年末年始（一二月二九日から一月三日）は受付しておりません。

7　共有財産の返還

上記5の提出期間満了後、返還請求書その他の添付書類に基づき書類審査を行い、結果を請求者に通知します。

1　北海道旧土人保護法

一八九九年制定

沿革（参考）
改正　大正八年三月二五日法律六号
昭和一二年三月三〇日法律二一号
昭和二一年三月九日法律一七号
昭和二二年九月三一日法律二九号

朕帝国議会ノ協賛ヲ経タル北海道旧土人保護法ヲ裁可シ茲ニ之ヲ公布セシム

御名御璽

明治三十二年三月一日

内閣総理大臣　侯爵　山県有朋
内務大臣　侯爵　西郷従道

法律第二七号

北海道旧土人保護法

第一条　北海道旧土人ニシテ農業ニ従事スル者又ハ従事セント欲スル者ニハ一戸ニ付土地一万五千坪以内ヲ限リ無償下付スルコトヲ得

第二条　前条ニ依リ下付シタル土地ノ所有権ハ左ノ制限ニ従フベキモノトス

一　相続ニ因ルノ外譲渡スルコトヲ得ス
二　質権抵当権地上権又ハ永小作権ヲ設定スルコトヲ得ス
三　北海道庁長官ノ許可ヲ得ルニ非サレハ地役権ヲ設定スルコトヲ得ス
四　留置権先取特権ノ目的トナルコトナシ

前条ニ依リ下付シタル土地ハ下付ノ年ヨリ起算シテ三十箇年ノ後ニ非サレバ地租及地方税ヲ課セス又登録税ヲ徴収セス

旧土人ニ於イテ従前ヨリ私有シタル土地ハ北海道庁長官ノ許可ヲ得ルニ非サレハ相続ニ因ルノ外之ヲ譲渡シ又ハ第一項第二及第三ニ掲タル物件ヲ設定スルコトヲ得ス

第三条　第一条ニ因リ下付シタル土地ニシテ其ノ下付ノ年ヨリ起算シ十五箇年ヲ経ルモ尚開墾セサル部分ハ之ヲ没収ス

第四条　北海道旧土人ニシテ貧困ナル者ニハ農具及種子ヲ給スルコトヲ得

第五条　北海道旧土人ニシテ疾病ニ罹リ自費治療スルコト能

ハサル者ニハ薬価ヲ給スルコトヲ得

第六条　北海道旧土人ニシテ疾病、不具、老衰又ハ幼少ノ為自活スルコト能ハサル者ハ従来ノ成規ニ依リ救助スルノ外仍之ヲ救助シ救助中死亡シタルトキハ埋葬料ヲ給スルコトヲ得

第七条　北海道旧土人ノ貧困ナル者ノ子弟ニシテ就学スル者ニハ授業料ヲ給スルコトヲ得

第八条　第四条乃至第七条ニ要スル費用ハ北海道旧土人共有財産ノ収益ヲ以テ之ニ充ツ若シ不足アルトキハ国庫ヨリ之ヲ支出ス

第九条　北海道旧土人ノ部落ヲ為シタル場所ニハ国庫ノ費用ヲ以テ小学校ヲ設クルコトヲ得

第十条　北海道庁長官ハ北海道旧土人共有財産ヲ管理スルコトヲ得

　北海道庁長官ハ内務大臣ノ許可ヲ経テ共有者ノ利益ノ為ニ共有財産ノ処分ヲ為シ又必要ト認ムルトキハ其ノ分割ヲ拒ムコトヲ得

　北海道庁長官ノ管理スル共有財産ハ北海道庁長官之ヲ指定ス

第十一条　北海道庁長官ハ北海道旧土人保護ニ関シテ警察令ヲ発シ之ニ二円以上二十五円以下ノ罰金若ハ十一日以上二十五日以下ノ禁錮ノ罰則ヲ附スルコトヲ得

附則

第十二条　此ノ法律ハ明治三十二年四月一日ヨリ施行ス

第十三条　此ノ法律ノ施行ニ関スル細則ハ内務大臣之ヲ定ム

2　北海道旧土人保護法

一八九九年制定・一九六八年改正

昭和四三年六月一〇日改正

北海道旧土人保護法　法律第九四号

第一条　北海道旧土人ニシテ農業ニ従事スル者又ハ従事セムト欲スル者ニハ一戸ニ付土地一万五千坪以内ヲ限リ無償下付スルコトヲ得

第二条　前条ニ依リ下付シタル土地ノ所有権ハ左ノ制限ニ従フヘキモノトス

一　相続ニ因ルノ外譲渡スルコトヲ得ス

二　質権抵当権地上権又ハ永小作権ヲ設定スルコトヲ得ス

三　北海道庁長官〔北海道知事〕ノ許可ヲ得ルニ非サレバ地役権ヲ設定スルコトヲ得ス

四　留置権先取特権ノ目的トナルコトナシ

②　第三条ノ規定ニ依ル没収ヲ受クルコトナキニ至リタル土地ニ付テハ前項ノ規定ハ之ヲ適用セズ此ノ場合ニ於テ譲渡又ハ物件ノ設定行為ハ北海道庁長官〔北海道知事〕ノ許可ヲ得ルニ非ザレバ其ノ効力ヲ生セズ但シ相続以外ノ原因ニ因ル所有権ノ移転アリタル後ニ於テハ此ノ限ニアラズ（昭和一二年三月　法律二一号・一部改正）

第二条ノ二　削除（昭和二三年三月　法律二九号）

第三条　第一条ニ依リ下付シタル土地ニシテ其ノ下付ノ年ヨリ起算シ十五箇年ヲ経ルモ尚開墾セザル部分ハ之ヲ没収ス

第四条乃至第六条　削除（昭和二一年九月　法律一七号）

第七条　北海道旧土人ノ保護ノ為必要アルトキハ之ニ関スル施設ヲ為シ又ハ施設ヲ為ス者ニ対シ補助ヲ為スコトヲ得（昭和一二年三月　法律二一号・一部改正）

第八条　前条ニ要スル費用ハ北海道旧土人共有財産ノ収益ヲ以テ之ニ充ツ若シ不足アルトキハ国庫ヨリ之ヲ支出ス（昭和一二年三月　法律二一号、昭和二一年九月　法律一七号、昭和四三年六月　法律九四号・一部改正）

第九条　削除（昭和一二年三月　法律二一号）

第十条　北海道庁長官〔北海道知事〕ハ北海道旧土人共有財産ヲ管理スルコトヲ得

②北海道庁長官〔北海道知事〕ハ共有者ノ利益ノ為ニ共有財産ノ処分ヲ為シ又必要ト認ムルトキハ其ノ分割ヲ拒ムコトヲ得

③北海道庁長官〔北海道知事〕ノ管理スル共有財産ハ北海道庁長官〔北海道知事〕之ヲ指定ス（昭和一二年三月　法律二一号・一部改正）

第十一条　削除（昭和一二年三月　法律二一号）

附則

第十二条　此ノ法律ハ明治三十二年四月一日ヨリ施行ス

第十三条　此ノ法律ノ施行ニ関スル細則ハ内務大臣之ヲ定ム

3　北海道旧土人保護法施行規則

一八九九年制定・一九三七年改正

明治三二年四月八日　内務省令第五号

改正　明治三十九年六月一四日　内務省令第一四号

昭和一二年六月二三日　内務省令第二七号

第一条　北海道旧土人保護法第一条及第四条乃至第七条ノ三ノ規定ニ依ル下付、給与又ハ補助ヲ受ケントスル者ハ北海道庁長官〔北海道知事〕ニ願出ツ可シ

第二条　北海道旧土人全体ノ共有財産（共有財産中の「全道旧土人教育資金」＊編者註）ノ収益ハ旧土人全体ノ為ニ旧土人一部ノ共有財産ノ収益ハ其ノ部内ノ旧土人ノ為ニ之ヲ充用ス可シ但共有財産ノ性質上其ノ費途ノ目的ヲ限ラレタルモノハ外ノ目的ノ為ニ其ノ収益ヲ充用スルヲ得ス

第三条　北海道旧土人保護法第九条ニ依リ小学校ヲ設クヘキ場所ハ北海道庁長官之ヲ定ム

第四条　前数条ノ外北海道旧土人保護法ノ施行ニ必要ナル細則ハ北海道庁長官之ヲ定ム

4　北海道旧土人保護法施行細則

一八九九年制定

明治三二年六月一三日　北海道庁令第五一号

第一条　保護法第一条ニ依リ未開地ノ下付ヲ受ケントスル者ハ第一号書式（略、以下書式は略す　編者）ノ願書ニ図面及家族調ヲ添ヘ北海道庁長官ニ差出スヘシ

第二条　保護法第二条第一項第三号ニ依リ地役権ヲ設定セントスル者ハ同条第三項ニ依リ所有地ヲ譲渡シ若ハ物権ヲ設定セントスル者ハ第二号書式ノ願書ニ図面及契約案ヲ添ヘ北海道庁長官ニ差出スヘシ

第三条　相続ノ為メ土地所有者ニ異動ヲ生シタルトキハ相続人ヨリ北海道庁長官ニ届出スヘシ

第四条　保護法第四条ニ依リ農具種子ノ給与ヲ受ケントスル者ハ第三号書式ノ願書及調書ヲ北海道庁長官ニ差出スヘシ

第五条　保護法第五条ニ依リ薬価ノ給与ヲ受ケントスル者ハ第四号書式ノ願書ヲ北海道庁長官ニ差出スヘシ薬価ヲ給スヘキ者ニハ第五号雛形ノ許可証ヲ下付ス

第六条　薬価ハ全治後十日以内ニ主治医ノ薬価調書ヲ添ヘ請求スヘシ但一箇月以上ニ渉ルモノハ前月分ヲ翌十日限リ請求スヘシ

第七条　保護法第六条ニ依リ疾病、不具、老衰、幼少ノ為ニ救助ヲ受ケントスル者ハ第六号書式ノ願書ニ家族調ヲ添ヘ北海道庁長官ニ差出スヘシ埋葬料ノ給与ヲ受ケントスル者ハ第七号書式ノ願書ヲ北海道庁長官ニ差出スヘシ

第八条　保護法第七条ニ依リ授業料ノ給与ヲ受ケントスル者ハ第八号書式ノ願書ヲ北海道庁長官ニ差出スヘシ

第九条　授業料給与ノ許可ヲ受ケタル者ハ毎年四月ヨリ九月ニ至ル六箇月分ヲ十月十日迄ニ十月ヨリ翌年三月ニ至ル六箇月分ヲ四月十日迄ニ請求スヘシ但子弟ノ退学シタル場合ニ於テハ退学後十日以内ニ請求スヘシ

第十条　給与ヲ受クル者其ノ給与ヲ要スル事実ノ止ミタルトキハ北海道庁長官ニ届出ツヘシ
第十一条　保護法第五条六条ノ給与ヲ受ケル者転住スルトキハ直ニ北海道庁長官ニ届出ツヘシ
第十二条　此ノ細則ニ依リ差出スヘキ書類ハ総テ所轄戸長役場〔戸長役場アラサル地ハ支庁〕ヲ経由スヘシ

5　北海道旧土人共有財産管理規定

一八九九年一〇月制定

明治三二年一〇月三一日　北海道庁令第九四号
改正　明治三二年一二月　北海道庁令第一〇八号
明治三六年一〇月　北海道庁令第一〇九号
明治三八年一月　北海道庁令第一号
大正三年十一月一五日　北海道庁令第七五号

第一条　旧土人共有財産管理ノ事務ハ各其ノ旧土人ノ属スル支庁長ニ委任ス但ニ支庁以上ノ所管ニ渉ルモノハ此限ニアラス前項旧土人ニシテ一戸長役場ノ所管ニ属スル者ニ付テハ支庁長ハ其ノ共有財産管理ノ事務ヲ戸長ニ委任スルコトヲ得「其ノ二戸長役場以上ノ所管ニ渉ル場合ニ於テ之ヲ戸長ニ委任セントスルトキハ北海道庁長官ノ指揮ヲ受クヘシ」（明治三二年一二月北海道庁令第一〇八号にて「」内を追加）

第二条　旧土人共有財産ハ現金ノ儘保存セス預金貸金ヲ為シ又ハ公債証書「勧業債権若ハ拓殖債権」ヲ置入レ利殖ヲ図ルモノトス（大正三年一一月第七五号により「」内追加）「前項ノ預金ハ郵便貯金貸金ハ公債証書若クハ確実ナル銀行会社ノ株券ヲ担保トスルモノニ限ル」（明治三六年一〇年北海道庁令一〇九号により「」内を〔前項ノ預金ハ金庫又ハ郵便貯金取扱所ニ預ケ入レ又ハ会社株券或ハ社債券ヲ以テ担保トナスコトヲ得〕に改正）

第三条　旧土人共有ニ属スル不動産ハ賃貸利殖ヲ図ルヘシ

第四条　前条ノ外貸金ノ担保ニシテ旧土人ノ共有ニ帰シタルモノハ之ヲ売却シテ元資ニ戻入ルヘシ

第五条　旧土人共有財産ハ其ノ収益ヲ以テ其ノ指定ノ目的ニ使用スルモノトス

第六条　（略）

第七条　備荒ノ為メ儲蓄スル共有財産ハ天災事変ノ場合ニ限リ第二条貸金ノ例ニ依ラヌ元資ヲ共有者中ノ貧困者ニ貸付スルコトヲ得

共有財産ノ管理事務ヲ委任セラレタル支庁長戸長ニ於テ前

項ノ処分ヲナサントスルトキハ北海道庁長官ノ許可ヲ受クベシ
第八条　（略）

6　北海道旧土人共有財産管理規定

一九三四年改正

改正　昭和九年一一月一四日　北海道庁令第九四号

北海道旧土人共有財産管理規定左ノ通改正シ公布ノ日ヨリ之ヲ施行ス

第一条　長官ノ管理スル北海道旧土人共有財産（以下共有財産ト称ス）中不動産ハ之ヲ賃貸シ利殖ヲ図ルモノトス
前項ノ賃貸ニ関スル規定ハ別ニ之ヲ定ム
第二条　共有財産中現金ハ之ヲ郵便貯金トシ、若ハ公債証書ヲ買入レ、又ハ確実ナル銀行ニ預入レ利殖ヲ図ルモノトス
第三条　共有財産ノ収益ハ其ノ指定ノ目的ニ従ヒ之ヲ使用スルモノトス
第四条　共有財産ノ収入及支出ハ政府ノ会計年度ニ従ヒ之ヲ計算シ、歳計剰余金アルトキハ之ヲ翌年度ニ繰越スモノトス
第五条　共有財産中現金ノ出納ハ歳入歳出外現金出納官吏ヲシテ之ヲ取扱ハシム

7　旭川市旧土人保護地処分法

一九三四年制定

昭和九年三月二三日　法律第九号
改正　昭和一二年三月三一日　法律第二一号

第一条　北海道庁長官ハ旧土人保護ノ目的ヲ以テ旭川市ニ貸付シタル同市所在ノ土地ヲ内務大臣及大蔵大臣ノ認可ヲ経テ特別ノ縁故アル旧土人ニ単独有財産又ハ共有財産トシテ無償下付スルコトヲ得
第二条　北海道旧土人保護法第二条「第一項」（昭和一二年の法律第二一号により「」内を追加）ノ規定ハ前条ノ規定ニ依リ下付シタル土地ニ之ヲ準用ス
第三条　第一条ノ規定ニ依ル土地所有権ノ取得ニ関シテハ登録税ヲ課セス、又地方税ヲ課スルコトヲ得ス
附則
本法施行ノ期日ハ勅令ヲ以テ之ヲ定ム

8　アイヌ文化の振興並びにアイヌの伝統等に関する知識の普及及び啓発に関する法律

一九九七年五月公布

平成九年　法律五十二号
平成九年五月一四日　公布
平成九年七月一日　施行

〔目的〕
第一条　この法律は、アイヌの人々の誇りの源泉であるアイヌの伝統及びアイヌ文化（以下「アイヌの伝統等」という。）が置かれている状況にかんがみ、アイヌ文化の振興並びにアイヌの伝統等に関する国民に対する知識の普及及び啓発（以下「アイヌ文化の振興等」という。）を図るための施策を推進することにより、アイヌの人々の民族としての誇りが尊重される社会の実現を図り、あわせて我が国の多様な文化の発展に寄与することを目的とする。

〔定義〕
第二条　この法律において「アイヌ文化」とは、アイヌ語並びにアイヌにおいて継承されてきた音楽、舞踊、工芸その他の文化的所産及びこれらから発展した文化的所産をいう。

〔国及び地方公共団体の責務〕
第三条　国は、アイヌ文化を継承する者の育成、アイヌの伝統等に関する広報活動の充実、アイヌ文化の振興等に資する調査研究の推進その他アイヌ文化の振興等を図るための施策を推進するように努めるとともに、地方公共団体が実施するアイヌ文化の振興等を図るための施策を推進するために必要な助言その他の措置を講ずるよう努めなければならない。
2　地方公共団体は、当該地区の社会的条件に応じ、アイヌ文化の振興等を図るための施策の実施に努めなければならない。

〔施策における配慮〕
第四条　国及び地方公共団体は、アイヌ文化の振興等を図るための施策を実施するに当たっては、アイヌの人々の自発的意思及び民族としての誇りを尊重するよう配慮するものとする。

〔基本方針〕
第五条　内閣総理大臣は、アイヌ文化の振興を図るための施策に関する基本方針（以下「基本方針」という。）を定めなければならない。
2　基本方針においては、次の事項について定めるものとする。

一　アイヌ文化の振興等に関する基本的な事項
二　アイヌ文化の振興を図るための施策に関する事項
三　アイヌの伝統等に関する国民に対する知識の普及及び啓発を図るための施策に関する事項
四　アイヌ文化の振興等に資する調査研究に関する事項
五　アイヌ文化の振興等を図るための施策の実施に際し配慮すべき重要事項

3　内閣総理大臣は、基本方針を定め、又はこれを変更しようとするときは、あらかじめ、北海道開発庁長官〔国土交通大臣、以下同じ　編者〕及び文部大臣〔文部科学大臣、以下同じ　編者〕その他関係行政機関の長に協議するとともに、次条第一項に規定する関係都道府県の意見を聞かなければならない。

4　内閣総理大臣は、基本方針を定め、又はこれを変更したときは、遅滞なく、これを公表するとともに、次条第一項に規定する関係都道府県に送付しなければならない。

〔基本計画〕

第六条　その区域内の社会的条件に照らしてアイヌ文化の振興等を図るための施策を総合的に実施することが相当であると認められる政令で定める都道府県（以下「関係都道府県」という。）は、基本方針に照らして、関係都道府県におけるアイヌ文化の振興等を図るための施策にかんする基本計画（以下「基本計画」という。）を定めるものとする。

2　基本計画においては、次に掲げる事項について定めるものとする。
一　アイヌ文化の振興等に関する基本的な方針
二　アイヌ文化の振興を図るための施策の実施内容に関する事項
三　アイヌの伝統等に関する住民に対する知識の普及及び啓発を図るための施策の実施内容に関する事項
四　その他アイヌ文化の振興等を図るための施策の実施に際し配慮すべき重要事項

3　関係都道府県は、基本計画を定め、又は変更したときは、遅滞なく、これを北海道開発庁長官及び文部大臣に提出するとともに、公表しなければならない。

4　北海道開発庁長官及び文部大臣は、基本計画の作成及び円滑な実施の促進のため、関係都道府県に対し必要な助言、勧告及び情報の提供を行うよう努めなければならない。

〔指定等〕

第七条　北海道開発庁長官及び文部大臣は、アイヌ文化の振興等を目的として設立された民法（明治二十九年法律第八十九号）第三十四条の規定による法人であって、次条に規定する業務を適正かつ確実に行うことができると認められるものを、その申請により、全国を通じて一に限り、同条に規定する業務を行うものとして指定することができる。
2　北海道開発庁長官及び文部大臣は、前項の規定による指定をしたときは、当該指定を受けた者（以下「指定法人」という。）の名称、住所及び事務所の所在地を公示しなければならない。
3　指定法人は、その名称、住所又は事務所の所在地を変更しようとするときは、あらかじめ、その旨を北海道開発庁長官及び文部大臣に届け出なければならない。
4　北海道開発庁長官及び文部大臣は、前項の規定による変更のあったときは、当該届出に係る事項を公示しなければならない。

〔業務〕
第八条　指定法人は、次に掲げる業務を行うものとする。
一　アイヌ文化を継承する者の育成その他のアイヌ文化の振興に関する業務を行うこと。
二　アイヌの伝統等に関する広報活動その他の普及啓発を行うこと。
三　アイヌ文化の振興等に資する調査研究を行うこと。
四　アイヌ文化の振興、アイヌの伝統等に関する普及啓発又はアイヌ文化の振興等に資する調査研究を行う者に対して、助言、助成その他の援助を行うこと。
五　前各号に掲げるもののほか、アイヌ文化の振興等を図るために必要な業務行うこと。

〔事業計画等〕
第九条　指定法人は、毎事業年度、総理府〔内閣　編者〕令文部省令で定めるところにより、事業計画書及び収支予算書を作成し、北海道開発庁長官及び文部大臣に提出しなければならない。これを変更しようとするときも、同様とする。
2　前項の事業計画書は、基本方針の内容に即して定めなければならない。
3　指定法人は、総理府令文部省令で定めるところにより、毎事業年度終了後、事業報告書及び収支決算書を作成し、北海道開発庁長官及び文部大臣に提出しなければならない。

〔報告の収支及び立ち入り検査〕
第十条　北海道開発庁長官及び文部大臣は、この法律の施行に必要な限度において、指定法人に対し、その業務について報告させ、又はその職員に、指定法人の事務所に立ち入り、業務の状況若しくは帳簿その他の物件を検査させ、若しくは関係者に質問させることができる。
2　前項の規定により立ち入り検査をする職員は、その身分を示す証明書を携帯し、関係者の請求があったときは、これを提示しなければならない。
3　第一項の規定による立ち入り検査の権限は、犯罪捜査のために認められたものと解してはならない。

〔改善命令〕

第十一条　北海道開発庁長官及び文部大臣は、指定法人の第八条に規定する業務の運営に関し改善が必要であると認めるときは、指定法人に対し、その改善に必要な措置を講ずべきことを命ずることができる。

〔指定の取り消し等〕

第十二条　北海道開発庁長官及び文部大臣は、指定法人が前条の規定による命令に違反したときは、その指定を取り消すことができる。

2　北海道開発庁長官及び文部大臣は、前項の規定により指定を取り消したときは、その旨を公示しなければならない。

〔罰則〕

第十三条　第十条第一項の規定による報告をせず、若しくは虚偽の報告をし、又は同項の規定における検査を拒み、妨げ、若しくは忌避し、若しくは同項の規定に対して陳述をせず、若しくは虚偽の陳述をした者は、二十万円以下の罰金に処する。

2　法人の代表者又は代理人、使用人その他の従業者が、その法人の業務に関し、前項の違反行為をしたときは、その行為者を罰するほか、その法人に同項の刑を科する。

附則

〔施行期日〕

第一条　この法律は、公布の日から起算して三月を超えない範囲において政令に定める日から施行する。

〔北海道旧土人保護法の廃止〕

第二条　次に掲げる法律は廃止する。

一　北海道旧土人保護法（明治三十二年法律第二十七号）

二　旭川市旧土人保護地処分法（昭和九年法律第九号）

〔北海道旧土人保護法の廃止に伴う経過措置〕

第三条　北海道知事は、この法律の施行の際現に前条の規定による廃止前の北海道旧土人保護法（次項において「旧保護法」という。）第十条第一項の規定により管理する北海道旧土人共有財産（以下「共有財産」という。）が、次項から第四項の規定に定めるところにより共有者に返還され、又は第五項の規定により指定法人若しくは北海道に帰属するまでの間、これを管理するものとする。

2　北海道知事は、共有財産を共有者に返還するため、旧保護法第十条第三項の規定により指定された共有財産ごとに、厚生省令で定める事項を官報で公告しなければならない。

3　共有財産の共有者は、前項の規定による公告の日から起算して一年以内に、北海道知事に対し、厚生省令で定めるところにより、当該共有財産の返還を請求することができる。

4　北海道知事は、前項に規定する期間の満了後でなければ、共有財産をその共有者に返還してはならない。ただし、当該期間の満了前であっても当該共有財産の共有者の全てが同項の規定による請求をした場合には、この限りではない。

5　第三項に規定する期間内に共有財産の共有者が同項の規定による請求をしなかったときは、当該共有財産は、指定法人（同項に規定する期間が満了したときに、第七条第一項の規定による指定がされていない場合にあっては、北海道）に帰属する。

6　前項の規定により、共有財産が指定法人に帰属したときは、その法人は、当該帰属した財産をアイヌ文化の振興等のための業務に要する費用に充てるものとする。

（第四条以下第六条及び理由までを略す）

9　アイヌ文化の振興並びにアイヌの伝統等に関する知識の普及及び啓発に関する法律案に対する付帯決議

平成九年四月四日参議院内閣委員会決議

平成九年五月七日衆議院内閣委員会決議

政府は、アイヌの人々が置かれてきた歴史的、社会的事情にかんがみ、アイヌ文化の振興等に関し、より一層国民の理解を得るため、次の事項について適切な措置を講ずべきである。

一　アイヌの人々の民族としての誇りが尊重される社会の実現に資するため、アイヌ文化の振興等の施策の推進に当たっては、アイヌの人々の自主性を尊重し、その意向が十分反映されるよう努めること。

一　アイヌの人々の民族としての誇りの尊重と我が国の多様な生活文化の発展を図るため、アイヌ文化の振興に対しては、今後とも一層の支援措置を講ずること。

一　アイヌの人々の人権の擁護と啓発に関しては、「人種差別撤廃条約」の批准、「人権教育のための国連一〇年」等の趣旨を尊重し、所要の施策を講ずるよう努めること。

一　アイヌの人々の「先住性」は、歴史的に事実であり、この事実も含め、アイヌの伝統等に関する知識の普及及び啓発の推進に努めること。

一　現在、行われている北海道ウタリ福祉対策に対する支援の充実に、今後とも一層努めること。

10 アイヌ民族に関する法律(案)

一九八四(昭和五九)年五月二七日
社団法人北海道ウタリ協会総会で可決

前文

この法律は、日本国に固有の文化を持ったアイヌ民族が存在することを認め、日本国憲法のもとに民族の誇りが尊重され、民族の権利が保障されることを目的とする。

本法を制定する理由

北海道、樺太、千島列島をアイヌモシリ(アイヌの住む大地)として固有の言語と文化を持ち、共通の経済生活を営み、独自の歴史を築いた集団がアイヌ民族であり、徳川幕府や松前藩の非道な侵略や圧迫とたたかいながらも民族としての自主性を固持してきた。

明治維新によって近代的統一国家への第一歩を踏み出した日本政府は、先住民であるアイヌとの間になんの交渉もなくアイヌモシリ全土を持主なき土地として一方的に領土に組みいれ、また帝政ロシアとの間に千島樺太交換条約を締結して樺太および北千島のアイヌの安住の地を強制的に棄てさせたのである。

土地も森も海もうばわれ、鹿をとれば密猟、鮭をとれば密漁、薪をとれば盗伐とされ、一方和人移民が洪水のように流れ込み、すさまじい乱開発が始まり、アイヌ民族はまさに生存そのものを脅かされるにいたった。

アイヌ民族は給与地にしばられて居住の自由、農業以外の職業を選択する自由をせばめられ、教育においては民族固有の言語もうばわれ、差別と偏見を基調とした「同化」政策によって民族の尊厳はふみにじられた。

戦後の農地改革はいわゆる旧土人給与地にもおよび、さらに農業近代化政策の波は零細貧農のアイヌを四散させ、コタンはつぎつぎと崩壊していった。

いま道内に住むアイヌは数万人、道外では数千人といわれる。その多くは、不当な人種的偏見と差別によって就職の機会均等が保障されず、近代的企業からは閉め出されて、潜在失業者群を形成しており、生活は常に不安定である。差別は貧困を拡大し、貧困はさらに一層の差別を生み、生活環境、子弟の進学状況などでも格差をひろげているのが現状である。

現在行われているいわゆる北海道ウタリ福祉対策の実態は現行諸法諸制度の寄せ集めにすぎず、整合性を欠くばかりでなく、何よりもアイヌ民族にたいする国としての責任があいまいにされている。

いま求められているのは、アイヌの民族的権利の回復を前提にした人種的差別の一掃、民族教育と文化の振興、経済自立対策など、抜本的かつ総合的な制度を確立することである。

アイヌ民族問題は、日本の近代国家への成立過程においてひきおこされた恥ずべき歴史的所産であり、日本国憲法によって保障された基本的人権にかかわる重要な課題をはらんでいる。このような事態を解決することは政府の責任であり、全国民的な課題であるとの認識から、ここに屈辱的なアイヌ民族差別法である北海道旧土人保護法を廃止し、新たにアイヌ民族に関する法律を制定するものである。

この法律は、国内に在住するすべてのアイヌ民族を対象とする。

第一　基本的人権

アイヌ民族は多年にわたる有形無形の人種的差別によって教育、社会、経済などの諸分野における基本的人権を著しくそこなわれてきたのである。このことにかんがみ、アイヌ民族に関する法律はアイヌ民族にたいする差別の絶滅を基本理念とする。

第二　参政権

明治維新以来、アイヌ民族は「土人」あるいは「旧土人」という公的名称のもとに、一般日本人とは異なる差別的処遇を受けてきたのである。明治以前については改めていうまでもない。したがってこれまでの屈辱的地位を回復するためには、国会並びに地方議会にアイヌ民族代表としての議席を確保し、アイヌ民族の諸要求を正しく国政ならびに地方政治に反映させることが不可欠であり、政府はそのための具体的な方法をすみやかに措置する。

第三　教育・文化

北海道旧土人保護法のもとにおけるアイヌ民族にたいする国家的差別はアイヌの基本的人権を著しく阻害しているだけでなく、一般国民のアイヌ差別を助長させ、ひいてはアイヌ民族の教育、文化の面での順当な発展をさまたげ、これがアイヌ民族をして社会的、経済的にも劣勢ならしめる一要因になっている。

政府はこうした現状を打開することがアイヌ民族政策の最重要課題の一つであるとの見解に立って、つぎのような諸施策をおこなうこととする。

1　アイヌ子弟の総合的教育対策を実施する。

2　アイヌ子弟教育にはアイヌ語学習を計画的に導入する。

3　学校教育および社会教育からアイヌ民族にたいする差別を一掃するための対策を実施する。

4　大学教育においてはアイヌ語、アイヌ民族文化、アイヌ史等についての講座を開設する。さらに講座担当の教員については既存の諸規定にとらわれることなくそれぞれの分野におけるアイヌ民族のすぐれた人材を教授、助教授、講師等に登用し、アイヌ子弟の入学および受講についても特例を設けてそれぞれの分野に専念しうるようにする。

5　アイヌ語、アイヌ文化の研究、維持を主目的とする国立研究施設を設置する。これにはアイヌ民族が研究者として主体的に参加する。従来の研究はアイヌ民族の意思が反映されないままに一方的におこなわれ、アイヌ民族をいわゆる研究対象としているところに基本的過誤があったのであり、こうした研究のあり方は変革されなければならない。

6　現在おこなわれつつあるアイヌ民族文化の伝承・保存についても問題点の有無をさらに再検討し、完全を期する。

第四　農業漁業林業商工業等

農業に従事せんとする者に対しては、北海道旧土人保護法によれば、一戸あたり一五〇〇坪（約五ヘクタール）以内の交付が規定されているが、これまでのアイヌ民族による農業経営を困難ならしめている背景にはあきらかに一般日本人とは異なる差別的規定があることを認めざるをえない。北海道旧土人保護法の廃止とともに、アイヌ民族の経営する農業については、この時代にふさわしい対策を確立すべきである。漁業・林業・商工業等についても、アイヌの生活実態にたいする理解が欠けていることから適切な対策がなされないままに放置されているのが現状である。したがって、アイヌ民族の経済的自立を促進するために、つぎのような必要な条件を整備するものとする。

農業

1　適正経営面積の確保

北海道農業は稲作、畑作、酪農、畜産に大別されるが、地域農業形態に即応する適正経営面積を確保する。

2　生産基盤の整備および近代化

アイヌ民族の経営する農業の生産基盤整備事業については、既存の法令にとらわれることなく実施する。

3　その他

漁業

1　漁業権付与

漁業を営む者またはこれに従事する者については、現在漁業権の有無にかかわらず希望する者にはその権利を付与する。

2　生産基盤の整備および近代化

アイヌ民族の経営する漁業の生産基盤整備事業については、既存の法令にとらわれることなく実施する。

3　その他

林業

1　林業の振興

林業を営む者または林業に従事する者にたいしては必要な振興措置を講ずる。

商工業

1　商工業の振興

アイヌ民族の営む商工業にはその振興のための必要な施策を講ずる。

労働対策

1　就職機会の拡大化

これまでの歴史的な背景はアイヌ民族の経済的立場を著しくかつ慢性的に低からしめている。潜在的失業者とみなされる季節労務者がとくに多いのもそのあらわれである。政府はアイヌ民族にたいしては就職機会の拡大化等の各般の労働対策を積極的に推進する。

第五　民族自立化基金

従来、いわゆるウタリ対策として年度毎に政府および道による補助金が予算化されているが、このような保護的政策は廃止され、アイヌ民族自立化のための基本的な政策が確立されなければならない。参政権の確保、教育・文化の振興、農業・漁業など産業の基盤整備もそのひとつである。これらの諸政策については、国、道および市町村の責任においておこなうべきものと民族の責任においておこなうべきものとがあり、とくに後者のためには民族自立化基金ともいうべきものを創設する。同基金はアイヌ民族の自主的運営とする。

基金の原資については、政府は責任を負うべきであると考える。基金は遅くとも現行の第二次七カ年計画が完了する昭和六十二年度に発足させる。

第六　審議機関

国および地方政治にアイヌ民族政策を正当かつ継続的に反映させるために、つぎの審議機関を設置する。

1　首相直属あるいはこれに準ずる中央アイヌ民族対策審議会（仮称）を創設し、その構成員としては関係大臣のほかアイヌ民族代表、各党を代表する両院議員、学識経験者等をあてる。

2　国段階の審議会と並行して、北海道においては北海道アイヌ民族対策審議会（仮称）を創設する。構成については中央の審議会に準ずる。

アイヌ民族共有財産裁判経過年表

◉前史

一九八四（昭和五九）**年**

5月27日 北海道ウタリ協会「アイヌ民族に関する法律（案）」（アイヌ新法）を決議

一九八八（昭和六三）**年**

3月22日 北海道知事諮問「ウタリ問題懇話会」答申、新法推進決定

7月28日 北海道議会全会一致「アイヌ新法」制定決議

一九九六（平成八）**年**

4月1日 「ウタリ対策のあり方に関する有識者懇談会」答申

◉一九九七（平成九）**年**

5月15日 「アイヌ文化の振興並びにアイヌの伝統等に関する知識の普及及び啓発に関する法律」（以下「アイヌ文化振興法」）公布（同時に「北海道旧土人保護法」「旭川市旧土人給与予定地処分法」を廃止）附則第三条において、「北海道旧土人保護法」に基づき知事が管理してきた「共有財産」の返還を規定

6月26日 小川隆吉「共有財産の原資料公開に関する要求書」堀知事宛提出。「財産の算定根拠・宮内省からの下賜金の経過・アイヌ救助米等に関する文書一切の公開」を求める。回答は七月一〇日に、「宮内省関係・救助米に関して不存在」。同一五日に、「北海道旧土人共有財産管理状況明細書」（平成九年七月八日現在）一枚、「旧土人保護法（共有財産）関係調査資料リスト（道庁発行文書および研究書・市町村史のみ）四枚」

7月1日 「アイヌ文化振興法」施行

9月5日 北海道知事「北海道旧土人保護法に基づく共有財産の返還手続きについて」および「知事が管理する財産の返還手続きについて」の二件を公告。返還請求締め切りを翌一〇年九月四日とする。

12月15日 川村シンリツエオリパック（兼一）「公開質問状」知事宛提出。旭川関係を中心に九項目質問（平成一〇年一月一四日北海道環境生活部長から回答。この中で、知事公告の「知事が管理する財産」を「知事が共有財産と一体的に管理してきたもの」と説明）

◉一九九八（平成一〇）年　考える会

5月13日　ペウタンケ決起集会「北海道旧土人保護法にもとづく共有財産の返還を考える集会」（札幌市生活館二七人）

＊ペウタンケとは、アイヌ語で危急を知らせる叫び声をいう

5月15日　北海道ウタリ協会総会で小川隆吉発言。「旧法の廃止にともなう共有財産処分」について、「新法に基づく「処分」には納得できない。文化だけではなく、生活権・民族の権利を獲得していくべきで、国連の宣言をまたずとも権利を主張するべき。個人の問題とせず、民族全体の問題として対処を」

5月18日　小川発言に対してウタリ協会総務部会で議論、結論として、「昨年、協会が新法を曲がりなりに認めたことは、旧法の廃止とそれにともなう共有財産の処分も認めたもの。その後の国や道の対応について重大な問題があるのなら別だが、新法は認めたが附則による処分は認めないなどとは主張出来ない」

6月6日　「北海道旧土人保護法に基づく共有財産を考える会」（以下、「考える会」）結成。目的を、共有財産問題を学習し、アイヌ民族の権利を獲得することをめざして、この問題に関する運動・支援を行う、とする。世話人代表小川隆吉、事務局長大脇徳芳

6月20日　シンポジウム「アイヌ民族の共有財産を考える」提言者：チカップ美恵子・貝澤耕一・上村英明。加納オキ氏、演奏で参加（札幌市女性福祉センター二〇〇人）

6月22日　北海道知事堀達也、道議会において「共有財産に係る調査につきまして、相当長い年月を経過していることから難しいと考えております」と答弁

6月29日　「考える会」「共有財産の原資料公開に関する要請書」を知事に提出

7月7日　知事、原資料公開には開示請求が必要と回答。

7月8日　「考える会」世話人代表小川隆吉名で、北海道情報公開条例第九条の規定に基づき公文書開示請求を二通提出

第一通は、「北海道旧土人保護法に基づき知事が管理してきた共有財産並びに戦前から北海道庁長官（知事）が管理している財産に係る「管理経過」「金額の推移とその理由」の原資料」

第二通は、「北海道旧土人保護法に基づき知事が管理してきた共有財産並びに戦前から北海道庁長

官（知事）が管理している財産を特定する原資料、存在しない場合にはその理由

7月21日
（回答）第一通に関して「開示するかどうかを決定する期間を延長した」

7月22日
（回答）第二通に関して「開示請求のありました原資料につきましては、存在しておりません。なお、その作成当時の状況については、既に長期間経過しているため、現時点では確認出来ません」

8月3日
（第一通に関する開示）「北海道情報公開条例第一四条第一項の規定により、一部開示」として、①「旧土人共有財産台帳」（昭和一〇・一二・一三・一四・一六・一九年度）六冊、②「旭川市共有財産貸付地名寄帳」三冊、③「共有財産土地貸付台帳（旭川・帯広・厚岸・音更・池田）」二冊、④「旭川市共有財産土地台帳」五冊、⑤「旭川市共有財産収支予算表」五七枚、⑥「北海道旧土人共有財産管理簿」四〇枚（以上の非開示部分は、個人名および特定の事業体名）

8月4日
世話人代表小川隆吉名で「開示請求」提出。「(1)北海道旧土人保護法制定以来、一九五五年一月二六日北海道旧土人共有財産五六四、九四二円の金額に至った金額の経過をたどる事のできる資料一切。(2)土地については、すべて共有者に返還済みとしているが、存在していた共有地とその共有地を返還したことを示す文書（証拠）」

8月18日
（開示）①「北海道旧土人共有財産管理状況明細書」三枚、②「旭川市旧土人共有財産（土地）関係書類」二冊（旭川市・厚岸町）

9月3日
「考える会」声明文を発表。①一方的な「管理」、一方的な「処分」は不当。②管理の全経過の全体を示す原資料は不存在。共有財産管理簿があるのは昭和五五年以降のみ。③提示された財産の金額は正当な評価ではない。④道は返還の有資格者に返還する努力をしていない。④返還の具体的方法を明確にするべき。⑤道は資料提示の引き延ばしをはかり、不誠実である。⑥返還作業を一時ストップし「調査委員会」を設置すべき

9月4日
返還請求期限日。長官指定「共有財産」返還請求者は四六人（内「全道教育資金」に二二人）六五件、「指定外」（知事が管理してきた財産）は一人一件

10月3日
「考える会」集会：共有財産問題の経過と今後の課題（札幌市女性福祉センター一八〇人）
講演：札幌学院大学松本祥志教授「先住民族の権利について」、「考える会」大脇徳芳「共有財産

管理経過の問題点」報告、嵯峨治彦氏：馬頭琴・喉笛で支援
○小川隆吉・大脇徳芳、弁護士依頼の行動を行う
○「考える会」編集「アイヌ民族共有財産関係資料集」発行

11月5日　道「共有財産処理審査委員会設置要綱」作成施行。趣旨「返還等に係る事務を適正円滑にすすめるため」「五名以内の委員をもって構成」。委員会の所掌事項に「返還請求者の資格審査」
○このころ、請求者の一部に対して、道の担当者から「あなたには資格がありません」等の電話通告がある

11月30日　「考える会」知事に対して「公開質問状」。①幕別町・池田町の土地の処分経過が不明であるから説明を。②明治三五年指定の対雁樺太移住者関係漁場八箇所の処分経過が不明であるから説明を。③町村長管理の以下四件の処分経過の説明を。余市町（土地）留萌町（土地）浦河町（現金）室蘭支庁伊達村（海産干場）その他

12月11日　道、一一・三〇質問に回答。①昭和二〇年頃までに管理を終え共有者に返還されたものと考える。②昭和九年発行の「北海道旧土人保護沿革史」（北海道庁）によると、当時共有者であった樺太からの移住者は明治三四年から同三九年にかけて樺太に復帰したため、北海道庁長官は樺太庁長官と協議し、大正一四年から財産の処分に着手したとされていることから、この頃まで管理していたものと考える。③町村長の管理に属していた共有財産については、北海道庁長官（知事）が指定してきた経緯はないことから、その内容については承知していない

12月14日　「考える会」小川隆吉開示請求「北海道所蔵の永年保存マイクロフィルム中、共有財産に関する文書全て」

12月17日　第一回「北海道旧土人共有財産処理審査委員会」開催される　委員：坂本彰（弁護士）、笹村二郎（北海道ウタリ協会理事長）、荒井武（旭川アイヌ協議会副会長）、岡田信弘（北海道大学法学部教授）、岡田淳子（北海道東海大学国際文化学部教授）の五名
○小川隆吉・大脇徳芳を中心に「共有財産処分停止」を求める訴訟の原告を募る

◉一九九九（平成一一）年　札幌地裁提訴・全国連結成へ

1月17日　共有財産返還請求者と支援者の新年交流会　請求

者の「意志表明書」署名・知事あて「共有財産」に関する疑問が明らかにされない限り受け取ることは出来ない」旨文書通知する事など話し合う

2月8日　「共有財産返還を中止し、正当な歴史的評価のもとでの補償を要求する決起集会」

2月15日　一二月開示請求に対して「開示」：全て社会課関係、フィルム数八本コマ数にして約八、〇〇〇コマ分。「旭川市旧土人共有財産関係書類」「土人保護」「北海道旧土人保護法改正」等

3月2日　「北海道旧土人保護法ジャスト一〇〇年集会」（リンケージセンター）

3月31日　道、請求者へ返還決定および非返還決定の通知配布

○「考える会」事務局で、開示されたマイクロフィルム資料の分析をすすめる

6月12日　「考える会」総会。改組して「アイヌ民族共有財産裁判を支援する全国連絡会」（以下「全国連」）として運動することを決定（かでる2・7　三五人）

会長：松田平太郎（北海道宗教者平和協会理事長・元北星学園新札幌高校校長）、副会長：山本玉樹（北海道大学講師）、事務局長：大脇徳芳、同次長：高橋貴明、幹事七名、顧問：葛野辰次郎（静内）、野村義一（白老）、全国代表委員：東京・京都・名古屋に各一名

全国で会員募集を目指す

7月5日　**札幌地方裁判所提訴**　「北海道旧土人共有財産等返還手続無効確認請求事件」

原告二四名　原告団長：小川隆吉、副団長：川村兼一

提訴に先立ち、原告団、集会を行う。各人決意を表明

原告全員札幌地方裁判所へ訴状提出し、記者会見を行う

8月19日　「アイヌ民族共有財産裁判全国連ニュース」第一号発行

10月21日　**第一回口頭弁論**　札幌地方裁判所民事第三部合議係担当：裁判長持本健司

弁護団団長村松弘康他一六名。房川弁護士、訴訟の要点を述べる

原告川村兼一・小川隆吉・北川シマ子・島﨑直美が意見陳述

川村兼一は川村シンリツ・エオリパック・アイヌ名で、アイヌ語で陳述

○「アイヌ文化振興・研究推進機構」評議委員会、

返還対象者のいない約一九万円の道からの受取を拒否

11月16日　北海道知事より、返還請求者の内「返還を認められた者」に対して、本人返還の方法に関する「回答書」が届けられる。当年四月二日にも同一書式で届けられていた。原告は「回答しない」旨返信する

12月22日　**第二回口頭弁論**　書面確認のみ

◉二〇〇〇（平成一二）年

2月10日　**第三回口頭弁論**　原告小川早苗意見陳述。

4月13日　**第四回口頭弁論**　裁判官交代し中西茂裁判長、原告杉村満・秋辺得平意見陳述

○山本玉樹全国連副会長、横断幕「アイヌ民族は先住民族！　共有財産一〇〇年の管理責任を問う！」作成

5月12日　アイヌ民族共有財産裁判を支援する北海道集会「アイヌ民族共有財産一〇〇年の管理責任を問う」原告川村兼一・房川樹芳弁護士・全国連事務局長大脇徳芳報告。石井ポンペ氏：アイヌ民族楽器演奏で支援（札幌市教育文化会館、約五〇人）

○『アイヌ民族共有財産関係資料集　第二集』発行

6月8日　**第五回口頭弁論**　原告伊藤稔・小川早苗陳述

6月16日　全国連第二回総会（個人会員一三〇人・団体二団体、カンパ三三万円）。裁判維持・会員拡大目標五〇〇人・実態審理に向けて学習会の強化等を確認。会長以下役員は異動なし・全国代表委員に関東二名、近畿二名追加。顧問に山川力氏が加わる

7月13日　**第六回口頭弁論**　原告原島則夫・青木悦子意見陳述（青木原告は川崎市から来札）。被告側弁護人「返還しない」とした、三名（鹿田川見・旭川市土地、秋辺得平・色丹村土地、豊川重雄・天塩国教育資金）に関する資料を提出

10月5日　**第七回口頭弁論**　原告諏訪野楠蔵意見陳述。原告側弁護人、準備書面「先住民族に関する国際的潮流」を提出。同時に「全国連」作成の「アイヌ民族共有財産管理経過と問題点」を証拠書類として提出し、「被告は原資料を以て認否」するよう要求。裁判長は被告側に「認否を任せる」とする

○全国連、道知事に対して「原告提出の問題点・疑問にこたえよ」、裁判官に対して「実態審理の実施」を求める署名活動にはいる

11月6日　全国連、北海道ウタリ協会全支部長に、裁判の局面を伝え、支援の支部アピール・協会本部への意

12月5日　見書・署名等の協力を要請
12月7日　全国連、知事宛署名第一次集約分二二六一筆を提出
　第八回口頭弁論　原告豊川重雄意見陳述

◉二〇〇一（平成一三）年

1月29日　全国連、知事宛署名第二次集約分一六九六筆を提出
2月4日　**第九回口頭弁論**　原告荒木繁意見陳述。中西裁判長「結審、四・二六判決」と宣言
2月17日　原告・弁護団・支援する会三者合同会議
2月25日　原告団代表小川隆吉、北海道ウタリ協会理事に対し、協会内に「共有財産問題検討委員会」を設置するよう要請
3月10日　全国連、北海道議会に「要請書」。議会において知事に原資料を以て共有財産の管理状況を説明させるよう求めるが実現せず
3月22日　中西裁判長宛抗議文。原告団長、全国連会長。弁護団長は「意見書」を提出。
4月8日　「四・八アイヌ民族共有財産裁判緊急集会」東京・アイヌ文化交流センターで実施。東京で初めての集会
4月12日　原告連名の「口頭弁論再開の申立書」を裁判所に提出
4月20日　裁判所「返還しない三名」について弁論をおこなうと決定
4月29日　集会「アイヌ民族の権利と今後の運動を考える」全国連・少数民族懇談会と共催
　問題提起：原告島﨑直美、報告：上村英明（市民外交センター）、徳光勇（少数懇）（かでる2・7　六五人）
6月1日　**第一〇回口頭弁論**　「返還しない」三名について準備書面提出
6月9日　全国連第三回総会（個人会員一七〇名・団体四団体）。新たに「国家賠償請求」訴訟をするかどうか検討したが結論は出ず。顧問山川力氏転居のため辞任。その他の役員は異動なし。（個人会員一七〇人・団体四団体）（札幌市ボランテイア研修センター　三五人）
6月13日　**第一一回口頭弁論**　鹿田川見・豊川重雄尋問
　○総括集会で村松弁護団長から提起。結審は近い。国家賠償請求裁判を提起する意思の有無
8月6日　北海道ウタリ協会理事長他交代。秋田春蔵新理事長「共有財産裁判を積極的に支援」を表明

8月8日　元全国連顧問、山川力氏逝去
8月28日　**第一二回口頭弁論**。原告秋辺得平尋問
○八月中、原告・全国連「国家賠償請求」訴訟の可能性について検討、結論は出ず
10月9日　**第一三回口頭弁論**　小川隆吉原告団長意見陳述。「北海道知事が管理責任を明らかにしないならば共有財産返還処理は永久に不可能である」と述べる。村松弘康弁護団長が「最終意見書」において、「日本政府のアイヌ民族差別政策を歴史的に清算させる勇気ある判決を心から期待する」と述べる
○「アイヌ民族共有財産の行方を明らかにさせる署名」五五一二筆、知事に提出
10月23日　**第一四回口頭弁論**。裁判長「結審」を宣言　判決は来年一月三一日と通告（その後言渡しを、三月七日に延期）
12月24日　原告、杉村満（旭川市）逝去

◉二〇〇二（平成一四）年
1月11日　原告団・全国連、北海道ウタリ協会新執行部と会談、「要望を積極的に受け止めて検討する。」という回答を得る
3月7日　**札幌地方裁判所判決**「原告に訴えの利益がない有利な返還。訴えを却下。」
○原告団・弁護団・全国連「声明」において判決を批判「控訴」を表明する
3月22日　**札幌高等裁判所に控訴**
原告一九名。故杉村満氏（旭川）の遺志を継いで妻フサさんが控訴人となる
弁護団は団長村松弘康氏他一審の陣容に加え、新たに三津橋彬・佐藤昭彦弁護士が加わる
3月27日　顧問、葛野辰次郎氏（静内町）逝去
5月17日　北海道ウタリ協会総会「共有財産問題を重要課題として取り組んでいく」ことを確認する。具体的には検討委員会ですすめるとする
6月15日　全国連第四回総会（個人会員一七〇名・団体五団体）。控訴審での勝利を目標に、会員増・カンパ行動等で財政支援の強化・北海道ウタリ協会との連携強化等を確認。役員は広瀬健一郎が新たに幹事として加わる。ほか異動なし。（札幌市ボランティア研修センター　一二〇名）
6月28日　**弁護団「控訴理由書」を提出**
7月12日　控訴審決起集会。控訴人団長小川隆吉挨拶
大脇徳芳全国連事務局長経過報告。房川樹芳弁護士から、控訴審における法律論上の要点（特に判

決・被告の「訴えの利益」論に対する論駁）説明。控訴人から決意表明。（かでる2・7　三〇人）

8月6日　**札幌高等裁判所における審理開始**
第三民事部担当、裁判長坂本慶一
第一回口頭弁論　小川隆吉控訴人代表意見陳述。弁護団「意見書」提出

10月8日　**第二回口頭弁論**　控訴人鹿田川見意見陳述　松本祥志札幌学院大教授意見書「アイヌ民族共有財産と先住権」を提出、他に証拠二七点も。弁護団「意見書」提出し、松本教授・井上勝生北海道大学教授・全国連幹事、滝沢正および北海道環境生活部市沢泰治（共有財産返還実務担当者）の証人尋問を要請する

12月12日　控訴人代理人、「意見書」を提出し、証人尋問の必要はないと主張する

12月19日　**第三回口頭弁論**　房川弁護士一二月一八日提出の準備書面確認

12月24日　来道中の国連人権委員会特別報告者ロドルフォ・スターベンハーゲン氏に小川・秋辺・大脇が面会し、裁判の概要を説明、国連人権委員会への報告を要請する

◉二〇〇三（平成一五）年

1月21日　当日付をもって、スターベンハーゲン氏が国連人権委員会に「北海道訪問」の一項目として共有財産裁判が行われていることを報告した

2月27日　**第四回口頭弁論**　控訴人川村兼一意見陳述（アイヌ語）。新潟大学教授石崎誠也意見書提出。全国連幹事滝沢正幹事陳述書提出

3月31日　北海道ウタリ協会機関誌「先駆者の集い」第九五号に「アイヌ民族共有財産って何だろうQ＆A」を五五〇〇枚折り込み。同協会札幌支部総会「先住権に基づきアイヌ民族共有財産裁判を支援して行く」ことを議案書で確認する。同様に江部支部においても確認

5月13日　**第五回口頭弁論**　控訴人秋辺得平意見陳述。アイヌ文化振興・研究推進機構のポスターを掲げ「アイヌ民族の誇りが尊重される社会の実現」がめざされるなかでの裁判であると強調する。井上勝生北海道大学教授意見書提出

5月14日　北海道ウタリ協会総会議案書に「共有財産問題はアイヌ民族蔑視政策の象徴。認識することは重要。（パンフ）配布などに支援」と記載

6月14日　全国連第五回総会（個人会員一七〇名・団体五団体）。第四回総会までの方針を確認。幹事二名を追加し、執行体制を強化する

7月15日　**第六回口頭弁論**　弁護団証人尋問の実施を強調。裁判長、いったん休廷にした後、滝沢・井上二名の証人尋問決定を認める

9月30日　**第七回口頭弁論**　滝沢正証人尋問　特に旭川市から北海道への移管に関する疑惑を追及。弁護士房川樹芳

12月2日　**第八回口頭弁論**　井上勝生証人尋問。北海道が調査した資料は限られた範囲のもの、かつ読み取りの誤りが多い。専門家が加われば財産管理の調査は可能であると証言。弁護士佐藤昭彦

◉二〇〇四（平成一六）年

2月13日　シンポジウム「アイヌ民族共有財産裁判の到達点」（全国連主催、北海道ウタリ協会後援）報告：控訴人秋辺得平・佐藤昭彦弁護士・井上勝生教授（札幌市ボランテイア研修センター）。

3月4日　**第九回口頭弁論**　控訴人島﨑直美・小川隆吉意見陳述。裁判長結審を宣言

5月10日　控訴人秋辺得平、国連の先住民常設委員会（ニューヨーク）で、当裁判の経過報告（全国連作成　英文）一〇〇〇枚を配布する

5月14日　北海道ウタリ協会総会の議案書に、共有財産裁判支援の項目記載される

5月27日　**札幌高等裁判所判決「控訴いずれも棄却」**
○控訴人団・弁護団、判決批判の「声明要旨」を発表し、最高裁判所上告を表明
○村松弁護団長「高裁判決は道の管理する共有財産を「現に管理する」ものだけに限定することによって、管理経過の問題点解明の道を閉ざした不当判決」と述べる
○高橋はるみ北海道知事、新聞紙上で高裁判決にふれ「記録を全て精査して公告した。再調査は考えていない。」と発言
○控訴人団・全国連、北海道知事に対して「公開質問状」をだす

6月5日　全国連第六回総会。最高裁上告支援体制の強化・最高裁に対する口頭弁論開催請願署名の実施等を確認

6月8日　控訴人記者会見し最高裁判所へ上告する旨発表（上告人一八名）。弁護団「上告状兼上告受理申立書」を最高裁判所へ提出

7月27日　東京集会「どうなるの？アイヌ民族共有財産裁判は最高裁へ」首都圏在住のウタリが主催北海道から小川隆吉・大脇徳芳・滝沢正、現地からは青木悦子・上村英明氏が参加し共有財産裁判の現段階と今後の見通しについて報告する。（東京アイヌ文化交流センター・三四人）

8月4日　**弁護団「上告理由書」「上告受理申立理由書」を最高裁判所に提出**

○上告人・全国連、最高裁判所に「口頭弁論開催」を要請する署名活動を開始する

11月19日　小川隆吉・大脇徳芳上京、関東ウタリ会会長北原きよ子氏とともに、最高裁判所請願署名提出六、三五九筆を提出

同日、東京司法記者クラブと、日本外国特派員協会で記者会見をする

11月20日　東京集会「アイヌ民族共有財産裁判を語る――いまあらためてアイヌ民族の先住権を問う――」上告人団・全国連・レラの会共催（日本基督教団銀座教会、東京福音会センター　一〇〇人）

加納オキ氏の友情公演につづき、上告人九名が裁判にかける思いを語る

集会アピール「最高裁は口頭弁論を開いて一〇〇年間の管理経過の審理を」採択

◉二〇〇五（平成一七）年

5月2日　全国連、道にマイクロフィルムの再度開示を請求する。（一七日）五五五枚開示

6月29日　**最高裁判所、上告人要請に対し「現時点で調査官面談必要なし」の回答**

6月30日　全国連第七回総会　最高裁署名七〇〇〇筆を超える　引き続きハガキ送付行動を提起する

元北海道ウタリ協会理事長秋田春蔵氏顧問として参画する

事務局次長高橋貴明に加え清水裕二・滝沢正の三人体制をとり、最高裁取り組み体制を強化する。

幹事に新たに二名追加する

全国代表委員として東北地区に一名加わる

9月30日　「札幌シンポジウム　アイヌ民族共有財産裁判最高裁でどうたたかうか」コーデイネーター：広瀬健一郎（全国連幹事）、パネリスト：上告人秋辺得平・手島武雅（全国代表委員九州）・房川樹芳弁護士。（かでる2・7　二五人）

○全国連、最高裁第二小法廷判事あて、口頭弁論開催を求めるハガキ行動開始

12月11日　東京行動「ひらけ！最高裁」上告人団・首都圏在住ウタリ・全国連共催
イチャルパ（豊島区中池袋公園）に続いてデモ行進
集会「ひらけ最高裁」、佐藤弁護士「高等裁判所までの経過と最高裁にむけての主張構築について」、滝沢「共有財産管理の実態」報告。上告人・関東在住者など発言（豊島区民センター　延べ二〇〇名）（一二日）最高裁へ、口頭弁論開催「要求書」を提出する
○上告人・支援者、裁判所内にて書記官と面談。（参加者上告人合わせ三五）
○これ以後、上告人最高裁判所へ口頭弁論開催を要請する「手紙」を送る。八名

◉二〇〇六（平成一八）年

「全国連ニュース」を「ニサッタ・コタン」と改名する。（通算四三号）
3月3日　東京行動報告会（札幌市男女共同参画センター・二〇名）
3月24日　**最高裁判所第二小法廷、決定**　本件上告を棄却する。本件を上告として受理しない。上告費用及び申立費用は上告人兼申立人らの負担とする
3月27日　「アイヌ民族共有財産裁判上告人緊急声明」で最高裁決定を批判
3月29日　上告人秋辺得平「抗議文」を最高裁判所に届け出る
3月31日　上告人会議。新たな訴訟の可能性を検討するが具体策のでないまま終える
4月4日　上告人、北海道知事宛「要請書」を提出。再公告を要求
5月18日　上告人団、今後の対応のため全国連事務局との連絡員を残し一応の解団を決める
6月15日　全国連第八回総会　活動の総括。全国連は今後の状況に応ずるため事務局を残し、一度解散とする
本裁判の経過等を一書にまとめ、記録として残すことを決定

◉二〇〇七年以降関係者動向

二〇〇七年
五月二八日　上告人、苗畑レイ子（釧路市）逝去
一〇月二四日　元全国連会長、松田平太郎（札幌市）逝去
二〇〇八年
一〇月一二日　上告人、青木悦子（川崎市）逝去
一二月二八日　元顧問、野村義一氏（白老町）逝去

（作成責任　滝沢　正）

編集後記

アイヌ民族共有財産裁判の訴えが最高裁判所より棄却されてから三年が経った。

この裁判を支援した「アイヌ民族共有財産裁判を支援する全国連絡会」の最後の総会（二〇〇六年六月）で、裁判の記録を本にして残すことが決められ、原告および全国連事務局から五人が編集にあたることとなった。編集のための基本的な知識・技術を持たない上に、財政上の確たる見通しもないままに立ち上げられた方針であった。

八年にわたる長い裁判は、裁判に先立つ北海道との折衝を含め膨大な量の、しかも多岐にわたる文書を残していた。その中から本裁判の全容を読者に正確に理解して頂くことが出来るものを選んだつもりである。その中心となるのは原告の立場と主張を法廷の言葉―準備書面―に構成した弁護士諸氏の労作である。紙幅の関係から、証拠書類の大半を載せることができなかった。

また、法廷で堂々と陳述した原告の肉声を留めておくことも編集のもう一つの柱であった。文章は、陳述の際手にされていた手書きの原稿あるいはメモから起こしたものである。アイヌ民族のチャランケの伝統が躍如としてあらわれており、読者はそこから力強いメッセージを受け取るであろう。

割愛せざるを得なかった文書・陳述および支援活動は年表の記述で補った。

編集者の力不足のため、本書の発行は当初の予定から大幅に遅れることになった。裁判の途上で、そして裁判の後に原告および支援する会から六人の方が鬼籍に入った。哀悼の意とともに本書を霊前にお届けする。

二〇〇七年に、「先住民族の権利に関する国際連合宣言」が採択され、二〇〇九年には日本国議会・政府はアイヌを日本における先住民族と認める決定をした。この時期にあって、本書が先住民族アイヌの権利回復のために、今後も重ねられる議論または弁論に資することになるであろうと期待したい。

本書の編集にあたって、房川樹芳弁護士と北海道大学名誉教授井上勝生先生のご助言をいただいた。また、多様な文書類を電子化する作業は橋本隆行君の助力によってようやく可能となった。末尾ながら御三方のお名前を記して感謝の意を表するものである。


（文責　滝沢）

[編者略歴]

「アイヌ民族共有財産裁判の記録」編集委員会

編集委員
佐々木慶子　1957年1月1日生まれ
元全国連事務局、「グループシサムをめざして札幌」所属
島﨑直美　1959年5月6日生まれ
上告人
社団法人北海道アイヌ協会札幌支部副支部長
「世界先住民族ネットワークＡＩＮＵ」所属
清水裕二　1941年3月13日生まれ
元全国連事務局　少数民族懇談会会長
社団法人北海道アイヌ協会江別支部長
滝沢正　1943年6月13日生まれ
元全国連事務局　北海道大学文学研究科専門研究員
原島則夫　1950年3月4日生まれ
上告人　団体職員

連絡先
〒002-8071
北海道札幌市北区あいの里2条7丁目13-14　滝沢 正 方
Tel.011-778-6346

百年のチャランケ
—アイヌ民族共有財産裁判の記録

2009年8月31日　初版第1刷発行　　定価 6,000 円＋税

編　者　「アイヌ民族共有財産裁判の記録」編集委員会 ©
発行者　高須次郎
発行所　緑風出版
〒113-0033　東京都文京区本郷2-17-5　ツイン壱岐坂
［電話］03-3812-9420　［FAX］03-3812-7262［郵便振替］00100-9-30776
［E-mail］info@ryokufu.com［URL］http://www.ryokufu.com/

カバーデザイン　黒瀬久子　　装　幀　斎藤あかね
制　作　アイメディア　　印　刷　シナノ・巣鴨美術印刷
製　本　シナノ　　用　紙　大宝紙業　　E1000

Printed in Japan　　ISBN978-4-8461-0908-0　C0036